Allegria

Anthony Robbins

Das Robbins Power Prinzip

Befreie die innere Kraft

Aus dem Amerikanischen
von Charlotte Franke und Christian Quatmann

Ullstein

Besuchen Sie uns im Internet:
www.ullstein-buchverlage.de

Allegria im Ullstein Taschenbuch

Aus dem Amerikanischen von
Charlotte Franke und Christian Quatmann

Titel der Originalausgabe
AWAKEN THE GIANT WITHIN
Erschienen bei Simon & Schuster, Inc., New York, USA.

MIX
Papier aus verantwortungsvollen Quellen
FSC® C083411
FSC www.fsc.org

Ullstein ist ein Verlag der Ullstein Buchverlage GmbH, Berlin.
Neuausgabe
1. Auflage November 2004
15. Auflage 2018

Umschlaggestaltung: zero-media.net, München
Titelabbildung © Tony Robbins
Druck und Bindearbeiten: CPI books GmbH, Leck
ISBN 978-3-548-74226-7

Inhalt

Teil II

Selbstbestimmung – Ihr internes Steuersystem

Teil III

Sieben Tage, die Ihr Leben verändern

Teil IV

Eine schicksalhafte Lektion

Vorwort

Jeder Erfolg-Reiche braucht einen Erfolgs-Coach

Wer beruflich oder privat Spitzenleistungen er-zielen will — ob als Sportler, Unternehmer, Manager oder Mitarbeiter —, braucht einen persönlichen Coach, der ihn trainiert, motiviert und inspiriert. Anthony Robbins ist ein solcher Erfolgs-Coach, ein Lebenslehrer, der Ihnen grundlegende Einsichten vermittelt, entscheidende Impulse gibt und neue Wege weist — Sie aber selber einzelne Schritte gehen läßt. Sein eigener Erfolgsweg war durch Höhen wie Tiefen gekennzeichnet. Heute reicht seine Klientel vom Topmanager bis zum Olympiasieger; seine Bücher, Cassettenprogramme, Seminar- und Vortragsveranstaltungen sowie Fernsehsendungen haben Millionen begeistert. Ich selbst habe mich von Anthony Robbins' Zukunftsvisionen, Erkenntnissen und Strategien, Erfolgs- und Lebensregeln, Motivationsfähigkeiten und auch seiner Glaubwürdigkeit persönlich überzeugt: In seinem Intim-Seminar *„Date With Destiny"* mit nur 100 Teilnehmern — gewöhnlich sind es sonst Großveranstaltungen mit 1000 und mehr — wurden in Del Mar/Kalifornien dreieinhalb Tage lang viele Konzepte exklusiv vorgestellt, die Robbins jetzt erstmals in diesem Buch beschreibt. Wir erhielten das Rüstzeug, um unsere eigenen Werthaltungen, Lebensregeln und Kontrollmechanismen zu ändern und ein wesentlich produktiveres und erfullteres Leben führen zu können.

Was der Autor in *„Das Robbins Power Prinzip — Wie Sie Ihre wahren inneren Kräfte sofort einsetzen"* (im Original „Awaken The Giant Within") sagt, klingt ebenso einfach wie überzeugend: Jeder kann sein Leben und damit seine Zukunft selbst in die Hand nehmen. Wenn Sie jedoch Ihr mentales, emotionales, physisches und finanzielles Schicksal erfolgreich meistern wollen, müssen Sie Ihre einengenden Glaubensmuster und Wertvorstellungen über Bord werfen und neue kreieren. Ihr inneres Steuersystem bestimmt, was Sie denken, wie Sie fühlen und wonach Sie in jeder Lebenssituation handeln. Ändern Sie Ihre Werte, und Sie ändern Ihr Leben. Robbins zeigt Ihnen, *WIE* Sie sich auf Erfolgskurs programmieren, psychologische Veränderungsprozesse einleiten und vor allem die einzelnen Schritte dazu dauerhaft und konsequent umsetzen können. Um die gewünschten Veränderungen herbeizuführen, benutzen Sie Robbins' neue Technik der Neuroassoziativen Konditionierung (NAK), eine effiziente Weiterentwicklung der Neurolinguistischen Programmierung

(NLP). Einzig und allein Ihre eigene innere Ent-scheidungskraft und nicht äußere Begleitumstände bestimmen Ihr Schicksal und die Verwirklichung Ihrer kühnsten Träume auf Ihrem weiteren Lebensweg!

Das Buch bietet Ihnen eindrucksvolle Programme zur persönlichen Erfolgssteigerung und motivierende Umsetzungshilfen für Ihr tägliches Tun. *„Das Robbins Power Prinzip"* ist wie ein Same, der Ihnen viele Früchte bringen und Ihr weiteres Leben positiv verändern kann. Doch Lesen allein genügt nicht. Sie müssen aus den vielen, insbesondere mentalen Techniken und strategischen Tips zur Verbesserung Ihrer Einstellungen und Verhaltensweisen etwas Konkretes machen. Sie selbst tragen das gesamte Potential zum Keimen und Wachsen dieses Samens, und damit für neue Höchstleistungen, bereits in sich. In der Entscheidung, Ihre Vergangenheit zu vergessen und zukünftig der Mensch zu werden, der Sie sein möchten, und auf diese Weise Ihre eigene Identität zu erweitern, liegt der Schlüssel zum persönlichen Wachstum. Stellen Sie höhere Ansprüche an sich selbst! Geben Sie Ihrem Leben eine neue Dimension und verbessern Sie auf Anhieb die Chancen, die Ihnen das Leben bietet.

Auf dem Gebiet der Erfolgspsychologie gibt es besonders in den USA zahlreiche Autoren und Lebenshilfe-Lehrer. Ich möchte Anthony Robbins bereits auf eine Stufe mit bekannten Klassikern wie Dale Carnegie, Joseph Murphy, Napoleon Hill, Frank Bettger, Clement Stone, Norman Vincent Peale, Og Mandino, Zig Ziglar und Wayne Dyer stellen. Für mich ist Tony der fortschrittlichste, der motivierendste, der professionellste unter den heutigen Erfolgs-Coaches. Nutzen Sie sein spannungsgeladenes Meisterschafts-Programm zur Verbesserung Ihrer Lebensqualität konsequent — und Sie können Ihren Erfolg nicht mehr verhindern. Sie werden in der Lage sein, *alles* in Ihrem Leben zu verändern. Gestalten Sie jeden Tag so, als wäre er einer der wichtigsten in Ihrem Leben, und Sie werden eine neue Dimension der Freude und Erfüllung kennenlernen. Denn was wir tun, bestimmt, wer wir sind. Machen Sie sich bewußt, daß Sie einen faszinierenden, aussichts-reichen Erfolgsweg des lebenslangen Wachstums und Lernens, der persönlichen Weiterentwicklung, vor sich haben. Beginnen Sie damit gleich *heute* und mit entsprechenden Taten, denn es gibt keinen besseren Zeitpunkt: wenn nicht *jetzt,* wann dann?

Heidelberg, im Sommer 1993

Prof. Dr. Lothar J. Seiwert
Autor von *Mehr Zeit für das Wesentliche*

TEIL I

Setzen Sie Ihre Entscheidungskraft frei

1

Träume vom Lebensweg

„Ein konsequenter Mensch glaubt an das Schicksal, ein launenhafter an den Zufall."

Benjamin Disraeli

Wir alle haben Träume ... Wir alle möchten tief in unserer Seele glauben, daß wir über eine besondere Gabe verfügen, daß wir etwas bewirken können, daß wir andere Menschen auf einzigartige Weise rühren und unsere Welt in einen Ort verwandeln können, an dem es sich besser leben läßt. Zu irgendeinem Zeitpunkt hatten wir alle eine bestimmte Vorstellung von der Lebensqualität, die wir von uns wünschen und verdienen. Und doch sind diese Träume für viele von uns im Nebel von Frustrationen und alltäglicher Routine verborgen und nur noch so vage vorhanden, daß wir nicht mehr die geringsten Anstrengungen machen, sie zu verwirklichen. Für zu viele Menschen hat sich dieser Traum verflüchtigt — und mit ihm der Wille, das eigene Schicksal aktiv zu gestalten. Viele haben das Gefühl der Selbstsicherheit verloren, jenen kleinen Vorsprung gegenüber anderen, der über Sieg und Niederlage entscheiden kann. Ich habe mir zur Lebensaufgabe gemacht, diesen Traum wieder zum Leben zu erwecken, ihn wahrzumachen und daran zu erinnern, daß in jedem von uns grenzenlose Energien schlummern, die es zu nutzen gilt.

Ich werde nie den Tag vergessen, als mir, wie ein Blitz aus heiterem Himmel, die Erkenntnis dämmerte, daß ich meinen Traum wirklich lebte. Ich flog gerade in meinem Jet-Hubschrauber von einer Geschäftsbesprechung in Los Angeles nach Orange County zu einem meiner Seminare. Als ich die Stadt Glendale passierte, fiel mir plötzlich ein großes Gebäude auf; ich drosselte die Geschwindigkeit des Helikopters und schwebte über der Stelle. Als ich hinunterblickte, erkannte ich das Gebäude: Hier hatte ich vor knapp zwölf Jahren noch als Pförtner gearbeitet!

Damals hatte ich mir Sorgen gemacht, ob meine Rostlaube, ein Volkswagen Baujahr 1960, die dreißig Minuten währende Fahrt zum Arbeitsplatz heil überstehen würde. Meine Gedanken konzentrierten sich einzig aufs Überleben; ich war voller Ängste und fühlte mich einsam. Aber nun, da ich über der Stadt schwebte, dachte ich: „Was in einem Jahrzehnt so alles passieren kann!“ Ich hatte auch damals Träume; aber es schien, als würden sie nie in Erfüllung gehen. Inzwischen bin ich zu der Überzeugung gelangt, daß alle meine damaligen Mißerfolge und Frustrationen den Grundstein für diejenigen Erkenntnisse gelegt haben, die mich heute befähigen, mein Leben auf einer neuen, anspruchsvolleren Ebene zu genießen. Als ich meinen Flug nach Süden entlang der Küste fortsetzte, entdeckte ich Delphine, die mit den Surfern in den Wellen tief unter mir spielten. Dieser Anblick gehört zu den besonderen Geschenken des Leben, die meine Frau Becky und ich zu schätzen wissen. Schließlich erreichte ich die Stadt Irvine. Als ich hinuntersah, war ich ein bißchen verwirrt, weil sich auf der Zufahrtsstraße zu dem Gebäude, in dem mein Seminar stattfinden sollte, der Verkehr mehr als eine Meile lang staute und die Autos Stoßstange an Stoßstange vorwärtskrochen. Ich dachte mir: „Junge, Junge! Ich hoffe, daß die andere Veranstaltung, die dort stattfindet, bald beginnt, damit die Leute pünktlich zu meinem Seminar kommen.“

Als ich jedoch über dem Hubschrauberlandeplatz in den Sinkflug ging, bot sich mir ein neues Bild: Tausende von Menschen wurden durch Sicherheitspersonal von eben der Stelle zurückgehalten, auf der ich gerade zum Landen ansetzen wollte. Plötzlich ging mir ein Licht auf. Das Verkehrschaos war von den Besuchern meiner Veranstaltung verursacht worden! Obwohl wir mit rund 2.000 Teilnehmern gerechnet hatten, sah ich mich nun einer dichtgedrängten Menge von 7.000 Zuhörern gegenüber — und das in einem Stadion, das nur 5.000 Menschen Platz bot! Als ich vom Landestreifen zur Arena hinüberging, umringten mich Hunderte von Menschen, die mich umarmen oder mir sagen wollten, wie positiv sich meine Arbeit auf ihr Leben ausgewirkt hatte.

Die Lebensgeschichten, die sie mir erzählten, waren unglaublich. Eine Mutter stellte mir ihren Sohn vor, der als „hyperaktiv“ und „lernbehindert“ abgestempelt worden war. Mit Hilfe der Prinzipien des *Zustands-Managements* hatte sie es nicht nur geschafft, ihn von dem Medikament Ritalin wegzubringen, sondern außerdem noch eine Versetzung nach Kalifornien in die Wege zu leiten. Hier wurde ihr Sohn erneut getestet, wobei man feststellte, daß er den Intelligenzquotienten eines wahren Genies besaß! Sie hätten sein Gesicht sehen sollen, als die Mutter mir mitteilte, welches neue Etikett man ihm nun anhängte. Ein Mann berichtete, wie es ihm mit Hilfe der *Erfolgskonditionierung* (einer in diesem Buch vorgestellten Technik) gelungen war, sich vom Kokain zu befreien. Ein Ehepaar, etwa Mitte Fünfzig, eröffnete mir, sie hätten nach fünfzehn Jahren Ehe kurz vor der Scheidung gestanden, als sie vom *Prinzip der persönlichen Lebensregeln* gehört hatten. Ein Verkäufer erzählte mir, sein monatliches Einkommen habe sich in nur sechs Monaten von 2.000 auf 12.000 Dollar erhöht, und ein Unternehmer berichtete, er sei in der Lage gewesen, die Unternehmenserträge innerhalb von achtzehn Monaten um mehr als

3 Millionen Dollar zu steigern, nachdem er die *Prinzipien des konstruktiven Fragens* und der *emotionalen Steuerung* umgesetzt habe. Eine attraktive junge Frau zeigte mir ein Bild, auf dem zu sehen war, wie sie früher aussah: Sie hatte durch Anwendung des Prinzips, *inneren Druck aufzubauen,* 52 Kilogramm abgenommen; auch dieses Prinzip wird im vorliegenden Buch genau geschildert.

Ich war so gerührt von den Gefühlen, die man in diesem Auditorium spürte, daß sich mir die Kehle zusammenschnürte und ich zunächst keinen Ton herausbrachte. In dem Augenblick, als ich auf meine Zuhörer hinuntersah und 5.000 lächelnde, jubelnde, vor Zuneigung strahlende Gesichter erblickte, wurde mir bewußt, daß ich wirklich meinen Traum lebe! Was für ein Gefühl, zu wissen, daß ich ohne den geringsten Zweifel über jene Informationen, Strategien, Philosophien und Fähigkeiten verfügte, die jedem der Anwesenden dabei helfen konnten, sich selbst zu eben jenen Veränderungen zu befähigen, die sie sich am meisten wünschten. Eine dichte Abfolge von Bildern und Gefühlen überflutete mich. Ich begann mich an ein Erlebnis zu erinnern, das ich nur wenige Jahre zuvor gehabt hatte. Ich saß gerade mutterseelenallein in meinem 130 qm großen Junggesellenapartment in Venice, Kalifornien; mir liefen die Tränen über die Wangen, während ich den lyrischen Worten des bekannten Neil Diamond-Songs lauschte: „I am, I said, to no one there. And no one heard at all, not even the chair. I am, I cried. I am, said I. And I am lost, and I can't even say why, leavin' me lonely still!" („Ich lebe, sagte ich, aber es war keiner da. Und keiner hörte zu, nicht einmal der Stuhl. Ich lebe, schrie ich, ich lebe! Und ich komme mir so verloren vor, und kann nicht mal sagen, wieso. Und so bin ich immer noch einsam.") Ich weiß noch, daß ich das Gefühl hatte, meine Existenz sei völlig bedeutungslos und die Ereignisse da draußen in der Welt würden meinen Weg vorzeichnen. Ich erinnere mich aber auch an den Augenblick, als sich mein Leben änderte, als ich schließlich sagte: „Jetzt reicht's! Ich weiß, daß ich viel mehr bin als das, was ich geistig, körperlich und emotional nach außen hin zeige." In diesem Moment traf ich eine Entscheidung, die mein Leben ein für allemal grundlegend verändern sollte. Ich nahm mir vor, buchstäblich jeden Aspekt umzukrempeln. Ich beschloß, daß ich mich nie wieder mit weniger zufriedengeben wollte, als ich sein könnte. Wer hätte gedacht, daß diese Entscheidung mich zu einem so unglaublichen Moment in meinem Leben führen würde?

Ich gab an diesem Abend im Seminar alles, was in meinen Kräften stand. Als ich den Saal verließ, folgte mir eine dichte Menschenmasse zum Hubschrauber, um mich zu verabschieden. Wenn ich sagen würde, dieses Erlebnis hat mich tief bewegt, wäre das eine Untertreibung. Eine Träne rollte über meine Wange, als ich meinem Schöpfer für dieses wundervolle Geschenk dankte. Als ich von der Grasnarbe abhob und im Mondlicht aufstieg, mußte ich mich in den Arm kneifen. Hatte ich das tatsächlich erlebt? War das derselbe Mann, der vor acht Jahren noch hart zu kämpfen hatte, der frustriert, einsam und unfähig war, sein Leben auf die Reihe zu kriegen? Übergewichtig, ständig pleite und in Sorge, ob es mir gelingen würde, mich über Wasser zu halten? Wie war es einem jungen Kerl wie mir, der nichts als einen High-School-Abschluß vorzuweisen hatte, gelungen, so dramatische Veränderungen herbeizuführen?

Die Antwort ist einfach: Ich lernte, ein Prinzip in die richtigen Bahnen zu lenken, das ich heute als *Konzentration der Kräfte* bezeichne. Die meisten Menschen haben keine Ahnung von dem gewaltigen Potential, das wir auf Anhieb frei- und einsetzen können, wenn wir unsere gesamten Ressourcen darauf konzentrieren, einen bestimmten Aspekt unseres Lebens zu meistern. Diese zielgerichtete Aufmerksamkeit ist wie ein Laserstrahl, der alles durchdringt, was sich uns in den Weg zu stellen scheint. Wenn wir uns anhaltend darauf konzentrieren, in irgendeinem Lebensbereich Verbesserungen anzustreben, dann entwickeln wir einzigartige, individuelle Eigenschaften, die uns dabei helfen, in eben diesem Sektor Fortschritte zu erzielen. Ein Grund, warum so wenige Menschen das erreichen, was sie sich wirklich wünschen, liegt darin, daß sie ihre Aufmerksamkeit nicht bewußt lenken, ihre Kräfte nicht konzentrieren. Die Mehrzahl plätschert an der Oberfläche und bahnt sich irgendwie den Weg durchs Leben, ohne je zu dem Entschluß zu gelangen, sich auf irgendeinem Gebiet besonders hervorzutun. Ich glaube, die meisten Leute scheitern einfach deshalb, weil sie Meister des Mittelmäßigen sind. Ich bin mir sicher: Eine der wichtigsten Lektionen besteht darin zu lernen, was uns veranlaßt, das zu tun, was wir tun. Welche Faktoren haben maßgeblichen Einfluß auf das menschliche Verhalten? Die Antwort auf diese Frage ist einer der Schlüssel, der uns befähigt, unser Schicksal selbst zu gestalten.

In meinem ganzen Leben gab es eine einzige Herausforderung, auf die ich meine ganze Aufmerksamkeit konzentrierte. Ich wollte die Frage ergründen: Worauf läßt sich der Unterschied in der Lebensqualität der Menschen zurückführen? Wie kommt es, daß so viele Leute, die aus bescheidenen Verhältnissen stammen oder ihre Kindheit in einem unzuträglichen Milieu verbracht haben, es trotz widriger Umstände schaffen, sich ein Leben zurechtzuzimmern, das uns inspiriert? Und umgekehrt: Warum werden so viele, die in ein privilegiertes Umfeld hineingeboren wurden und alle nur erdenklichen Mittel für ihre Selbstentwicklung auf dem Silbertablett serviert bekamen, am Ende fett, frustriert und oftmals tabletten- oder drogensüchtig? Was ist ausschlaggebend dafür, daß manche Menschen ein beispielhaftes und andere ein abschreckendes Leben führen? Wo liegt das Geheimnis der Menschen, die Leidenschaft, Glück und Dankbarkeit empfinden, während andere sich ständig fragen: „Soll das alles gewesen sein?“

Meine eigene leidenschaftliche Besessenheit begann mit der Frage:

„Wie kann ich ab sofort mein Leben selbst in die Hand nehmen? Was kann ich heute ändern, um mir und anderen dabei zu helfen, das Schicksal in die gewünschte Bahn zu lenken? Wie kann ich mich persönlich weiterentwickeln, lernen, wachsen und mein Wissen anderen vermitteln, und zwar auf eine Weise, die ebenso nachhaltig wie vergnüglich ist?"

Schon in sehr jungen Jahren entwickelte ich den Glauben, daß wir auf der Welt sind, um einen einzigartigen Beitrag zu leisten, und daß tief in unserem Innern eine besondere Gabe verborgen liegt. Ich glaube fest daran, daß in jedem Menschen ein Riese schlummert. Jeder von uns verfügt über ein bestimmtes Talent, eine Befähigung, ein gewisses Maß an ureigener Genialität — ein Potential, das nur darauf wartet, angezapft zu werden. Vielleicht besitzen Sie Talente auf dem Gebiet der Kunst oder Musik. Vielleicht haben Sie die Gabe, mit den Menschen, die Sie lieben, eine Beziehung ganz besonderer Art zu pflegen. Vielleicht sind Sie ein genialer Verkäufer, ein Erfinder, ein gewiefter Geschäftsmann oder ein Überflieger in Ihrem Beruf. Ich ziehe es vor, zu glauben, daß unser Schöpfer keine Günstlingswirtschaft betreibt, daß folglich alle Menschen gleich geschaffen wurden und die gleichen Chancen haben, ihr Leben uneingeschränkt zu leben. Ich habe vor vielen Jahren beschlossen, daß ich mein Leben in etwas investieren wollte, das meinen Tod überdauern würde. Ich habe beschlossen, einen Beitrag zu etwas zu leisten, das noch lange nach meinem Tod Bestand haben wird.

Heute genieße ich das unglaubliche Privileg, meine Ideen und Gefühle buchstäblich Millionen von Menschen durch meine Bücher, Audio- oder Videokassetten und Fernsehsendungen zu übermitteln. Allein in den letzten Jahren habe ich mit mehr als einer Viertelmillion Menschen gearbeitet. Ich habe Kongreßmitgliedern, Konzernchefs, Firmenpräsidenten und Landesregierungen, Managern und Müttern, Vertretern, Buchhaltern, Anwälten, Ärzten, Psychiatern, Beratern und Berufssportlern geholfen. Ich habe Leute therapiert, die an Phobien, Depressionen und multipler Persönlichkeit litten oder glaubten, überhaupt keine Persönlichkeit zu besitzen. Nun habe ich die einmalige Chance, mein Wissen mit Ihnen zu teilen, und diese Gelegenheit nehme ich wirklich dankbar und voll innerer Spannung wahr.

Immer wieder ist mir die Kraft bewußt geworden, die jeder Mensch besitzt und die ihn befähigt, jeden Aspekt seines Lebens buchstäblich im Handumdrehen zu verändern. Ich habe gelernt, daß die Mittel, die wir zur Verwirklichung unserer Träume brauchen, in unserem Innern liegen und nur auf den Tag warten, an dem wir die Entscheidung treffen, aufzuwachen und unser Geburtsrecht geltend zu machen. Ich habe dieses Buch vor allem aus einem Grund geschrieben: Es soll ein Signal sein, das jene Menschen aufweckt und herausfordert, die gewillt sind, intensiver zu leben, mehr aus sich zu machen und ihre von Gott verliehene Kraft auszuschöpfen. Die Konzepte und Strategien in diesem Buch werden Ihnen dabei helfen, bei sich selbst und anderen spezifische, meßbare und nachhaltige Veränderungen zu bewirken.

Sie sehen, ich glaube zu wissen, wer Sie wirklich sind. Ich glaube an unsere Seelenverwandtschaft. Ihr Wunsch, sich weiterzuentwickeln, hat Sie zu diesem Buch greifen lassen. Eine unsichtbare Hand hat Sie geleitet. Ich weiß, daß Sie mehr erreichen wollen, an welchem Punkt Ihres Lebenswegs Sie auch immer stehen mögen! Ungeachtet der Fortschritte, die Sie bereits erzielt haben, oder der Herausforderungen, denen Sie sich derzeit gegenübersehen, ist tief in Ihrem Innern der Glaube verankert, daß Ihre Lebenserfahrungen wesentlich reicher sein könnten und sein werden, als dies bisher der Fall war. Sie streben nach Ihrer eigenen, einmaligen Form menschlicher Leistungsfähigkeit und Größe, gleich, ob in Ihrer Funktion als Professor, Lehrer, Geschäftsmann, Vater oder Mutter. Wichtig ist vor allem, daß Sie nicht nur fest daran glauben, sondern bereits Maßnahmen ergriffen haben. Sie haben nicht nur dieses Buch gekauft, sondern sich auch in eben diesem Augenblick entschlossen, es zu lesen! Statistiken zeigen leider, daß weniger als zehn Prozent der Leute, die ein Buch kaufen, über das erste Kapitel hinauskommen. Was für eine unglaubliche Verschwendung! Sie gehören sicher nicht zu jenen Menschen, die sich selber betrügen, indem sie ein paar Seiten überspringen. Wenn Sie sich die Informationen in jedem einzelnen Kapitel dieses Buches ständig zunutze machen, gewährleisten Sie Ihre Fähigkeit, Ihr Potential bestmöglich auszuschöpfen.

Ich fordere Sie daher nicht nur auf, das Buch von Anfang bis Ende zu lesen (im Gegensatz zur breiten Masse, die vorzeitig aussteigt), sondern das Gelernte auch Tag für Tag auf einfache Weise anzuwenden. Dieser Schritt ist besonders wichtig und unerläßlich, um die Ergebnisse zu erzielen, die Sie anstreben.

Wie man dauerhafte Veränderungen herbeiführt

Wenn Veränderungen echten Wert haben sollen, dann müssen sie dauerhaft und konsequent sein. Jeder von uns hat schon den einen oder anderen kurzfristigen Wandel erlebt, der am Ende ein Gefühl der Ernüchterung und Enttäuschung zurückläßt. Viele Menschen sehen Veränderungen mit Angst und Grausen entgegen, weil sie unbewußt glauben, daß sie nicht lange Zeit anhalten werden. Das beste Beispiel ist jemand, der dringend mit dem Abspecken beginnen müßte, die Diät aber immer wieder auf die lange Bank schiebt. Unbewußt ist ihm klar, daß die Mühsal, die er auf sich nimmt, um abzunehmen, nur kurzfristig belohnt wird. Ich habe mich meistens einer Technik bedient, die ich als *Organisationsprinzip des dauerhaften Wandels* bezeichne; Sie werden sie auf den nachfolgenden Seiten kennen und anwenden lernen. Zunächst möchte ich Ihnen jedoch drei grundlegende Regeln vorstellen, die jeder auf Anhieb in die Praxis umsetzen – und damit sein Leben von Grund auf verändern – kann. Sie sind einfach, aber ungeheuer wirksam, wenn sie geschickt angewendet werden. Genau diese Veränderungen sind es, die ein Mensch einleiten muß, um seine Lebenssituation zu verbessern; die ein Unternehmen einleiten muß, um sein Potential bestmöglich zu entwickeln; die ein Land einleiten muß, um sich seinen Platz in der Welt zu schaffen. Und in einer Weltgemeinschaft sind es eben diese Veränderungen, die wir alle herbeiführen müssen, um die Lebensqualität auf unserer Erde zu erhalten.

Schritt 1: Stellen Sie höhere Ansprüche an sich selbst

Jedesmal, wenn Sie ernsthaft eine Veränderung anstreben, müssen Sie als erstes die Ansprüche hochschrauben, die Sie an sich selbst stellen. Wenn ich gefragt werde, was vor acht Jahren wirklich die Wende in meinem Leben bewirkt hat, dann antworte ich für gewöhnlich: Das wichtigste war, das zu ändern, was ich von mir selbst verlangt habe. Ich schrieb alle Dinge auf, die ich nicht mehr akzeptieren, alle Dinge, die ich nicht mehr dulden, und alle Dinge, die ich erreichen wollte.

Denken wir nur an die Meilensteine, die von Männern und Frauen gelegt wurden, die höchste Anforderungen an sich selbst stellten, nach diesen Maßstäben handelten und beschlossen, sich niemals mit weniger zufriedenzugeben. Zahllose Menschen von diesem Schlag sind als inspirierendes Beispiel in die Geschichte eingegangen, wie Leonardo da Vinci, Abraham Lincoln, Helen Keller, Mahatma Gandhi, Martin Luther King Jr., Rosa Parks, Albert Einstein, César Chávez, Soichiro Honda und viele andere, die den ungeheuer wirkungsvollen Schritt wagten, immer höhere Ansprüche an sich selbst zu stellen. Dieselbe Kraft, die diese Menschen zur Verfügung stand, ist auch Ihnen zugänglich, sofern Sie den Mut haben, sich ihrer zu bedienen. Wer eine Organisation, ein Unternehmen, ein Land – oder die Welt – verändern will, muß bei sich selbst beginnen.

Schritt 2: Werfen Sie Ihre einengenden Glaubensmuster über Bord

Wenn Sie höhere Ansprüche an sich selbst stellen, aber nicht wirklich daran glauben, daß Sie ihnen gerecht werden können, dann haben Sie Ihre Bemühungen von vornherein sabotiert. Sie werden es nicht einmal auf einen Versuch ankommen lassen, denn Ihnen mangelt es an eben jenem Sicherheitsgefühl, das Ihnen gestattet, selbst beim Lesen dieses Buches das eigene Potential voll auszuschöpfen. Unsere Glaubenssätze sind wie Befehle, die wir nicht in Frage stellen; sie sagen uns, was möglich und was unmöglich ist, was wir erreichen können und wo uns Grenzen gesetzt sind. Sie prägen jede Form des Handelns, jeden Gedanken und jede unserer Empfindungen. Folglich ist es von ungeheurer Bedeutung, unsere Glaubensprinzipien zu revidieren, wenn wir unser Leben nachhaltig und dauerhaft verändern wollen. Wir müssen ein Gefühl der absoluten Sicherheit dafür entwickeln, daß wir den neuen, höheren Ansprüchen genügen *können* und *werden,* bevor wir *handeln.*

Ohne die Fähigkeit, die eigenen Glaubensmuster zu steuern, können wir die Ansprüche an uns selbst so hoch schrauben, wie wir wollen, ohne je die innere Gewißheit zu haben, zu diesen Ansprüchen auch zu stehen. Wieviel hätte Gandhi wohl erreicht, wenn er nicht vorbehaltlos an die Macht des passiven Widerstands geglaubt hätte? Die Übereinstimmung seiner Glaubenssätze mit seiner Person war es, die ihm den Zugang zu seinen inneren Kräften gestattete und die ihn befähigte, sich einer Herausforderung zu stellen, an der ein weniger engagierter Mensch gescheitert wäre. Sich verstärkende Gaubenssätze — dieses Gefühl der absoluten Gewißheit — haben sich in der Geschichte immer wieder als Triebfeder hinter jedem großen Erfolg erwiesen.

Schritt 3: Ändern Sie Ihre Strategie

Um Ihr Engagement unvermindert aufrechtzuerhalten, brauchen Sie die wirksamsten Strategien, um die gewünschten Ergebnisse zu erzielen. Eine meiner wichtigsten grundlegenden Überzeugungen ist: Wenn jemand ständig höhere Ansprüche an sich selbst stellt und sich zu der Auffassung durchringen kann, daß er ihnen gerecht zu werden vermag, dann lassen sich auch problemlos die geeigneten Strategien entwickeln. Sie werden mit Sicherheit irgendeinen Weg finden. Und das ist letztlich Thema dieses Buches. Es zeigt Strategien auf, die Ihnen dabei helfen, eine Aufgabe zu bewältigen. Die beste Strategie besteht meines Erachtens darin, nach einem Vorbild Ausschau zu halten, nach Menschen, die bereits erreicht haben, was Sie anstreben, und von ihrem Wissen zu profitieren. Zu lernen, wie sie eine Aufgabe angehen, an was sie glauben und wie sie denken. Sie steigern dadurch nicht nur Ihre Leistungen, sondern sparen sich auch eine Menge Zeit, weil Sie das Rad nicht ein zweites Mal erfinden müssen. Sie können die Methoden dieser Menschen mit Vorbildcharakter verfeinern, umstrukturieren und vielleicht sogar verbessern.

Viele Leute *wissen,* wie sie handeln sollten, aber nur wenige *handeln* entsprechend ihrem Wissen. Wissen allein reicht nicht aus. Sie müssen Taten folgen lassen. Wenn Sie mir die Gelegenheit geben, möchte ich mit Hilfe dieses Buches gerne Ihr ganz privater Coach sein. Welche Aufgaben hat ein Coach? Nun, zunächst einmal betreut er Sie sehr intensiv. Er hat Jahre darauf verwendet, sich auf ein bestimmtes Fachgebiet zu spezialisieren, und Schlüsselerkenntnisse darüber gewonnen, wie man hier schnellstmöglich Spitzenergebnisse erzielt. Wenn Sie die Strategien anwenden, die Ihr Coach für Sie erarbeitet hat, dann können Sie Ihre persönlichen Leistungen auf Anhieb dramatisch steigern. Manchmal bringt er Ihnen mit seinen Lektionen nicht einmal etwas Neues bei. Er erinnert Sie lediglich an das, was Sie bereits wissen, und veranlaßt Sie, es in die Praxis umzusetzen. Diese Rolle werde ich, Ihr Einverständnis vorausgesetzt, gerne übernehmen.

Und was möchte ich Ihnen im besonderen vermitteln? Das Wissen um jene Kräfte, die Sie befähigen, dauerhafte Veränderungen in Ihrer Lebensqualität herbeizuführen. Gemeinsam werden wir uns darauf konzentrieren, daß Sie es zu echten Meisterleistungen (keine oberflächlichen Kenntnisse!) in jenen fünf Lebensbereichen bringen, die uns nach meiner Ansicht am stärksten beeinflussen. Dazu gehören

Die Beherrschung der eigenen Gefühle

Wenn Sie diese Lektion meistern, haben Sie die anderen vier Bereiche schon halbwegs im Griff! Denken Sie darüber nach. Warum wollen Sie abnehmen? Nur um Ihre Fettpolster abzubauen? Oder weil Sie meinen, Sie würden sich besser fühlen, wenn Sie die unerwünschten Pfunde los wären? Daß Sie dann vielleicht mehr Energie und Vitalität besitzen, attraktiver auf andere wirken, oder Ihr Selbstvertrauen und Ihre Selbstachtung einen Riesenschub aufwärts erhalten? *Buchstäblich alles, was wir tun, dient der Veränderung unserer Gefühle* — und doch haben die meisten von uns wenig oder gar keine Übung darin, diesen Wandel schnell und wirksam herbeizuführen. Es ist erstaunlich, wie oft wir von unserer Intelligenz Gebrauch machen, um uns in völlig unproduktive Gefühlszustände zu versetzen und darüber die Fülle angeborener Talente vergessen, über die jeder von uns bereits verfügt. Viele Menschen liefern sich auf Gedeih und Verderb äußeren Geschehnissen aus, auf die wir möglicherweise keinen Einfluß nehmen können, anstatt ihre Emotionen — die jeder zu beeinflussen vermag — selbst zu steuern. Damit läßt man sich nur auf kurzfristige und bequeme Problemlösungen ein. Wie sonst ließe sich die Tatsache erklären, daß in den USA weniger als fünf Prozent der Weltbevölkerung lebt, auf deren Konto jedoch mehr als fünfzig Prozent des weltweiten Kokainverbrauchs gehen? Oder daß der US-Verteidigungshaushalt, der zur Zeit viele Milliarden Dollar beträgt, genauso hoch ist wie die amerikanischen Ausgaben für den Alkoholkonsum? Oder daß ca. 15 Millionen Amerikaner Jahr für Jahr als klinisch depressiv eingestuft und ihnen Antidepressiva für mehr als 500 Millionen Dollar verschrieben werden?

In diesem Buch werden Sie entdecken, warum Sie tun, was Sie tun, und den Auslösern für diejenigen Gefühle auf die Spur kommen, die sich am häufigsten einstellen. Anhand eines Übersichtsplanes, den Sie erhalten, können Sie dann Schritt für Schritt verfolgen, welche Emotionen Sie stärker und welche Sie schwächer machen. Außerdem lernen Sie, wie Sie beide Gefühlskategorien zu Ihrem Vorteil nutzen können, so daß sie kein Hindernis mehr sind, sondern vielmehr ein wirkungsvolles Instrumentarium darstellen, um Ihr Potential bestmöglich auszuschöpfen.

Die Beherrschung der physischen Befindlichkeit

Hat es einen Sinn, alles zu besitzen, was man sich je erträumt hat, wenn man gleichzeitig rein physisch nicht in der Lage ist, es voll auszukosten? Wachen Sie morgens voller Tatendrang, energiegeladen und mit der Bereitschaft auf, es mit den Herausforderungen des neuen Tages aufzunehmen? Oder fühlen Sie sich genauso ausgelaugt wie am Abend zuvor, geplagt von dem einen oder anderen Wehwehchen und voller Unbehagen, weil sie wieder in die Tretmühle müssen? Könnte Ihr augenblicklicher Lebensstil dafür sorgen, daß Sie dereinst in die Statistiken eingehen? Jeder zweite Amerikaner stirbt an einer Herzerkrankung, jeder dritte an Krebs. „Wir schaufeln unser Grab mit den eigenen Zähnen", um bei einem Satz von Thomas Moffett Anleihe zu nehmen — einem Arzt, der im siebzehnten Jahrhundert praktizierte. Wir stopfen uns mit fetthaltiger Nahrung ohne den geringsten Nährwert voll, vergiften unseren Körper mit Zigaretten, Alkohol und Arzneimitteln und hocken stundenlang regungslos vor dem Fernseher. Diese zweite Lektion wird Ihnen dabei helfen, Ihr gesundheitliches Befinden selbst in die Hand zu nehmen. Sie werden dadurch nicht nur gut aussehen, sondern sich auch gut fühlen. Und diese Veränderungen gehen mit dem Wissen einher, daß Sie Ihr Leben eigenständig gestalten und über einen Körper verfügen, der Vitalität ausstrahlt und Sie befähigt, Ihre Ziele zu erreichen.

Die Beherrschung zwischenmenschlicher Beziehungen

Abgesehen von den Gefühlen und der physischen Gesundheit gibt es nach meiner Auffassung nichts Wichtigeres, als zu lernen, Ihre zwischenmenschlichen Beziehungen zu steuern — gleich ob sie romantischer, familiärer, geschäftlicher oder sozialer Natur sind. Wer möchte schließlich seinen Horizont erweitern, die eigene Persönlichkeit weiterentwickeln, Erfolge erzielen und Glück erleben, ohne andere daran teilhaben zu lassen? Die dritte Lektion enthüllt die Geheimnisse, die es Ihnen ermöglichen, qualitativ hochwertige Beziehungen aufzubauen — zuerst zu Ihrem eigenen Ich, und danach zu anderen. Sie werden entdecken, was Sie selbst am meisten schätzen, welche Erwartungen Sie hegen, nach welchen Regeln Sie das Spiel des Lebens angehen und in welchem Bezug alle diese Faktoren zu den anderen „Mitspielern" stehen. Sobald Sie es zur Meisterschaft in diesem ungeheuer wichtigen Bereich gebracht haben, werden Sie lernen, wie Sie wirklich tiefgründige Kontakte zu anderen Menschen herstellen und mit etwas belohnt werden, was jeder von uns erleben möchte: dem Gefühl, einen echten Beitrag geleistet und im Leben anderer etwas bewirkt zu haben. Ich habe bei mir selbst festgestellt, daß meine größte Kraftquelle eine Beziehung ist, denn sie öffnet mir die Türen zu jeder Hilfsquelle, deren ich bedarf. Wenn Sie diese Lektion beherrschen, werden Sie über unbegrenzte Ressourcen verfügen, um sich persönlich weiterzuentwickeln und Ihren Beitrag zu leisten.

Die Beherrschung der finanziellen Situation

Ein Großteil der Amerikaner ist bei Erreichen des 65. Lebensjahres und damit des Rentenstandes völlig mittellos — oder bereits tot! So stellen sich die meisten Menschen ihren wohlverdienten Ruhestand nicht vor. Ohne die Überzeugung, ein Anrecht auf ein gewisses Maß an Wohlstand zu haben, und ohne einen realisierbaren Plan im Hintergrund läßt sich das von Ihnen angestrebte Szenario jedoch nicht verwirklichen. Die vierte Lektion wird Ihnen zeigen, wie Sie das Ziel des nackten Überlebens im Herbst Ihrer Jahre — und übrigens auch zum jetzigen Zeitpunkt — überschreiten können. Da wir in eine kapitalistische Gesellschaft hineingeboren sind, steht jedem die Möglichkeit offen, seine Träume zu verwirklichen. Und trotzdem stehen die meisten Menschen ständig unter finanziellem Druck und geben sich der Illusion hin, diesen Engpaß ein für allemal überwinden zu können, wenn sie nur mehr Geld zur Verfügung hätten. Das ist gleichwohl eine der grandiosen Selbsttäuschungen in unserem Kulturkreis. Ich darf Ihnen eines versichern: Je mehr Geld Sie besitzen, desto stärker ist vermutlich auch die Belastung, die Sie empfinden. Der Schlüssel ist nicht das bloße Streben nach Wohlstand, sondern eine Veränderung Ihrer Glaubensmuster und Einstellungen, so daß sie Geld als Mittel zum Zweck sehen, und nicht als Gipfel des Glücks oder als der Weisheit letzten Schluß.

Um Ihr finanzielles Schicksal zu schmieden, müssen Sie zuerst die Ursachen des chronischen Geldmangels in Ihrem Leben beseitigen. Dann gilt es, auf dauerhafter Basis jene Glaubenssätze, Werte und Gefühle zu pflegen, die unerläßlich sind, um Ihren Wohlstand zu genießen, beisammenzuhalten und zu vergrößern. Dann werden Sie Ihre Ziele und Träume mit Blick auf das Höchstmaß persönlichen Wohlergehens entwickeln, inneren Frieden finden und offener in die Zukunft mit all den Möglichkeiten blicken, die das Leben Ihnen zu bieten hat.

Die Beherrschung der Zeit

Ein Meisterwerk braucht seine Zeit. Aber wie viele Menschen wissen wirklich, wie sie ihre Zeit richtig nutzen? Ich spreche hier nicht von Zeitplanung, sondern davon, sich Zeit zu nehmen, sie geschickt auszudehnen und so zu handhaben, daß sie sich nicht als Feind, sondern als Ihr Verbündeter erweist. Die fünfte Lektion wird Ihnen als erstes zeigen, daß eine kurzsichtige Perspektive langfristige Nachteile mit sich bringen kann. Sie werden lernen, wie Sie echte Entscheidungen treffen, Ihren Wunsch nach unverzüglicher Bedürfnisbefriedigung in den Griff bekommen und somit Ihren Vorstellungen, Ihrer Schaffenskraft — und sogar Ihrem eigenen Potential — die Möglichkeit geben, sich voll zu entfalten. Als nächstes erfahren Sie, wie Sie die notwendigen Routen und Strategien erarbeiten, um Ihre Entscheidungen praktisch umzusetzen; wie Sie die Geduld aufbringen, „Zeitverzögerungen“ hinzunehmen; und wie Sie die Flexibilität entwickeln, Ihre Vorgehensweise so oft wie nötig zu ändern. Sobald Sie Ihre Zeit im Griff haben, werden Sie verstehen, wieviel Wahres hinter der Beobachtung steckt, daß die meisten Menschen überschätzen, was sie in einem Jahr erreichen können — und unterschätzen, was sich in einem Jahrzehnt bewerkstelligen läßt.

Ich übermittle Ihnen diese Lektionen nicht, um Ihnen zu sagen, daß ich alle Antworten parat habe oder daß mein Leben bisher perfekt oder immer glatt verlaufen ist. Ich hatte mein gerüttelt Maß an Herausforderungen, soviel steht fest. Aber dadurch ist es mir auch gelungen, meine Kenntnisse ständig zu erweitern, beharrlich zu sein und im Lauf der Jahre stetige Erfolge zu verbuchen. Jedesmal, wenn ich mich vor eine Herausforderung gestellt sah, habe ich das Gelernte dazu benutzt, mein Leben und meine Persönlichkeit weiterzuentwickeln. Und auch ich werde, wie Sie, meine Fähigkeiten in diesen fünf Bereichen kontinuierlich verbessern.

Meinen Lebensstil nachzuahmen ist für Sie unter Umständen nicht die richtige Lösung. Meine Träume und Zielsetzungen sind vielleicht nicht die Ihren. Und dennoch glaube ich, daß die Lektionen über die Verwirklichung der eigenen Träume und der nicht greifbaren Ziele von grundlegender Bedeutung für jeden sind, der irgendein nennenswertes Maß an Erfolg im privaten oder beruflichen Leben anstrebt. *Ich habe dieses Buch als Leitfaden konzipiert, als eine Art Lehrbuch, das Ihnen eine Verbesserung Ihrer Lebensqualität — und größere Freude darüber — ermöglicht.* Ich bin, wie man merkt, nach wie vor sehr stolz auf *Unlimited Power* (dt.: *Grenzenlose Energie*) und die Auswirkungen, die mein erstes Werk auf Menschen in allen Ländern der Welt hatte; aber ich glaube, daß Ihnen das vorliegende Buch weitere neue und einzigartige Erkenntnisse über jene Kräfte vermitteln wird, die dazu beitragen, Ihr Leben auf ein noch anspruchsvolleres Niveau auszurichten.

Nun wollen wir einige grundlegende Punkte wiederholen, denn Übung macht bekanntlich den Meister. Deshalb hoffe ich, daß Sie dieses Buch immer wieder zur Hand nehmen und es als Werkzeug benutzen, um bei sich selbst jene Antworten herauszukitzeln, die bereits in Ihnen verborgen liegen. Und wenn Sie dieses Buch lesen, sollten Sie sich daran erinnern, daß Sie nicht alle Tips für richtig erachten und befolgen müssen. Machen Sie sich diejenigen Leitlinien zu eigen, die nach Ihrer Auffassung nutzbringend sind, und setzen Sie diese unverzüglich in die Praxis um.

Sie müssen nicht alle Strategien oder das gesamte Instrumentarium anwenden, um einige nachhaltige Veränderungen zu bewirken. Jede für sich verfügt über die Fähigkeit, einen merklichen Wandel in bestimmten Lebensbereichen herbeizuführen; gemeinsam eingesetzt, zeitigen sie jedoch explosive Ergebnisse.

In diesem Buch finden Sie zahlreiche Strategien zur Erreichung des gewünschten Erfolges. Die Ordnungsprinzipien, auf denen sie beruhen, habe ich durch meine Kontakte zu einigen der mächtigsten und interessantesten Persönlichkeiten unserer Gesellschaft entwickelt. Ich hatte die einzigartige Gelegenheit, eine ungeheuer breite Palette verschiedenster Menschen kennenzulernen, Gespräche mit ihnen zu führen und zu ihrer Veränderung beizutragen. Dabei handelte es sich um Menschen mit Einfluß und ganz individuellen Charaktereigenschaften: von Norman Cousins bis Michael Jackson, von Coach John Wooden bis zum Finanzgenie John Templeton, vom Industriekapitän bis zum Taxifahrer. Auf den folgenden Seiten finden Sie nicht nur meine eigenen Erfahrungen beschrieben, sondern Sie profitieren auch von Tausenden von Büchern, Audio- und Videokassetten, Seminaren und Interviews, die ich im Verlauf der letzten zehn Jahre gesammelt habe — im Zusammenhang mit meinem aufregenden und unablässigen Bemühen, stets etwas dazuzulernen und mich Tag für Tag persönlich weiterzuentwickeln.

Dieses Buch soll Ihnen nicht nur dabei helfen, eine einzelne Veränderung herbeizuführen, sondern es soll sich zu einem *Dreh- und Angelpunkt,* zur Orientierungshilfe in Ihrem Bestreben entwickeln, Ihr ganzes Leben auf ein höheres Niveau zu bringen. Es zielt darauf ab, *umfassende Veränderung* zu bewirken. Damit ist gemeint, daß Sie lernen können, Kurskorrekturen vorzunehmen, beispielsweise Ängste oder Phobien zu überwinden, die Qualität einer zwischenmenschlichen Beziehung zu verbessern oder das Muster zögerlichen Verhaltens zu überwinden. Alle diese Fähigkeiten sind unglaublich wertvoll, und wenn Sie *Grenzenlose Energie* gelesen haben, haben Sie sich bereits etliche davon angeeignet. Auf den nachfolgenden Seiten werden Sie einige *zentrale Ansatzpunkte* kennenlernen, die dafür sorgen, daß Sie mit einer geringfügigen Veränderung praktisch jeden Aspekt Ihres Lebens verwandeln können.

Sie werden die Beschreibung einer Reihe einfacher, spezieller Strategien finden, die dazu dienen, *die Ursache einer jeglichen Herausforderung anzugehen und mit einem Mindestmaß an Kraftaufwand zu beseitigen.* Vielleicht fällt es Ihnen schwer zu glauben, daß Sie nur einen einzigen Begriff aus Ihrem gewohnten Wortschatz verändern müssen, um bestimmte Gefühlsmuster unmittelbar und lebenslang zu unterbrechen. Oder daß Sie lediglich durch eine Abwandlung der Fragen, die Sie sich bewußt oder unbewußt immer wieder stellen, den Brennpunkt Ihrer Aufmerksamkeit und damit die Aktivitäten verändern, denen Sie Tag für Tag nachgehen. Oder daß Sie durch einen einzigen Wandel in Ihren Überzeugungen mehr Glück und Zufriedenheit erleben. In den folgenden Kapiteln werden Sie lernen, diese Techniken — und viele weitere — meisterhaft anzuwenden, um die gewünschten Veränderungen zu realisieren.

Begeben wir uns also gemeinsam auf eine abenteuerliche Entdekkungsreise …

2

Entscheidungen: Die Wegstrecke zur inneren Kraft

„Der Mensch wird geboren, um zu leben,
und nicht, um sich auf das Leben vorzubereiten."

BORIS PASTERNAK

Erinnern Sie sich noch an die Zeit, als Jimmy Carter Präsident der Vereinigten Staaten von Amerika war und die Wahl gegen Ronald Reagan verlor; als der Film „Die Blechtrommel" den Oscar gewann; als Franz Josef Strauß die Bundestagswahl gegen Helmut Schmidt verlor und als der Papst zum ersten Mal Deutschland besuchte? Ayatollah Khomeini war im Iran an die Macht gelangt und hielt amerikanische Bürger als Geiseln gefangen. In Polen wagte ein Elektriker namens Lech Walesa von den Danziger Schiffswerften das Undenkbare: Er beschloß, gegen den Würgegriff des Kommunismus Front zu machen. Er war federführend während des Streiks, den er mit seinen Kollegen organisierte, und als man versuchte, ihm den Zutritt zu seinem Arbeitsplatz zu verwehren, kletterte er einfach über die Mauer. Seither sind viele Mauern und Barrieren gefallen, wie wir wissen.

Erinnern Sie sich an die Nachricht vom Mord an John Lennon? Oder an den Ausbruch des Mount St. Helens im Nordwesten der USA, bei dem ein Gebiet von fast 400 Quadratkilometern dem Erdboden gleichgemacht wurde? Haben Sie gejubelt, als die bis dato verkannte amerikanische Eishockeymannschaft die Sowjetunion schlug und dann bei den Olympischen Winterspielen in Lake Placid die Goldmedaille gewann? Oder erinnern Sie sich an den Boykott der Olympischen Sommerspiele in Moskau? Das alles geschah 1980, vor mehr als zehn Jahren.

Denken Sie einen Augenblick nach. An welchem Punkt befanden Sie sich damals? Was für ein Mensch waren Sie? Wer zählte zu Ihren Freunden? Welche Hoffnungen und Träume hatten Sie? Was hätten Sie auf die Frage geantwortet: „Wo wirst du in zehn oder fünfzehn Jahren stehen?" Haben Sie heute das erreicht, was Ihnen damals vorschwebte? Ein Jahrzehnt kann wie im Flug vergehen, nicht wahr?

Vielleicht stellen Sie sich auch die noch wichtigere Frage: *„Wie wird* *mein Leben in den* nächsten *zehn Jahren aussehen? Wie sollte ich* heute *leben, um mir eine Zukunft zu schaffen, für die ich mich einsetzen kann? Für welche Ziele will ich mich* von nun an *stark machen?"* Was ist mir in diesem Augenblick wichtig, und was auf lange Sicht? Was kann ich heute tun, um den Lauf meines weiteren Schicksals zu beeinflussen?

In zehn Jahren werden Sie mit Sicherheit irgendwo angekommen sein — fragt sich nur, wo? Was für ein Mensch werden Sie dann sein? Wie wird Ihr Leben aussehen? Welchen Beitrag werden Sie leisten? Jetzt ist der richtige Zeitpunkt, um die nächsten zehn Jahre Ihres Lebens zu planen, und nicht erst dann, wenn sie bereits vorüber sind. Wir müssen uns den Augenblick zunutze machen. Wir befinden uns bereits in der Anfangsphase eines neuen Jahrzehnts, und wir gehen den letzten Jahren des zwanzigsten Jahrhundert entgegen! Und in nicht allzulanger Zeit beginnt für uns das 21. Jahrhundert, und ein neues Jahrtausend bricht an. Das Jahr 2000 steht schneller vor der Tür, als Sie vielleicht denken, und in weniger als zehn Jahren werden Sie sich an den heutigen Tag zurückerinnern wie heute an das Jahr 1980. Werden Sie dann zufrieden auf die neunziger Jahre zurückblicken, oder bestürzt? Erfreut, oder verstört?

Zu Beginn des Jahres 1980 war ich gerade neunzehn. Ich fühlte mich einsam und frustriert. Ich hatte buchstäblich keinerlei finanzielle Mittel. Ich besaß keine kompetenten Lehrmeister, die mir den Weg zum Erfolg gewiesen hätten, keine erfolgreichen Freunde, keinen Mentor und keine klar gesteckten Ziele. Ich strampelte mich ab und war dick. Und doch entdeckte ich innerhalb weniger Jahre eine Kraftquelle, die ich dazu benutzte, um jeden Bereich meines Daseins völlig zu verwandeln. Und sobald ich den Umgang mit ihr beherrschte, konnte ich mein Leben in weniger als einem Jahr völlig auf den Kopf stellen. Dieses Werkzeug half mir, mein Selbstvertrauen ganz erheblich zu stärken und damit auch meine Fähigkeit zu verbessern, die Initiative zu ergreifen und meßbare Resultate zu erzielen. Ich setzte diese Technik auch ein, um meine körperliche Kondition zu verbessern und ein für allemal 19 Kilo abzuspecken. Dadurch war ich plötzlich auch für die Frau meiner Träume attraktiv; ich heiratete sie und gründete mit ihr die Familie, die ich mir immer gewünscht hatte. Ich bediente mich dieser Macht, um mein Einkommen von der Schwelle des Existenzminimums auf mehr als eine Million Dollar im Jahr zu steigern. Dadurch gelang mir der Sprung aus meiner winzigen Junggesellenbude (wo ich mein Geschirr in der Badewanne abwaschen mußte, weil es keine Küche gab) in mein derzeitiges Familiendomizil, Del Mar Castle. Diese eine Erkenntnis führte mich — einen Mann, der sich völlig isoliert und unbedeutend glaubte — zu dem Gefühl der Dankbarkeit für immer neue Chancen, Millionen von Menschen auf dieser Welt einen Dienst zu erweisen. Und diese Kraft benutze ich noch heute an jedem Tag meines Lebens, um mein persönliches Schicksal zu schmieden.

In *Grenzenlose Energie* habe ich hinlänglich erläutert, daß die wirkungsvollste Art, unser Leben in die Hand zu nehmen, darin besteht, daß man die Initiative ergreift. Die unterschiedlichen Ergebnisse, die Menschen erzielen, lassen sich letztlich auf unterschiedliche Verhaltensweisen in den gleichen Situationen zurückführen. *Unterschiedliche Aktionen führen zu unterschiedlichen Resultaten.* Warum? Weil jede Form des Handelns auf einer Ursache beruht, die etwas in Bewegung setzt, und weil die Ergebnisse dieser Handlung auf früheren Ergebnissen aufbauen, die uns in eine bestimmte Richtung vorstoßen lassen. Jede dieser Etappen führt uns einem letztendlichen Ziel entgegen: der Bestimmung unseres Lebens.

Im wesentlichen müssen wir, wenn wir unser Leben selbst in die Hand nehmen wollen, unsere sich ständig wiederholenden Verhaltensweisen kontrollieren. Unser Leben wird nicht von den Maßnahmen geprägt, die wir dann und wann einmal einleiten, sondern von jenen, zu denen wir kontinuierlich greifen. Die wichtigste Schlüsselfrage lautet also: Was geht allen unseren Aktionen voraus? Welche Faktoren bestimmen, wie wir handeln, wer wir einmal sein werden und was das Schicksal letztlich für uns bereit hält? Wie heißt der Urheber jeden Handelns?

Auf die Antwort habe ich natürlich schon die ganze Zeit angespielt, und sie lautet: *die Macht der Entscheidung.* Alles, was in Ihrem Leben geschieht — sowohl die Dinge, die bei Ihnen ein angenehmes Prickeln hervorrufen, als auch jene, die Sie als beängstigende Herausforderung empfinden —, hat mit einer Entscheidung begonnen. Ich bin mir sicher, daß Sie in *den Augenblicken, in denen Sie eine Entscheidung treffen, Ihr Schicksal gestalten.* Die Entscheidungen, die Sie jetzt und jeden Tag fällen, haben nicht nur nachhaltigen Einfluß auf Ihre Gefühle, sondern auch auf die Persönlichkeit, zu der Sie sich in den neunziger Jahren und darüber hinaus entwickeln werden.

Erinnern Sie sich einmal an die vergangenen zehn Jahre: Gab es Zeiten, in denen Sie mit einer anderen Entscheidung bewirkt hätten, daß Ihr Leben heute in völlig anderen Bahnen — besseren oder schlechteren — verläuft? Haben Sie beispielsweise einen Beschluß bezüglich Ihrer beruflichen Laufbahn gefaßt, der Ihr Leben verändert hat? Haben Sie in den letzten zehn Jahren die Entscheidung gefällt, zu heiraten — oder sich scheiden zu lassen? Haben Sie eine Kassette gekauft, ein Buch gelesen oder ein Seminar besucht und Ihre Glaubensprinzipien und Verhaltensweisen daraufhin vollständig umgekrempelt? Vielleicht sind Sie zu der Entscheidung gelangt, daß Sie Ihren Kinderwunsch in die Tat umsetzen wollen; oder aber, daß Sie lieber noch warten und statt dessen Karriere machen wollen. Möglicherweise haben Sie auch beschlossen, Ihr Geld in ein Eigenheim oder Geschäft zu investieren, mehr Gymnastik zu treiben oder jedwede sportliche Betätigung aufzugeben? Es könnte ja auch sein, daß Sie zu dem Entschluß gekommen sind, mit dem Rauchen aufzuhören, in einen anderen Teil des Landes umzusiedeln oder eine Weltreise zu unternehmen. In welcher Weise haben diese Entscheidungen dazu beigetragen, Sie an den Punkt Ihres Lebens zu bringen, an dem Sie sich derzeit befinden?

Haben Sie in den letzten zehn Jahren Ihres Lebens seelische Erschütterungen verkraften müssen oder das Gefühl der Frustration, Ungerechtigkeit oder Hoffnungslosigkeit empfunden? Ich kann diese Frage eindeutig bejahen. Welche Entscheidung haben Sie getroffen, um mit solchen Situationen fertigzuwerden? Haben Sie versucht, Ihre Grenzen mit aller Gewalt zu durchbrechen, oder haben Sie einfach das Handtuch geworfen? Wie haben diese Entscheidungen Ihren weiteren Lebensweg beeinflußt?

„Der Mensch ist kein Produkt der Umstände;
die Umstände sind ein Produkt des Menschen."

BENJAMIN DISRAELI

Mehr als alles andere sind es meiner Ansicht nach unsere Entscheidungen — und nicht die Lebensumstände —, die unser Schicksal bestimmen. Wir alle wissen, daß es Menschen gibt, die von Geburt an bestimmte Vorzüge besitzen; diese können sich auf das genetische Erbe, das Milieu, die Familie oder nützliche Beziehungen erstrecken.

Wenn wir uns zu dem Entschluß durchringen, dann können wir, Sie und ich, unser Leben beispielhaft gestalten. Wie? Indem wir einfach heute Entscheidungen darüber treffen, wie wir in den neunziger Jahren und darüber hinaus leben wollen. Mein Leben hat sich an einem einzigen Tag vollständig verändert; damals traf ich nicht nur die Entscheidung, was ich in meinem Leben erreichen und wer ich sein wollte, sondern auch, *wofür ich mich einzusetzen gedachte, um meine Vorstellungen zu verwirklichen.* Dieser Unterschied ist fein, aber gewichtig.

Denken Sie einen Augenblick nach. Gibt es einen Unterschied zwischen Interesse und Engagement? Darauf können Sie wetten! Wie oft sagt jemand: „Mist, ich möchte wirklich mehr Geld verdienen" oder: „Ich möchte ein bessere Beziehung zu meinen Kindern haben" oder: „Wissen Sie, ich möchte in dieser Welt wirklich etwas in Bewegung setzen." Aber derartige Äußerungen haben mit Engagement oder irgendeiner Selbstverpflichtung nicht das Geringste zu tun. Man stellt lediglich fest, wo die eigenen Präferenzen liegen, und könnte genausogut sagen: „Ich bin daran interessiert, daß dieses oder jenes geschieht, falls ich nichts dafür tun muß." Das ist kein Zeichen von Stärke! Hier handelt es sich vielmehr um ein schwaches Stoßgebet, bei dem man nicht einmal genug Gottvertrauen besitzt, um es zum Himmel zu schicken.

Sie müssen nicht nur entscheiden, für welche Ziele Sie sich einsetzen wollen, sondern auch, welche Art von Persönlichkeitsveränderung Sie mit einem Gefühl der inneren Verpflichtung anstreben. Wie zuvor

„Wartet! Wartet! Hört mir doch zu! ...
Wir können mehr sein als bloß Schafe!“

bereits erwähnt, gilt es, annehmbare Verhaltensmaßstäbe für sich selbst zu setzen und zu ergründen, was Sie von den Menschen erwarten sollten, die Ihnen nahestehen. *Wenn Sie keine grundlegenden Richtlinien für das aufstellen, was Sie in Ihrem Leben zu akzeptieren bereit sind, dann verfallen Sie leicht in Verhaltens- und Einstellungsmuster oder einen Lebensstil, die weit unter dem Niveau liegen, das Sie verdienen.* Sie müssen diese Normen setzen und danach leben, gleichgültig, was auch geschehen mag. Selbst wenn alles schiefgeht, wenn Ihnen jemand die Suppe versalzen sollte, der Aktienmarkt zusammenbricht, Ihr Lebenspartner Sie verläßt oder niemand Ihnen den Rückhalt bietet, den Sie brauchen — selbst dann müssen Sie unbeirrt hinter Ihrer Entscheidung stehen und Ihr Leben auf eine Weise gestalten, die allerhöchsten Ansprüchen genügt.

Leider zeigen die wenigsten Menschen diese Bereitschaft: sie sind zu sehr damit beschäftigt, nach Ausflüchten zu suchen. Sie waren zum Beispiel nicht imstande, ihre Ziele zu erreichen oder das von ihnen erträumte Leben zu verwirklichen, weil ihre Eltern sie schlecht behandelt haben, weil es ihnen in ihrer Jugend an Chancen mangelte, weil ihnen die richtige berufliche Ausbildung fehlte, weil sie zu alt oder weil sie zu jung sind.

All diese Entschuldigungen sind nichts anderes als Ausreden, in denen sich Glaubenssysteme offenbaren. Und sie haben nicht nur hemmende, sondern nachgerade zerstörerische Wirkung.

Die Kraft, die jeder Entscheidung innewohnt, bietet Ihnen die Möglichkeit, die Fassade der Ausflüchte zu durchbrechen und jeden Bereich Ihres Lebens im Handumdrehen zu verändern. Sie können damit Einfluß auf Ihre zwischenmenschlichen Beziehungen, Ihr Arbeitsumfeld, Ihre körperliche Kondition, Ihr Einkommen und Ihre emotionale Befindlichkeit nehmen. Ihre Entscheidungskraft bestimmt, ob Sie glücklich oder traurig sind, frustriert oder freudig erregt, ein Sklave äußerer Umstände oder ein Mensch, der seine Freiheit und Unabhängigkeit zum Ausdruck bringt. Sie ist die Quelle des Wandels, der sich innerhalb eines Individuums, einer Familie, einer sozialen Gemeinschaft, einer Gesellschaft und unserer Welt vollzieht. Warum hat sich das Bild Osteuropas in den letzten Jahren völlig verändert? Die Ursache waren die Menschen — Menschen wie du und ich; sie haben neue Entscheidungen darüber getroffen, wofür sie einstehen wollen, was für sie annehmbar oder unannehmbar ist, und was sie nicht länger hinnehmen können. Mit Sicherheit haben Gorbatschows Entscheidungen dazu beigetragen, den Weg zu ebnen; aber es waren Lech Walesas unerbittliche Entschlossenheit und sein engagiertes Bemühen um einen höheren Lebensstandard für seine Landsleute, die einen massiven wirtschaftlichen und politischen Wandel in Polen und in Osteuropa bewirkten.

Wenn sich Leute über ihren Job beklagen, frage ich oft: „Warum sind Sie denn heute zur Arbeit gegangen?" Normalerweise lautet die Antwort: „Weil ich mußte." Wir sollten uns an eines erinnern: Es gibt in demokratischen Ländern wie dem unseren buchstäblich nichts, wozu wir gezwungen sind. Mit Sicherheit treibt niemand Sie mit der Peitsche zur Arbeit! Nicht in unseren Breiten! Und gewiß müssen Sie nicht an einem bestimmten Tag an einem bestimmten Arbeitsplatz erscheinen. Nicht in Amerika oder Deutschland! Keiner zwingt Sie, der Tätigkeit nachzugehen, die Sie in den letzten zehn Jahren verrichtet haben. Sie können beschließen, etwas ganz Neues anzufangen, gleich heute. *Es steht Ihnen frei, in eben diesem Augenblick eine Entscheidung zu treffen:* noch einmal die Schulbank zu drücken, Tanz- oder Gesangsunterricht zu nehmen, Ihre Finanzen besser in den Griff zu kriegen, einen Hubschrauber fliegen zu lernen, Ihren Körper in Topform zu bringen, mit dem Meditieren zu beginnen, sich in einer Tanzschule anzumelden, bei der NASA ein Weltraumtraining mitzumachen, Französisch zu lernen, Ihren Kindern öfter etwas vorzulesen, mehr Zeit mit der Pflege der Blumen in Ihrem Garten zu verbringen, ja sogar auf die Fidschi-Inseln auszuwandern, um dort Ihren Lebensabend zu verbringen. *Wenn Sie wirklich fest entschlossen sind, können Sie beinahe alles bewerkstelligen.* Wenn Ihnen Ihre derzeitige Beziehung zu Ihrem Partner nicht zusagt, dann beschließen Sie jetzt, etwas daran zu ändern. Wenn Ihnen Ihre augenblickliche Stellung nicht gefällt, wechseln Sie den Arbeitsplatz. Wenn Sie mit sich selbst unzufrieden sind, schaffen Sie Abhilfe. Wenn Sie Ihre Gesundheit und Lebensenergie verbessern wollen, gehen Sie die Aufgabe jetzt an. Sie können in Sekundenschnelle nach derselben Macht greifen, die das Rad der Geschichte gedreht hat.

Ich habe dieses Buch geschrieben, um *die ungeheure Kraft der Entscheidung zu wecken,* die in jedem Menschen schlummert. Ich möchte Sie auffordern, *Ihr Geburtsrecht geltend zu machen und auf die grenzenlose Energie, die strahlende Vitalität und die Leidenschaft, die in Ihnen stecken, Anspruch zu erheben.* Sie müssen sich bewußt machen, daß Sie in eben diesem Augenblick eine Entscheidung treffen können, die Ihr Leben unverzüglich verändert — eine Entscheidung über eine Gewohnheit, mit der Sie brechen, oder über eine Fähigkeit, die Sie vertiefen möchten. Vielleicht wollen Sie die Art ändern, wie Sie mit anderen Menschen umgehen, oder jemanden anrufen, mit dem Sie seit Jahren kein Wort mehr gewechselt haben. Vielleicht gibt es jemanden, mit dem Sie sich in Verbindung setzen sollten, um Ihre Karriere zu fördern. Vielleicht können Sie sich *in diesem Moment dazu entschließen,* die positivsten Gefühle zu genießen und zu pflegen, die Sie eigentlich tagtäglich zu erleben verdienen. Aber ist das denn möglich: sich für mehr Freude, mehr Spaß, mehr Selbstvertrauen oder mehr innere Gelassenheit zu entscheiden? Noch bevor Sie umblättern, können Sie sich die Kraft zunutze machen, die bereits in Ihnen steckt. Treffen Sie hier und jetzt die Entscheidung, die Ihnen gestattet, auf einen neuen, positiven und machtvollen Kurs einzuschwenken, der zu persönlichem Wachstum und Glück führt.

„Nichts kann dem Willen eines Menschen trotzen,
der sogar seine Existenz aufs Spiel setzt,
um sein erklärtes Ziel zu erreichen."

BENJAMIN DISRAELI

Ihr Leben ändert sich in dem Augenblick, in dem Sie *eine neue, folgerichtige, selbstverpflichtende* Entscheidung treffen. Wer hätte gedacht, daß die Entschlossenheit und Überzeugung eines stillen, unauffälligen Mannes — Anwalt von Beruf und Pazifist aus Prinzip — die Macht haben würde, ein riesiges Imperium zu Fall zu bringen? Und doch war Mahatma Gandhis unbeugsamer Wille, Indien von britischer Herrschaft zu befreien, ein wahres Pulverfaß. Er setzte eine Kette von Ereignissen in Gang, die das weltweite Machtgleichgewicht ein für allemal veränderten. Man konnte damals nicht genau ausmachen, wie er seine Ziele im einzelnen erreichte, aber er hatte sich selbst keine andere Wahl gelassen, als nach seinem Gewissen zu handeln. Er war einfach nicht bereit, eine andere Alternative zu akzeptieren.

Entschlossenheit war auch John F. Kennedys Machtquelle im Kräftemessen mit Nikita Chruschtschow während der Kuba-Krise, als er sich mit den auf der Insel stationierten russischen Raketen konfrontiert sah und einen Dritten Weltkrieg abwenden konnte. Entschlossenheit war die Kraftquelle von Martin Luther King, als er den Frustrationen und Hoffnungen der farbigen Bevölkerung Amerikas, die nicht länger im Abseits stehen wollte, so wortgewaltig Ausdruck verlieh. Er zwang damit die Welt, die Diskriminierung zur Kenntnis zu nehmen. Entschlossenheit war die Kraftquelle von Donald Trumps kometenhaftem Aufstieg an die Spitze der Finanzwelt — aber auch seines vernichtenden Sturzes von den Gipfeln des Ruhms. Entschlossenheit ist die Macht, die es Pete Rose ermöglichte, seine physischen Fähigkeiten so zu steigern, daß ihm unsterblicher Sportruhm winkte — und die dann letztlich seinen Lebenstraum zerstörte. Entscheidungen sind der Ursprung sowohl von Problemen als auch von unsäglichen Freuden und Chancen. Sie stellen eine Kraft dar, die zündend wirkt und einen Prozeß in Gang setzt, der das Unsichtbare sichtbar macht. Echte Entscheidungen sind stets ein Katalysator, um unsere Träume zu verwirklichen.

Das Aufregendste an dieser Kraft, dieser Macht, ist, daß jeder Mensch sie bereits besitzt. Die explosionsartige Triebkraft, die einer Entscheidung innewohnt, ist nicht nur einigen wenigen Privilegierten vorbehalten, die über erstklassige Beziehungen, Geld oder einen familiären Hintergrund verfügen, der sich sehen lassen kann. Sie steht jedem Menschen zur Verfügung, dem König wie dem Bettelmann. Auch Sie haben diesen Zugang, während Sie das Buch in Ihren Händen halten. Sie können sich in diesem Augenblick der ungeheuren Macht bedienen, die in Ihnen schlummert, wenn Sie den Mut aufbringen, sie zu wecken. Wird heute der Tag sein, an dem Sie endlich entscheiden, daß mehr in Ihnen steckt, als Sie bisher gezeigt haben? Wird heute der Tag sein, an dem Sie ein für allemal beschließen, Ihr Leben Ihren geistigen Qualitäten anzupassen, indem Sie feierlich verkünden: „So ist es zur Zeit um mich bestellt. Das zählt heute in meinem Leben. Und das, was ich mir erträume, werde ich nun verwirklichen. Nichts kann mich davon abhalten, mein Schicksal nach meinen Wünschen zu formen. Ich werde keine Selbstverleugnung üben!"

Eine junge Frau namens Rosa Parks, stolz und selbstbewußt, bestieg eines Tages im Jahr 1955 einen Bus in der Stadt Montgomery in Alabama und weigerte sich, einer Weißen ihren Platz zu überlassen — wie sie von Rechts wegen verpflichtet gewesen wäre. Dieser einzige Akt des zivilen Ungehorsams in ihrem Leben entfachte einen Feuersturm kontroverser Diskussionen und wurde zu einem Symbol für alle nachfolgende Generationen. Er läutete die Geburtsstunde der Bürgerrechtsbewegung ein und machte in wachsendem Maß Mißstände *bewußt,* mit denen wir selbst heute noch zu kämpfen haben, wenn wir Begriffe wie rechtliche Gleichstellung, Chancengleichheit und Gerechtigkeit für alle amerikanischen Bürger neu definieren, ungeachtet ihrer Rassen-, Glaubens- oder Geschlechtszugehörigkeit. Hatte Rosa Parks an die Zukunft gedacht, als sie sich weigerte, auf ihren Platz im Bus zu verzichten? Hatte sie einen von Gott eingegebenen Plan, wie sich die Struktur einer Gesellschaft verändern ließe? Vielleicht. Aber wahrscheinlicher ist, daß ihre Entscheidung, höhere Maßstäbe für sich selbst zu setzen, sie zum Handeln zwang. Hier zeigt sich, was für eine weitreichende Wirkung die Entscheidung einer einzigen Frau haben kann!

Wenn Sie nun denken: „Ich würde ja gerne solche Entscheidungen treffen, aber ich habe dabei schon echte Tragödien erlebt", dann möchte ich Ihnen Ed Roberts als Beispiel vor Augen führen. Er war ein ganz „gewöhnlicher" Mann, an den Rollstuhl gefesselt; zu einer außergewöhnlichen Persönlichkeit entwickelte er sich, als er beschloß, die Grenzen seiner Behinderung zu sprengen. Ed ist seit dem vierzehnten Lebensjahr vom Hals abwärts gelähmt. Er benutzt ein Atemgerät, das er trotz größter Schwierigkeiten meisterhaft zu benutzen versteht, um tagtäglich ein „normales" Leben führen zu können, und er wird jede Nacht an eine eiserne Lunge angeschlossen. Da er seinen Kampf gegen die Kinderlähmung ausgefochten hat und einige Male dem Tode nahe war, wäre es durchaus verständlich, wenn er sich auf sein eigenes Leid konzentrieren würde. Aber er hat statt dessen entschieden, anderen Menschen zu helfen.

Und wie hat er das geschafft? In den letzten fünfzehn Jahren hat seine Entscheidung, gegen eine Welt anzukämpfen, die ihn oft mit Herablassung behandelte, zu einer merklichen Verbesserung der Lebensqualität behinderter Menschen geführt. Angesichts einer Fülle von Mythen über die mangelnden Fähigkeiten physisch Behinderter hat Ed die breite Öffentlichkeit aufgeklärt und zu allen möglichen Erleichterungen beigetragen, z. B. der Einrichtung von Rampen für Rollstuhlfahrer, von Behindertenparkplätzen oder behindertengerechten Haltestangen in öffentlichen Verkehrsmitteln. Er war der erste an allen vier Extremitäten Gelähmte, der an der University of California in Berkeley seinen Abschluß machte und auf den Posten des Direktors am staatlichen Rehabilitationszentrum von Kalifornien berufen wurde, auch in diesem Bereich wieder ein Pionier und Wegbereiter für Behinderte.

Ed Roberts ist ein überzeugendes Beispiel dafür, daß es nicht auf die jeweilige Ausgangssituation, sondern vielmehr auf die Entscheidungen über das Ziel ankommt, das man anstrebt. Seine Aktivitäten stützten sich ausnahmslos auf einen einzigen Augenblick seines Lebens, in dem er eine wichtige, engagierte Entscheidung traf. Was könnten Sie aus Ihrem Leben machen, wenn Sie wirklich beschließen würden, es zu ändern?

Viele Leute sagen: „Na ja, ich würde ja gerne eine solche Entscheidung treffen; aber ich weiß nicht so recht, wie ich mein Leben ändern könnte." Sie sind gelähmt infolge der Angst, nicht genau zu wissen, wie sie ihre Träume verwirklichen sollen. Und infolgedessen ringen sie sich nie zu der Entscheidung durch, ihr Leben zu dem Meisterstück zu formen, das es sein könnte. Ich möchte Ihnen sagen, daß es anfangs nicht wichtig ist zu wissen, wie Sie ein bestimmtes Ergebnis erzielen. Wichtig ist allein die feste Überzeugung, daß Sie schon einen Weg finden werden, komme was da wolle. In meinem Buch *Grenzenlose Energie* habe ich das beschrieben, was ich als die „Grundlegende Erfolgsformel" bezeichne, einen zielstrebigen Prozeß, den es einzuleiten gilt, um an Ihr Ziel zu gelangen. Sie müssen 1. sich klarmachen, was Sie erreichen wollen; 2. handeln; 3. feststellen, welche Methode funktioniert und welche nicht; 4. Ihr Konzept so lange ändern, bis Sie am Ziel Ihrer Wünsche sind. Die Entscheidung, ein sichtbares Resultat zu erzielen, setzt eine Kettenreaktion in Gang. Wenn Sie entscheiden, was Sie wirklich wollen, sich zum Handeln aufraffen, aus Fehlern lernen und Ihren Problemlösungsansatz anpassen, dann haben Sie den Impuls geschaffen, der Sie zum gewünschten Ergebnis führt. Sobald Sie sich wirklich mit aller Kraft einsetzen, um den Stein ins Rollen zu bringen, wird sich das „wie" von alleine ergeben.

Wenn es so einfach und so wirkungsvoll ist, Entscheidungen zu treffen, warum halten sich dann nicht mehr Leute an den Werbeslogan der Sportfirma Nike, „Just Do It", und packen es an? Ich glaube, einer der simpelsten Gründe besteht darin, daß die meisten von uns sich nie bewußtgemacht haben, was es heißt, eine echte Entscheidung zu fällen. Wir sind uns über die Macht der Veränderungen nicht im klaren, die durch eine folgerichtige, engagierte Entscheidung freigesetzt werden. Das Problem besteht teilweise darin, daß wir den Begriff „Entscheidung" so lange vage benutzt haben, daß er etwas zu beschreiben scheint, was auf einer Wunschliste stehen könnte. Statt Entscheidungen zu treffen, offenbaren wir unsere Präferenzen. „Ich würde gerne mit dem Rauchen aufhören" ist eine Redensart und keine echte Entscheidung, denn letztere schließt jede andere Option aus. Das englische Wort für Entscheidung lautet „decision". Es hat einen lateinischen Stamm: es setzt sich aus der Vorsilbe „de" („von") und „caedere" zusammen, was soviel wie „trennen, durchschneiden" heißt. *Eine echte Entscheidung treffen heißt also, zielstrebig ein bestimmtes Ergebnis anvisieren und sich den Zugang zu jeder anderen Möglichkeit versperren.*

Wenn Sie wirklich entschlossen sind, künftig nie mehr zu rauchen, dann sagen Sie: „Das war's. Das ist ein für allemal vorbei." Sie ziehen nicht einmal mehr die Möglichkeit in Betracht, wieder zur Zigarette zu greifen. Wenn Sie sich die Macht der Entscheidung schon einmal auf diese Weise zunutze gemacht haben, dann wissen Sie genau, was ich meine. Ein Alkoholiker weiß: wenn er sich, auch nach jahrelanger Abstinenz, einredet, ein einziges Glas könne ihm nicht schaden, dann muß er wieder ganz von vorn beginnen. Nachdem wir eine echte Entscheidung getroffen haben, mag sie auch noch so schwer sein, fühlen wir uns ungeheuer erleichtert. Wir haben den Absprung endgültig geschafft! Und wir alle wissen, was für ein großartiges Gefühl es ist, wenn man ein klares Ziel vor Augen hat, an dem es nichts zu rütteln gibt. Dadurch gewinnen wir Kraft.

Die meisten Menschen wissen indes gar nicht mehr, wie man echte Entscheidungen trifft. Ihre „Entscheidungs-Muskeln" sind erschlafft. Und wie kann man diese „Muskeln" stärken? Durch hartes Training! *Bessere Entscheidungen fällt man, wenn man häufiger Entscheidungen trifft.* Und dann sollten Sie sich vergewissern, daß Sie aus jeder einzelnen lernen — auch aus jenen, die auf kurze Sicht nicht die richtigen zu sein scheinen. Sie bieten Ihnen jedoch wertvolle Anhaltspunkte, die Ihnen künftig bessere Situationsanalysen und Entscheidungen ermöglichen. Halten Sie sich vor Augen, daß die Fähigkeit, Entscheidungen zu treffen — wie jede andere Fähigkeit, die Sie zielstrebig vertiefen — mit entsprechender Übung wächst. Je öfter Sie Entscheidungen treffen, desto stärker wird Ihnen bewußt, daß Sie Ihr Leben tatsächlich zu steuern vermögen. Sie werden künftigen Herausforderungen freudig entgegensehen, da Sie in ihnen eine Chance sehen, neue Erkenntnisse zu gewinnen, neue Unterscheidungen zu treffen und Ihre Lebensqualität zu verbessern.

Ich kann gar nicht oft genug betonen, wie wirkungs- und wertvoll jede einzige Erkenntnis — und sei es auch nur ein kleines Informationsbruchstück — ist, mit deren Hilfe Sie den Verlauf Ihres Lebens ändern können. *Information bedeutet Macht, wenn man entsprechend handelt,* und eines meiner Kriterien für echte Entscheidungen ist die Handlungsbereitschaft, die dadurch ausgelöst wird. Das Aufregende daran ist, daß Sie nie wissen, wann Sie diese Information erhalten. Der Grund, warum ich mehr als siebenhundert Bücher gelesen, Tonbänder angehört und so viele Seminare besucht habe, ist das Wissen um die Macht einer einzigen wahren Erkenntnis. Vielleicht ist sie auf der nächsten Seite oder im nächsten Kapitel des Buches verborgen. Möglicherweise handelt es sich um etwas, das Ihnen längst bekannt ist. Aber aus irgendeinem Grund dringt diese Erkenntnis erst in diesem Augenblick in Ihr Bewußtsein ein, und Sie beginnen, Gebrauch davon zu machen. Vergessen Sie nicht: *Übung macht den Meister.* Erkenntnisse und Unterscheidungen ermöglichen uns, bessere Entscheidungen zu treffen und die von uns gewünschten Ergebnisse zu erzielen. Wenn Sie bestimmte Dinge nicht unterscheiden können, fühlen Sie sich elend. Ein Beispiel: Viele der berühmtesten Persönlichkeiten in unserer Gesellschaft haben zwar ihre Träume erfüllt, aber keinen Weg gefunden, sie zu genießen. Manche nehmen Drogen, weil sie sich nicht ausgefüllt fühlen. Sie haben den Unterschied nicht erkannt, der zwischen dem Erreichen eines Ziels und einem Leben gemäß den eigenen Wertvorstellungen besteht — etwas, das Sie auf den nachfolgenden Seiten aus dem Effeff lernen werden. Eine weitere Unterscheidung, die vielen Menschen fehlt, verursacht regelmäßig Probleme in ihren zwischenmenschlichen Beziehungen: Sie kennen die unterschiedlichen Grundregeln nicht — ein weiteres Schlüsselelement, das wir bei unserer Selbsterforschungsreise untersuchen werden. Manchmal kann man alles verlieren, wenn man nicht zu einer bestimmten Einsicht und der entsprechenden Entscheidung gelangt: Leute, die fleißig joggen, sich aber weiterhin fettreiche Nahrung einverleiben, die ihre Arterien belastet, beschwören die Gefahr eines Herzanfalls herauf.

Die meiste Zeit meines Lebens habe ich mich um das bemüht, was der berühmte Unternehmensexperte Dr. W. Edwards Deming *profundes Wissen* nennt. Für mich besteht es in jeder einfachen Erkenntnis, Strategie, Überzeugung, Fähigkeit oder Technik, die wir in dem Augenblick, wo wir sie begreifen, in die Praxis umsetzen können, um damit auf Anhieb unsere Lebensqualität zu verbessern. Dieses Buch und mein Leben zeugen von meinem Bemühen, tiefgründiges Wissen zu erwerben, das sich überall auf der Welt anwenden läßt und dazu beiträgt, positive Veränderungen in unserem Berufs- und Privatleben herbeizuführen. Ich suche ständig nach Möglichkeiten, um diese Erkenntnisse anderen Menschen auf eine Weise zu vermitteln, die sie wirklich befähigt, ihr mentale, emotionale, physische und finanzielle Situation zu verbessern.

Drei Entscheidungen, die Sie in jedem Augenblick Ihres Lebens treffen, bestimmen über Ihr Schicksal. Diese drei Entscheidungen legen fest, was Sie wahrnehmen, was sie fühlen, wie Sie handeln, welchen Beitrag Sie letztlich zum Gemeinwohl leisten und welche Entwicklung Sie als Mensch nehmen. Wenn Sie diese drei Entscheidungen nicht steuern können, haben Sie Ihr Leben einfach nicht im Griff. Wenn Sie hingegen die Kontrolle darüber haben, dann beginnen Sie, Ihre Erfahrungen selbst zu modellieren, wie ein Bildhauer eine Skulptur.

Diese *drei Entscheidungen* sind:

- *worauf Sie sich konzentrieren wollen*
- *welche Bedeutung Sie den Dingen beimessen*
- *was Sie tun wollen,* um die von Ihnen gewünschten Ergebnisse zu erzielen

Es sind also nicht die gegenwärtigen oder früheren Geschehnisse, die Ihre Entwicklung bestimmen. Was zählt, *ist die Entscheidung, worauf Sie sich konzentrieren wollen, welche Bedeutung Sie bestimmten Dingen beimessen und was Sie zu tun gedenken, um ans Ziel zu gelangen.* Wenn also jemand in irgendeinem Lebensbereich größere Erfolge als Sie verbuchen kann, dann trifft er in einem bestimmten Rahmen oder einer bestimmten Situation drei andere Entscheidungen als Sie. Zweifellos hat Ed Roberts beschlossen, sein Augenmerk auf etwas anderes zu richten, als die meisten es in seiner Situation tun würden. Er war bemüht, nach Wegen zu suchen, um aktiv Veränderungen herbeizuführen. Seine physische Behinderung stellte für ihn eine Herausforderung dar. Er traf die klare Entscheidung, die Lebensqualität für sich selbst und andere Behinderte mit unermüdlichem Engagement zu verbessern.

Viele Menschen treffen die Mehrzahl ihrer Entscheidungen leider nicht bewußt, vor allem die drei oben genannten, die eine Schlüsselrolle darstellen. Dafür müssen sie Lehrgeld zahlen. Tatsache ist, daß die meisten Menschen an dem sogenannten *„Niagara-Syndrom“* leiden. Ich glaube, das Leben gleicht einem Fluß, in den viele hineinspringen, ohne wirklich zu entscheiden, wohin dieser sie führen soll. Schon bald lassen sie sich von der Strömung mitreißen: vom Strudel derzeitiger Ereignisse, derzeitiger Ängste, derzeitiger Herausforderungen. Gabelt sich der Fluß, entscheiden sie nicht bewußt, welcher Abzweigung sie nun folgen sollen oder welcher Kurs für sie der richtige ist. Sie lassen sich einfach von der Strömung treiben. Sie werden Teil der breiten Masse von Menschen, die sich von ihrer Umwelt, und nicht von ihren eigenen Wertvorstellungen steuern läßt. Das hat zur Folge, daß sie sich auch machtlos und ausgeliefert fühlen. Sie verharren so lange in diesem tranceähnlichen Zustand, bis sie eines Tages durch das Donnern tosender Wassermassen aufwachen und entdecken, daß sie sich nur einen Meter von den Niagara-Fällen entfernt in einem Boot ohne Ruder befinden. Und in diesem Augenblick sagen sie: „Verdammter Mist!“ Aber dann ist es zu spät, dann ist der Sturz in den Abgrund nicht mehr zu verhindern. Das kann ein emotionaler, ein physischer oder finanzieller Absturz sein. *Wahrscheinlich wäre, was immer Sie derzeit in Ihrem Leben als Bedrohung empfinden, zu vermeiden gewesen, wenn Sie zu einem früheren Zeitpunkt bessere Entscheidungen getroffen hätten.*

Wie leiten wir eine Wende ein, wenn wir in die Stromschnellen geraten sind? Entweder beschließen wir, beide Ruder ins Wasser zu tauchen und mit äußerstem Einsatz in eine andere Richtung zu rudern, oder aber wir nehmen uns vor, künftig besser vorauszuplanen. Einen Kurs festzulegen, um ans Ziel zu gelangen, und einen Plan oder eine Route auszuarbeiten, so daß man entlang des Weges effektive Entscheidungen treffen kann.

Obwohl Sie vielleicht nie darüber nachgedacht haben, hat Ihr Gehirn bereits ein ureigenes System entwickelt, das ihm die Entscheidungsfindung erleichtert. Dieses System wirkt wie eine unsichtbare Kraft, die alle unsere Gedanken, Aktionen und Gefühle — die guten wie die schlechten — in jedem Augenblick unseres Lebens lenkt. Es hat maßgeblichen Einfluß darauf, wie wir die Welt wahrnehmen, und wird vornehmlich von unserem Unterbewußtsein gesteuert. Erschreckend ist, daß die meisten Menschen es nie bewußt in Gang setzen. Es wurde im Verlauf der Jahre von den unterschiedlichsten Informationsquellen gespeist: von Eltern, Altersgenossen, Lehrern, vom Fernsehen, von der Werbung und von der Kultur allgemein. Dieses System setzt sich aus fünf Bausteinen zusammen: 1. Ihren *grundlegenden Überzeugungen und unbewußten Lebensregeln;* 2. Ihren *Werthaltungen;* 3. Ihren *Referenzerlebnissen* oder *-speicherungen;* 4. den *gewohnheitsmäßigen Fragen,* die Sie sich selbst stellen; und 5. dem jeweiligen *Gefühlszustand,* in dem Sie sich gerade befinden. Diese fünf Elemente wirken zusammen als eine einzige Macht, die Sie veranlaßt oder daran hindert, aktiv zu werden. Dieses System bestimmt darüber, ob Sie der Zukunft mit Freude oder Besorgnis entgegensehen, ob Sie das Gefühl haben, geliebt oder zurückgewiesen zu werden; und es diktiert das Ausmaß Ihres Erfolgs und Ihrer Zufriedenheit. Es bestimmt, warum Sie genau das tun, was Sie tun, und warum Sie manche Dinge unterlassen, die Sie eigentlich tun müßten.

Wenn Sie eines dieser fünf Elemente verändern — ganz gleich, ob es sich um eine grundlegende Überzeugung, eine Werthaltung, eine Referenzspeicherung, eine Frage oder einen Gefühlszustand handelt —, dann können Sie auf Anhieb einen nachhaltigen und meßbaren Wandel in Ihrem Leben herbeiführen. Und wichtiger noch, Sie bekämpfen die Ursache, und nicht die Wirkung. Wenn Sie regelmäßig zuviel essen, haben Sie in der Regel ein Problem, das auf Ihren Werthaltungen oder Überzeugungen basiert und weniger mit der Nahrungsaufnahme selbst zu tun hat. In diesem Buch finden Sie schrittweise Anleitungen, wie Sie herausfinden können, wie Ihr zentrales Steuerungssystem funktioniert. Sie werden lernen, wie Sie einfache Veränderungen einleiten, die in Einklang mit Ihren Wünschen stehen, anstatt sich weiterhin von Ihrer einstigen Konditionierung steuern zu lassen. Sie sind dabei, sich auf eine faszinierende Reise zu begeben, bei der Sie entdecken werden, wer Sie wirklich sind und was Sie veranlaßt, so zu handeln, wie Sie handeln. Mit diesen Einsichten ausgerüstet, werden Sie auch imstande sein, das Steuerungssystem zu verstehen, das Ihre Geschäftsfreunde und Kollegen, Ihr Lebenspartner und andere Menschen anwenden, die Ihnen nahestehen. Und Sie werden schließlich auch in der Lage sein, das „faszinierende" Verhalten dieser Personen aufzuschlüsseln!

Die gute Nachricht ist, daß wir dieses System außer Kraft setzen können, wenn wir in irgendeinem Augenblick unseres Lebens bewußte Entscheidungen treffen. *Wir müssen nicht tatenlos zusehen, wie die Programmierung, die in der Vergangenheit stattgefunden hat, unsere Gegenwart und Zukunft bestimmt.* Mit Hilfe dieses Buches können Sie ein völlig neuer Mensch werden, indem Sie Ihre Überzeugungen und Werthaltungen systematisch so organisieren, daß Sie wie von einem Magneten die gewünschte, Ihrem eigenen Lebensplan entsprechende Richtung gezogen werden.

„Ich bin nicht entmutigt, weil jeder als falsch verworfene Versuch ein weiterer Schritt vorwärts ist."

THOMAS A. EDISON

Es gibt noch eine letzte Barriere, die Sie daran hindert, Ihre Entscheidungskraft voll auszuschöpfen: Wir alle müssen unsere Ängste überwinden, die falschen Entscheidungen zu treffen, etwas zu vermurksen! Ich bin mir sicher, daß ich im Verlauf meines Lebens nicht immer die richtigen Entscheidungen getroffen habe. Bei weitem nicht. Aber das hatte ich auch nicht erwartet. Ich gehe auch nicht davon aus, in Zukunft immer die richtigen Entscheidungen zu fällen. Ich habe jedoch beschlossen, daß ich ungeachtet meiner Entscheidung flexibel bleiben, die Konsequenzen unter die Lupe nehmen, aus ihnen lernen und diese Lektionen dann dazu benutzen will, künftig bessere Entscheidungen zu treffen. Denken Sie daran: *Erfolg ist in Wirklichkeit das Resultat eines gesunden Urteilsvermögens. Gesundes Urteilsvermögen ist das Resultat von Erfahrung, und Erfahrung oft das Resultat mangelnden Urteilsvermögens!* Diese scheinbar negativen oder schmerzlichen Erfahrungen sind manchmal ungeheuer wichtig. Wenn jemand Erfolg hat, neigt er zur Euphorie; wenn er scheitert, neigt er zum Nachdenken. Dabei gewinnt er vielleicht wichtige neue Erkenntnisse, die wiederum seine Lebensqualität verbessern. Wir müssen alles daran setzen, aus unseren Fehlern zu lernen, statt uns mit Selbstvorwürfen zu quälen; denn sonst befinden wir uns auf dem besten Weg, dieselben Fehler in Zukunft zu wiederholen.

So wichtig persönliche Erfahrungen auch sein mögen, es ist von unschätzbarem Wert, darüber hinaus noch ein Vorbild zu finden, jemanden, der sich seinen Weg durch die Stromschnellen bereits gebahnt und der eine Karte hat, an die Sie sich halten können. Solche Vorbilder finden Sie im Finanzwesen, auf der Ebene zwischenmenschlicher Beziehungen, auf dem Gesundheits- oder beruflichen Sektor und in allen Lebensbereichen, die Sie meistern wollen. Sie ersparen Ihnen jahrelange schmerzliche Erfahrungen und bewahren Sie vor einem Sturz in den Abgrund.

Es wird Zeiten geben, wo Sie sich mutterseelenallein auf dem Fluß befinden und ganz auf sich selbst gestellt sind, wenn es gilt, wichtige Entscheidungen zu treffen. Wenn Sie jedoch die Bereitschaft mitbringen, aus Ihren Erfahrungen zu lernen, dann können sogar schwierige Zeiten faszinierend sein. Sie liefern nämlich wertvolle Informationen — *Schlüsselerkenntnisse* —, die Ihnen dabei helfen, künftig bessere Entscheidungen zu fällen. Jeder außerordentlich erfolgreiche Mensch wird Ihnen gestehen — wenn er ehrlich ist —, daß er es nur deshalb so weit gebracht hat, weil er häufiger als Sie schlechte Entscheidungen getroffen hat. Meine Seminarteilnehmer fragen mich oft: „Wie lange wird es Ihrer Ansicht nach dauern, bis ich diese oder jene Fähigkeit aus dem Effeff beherrsche?“ Und ich antworte wie aus der Pistole geschossen mit der Gegenfrage: „Wie lange wollen Sie sich dafür Zeit geben?“ Wenn Sie zehnmal am Tag einer bestimmten Tätigkeit nachgehen (und über die entsprechende Lernerfahrung verfügen), während andere sie nur einmal im Monat ausüben, haben sie zehn Monate Erfahrung an einem Tag gewonnen. Sie werden diese Tätigkeit bald meisterhaft beherrschen und vermutlich — Ironie des Schicksals! — als „wahres Naturtalent und Glückspilz“ gelten.

Ich habe meine rhetorischen Fähigkeiten perfektioniert, indem ich statt einmal pro Woche dreimal täglich Vorträge gehalten habe — vor jedem, der mir zuhören wollte. Während andere in meiner Firma rund 48mal im Jahr Verpflichtungen dieser Art hatten, kam ich bereits innerhalb von zwei Wochen auf eine ähnliche Zahl. In einem Monat konnte ich die Erfahrungen von zwei Jahren sammeln. Und innerhalb eines Jahres hatte ich eine persönliche Entwicklung durchgemacht, für die man normalerweise ein Jahrzehnt braucht. Meine Kollegen betonten oft, was für ein „Glückspilz“ ich doch sei, daß ich mit einer solchen Redegabe „geboren“ sei. Doch ich versuchte ihnen klarzumachen, was ich auch Ihnen nun sage: *Sie allein bestimmen, in welchem Zeitraum Sie etwas meisterhaft beherrschen.* Und übrigens, habe ich nur Vorträge gehalten, die vom Hocker reißen? Mitnichten! Aber ich habe sichergestellt, daß ich aus jeder Erfahrung dazugelernt habe, bis es mir gelang, jedes Auditorium, ganz gleich, wie groß es war, zu betreten und einen Draht zu Menschen aus allen Lebensbereichen zu finden.

Gleichgültig, wie gut Sie auch vorbereitet sein mögen, eines kann ich Ihnen absolut garantieren: Wenn Sie sich im Fluß des Lebens befinden, werden Sie vermutlich mit einigen Klippen kollidieren. Das ist nichts Negatives, sondern goldrichtig. Wenn Sie dabei Schiffbruch erleiden, sollten Sie sich wegen Ihres Versagens keine Vorwürfe machen, sondern vielmehr an einen Schlüsselsatz denken: *Es gibt im Leben keine Fehlschläge.* Es gibt nur Ergebnisse. Und wenn Sie nicht die gewünschten Ergebnisse erzielt haben, sollten Sie aus dieser Erfahrung lernen. Dann können Sie in Zukunft bessere Entscheidungen treffen.

Eine der wichtigsten Entscheidungen, die Sie treffen können, um Ihr Glück langfristig zu sichern, besteht in dem Beschluß, *sich alles zunutze zu machen, was Ihnen das Leben derzeit bietet.* Es gibt nichts, was Sie nicht schaffen könnten, wenn Sie 1. klar entscheiden, was Sie wirklich und unbedingt erreichen wollen; 2. gewillt sind, tatkräftig die entsprechenden Maßnahmen einzuleiten; 3. sich bewußt machen, welche Methode sich dabei als wirksam oder unwirksam erweist; und 4. bereit sind, Ihren Problemlösungsansatz solange zu ändern, bis Sie Ihr Ziel erreicht haben, wobei Sie sich aller Hilfsmittel bedienen, die Ihnen das Leben auf dem Weg in die angestrebte Richtung zu bieten hat.

Jeder, der beachtliche Erfolge vorweisen kann, hat diese vier Schritte eingeleitet und sich somit an diese *grundlegende* Erfolgsformel gehalten. Eine meiner liebsten „Erfolgsstories“ ist die Geschichte von Soichiro Honda, dem Gründer des gleichnamigen Konzerns. Wie alle Firmen, ungeachtet ihrer Größe, wurde auch die Honda Corporation aufgrund einer Entscheidung und aus dem leidenschaftlichen Wunsch geboren, ein Ergebnis zu erzielen.

1938 versilberte Soichiro Honda, der damals noch die Schulbank drückte, alle seine Besitztümer und investierte das Geld in eine kleine Werkstatt, wo er sein Kolbenring-Konzept zu entwickeln begann. Er beabsichtigte, seine Erfindung an die Toyota Corporation zu verkaufen, und arbeitete Tag und Nacht. Er steckte bis zu den Ellenbogen im Schmieröl, schlief in seiner Werkstatt und glaubte unerschütterlich an seinen Erfolg. Er verpfändete sogar den Schmuck seiner Frau, um seine Arbeit fortsetzen zu können. Aber als er die Kolbenringe endlich fertig hatte und sie Toyota vorführte, teilte man ihm mit, daß sie nicht den Qualitätsnormen des Unternehmens entsprächen. Man empfahl ihm, nochmals zwei Jahre lang die Ingenieurschule zu besuchen. Hier wurde er zur Zielscheibe des Spotts seiner Lehrer und Kommilitonen, die seine Konstruktionen als absurd abtaten.

Aber anstatt ob dieser schmerzlichen Erfahrung in Selbstmitleid zu versinken, beschloß er, sich auf sein Ziel zu konzentrieren. Schließlich, nach zwei weiteren Jahren, erteilte ihm Toyota den Zuliefervertrag, von dem er geträumt hatte. Seine leidenschaftlichen Ambitionen und seine unerschütterliche Überzeugung zahlten sich aus, weil er genau gewußt hatte, was er wollte, seine Pläne in die Tat umgesetzt und seinen Problemlösungsansatz so lange geändert hatte, bis sein Ziel erreicht war. Doch dann tauchte ein neues Hindernis auf.

Die japanische Regierung rüstete zum Krieg und weigerte sich, ihm den Zement zu bewilligen, den er zum Bau seiner Fabrik brauchte. Gab er etwa auf? Nein. Haderte er mit der Ungerechtigkeit des Schicksals? Bedeutete dieser Rückschlag, daß sein Traum zu Ende war? Ganz gewiß nicht. Er beschloß wieder einmal, sich seine Erfahrungen zunutze zu machen, und entwickelte eine neue Strategie. Gemeinsam mit seiner Belegschaft entwickelte er ein Verfahren, um seinen eigenen Zement herzustellen; dann errichteten sie die Fabrik. Während des Krieges wurde sie zweimal von Bomben getroffen, die wichtige Teile der Betriebsausrüstung zerstörten. Hondas Reaktion? Er trommelte seine Mannschaft zusammen, und gemeinsam sammelten sie die leeren Zusatzkanister ein, die Treibstoff enthalten hatten und von den amerikanischen Kampfflugzeugen abgeworfen worden waren. Er bezeichnete sie als „Geschenke von Präsident Truman“, weil sie ihm das Rohmaterial boten, das er für seinen Herstellungsprozeß brauchte. Blech war nämlich ein Werkstoff, der damals in Japan nicht erhältlich war. Nachdem er all diese Unbilden des Schicksals überstanden hatte, machte ein Erdbeben seine Fabrik dem

Erdboden gleich. Honda beschloß, das Kolbenring-Geschäftsfeld an Toyota zu verkaufen.

Dieser Mann war fest entschlossen, Erfolge zu erzielen. Er glaubte an das, was er tat, und setzte sich leidenschaftlich dafür ein. Er ergriff tatkräftig die Initiative. Er änderte seine Strategien immer wieder, aber es gelang ihm trotzdem nicht, die angestrebten Ergebnisse zu erzielen. Und doch hielt er hartnäckig an seinen Zielen fest.

Nach dem Krieg herrschte in Japan großer Treibstoffmangel, und Herr Honda konnte nicht einmal Benzin für sein Auto ergattern, um Nahrung für seine Familie herbeizuschaffen. In seiner Verzweiflung montierte er schließlich einen kleinen Motor an sein Fahrrad. Bald darauf fragten ihn die Nachbarn, ob er nicht auch für sie ein solches „motorisiertes Rad" zusammenbasteln könne. Immer mehr Menschen sprangen auf den „fahrenden Zug", bis ihm die Motoren ausgingen. Honda beschloß deshalb, eine Fabrik zu bauen, die Motoren für seine neueste Erfindung herstellen sollte, aber leider fehlte ihm das Kapital.

Wie schon früher, war er auch jetzt fest entschlossen, einen Weg zu finden — koste es, was es wolle! Und er entdeckte die Lösung: Er schrieb 18.000 Fahrradhändlern in Japan einen persönlich formulierten Brief. Er erklärte ihnen, welche Rolle sie bei der Wiederbelebung der japanischen Wirtschaft spielen könnten, da die Bevölkerung mit Hilfe seiner Erfindung mobiler sein würde. 5.000 Händler ließen sich überzeugen und streckten ihm das erforderliche Startkapital vor. Noch ließen sich seine Vehikel nur an den harten Kern der Motorradfans verkaufen, weil sie zu groß und zu sperrig waren. Deshalb nahm er eine letzte Anpassung vor und entwickelte eine wesentlich leichtere, technisch vereinfachte Version. Das „Super Cub"-Modell wurde über Nacht ein Renner und brachte ihm eine Ehrenauszeichnung des Kaisers ein. Später begann er, seine Motorräder nach Europa und in die USA zu exportieren, wo sie bei den geburtenstarken Jahrgängen reißenden Absatz fanden. In den siebziger Jahren folgten die ersten Automobile, die sich inzwischen großer Beliebtheit erfreuen.

Heute beschäftigt die Honda Corporation mehr als 100.000 Mitarbeiter sowohl in den USA als auch in Japan. Der Konzern zählt zu den größten Automobilimperien in Japan, und in den USA stellt er — mit Ausnahme von Toyota — sämtliche Konkurrenten weit in den Schatten. Der Konzern hat deshalb so großen Erfolg, weil ein Mann die Macht einer wirklich engagierten Entscheidung begriff, die er tatkräftig und kontinuierlich in die Praxis umsetzte, ungeachtet aller Widrigkeiten.

Honda wußte: Wenn man eine Entscheidung trifft und umsetzt, hat es mitunter für kurze Zeit den Anschein, als ob das Vorhaben mißlingen müsse. *Um Erfolg zu erzielen, gilt es, sein Augenmerk auf die langfristige Perspektive zu richten.* Die meisten Probleme, vor die wir uns im privaten Bereich gestellt sehen — zum Beispiel übermäßiges Essen, Alkoholgenuß

Die Kristallkugel zeigt Risse ...

Die folgenden berühmten und unglaublich erfolgreichen Bücher erhielten tatsächlich von Verlagen zunächst niederschmetternde Ablehnungsbescheide wie diese:

Farm der Tiere, von George Orwell:
„Tiergeschichten lassen sich in den USA unmöglich verkaufen."

Das Tagebuch der Anne Frank, von Anne Frank:
„Das Mädchen scheint mir weder über ein ausgeprägtes Wahrnehmungsvermögen noch über Gefühle zu verfügen, die dieses Buch über die Ebene der reinen Kuriosität hinaus tragen würden."

Herr der Fliegen, von William Golding:
„Nach unserer Meinung ist es Ihnen nicht ganz gelungen, eine zugegebenermaßen vielversprechende Idee erfolgreich auszuarbeiten."

Lady Chatterley und ihr Liebhaber, von D. H. Lawrence:
„Sie sollten dieses Buch nicht veröffentlichen, in Ihrem eigenen Interesse."

Die Lust zu leben, von Irving Stone
„Ein ebenso langatmiger wie langweiliger Roman über einen Künstler."

oder Zigarettenkonsum, aber auch das Gefühl, eine Niederlage erlitten zu haben, die uns zwingt, unsere Träume aufzugeben —, resultieren aus kurzfristigem Denken. Erfolg und Versagen stellen sich indessen nicht über Nacht ein. Es sind die kleinen Entscheidungen entlang des Weges, die denn letztlich zum Mißerfolg führen. Fehlschläge können auf unser Versäumnis zurückzuführen sein, nachzuhaken, die Initiative zu ergreifen, Beharrlichkeit an den Tag zu legen, unsere mentale und emotionale Verfassung in den Griff zu bekommen, zu steuern, worauf wir uns konzentrieren. Erfolg ist umgekehrt oft das Resultat von Entscheidungen, die im Kleinen getroffen werden: der Entscheidung, höhere Ansprüche an sich selbst zu stellen; seinen Beitrag zu leisten; seinen Geist ständig zu trainieren, anstatt zuzulassen, daß andere einen manipulieren. Diese kleinen Entscheidungen schaffen eine Lebenserfahrung, die wir Erfolg nennen. Kein Unternehmen und kein Mensch hat je mit Hilfe einer kurzfristigen Perspektive Erfolge erzielt.

Auf nationaler Ebene sind die meisten Herausforderungen, mit denen wir derzeit konfrontiert sind, auf das Versäumnis zurückzuführen, die möglichen Konsequenzen unserer Entscheidungen rechtzeitig zu bedenken. Die Krisen in den USA — der Zusammenbruch der Spar- und Darlehenskassen, die unausgewogene Handelsbilanz, das immense Haushaltsdefizit, die Unzulänglichkeiten im Bildungswesen, Drogen- und Alkoholprobleme — sind alle das Ergebnis kurzfristigen Denkens. Hier tritt das „Niagara-Syndrom" in seiner schlimmsten Form in Erscheinung. Wenn Sie sich im reißenden Strom nur auf den nächsten Felsen konzentrieren, mit dem Sie zusammenprallen könnten, sind Sie außerstande, weit genug vorausblicken, um dem Wasserfall auszuweichen.

Unsere Gesellschaft hat das Prinzip unverzüglicher Bedürfnisbefriedigung so stark in den Mittelpunkt gerückt, daß kurzfristige Lösungen oft zu langfristigen Problemen werden. Unsere Kinder haben Schwierigkeiten, sich in der Schule lange genug zu konzentrieren, um gründlich nachzudenken, sich etwas einzuprägen oder zu lernen. Der Grund ist teilweise darin zu suchen, daß sie infolge der ständigen Beeinflussung durch Videospiele, Fernsehwerbung und Music Television (MTV) an unmittelbar gewährte Belohnungen gewöhnt sind. Amerika hat die höchste Anzahl übergewichtiger Kinder, die es in der Geschichte dieses Landes je gab, weil auch hier unerbittlich die schnellen Problemlösungen verfolgt werden — Fast Food-Gerichte, Puddings ohne Kochen und Kekse aus der Mikrowelle.

Auch im Geschäftsleben kann diese kurzsichtige Perspektive tödlich sein. Die ganze Kontroverse, die sich um die Exxon Valdez-Tankerkatastrophe in Alaska entsponnen hat, wäre durch eine kleine Entscheidung zu vermeiden gewesen. Der Konzern hätte seine Tanker mit einer doppelten Außenwand ausstatten können — eine weitsichtige Vorsichtsmaßnahme, um zu verhindern, daß im Fall einer Kollision Öl ausläuft. Aber der Ölmulti zog es vor, sein Augenmerk lieber auf die unmittelbaren statt auf die langfristigen Ergebnisse zu richten. Nach der Tankerkollision und der Ausbreitung des Ölteppichs ist Esso (Exxon) nun verpflichtet, die Riesensumme von 1,1 Milliarden Dollar zu zahlen — als teilweise Wiedergutmachung für den verheerenden ökonomischen Schaden, den sie angerichtet hat, ganz zu schweigen von der unermeßlichen ökologischen Zerstörung in Alaska und den benachbarten Regionen.

Der Entschluß, sich nicht auf kurzfristige, sondern vielmehr auf langfristige Ergebnisse zu konzentrieren, ist so wichtig wie jede andere Entscheidung, die Sie im Leben treffen. Ein solches Versäumnis kann nicht nur schwerwiegende finanzielle und gesellschaftliche Konsequenzen nach sich ziehen, sondern letztlich auch nachhaltige persönliche Folgen haben.

Ein junger Mann, den Sie vielleicht kennen, brach die High School ab, weil er beschlossen hatte, nicht länger mit der Verwirklichung seines großes Traumes zu warten. Er wollte ein berühmter Musiker werden. Aber seine Träume gingen nicht schnell genug in Erfüllung. Als er 22 Jahre alt war, befürchtete er sogar, daß er die falsche Entscheidung getroffen hatte und seine Musik beim Publikum niemals ankommen würde. Er hatte in Pianobars gespielt und war finanziell total abgebrannt; er schlief in Waschsalons, weil er sich keine Wohnung mehr leisten konnte. Das einzige, was ihn noch aufrecht hielt, war eine romantische Beziehung. Dann beschloß seine Freundin, ihn zu verlassen, und diese Erfahrung konnte er nicht mehr verkraften. Er dachte nur noch daran, daß er nie wieder eine solche Frau finden würde. Sein Leben besaß keinen Sinn mehr, und er beschloß, sich umzubringen. Zum Glück dachte er vorher noch einmal über alle Möglichkeiten nach und meldete sich in einer psychiatrischen Klinik an. In der Zeit, die er hier verbrachte, gewann er eine völlig neue Perspektive und erkannte seine wahren Probleme. „Ich will nie wieder so tief sinken", dachte er.

Heute sagt er: „Das war eine der besten Erfahrungen, die ich je gemacht habe, weil ich nie wieder in Selbstmitleid versunken bin, gleichgültig, was auch geschah. Alle Probleme, mit denen ich seither konfrontiert wurde, sind nichts im Vergleich zu den Schwierigkeiten, die andere durchmachen mußten, wie ich damals gesehen habe." Er konzentrierte sich wieder auf sein Ziel, verfolgte seinen seit langem gehegten Traum, und schließlich hatte er alles erreicht, was er wollte. Sein Name lautet Billy Joel.

Können Sie sich vorstellen, daß dieser Mann, den Millionen Fans lieben und der das Topmodel Christie Brinkley heiratete, sich jemals über die Qualität seiner Musik oder darüber Sorgen machte, je wieder eine so begehrenswerte Lebenspartnerin wie seine Ex-Freundin zu finden? Ein Schlüsselpunkt, an den Sie sich erinnern sollten, ist: Was auf kurze Sicht unmöglich erscheint, kann sich langfristig in ein Bilderbuchbeispiel für Glück und Erfolg verwandeln. Billy Joel gelang es, seine Depressionen zu überwinden, indem er eben die drei Entscheidungen traf, die wir alle in jeder Minute unseres Lebens zu steuern vermögen: Die Entscheidung, worauf wir uns konzentrieren wollen, was uns bestimmte Dinge bedeuten, und wie wir angesichts der Herausforderungen reagieren, die unseren Handlungsfreiraum einzuschränken scheinen. Er schraubte seine Ansprüche an sich selbst höher, stützte sie durch neue Überzeugungen und setzte die Strategien um, die er als richtig erkannt hatte.

Ich bin im Lauf der Zeit zu einer Überzeugung gelangt, die mir in extrem harten Zeiten sehr geholfen hat: *Was Gott uns nicht gleich gewährt, muß ER uns nicht zwangsläufig auf immer und ewig verwehren.* Was kurzfristig unrealisierbar erscheint, läßt sich langfristig unter Umständen durchaus verwirklichen, sofern man über Beharrlichkeit verfügt. Um Erfolg zu haben, müssen wir uns dazu zwingen, stets langfristig zu denken. Man könnte das Auf und Ab im Leben mit dem Wechsel der Jahreszeiten vergleichen. Keine Jahreszeit währt ewig, weil das Leben ein Kreislauf aus Säen, Ernten, Ruhen und Erneuerung ist. Auch der Winter dauert nicht endlos an: Selbst wenn Sie sich heute vor Riesenprobleme gestellt sehen, sollten Sie nie vergessen, daß der nächste Frühling vor der Tür steht. Für manche Leute ist der Winter eine Jahreszeit, in der man sich am besten zu Hause vergräbt und einen Winterschlaf hält; für andere bedeutet er, Schlitten oder Ski zu fahren. Man kann natürlich immer ungeduldig darauf warten, daß diese Jahreszeit zu Ende geht, aber warum macht man daraus nicht eine erinnerungswürdige Zeit?

Lenken Sie Ihre Entscheidungskraft in die richtigen Bahnen

Zusammenfassend möchte ich Ihnen sechs Regeln an die Hand geben, die Ihnen helfen können, Ihre Entscheidungskraft in die richtigen Bahnen zu lenken, jene Kraft, die jeden Augenblick Ihres Lebens prägt:

Erinnern Sie sich an die Macht der Entscheidung. Sie ist ein Werkzeug, das Sie stets benutzen können, um damit Ihr gesamtes Leben zu verändern. In der Minute, da Sie eine Entscheidung treffen, setzen Sie neue Ursachen und Wirkungen in Gang und geben Ihrem Leben eine neue Aus- und Zielrichtung. Sie können Ihr Leben buchstäblich in jedem Augenblick, in dem Sie eine Entscheidung fällen, auf einen neuen Kurs trimmen. Und vergessen Sie nicht: Wenn Sie meinen, keine andere Wahl zu haben, überfordert oder den äußeren Umständen „hilflos ausgeliefert" zu sein, liegt es an Ihnen, innezuhalten und die Situation mit Hilfe einer bewußten Entscheidung zu korrigieren. Denken Sie daran: Maßstab für jede echte Entscheidung ist die Tatsache, daß Sie neue Maßnahmen ergreifen. Wenn Sie nicht handeln, haben Sie auch keine wirkliche Entscheidung getroffen.

Machen Sie sich bewußt: Der schwerste Schritt auf dem Weg zu jeglichem Ziel ist ein unerschütterlicher Vorsatz, sich dafür einzusetzen — eine echte Entscheidung. Diese Selbstverpflichtung durchzuhalten ist oft wesentlich einfacher als die Entscheidung selbst. Entscheiden Sie also mit Umsicht, aber schnell. Halten Sie sich nicht ewig mit der Frage auf, wie Sie Ihr Vorhaben am besten angehen oder ob es überhaupt gelingen kann. Untersuchungen haben gezeigt, daß die erfolgreichsten Menschen ihre Entscheidungen unverzüglich treffen, weil sie über klare Wertvorstellungen verfügen und ganz genau wissen, was sie im Leben wirklich erreichen wollen. Dieselben Studien haben ergeben, daß diese Leute ihre Entscheidungen, wenn überhaupt, dann nur zögernd revidieren. Im Gegensatz dazu machen Menschen, die ihre Beschlüsse nur langsam fassen und schnell ändern, immer einen Schritt vor und einen zurück: Entscheiden Sie sich also!

Die Entscheidungsfindung ist eine Aktion an sich; eine gute Definition könnte also lauten: „Informationssammlung als Grundlage nachfolgenden Handelns." Sie wissen, daß Sie eine echte Entscheidung getroffen haben, wenn bestimmte Aktionen daraus folgen. Ihre Entscheidung wird zur Ursache, die den Stein ins Rollen bringt. Oft trägt sie dazu bei, ein noch höheres Ziel als das ursprünglich angestrebte zu erreichen. Ich habe mir zur Regel gemacht, *die Szene der Entscheidung nie zu verlassen, ohne eine spezifische Maßnahme für ihre praktische Umsetzung getroffen zu haben.*

Treffen Sie Entscheidungen so oft wie möglich. Je häufiger Sie Entscheidungen treffen, desto besser gehen Sie Ihnen von der Hand. Unsere Körpermuskulatur wird gestärkt, wenn wir sie trainieren, und das trifft auch auf Ihr System der Entscheidungsfindung zu. Entfalten Sie diese Kraft, indem Sie sofort einige der lästigen Entscheidungen fällen, die Sie bisher immer wieder auf die lange Bank geschoben haben. Sie werden nicht glauben, wieviel Energie und Elan Sie damit in Ihrem Leben freisetzen.

Lernen Sie aus Ihren Fehlentscheidungen. Daran führt kein Weg vorbei. Manchmal bauen Sie einfach Mist, ganz gleich, wie Sie eine Aufgabe auch anpacken. Doch wenn das Unvermeidliche geschieht, sollten Sie nicht zu streng mit sich selbst ins Gericht gehen, sondern etwas aus Ihren Fehlern lernen. Fragen Sie sich: „Hat diese Schlappe nicht auch irgendeine gute Seite? Was kann ich daraus lernen?" Der „Fehlschlag" kann ein Geschenk des Himmels sein, wenn er dazu dient, künftig bessere Entscheidungen zu treffen. Statt sich auf den kurzfristigen Mißerfolg zu konzentrieren, sollten Sie beschließen, ihn als heilsame Lektion anzusehen, die Ihnen Geld, Zeit oder Verdruß erspart und Ihre Fähigkeit stärkt, in Zukunft Erfolge zu erzielen.

Halten Sie an Ihrer Entscheidung fest, aber bleiben Sie flexibel bei der Wahl des Problemlösungsansatzes. Sobald Sie beispielsweise entschieden haben, was für eine Art Mensch Sie sein wollen, sollten Sie sich nicht an eine bestimmte Methode klammern, um Ihre Vorstellungen zu verwirklichen. Was zählt, ist allein das angestrebte Ziel. Wenn wir entscheiden, was wir im Leben erreichen wollen, wählen wir oft den besten Weg, der uns derzeit bekannt ist. Wir fertigen eine Art Landkarte an, mit deren Hilfe wir zum Ziel gelangen, verschließen aber die Augen vor alternativen Routen. Klammern Sie sich nicht starr an einen bestimmten Kurs, sondern pflegen Sie die Kunst der Flexibilität.

Genießen Sie es, Entscheidungen zu treffen. Sie müssen wissen, daß sich mit jeder Entscheidung, die Sie irgendwann treffen, Ihr Leben ein für allemal verändern kann. Die Person, hinter der Sie das nächste Mal

Schlange stehen oder neben der Sie im Flugzeug sitzen, der nächste Anruf, den Sie tätigen oder erhalten, der nächste Film, den Sie sich im Kino ansehen, das nächste Buch, das Sie lesen, oder die nächste Seite, die Sie umblättern, können die Ursache dafür sein, daß sich die Schleusen weit öffnen und alles, worauf Sie gewartet haben, eintrifft.

Wenn Sie ein wirklich leidenschaftliches, erfülltes Leben führen wollen, sollten Sie sich diese Erwartungshaltung zu eigen machen. Vor Jahren traf ich eine Entscheidung, die mir damals unbedeutend erschien, die mein Leben aber nachhaltig beeinflussen sollte. Ich beschloß, in Denver, Colorado, ein Seminar abzuhalten. Diese Entscheidung hatte zur Folge, daß ich eine Dame namens Becky kennenlernte. Sie ist fraglos eine der größten Errungenschaften in meinem Leben, und ihr Familienname lautet inzwischen Robbins. Während derselben Reise nahm ich mir vor, mein erstes Buch zu schreiben, das nun in elf Sprachen übersetzt und weltweit erschienen ist. Ein paar Tage später beschloß ich, ein Seminar in Texas zu halten. Nachdem ich eine Woche lang gearbeitet hatte, um mein Programm auszufüllen, machte sich der Veranstalter aus dem Staub — ohne mich zu bezahlen. Es war für mich naheliegend, mich an die PR-Agentin zu wenden, die er engagiert hatte, eine Leidensgenossin, wie sich herausstellte. Die Frau wurde meine Literaturagentin und half mir bei der Veröffentlichung meines ersten Buches. Und so bin ich heute in der Lage, Ihnen diese Geschichte zu erzählen.

Einmal kam ich auf die Idee, mir einen Geschäftspartner zu suchen. Daß ich nicht vorher Erkundigungen über seinen Leumund einzog, war eine schlechte Entscheidung meinerseits. Innerhalb eines Jahres veruntreute er eine Viertelmillion Dollar und brachte meine Firma mit 758.000 Dollar in die roten Zahlen, während ich pausenlos auf Reisen war und mehr als 200 Seminare hielt. Zum Glück habe ich aus dieser mißlichen Erfahrung gelernt und danach eine bessere Entscheidung getroffen. Trotz der Ratschläge aller Experten, die mir empfahlen, schleunigst Konkurs anzumelden, um die Katastrophe zu überleben, beschloß ich, nach Sanierungsmöglichkeiten zu suchen. Damit erzielte ich einen der größten Erfolge meines Lebens, der meiner Firma eine ganz neue Dimension verlieh. Was ich aus dieser Erfahrung lernte, sicherte nicht nur den langfristigen Unternehmenserfolg, sondern vermittelte mir auch viele wichtige Einsichten. Sie haben in den von mir entwickelten und in diesem Buch vorgestellten Konzepten der *Neuroassoziativen Konditionierung*™ und *Schicksalslenkungstechniken* (Destiny Technologies™) ihren Niederschlag gefunden.

Welche einzelne Erkenntnis ist nun in diesem Kapitel die wichtigste? *Es sind Ihre Entscheidungen, und nicht Ihre Lebensumstände, die Ihr Schicksal bestimmen.* Bevor Sie die Technik lernen, wie Sie Ihre alltäglichen Denk- und Gefühlsmuster verändern können, sollten Sie sich eines ins Gedächtnis rufen: Alles, was Sie in diesem Buch gelesen haben, ist wertlos — wie auch alles, was Sie in anderen Büchern entdeckt, mit Hilfe von Audiokassetten erfahren oder in Seminaren gelernt haben — … *wenn Sie nicht beschließen, Gebrauch davon zu machen.* Denken Sie daran: Eine echte, engagierte Entscheidung ist diejenige Kraft, die Ihr Leben verändert. Sie steht Ihnen jederzeit zur Verfügung, wenn Sie den festen Vorsatz fassen, sich ihrer zu bedienen.

Beweisen Sie, daß Sie einen unumstößlichen Beschluß gefaßt haben. Treffen Sie eine oder zwei Entscheidungen, die Sie bisher immer wieder aufgeschoben haben — eine leichte, und eine, die Ihnen ein wenig schwerer fällt. Zeigen Sie sich selbst, was in Ihnen steckt. Warten Sie einen Moment, bevor Sie weiterlesen. Fällen Sie mindestens eine klare Entscheidung, die Sie auf die lange Bank geschoben haben — machen Sie damit den ersten Schritt, Ihrem Ziel näherzukommen — und bleiben Sie dabei! Damit stärken Sie eben jenen „Muskel", der Ihnen den unerschütterlichen Willen einflößt, Ihr ganzes Leben zu ändern.

Sie und ich wissen, daß wir in Zukunft mit zahlreichen Herausforderungen konfrontiert werden. Aber Lech Walesa und die Menschen in Osteuropa haben eines gelernt: Wenn man fest entschlossen ist, Mauern zu überwinden, kann man hinüberklettern, sie durchbrechen, einen Tunnel graben oder ein Schlupfloch finden. Es spielt keine Rolle, wie lange dieses Hindernis bereits besteht — niemand kann der geballten Kraft von Menschen standhalten, die so lange Widerstand leisten, bis es beseitigt ist. Der menschliche Geist läßt sich nicht unterwerfen. Aber der Wille zu siegen, Erfolg zu haben, das eigene Leben selbst zu gestalten, das Schicksal zu steuern, läßt sich nur dann in positive Bahnen lenken, wenn wir genau wissen, was wir wollen. Außerdem erfordert es den festen Glauben, daß keine Herausforderung, kein Problem und kein Hindernis uns davon abhalten kann, unser Ziel zu erreichen. Wenn Sie erkannt haben, daß Ihr Leben letztlich nicht von den äußeren Umständen, sondern vielmehr von Ihren eigenen Entscheidungen maßgeblich beeinflußt wird, dann ist der Augenblick gekommen, an dem sich Ihr Leben ein für allemal ändert. Sie fühlen sich bestärkt, etwas in die richtige Bahn zu lenken …

3

Die Kraft, die Ihr Leben ordnet

„Menschen leben nur zeitweilig gemäß der Vernunft, meist unter der Herrschaft von Launen und Leidenschaft."

Sir Thomas Browne

Sie hatte nur rund eine halbe Stunde ihres Laufpensums geschafft, als es geschah. Plötzlich rannte ein Dutzend junger Burschen auf sie zu. Bevor Sie Zeit hatte, sich bewußt zu machen, was da passierte, stürzten sich die Angreifer auf sie, zerrten sie ins Gebüsch und begannen, mit einem Bleirohr auf sie einzuschlagen. Ein Junge trat ihr immer wieder ins Gesicht, bis das Blut herabströmte. Nachdem man sie mehrfach vergewaltigt und mißbraucht hatte, ergriffen die Täter die Flucht, in der Annahme, sie sei tot.

Vielleicht haben Sie von diesem tragischen und abscheulichen Verbrechen gehört, das sich vor ein paar Jahren im New Yorker Central Park ereignete. Ich befand mich an dem Abend, als es geschah, in New York City. Mich hat dabei nicht nur die Brutalität des Angriffs erschreckt, sondern auch die Tatsache, daß es sich bei den Tätern um Kinder handelte, zwischen 14 und 17 Jahre alt. Im Gegensatz zu den gängigen Klischees stammten diese Jungen weder aus ärmlichen Verhältnissen noch aus Familien, in denen Gewalttätigkeit an der Tagesordnung war. Sie besuchten teure Privatschulen, spielten Baseball in der Nachwuchsmannschaft und nahmen Tuba-Unterricht. Sie waren nicht mit Drogen vollgepumpt und deshalb völlig ausgeflippt, noch hatten sie rassistische Motive. Sie griffen diese 28jährige Frau, die sie leicht hätten umbringen können, nur aus einem einzigen Grund an: aus „Spaß". Sie hatten sogar einen Namen für das Vorhaben, das sie geplant hatten: „Wilding" (inzwischen ein Begriff für Jugendliche aus „gutem Haus", die Aggressionen aus purem Nervenkitzel ausleben, oft verbunden mit Straftaten wie Vergewaltigung, Raub oder schwerer Körperverletzung).

Nur 400 Kilometer entfernt, in der Hauptstadt Washington, stürzte ein Linienflugzeug beim Start vom National Airport während eines Schneesturms aufgrund mangelnder Sichtweite ab. Die Maschine raste gegen die Brücke über den Potomac, als der Berufsverkehr gerade am dichtesten war. Es entstand ein Stau, Ambulanzen wurden sofort an den Schauplatz des Unglücks beordert, und die Brücke verwandelte sich in einen Alptraum, in dem Chaos und Panik herrschten. Die Feuerwehrmänner, Notärzte und Sanitäter waren dem Ausmaß der Zerstörung kaum gewachsen und tauchten immer wieder in den Potomac, um Überlebende des Absturzes zu retten.

Eines der Opfer gab seine Schwimmweste immer wieder an andere weiter. Der Mann rettete viele Menschenleben, nur nicht sein eigenes. Als der Rettungshubschrauber endlich an ihn herankam, war er unter der eisigen Oberfläche des Wassers verschwunden. Er hatte sein Leben geopfert, um das völlig fremder Personen zu retten! Was hatte ihn veranlaßt, das Leben von Menschen — die er nicht einmal kannte — so hoch zu bewerten, daß er bereit war, sein eigenes dafür aufs Spiel zu setzen?

Was treibt Menschen aus „gutem Haus“ dazu, so bestialisch und unbarmherzig zu handeln, während ein anderer Mann sein Leben opfert, um unbekannte Menschen zu retten? Was ist ausschlaggebend dafür, daß jemand ein Held, ein Schurke, ein Krimineller oder ein aktives Mitglied der Gesellschaft wird? Welche Faktoren sind für die unterschiedlichen menschlichen Verhaltensweisen von Bedeutung? Im Verlauf meines Lebens habe ich mich mit aller Kraft bemüht, Antworten auf diese Fragen zu finden. Eines ist mir klar: Menschen sind keine Wesen, deren Handeln zufällig ist; für alles, was wir tun, gibt es einen Grund. Wir sind uns dessen vielleicht nicht bewußt, aber hinter jeder menschlichen Verhaltensweise steckt ein Motiv, eine Triebkraft. Sie beeinflußt jede Facette unseres Lebens, angefangen von unseren zwischenmenschlichen Beziehungen über unsere Finanzlage, bis hin zu unserer körperlichen und geistigen Verfassung. Welche Kraft steuert Sie jetzt und für den Rest Ihres Lebens? Es ist das Wechselspiel zwischen *Schmerz und Freude!* Alles, was wir tun, erfolgt aus dem Bedürfnis heraus, negative Erfahrungen zu vermeiden, oder aus unserem Wunsch, positive zu gewinnen!

Wie oft höre ich doch Leute davon reden, daß sie ihr Leben ändern wollen. Aber sie schaffen es nicht, den guten Vorsatz in die Tat umzusetzen. Sie fühlen sich frustriert, ohnmächtig und sind sogar wütend, weil sie wissen, daß sie handeln müßten, sich dazu aber nicht aufraffen können. Dafür gibt es einen einfachen Grund: Sie versuchen immer wieder, ihr Verhalten zu ändern, das letztlich nur ein Symptom ist, und versäumen es dabei, sich mit den dahinterstehenden Ursachen zu befassen.

Wenn wir die treibende Kraft, die Schmerz und Freude innewohnt, verstehen und zu nutzen wissen, dann können wir dauerhafte Veränderungen und Verbesserungen für uns selbst und jene Menschen bewirken, die uns nahestehen. Wer diese Kraft nicht erkennt, ist dazu verurteilt, blind zu reagieren, wie ein Tier oder eine Maschine. Vielleicht ist diese Behauptung eine unzulässige Vereinfachung, aber Sie sollten darüber nachdenken. Warum leiten Sie nicht einige Vorhaben in die Wege, von denen Sie wissen, daß sie unumgänglich sind?

Was versteht man unter einer zögerlichen Haltung? Zaudern heißt, daß wir etwas nicht tun, von dem wir wissen, daß wir es eigentlich tun müßten. Warum handeln wir nicht? Die Antwort ist einfach: weil wir glauben, in *diesem* Augenblick zu handeln sei unangenehmer, als ein Vorhaben auf die lange Bank zu schieben. Haben Sie schon einmal die Erledigung einer Aufgabe so lange hinausgezögert, bis sie urplötzlich den Drang verspürt haben, sie sofort in Angriff zu nehmen und ein für allemal hinter sich zu bringen? Was ist passiert? Sie haben lediglich Ihre Assoziationen von Schmerz und Freude geändert. Plötzlich schien Ihre Unentschlossenheit größere Nachteile mit sich zu bringen als der weitere Aufschub Ihres Vorhabens. Diese Erfahrung machen zum Beispiel viele Menschen, wenn sich der Termin für die Abgabe der Steuererklärung nähert!

„Ein Mensch, der leidet, bevor es nötig ist,
leidet mehr als nötig."

SENECA

Was hält Sie davon ab, sich dem Mann oder der Frau Ihrer Träume zu nähern? Was hindert Sie daran, Ihre eigene Firma zu gründen, wie seit Jahren geplant? Warum schieben Sie ihr Vorhaben, eine Schlankheitskur zu machen, immer wieder auf? Warum suchen Sie ständig nach Ausflüchten, um Ihre Diplomarbeit nicht zu Ende schreiben zu müssen? Warum haben Sie Ihre Finanzinvestitionen nicht unter Kontrolle? Was hindert Sie daran, genau das Leben zu führen, das Sie sich immer erträumt hatten?

Die Antwort ist einfach. Obwohl Sie wissen, daß alle diese Aktionen für Sie von Nutzen sind — und Ihr Leben vielleicht sogar bereichern —, assoziieren Sie in dem Augenblick, in dem Handeln geboten wäre, damit mehr Nachteile als mit dem Gedanken, unter Umständen eine Gelegenheit zu verpassen. Schließlich könnte der oder die Auserkorene Sie ja auch zurückweisen! Und sollten Sie Ihre eigene Firma gründen und scheitern, haben Sie die Sicherheit eingebüßt, die Ihnen Ihr derzeitiger Arbeitsplatz geboten hat. Und falls Sie sich auf eine Diät einlassen und hungern, hätten Sie das Gewicht irgendwann doch wieder drauf! Und was wäre, wenn Sie Ihr Geld nach eigenem Gutdünken anlegen und Verluste hinnehmen müssen? Also warum sich überhaupt erst auf einen Versuch einlassen?

Für die meisten Menschen ist die Angst vor einem Verlust viel größer als der Wunsch nach einem Gewinn. Was würde Sie stärker motivieren: jemanden daran zu hindern, die 100.000 Dollar zu stehlen, die Sie in den letzten fünf Jahren mühsam verdient haben, oder die Aussicht, in den nächsten fünf Jahren 100.000 Dollar zu verdienen? Die meisten Leute würden es vorziehen, ihren Besitz zu bewahren, als Risiken einzugehen, um das zu erreichen, was sie sich wirklich im Leben wünschen.

Oft kommt in Gesprächen eine interessante Frage über die dualen Kräfte auf, die unser Leben bestimmen: Schmerz und Freude; und diese Frage lautet: Wie kommt es, daß manche Leute sich äußerst unwohl in ihrer Haut fühlen, und dennoch nichts unternehmen, um etwas zu ändern? Antwort: Sie haben die Schmerzgrenze, die *emotionale Schwelle,* noch nicht erreicht. Wenn Sie je eine destruktive Beziehung erlebt und schließlich die Entscheidung getroffen haben, Ihre Kräfte zu mobilisieren, aus dem alten Trott auszubrechen und Ihre Situation zu ändern, sind Sie vermutlich an einem Schmerzniveau angelangt, das Sie nicht länger hinnehmen konnten. Wir alle haben schon einmal gesagt: „Jetzt habe ich endgültig die Nase voll, mir reicht's! Das muß ab sofort anders werden." Das ist der magische Augenblick, in dem der *Schmerz zu einem Freund* wird. Er spornt uns zu neuen Aktionen an, die zu neuen Resultaten führen. Wir fühlen uns noch stärker zum Handeln motiviert, wenn wir gleichzeitig erkennen, daß die Veränderung darüber hinaus viel Freude in unser Leben bringen kann.

Dieser Prozeß ist unzweifelhaft nicht auf den Bereich zwischenmenschlicher Beziehungen beschränkt. Vielleicht sind Sie auch bezüglich Ihres Körpergewichts und Ihrer Kondition an Ihre Schmerzgrenze vorgestoßen: Sie hatten die Nase endgültig voll, weil Sie sich nur mit Mühe in den Flugzeugsitz klemmen, sich nicht mehr in Ihre Kleider zwängen oder nur noch schnaufend Treppen steigen konnten. Endlich haben Sie gesagt: „Jetzt langt's mir aber!" und eine Entscheidung getroffen. Was hat Sie dazu veranlaßt? Der Wunsch, Unbehagen aus Ihrem Leben zu verbannen und wieder Freude zu empfinden: die Freude des Stolzes, die Freude des Wohlbefindens, die Freude der eigenen Wertschätzung und die Freude darüber, genau das Leben führen zu können, das Sie sich vorgestellt haben.

Natürlich treten Schmerz und Freude in unterschiedlicher Abstufung auf. Das Gefühl der Erniedrigung ist eine ziemlich intensive Form des emotionalen Schmerzes. Unbehagen oder Langeweile stellen ebenfalls eine Art Schmerz dar. Ganz offensichtlich sind einige dieser Schmerzempfindungen weniger tiefgreifend, aber sie gehen dennoch in die Gleichung ein, auf der unsere Entscheidungsfindung beruht. Auch die Freude fällt in diesem Prozeß ins Gewicht. Ein großer Teil unserer Antriebskraft im Leben wurzelt in der Aussicht, daß wir uns mit unseren Aktionen eine reizvollere Zukunft schaffen, daß die Mühe sich auszahlen wird, daß uns der verdiente Lohn winkt. Aber auch bei der Freude gibt es verschiedene Intensitätsgrade. Die Ekstase ist, wie die meisten zustimmen würden, eine ungeheuer starke Emotion, der das Gefühl des Wohlbehagens jedoch den Rang ablaufen kann. Hier kommt es auf die Perspektive des Einzelnen an.

Angenommen, Sie machen während der Mittagspause einen Spaziergang und kommen an einem Park vorbei, in dem gerade eine Beethoven-Symphonie erklingt. Bleiben Sie stehen, um zuzuhören? Das hängt von verschiedenen Dingen ab, in erster Linie wohl von der Bedeutung, die klassische Musik für Sie hat. Manche Leute würden alles stehen- und liegenlassen, um den kraftvollen Klängen der „Eroica" zu lauschen; für sie ist Beethoven ein himmlisches Vergnügen. Andere finden klassische Musik ungefähr so faszinierend wie die Aussicht, stundenlang zuschauen zu müssen, wenn Farbe trocknet. Diese Musik zu ertragen wäre eine Qual, und deshalb hasten sie weiter und begeben sich lieber wieder an ihre Arbeit. Aber selbst einige Liebhaber klassischer Musik würden nicht stehenbleiben, um zuzuhören. Vielleicht wiegt die Angst vor den unangenehmen Folgen des Zuspätkommens schwerer als das Entzücken, den vertrauten Klängen zu lauschen. Oder sie haben das Gefühl, mitten am Tag eine Pause einzulegen und Musik zu genießen sei eine Verschwendung ihrer kostbaren Zeit; das nagende Gefühl, etwas Leichtsinniges oder Unangemessenes zu tun, fällt dann stärker ins Gewicht als das Vergnügen, das ihnen die Musik zu bieten vermag. Jeder Tag unseres Lebens ist angefüllt mit Konfliktsituationen dieser Art, die wir auf psychischer Ebene mit uns selbst aushandeln. Wir wägen ständig unsere Verhaltensweisen gegen die Konsequenzen ab, die sie für uns haben könnten.

Die wichtigste Lektion, die uns das Leben erteilt

Das Verhalten von Mutter Teresa und das Leben des Immobilienspekulanten Donald Trump werden von der gleichen Triebkraft gesteuert. Sie könnten jetzt natürlich sagen: „Hat dieser Robbins nicht mehr alle Tassen im Schrank? Unterschiedlicher können zwei Menschen doch gar nicht sein!" Und Sie haben völlig recht: Ihre jeweiligen Werthaltungen sind an den entgegengesetzten Enden des Spektrums angesiedelt; und trotzdem wird auch ihr Verhalten von Schmerz und Freude bestimmt. Ihr Leben wurde dadurch geprägt, daß beide gelernt haben, was in ihnen Glücks- und was Schmerzgefühle auslöst. Das ist die wichtigste Lektion, die wir im Leben erhalten. Sie stellt sich jedem anders dar und ist genauso individuell wie das menschliche Verhalten.

Was hat Donald Trump während seines ganzen Lebens am meisten motiviert? Er hat gelernt, Freude daran zu empfinden, sich die größten und teuersten Yachten zuzulegen, die ausgefallensten Gebäude in den USA zu errichten und die gewieftesten Geschäfte abzuschließen — kurz gesagt, das größte und beste „Spielzeug" zu sammeln. Und womit hat er gelernt, Schmerz in Verbindung zu bringen? In einem Interview stellte sich heraus, daß sein größter Frust im Leben darin besteht, auf irgendeinem Gebiet Zweitbester zu sein — das kommt in seinen Augen einem totalen Versagen gleich. Sein Leistungsbewußtsein wurzelt in erster Linie in dem zwanghaften Bestreben, diese Art von Schmerz zu vermeiden. Diese Triebkraft ist für ihn wesentlich mächtiger und motivierender als sein Wunsch, Freude zu empfinden. Viele seiner Konkurrenten haben sich an den Höllenqualen geweidet, die Donald Trump beim Zusammenbruch seines Wirtschaftsimperiums erlitt. Statt ihn — oder irgendeinen Menschen, uns selbst eingeschlossen — an den Pranger zu stellen, könnte es für uns wesentlich nutzbringender sein zu verstehen, was ihn zu seinem Verhalten veranlaßt hat und ein wenig Mitgefühl mit ihm zu empfinden.

Mutter Teresa ist eine völlig gegensätzliche Persönlichkeit. Bei dieser Frau ist die Liebe zu ihren Mitmenschen so ausgeprägt, daß sie mitleidet, wenn sie mit der Not anderer konfrontiert wird. Die Ungerechtigkeit des indischen Kastenwesens empfand sie als persönliche, schmerzliche Erniedrigung. Sie machte diese Entdeckung, als sie Maßnahmen ergriff, um den Betroffenen — und damit letztlich auch sich selbst — zu helfen. Mutter Teresa hat ihr wahres Lebensziel in einem der schlimmsten Elendsviertel von Kalkutta gefunden, der „Stadt der Freude“, die aus allen Nähten platzt, weil dort Millionen hungernder, kranker und entwurzelter Menschen Zuflucht suchen. Für sie bedeutet es Glück, durch knietiefen Schlamm, Unrat und Schmutz zu waten, um eine verwahrloste Hütte zu erreichen und Babies und Kleinkinder zu betreuen, die darin hausen, die winzigen Körper ausgemergelt von Cholera und Ruhr. Sie wird von dem Gefühl getrieben, daß ihre eigene Bürde leichter wird, wenn sie anderen hilft, ihr Elend zu erleichtern oder zu überwinden. Sie weiß, daß sie selbst Freude empfindet, wenn sie anderen Freude schenkt und dazu beiträgt, daß diese ein menschenwürdigeres Dasein führen können. Sie hat gelernt, daß es das höchste Gut des Menschen ist, sich für andere einzusetzen; dieser Dienst am Nächsten gibt ihr das Gefühl, daß ihr Leben einen Sinn hat.

Obwohl es bei den meisten Menschen einiger Phantasie bedarf, die Aufopferungsbereitschaft und Demut der Mutter Teresa mit dem Materialismus eines Donald Trump zu vergleichen, sollten wir eines nicht vergessen: Diese beiden Menschen haben ihr Schicksal auf der Grundlage jener Dinge geschmiedet, mit denen sie selbst Schmerz und Freude in Verbindung gebracht haben. Sicher haben auch Herkunft und soziales Umfeld bei dieser Wahl eine Rolle gespielt, aber letztlich haben die beiden bewußt entschieden, wofür sie sich selbst belohnen oder bestrafen wollten.

Ihr Schicksal wird von den Dingen bestimmt, mit denen Sie Schmerz und Freude assoziieren

Eine Entscheidung hat eine maßgebliche Rolle bei der Verbesserung meiner Lebensqualität gespielt: Ich habe schon in jungen Jahren großen Spaß damit verbunden, etwas zu lernen. Ich erkannte, daß die Entwicklung von Konzepten und Strategien zur Beeinflussung menschlicher Verhaltensweisen und Gefühle mir buchstäblich alles geben konnte, was ich mir im Leben wünschte. Damit gelang es mir, Krisen zu überwinden und wieder Freude zu empfinden. Dadurch, daß ich lernte, die Geheimnisse menschlichen Handelns zu ergründen, verbesserte sich auch mein eigenes psychisches und physisches Befinden, und ich war imstande, meine Beziehungen zu den Personen zu vertiefen, die mir nahestanden. Lernen gab mir etwas an die Hand, das ich weitergeben konnte, bot mir eine Chance, einen wertvollen Beitrag zum Wohl aller Menschen zu leisten, mit denen ich in Kontakt kam. Das gab mir persönlich ein Gefühl der Zufriedenheit und Erfüllung. Gleichzeitig stieß ich auf eine noch intensivere Form der Freude, die darin bestand, meine neu erworbenen Kenntnisse mit leidenschaftlichem Engagement weiterzuvermitteln. Als ich sah, daß ich anderen auf diese Weise helfen konnte, ihre eigene Lebensqualität zu verbessern, offenbarte sich mir das höchstmögliche Maß an Freude. Und mein Lebensziel begann Formen anzunehmen.

Welche negativen und positiven Erfahrungen hatten prägenden Einfluß auf Ihr Leben? Wenn Sie Schmerz oder Freude beispielsweise mit Drogen assoziiert haben, ist Ihr Schicksal davon sicher nicht unberührt geblieben. Genauso verhält es sich mit den Empfindungen, die Sie mit Zigaretten- oder Alkoholkonsum, bestimmten zwischenmenschlichen Beziehungen und selbst mit Konzepten wie Geben oder Vertrauen verknüpfen.

Falls Sie Arzt sind, war Ihre Entscheidung vor vielen Jahren, die medizinische Laufbahn einzuschlagen, nicht von der Überzeugung motiviert, daß dieser Beruf der richtige für Sie sei? Jeder Arzt, den ich kenne, verknüpft ein Höchstmaß an Freude mit der Möglichkeit, anderen zu helfen, Schmerzen zu lindern, Krankheiten zu heilen und Menschenleben zu retten. Bei vielen war der Stolz, ein geachtetes Mitglied der Gesellschaft zu sein, ein zusätzlicher Anreiz. Musiker haben sich ihrer Kunst verschrieben, weil ihnen nur wenige Dinge im Leben das gleiche Maß an Befriedigung verschaffen. Und ein Konzernchef hat beispielsweise gelernt, Zufriedenheit mit wichtigen Entscheidungen zu assoziieren; sie beinhalten ein ungeheures Potential, etwas Einzigartiges zu schaffen und einen dauerhaften Beitrag zur Verbesserung der Lebensqualität zahlreicher Menschen zu leisten.

Denken Sie nur an die verengten Schmerz- und Freudenassoziationen eines John Belushi, Freddie Prinze, Jimi Hendrix, Elvis Presley, Jim Morrison oder einer Janis Joplin. Die Gewohnheit, Drogen als Flucht aus der Realität, als schnelle Problemlösung oder einen Weg zu betrachten, den Schmerz gegen ein zeitweiliges Gefühl des Wohlbefindens einzutauschen, hat ihren eigenen Niedergang verursacht. Sie haben den höchsten Preis dafür gezahlt, daß sie es nicht verstanden, ihre eigenen Gedanken und Gefühle zu steuern. Erinnern Sie sich nur an die Vorbildrolle, die sie für Millionen von Fans hatten! Ich konnte Drogen und Alkohol nie etwas abgewinnen. Lag das etwa daran, daß ich ein geistiger Höhenflieger war, der keine Aufputschmittel brauchte, oder ein Tugendbold? Nein, ich hatte nur großes Glück. Ich habe Alkohol deshalb nie angerührt, weil ich als Kind einige Mitglieder meiner Familie in berauschtem Zustand erlebte; sie führten sich so abscheulich auf, daß Alkohol noch heute Ekel in mir auslöst. Ein besonders gravierendes Beispiel, an das ich mich erinnere, war die Mutter eines Freundes. Sie war ziemlich korpulent, wog fast 150 Kilo und trank ständig. Dann wollte sie mich jedesmal umarmen und mir salbungsvolle Reden halten. Bis zum heutigen Tag wird mir speiübel, wenn ich am Atem rieche, daß jemand Alkohol getrunken hat.

Bier steht jedoch auf einem anderen Blatt. Als ich elf oder zwölf war, betrachtete ich es nicht als alkoholisches Getränk. Schließlich genehmigte sich mein Vater ab und zu ein Bier, und er wurde davon nicht volltrunken oder widerwärtig. Im Gegenteil, er schien lustiger zu sein, wenn er ein paar Gläser intus hatte. Außerdem setzte ich Biertrinken mit Freude gleich, weil ich wie mein Vater sein wollte. Wäre ich dadurch wirklich meinem Vater ähnlicher geworden? Nein, aber unser Nervensystem stellt häufig falsche Verbindungen (Neuro-Assoziationen) zu den Dingen her, die uns negative oder positive Erfahrungen bescheren werden.

Eines Tages bat ich meine Mutter um ein Glas von diesem „Gebräu". Sie lehnte ab und erklärte, es sei nicht gut für mich. Aber sie stieß auf taube Ohren: Ich war zum einen fest entschlossen, Bier zu probieren, und zum anderen standen die Beobachtungen, die ich bei meinem Vater angestellt hatte, in klarem Widerspruch zu ihrer Behauptung, es sei schädlich. Wir sperren uns gegen das, was andere sagen, weil wir absolut sicher sind, daß wir es besser wissen. Und ich wußte an diesem Tag, daß der nächste Schritt zum Erwachsenwerden darin bestand, Bier zu trinken. Schließlich erkannte meine Mutter, daß ich es mir wahrscheinlich anderswo beschaffen würde; und so beschloß sie, mir eine Lektion zu erteilen, die ich nie mehr vergessen sollte. Irgendwie hat sie wohl gespürt, daß sie drastisch die Erwartungen verändern mußte, die ich mit Bier verknüpfte. Deshalb sagte sie: „In Ordnung. Du willst also Bier trinken und wie dein Vater sein? Dann wirst du dein Bier kriegen und es genauso trinken wie er." Ich fragte: „Was soll denn das heißen?" „Du mußt eine ganze Sechserpackung leeren." „Kein Problem", erwiderte ich.

„Na, dann mal los", forderte sie mich auf. Der erste Schluck schmeckte scheußlich, ganz anders, als ich erwartet hatte. Natürlich konnte ich das damals nicht zugeben, denn schließlich hatte ich ja auch meinen Stolz. Deshalb nippte ich weiter. Als die erste Dose geleert war, sagte ich: „Jetzt kann ich aber wirklich nicht mehr." „Nichts da, hier ist das nächste", erwiderte sie und öffnete die zweite. Nach der dritten oder vierten Dose wurde mir speiübel. Ich bin sicher, Sie haben erraten, was als nächstes passierte: Ich übergab mich so, daß nicht nur ich selbst, sondern auch der ganze Küchentisch besudelt war. Es war ekelhaft und genauso widerlich, wie das Erbrochene aufzuwischen. Ich brachte den Geruch von Bier ab sofort mit Erbrechen und mit dem Gefühl in Verbindung, hundeelend zu sein. Die Assoziation wurde nicht mehr vom Kopf gesteuert, sondern zu einer emotionalen Assoziation in meinem Nervensystem — einer *Neuroassoziation,* sozusagen auf der Instinktebene —, die unzweifelhaft auf meine künftigen Entscheidungen abfärben sollte. Infolge dieser Erfahrung habe ich seither nicht einmal mehr an einem Bier genippt!

Können unsere negativen oder positiven Assoziationen unser Leben nachhaltig beeinflussen? Darauf können Sie wetten! Die negative Neuroassoziation, die ich mit Bier verknüpfte, hat sich auf viele Entscheidungen in meinem Leben ausgewirkt. Sie hatte Einfluß auf die Wahl meiner Schulfreunde und darauf, was ich als Vergnügen zu empfinden lernte. Dazu brauchte ich keinen Alkohol, sondern Lernen, Lachen und Sport. Ich lernte auch das unglaubliche Gefühl kennen, das sich einstellt, wenn man anderen hilft. Deshalb wurde ich bald derjenige, bei dem alle meine Mitschüler ihre Probleme abluden, und wenn ich zu ihrer Lösung beitragen konnte, verschaffte das sämtlichen Beteiligten ein Gefühl der Befriedigung. Einige Dinge haben sich auch im Lauf der Jahre nicht geändert!

Drogen lehne ich aufgrund einer ähnlichen Erfahrung ab: Als ich in der dritten oder vierten Klasse war, besuchten Polizisten unsere Schule und zeigten uns Filme über die Folgen der Drogensucht. Ich sah auf der Leinwand, wie Junkies sich einen Schuß setzten, high wurden, total ausflippten und aus dem Fenster sprangen. Schon als Junge brachte ich Drogen mit häßlichen Szenen und Tod in Verbindung und hatte folglich nie das Bedürfnis, sie auszuprobieren. Ich hatte das Glück, daß die Polizisten dazu beitrugen, daß ich negative Neuroassoziationen schon bei dem Gedanken entwickle, Drogen zu nehmen. Deshalb habe ich die Möglichkeit nie in Betracht gezogen.

Was können wir daraus lernen? Ganz einfach: *Wenn wir massiven Schmerz mit irgendeinem Verhaltens- oder Gefühlsmuster verknüpfen, werden wir dieses um jeden Preis vermeiden. Diese Erkenntnis können wir uns zunutze machen, um die Macht von Schmerz und Freude zu lenken und buchstäblich jeden Aspekt unseres Lebens zu verändern* — angefangen von Unentschlossenheit bis hin zur Drogenabhängigkeit. Und wie gelingt uns das? Angenommen, Sie möchten Ihre Kinder von Drogen fernhalten. Dann müssen Sie damit beginnen, bevor sie selbst damit experimentieren und von anderen lernen, Drogen fälschlicherweise mit positiven Erfahrungen in Verbindung zu bringen.

Meine Frau Becky und ich wollten auf Nummer Sicher gehen, daß unsere Kinder nie zu Drogen greifen würden. Wir wollten sie dazu bringen, Drogen mit massiven Nachteilen zu assoziieren. Wir wußten: wenn sie nicht von uns lernten, was es damit wirklich auf sich hat, dann würde jemand anders ihnen vielleicht einreden, mit Drogen könne man Problemen entfliehen.

Für dieses Vorhaben brauchte ich die Unterstützung eines alten Freundes, Captain John Rondon von der Heilsarmee. Ich habe John seit Jahren bei seiner Arbeit in den New Yorker Stadtteilen South Bronx und Brooklyn geholfen, wo er sich um die Obdachlosen kümmert, ihnen hilft, ihren Lebensstandard zu verbessern, ihre einengenden Überzeugungen zu verändern und Fähigkeiten zu entwickeln, die man zum Überleben braucht. Becky und ich sind sehr stolz auf diese Menschen, die das Gelernte genutzt haben, um von der Straße wegzukommen und ihre Lebensqualität zu verbessern. Meine Besuche dort bieten mir die Möglichkeit, etwas zurückzugeben und mir immer wieder vor Augen zu halten, wie gut es mir doch geht. Dadurch weiß ich stets den Vorzug zu schätzen, daß ich ein solcher Glückspilz bin. Außerdem rücke ich die Dinge damit wieder in die richtige Perspektive und bin imstande, ein ausgewogenes Leben zu führen.

Ich erklärte Captain Rondon mein Anliegen, und er nahm meine Kinder auf einen Rundgang mit, den sie nie vergessen werden; er sollte ihnen klar vor Augen führte, wie verheerend sich Drogen auf den menschlichen Geist auswirken. Zuerst suchten wir ein rattenverseuchtes, verrottetes Mietshaus auf. In dem Augenblick, als wir durch die Eingangstür traten, schlug uns der Gestank uringetränkter Fußböden entgegen. Meine Sprößlinge wurden mit dem Anblick von Fixern konfrontiert, die sich gerade einen Schuß setzten, ungeachtet der Zuschauer; mit Kindern, die auf den Strich gingen und die Passanten ansprachen, und mit dem jämmerlichen Weinen vernachlässigter Babies. Sie lernten, geistige, emotionale und physische Zerstörung mit Drogen zu assoziieren. Das war vor viereinhalb Jahren. Sie sind seither oft mit Drogen in Berührung gekommen, haben sie aber nie angefaßt. Diese nachhaltigen Neuroassoziationen haben ihren Lebensweg entscheidend geprägt.

Wir sind die einzigen Lebewesen auf unserem Planeten, die mit einem so reichen Innenleben ausgestattet sind, daß nicht so sehr die Geschehnisse selbst, sondern unsere Interpretation dieser Geschehnisse unser Selbstbild und unsere künftigen Verhaltensweisen beeinflußt. Der Mensch besitzt eine wunderbare, einzigartige Fähigkeit: Er ist imstande, Gegenstände oder Ideen auf seine eigenen Vorstellungen abzustimmen, sie umzuwandeln oder so zurechtzuzimmern, daß sie ihm mehr Befriedigung oder Nutzen bringen. Und an vorderster Stelle dieser Anpassungsgabe steht die Befähigung, unsere Lebenserfahrungen als Rohstoff zu verwenden, zu anderen Erfahrungen in Bezug zu setzen und daraus ein buntes Kaleidoskop, ein Reservoir von Bedeutungsinhalten zu schaffen, die sich von denen jedes anderen Erdenbürgers unterscheiden. Nur Menschen sind beispielsweise in der Lage, ihre Assoziationen so zu verändern, daß physischer Schmerz sich am Ende in Freude verwandelt und umgekehrt.

Denken Sie einmal an einen Strafgefangenen, der in den Hungerstreik tritt. Er fastet, um eine bestimmte Forderung durchzusetzen, und hält es vielleicht dreißig Tage lang ohne Nahrung aus. Der physische Schmerz ist dabei beträchtlich, aber er wird zweitrangig angesichts der Genugtuung und der triftigen Gründe, die Welt auf sein Anliegen aufmerksam zu machen. Menschen, die strikt auf eine gesunde Lebensweise achten oder ausgiebig Sport treiben, um ihren Körper in Form zu bringen, haben gelernt, Freude mit dem Schmerz physischer Strapazen zu verknüpfen. Sie schöpfen aus der Qual harter Selbstdisziplin das Gefühl der Befriedigung, an dieser Herausforderung zu wachsen. Deshalb sind ihre Verhaltensweisen konsequent und folgerichtig, ebenso wie ihre Ergebnisse.

Mit Hilfe unserer Willenskraft können wir beispielsweise den physischen Schmerz des Hungers gegen den psychischen Schmerz abwägen, der sich dann einstellt, wenn wir unsere Ideale aufgeben. Wir sind imstande, uns höhere Ziele zu setzen, die „Skinnersche Box“ zu verlassen und unser Leben selbst in die Hand zu nehmen. *Wenn wir die Assoziationen, die wir mit Schmerz und Freude verknüpfen, indes nicht bewußt beeinflussen, führen wir kein besseres Leben als Tiere, oder gleichen seelenlosen Maschinen.* Wir reagieren dann lediglich auf äußere Umstände und lassen zu, daß die Geschehnisse die Qualität unseres Lebens und seine Richtung bestimmen. Wir befinden uns wieder in der Box und in einer ähnlichen Situation wie ein Computer, der an einem für jedermann zugänglich Ort aufgestellt und dem Zugriff zahlloser Amateurprogrammierer ausgesetzt ist.

Unsere bewußten und unbewußten Verhaltensweisen sind von vielen prägenden Einflüssen abhängig, die uns mit schmerzvollen oder angenehmen Erfahrungen ausstaffiert haben — dazu können Spielkameraden in unserer Kindheit gehören, Vater und Mutter, Lehrer, väterliche Freunde oder Film und Fernsehhelden; die Liste ließe sich endlos fortsetzen. Sie wissen vielleicht gar nicht, zu welchem Zeitpunkt diese Programmierung und Konditionierung stattgefunden hat. Vielleicht war der Auslöser eine Bemerkung, die jemand fallenließ, ein Ereignis in der Schule, ein sportlicher Wettbewerb, ein peinlicher Augenblick, eine Eins mit Sternchen im Zeugnis oder auch Zensuren, die Ihre Versetzung gefährdeten. Alle diese Faktoren haben Sie zu dem Menschen gemacht, der Sie heute sind. Ich kann nicht oft genug betonen, daß *Ihr Schicksal von den Assoziationen beeinflußt wird, mit denen Sie Schmerz und Freude verknüpfen.*

Können Sie sich an Erfahrungen erinnern, die Ihre Neuroassoziationen geformt und somit eine Kette von Ursachen und Wirkungen in Gang gesetzt haben, die Sie an jenen Punkt brachten, an dem Sie sich heute befinden? Welche Bedeutung messen Sie bestimmten Dingen bei? Betrachten Sie, falls Sie alleine leben, die Ehe mit Wehmut, als ein Abenteuer, das Sie mit der Frau oder dem Mann Ihrer Träume erleben möchten — oder als Klotz am Bein? Und wenn Sie sich abends an den Tisch setzen, konsumieren Sie die Nahrung dann achtlos, um Ihren Körper aufzutanken, oder zelebrieren Sie die Mahlzeit, weil Sie die einzige Freude in Ihrem Leben darstellt?

Obwohl wir es gerne leugnen, ist nicht an der Tatsache zu rütteln, *daß unser Verhalten nicht von intellektuellen Erwägungen, sondern von einer instinktiven Reaktion auf Schmerz und Freude gesteuert wird.* Unser Kopf sagt uns, daß Schokolade nicht gut für uns ist, und dennoch haben wir Heißhunger darauf. Warum? Weil wir uns weniger von unserem verstandesmäßigen Wissen, als vielmehr von den Assoziationen leiten lassen, die unser Nervensystem mit Schmerz und Freude in Verbindung zu bringen gelernt haben. Diese *Neuroassoziationen,* die in unserem Nervensystem verankert sind, bestimmen unser Verhalten. Obwohl wir glauben möchten, daß die Triebfeder unseres Handelns der Intellekt ist, sind in den meisten Fällen unsere Gefühle — die Empfindungen, die wir mit unseren Gedanken verknüpfen — die wahren verhaltenssteuernden Kräfte.

Oft versuchen wir, dieses System zu überlisten. Wir halten eine Zeitlang Diät, bis wir schließlich kribbelig und nervös werden, weil der Frust groß ist. *Damit haben wir das Problem für den Augenblick zwar gelöst, aber wenn wir die Ursache nicht beseitigen, wird sie irgendwann wieder an die Oberfläche dringen.* Um dauerhafte Veränderungen zu bewirken, müssen wir unser früheres Verhalten mit Schmerz und unser neues Verhalten mit Freude assoziieren und uns solange darauf konditionieren, bis dieses Muster fest verankert ist. Wir dürfen nicht vergessen, daß Schmerz zu vermeiden bei jedem Menschen Vorrang vor dem Bestreben hat, Freude zu gewinnen. Unser Bemühen, Diät zu halten und den Frust kurzfristig durch reine Willenskraft zu überwinden, ist nie von langer Dauer, weil wir es noch immer als schmerzlich empfinden, auf alle Dickmacher verzichten zu müssen. Um eine anhaltende Veränderung herbeizuführen, müssen wir lernen, empfindliche Nachteile mit kalorienhaltiger Nahrung in Verbindung zu bringen, so daß uns der Appetit von selbst vergeht, und immense Vorteile damit zu verknüpfen, daß wir mehr wirklich nahrhafte Lebensmittel konsumieren. Den meisten Menschen, die gesund und topfit sind, „schmeckt" nichts so gut wie das Gefühl, schlank zu sein. Und sie können nährstoffreicher Kost eine Menge abgewinnen. Vielen macht es sogar Spaß, ihren halbvollen Teller beiseite zu schieben. Für sie ist dieser Verzicht ein Symbol, daß sie ihr Leben fest im Griff haben.

Wir können unsere Gedanken, Gefühle und unseren Körper darauf konditionieren, Schmerz und Freude mit beliebigen Dingen zu verknüpfen. Wenn wir diese Assoziationen verändern, verändern wir auch unverzüglich unser Verhalten. Beim Rauchen muß man lediglich genügend Nachteile mit dem blauen Dunst und positive Gedanken mit dem Überwinden der Sucht in Verbindung bringen. Auch Sie sind dazu in der Lage, jetzt, in diesem Augenblick! Aber vielleicht machen Sie sich diese Fähigkeit nicht zunutze, weil Sie Ihren Körper darauf gedrillt haben, Rauchen mit Genuß zu assoziieren, oder weil Sie Angst haben, der Entzug könnte ziemlich unangenehm sein. Aber wenn Sie sich mit ehemaligen Rauchern unterhalten, dann werden Sie feststellen, daß sich ihr Verhalten schlagartig geändert hat, nämlich an dem Tag, an dem sie dem Nikotin eine andere Bedeutung beigemessen haben.

Wenn Sie Ihr Leben nicht selbst planen, werden andere es für Sie tun

Madison Avenue, das Zentrum der amerikanische Werbeindustrie, zielt darauf ab, das zu beeinflussen, womit wir Schmerz und Freude assoziieren. Die Werbeleute haben klar erkannt, daß wir uns weniger von unserem Intellekt als vielmehr von den Gefühlen steuern lassen, die wir mit ihren Produkten verknüpfen. Infolgedessen haben sie meisterhaft gelernt, wie man aufputschende oder leise Musik, schnelle oder langsam ineinander übergehende Bilder, grelle oder sanfte Farben und eine Fülle weiterer Elemente einsetzt, um uns in bestimmte Gefühlszustände zu versetzen. Und wenn unsere Emotionen ihren Höhepunkt erreicht haben, wenn die Empfindungen am intensivsten sind, dann blenden sie so lange Bilder von ihrem Produkt ein, bis wir diese automatisch mit den gewünschten Gefühlen verbinden.

Pepsi hat sich dieser Strategie auf brillante Weise bedient und damit in den USA seinem größten Konkurrenten Coca-Cola einen beachtlichen Anteil des lukrativen Softdrink-Marktes abgenommen. Pepsi hatte den phänomenalen Erfolg von Michael Jackson verfolgt. Dieser junge Mann hatte zeitlebens gelernt, wie man die Stimmung der Fans durch den Einsatz von Stimme, Körper, Mimik und Gestik anheizt. Michael sang und tanzte auf eine Weise, die bei zahllosen Menschen das Gefühl auslöste, „gut drauf" zu sein — so gut, daß viele eines seiner Plattenalben kauften, um diese Hochstimmung erneut zu erleben. Pepsi fragte sich: Wie können wir diese Emotionen auf unser Produkt übertragen? Wenn es gelänge, in den Konsumenten die gleiche Stimmung zu erzeugen wie bei Michael Jacksons Musik, dann würden sie Pepsi in der gleichen Menge wie seine Plattenalben kaufen. Der Prozeß, neue Gefühle an ein Produkt oder ein Konzept zu koppeln, wird als integraler Transfer bezeichnet. Dieses Konzept ist unabdingbar für eine grundlegende Konditionierung — ein Thema, dem wir in Kapitel 6, wenn wir uns mit der Neuroassoziativen Konditionierung befassen, erneut begegnen werden. Für den Augenblick reicht es jedoch, wenn Sie sich folgendes merken: *Jedesmal, wenn wir uns in einem intensiven emotionalen Zustand befinden, wenn wir Schmerz oder Freude als ein starkes Gefühl erleben, wird alles Herausragende, das öfter wiederkehrt, neurologisch assoziiert.* Deshalb tritt dieser emotionale Zustand immer dann wieder ein, wenn wir künftig mit der gleichen Erlebniserfahrung konfrontiert werden.

Sie haben vermutlich schon einmal etwas von Iwan Pawlow gehört, einem russischen Wissenschaftler, der gegen Ende des neunzehnten Jahrhunderts gelebt und Versuche mit konditionierten Reflexen durchgeführt hat. In seinem berühmtesten Experiment läutete er beim Füttern eines Hundes eine Glocke; damit stimulierte er den Speichelfluß des Tieres und koppelte ihn an den Klang, der als Auslöser diente. Der Hund sonderte nach wiederholten Konditionierungsexperimenten künftig immer dann Speichel ab, wenn die Glocke ertönte — selbst dann, als er kein Futter mehr erhielt.

Was hat aber nun der Pawlowsche Hund mit Pepsi zu tun? Zunächst versetzt uns Pepsi in seinem Werbespot mit Michael Jackson in Hochstimmung, und dann wird genau auf dem Höhepunkt das Produkt kurz eingeblendet. Die ständige Wiederholung dieser Konstellation führte bei Millionen Michael-Jackson-Fans zu einer festen emotionalen Verbindung ihrer Lieblingsmusik mit Pepsi. In Wirklichkeit aber trinkt Michael Jackson gar keine Pepsi-Cola. Auch empfand er es als Zumutung, vor der Kamera eine leere Pepsi-Cola in die Hand zu nehmen. Nun fragen Sie sich vielleicht: „Sind die denn total verrückt? Erst zahlen sie dem Kerl 15 Millionen Dollar, um für sie einzutreten, und dann nimmt der ihr Produkt nicht einmal in die Hand — ja, erzählt obendrein noch allen Leuten, daß er dazu nicht bereit sei, es zu trinken! Was ist denn das für ein Vertreter? Die müssen total den Verstand verloren haben!" Und doch — in Wirklichkeit war das Ganze eine brillante Idee. Pepsis Umsätze sprengten jegliche Erwartungen und erreichten solche Höhen, daß der Sportschuhproduzent L. A. Gear daraufhin Michael Jackson für 20 Millionen Dollar als Werbepartner verpflichtete. Und weil Michael Jackson die Gefühlslage der Menschen jederzeit so nachhaltig verbessern kann (er ist — anders gesagt — jemand, der in der Lage ist, einen emotionalen „Zustand" herbeizuführen), haben Sony/CBS und er gerade einen neuen zehnjährigen Plattenvertrag abgeschlossen, der dem Vernehmen nach mehr als eine Milliarde Dollar wert ist. Seine Fähigkeit, die Gefühle der Leute positiv zu verändern, macht ihn in der Tat unbezahlbar.

Was wir uns bewußtmachen müssen, ist, daß diese Werbewirkungen darauf basieren, angenehme Empfindungen mit bestimmten Verhaltensweisen zu verknüpfen. Dahinter steckt die Idee, wenn wir diese Produkte verwenden, werden wir unsere Phantasie ausleben. Die Werbeexperten haben uns eingebleut, daß BMW-Fahrer etwas ganz Besonderes sind und einen ganz besonderen Geschmack besitzen. Wenn Sie einen Hyundai fahren, gehören Sie — dem von ihnen aufgebauten Image gemäß — zu den intelligenten Zeitgenossen, die ein genügsames Leben vorziehen. Und wenn Sie einen Pontiac Ihr eigen nennen, wollen Sie ein aufregendes Leben führen, während ein Toyota Ihnen das ganz spezielle Fahrgefühl vermittelt. Wir haben mit Hilfe der Werbung erfahren, daß sich jeder, der das Parfüm „Obsession" benutzt, bald mitten im Getümmel einer androgynen Sexorgie befindet. Wenn Sie Pepsi trinken, können Sie bald mit M. C. Hammer mithalten, dem Inbegriff der „hip-Szene". Und wenn Sie eine „vorbildliche" Mami sein wollen, sollten Sie Ihren Sprößlingen Vollkorn-Müsliriegel, Kinderschokolade mit dem hohen Milchanteil und Gummibärchen ohne Farbstoff verpassen.

Die Werbeagenturen haben erkannt, daß die Verbraucher oft gewillt sind, die Angst vor nachteiligen Folgen zu ignorieren, wenn ein Produkt nur genug Freude verspricht. Sie wissen beispielsweise, daß Sex sich bestens verkauft, und daß die damit verbundenen positiven Assoziationen, die durch erotische Darstellungen in Zeitungen, Zeitschriften oder im Fernsehen geschaffen werden, ihre Wirkung nicht verfehlen. Man braucht sich nur einmal den Trend auf dem Jeansmarkt anzusehen. Was sind Blue Jeans überhaupt? Früher handelte es sich um reine Arbeitshosen, funktionell und häßlich. Heute symbolisieren sie weltweit alles, was sexy, modisch-chic und jung ist. Haben Sie schon einmal einen Werbespot für „Levi's 501" gesehen? Können Sie mir erklären, was das Ganze eigentlich soll? Das macht doch überhaupt keinen Sinn, oder? Werbesendungen wie diese bringen einen völlig in Verwirrung, und doch bleibt am Ende unzweifelhaft der Eindruck zurück, daß man Sex hautnah miterlebt hat. Lassen sich mit Strategien dieser Art tatsächlich Blue Jeans verkaufen? Darauf gebe ich Ihnen Brief und Siegel! Levi's ist heute nämlich der größte Jeanshersteller weltweit.

Ist die Macht der Konditionierung, die unsere Assoziationen beeinflußt, auf Produkte wie nichtalkoholische Getränke, Automobile und Jeans beschränkt? Natürlich nicht. Nehmen wir beispielsweise eine mickrige kleine Rosine. Haben Sie gewußt, daß der Verband der kalifornischen Rosinenproduzenten für das Jahr 1986 eine riesige Ernte erwartete und dennoch in Panik geriet? Jahr für Jahr mußten die Mitglieder des Verbandes erleben, daß die Umsätze um ein Prozent jährlich zurückgingen. Verzweifelt wandten sie sich an ihre Werbeagentur und baten um Rat. Die Lösung war einfach: Es galt, die Gefühle der Konsumenten gegenüber Rosinen zu verändern. Laut Robert Phinney, dem früheren Vorsitzenden des Verbandes, waren Rosinen für die meisten Leute fitzelige, einsame, langweilige Beeren. Die Aufgabe lag klar auf der Hand: Man pumpe eine gesunde Dosis emotionalen Anreiz in das schrumpelige Früchtchen und verknüpfe es mit eben jenen Gefühlen, auf die der Verbraucher erpicht ist. Begriffe wie „schrumpelig“ und „ge- oder vertrocknet“ lassen sich nicht gerade mit einem begehrenswerten Lebensgefühl assoziieren. Die Weintraubenzüchter dachten angestrengt darüber nach, was man wohl mit Rosinen verknüpfen könnte, um einen echten Kaufwunsch zu erzeugen.

Zur damaligen Zeit erlebte ein alter Motown-Hit eine landesweite Wiedergeburt: „I Heard It Through the Grapevine“. Die Weintraubenzüchter dachten: Wie wär's, wenn wir diesen Song mit den Rosinen koppelten, so daß auch sie „in“ werden? Sie engagierten einen findigen Trickfilmzeichner namens Will Vinton, der rund 30 Rosinenfiguren aus Ton schuf, jede mit ganz eigenen Persönlichkeitsmerkmalen ausgestattet, die zu den Klängen des Oldies tanzten. Das war die Geburtsstunde der „California-Rosinen“. Die erste Werbekampagne löste auf Anhieb die gewünschten Gefühle aus. Wer die fetzigen kleinen Rosinen tanzen sah, assoziierte Spaß, Humor und Freude mit der einst so langweiligen Frucht. Die Rosine war ein zweites Mal erfunden und ein Sinnbild des ungezwungenen Lebensstils in Kalifornien geworden. Die unausgesprochene Botschaft, die in jedem dieser Werbespots mitschwang lautete: „Wer Rosinen kauft, ist ‚in‘.“ Das Fazit: Die Rosinenindustrie wurde aus ihrem katastrophalen Absatztief gerettet und erzielte jährliche Zuwachsraten von 20 Prozent. Den Weintraubenzüchtern war es gelungen, die Assoziationen der Konsumenten zu verändern: Die Früchte wurden nicht mehr als langweilig betrachtet, sondern mit Aufregung und Spaß in Verbindung gebracht.

Natürlich ist der Einsatz von Werbung als Konditionierungsinstrument nicht auf greifbare Produkte beschränkt. Zum Glück — oder leider — werden Fernsehen und Hörfunk in zunehmendem Maß auch als Mittel benutzt, die Gefühle zu beeinflussen, die wir mit unseren Politikern verknüpfen. Keiner weiß das besser als der meisterhafte Analytiker der politischen Szene und Meinungsmacher, Roger Ailes. Er war für die Schlüsselelemente des Wahlkampfes verantwortlich, den Ronald Reagan 1984 gegen Walter Mondale gewann, und der Drahtzieher hinter George Bushs Wahlkampagne, als dieser 1988 gegen Michael Dukakis antrat. Ailes entwarf eine Strategie, um drei ganz besonders negative Botschaften über Dukakis zu vermitteln — er sei lasch in puncto militärischer Verteidigung, Umweltschutz und Verbrechensbekämpfung. Damit veranlaßte er die Wähler, unangenehme Gefühle mit ihm in Verbindung zu bringen. In einer Zeitungsanzeige wurde Dukakis in einem Panzer dargestellt, wie er „wie ein Kind Krieg spielte“; in einer anderen schien man ihn für die Verschmutzung des Bostoner Hafens verantwortlich zu machen. Die bekannteste aber zeigte Strafgefangene, die durch eine Schwingtür aus dem Gefängnis von Massachusetts entlassen wurden; sie spielte auf die negative Publicity an, die „der Fall Willie Horton“ landesweit hervorgerufen hatte. Dem verurteilten Mörder Willie Horton war im Rahmen des umstrittenen Resozialisierungsprogramms, das in Dukakis' Heimatstaat durchgeführt wurde, Hafturlaub gewährt worden. Er kehrte nicht mehr in die Strafvollzugsanstalt zurück und wurde zehn Monate später verhaftet, weil er ein junges Pärchen terrorisiert hatte: Die Frau war vergewaltigt, der Mann tätlich angegriffen worden.

Viele Menschen stimmten in den negativen Tenor dieser Anzeigen ein. Ich persönlich fand sie hochgradig manipulativ. Aber ihr Erfolg läßt sich kaum bestreiten, und er basierte auf dem Wissen, daß den Menschen mehr daran gelegen ist, unangenehme Erfahrungen zu vermeiden als angenehme anzustreben. Nicht jedem gefiel die Art, wie dieser Wahlkampf ausgefochten wurde — auch George Bush gehörte zu den Kritikern —, aber das änderte nichts an der Tatsache, daß Aversionen ein starker, verhaltensbeeinflussender Reiz sind. Ailes erklärte dazu: „Die negativen Anzeigen erreichten schneller ihr Ziel. Die Leute neigen dazu, ihnen (Anzeigen solcher Art) mehr Aufmerksamkeit zu widmen. Autofahrer drosseln das Tempo, oder auch nicht, um eine idyllische Landschaft vom Highway aus anzuschauen. Aber jeder hält an, wenn es einen Autounfall zu sehen gibt." Keine Frage, Ailes' Strategie war äußerst effektiv. Bei der Wahl konnte Bush klar die Stimmenmehrheit auf sich vereinigen und erteilte Dukakis eine Abfuhr, als er bei der Abstimmung der Wahlmänner einen der deutlichsten Siege in der Geschichte der USA für sich verbuchen konnte.

Die Kraft, die weltweit Meinungen und Kaufgewohnheiten beeinflußt, wirkt sich auch auf alle anderen menschlichen Verhaltensweisen aus. Es steht jedem von uns frei, sich diese Kraft gefügig zu machen und über das eigene Handeln bewußt zu entscheiden. Wenn wir unsere Gedanken nicht eigenständig steuern, werden wir zum Spielball all jener, die uns auf die von ihnen gewünschten Verhaltensweisen konditionieren wollen. Manchmal hätten wir ohnehin so gehandelt, aber es gibt auch Situationen, in denen wir anders entschieden hätten. Die Werbeexperten wissen, daß man sich das Bestreben, Schmerz zu vermeiden und Freude zu gewinnen, zunutze machen kann; sie müssen lediglich die Emotionen beeinflussen, welche die Konsumenten mit ihren Produkten verknüpfen. Wenn wir unser Leben selbst in die Hand nehmen wollen, gilt es zu lernen, selber in unserem Kopf die „Werbetrommel" dafür zu rühren; und das kann uns von einer Minute zur anderen gelingen. Wie? *Indem wir ein so intensives Schmerzgefühl mit einer Verhaltensweise in Verbindung bringen, die wir aufgeben möchten, daß wir sie nicht länger auch nur in Betracht ziehen.* Gibt es irgend etwas, das Sie nie im Leben tun würden? Überlegen Sie, welche Gefühle Sie damit verknüpfen. Und wenn Sie diese Empfindungen an das Verhalten koppeln, das Sie künftig vermeiden wollen, werden Sie es nie wieder an den Tag legen. *Der nächste Schritt besteht einfach darin, das neue, gewünschte Verhalten mit positiven Emotionen zu assoziieren.* Durch Wiederholung und intensives Erleben dieser

Emotionen können Sie diese Verhaltensweisen so fest in sich selbst verankern, daß sie irgendwann automatisch erfolgen.

Der erste Schritt zur Veränderung besteht also darin, sich der Macht bewußt zu werden, die Schmerz und Freude auf jede unserer Entscheidungen und somit auf jede Aktion ausüben, die wir einleiten. Das A und O dieses Bewußtseins ist die Erkenntnis, daß diese Verknüpfungen — zwischen Ideen, Worten, Bildern, Geräuschen und den Emotionen Schmerz und Freude — kontinuierlich stattfinden.

„Ich bin der Auffassung, daß Freuden zu meiden sind,
wenn sie größere Schmerzen zur Folge haben,
und Schmerzen verheimlicht werden sollten,
die in größerer Freude enden."

MICHEL DE MONTAIGNE

Das Problem ist, daß die meisten Menschen ihre Entscheidungen auf Erfahrungen stützen, die kurzfristig Schmerz oder Freude schaffen, anstatt die langfristige Perspektive ins Auge zu fassen. Die meisten Dinge im Leben, die wir schätzen und anstreben, erfordern jedoch, die Mauer kurzfristiger Nachteile zu durchbrechen, um langfristig Vorteile zu gewinnen. Wir müssen zeitweilige Ängste und Versuchungen beiseite schieben und unser Augenmerk auf das richten, was auf lange Sicht am wichtigsten ist: unsere Wertvorstellungen und persönlichen Grundsätze. Denken Sie daran: *Die Antriebskraft ist nicht der Schmerz selbst, sondern vielmehr unsere Angst vor Geschehnissen, die schmerzhaft sein könnten. Und es ist nicht die tatsächliche Freude, die uns motiviert, sondern unsere Überzeugung — das sichere Gefühl —, daß eine bestimmte Verhaltensweise positive Folgen haben wird.* Was uns treibt, ist nicht die Realität, sondern die Art, wie wir die Realität wahrnehmen.

Die meisten Menschen konzentrieren sich darauf, kurzfristig negative Erfahrungen zu vermeiden und positive zu gewinnen, wobei sie sich langfristig Verdruß bereiten. Ein Beispiel: Angenommen, Sie möchten eine paar überflüssige Pfunde loswerden. (Ich weiß, daß Sie dieses Bedürfnis in Wirklichkeit nie hatten, aber tun wir trotzdem so, als ob!) Einerseits haben Sie eine Fülle stichhaltiger Gründe, um abzunehmen: Man fühlt sich gesünder und energievoller, die Kleidung paßt besser, und man tritt in Gegenwart von Angehörigen des anderen Geschlechts selbstsicherer auf. Andererseits sprechen jedoch genauso viele Gründe dagegen: Man muß Diät halten, hat ständig ein nagendes Hungergefühl, man muß den Heißhunger auf alles unterdrücken, was dick macht, und außerdem — warum soll man damit nicht bis nach dem Urlaub warten?

Wenn alle diese Gründe gegeneinander aufgerechnet werden, neigt sich die Waagschale bei vielen Menschen zugunsten der Entscheidung, ein Vorhaben einstweilen aufzuschieben. Das mögliche Vergnügen, schlanker zu sein, wird von dem kurzfristigen Unbehagen, während der Diät auf vieles verzichten zu müssen, in den Schatten gestellt. Kurzfristig vermeiden wir den Schmerz des nagenden Hungergefühls und stürzen uns auf eine winzige Portion Kartoffelchips, ein bißchen Freude, die jedoch nicht lange währt. Langfristig fühlen wir uns zunehmend unwohl in unserer Haut, ganz zu schweigen davon, daß unsere Gesundheit Schaden nimmt.

Vergessen Sie also nicht: Alles, was von Wert ist, setzt manchmal voraus, daß wir kurzfristig irgendeine Form des Schmerzes hinnehmen, um langfristig Freude zu gewinnen. Wenn man eine Spitzenfigur haben will, muß man den Körper trimmen, und dazu sind zeitweilig gewisse schmerzvolle Veränderungen unumgänglich. Sobald man sich an eine Kraft- und Konditionsgymnastik gewöhnt hat, beginnt sie, Spaß zu machen. Genauso verhält es sich mit einer Diät. Bei jeder Aktivität, die Selbstdisziplin erfordert, muß man eine Schmerzmauer durchbrechen: Das gilt für das Geschäftsleben, für zwischenmenschliche Beziehungen, Selbstvertrauen, Fitneßprogramme und Finanzen. Wie gelingt es Ihnen nun, das Unbehagen zu überwinden und den Impuls zu wecken, Ihre Ziele wirklich anzustreben? Als erstes müssen Sie die in jedem Augenblick des Lebens mögliche Entscheidung treffen, sich über den momentanen Schmerz hinwegzusetzen, und — besser noch — sich nachfolgend darauf zu konditionieren. Dieses Thema wird in Kapitel 6 eingehend erläutert.

Ein besonders anschauliches Beispiel dafür, wie uns eine kurzsichtige Perspektive zu Fall bringen kann (wie beim Niagara-Syndrom), stellt die Krise der amerikanischen Spar- und Darlehenskassen dar. Beim Umgang mit der Savings-and-Loan-Branche (sparkassenähnlichen Instituten) hat die US-Regierung auf finanztechnischem Gebiet vermutlich den größten Fehler ihrer Geschichte begangen. Schätzungen zufolge könnte die Sanierung dieses maroden Wirtschaftszweiges die amerikanischen Steuerzahler mehr als 500 Milliarden Dollar kosten, obwohl die meisten Amerikaner keine Ahnung haben, wie es zu dieser Krisensituation kommen konnte. Das Problem wird mit allergrößter Wahrscheinlichkeit schmerzhafte Auswirkungen — zumindest wirtschaftliche Nachteile — auf jeden amerikanischen Bürger haben, gleich ob Mann, Frau oder Kind, und unter Umständen sogar noch künftige Generationen belasten. L. William Seidman, Vorstandsvorsitzender der Resolution Trust Corporation (eine treuhänderische Verwaltungsgesellschaft) und der Federal Deposit Insurance Corporation (Bundeseinlagenversicherung), vertraute mir in einem Gespräch an: „Wir sind die einzige Nation, die reich genug ist, um einen so gravierenden Fehler zu überleben." Was hat dieses finanzielle Desaster verursacht? Hier handelt es sich um ein Lehrbuchbeispiel für den Versuch, schmerzhafte Auswirkungen eines Problems durch kurzsichtige Lösungen zu beseitigen, während man gleichzeitig die Ursache verstärkt weiterwirken läßt.

Das Unheil begann mit den Herausforderungen, vor die sich die Savings-and-Loan-Branche gegen Ende der siebziger und Anfang der achtziger Jahre gestellt sah. Banken und Sparkassen hatten damals ihre Geschäftstätigkeit in erster Linie auf Firmenkunden und auf den Konsumgütermarkt abgestellt. Nun muß ja jede Bank, die Gewinne erwirtschaften will, Kredite vergeben, und zwar zu einem Zinssatz, der höher liegt als derjenige, den sie für Spareinlagen zahlt. In der ersten Problemphase sahen sich damals die Banken Schwierigkeiten an mehreren Fronten gegenüber. Den ersten großen Schlag erhielten sie, als branchenfremde Unternehmen in einen Markt eindrangen, der zuvor als alleinige Domäne der Banken galt: in das Kreditvergabegeschäft. Da hatten zum einen die großen Konzerne festgestellt, daß sie einiges an Zinsen einsparen konnten, wenn sie sich das benötigte Kapital gegenseitig zur Verfügung stellten. Sie entwickelten den sogenannten „Geldmarkt für Firmenanleihen" — mit derartigem Erfolg, daß viele Banken daraufhin fast keine Gewinne mehr erwirtschaften konnten.

Zum anderen gab es auch einige Veränderungen an der amerikanischen Verbraucherfront. Schon immer konnten die Konsumenten dem Gedanken nicht viel abgewinnen, sich mit dem Kreditsachbearbeiter ihrer Bank zusammensetzen zu müssen, nur wegen eines bescheidenen Darlehens für den Kauf eines Autos oder größeren Haushaltsgeräts. Man kann wohl sagen, daß die meisten, deren Kreditwürdigkeit auf Herz und Nieren überprüft wurde, diese Erfahrung als ziemlich unliebsam empfanden. In vielen Banken hatten sie dabei nicht mehr das Gefühl, ein geschätzter Kunde zu sein. So witterten Autofirmen ihre Chance und begannen, ihren Kunden Kredite zu gewähren — und damit auch für sich selbst eine neue Gewinnquelle zu erschließen. Sie sahen, daß sich mit Finanzierungen ebensoviel Geld verdienen ließ wie mit dem Autoverkauf, und sie konnten ihren Kunden mehr Bequemlichkeit bei der Abwicklung der Transaktion und niedrigere Zinssätze bieten. Sie hatten natürlich eine ganz andere Einstellung als die Banken, nämlich ein begründetes Interesse daran, daß der Kunde den Kredit tatsächlich erhielt. Schon bald zogen die Autokäufer dieses Finanzierungsinstrument der traditionellen Geldbeschaffungsmethode vor. Sie wußten die Bequemlichkeit, Flexibilität und die niedrigen Gebühren, die bei dieser Art der Kreditvergabe anfielen, zu schätzen. Alles wurde an ein und demselben Ort von einem höflichen Firmenangehörigen abgewickelt, der daran interessiert war, das Geschäft unter Dach und Fach zu bringen. So wurde die General Motors Acceptance Corporation (GMAC) ziemlich schnell eine der größten Autofinanzierungsgesellschaften in den USA.

Eine der letzten Bastionen für herkömmliche Bankkredite war der Immobilienmarkt; Zinssätze und Inflationsraten waren jedoch in schwindelnde Höhen gestiegen — in einem Jahr auf sage und schreibe 18 Prozent. Infolgedessen konnte sich niemand mehr die monatlichen Rückzahlungen leisten, die der Schuldendienst bei solchen Zinssätzen erforderte. Wie Sie sich denken können, verschwanden die Hypothekenkredite daraufhin ebenfalls weitgehend von der Landkarte.

Zu diesem Zeitpunkt hatten die Banken bereits massenhaft Unternehmenskunden verloren, mußten starke Einbrüche im Autokreditgeschäft hinnehmen und erste Verluste im Hypothekenbereich verzeichnen. Den vernichtenden Schlag versetzten ihnen dann Sparer und Anleger, die infolge der Inflation auf höhere Habenzinsen erpicht waren, während die Banken immer noch an Altbestände von Krediten zu merklich niedrigeren Sollzinsen gebunden waren. Auf diese Weise machten die Banken täglich Verluste. Als sie nun merkten, daß ihr eigenes Überleben auf dem Spiel stand, leiteten sie zwei Maßnahmen ein: Erstens schraubten sie die Kriterien für die Kreditwürdigkeit, die ein Kunde erfüllen mußte, herunter. Sie gelangten zu der Ansicht, daß es sonst bald niemanden mehr geben würde, dem sie Geld leihen konnten. Und ohne Kreditvergabe ließen sich keine Gewinne erzielen (was sich schmerzhaft bemerkbar machen würde). Wenn sie jedoch Kunden Darlehen gewähren könnten, die zuverlässig ihre Rückzahlungen leisteten, konnte man rosigeren Zeiten entgegensehen (was Freude versprach). Außerdem beinhaltete dieses Konzept nur ein geringes Risiko. Falls ein Schuldner nämlich seinen Verpflichtungen nicht nachkam, dann würde der Steuerzahler den Banken aus der Klemme helfen. Alles in allem brauchten sie also wenig Angst vor den negativen Folgen zu haben, sahen aber einen großen Anreiz darin, ihr Kapital (das des Steuerzahlers?) „auf's Spiel" zu setzen.

Diese Banken und S&L-Institute übten außerdem Druck auf den Kongreß aus, Maßnahmen einzuleiten, um ihren Untergang zu verhindern, was eine Reihe von Veränderungen zur Folge hatte. Die Großbanken erkannten, daß sie unbedenklich Kredite an solche Länder vergeben konnten, die verzweifelt Kapital auftreiben mußten. Die Kreditgeber stellten fest, daß sie während einer einzigen Frühstückssitzung einer Nation ein Darlehen von mehr als 50 Millionen Dollar gewähren konnten. Sie mußten sich nicht mit Millionen Konsumenten herumplagen, um die gleiche Summe zu verleihen, und die Gewinne, die bei diesen großen Krediten heraussprangen, waren beträchtlich. Die Bankmanager und Kreditsachbearbeiter erhielten oft saftige Prämien, gestaffelt nach Umfang und Anzahl der Kreditgeschäfte, die sie unter Dach und Fach gebracht hatten. Unter diesen Umständen widmeten die Banken der Bonität des Gläubigers nicht mehr viel Aufmerksamkeit. Ihnen war es gleichgültig, ob ein Land wie Brasilien seine Schulden zurückzahlen konnte oder nicht; und, ehrlich gesagt, ließen sich damals viele deswegen keine grauen Haare wachsen. Warum? Sie taten genau das, was man ihnen beigebracht hatte. Sie waren geradezu ermutigt worden, mit der US-Bundeseinlagenversicherung va banque zu spielen; sie wußten, daß ihnen Riesengewinne winkten, wenn sie erfolgreich waren; und daß der Steuerzahler die Rechnung zahlen würde, falls sie scheiterten. Für die amerikanischen Banker hatte dieses Szenario einfach zu wenig negative, schmerzhafte Aspekte.

Die kleineren Banken aber, denen die Mittel fehlten, um Auslandskredite zu vergeben, gelangten zu der Auffassung, das nächstbeste sei die Vergabe von gewerblichen Krediten an große Immobilien- und Baufirmen in den USA. Auch sie schraubten ihre Anforderungen an die Bonität eines Schuldners zurück, so daß nun auch Unternehmen ohne die vorher üblichen 20 Prozent Eigenkapital Geld aufnehmen konnten. Und wie reagierten die besagten Firmen darauf? Nun, sie hatten keine müde Mark in der Tasche und arbeiteten ausschließlich mit dem Geld anderer Leute; dazu kam, daß der Kongreß gleichzeitig so attraktive Steueranreize für die gewerbliche Bautätigkeit eingeführt hatte, daß die einschlägigen Firmen buchstäblich nichts zu verlieren hatten. Ihnen blieben die lästigen Analysen erspart, ob ihre Märkte, die Standorte oder die Größen der Gebäude richtig waren. Sie wußten, daß es für sie nur ein einziges „Minus“ gab, nämlich das unter dem Strich, in Form der unglaublichsten Steuerabschreibungen ihres Lebens.

Diese Entwicklung hatte einen irren Bauboom und ein Überangebot am Markt zur Folge. Als das Angebot die Nachfrage um einiges überstieg, brach der Markt zusammen. Die Baufirmen marschierten zu den Banken und eröffneten ihnen: „Wir sind zahlungsunfähig“, und auch diese erklären ihrerseits den Steuerzahlern: „Wir sind zahlungsunfähig.“ Leider hatte jedoch der Steuerzahler niemanden, dem er den Schwarzen Peter in gleicher Weise zuschieben konnte. Noch schlimmer ist indes, daß alle Amerikaner Zeuge des Mißbrauchs geworden sind, der hier getrieben wurde. Jeder, der Vermögen besitzt, gerät nun leicht in den Verdacht, er müsse andere wohl übervorteilt haben. Damit leistet man einer negativen Einstellung gegenüber vielen Geschäftsleuten Vorschub, die oft eben diejenigen sind, die Arbeitsplätze schaffen und den Amerikanischen Traum nähren. Dieser ganze Schlamassel offenbart aber auch, daß weder die Dynamik von Schmerz und Freude verstanden noch erkannt wurde, daß der Versuch wenig ratsam ist, langfristige Probleme mit kurzfristigen Lösungen zu bekämpfen.

Schmerz und Freude sind auch die unsichtbaren Drahtzieher in der Kulisse eines weltweiten Dramas. Lange Jahre haben wir den eskalierenden Rüstungswettlauf zwischen den USA und der Sowjetunion miterlebt. Beide Nationen hatten ihr Arsenal an Vernichtungswaffen stetig aufgestockt, um damit zu drohen: „Falls ihr uns angreift, werden wir Vergeltung üben und euch noch größeren Schaden zufügen.“ Dieses Gleichgewicht des Schreckens wurde bis zu dem Punkt aufrechterhalten, an dem die USA 15.000 Dollar pro Sekunde in Waffen investierten. Was hat aber nun Gorbatschow urplötzlich zu der Entscheidung veranlaßt, über einen Abbau des militärischen Potentials zu verhandeln? Die Antwort lautet: die Schmerzgrenze. Er begann, den Gedanken als besonders schmerzhaft und nachteilig anzusehen, sich auf militärischem Gebiet mit den USA messen zu wollen. Finanziell war es einfach nicht mehr realisierbar, mit Amerika gleichzuziehen; er sah sich ja nicht einmal imstande, die Hungersnot im eigenen Land zu bekämpfen! Und wenn Menschen nichts zu essen haben, ist ihnen der eigene Magen wichtiger als das Waffenarsenal. Sie sind mehr daran interessiert, ihre Speisekammern als die Waffendepots zu füllen. Sie gelangen zu der Überzeugung, daß hier Gelder leichtfertig vergeudet werden und fordern nachdrücklich eine Umstrukturierung des Budgets. Hat Gorbatschow seine Position geändert, weil er ein außergewöhnlicher Politiker ist? Vielleicht. Aber eines ist sicher: Ihm blieb gar keine andere Wahl.

„Die Natur hat die Menschheit unter die Herrschaft
zweier souveräner Kräfte gestellt, Schmerz und Freude ...
sie lenken uns in allem, was wir tun, sagen, und denken:
Jeder Versuch, den wir unternehmen,
um unser Joch abzuwerfen, dient lediglich dazu,
diese Wahrheit zu veranschaulichen und zu bestätigen."

JEREMY BENTHAM

Warum halten Menschen an einer unbefriedigenden Partnerschaft fest und sind nicht gewillt, auf eine Lösung ihrer Probleme hinzuarbeiten oder die Beziehung zu beenden? Liegt es an dem Wissen, daß jede Veränderung ein Schritt ins Ungewisse ist, der viel schmerzvoller sein könnte als das, was sie bereits erleben? Auf solche Menschen treffen Sprichwörter zu wie: „Besser ein Teufel, den man kennt, als einer, den man nicht kennt" oder: „Der Spatz in der Hand ist besser als die Taube auf dem Dach." Diese tiefverwurzelten Überzeugungen halten uns davon ab, die Initiative zu ergreifen und ein neues Leben zu beginnen.

Wenn wir eine enge, vertrauensvolle Beziehung zu einem Partner des anderen Geschlechts entwickeln wollen, müssen wir unsere Angst überwinden, zurückgewiesen und verletzt zu werden. Wenn wir planen, eine eigene Firma zu gründen, müssen wir die Angst in den Griff bekommen, eine gesicherte Existenzgrundlage aufzugeben. Die meisten Dinge im Leben, die wir schätzen, erfordern, daß wir der grundlegenden Konditionierung unseres autonomen Nervensystems entgegenwirken. Wir müssen unsere Ängste bewältigen, indem wir diese vorprogammierten Reaktionsmuster ausmerzen und, in vielen Fällen, unsere Angst in eine Triebkraft verwandeln. Oft treffen die Befürchtungen, die uns beherrschen, ohnehin nicht ein. Manche Menschen empfinden beispielsweise schon Angst bei dem Gedanken, ein Flugzeug zu besteigen, obwohl es für diese Phobie keine logische Begründung gibt. Menschen mit Flugangst reagieren auf negative Erlebnisse in ihrer Vergangenheit, oder malen sich laufend neue Schreckensbilder aus. Vielleicht haben sie in der Zeitung etwas über einen Absturz gelesen und gehen Flugzeugen nun möglichst aus dem Weg. Sie lassen zu, daß die Angst sie beherrscht. Wir sollten jedoch dafür sorgen, daß wir in der Gegenwart leben und auf Geschehnisse reagieren, die real sind — nicht auf Ängste, die ihre Wurzeln in der Vergangenheit haben, oder auf Ereignisse, die in ferner Zukunft eintreten könnten. Wir müssen uns vor allem daran erinnern, daß wir meistens nicht tatsächlichem Schmerz aus dem Weg gehen, sondern lediglich Erfahrungen, von denen wir glauben, daß sie uns Schmerzen bereiten werden.

Machen wir doch ein paar Veränderungen ... Jetzt sofort!

- *Notieren Sie vier Aktionen, die Sie unbedingt in Angriff nehmen müssen, bisher aber stets aufgeschoben haben.* Vielleicht müssen Sie abnehmen, mit dem Rauchen aufhören, sich mit jemandem versöhnen, mit dem Sie verkracht sind, oder den Kontakt zu einer Person wieder aufnehmen, die Ihnen wichtig ist.
- *Schreiben Sie unter jede dieser Aktionen die Antwort auf folgende Fragen: Warum habe ich nicht eher gehandelt? Welche negativen Empfindungen habe ich bisher mit dieser Aktion verknüpft?* Wenn Sie diese Fragen beantworten, werden Sie verstehen, was Sie bisher davon abgehalten hat, die Initiative zu ergreifen: Es erschien Ihnen unangenehmer, zu handeln, als passiv zu bleiben. Sie sollten ehrlich mit sich selbst sein. Wenn Sie der Meinung sind, daß Sie mit dieser Aktion keine Schmerzgefühle verknüpft hätten, denken Sie nochmals gründlich nach. Vielleicht bestand der Nachteil einfach darin, daß Sie gezwungen gewesen wären, aus Ihrem prallvollen Terminkalender ein paar Stunden abzuzwacken.
- *Schreiben Sie alle angenehmen Erfahrungen auf, die Sie in der Vergangenheit mit diesem negativen Verhaltensmuster gemacht haben.* Wenn Sie beispielsweise meinen, Sie müßten unbedingt abnehmen — warum haben Sie dann ganze Berge von Keksen, Riesentüten Kartoffelchips und literweise Limonade konsumiert? Sie sind dem Schmerz aus dem Weg gegangen, sich etwas vorenthalten zu müssen, und haben es vorgezogen, sich einem kurzfristigen Genuß hinzugeben. Damit haben Sie sich wie auf Knopfdruck Vergnügen verschafft. Niemand verzichtet gern auf solche Genüsse. Um eine dauerhafte Veränderung herbeizuführen, müssen wir also neue Möglichkeiten finden, dieselben Freuden ohne unliebsame Folgen zu genießen. Wenn wir diese Formen der Bedürfnisbefriedigung ermitteln, sehen wir unser Ziel klarer vor Augen.
- *Schreiben Sie auf, mit welchen negativen Konsequenzen Sie rechnen müssen, wenn Sie sich jetzt nicht ändern.* Was passiert, wenn Sie nicht da-

mit aufhören, Zucker und Fett in solchen Mengen zu konsumieren? Wenn Sie das Rauchen nicht einstellen? Wenn Sie nicht das Telefonat führen, von dem Sie wissen, daß es unumgänglich ist? Wenn Sie nicht beginnen, jeden Tag Gymnastik zu treiben? Sie sollten sich diese Fragen ehrlich beantworten. Welche Folgen wird Ihr Verhalten in den nächsten zwei, drei, vier oder fünf Jahren zeitigen? Mit welchen emotionalen Belastungen müssen Sie rechnen? Mit welchen Auswirkungen auf Ihr Selbstbild, auf Ihre körperliche Energie, Ihr Selbstwertgefühl, Ihre finanzielle Situation, Ihre Beziehungen zu den Menschen, an denen Ihnen am meisten liegt? *Welche Gefühle rufen diese Gedanken wach?* Sagen Sie nicht einfach: „Das wird mich eine nette Stange Geld kosten" oder: „Dann bleibe ich eben dick." Das ist nicht genug. Sie sollten sich daran erinnern, daß Emotionen die größte Triebfeder menschlichen Handelns darstellen. Also machen Sie sich mit dem Schmerz vertraut; betrachten Sie ihn als Freund und Verbündeten, der Sie motivieren kann, ganz neue, persönliche Erfolge anzustreben.

- *Der letzte Schritt besteht darin, alle Vorteile zu notieren, die Sie genießen könnten, wenn Sie beschließen, sich unverzüglich zu ändern.* Machen Sie eine lange Liste, die Sie emotional auf Trab bringt, die Sie mit echter Vorfreude und Spannung erfüllt: „Ich werde das Gefühl haben, daß ich mein Leben selbst in die Hand nehme, daß ich am Drücker bin. Ich werde mehr Selbstvertrauen entwickeln, vitaler und gesünder sein. Ich werde imstande sein, meine Beziehungen zu festigen, mehr Willenskraft zu entfalten, die mir auch in jedem anderen Lebensbereich zugute kommt. Mein Leben wird an Qualität gewinnen, und zwar nicht kurzfristig, sondern auch im Verlauf der nächsten zwei, drei, vier oder fünf Jahre. Wenn ich diese Maßnahme aktiv in die Wege leite, werde ich meinen Traum erfüllen." Stellen Sie sich alle diese positiven Auswirkungen vor, die sich sowohl unmittelbar als auch langfristig bemerkbar machen.

Ich möchte Sie ermutigen, sich jetzt Zeit für diese Übung zu nehmen. Nutzen Sie die positiven Impulse, die sich aufgebaut haben, während Sie bis zu dieser Stelle des Buches vorgedrungen sind. Halten Sie sich an die Devise: Carpe diem! Nutze den Tag! Es gibt keine Zeit, die der Gegenwart gleicht. Sollten Sie jedoch keine Sekunde mehr warten können, weil Sie unbedingt das nächste Kapitel lesen müssen, dann lassen Sie sich keinesfalls davon abhalten. Aber nehmen Sie sich fest vor, später auf die Übung zurückzukommen und sich selbst zu beweisen, daß Sie die Kontrolle über die einander verwandten Kräfte Schmerz und Freude besitzen.

Dieses Kapitel hat Ihnen immer wieder vor Augen geführt, daß die Erfahrungen, die wir mit Schmerz und Freude verknüpfen, jeden Aspekt unseres Lebens beeinflussen. Es steht in unserer Macht, diese Assoziationen zu verändern, und damit auch unser Verhalten und unser weiteres Schicksal.

4

Glaubenssysteme: Schöpferische und zerstörerische innere Kräfte

„Unter der Oberfläche allen Denkens lebt alles,
woran wir glauben,
wie der letzte Schleier unseres Geistes.“

Antonio Machado

Er war verbittert und erbarmungslos, alkohol- und drogensüchtig, ein Mann, der mehrmals kurz davor stand, seinem Leben ein Ende zu setzen. Heute verbüßt er eine lebenslängliche Haftstrafe für den Mord an dem Kassierer eines Spirituosenladens, der ihm lediglich „in die Quere“ kam. Er hat zwei Söhne, die im Abstand von nur elf Monaten geboren wurden. Der eine wuchs auf nach dem Vorbild des Vaters: ein Junkie, der seinen Lebensunterhalt mit Diebstählen und Raubüberfällen bestritt, bis auch er wegen versuchten Mordes im Gefängnis landete. Der Lebensweg seines Bruders gestaltete sich völlig konträr: Dieser Mann hat drei Kinder, führt eine harmonische Ehe und scheint wirklich glücklich zu sein. Als Gebietsleiter eines großen amerikanischen Konzerns sieht er seine Arbeit als persönliche Herausforderung und lohnenswerte Tätigkeit. Er ist körperlich in Topform und weder alkohol- noch drogenabhängig. Wie konnten sich diese beiden jungen Männer so unterschiedlich entwickeln, obwohl sie im selben Milieu groß geworden sind? Beide wurden getrennt voneinander gefragt: „Warum hat Ihr Leben eben diesen Verlauf genommen?“ Überraschenderweise gaben beide haargenau die gleiche Antwort: „Was hätte denn sonst aus mir werden sollen, bei einem solchen Vater?“

Wie oft lassen wir uns doch zu dem Glauben verführen, daß bestimmte Umstände oder Ereignisse unser Leben bestimmen und daß uns unsere Umwelt zu dem gemacht hat, der wir heute sind. Es gibt kein größeres Ammenmärchen. *Nicht die Ereignisse in unserem Leben prägen unsere Persönlichkeit, sondern unsere Überzeugungen und Interpretationen dieser Ereignisse.*

Zwei Männer werden in Vietnam verwundet und in das berüchtigte Hoa Lo-Gefängnis eingeliefert. Sie werden in Isolierhaft gehalten, an Zementsockel gekettet, immer wieder mit rostigen Eisenstangen geprügelt und gefoltert, um ihnen Informationen zu entlocken. Obwohl beide die gleichen Torturen erleiden, ziehen sie völlig gegensätzliche Schlußfolgerungen aus dieser Erfahrung: Der eine ist sich sicher, sein Leben sei ohnehin keinen Pfifferling mehr wert, und um sich weitere Qualen zu ersparen, begeht er Selbstmord. Der andere leitet aus dieser sadistischen Behandlung einen unerschütterlichen Glauben an sich selbst, an seine Mitmenschen und seinen Schöpfer ab. Captain Gerald Coffee nutzte diese Erfahrung, um Menschen in aller Welt an die Macht des menschlichen Geistes zu erinnern, der jedes Ausmaß an Schmerz, jede Herausforderung und jedes Problem letztlich zu überwinden vermag.

Zwei Frauen werden siebzig Jahre alt; doch jede mißt diesem Ereignis eine andere Bedeutung bei. Die eine Jubilarin „weiß", daß sich ihr Leben dem Ende zuneigt, daß der Körper nach sieben Jahrzehnten zwangsläufig dem Verfall preisgegeben und daß es nun allerhöchste Zeit ist, ihre Angelegenheiten zu regeln. Die andere gelangt zu der Auffassung, daß das Alter keine Rolle spielt und man zu allem befähigt ist, was man sich zutraut; sie schraubt die Ansprüche an sich selbst hoch. Sie entdeckt, daß Bergsteigen eine interessante Sportart sein könnte, für die man auch mit siebzig noch nicht zu alt ist. Während der nächsten zwanzig Jahre entwikkelt sie eine Leidenschaft für diese neue, abenteuerreiche Disziplin, in der sie es zu wahrer Meisterschaft bringt. Sie bezwingt einige der höchsten Gipfel der Welt, und heute ist die neunzigjährige Hulda Crooks die älteste Frau, die je den Fudschijama bestiegen hat.

Sie sehen, nicht die Umwelt oder bestimmte Ereignisse in der Vergangenheit prägen uns, sondern vielmehr die *Bedeutung*, die wir ihnen beimessen. Die Art, wie wir diese Erlebnisse und Erfahrungen deuten, hat maßgeblichen Einfluß auf die Persönlichkeiten, die wir heute sind und morgen sein werden. Unsere tiefverwurzelten Glaubenssysteme entscheiden, ob unser Lebensweg durch Freude und schöpferischen Einsatz oder durch Elend und Zerstörung gekennzeichnet ist. Es sind die Glaubenssysteme, die einen Mozart von einem Massenmörder wie Charles Manson unterscheiden. Und es sind die Überzeugungen, die manche Menschen zu heldenhaften Taten veranlassen, während andere „ein Leben in stiller Verzweiflung" führen.

Was bewirken unsere Glaubenssysteme? Sie sind eine Richtschnur, die uns Hinweise darauf gibt, was zu schmerzvollen oder erfreulichen Erfahrungen führen könnte. Bei jedem Ereignis, das einen inneren Konflikt auslöst, stellt sich das Gehirn zwei Fragen: „Wird es mir Schmerzen oder Freude bringen?" und „Was muß ich nun tun, um Schmerz zu vermeiden und/oder Freude zu gewinnen?" Die Antworten auf diese beiden Fragen stützen sich auf unsere Glaubensprinzipien, und diese wiederum werden von verallgemeinernden Schlußfolgerungen darüber gespeist, was nach unseren bisherigen Erfahrungen schmerzvolle oder erfreuliche

Konsequenzen haben wird. Solche Verallgemeinerungen beeinflussen unser gesamtes Verhalten und somit auch die Richtung und Qualität unseres Lebens.

Generalisierungen können durchaus sehr nützlich sein; denn sie basieren auf dem schlichten Wiedererkennen ähnlicher Muster. Wie gelingt es Ihnen beispielsweise, eine x-beliebige Tür zu öffnen? Sie werfen einen Blick auf den Knauf, und obwohl Sie dieses spezielle Fabrikat vielleicht nie zuvor gesehen haben, können Sie in der Regel sicher sein, daß sich diese Tür öffnen läßt, sobald Sie den Knauf nach rechts oder links drehen beziehungsweise die Klinke herunterdrücken oder hochziehen. Warum glauben Sie das? Ihre Erfahrung mit Türgriffen hat Sie mit genügend Referenzerlebnissen ausgestattet, auf die Sie nun zurückgreifen können. Diese schaffen ein *Gefühl innerer Gewißheit,* daß Ihre Problemlösung auch dieses Mal von Erfolg gekrönt sein wird. Ohne dieses Gefühl der Gewißheit wären wir buchstäblich außerstande, das Haus zu verlassen, Auto zu fahren, ein Telefon zu benutzen oder auch nur irgendeines der zahlreichen Dinge zu verrichten, die im Alltag anfallen. Verallgemeinerungen erleichtern das Leben und ermöglichen uns die Bewältigung unserer Aufgaben.

Leider haben Verallgemeinerungen in komplexeren Lebensbereichen aber auch den Nachteil, daß sie zu übermäßigen Vereinfachungen, bisweilen sogar zu hemmenden Glaubensmustern führen. Vielleicht haben Sie schon mehrfach das eine oder andere Vorhaben nicht in die Tat umgesetzt und aufgrund dessen einen Minderwertigkeitskomplex entwickelt. Sobald Sie fest an Ihre Unfähigkeit glauben, kann diese Überzeugung zu einer „sich selbst erfüllenden Prophezeiung" werden. Sie sagen sich vielleicht: „Das schaffe ich doch sowieso nicht! Warum soll ich es also überhaupt erst versuchen?" Oder Sie haben schlechte Entscheidungen in Ihrem Berufs- oder Privatleben getroffen und leiten daraus die Schlußfolgerung ab, daß Sie sich immer wieder selbst das „Wasser abgraben" werden. Oder Sie fühlten sich früher Ihren Mitschülern unterlegen, weil diese Ihrer Meinung nach eine raschere Auffassungsgabe besaßen. Statt in Betracht zu ziehen, daß Sie möglicherweise eine andere Lernstrategie hatten, sind Sie zu dem Schluß gelangt, Sie seien „lernbehindert". Und werden nicht auch rassistische Vorurteile von Verallgemeinerungen über eine ganze Volksgruppe geschürt?

Glaubensprinzipien sind mitunter ein Problem, weil sie die Bandbreite künftiger Entscheidungen über die Entwicklung der Persönlichkeit und des eigenen Fähigkeitspotentials einengen. *Die meisten Glaubensmuster sind Verallgemeinerungen, die auf unserer Deutung früherer positiver und negativer Erfahrungen basieren.* Damit sehen wir uns einer dreifachen Herausforderung gegenüber: Die meisten von uns entscheiden nicht bewußt, woran sie glauben wollen. Oft beruhen unsere Glaubenssätze auf Fehlinterpretationen früherer Erfahrungen. Wir vergessen, sobald wir zu einem Glauben gelangt sind, daß es sich lediglich um eine subjektive Auslegung handelt. Wir beginnen, unsere Glaubensprinzipien so zu handhaben, als wären sie die Realität — oder ein Evangelium. Tatsache ist, daß wir unsere seit langem verwurzelten Überzeugungen nur noch selten in Zweifel ziehen. Sollten Sie sich jemals fragen, warum Menschen so handeln, wie sie handeln, dann gilt es, sich an eines zu erinnern: Wir sind Geschöpfe, die nichts aufs Geratewohl tun; unser gesamtes Verhalten ist das Resultat unserer Glaubensmuster. Jede Handlung beruht auf dem bewußten oder unbewußten Glauben, daß wir damit negative Erfahrungen vermeiden und positive gewinnen. Wenn Sie langfristige und konsequente Verhaltensmodifikationen herbeiführen wollen, dann müssen Sie die Glaubensmuster ändern, die Sie an der Ausführung Ihres Vorhabens hindern.

Glaubensprinzipien sind eine Triebkraft, die schöpferische und zerstörende Impulse auslösen kann. Menschen verfügen über die beängstigende Fähigkeit, jeglicher Erfahrung in ihrem Leben eine bestimmte Bedeutung beizumessen, die sie entweder lähmt oder beflügelt. Manche haben sich angesichts eines schmerzlichen Ereignisses in der Vergangenheit gesagt: „Gerade deshalb werde ich anderen helfen. Ich bin vergewaltigt worden, und ich werde meinen Teil dazu beitragen, daß keiner anderen Frau so etwas passiert." Oder: „Ich habe meinen Sohn oder meine Tochter verloren, und deshalb will ich mich dafür einsetzen, daß andere Kinder in einer besseren Welt leben können." Hierbei handelt es sich durchaus nicht um Wunschdenken; zu diesen Überzeugungen zu gelangen war für diese Menschen vielmehr unerläßlich, damit sie die Bruchstücke ihres bisherigen Daseins zusammenklauben und auch weiterhin ein sinnvolles Leben führen konnten. Wir alle haben die Fähigkeit, Ereignisse positiv zu interpretieren und uns dadurch Kraft zu geben; doch leider machen sich allzu viele Menschen diese Gabe niemals zu eigen, ja sie wissen nicht einmal von dieser Möglichkeit. Wenn wir nicht fest daran glauben, daß es für alle unerklärbaren Tragödien, die uns widerfahren, einen Grund gibt, dann zerstören wir unsere Fähigkeit, wirklich zu leben. Die Notwendigkeit, einen Sinn in den schmerzvollsten Erfahrungen unseres Lebens zu finden, wurde auch von dem Psychiater Viktor Frankl beobachtet. Er überlebte, wie einige andere Opfer des Holocaust, die unsäglichen Schrecken von Auschwitz und ähnlichen Konzentrationslagern. Frankl stellte eine Gemeinsamkeit zwischen den wenigen Menschen fest, die durch diese „Hölle auf Erden" gegangen waren: Sie waren imstande, ihre Erfahrungen zu bewältigen und umzuwandeln, indem sie ihren Qualen einen positiven Sinn gaben. Sie gelangten zu dem Glauben, daß sie gelitten und überlebt hatten, um ihre Geschichte zu erzählen und dafür zu sorgen, daß kein menschliches Wesen je wieder solchen Grausamkeiten ausgesetzt sein würde.

Glaubensprinzipien wirken sich nicht nur auf unsere Gefühle und Aktionen aus. Sie können auch unseren Körper buchstäblich von einer Minute zur anderen verändern. Ich hatte die Ehre, ein Interview mit Dr. Bernie Siegel zu führen, der Professor in Yale und Bestseller-Autor ist. Als wir auf das Thema Glaubenssysteme zu sprechen kamen, erzählte er mir von seinen Forschungsprojekten mit Patienten, die unter multipler Persönlichkeit litten. Die Überzeugungen dieser Menschen waren so stark, daß ihr autonomes Nervensystem — wenn sie glaubten, eine andere Person zu sein — planmäßig und einem inneren Befehl gehorchend, meßbare biochemische Veränderungen im Körper auslöste. Das hatte zur Folge, daß sich die äußere Gestalt vor den Augen der Forscher regelrecht verwandelte und im Handumdrehen die neue Identität widerzuspiegeln begann. Auch in anderen Studien wurden solche bemerkenswerten Vorkommnisse erwähnt: Beispielsweise ändert sich die Augenfarbe der Patienten, wenn sie in eine andere Persönlichkeit schlüpfen, oder physische Merkmale verschwinden urplötzlich und tauchen danach wieder auf! Selbst Krankheiten wie Diabetes oder Bluthochdruck kommen und gehen, je nach Überzeugung des Patienten, welche Persönlichkeit sich gerade manifestiert.

Glaubensprinzipien sind sogar imstande, die Auswirkungen von Medikamenten auf unseren Körper außer Kraft zu setzen. Die meisten Menschen glauben, daß Arzneimittel zur Heilung beitragen. Studien auf dem Gebiet der Psychoneuroimmunologie (einer wissenschaftlichen Disziplin, die sich mit der Beziehung zwischen Psyche und Körper befaßt) haben jedoch erste Beweise für eine Theorie geliefert, die vielen schon seit Jahrhunderten im Kopf herumspukt: Unsere Überzeugungen hinsichtlich der Erkrankung und ihrer Behandlung spielen eine entscheidende, ja vielleicht sogar eine noch wichtigere Rolle als die Therapie selbst. Dr. Henry Beecher von der Harvard-Universität hat auf diesem Gebiet umfangreiche Untersuchungen durchgeführt. Sie haben klar ergeben, daß wir den Genesungsprozeß oft einem bestimmten Medikament zuschreiben, während er in Wirklichkeit auf Glaubensprinzipien des Patienten zurückzuführen ist.

Ein anschauliches Beispiel dafür war ein bahnbrechendes Experiment mit hundert Medizinstudenten, die man gebeten hatte, zwei neue Medikamente zu testen. Das in einer roten Kapsel befindliche wurde von den Versuchsleitern als hochwirksames Aufputschmittel, das andere in einer blauen Kapsel als starkes Beruhigungsmittel beschrieben. Ohne daß die Studenten es wußten, hatte man den Inhalt der Kapseln vertauscht: die rote Kapsel enthielt in Wirklichkeit ein Barbiturat, die blaue ein Amphetamin. Dessenungeachtet entwickelte die Hälfte der Studenten Symptome, die ihren jeweiligen Erwartungen entsprachen — genau die entgegengesetzte chemische Reaktion, die das Arzneimittel in ihrem Körper hätte bewirken müssen! Die Teilnehmer erhielten keine Placebos, sondern echte Medikamente. Aber ihre Überzeugungen waren stärker als der chemische Effekt. Dr. Beecher erklärte später, daß die Wirksamkeit eines Arzneimittels „nicht nur ein direktes Ergebnis seiner chemischen Eigenschaften, sondern auch vom Glauben des Patienten an seine Nützlichkeit und Effektivität ist.“

> *„Eine medikamentöse Behandlung ist nicht immer erforderlich, wohl aber immer der Glaube an die Genesung.“*
>
> NORMAN COUSINS

Im Verlauf eines Interviews kurz vor seinem Tod erzählte mir Norman Cousins eine Geschichte, die zeigt, welche ungeheuren Auswirkungen Überzeugungen auf den menschlichen Körper haben können. Bei einem Football-Spiel in Monterey Park, einem Randbezirk von Los Angeles, erlitten mehrere Besucher eine Lebensmittelvergiftung. Der herbeigerufene Arzt, der die Betroffenen untersuchte, gelangte zu der Schlußfolgerung, die Ursache sei ein bestimmtes alkoholfreies Getränk aus einem Automaten, das alle Patienten gekauft hatten, bevor sie erkrankten. Über den Lautsprecher im Stadion wurden daraufhin die Besucher gebeten, den Automaten nicht mehr zu benutzen, da einige Leute erkrankt seien; des weiteren beschrieb man die Symptome. Die Tribünen verwandelten sich in kürzester Zeit in ein Inferno, als die Zuschauer massenweise erbrachen und in Ohnmacht fielen. Selbst Menschen, die nicht einmal in die Nähe des Automaten gekommen waren, entwickelten die Symptome! Die Ambulanzen des nahe gelegenen Krankenhauses hatten an diesem Tag Hochbetrieb, als sie immer wieder zwischen Stadion und Klinik hin- und herrasten, um ganze Scharen angeschlagener Fans zur Notaufnahme zu befördern. Als dann festgestellt wurde, daß der Automat nicht der Auslöser sein konnte, waren die Zuschauer prompt und auf „wundersame Weise“ genesen.

Wir müssen zur Kenntnis nehmen, daß unsere Glaubensprinzipien die Fähigkeit besitzen, uns *von einem Augenblick auf den anderen* krank oder gesund zu machen. Sie wirken sich nachweislich auf unser Immunsystem aus. Und was noch wichtiger ist, sie können den Entschluß zu handeln in uns reifen lassen oder aber unsere Antriebskraft schwächen und zerstören. In eben diesem Augenblick beeinflußt Ihr Glaube auch Ihre Reaktion auf das, was Sie bisher gelesen haben, und was Sie mit den daraus gewonnenen Erkenntnissen anfangen werden. Manchmal entwickeln wir Glaubensmuster, die uns im Rahmen eines ganz bestimmten Zusammenhangs einengen oder stärken — etwa, wenn es um die Einschätzung unserer Fähigkeit geht, zu singen, zu tanzen, ein Auto zu reparieren oder mit Zahlen umzugehen. Andere Glaubensmuster beruhen auf so starken Verallgemeinerungen, daß sie buchstäblich jeden Aspekt unseres Lebens beherrschen, entweder auf positive oder auf negative Weise. Ich bezeichne sie deshalb als *globale Glaubensmuster.*

Bei solchen Mustern handelt es sich um jene Pauschalurteile, die wir hinsichtlich aller Dinge in unserem Leben gefällt haben: Sie betreffen unsere eigene Identität, den Menschen schlechthin, Arbeit, Zeit, Geld und — nebenbei bemerkt — auch das Leben selbst. Diese Verallgemeinerungen „in Bausch und Bogen" werden oft in Formulierungen wie ist/bin/sind gekleidet, zum Beispiel „Das Leben ist …", „Ich bin …" oder „Die Menschen sind …". Glaubenssätze von solcher Bandbreite und Vielfalt können jeden Aspekt unseres Lebens formen und färben. Die gute Nachricht lautet nun: Wir müssen nur ein einziges, derzeit vorhandenes und uns einengendes globales Glaubensprinzip ablegen, um von einem Augenblick auf den anderen eine Veränderung in buchstäblich jedem Lebensbereich herbeizuführen. Vergessen Sie nicht: *Sobald ein Glaubenssatz fest verankert ist, wird er zu einem Befehl, dem unser autonomes Nervensystem blind Folge leistet. Er hat die Macht, unsere gegenwärtigen und künftigen Möglichkeiten zu erweitern oder zu zerstören.*

Um ein selbstbestimmtes Leben führen zu können, müssen wir unsere Glaubensmuster bewußt lenken. Doch das gelingt uns nur, wenn wir verstehen, was Glaubensprinzipien wirklich sind und wie sie entstehen.

Was ist ein Glaubenssatz?

Was versteht man überhaupt unter einem Glaubenssatz? Wir reden im Leben oft über Dinge, ohne eine genaue Vorstellung zu haben, wie sie tatsächlich beschaffen sind. Die meisten Menschen gehen mit ihren Glaubenssätzen um wie mit einem x-beliebigen Gegenstand; in Wirklichkeit handelt es sich jedoch nur um ein *Gefühl der Gewißheit,* das man in bezug auf einen bestimmten Sachverhalt hat. Wenn Sie beispielsweise glauben, intelligent zu sein, dann sagen Sie eigentlich: „Ich habe das untrügliche Gefühl, intelligent zu sein." Diese Gewißheit gestattet Ihnen, Ressourcen anzuzapfen, die Ihnen helfen, von Intelligenz zeugende Ergebnisse zu erzielen. Wir haben buchstäblich sämtliche Antworten in uns gespeichert — oder können uns zumindest mit Hilfe anderer Personen Zugang zu allen Problemlösungen verschaffen, die wir brauchen. Und doch hindert der Mangel an Überzeugung oder innerer Gewißheit viele Menschen daran, sich dieser Fähigkeit zu bedienen, die in ihnen schlummert.

Was Glaubensmuster wirklich sind, wird anschaulich, wenn man sich bewußt macht, daß sie auf dem grundlegenden Baustein einer Idee oder Vorstellung beruhen. Sie haben vielleicht eine ganze Reihe von Vorstellungen, an die Sie jedoch nicht recht glauben. Nehmen wir beispielsweise an, Sie wären der Meinung, sexy zu sein. Halten Sie einen Moment inne und sagen Sie: „Ich bin sexy." Ob es sich hier um eine flüchtige Vorstellung oder um einen festen Glauben handelt, hängt von dem Ausmaß der Gewißheit über den Wahrheitsgehalt ab, das Sie verspüren, während Sie diesen Satz aussprechen. Wenn Sie dabei denken: „Na ja, eigentlich bin ich nicht richtig sexy“, so heißt das im Klartext: „Ich bin mir nicht so sicher, daß ich eine erotische Ausstrahlung besitze.“

Wie verwandeln wir eine Vorstellung in einen Glauben? Dieser Prozeß läßt sich am besten anhand einer Metapher veranschaulichen. Wenn Sie sich einen Tisch ohne Beine ausmalen, dann können Sie sich in etwa ein Bild davon machen, warum man bei einer Vorstellung kein so sicheres Gefühl hat wie bei einem Glauben. Ohne Beine würde der Tisch nicht einmal aus eigener Kraft stehen. Glaubenssätze ruhen hingegen auf einem festen Fundament. Wenn Sie wirklich an Ihren Sex-Appeal glauben — woher nehmen Sie dann diese Gewißheit? Sie haben *Referenzerlebnisse* in Ihrem Gedächtnis gespeichert, die Ihre Vorstellung untermauern. Eben das sind die Beine, die Ihrem Tisch Standfestigkeit und Ihrer Überzeugung das Gefühl der Gewißheit verleihen.

Auf welche Referenzerlebnisse können Sie zurückgreifen? Vielleicht haben andere Männer und Frauen Ihnen gesagt, Sie seien sexy. Oder Sie blicken in den Spiegel, vergleichen sich mit anderen, die als sexy gelten, und sagen sich: „Da kann ich doch locker mithalten!“ Oder wildfremde Männer pfeifen Ihnen auf der Straße hinterher und winken Ihnen zu. Alle diese Erfahrungen bedeuten nichts, solange Sie diese nicht der Vorstellung zuordnen, daß Sie sexy sind. Dabei sorgen die Referenzerlebnisse für einen „soliden Unterbau“ und veranlassen Sie, daran zu glauben. Sie haben jetzt das Gefühl innerer Gewißheit, und Ihre Vorstellung hat sich in einen Glaubenssatz verwandelt.

Wenn Sie sich diese Metapher vor Augen halten, verstehen Sie, wie sich Glaubensmuster herausbilden, und ahnen, wie man sie über Bord werfen kann. Wichtig ist vor allem, zu erkennen, daß wir zu allem und jedem Glaubensmuster entwickeln, wenn wir nur genug „Beine“ — also im

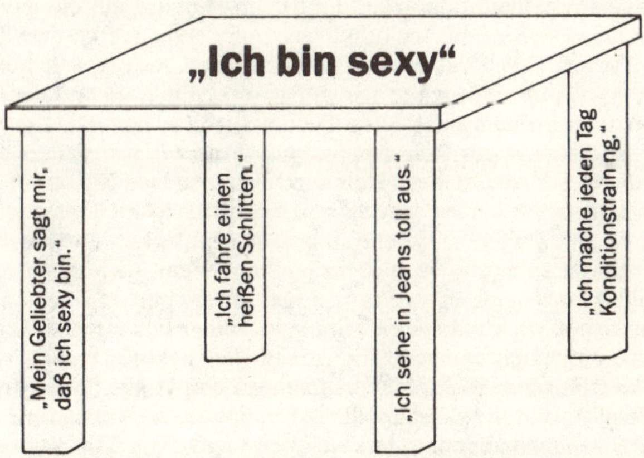

Gedächtnis gespeicherte Referenzerlebnisse — finden, um sie zu stützen. Denken Sie darüber nach. Haben nicht auch Sie schon einmal schlimme Erfahrungen mit anderen Menschen gemacht oder kennen Leute, die solche Enttäuschungen hinnehmen mußten? Wenn Sie wirklich wollten, könnten Sie doch leicht zu dem Glauben gelangen, daß alle Menschen schlecht und nur darauf aus sind, Sie auszunutzen, falls sich ihnen halbwegs eine Chance dazu bietet. Vielleicht wollen Sie es einfach nicht glauben, und eine solche Einstellung könnte sich ja, wie bereits erwähnt, auch lähmend auswirken. Aber dessenungeachtet haben Sie doch bestimmt Erlebnisse gehabt, die diese Vorstellung stützen und Ihnen das sichere Gefühl geben würden, daß sie richtig ist, oder? Und stimmt es nicht auch, daß Sie Erfahrungen gemacht — das heißt Referenzerlebnisse — haben, die den Gedanken untermauern, daß Menschen im Grunde gut und hilfsbereit sind, wenn man ihnen echte Anteilnahme und gute Behandlung zuteil werden läßt?

Die Frage ist nun: Welche dieser beiden Anschauungen entspricht der Wahrheit? Und die Antwort lautet, daß es darauf gar nicht ankommt. Was zählt, ist allein, welche Anschauung uns innere Kraft gibt. Wir finden immer jemanden, der uns in unserem Glauben und in unserem Gefühl der Gewißheit bestärkt. Auf diese Weise sind Menschen überhaupt erst in der Lage, rational zu handeln. Die Schlüsselfrage lautet auch hier wieder, ob ein Glaubenssatz uns im Alltag stärkt oder schwächt, zum Handeln befähigt oder blockiert. Woher stammen also unsere Referenzerlebnisse? Ganz sicher können wir dabei aus dem Reservoir unserer persönlichen Erfahrungen schöpfen. Bisweilen sammeln und speichern wir Referenzerlebnisse anhand von Informationen, die wir von anderen Menschen, aus Büchern, Kassetten, Filmen und so weiter beziehen. Und manchmal beruhen sie ausschließlich auf unserer eigenen Vorstellungskraft. Die emotionale Intensität, die wir im Hinblick auf ein jedes Referenzerlebnis empfinden, beeinflußt ganz eindeutig Stärke und Stabilität dieser „Beine". Die stärksten und solidesten sind aus persönlichen Erfahrungen geschnitzt, mit denen wir intensive Gefühle verknüpfen, weil es sich um schmerzliche oder erfreuliche Ereignisse handelt. Ein weiterer Faktor ist die Zahl der Referenzerlebnisse, die wir gespeichert haben — wobei die Regel gilt: Je mehr Referenzerlebnisse eine Idee oder Vorstellung stützen, desto stärker sind Sie von ihrer Richtigkeit überzeugt.

Müssen Ihre Referenzspeicherungen den Tatsachen entsprechen, damit Sie gewillt sind, auf sie zurückzugreifen? Nein, sie können real oder eingebildet, präzise oder vage sein. Sogar unsere persönlichen Erfahrungen, von denen wir glauben, sie wären ein solides Fundament, werden gelegentlich durch unsere eigene, individuelle Perspektive verzerrt.

Da der Mensch zu solchen Verzerrungen und Höhenflügen der Phantasie fähig ist, sind die „Stützpfeiler", die wir zur Untermauerung unseres Glaubens sammeln können, buchstäblich grenzenlos. Die Kehrseite besteht jedoch darin, daß wir diese Referenzspeicherungen — ungeachtet der Quelle, aus der sie stammen — als Wirklichkeit zu akzeptieren beginnen und nicht länger in Frage stellen. Das kann äußerst nachhaltige negative Folgen haben, je nachdem, welche wir uns zu eigen machen. Umgekehrt sind wir aber auch in der Lage, auf Phantasie beruhende Referenzspeicherungen als Antriebskraft zu nutzen, die uns der Verwirklichung unserer Träume ein Stück näherbringt. Manchen Menschen gelingt dies, wenn sie sich etwas so lebhaft vorstellen, als wäre es Realität. Das liegt daran, daß unser Gehirn den Unterschied zwischen einer Situation, die man sich in aller Deutlichkeit ausmalt, und einer, die man tatsächlich erlebt, nicht ausmachen kann. *Die emotionale Intensität und der Wiederholungseffekt bewirken, daß unser autonomes Nervensystem ein Ereignis als real erlebt, auch wenn es noch nicht eingetroffen ist.* Alle erfolgreichen Menschen, mit denen ich bisher gesprochen habe, besaßen das untrügliche Gefühl, daß ihr Vorhaben gelingen würde, selbst wenn niemand vor ihnen etwas Ähnliches geschafft hatte. Sie waren imstande, Referenzerlebnisse zu schaffen, die es in Wahrheit gar nicht gab, und das scheinbar Unmögliche zu erreichen.

Jeder, der mit einem Computer arbeitet, kennt wahrscheinlich auf Anhieb den Namen „Microsoft". Was die meisten jedoch nicht wissen, ist, daß Bill Gates, einer der Mitbegründer des Unternehmens, nicht nur ein Genie war, das in den Glückstopf gegriffen hat. Er gehört vielmehr zu jenen Menschen, die alles auf eine Karte setzen, obwohl sie keinerlei Referenzerlebnisse haben, die ihre Überzeugung stützen. Als er herausfand, daß eine Firma in Albuquerque ein Gerät namens „Personal Computer" entwickelte und BASIC-Software benötigte, setzte er sich mit ihr in Verbindung und versprach, das gewünschte Programm zu liefern, obwohl er zur damaligen Zeit nicht einmal ein Konzept dafür vorliegen hatte. Sobald er diese Verpflichtung eingegangen war, mußte er einen Weg finden, um das Produkt zu entwickeln. Sein wahres Genie bestand in der Fähigkeit, dieses Gefühl der inneren Gewißheit zu erzeugen. Viele Menschen waren genauso gescheit wie er, aber seine Selbstsicherheit wurde zum Motor, der ihn befähigte, sein Leistungspotential voll auszuschöpfen. Innerhalb weniger Wochen hatte er, gemeinsam mit seinem Partner, eine Computersprache geschrieben, die es ermöglichte, den PC aus der Taufe zu heben. Dadurch, daß er sich in die Schußlinie begab und auf Biegen und Brechen einen Weg zur Entwicklung einer PC-gerechten Software finden mußte, setzte Bill Gates an diesem Tag eine ganze Kette von Ereignissen in Gang. Diese führten zu einer grundlegenden Veränderung in der Abwicklung geschäftlicher Transaktionen und machten Gates selbst mit dreißig Jahren zum Milliardär. Gewißheit birgt eben ein großes Machtpotential in sich!

Ein anderes Beispiel: Tausende von Jahren war man der felsenfesten Überzeugung, daß kein Mensch es je schaffen würde, eine Meile in weniger als vier Minuten zu laufen. Aber 1954 durchbrach Roger Bannister diese Glaubensbarriere. Ihm gelang das „Unmögliche", und zwar nicht nur, weil er sich infolge harten Trainings in Topform befand! Er hatte die Vier-Minuten-Hürde in Gedanken so oft und mit so großer emotionaler Intensität genommen, daß diese Referenzspeicherung sein Nervensystem automatisch veranlaßte, das angestrebte Ergebnis zu erzielen. Viele Menschen erinnern sich allerdings nicht mehr daran, daß der großartigste Aspekt seines Durchbruchs in der Wirkung bestand, die er auf andere Sportler ausübte. Seit Menschengedenken war es niemandem gelungen, den Vier-Minuten-Rekord zu brechen; doch noch im selben Jahr brachten weitere 37 Läufer nach Roger Bannister die gleiche Leistung. Bannisters Erfahrung bot ihnen genügend Referenzerlebnisse, aus denen sie die Gewißheit zu schöpfen vermochten, daß auch ihnen das „Unmögliche" gelingen konnte. Und im darauffolgenden Jahr stieg die Zahl der Rekordbrecher sogar auf 300!

„Der Glaube, der sich für mich bewahrheitet ... ist derjenige, der mir die bestmögliche Nutzung meiner Stärken gestattet und der sich als das beste Mittel erweist, um meine Tugenden in Handlung umzusetzen."

André Gide

Menschen entwickeln oft einengende Glaubensmuster hinsichtlich dessen, wer sie sind und was sie zu leisten vermögen. Da sie in der Vergangenheit Fehlschläge hinnehmen mußten, glauben sie, daß der Erfolg ihnen auch in Zukunft verwehrt sein wird. Infolge dieser Angst vor einer weiteren Niederlage richten sie ihr ganzes Augenmerk darauf, „realistisch" zu sein. Die meisten, die fortwährend sagen: „Laß uns das Ganze doch mal realistisch betrachten", leben in Angst, in der panischen Angst, erneut enttäuscht zu werden. Aus dieser Angst heraus entwickeln sie Glaubensmuster, die sie veranlassen, zu zögern, nicht ihr Bestes zu geben — und erzielen folglich nur mäßige Ergebnisse.

Echte Führungspersönlichkeiten sind selten „realistisch". Sie zeichnen sich durch Intelligenz und treffsicheres Urteilsvermögen aus, aber selten durch Realitätssinn, an den Normen anderer gemessen. Was für den einen realistisch ist, kann für den anderen Utopie sein, entsprechend den jeweiligen Referenzerlebnissen des Einzelnen. Gandhi glaubte, für Indien die Unabhängigkeit gewinnen zu können, ohne eine gewaltsame Auseinandersetzung mit Großbritannien zu riskieren — ein Vorhaben, das nie zuvor in die Tat umgesetzt worden war. Gandhi war nicht realistisch, aber seine Rechnung ging auf. Und genausowenig realistisch war jener Mann, der glaubte, seinen Mitmenschen mit einem Vergnügungspark inmitten eines Orangenhains Freude machen zu können, obwohl er nicht nur Geld für die Benutzung der Karussells, sondern sogar für den Park Eintritt forderte! Damals gab es weltweit keine vergleichbare Einrichtung. Und doch hatte Walt Disney, wie wenige Menschen vor oder nach ihm, das sichere Gefühl, daß er mit seiner Idee richtig lag. Und sein unerschütterlicher Optimismus trug dazu bei, das Wagnis in einen Erfolg auf ganzer Linie zu verwandeln.

Wenn Sie im Leben einen Fehler begehen, sollte dieser besser darin bestehen, daß Sie ihre Fähigkeiten *über*schätzen (solange Sie damit nicht Ihr Leben gefährden). Das ist übrigens gar nicht so einfach, weil der Mensch über größere Fähigkeiten verfügt, als so mancher sich erträumen würde. Viele psychologische Untersuchungen haben sich beispielsweise auf die Unterschiede zwischen depressiven und extrem optimistischen Menschen konzentriert. Wenn Pessimisten neue Fähigkeiten oder Fertigkeiten erworben haben, können sie ihre Ergebnisse ziemlich genau einschätzen, während Optimisten oft zur Überbewertung ihrer tatsächlichen Leistung neigen. Und doch ist gerade diese unrealistische Bewertung das Geheimnis ihres künftigen Erfolges. Irgendwann beherrschen sie das neue Metier fast immer, während die Pessimisten scheitern. Unverbesserlichen Optimisten gelingt es meistens, ihre Referenzerlebnisse trotz fehlender Erfolge oder sogar nach Fehlschlägen zu ignorieren; sie zimmern sich kein kognitives Gerüst aus Stützpfeilern wie „Ich habe versagt" oder „Ich kann es unmöglich schaffen" zusammen. Sie entwickeln statt dessen Selbstvertrauen, an das sie anknüpfen, indem sie ihre Phantasie aufbieten und sich vorstellen, daß sie beim nächsten Mal anders vorgehen und es schaffen werden. Diese besondere Fähigkeit, dieses einzigartige Zielbewußtsein, ermöglicht es ihnen, den eingeschlagenen Weg solange unbeirrt fortzusetzen, bis sie die notwendigen Erkenntnisse gewonnen haben, die den Durchbruch bringen. Den meisten Menschen bleibt der Erfolg versagt, weil sie in der Vergangenheit nicht genügend Erfolgserlebnisse hatten, an die sie anknüpfen können. Ein Optimist handelt indessen nach der Überzeugung: *„Die Vergangenheit gleicht nicht der Zukunft."* Alle großen Führungspersönlichkeiten und Menschen, die in irgendeinem Lebensbereich Erfolge vorzuweisen haben, wissen um die Schubkraft, die sich entwickelt, wenn man beharrlich eine Vision verfolgt, selbst wenn die Einzelheiten der Verwirklichung noch nicht klar sind. Wenn man das Gefühl absoluter Gewißheit entwickelt, das jede unerschütterliche Überzeugung vermittelt, dann kann man buchstäblich alle Ziele erreichen, einschließlich jener, die andere für unrealisierbar halten.

„Nur in der Vorstellungskraft des Menschen findet jede Wahrheit einen wirkungsvollen und unbestreitbaren Fortbestand. Phantasie, nicht Erfindung, schafft in der Kunst wie im Leben das ganz Besondere."

JOSEPH CONRAD

Eines der größten Probleme im Leben eines jeden Menschen besteht darin, zu wissen, wie man „Mißerfolge" deuten soll. Wie wir mit den „Niederlagen" im Leben umgehen und welche Ursachen wir dafür ermitteln, hat entscheidenden Einfluß auf unser weiteres Schicksal. Wir sollten uns stets an eines erinnern: *Die Art, wie wir widrige Umstände und Herausforderungen bewältigen, prägt unser Leben mehr als alles andere.* Manche Menschen haben so viele schmerzliche Fehlschläge hinnehmen müssen, daß sie daraus ableiten, nichts könne eine Wende zum Besseren herbeiführen. Sie entwickeln das Gefühl, ihre Lage sei absolut hoffnungslos, sie selbst seien den Umständen ohnmächtig ausgeliefert oder zu nichts tauglich; und wie sie es auch immer anpackten, sie stünden am Ende doch als Verlierer da. Solche Überzeugungen sollten wir uns nie zu eigen machen, wenn wir im Leben Erfolg haben und es zu etwas bringen wollen. Sie zehren an unseren Kräften und vernichten unsere Handlungsfähigkeit. Destruktive Neigungen dieser Art bezeichnet man in der Psychologie als *erlernte Hilflosigkeit.* Wenn jemand genug Fehlschläge hinnehmen muß — und Sie wären erstaunt, wie wenige Mißerfolge bei manchen Menschen schon als „genug" gelten —, hält er alle Mühe für vergebens und entwickelt schließlich jenes Muster erlernter Hilflosigkeit, mit dem endgültige Entmutigung einhergeht.

Dr. Martin Seligman von der University of Pennsylvania hat die Ursachen der erlernten Hilflosigkeit intensiv erforscht. In seinem Buch *Learned Optimism* schildert er drei verschiedene *Glaubensmuster,* die in uns das Gefühl der Ohnmacht wecken und buchstäblich jeden Aspekt unseres Lebens zerstören können. Sie unterscheiden sich durch die Beständigkeit, den Wirkungsradius und Persönlichkeitsbezug, den wir einem Problem beimessen.

Viele Menschen, die großartige Leistungen vorweisen können, sind auf ihrem Weg zum Ziel mit riesigen Schwierigkeiten und Hindernissen konfrontiert worden. Der Unterschied zwischen erfolgreichen Menschen und solchen, die vorzeitig aufgegeben haben, besteht in ihren jeweiligen Glaubensmustern hinsichtlich ihrer Probleme. Erfolgreiche Menschen betrachten mißliche Situationen selten, wenn überhaupt, als permanent, während für diejenigen, die scheitern, selbst bei den geringsten Schwierigkeiten kein Ende abzusehen ist. Sobald jemand zu dem Glauben gelangt ist, daß er absolut nichts ändern kann, weil er bereits alles versucht und damit Schiffbruch erlitten hat, beginnt das schleichende Gift, seine zerstörerische Wirkung zu entfalten. Vor acht Jahren, als ich an einem Tiefpunkt meines Lebens angelangt zu sein glaubte und jede Hoffnung auf eine Wende aufgegeben hatte, dachte auch ich, daß sich meine Probleme nie lösen würden. Ich war damals emotional am Ende. Doch ich lernte, soviel Schmerz mit diesem Glauben zu verknüpfen, daß es mir gelang, ihn ein für allemal abzulegen. Auch für Sie ist das ein absolutes Muß! Wenn Sie merken, daß Sie selbst oder ein Ihnen nahestehender

Mit geringem Selbstwertgefühl belastet, nimmt Bob eine Stellung als „Bodenschwelle“ an.

Mensch dem Glauben Ausdruck verleiht, ein Problem sei von Dauer, sollten Sie ihn wachrütteln. Gleichgültig, was in Ihrem Leben auch geschieht – Sie müssen fest daran glauben: „Auch das geht vorüber“, und wenn Sie hartnäckig nach einer Lösung suchen, werden Sie auch darauf stoßen.

Der zweite Unterschied zwischen Gewinnern und Verlierern, zwischen Optimisten und Pessimisten, besteht in dem *Wirkungsradius*, den sie einem Problem beimessen. Ein erfolgreicher Mensch hat nie das Gefühl, daß ein bestimmtes Problem in allen Lebensbereichen seinen Niederschlag findet. Er sagt sich: „Nun, ich habe ein kleines Problem mit meinem Eßverhalten“, und nicht: „Ich bin das Problem. Weil ich zuviel esse, ist mein ganzes Leben verpfuscht.“ Im Gegensatz dazu sind die Pessimisten – diejenigen, die das Muster der erlernten Hilflosigkeit in sich verankert haben – zu der Überzeugung gelangt, ihre ganze Existenz sei zerstört, weil sie in einem einzigen Lebensbereich nicht klarkommen. Sie glauben beispielsweise, aufgrund ihrer finanziellen Misere bestünde nicht die geringste Chance, ihren Kindern eine gute Ausbildung zuteil werden zu lassen, oder ihr Partner werde sie nun verlassen. Es dauert nicht lange, bis sie zu verallgemeinern beginnen und meinen, ihr Leben nicht mehr in den Griff zu bekommen, dem Schicksal hilflos ausgeliefert zu sein. Stellen Sie sich vor, welche Konsequenzen es hat, wenn man glaubt, ein Problem sei nicht nur dauerhaft, sondern wirke sich auch auf alle Lebensbereiche aus. Die einzige Lösung besteht darin, nach einem Aspekt im Leben Ausschau zu halten, den man sehr wohl zu steuern vermag, und Maßnahmen einzuleiten, die zu diesem Ziel führen. Im Zuge dieser Aktion verschwinden einige dieser hemmenden Glaubenssätze dann ganz von selbst.

Die letzte Kategorie, die Seligman unter dem Begriff *Persönlichkeitsbezug* zusammenfaßt, nenne ich das Persönlich-Nehmen von Problemen. Wenn wir einen Mißerfolg nicht als Herausforderung betrachten, die uns veranlaßt, unseren Lösungsansatz zu ändern, sondern darin vielmehr ein Persönlichkeitsproblem, einen Persönlichkeitsdefekt sehen, fühlen wir uns auf Anhieb hilflos. Denn wie kann man sein gesamtes Leben umzukrempeln? Ist das nicht wesentlich schwieriger, als nur einige Verhaltens- und Reaktionsmuster in einem bestimmten Lebensbereich zu ändern? Hüten Sie sich also vor der Überzeugung, Ihre Persönlichkeit sei das eigentliche Problem. Wie können Sie Begeisterung entwickeln, indem Sie sich selbst ständig heruntermachen?

Solche einengenden Glaubensmuster haben eine ähnliche Wirkung, als nähme man systematisch winzige Mengen Arsen zu sich, die sich im Lauf der Zeit zu einer tödlichen Dosis ansammeln. Wir sterben zwar nicht sofort daran, aber von dem Augenblick an, in dem wir das Gift zu uns nehmen, siechen wir emotional dahin. Deshalb müssen wir solche Glaubensmuster um jeden Preis meiden. Vergessen Sie nicht: Solange Sie fest an etwas glauben, übernimmt Ihr Gehirn die Funktion eines Autopiloten. Es filtert die Informationen, die ihm von der Außenwelt zugeführt werden, und sucht nach gespeicherten Referenzerlebnissen, um Ihren Glauben als richtig zu bestätigen, ganz gleich, wie er beschaffen sein mag.

Wie man Glaubensprinzipien neu ausrichtet

Alle persönlichen Durchbrüche beginnen mit einer Änderung unserer Glaubensmuster. Wie können wir uns also ändern? Erstens: Der wirksamste Weg besteht darin, unser Gehirn zu veranlassen, massive Schmerzen mit dem alten Glauben zu verknüpfen. Wir müssen bis ins Mark spüren, daß diese Denkweise uns nicht nur in der Vergangenheit Nachteile gebracht hat, sondern uns auch jetzt und in Zukunft teuer zu stehen kommt. Dann gilt es, riesige Vorteile mit dem Gedanken zu assoziieren, zu einem neuen, konstruktiven Glauben zu gelangen, der Kräfte freisetzt. Dieses Grundmuster wird sich immer und immer wiederholen, wenn wir Änderungen in unserem Leben herbeiführen wollen. Wir sollten nie vergessen, daß alles, was wir tun, aus dem Bedürfnis heraus geschieht, Schmerz zu vermeiden und Freude zu gewinnen. *Wenn wir genügend Nachteile mit einer Verhaltensweise in Verbindung bringen, dann werden wir sie tatsächlich ändern.*

Zweitens müssen wir unsere Zweifel hegen. Erforschen Sie Ihr Gewissen: Haben Sie nicht die eine oder andere Überzeugung noch vor ein paar Jahren mit Händen und Füßen verteidigt, während Sie es heute beinahe schon peinlich fänden, wenn Sie sich dazu bekennen müßten? Was ist passiert? Irgend etwas hat Zweifel in Ihnen geweckt: vielleicht eine neue Erfahrung oder ein Gegenbeispiel für Ihre frühere Überzeugung. Wir konnten inzwischen feststellen, daß auch die Russen Menschen sind wie alle anderen und daß sie nicht, wie Präsident Reagan meinte, das „Reich des Bösen" repräsentieren. Ich bin der Meinung, daß heute viele Amerikaner echtes Mitleid für die sowjetischen Bürger empfinden, weil man sie inzwischen als Menschen sieht, als ein Volk, das hart kämpfen muß, um sich über Wasser zu halten. Der Sinneswandel wurde nicht zuletzt durch Austauschprogramme bewirkt: Russen kamen in die USA, und die Amerikaner erkannten, daß es viele Gemeinsamkeiten gab. Sie machten Erfahrungen, die sie veranlaßten, Fragen zu stellen, eingefahrene Denkmuster zu durchbrechen und an den „Standbeinen" der Referenzspeicherungen zu rütteln.

Neue Erfahrungen allein bieten jedoch noch keine Gewähr für einen Einstellungswandel. Menschen können Erfahrungen machen, die ihrem Glauben direkt zuwiderlaufen, und sie dennoch auf eine Weise deuten, die sie in ihrer Auffassung bestärkt. Saddam Hussein lieferte dafür ein anschauliches Beispiel, als er während des Golfkriegs trotz der Zerstörung ringsum hartnäckig an der Behauptung festhielt, er sei auf dem besten Weg, die Schlacht zu gewinnen. Ich persönlich habe etwas Ähnliches bei einer meiner Seminarteilnehmerinnen erlebt, die sich in einem besonderen mentalen und emotionalen Zustand befand: Sie behauptete, ich sei ein Nazi und vergifte die im Raum Anwesenden mit unsichtbaren Gasen, die durch die Lüftungsschlitze der Klimaanlage hereinströmten. Als ich versuchte, sie dadurch zu beruhigen, daß ich langsamer sprach — eine Methode, die für gewöhnlich zur Entschärfung einer Situation beiträgt —, erklärte sie: „Na sehen Sie! Sie fangen ja schon an, beim Reden einzuschlafen." Gleichgültig, was wir auch unternahmen, alle Bemühungen wurden so ausgelegt, daß sie diese Frau in ihrem Glauben bestärkten, sämtliche Teilnehmer würden vergiftet. Schließlich gelang es mir, dieses Denkmuster drastisch zu unterbrechen. Auf das „wie" werden wir im nächsten Kapitel zu sprechen kommen.

Neue Erfahrungen lösen nur dann eine Veränderung aus, wenn sie uns veranlassen, unsere Glaubensmuster in Frage zu stellen. Und denken Sie daran: *Wenn wir felsenfest an etwas glauben, zweifeln wir nicht mehr im geringsten daran.* Sobald wir beginnen, unsere Glaubensmuster ernsthaft in Frage zu stellen, sind wir ihrer nicht mehr absolut sicher. Wir beginnen, an den Referenz-Standbeinen unserer kognitiven „Tische" zu rütteln, und infolgedessen schwindet dieses Gefühl innerer Gewißheit. Hatten Sie jemals Bedenken hinsichtlich Ihrer Fähigkeit, eine bestimmte Aufgabe zu bewältigen? Wie äußerten sich diese? Vermutlich haben Sie sich einige unergiebige Fragen gestellt, etwa: „Was ist, wenn ich die Aufgabe vermassele?"; „Was ist, wenn's nicht klappt?"; „Was ist, wenn mich die anderen nicht mögen?" Fragen können aber auch wichtige Impulse freisetzen, wenn wir sie zur kritischen Überprüfung jener Glaubensmuster benutzen, die wir blind übernommen haben. Viele Glaubensmuster beruhen auf Informationen, die wir von anderen erhalten und nicht beizeiten in Frage gestellt haben. Wenn wir sie eingehend unter die Lupe nehmen, dann stellen wir vielleicht fest, daß wir jahrelang unbewußt von einem Sachverhalt überzeugt waren, der auf falschen Annahmen beruhte.

Hier ein Beispiel, das Sie sicher zu schätzen wissen, wenn Sie mit einer Schreibmaschine oder einem Computer arbeiten. Warum hat sich die amerikanische Tastatur mit ihrer spezifischen Buchstaben-, Zahlen- und Zeichenanordnung weltweit bei 99 Prozent aller Schreibgeräte als Standard durchgesetzt? (Sie wird QWERTY genannt; mit diesen Zeichen beginnt oben links die erste Buchstabenreihe.) Dieses System wurde doch offenkundig entwickelt, weil es die größte Schreibgeschwindigkeit ermöglicht, nicht wahr? Die meisten Menschen haben es nie in Frage gestellt; schließlich existiert es ja bereits seit 120 Jahren. Tatsache ist jedoch, daß QWERTY die wohl ineffizienteste Konfiguration ist, die man sich nur vorstellen kann. Viele andere Systeme, etwa Dvorak Simplified Keyboard, haben merklich zu einer Verringerung der Fehlerquote und zur beträchtlichen Erhöhung der Schreibgeschwindigkeit beigetragen. Tatsache ist, daß QWERTY bewußt mit der Absicht konstruiert wurde, die menschlichen Benutzer zu bremsen: Zur damaligen Zeit bewegten sich die Typen der Schreibmaschine nämlich so langsam, daß sie sich ineinander verkeilt hätten, wenn die Schreibkräfte zu schnell gewesen wären.

Warum haben wir 120 Jahre lang an der QWERTY-Tastatur festgehalten? 1882, als fast jeder mit dem „Zwei-Finger-Suchsystem" arbeitete, hatte eine Schreibmaschinenlehrerin eine Tippmethode mit acht Fingern entwickelt; sie wurde von einer Kollegin zu einem Schnellschreib-Wettkampf herausgefordert und engagierte daraufhin eine professionelle Schreibkraft, einen Mann, der sie in diesem Rennen vertreten sollte und der die QWERTY-Tastatur auswendig kannte. Die Kombination aus Blindschreiben und Acht-Finger-Methode ermöglichte es ihm, seine Konkurrentin haushoch zu schlagen, die nur vier Finger und eine andere Tastatur benutzte. Von da an wurde QWERTY zum Gütezeichen für

„Schreibgeschwindigkeit", und später stellte niemand mehr das System in Frage, um zu überprüfen, ob es noch immer das beste war. Wie viele weitere unreflektierte Glaubenssätze haben sich in Ihrem alltäglichen Leben eingenistet? Beispielsweise hinsichtlich Ihrer eigenen Person, Ihrer Fähigkeiten und Unzulänglichkeiten, der menschlichen Verhaltensnormen oder der Talente Ihrer Kinder — Überzeugungen, die sich lähmend auswirken, die Sie unbewußt als Grenzen in Ihrem Leben akzeptiert haben?

Wenn wir etwas nur lange genug in Frage stellen, beginnen wir allmählich, daran zu zweifeln. Das schließt auch jene Sachverhalte ein, die nach Ihrer felsenfesten Überzeugung „über jeden Zweifel erhaben sind". Vor einigen Jahren bot sich mir die einmalige Gelegenheit, mit der U. S. Army zusammenzuarbeiten. Wir handelten einen Kontrakt aus, demgemäß ich mich verpflichtete, die Ausbildungszeit der Soldaten in bestimmten Spezialbereichen zu verkürzen. Ich löste meine Aufgabe so erfolgreich, daß ich eine Unbedenklichkeitsbescheinigung für die höchste Geheimhaltungsstufe und die Chance erhielt, mir einen ranghohen CIA-Angehörigen zum Vorbild zu nehmen, der sich in dieser Organisation von der Pike auf hochgedient hatte. Er und Männer seines Schlags haben die absolut verblüffende Fähigkeit entwickelt, bestimmte Anschauungen in ihren Grundfesten zu erschüttern und zu verändern. Sie schaffen ein Klima, das andere veranlaßt, an langgehegten Überzeugungen zu zweifeln, und geben ihnen dann neue Denkanstöße und Erfahrungen mit auf den Weg, die den Sinneswandel abfedern. Die Geschwindigkeit, mit der sie diese Veränderungen herbeiführen, ist beinahe erschreckend und doch ungeheuer faszinierend. Ich habe gelernt, diese Techniken bei mir selbst anzuwenden; damit ist es mir gelungen, meine destruktiven Glaubensmuster auszumerzen und sie durch konstruktive zu ersetzen.

Unsere Anschauungen sind mit einem unterschiedlichen Maß an innerer Gewißheit und Intensität gekoppelt, und es ist wichtig, herauszufinden, wie fest verwurzelt sie tatsächlich sind. Ich habe sie, nach der Rangfolge ihrer Stärke, drei Kategorien zugeordnet: *Meinungen, Glaubenssätze* und *Überzeugungen.* Eine *Meinung* ist etwas, dessen wir uns verhältnismäßig sicher sind. Diese innere Gewißheit besteht jedoch nur zeitweilig und kann leicht ins Wanken gebracht werden. Unsere kognitive „Tischplatte" wird von wackligen, unbestätigten Referenz-Standbeinen gestützt, die auf Eindrücken beruhen können. Beispielsweise haben viele Wähler George Bush anfangs für einen „Schwächling" gehalten; dieses Urteil basierte einzig auf dem Tonfall, in dem er zu sprechen pflegt. Als offenkundig wurde, daß er die Unterstützung führender Politiker in der ganzen Welt zu mobilisieren und Saddam Husseins Einmarsch in Kuwait Paroli zu bieten vermochte, änderte sich die öffentliche Meinung schlagartig, wie Umfragen klar ergaben. Bush avancierte zu einem der beliebtesten Präsidenten der neueren Geschichte. Doch wenn Sie diese Zeilen lesen, hat bereits erneut ein drastischer Meinungsumschwung stattgefunden. Es liegt in der Natur von Meinungen, daß sie sich leicht wandeln und in der Regel an einige Referenzerlebnisse anknüpfen, auf die sich jemand in einem bestimmten Augenblick konzentriert hat. Ein *Glaube* entsteht dann, wenn wir eine breitere und vor allem emotional stärkere Referenzbasis entwickeln. Sie vermittelt uns ein Gefühl absoluter innerer Gewißheit über die Richtigkeit eines Sachverhalts. Diese Referenzspeicherungen können, wie zuvor schon erwähnt, unterschiedliche Form haben: die Skala reicht von unseren persönlichen Erfahrungen bis hin zu Informationen, die wir aus anderen Quellen erhalten, oder sogar Situationen, die wir uns lebhaft ausgemalt haben.

Menschen mit einem festgefügten Glauben sind sich ihrer Sache so sicher, daß sie sich gegen neue Informationen abschotten. Wenn man im Gespräch jedoch die richtige Wellenlänge findet, kann man diese Sperre durchbrechen und ihre Bereitschaft wecken, die eigenen Referenzerlebnisse in Frage zu stellen und neue Gesichtspunkte in Betracht zu ziehen. Damit schürt man genügend Zweifel, um die alten Stützpfeiler ins Wanken zu bringen und Raum für eine neue Betrachtungsweise zu schaffen.

Eine *Überzeugung* ist noch stärker als ein Glaube, vor allem wegen der emotionalen Intensität, mit der jemand einer Idee anhängt. Menschen mit festgefügten Überzeugungen sind sich der Richtigkeit ihres Standpunkts nicht nur absolut sicher, sondern geraten oft sogar in Wut, wenn jemand es auch nur wagt, ihn anzuzweifeln. Sie sind nicht bereit, ihre Referenzerlebnisse auch nur eine Sekunde in Frage zu stellen; sie wehren sich mit Händen und Füßen gegen anderslautende Informationen, oft bis zu dem Punkt, an dem dieses Abwehrverhalten zur Besessenheit wird. Die Glaubensfanatiker aller Zeiten waren und sind beispielsweise der Überzeugung, daß ihr Gott der einzig wahre sei; sie hatten und haben keine Bedenken, zu töten, um ihren Glaubensgrundsatz zu verteidigen. Die Überzeugung dieser religiösen Eiferer wurde oft genug von selbsternannten „Erlösern" ausgenutzt, die unter dem Deckmantel eines heiligen Anliegens ihre unheilvollen Absichten verbargen. Genau das veranlaßte eine Gruppe Menschen in Guyana, ihre eigenen Kinder und sich selbst auf Anweisung des verrückten Sektenführers Jim Jones zu vergiften, der sich für einen Messias hielt.

Natürlich sind glühende Überzeugungen nicht nur Fanatikern vorbehalten. Jeder, der sich mit einem hohen Maß an Einsatzbereitschaft und Hingabe für eine Idee, ein Prinzip oder eine gute Sache stark macht, kann sie sich aneignen. Menschen, die strikt gegen unterirdische Atomwaffentests sind, vertreten einen Glauben; wenn sie jedoch zur Tat schreiten — selbst wenn es sich um eine Aktion handelt, die andere nicht gutheißen oder akzeptieren, wie beispielsweise die Teilnahme an einem Protestmarsch vor dem Sperrgelände —, handeln sie aufgrund einer Überzeugung. Wer den Zustand des öffentlichen Bildungswesens beklagt, ist zu einem Glauben gelangt; sobald er sich aber freiwillig zur Verfügung stellt, um Analphabeten Lesen und Schreiben beizubringen, versucht er etwas zu bewirken und hat eine Überzeugung entwickelt. Jemand, der davon träumt, ein Eishockey-Team zu betreuen, hat eine klare Meinung hinsichtlich seiner Wünsche; wenn er aber alle notwendigen Vorarbeiten leistet, um eine entsprechende Lizenz zu erwerben, handelt es sich um eine Überzeugung. Worin besteht der Unterschied? Ein Mensch mit einer festgefügten Überzeugung hängt ihr mit solcher Leidenschaft an, daß er sogar bereit ist, um ihretwillen eine Zurückweisung zu riskieren oder sich zum Narren zu machen.

Es gibt gleichwohl einen einzelnen Faktor, der die Begriffe Glaube und Überzeugung besonders stark voneinander abgrenzt: Eine Überzeugung bildet sich nämlich für gewöhnlich als Reaktion auf ein stark emotional befrachtetes Ereignis heraus, in dessen Verlauf unser Gehirn die Verbindung knüpft: „Wenn ich das nicht glaube, werde ich Riesennachteile hinnehmen müssen. Falls ich diesen Glauben je aufgäbe, würde ich meine gesamte Identität verlieren und alles aufgeben, was jahrelang mein Leben ausgemacht hat." Sich an diese Überzeugung zu klammern erhält deshalb eine ausschlaggebende Bedeutung für das Überleben selbst. Das kann gefährlich sein, weil wir nicht gewillt sind, die Möglichkeit zu erwägen oder auch nur in Betracht zu ziehen, daß wir uns auf dem Holzweg befinden könnten, in die Falle starrer Denkmuster gelaufen sind und uns selber langfristig zum Scheitern verurteilt haben. Manchmal ist es angemessener, einen Glauben statt festgefügter Überzeugungen zu haben.

Auf der positiven Seite können Überzeugungen — durch das leidenschaftliche Engagement, das sie in uns wecken — auch konstruktiv sein, weil sie uns zum Handeln zwingen. Oft besteht der beste Weg, es auf irgendeinem Gebiet im Leben zu echter Meisterschaft zu bringen, darin, einen Glauben zur Überzeugung zu erheben. Auch der Glaube hat zwar das Potential, uns zu aktivieren, aber einige Lebensbereiche könnten die zusätzliche emotionale Intensität einer Überzeugung erfordern. Beispielsweise kann die Überzeugung, daß Sie ein intelligenter Mensch sind, der immer einen Ausweg findet, Ihnen dabei helfen, schlimme Zeiten im Leben gut zu überstehen.

Wie entwickeln Sie aber nun eine Überzeugung? Beginnen Sie mit einem einfachen Glaubenssatz. Festigen Sie diesen Glaubenssatz, indem Sie Ihrem bereits vorhandenen Repertoire neue, noch stärkere Referenzerlebnisse hinzufügen. Angenommen, Sie hätten beschlossen, nie mehr Fleisch zu essen. Um Ihren Vorsatz zu bekräftigen, sollten Sie sich mit Laktovegetariern unterhalten, oder mit Leuten, die sich strikt pflanzlich ernähren. Bringen Sie in Erfahrung, welche Gründe diese Menschen zur Umstellung ihrer Kost veranlaßt haben und welche Auswirkungen dies auf ihre Gesundheit und andere Lebensbereiche hatte. Außerdem kann es nicht schaden, sich einmal mit der physiologischen Wirkung von tierischem Protein zu befassen. Je mehr Referenzspeicherungen Sie entwickeln und je größer deren emotionale Intensität, desto stärker wird Ihre Überzeugung.

Dann suchen Sie nach einem Schlüsselerlebnis in Ihrem Leben, das in der Erinnerung die gewünschte Reaktion auslöst, oder Sie führen selbst ein solches Erlebnis herbei. Fragen Sie sich: „Was kostet es mich, wenn ich mein Vorhaben nicht ausführe?", und stellen Sie weitere Überlegungen an, die ein hohes Maß an emotionaler Intensität mit sich bringen. Ein anderes Beispiel: Wenn Sie die Überzeugung in sich verankern möchten, niemals Drogen zu nehmen, führen Sie sich die unheilvollen Konsequenzen des Drogenmißbrauchs vor Augen. Schauen Sie Filme an oder besuchen sie eine Klinik, die auf Drogenentzug spezialisiert ist, um sich ein Bild von den verheerenden Auswirkungen zu machen. Falls Sie sich geschworen haben, mit dem Rauchen aufzuhören, dann besuchen sie die Intensivstation im nächstgelegenen Krankenhaus; dort können Sie Patienten mit Lungenemphysemen sehen, die an ein Sauerstoffzelt gefesselt sind, oder auf dem Röntgenbild die schwarzen Lungenflügel eines Rauchers betrachten. Erfahrungen dieser Art hinterlassen für gewöhnlich einen so nachhaltigen Eindruck, daß Sie endgültig den Absprung schaffen und eine echte Überzeugung verankern. Jetzt ist die Zeit zum Handeln gekommen. Jede Aktion, die Sie einleiten, stärkt Ihr Engagement und erhöht den Grad Ihrer emotionalen Intensität und Überzeugung.

Bei Überzeugungen stellt sich oft das Problem, daß sie auch davon abhängen, ob andere Leute sie ebenfalls teilen. Viele glauben nur deshalb etwas, weil alle anderen daran glauben. Dieser Sachverhalt heißt in der Psychologie *soziale Beglaubigung*. Leider ist dieser „Beweis" für die Richtigkeit unserer Überzeugungen nicht immer tragfähig. Wenn jemand unschlüssig ist, wie er sich entscheiden soll, dann sucht er bei anderen nach Orientierungshilfen. Dr. Robert Cialdini beschreibt in seinem Buch *Influence* ein klassisches Experiment. Hier schreit jemand mit dem Ruf „Vergewaltigung!" um Hilfe, um den Probanden zu einer entsprechenden Hilfeleistung zu bewegen, während zwei Passanten (in einer gestellten Szene) die Hilferufe ignorieren und weitergehen. Der Proband weiß nun nicht recht, ob er auf die flehentlichen Bitten reagieren soll oder nicht; als er jedoch sieht, daß die beiden anderen sich benehmen, als wäre alles in bester Ordnung, beschließt er, die Hilferufe ebenfalls als unbedeutend abzutun und sie zu ignorieren.

Wenn Sie sich auf die soziale Beglaubigung all Ihres Tuns verlassen, haben Sie beste Möglichkeiten, Ihr Leben selbst zu beschränken und es so wie die breite Masse zu gestalten. Zu den stärksten „Beweisen", nach denen in diesem Prozeß gesucht wird, gehören Informationen von „Experten". Aber haben die Fachleute immer recht? Denken Sie einmal über die Heilkunst und ihre Entwicklung im Lauf der Jahre nach. Es ist noch gar nicht so lange her, da glaubten selbst die fortschrittlichsten Mediziner an die heilenden Eigenschaften von Blutegeln. Und in unserer Generation verschrieben Ärzten schwangeren Frauen ein Medikament gegen die morgendliche Übelkeit, das den beruhigenden Namen Bendectin trug — was wie Benediktion, Segnung, klingt —, das jedoch, wie sich herausstellen sollte, Fehlbildungen bei Neugeborenen verursachte. Natürlich verordneten sie dieses Arzneimittel, weil die Pharmafirmen — Experten auf dem Gebiet der Pharmakologie — ihnen die Gewißheit vermittelten, es sei das beste auf dem Markt erhältliche Mittel. Was läßt sich daraus ableiten? Experten blind zu vertrauen ist nicht immer ratsam. Und akzeptieren Sie auch nicht blindlings alles, was ich sage! Überprüfen Sie die Dinge im Kontext Ihres eigenen Lebens und stellen Sie fest, ob sie auch für Sie Sinn machen.

Manchmal können wir uns nicht einmal auf die Indizienbeweise verlassen, die uns die eigenen Sinnesorgane liefern, wie die Geschichte des Kopernikus zeigt. Im Zeitalter dieses zukunftsweisenden polnischen Astronomen wußte jeder, daß sich die Sonne um die Erde dreht. Schließlich konnte man ja bei einem Spaziergang auf den Himmel weisen und sagen: „Siehst du? Die Sonne hat sich über den Horizont bewegt. Zweifelsohne ist die Erde das Zentrum des Universums." Doch im Jahre 1543 erarbeitete Kopernikus als erster ein genaues Modell des heliozentrischen Systems, das inzwischen als richtig erkannt wurde. Er hatte, wie andere Geistesriesen aller Epochen, den Mut, die gängigen „Lehrmeinungen" der Experten in Frage zu stellen. Am Ende, wenn auch nicht mehr zu seinen Lebzeiten, wurden seine Theorien von der breiten Masse akzeptiert.

Das wichtigste Werkzeug für einen Glaubenswandel ist der Schmerz

Schmerz ist letztlich noch immer die stärkste Kraft, die einen grundlegenden Wandel im Glauben des Menschen bewirkt. Welche Macht ihm innewohnt, wurde vor kurzem in der Sally-Jessy-Raphael-Fernsehshow deutlich, als sich eine mutige Frau vor den Zuschauern im Studio und vor einem Millionenpublikum in aller Welt von ihrer Verbindung zum Ku-Klux-Klan lossagte. Dabei war sie erst einen Monat vorher Gast derselben Show gewesen; damals hatte sie an einem Forum von KKK-Frauen teilgenommen, die vehement gegen alle zu Felde gezogen waren, die ihre rassistischen Überzeugungen nicht teilten, und wutentbrannt gebrüllt, daß die Vermischung der Rassen — in Schule, Wirtschaft und Gesellschaft — den Untergang des Landes und seiner Bürger bedeuten würde. Was hatte sie nun zu einem so radikalen Sinneswandel bewogen? Drei Dinge: Erstens war eine junge Zuschauerin in der ersten Sendung weinend aufgestanden und hatte um Verständnis gebeten. Ihr Mann und Kind waren hispanischer Abstammung, und sie schluchzte, sie könne einfach nicht glauben, daß eine Gruppe von Menschen so haßerfüllt sei.

Zweitens hatte sie während des Heimflugs ihren Sohn angeschrien (der ebenfalls im Studio anwesend war, aber ihre Ansichten nicht teilte), er habe sie während dieser landesweit ausgestrahlten Sendung bis auf die Knochen „blamiert“. Die anderen Frauen hatten dem jungen Mann Respektlosigkeit vorgeworfen und das biblische Gebot zitiert: „Du sollst Vater und Mutter ehren.“ Der Sechzehnjährige parierte die Anschuldigung seiner Mutter mit den Worten, Gott erwarte sicher nicht von ihm, den Gemeinheiten Respekt zu zollen, für die sie eintrete. Er verließ bei der Zwischenlandung in Dallas das Flugzeug und schwor sich, sein Elternhaus nie wieder zu betreten. Die Frau setzte den Heimflug alleine fort und ließ die Ereignisse des Tages noch einmal Revue passieren; außerdem dachte sie an den Krieg, den Amerika gerade am Persischen Golf führte. Sie erinnerte sich an das, was eine andere Zuschauerin in der Sendung zu ihr gesagt hatte: „Junge farbige Männer und Frauen stehen dort drüben an der Front; sie kämpfen nicht nur um ihr eigenes Leben, sondern auch für Sie.“ Sie dachte an ihren Sohn, den sie sehr liebte, und wie abscheulich sie ihn behandelt hatte. Sollte sie zulassen, daß dieser kurze, heftige Wortwechsel ihr letzter war? Selbst der Gedanke daran war so schmerzhaft, daß sie ihn kaum ertragen konnte. Sie mußte sofort etwas ändern.

Infolge dieser Erfahrung empfing sie, wie sie den Zuschauern in der zweiten Sendung erzählte, eine Botschaft von Gott, die sie unverzüglich beherzigte. ER befahl ihr, den Ku-Klux-Klan zu verlassen und alle Menschen gleichermaßen zu lieben wie Brüder und Schwestern. Natürlich rechne sie damit, ihre Freunde zu vermissen — die Gruppe werde sie ächten —, aber ihre Seele sei nun geläutert, und sie habe vor, ein neues Leben mit einem reinen Gewissen zu beginnen.

Es ist wichtig, den eigenen Glauben und dessen Konsequenzen zu überprüfen, um sicherzugehen, daß sie uns zu konstruktivem Handeln mobilisieren. Wie können Sie feststellen, welche Glaubenssätze Sie sich zu eigen machen sollten? Die Antwort lautet: Halten Sie Ausschau nach jemandem, der genau das im Leben erreicht hat, was Sie wirklich anstreben. Solche Leute sind ein Vorbild und können Ihnen einige der Antworten geben, nach denen Sie suchen. Alle erfolgreichen Menschen leiten ihre Stärken aus einer Reihe festgefügter, konstruktiver Glaubensmuster ab.

Wie man Glaubensmuster von Gewinnern analysiert und nachahmt

Wir bereichern unser Leben, wenn wir es nach dem Muster der Menschen formen, die bereits Erfolg haben. Diese Strategie ist aktivierend, macht Spaß und ist jedermann zugänglich, weil sich diese Menschen mit Vorbildcharakter mitten unter uns befinden. Sie müssen sie nur fragen; etwa: „Worin besteht der Unterschied zwischen Ihnen und mir? Welche Glaubenssätze vertreten Sie im Gegensatz zu anderen?" Vor Jahren habe ich ein Buch mit dem Titel *Meetings with Remarkable Men* gelesen, das mir als Vorlage zur Gestaltung meines eigenen Lebens diente. Seither bin ich auf der Suche nach Spitzenleistungen und halte ständig nach Männern und Frauen in unserem Kulturkreis Ausschau, deren Glaubensmuster, Werthaltungen und Erfolgsstrategien ich auf die Spur kommen möchte. Vor zwei Jahren habe ich dann POWERTALK!™ ins Leben gerufen, mein jeden Monat herauskommendes Hörmagazin, in dem ich Interviews mit diesen „Überfliegern" führe. Einige der Schlüsselerkenntnisse, die ich Ihnen im vorliegenden Buch präsentiere, waren das Resultat der Gespräche mit diesen führenden Köpfen auf ihrem jeweiligen Fachgebiet.

Auch im Geschäftsleben können falsche Glaubensmuster zu einer frustrierenden wirtschaftlichen Talfahrt oder, wie manche behaupten, geradewegs in eine Katastrophe führen. Die amerikanische Wirtschaft zum Beispiel sieht sich in buchstäblich allen Sektoren riesigen Problemen gegenüber. Warum? Ich habe einen Anhaltspunkt in einem Artikel gefunden, der im März 1991 in *Forbes* veröffentlicht wurde. Hier sind zwei Automodelle beschrieben, der Chrysler Plymouth Laser und der Mitsubishi Eclipse. Dem Artikel zufolge verkaufte Chrysler im Schnitt schlappe 13 Fahrzeuge pro Händler, während es Mitsubishi auf mehr als hundert brachte! Sie könnten natürlich sagen: „Das ist doch nichts Neues! Die Japaner graben den amerikanischen Autofirmen doch schon seit langem das Wasser ab!" Was Sie aber wohl noch nicht wissen, ist, daß sich diese beiden Automodelle bis aufs i-Tüpfelchen gleichen — sie wurden nach Abschluß eines Kooperationsabkommens zwischen den beiden Unternehmen gebaut. Der einzige Unterschied besteht im Namen und in der Firma, die ihn verkauft. Wie kann das angehen? Meinungsumfragen, die im Zuge von Marktforschungsprojekten durchgeführt wurden und die den Ursachen der voneinander abweichenden Absatzzahlen auf den Grund gehen wollten, haben ergeben, daß die amerikanischen Verbraucher japanische Autos vorziehen, weil sie von ihrem höheren Qualitätsniveau überzeugt sind. Das Problem ist nur, daß dieser Glaube nicht den Tatsachen entspricht. Das Fahrzeug der amerikanischen Firma besitzt die gleiche Qualität, weil es sich um das haargenau gleiche Auto handelt.

Wie gelangen die Verbraucher nun zu einem solchen Glauben? Offensichtlich ist der Grund darin zu suchen, daß die Japaner in dem Ruf stehen, erstklassige Fahrzeuge zu produzieren, und daß sie uns zahlreiche Anhaltspunkte geliefert haben, die diese Sichtweise untermauern — bis zu dem Punkt, wo wir sie nicht länger in Frage stellen. Vielleicht überrascht es Sie zu erfahren, daß die Bestrebung der Japaner, die Qualität ihrer Erzeugnisse stetig zu erhöhen, in Wirklichkeit auf einen amerikanischen „Exportartikel" in Gestalt eines Mannes namens Dr. W. Edwards

Deming zurückzuführen ist. 1950 wurde dieser anerkannte Experte für Qualitätskontrolle von General MacArthur nach Japan geholt. Der Oberbefehlshaber der alliierten Streitkräfte war frustriert über die vom Krieg verwüstete Infrastruktur der japanischen Industrie; damals durfte er nicht einmal damit rechnen, ein Telefongespräch ohne Unterbrechung zu Ende führen zu können. Auf Bitten des Japanischen Verbandes der Wissenschaftler und Ingenieure begann Deming, die Japaner seine Prinzipien der totalen Qualitätskontrolle zu lehren. Jetzt denken Sie sicher, daß es sich dabei um die Qualitätsüberwachung bei greifbaren, materiellen Erzeugnissen handelte. Doch weit gefehlt! Deming brachte den Japanern vierzehn Prinzipien und ein elementares Glaubensmuster nahe, die bis zum heutigen Tag in jedem erfolgreichen großen, multinationalen japanischen Unternehmen das Fundament aller erfolgreichen Entscheidungen sind.

Dieses Glaubensmuster lautet: Wenn japanische Firmen eine fortwährende Verpflichtung darin sehen, die Qualität ihrer Erzeugnisse in jedem Geschäftsfeld Tag für Tag konsequent zu verbessern, haben sie die Stärke, eine dominierende Stellung auf den Weltmärkten zu erobern. Deming brachte den Japanern bei, daß Qualität nicht nur erfordert, einem bestimmten Standard zu entsprechen, sondern daß es sich um einen lebendigen, dynamischen Prozeß stetiger Verbesserung handelt. Er versprach den Japanern, wenn sie sich nach diesen Prinzipien richteten, könnten sie innerhalb von fünf Jahren den Globus mit ihren Qualitätsprodukten überschwemmen und in nur einem Jahrzehnt zu einer der führenden Wirtschaftsmächte der Welt aufsteigen.

Viele Thesen, die Deming verkündete, schienen verrückt zu sein. Aber die Japaner nahmen ihn beim Wort, und heute wird er als Vater des „japanischen Wirtschaftswunders“ verehrt. Seit 1950 ist die höchste Auszeichnung, die einmal im Jahr an eine japanische Firma vergeben wird, der Deming-Preis. Die Verleihung wird im Fernsehen übertragen und würdigt die Verdienste desjenigen Unternehmens, das in ganz Japan die höchsten Qualitätszuwächse im Hinblick auf seine Produkte, Dienstleistungen, Führungsprogramme und Sozialleistungen für die Belegschaft vorweisen kann.

1983 engagierte die Ford Motor Company Deming als Leiter einer Reihe von Management-Seminaren. Einer der Teilnehmer war Donald Petersen, der später zum Vorstandsvorsitzenden von Ford avancierte und der Demings Prinzipien in allen Unternehmensbereichen in die Praxis umsetzte. Petersen entschied: „Wir brauchen genau diesen Mann, um unsere Firma zu sanieren.“ Zum damaligen Zeitpunkt schrieb Ford jedes Jahr Milliardenverluste. Deming änderte postwendend die in der westlichen Welt übliche, althergebrachte Schlüsselfrage: „Wie können wir das Umsatzvolumen steigern und die Kosten senken?“ in: „Wie können wir die Arbeitsqualität auf eine Weise steigern, die langfristig keine Kostenerhöhung mit sich bringt?“ Ford schwenkte auf einen völlig neuen Kurs ein und maß von nun an der Produktqualität höchste Priorität bei (was sich in dem Werbeslogan „Qualität ist unsere erste Aufgabe“ widerspiegelt). Mit Hilfe des von Deming entwickelten Systems konnte sich Ford innerhalb von drei Jahren aus der erschreckenden Verlustzone herauskatapultieren und zum Branchenführer mit ausgewiesenen Gewinnen in Höhe von 6 Milliarden Dollar mausern!

Wie gelang dieses Kunststück? Ford stellte fest, daß die japanische Qualitätsarbeit aus amerikanischer Sicht zwar ein frustrierender Faktor war, daß man aber einiges von der Konkurrenz lernen konnte. Das Unternehmen schloß also mit einer japanischen Firma einen Vertrag über die Fertigung der Hälfte aller Übersetzungsgetriebe für eines seiner Automodelle ab, um das eigene Produktionsvolumen zu halten. Danach entdeckte man, daß die amerikanischen Käufer japanische Getriebe bevorzugten. Sie waren sogar bereit, sich auf eine Warteliste setzen zu lassen und mehr Geld dafür zu bezahlen! Das brachte mehrere Ford-Spitzenmanager in Harnisch, deren erster Gedanke war: „Na ja, das ist nur ein Irrglaube auf seiten der amerikanischen Bevölkerung; die Leute sind auf solche Reaktionen programmiert.“ Die Getriebe wurden jedoch unter Demings Leitung getestet, und dabei stellte man fest, daß die von Ford produzierten wesentlich lauter und störanfälliger waren und außerdem öfter als die japanischen reklamiert wurden, bei denen buchstäblich keine Defekte, Vibrationen usw. auftraten. Deming hämmerte dem Ford-Team ein, daß Qualität stets weniger kostet. Diese Behauptung stand im Gegensatz zur gängigen Auffassung, daß man einen bestimmten Qualitätsgrad nicht überschreiten kann, bevor einem die Kosten entgleiten. Als die Experten die Ford-Getriebe auseinandernahmen, um alle Einzelteile zu vermessen, stellten sie fest, daß sie ausnahmslos den im Unternehmenshandbuch festgelegten Standards entsprachen, die auch die Japaner als Vorgabe erhalten hatten. Als sie anschließend die japanischen Getriebe überprüften, konnten sie mit bloßem Auge keinen Unterschied feststellen. Die ließen sich erst im Labor unter dem Mikroskop erkennen!

Warum lieferten die japanischen Firmen einen höheren Qualitätsstandard, als sie laut Vertrag verpflichtet waren? Sie glaubten, daß sich Qualität bezahlt macht und ein erstklassiges Produkt nicht nur einen zufriedenen, sondern einen loyalen Kundenbestand schafft, der bereit ist, Schlange zu stehen und mehr Geld dafür hinzublättern. Sie handelten nur nach dem gleichen Glauben, der ihnen schon eine Spitzenposition auf dem Weltmarkt eingetragen hatte. Sie sahen eine Verpflichtung darin, stetige Verbesserungen in der Qualität ihrer Produkte und in der Lebensqualität ihrer Kunden anzustreben. *Dieser Glaube war ein amerikanischer Export — den die USA vielleicht wieder rückführen sollten, um den Kurs ihrer eigenen wirtschaftlichen Zukunft zu ändern.*

Ein Glaube, der langfristig Gift für Amerikas ökonomische Stärke ist und der die gesamte Volkswirtschaft zerstören könnte, ist das von Deming als „Führung nach sichtbaren Zahlen“ bezeichnete Konzept. Viele US-Unternehmen sind traditionsgemäß der Auffassung, daß sich nur dann Gewinne einfahren lassen, wenn man die Kosten beschneidet und den Umsatzerlös erhöht. Ein anschauliches Beispiel dafür war der Führungswechsel bei Chrysler: Lynn Townsend übernahm das Ruder des Konzerns während eines branchenweiten Absatzeinbruchs. Er versuchte prompt, die Erträge zu erhöhen, aber wichtiger noch, die Kosten zu verringern. Das gelang ihm dadurch, daß er zwei Drittel der technischen Belegschaft entließ. Kurzfristig sah es so aus, als hätte er die richtige Entscheidung getroffen. Die Erträge schossen in die Höhe, und er wurde als der große Held gefeiert. Aber innerhalb weniger Jahre befand sich Chrysler erneut in einem finanziellen Engpaß. Was war passiert? Nun, es gab sicher keinen einzelnen Faktor, der für die Misere verantwortlich war. Aber auf lange Sicht trugen Townsends Entscheidungen möglicherweise dazu bei, die Qualitätsbasis zu zerstören, von der die Erfolge des Unternehmens abhingen. Oft werden eben die Führungskräfte belohnt, die einem Unternehmen langfristig schaden, weil sie kurzfristig gute Ergebnisse vorweisen können. Manchmal kurieren wir an den Symptomen herum, während wir die Ursachen unbeachtet lassen. Wir sollten darauf achten, wie wir die Resultate deuten. Im Gegensatz dazu war einer der wichtigsten Faktoren bei der Sanierung der Ford Motor Company das Entwicklungs- und Konstruktionsteam, das ein neues Modell namens Taurus herausbrachte. Die Qualität dieses Fahrzeugs setzte bei Ford einen neuen Standard, und die Verbraucher kauften es in Scharen.

Was können wir daraus lernen? Das Glaubensmuster, dem wir im Geschäfts- und Privatleben anhängen, kann alle unsere Entscheidungen und damit unsere Zukunft beeinflussen. Eine der wichtigsten globalen Überzeugungen, die wir verinnerlichen sollten, lautet: Um Erfolge zu erzielen und glücklich zu sein, müssen wir ständig danach streben, unsere Lebensqualität zu verbessern, persönlich zu wachsen und uns weiterzuentwickeln.

In Japan hat man dieses Prinzip verstanden. In der japanischen Geschäftswelt ist infolge von Demings Einfluß ein Schlagwort entstanden, das in jeder Diskussion über geschäftliche oder private Beziehungen auftaucht: das Wort *kaizen*. Es bedeutet wörtlich übersetzt „stetige Verbesserung“ und hat seit langem Eingang in den alltäglichen Sprachgebrauch gefunden. Oft ist von *kaizen* des Handelsdefizits, der Produktpalette oder der persönlichen Beziehungen die Rede. Infolgedessen sucht man fortlaufend nach Verbesserungsmöglichkeiten. *Kaizen* basiert übrigens auf dem Prinzip der allmählichen Verbesserung, die sich in kleinen Schritten vollzieht. Die Japaner haben jedoch begriffen, daß sich auch kaum merkliche, aber täglich durchgeführte Verbesserungen addieren und ein Niveau erreichen können, von dem die meisten Menschen nicht einmal zu träumen wagen. In Japan gibt es ein Sprichwort: „Wenn ein Mann drei Tage lang nicht gesehen wurde, sollten seine Freunde ihn genau anschauen, um festzustellen, welche Veränderungen er durchlaufen hat.“ Erstaunlicherweise, aber nicht überraschend, findet man in der englischen oder deutschen Sprache keinen Begriff, der den Inhalt von *kaizen* genau wiedergäbe.

Je offenkundiger die Auswirkungen des *kaizen*-Konzepts in der japanischen Unternehmenskultur für mich wurden, desto klarer erkannte ich, daß es sich dabei um ein Ordnungsprinzip handelt, das auch mein Leben enorm verändern konnte. Mein eigenes Engagement für eine stetige Verbesserung der Lebensqualität und die permanente Erhöhung der Anforderungen, die ich an mich selbst stelle, haben mir mehr Zufriedenheit und Erfolg beschert. Ich stellte fest, daß auch wir einen Begriff brauchen, an dem wir unser Streben nach ständiger, lebenslanger Verbesserung festmachen können. Wenn wir einen solchen Begriff schaffen, dann kodieren wir damit einen Bedeutungsinhalt und eine bestimmte Anschauung. Und wenn wir diesen Begriff dann ständig benutzen, kann er unsere Denkstrukturen und sogar unsere Entscheidungen beeinflussen.

Deshalb habe ich das Kürzel *CANI!*™ erfunden, eine einfache Gedächtnisstütze. Es steht für „*C*onstant *A*nd *N*ever-ending *I*mprovement“ — konstante und lebenslange Verbesserung. Ich glaube, daß der Grad unseres Erfolgs im Leben in direkter Beziehung zum Grad des Engagements für CANI steht. Das CANI-Prinzip gilt nicht nur für die Geschäftswelt, sondern ist auf jeden Aspekt unseres Lebens anwendbar. In Japan ist oft von firmenweiter Qualitätskontrolle die Rede. Ich glaube, daß wir uns auf CANI konzentrieren müssen — im geschäftlichen, sozialen, geistigen, gesundheitlichen und finanziellen Kontext, also auf die Frage: „Wie können wir in allen diesen Bereichen stetige, lebenslange Verbesserungen erzielen?“ Dadurch wird unser Leben zu einem unglaublichen Abenteuer, bei dem wir uns schon auf die nächsthöhere Qualitätsebene freuen.

CANI ist ein Konzept, das Disziplin erfordert. Es sollte nicht nur dann und wann umgesetzt werden, wenn Ihnen gerade der Sinn danach steht, sondern vielmehr eine *fortwährende innere Verpflichtung darstellen, die von entsprechendem Handeln begleitet wird.* Der Kern des CANI-Konzepts ist das Streben nach allmählichen, ja sogar winzigen, aber konstanten Verbesserungen, mit denen sich im Lauf der Zeit ein Meisterwerk von gigantischen Ausmaßen modellieren läßt. Sollten Sie je den Grand Canyon besucht haben, dann wissen Sie, wovon ich rede. Sie haben die ehrfurchtgebietende Schönheit gesehen, die in Jahrmillionen stetiger Veränderung entstanden ist, als der Colorado River und zahlreiche Nebenflüsse das Felsgestein fortwährend geschliffen und damit eines der sieben Naturwunder der Welt geschaffen haben.

Die meisten Menschen fühlen sich nie sicher, weil sie andauernd Angst davor haben, ihren Arbeitsplatz, ihr Erspartes, ihren Lebenspartner, ihre Gesundheit und anderes zu verlieren. *Die einzig wahre Sicherheit im Leben beruht auf dem Wissen, daß man jeden Tag irgendwelche Fortschritte macht,* daß die eigene Persönlichkeit an Format gewinnt und man in der Wertschätzung des Unternehmens, der Freunde oder der Familie steigt. *Ich mache mir keine Sorgen über den Erhalt meiner Lebensqualität, weil ich tagtäglich daran arbeite, sie zu erhöhen.* Ich bin ständig bestrebt, etwas dazuzulernen und neue, konstruktive Erkenntnisse darüber zu erlangen, wie ich anderen zu einer höheren Wertschöpfung in ihrem Leben verhelfen könnte. Das vermittelt mir ein Gefühl der Sicherheit, der inneren Gewißheit, das ich immer zu lernen, zu wachsen, mich weiterzuentwickeln vermag.

Ich fühle mich dem CANI-Prinzip so stark verpflichtet, daß ich es mir zur Gewohnheit gemacht habe, mich am Ende eines jeden Tages zu fragen: Was habe ich heute dazugelernt? Was habe ich geleistet oder verbessert? Was hat mir Spaß gemacht? Wenn Sie jeden Tag an der Fähigkeit arbeiten, Ihr Leben zu genießen, dann werden Sie es als so reich erleben, wie es sich die meisten Menschen nicht einmal erträumen könnten.

Schrittweise Verbesserungen sind plausibel und daher praktikabel!

Pat Riley, ehemals Betreuer der Los Angeles Lakers, ist der erfolgreichste Coach in der Geschichte des amerikanischen Basketballverbands NBA. Manche behaupten, er habe nur deshalb soviel Glück gehabt, weil ihm Spieler der allerersten Garnitur zur Verfügung standen. Es stimmt, daß die Mannschaft unglaublich gut ist, aber viele hatten die gleichen personellen und materiellen Ressourcen zur Verfügung und waren nicht imstande, eine ungebrochene Siegesserie wie er zu erzielen. Pats durchschlagender Erfolg beruht auf seinem Engagement für CANI. Nach eigenen Aussagen stand er zu Beginn der Saison 1986 sogar vor einem Riesenproblem. In den Augen vieler Spieler hatte das Team im Vorjahr seine Bestform gehabt und trotzdem gegen die Boston Celtics verloren. Auf der Suche nach einem hieb- und stichfesten Plan, der die Mannschaft zu Spitzenleistungen motivieren und sie an die Tabellenspitze führen würde, entschied er sich für das Konzept schrittweiser Verbesserungen. Er überzeugte sie, daß sie in dieser Saison noch mehr Erfolge erzielen könnten, wenn sie ihre persönlichen Bestleistungen um nur ein Prozent steigerten. Diese Zahl erscheint auf den ersten Blick lächerlich gering, aber wenn man bedenkt, daß zwölf Männer ihre Leistungen auf dem Spielfeld in fünf verschiedenen Einsatzbereichen um ein Prozent verbessern, dann ist die Mannschaftsleistung um 60 Prozent effektiver als vorher. Schon ein Unterschied von zehn Prozent, erklärte er ihnen, würde vermutlich genügen, um ein weiteres Mal den Meistertitel zu erringen. Der eigentliche Wert dieser Philosophie lag jedoch darin, daß alle Teammitglieder dieses Ziel für erreichbar hielten. Jeder war sicher, daß er seine persönlichen Bestleistungen in den fünf verschiedenen Einsatzbereichen des Spiels um mindestens ein Prozent zu steigern vermochte. Diese Gewißheit bei der Verfolgung ihres Ziels veranlaßte die Mannschaft, ihr Potential voll auszuschöpfen. Das hatte zur Folge, daß die meisten mindestens fünf und viele sogar fünfzig Prozent zulegten. Pat Riley zufolge war die Saison 1987 die leichteste, die er und sein Team je erlebt hatten. CANI zeitigt eben Wirkung, wenn man sich mit aller Kraft dafür einsetzt.

Worin liegt der Schlüssel zum Erfolg? Wie müssen ein Gefühl der absoluten Gewißheit entwickeln, einen Glauben in uns verankern, der uns gestattet, uns persönlich weiterzuentwickeln und die notwendigen Aktionen einzuleiten, um das eigene Leben und das anderer Menschen in unserem Umfeld noch reicher zu gestalten. Vielleicht halten wir heute eine Sichtweise für wahr; aber wir sollten uns daran erinnern, daß wir im Lauf der Jahre und zunehmender Weiterentwicklung unserer Persönlichkeit neuen Erfahrungen ausgesetzt werden. Unter Umständen entwickeln wir neue Glaubenssätze, die noch mehr Kräfte freisetzen, und geben dafür diejenigen auf, deren wir uns einst so sicher waren. Sie müssen sich bewußt machen, daß sich Ihr Glaube verändern kann, wenn Sie zusätzliche Informationen erhalten und in Ihrem Gedächtnis als Referenzerlebnisse speichern. Was heute wirklich zählt, ist die Frage, ob diese Glaubenssätze Sie heute aktivieren oder lähmen. Gewöhnen Sie sich noch heute an, Ihre Aufmerksamkeit auf die Folgen aller Ihrer Glaubenssätze zu konzentrieren. Stärkt Ihr Glaube Ihr Fundament, nämlich die Fähigkeit, entschlossen zu handeln und das gewünschte Ziel anzustreben, oder wirkt er eher wie ein Hemmschuh?

Wir haben vieles im Hinblick auf unsere Glaubenssysteme entdeckt, aber um unser Leben wirklich selbst in die Hand zu nehmen, müssen wir uns bewußt machen, welche Glaubenssätze uns bereits als Leitlinien dienen.

Deshalb sollten Sie sofort alles stehen und liegen lassen und sich zehn Minuten Zeit nehmen für eine Aufgabe, die Ihnen Spaß machen wird. *Listen Sie spontan und wahllos alle Glaubenssätze auf, die Sie haben* — die aktivierenden und die hemmenden, die kleinen, die kaum ins Gewicht zu fallen, wie die globalen, die große Änderungen zu bewirken scheinen. Vergewissern Sie sich, daß Sie dabei die folgenden berücksichtigen:

- *Wenn/dann-Glaubenssätze* wie: „Wenn ich immer mein Bestes gebe, dann werde ich Erfolg haben“, oder: „Wenn ich diese Person total vereinnahme, dann wird sie mich verlassen.“

- *Globale Glaubenssätze,* z. B. in bezug auf andere Menschen, wie: „Der Mensch ist grundsätzlich gut", oder: „Der Mensch ist von Haus aus schlecht." Dazu gehören auch Glaubenssätze, die Ihre eigene Person, Ihre Chancen im Leben, die Zeit, den Mangel und den Überfluß in unserer Gesellschaft betreffen.

Ermutigende Glaubenssätze

Notieren Sie in den nächsten zehn Minuten so viele Glaubenssätze, wie Ihnen einfallen, und machen Sie sich diese Zeit *jetzt* zum Geschenk. Wenn Sie fertig sind, werde ich Ihnen zeigen, wie Sie Ihre ermutigenden Glaubenssätze stärken und die entmutigenden ausmerzen können. Fangen Sie schnurstracks an.

Entmutigende Glaubenssätze

Haben Sie sich wirklich genug Zeit genommen, um sowohl die ermutigenden als auch die entmutigenden Glaubenssätze aufzuschreiben? Wenn nicht, dann blättern Sie jetzt noch einmal zurück und erledigen Sie diese Aufgabe.

Was haben Sie bei dieser Übung in Erfahrung gebracht? Denken Sie einen Augenblick nach, um Ihre Glaubenssätze zu überprüfen. *Kreisen Sie nun die drei wichtigsten ermutigenden Glaubenssätze auf Ihrer Liste ein.* Auf welche Weise tragen diese dazu bei, Sie zu aktivieren? Wie verleihen Sie Ihrem Leben Stärke? Denken Sie an die positiven, sich aneinanderreihenden Auswirkungen, die jeder dieser Sätze auf Sie hat. Als ich vor ein paar Jahren eine solche Liste machte, stellte ich fest, daß sie von unschätzbarem Wert war. Es gab nämlich einen Glaubenssatz in meinem Leben, dessen Kapazität ich zu wenig ausgeschöpft hatte: *„Wenn ich nur will, dann finde ich auch eine Lösung für mein Problem.“* Als ich meine Liste durchlas, dachte ich: „Das ist ein Glaubenssatz, der verstärkt und in eine Überzeugung verwandelt werden muß.“ Ich bin froh darüber, denn ein Jahr später sollte sich dieser Glaube als lebensrettend erweisen. Er half mir, eine der schwierigsten persönlichen und geschäftlichen Herausforderungen zu meistern, mit denen ich je konfrontiert worden war. Dieser eine Glaube, dieses Gefühl der inneren Gewißheit, befähigte mich, das Ruder zu einem Zeitpunkt herumzureißen, als alle anderen glaubten, das Schiff sei dem Untergang geweiht. Und nicht nur das — er verwandelte mein größtes Problem sogar in meine größte Chance, und dieses Kunststück kann auch Ihnen gelingen. Überprüfen Sie noch einmal Ihre Liste. Stärken Sie die emotionale Intensität und die innere Gewißheit, daß diese Glaubenssätze richtig und so real sind, daß sie als Richtlinien für künftige Verhaltensweisen zu dienen vermögen.

Werfen Sie nun einen Blick auf Ihre einengenden, entmutigenden Glaubenssätze. Wie sehen die Konsequenzen aus, die mit ihnen einhergehen? *Kreisen Sie die beiden destruktivsten Glaubenssätze ein.* Entscheiden Sie jetzt, und ein für allemal, daß Sie nicht länger gewillt sind, den Preis zu zahlen, mit denen dieser Glaube Ihr Leben belastet. Wenn Sie beginnen, ihn in Zweifel zu ziehen und seine Richtigkeit in Frage stellen, dann rütteln Sie an seiner Basis, so daß er keinen Einfluß mehr auf Sie hat. Schlagen Sie die „Standbeine“ Ihrer limitierenden Glaubenssätze weg, indem Sie sich folgende Fragen stellen:

1. Was genau ist an diesem Glaubenssatz lächerlich oder absurd?
2. War die Person, die mir diesen Glauben nahegebracht hat, ein gutes Vorbild in diesem Bereich?
3. Welchen emotionalen Preis muß ich letztlich zahlen, wenn ich an diesem Glauben festhalte?
4. Welchen Preis muß ich letztlich in meinen zwischenmenschlichen Beziehungen zahlen, wenn ich an diesem Glauben festhalte?

5. Welchen Preis muß ich letztlich physisch zahlen, wenn ich an diesem Glauben festhalte?
6. Welchen Preis muß ich letztlich finanziell zahlen, wenn ich an diesem Glauben festhalte?
7. Welchen Preis muß ich letztlich im Hinblick auf mir nahestehende Menschen zahlen, wenn ich an diesem Glauben festhalte?

Wenn Sie sich die Zeit genommen und wahrheitsgemäß geantwortet haben, dann werden Sie vielleicht feststellen, daß Ihre Glaubenssätze im Kreuzfeuer dieser Fragen beträchtlich geschwächt worden sind. Nun sollten Sie sich voll bewußt machen, was diese Glaubenssätze Sie bereits gekostet haben und künftig kosten werden, wenn Sie sich nicht ändern. Verknüpfen Sie damit ein so massives Schmerzempfinden, daß Sie *jetzt* beschließen, sich ein für allemal von ihnen zu befreien.

Doch können wir kein eingefahrenes Verhaltensmuster über Bord werfen, ohne es durch ein neues zu ersetzen. *Deshalb notieren Sie nun zwei Alternativen für die einengenden Glaubenssätze, die Sie soeben ausgemerzt haben.* Worauf stützt sich der Gegensatz zwischen beiden? Wenn Sie beispielsweise der Meinung waren: „Ich habe es nie geschafft, weil ich eine Frau bin“, dann könnte Ihr neuer Glaubenssatz lauten: „Weil ich eine Frau bin, stehen mir Möglichkeiten zur Verfügung, von denen ein Mann nicht einmal träumen kann.“ Auf welche Referenzerlebnisse können Sie verweisen, um diesen Gedanken so zu untermauern, daß Sie ein Gefühl innerer Gewißheit erlangen? Sobald Sie diesen Glauben verstärken und intensivieren, wird er Ihr neues Verhalten beeinflussen, so daß Ihr Leben einen neuen, konstruktiveren Verlauf nimmt.

Wenn Sie im Leben nicht das erreicht haben, was Sie wollten, dann empfehle ich Ihnen, sich die Frage zu stellen: „Woran müßte ich glauben, um in diesem Bereich Erfolge zu erzielen?“, oder: „Wer hat hier bereits Erfolge vorzuweisen, und wie unterscheiden sich seine Anschauungen über das, was möglich ist, von meinen eigenen?“ Vielleicht entdecken Sie dabei einen wichtigen Glauben, der Ihnen bisher entgangen ist. Wenn Sie massive Nachteile zu spüren bekommen, sich herausgefordert, frustriert oder wütend fühlen, dann sollten Sie sich fragen: „Welcher Glaubenssatz hat dazu geführt?“ Dieses simple Verfahren kann Wunder wirken, weil Sie möglicherweise Glaubenssätze ans Tageslicht bringen, derer Sie sich nicht einmal bewußt gewesen sind. Wenn Sie sich beispielsweise niedergeschlagen fühlen, dann müßten Sie sich fragen: „Welcher Glaube hat bewirkt, daß ich so depressiv bin?“ Vermutlich würde sich die Antwort auf die Zukunft beziehen und lauten: „Meine Lage wird sich nie bessern“ oder: „Es besteht keine Hoffnung mehr.“ Sobald Sie diesen Glauben aussprechen, könnten Sie sehr wohl denken: „Das glaube ich nicht! Mir geht es zwar im Augenblick schlecht, aber das wird nicht so bleiben. Ich weiß, daß dieses Tief vorübergeht!“ Oder Sie gelangen zu der Schlußfolgerung, daß die Meinung, Ihre Probleme wären von Dauer, Sie um keinen Deut weiterbringt, und daß Sie künftig nie wieder bereit sein werden, sie auch nur im entferntesten in Betracht zu ziehen.

Noch während Sie diese einengenden Glaubenssätze überprüfen, merken Sie, daß sich Ihre Gefühle wandeln. Sie sollten sich bewußt machen, daran glauben und darauf vertrauen, daß Sie einem Ereignis nur *eine andere Bedeutung beimessen* müssen, um Ihre Emotionen und Verhaltensweisen auf Anhieb zu beeinflussen. Und das führt wiederum zu einer Veränderung in Ihren Aktionen und somit zu einer Neuausrichtung Ihres weiteren Schicksals. Denken Sie daran: *Keine Erfahrung im Leben hat eine andere Bedeutung als diejenige, die Sie selbst ihr beimessen.* Deshalb sollten Sie sich vergewissern, daß Sie sich *bewußt* für die Bedeutungen entscheiden, die am besten mit dem Lebensweg übereinstimmen, den Sie für sich selbst gewählt haben.

Glaubenssätze haben das furchterregende Potential, etwas zu schaffen oder zu zerstören. Wollen Sie sich wirklich bemühen, die schöpferische Kraft in die richtigen Bahnen zu lenken und eine Vision zu entwickeln, die Ihnen verlockend erscheint? Oder ziehen Sie es vor, Ihre Träume zu zerstören? Lernen Sie, sich für Anschauungen zu entscheiden, die Sie aktivieren; schaffen Sie Glaubenssätze, die Sie Ihren hochgesteckten Zielen näher bringen. Ihre Familie, Ihre berufliche Tätigkeit, die Gemeinschaft, der Sie angehören, verdienen nicht weniger.

Führungsqualitäten und die Macht des Glaubens

Führungspersönlichkeiten leben nach positiv motivierenden Glaubenssätzen und lehren andere, ihr Potential voll auszuschöpfen, indem sie einengende Denk- und Verhaltensmuster verändern. Zu den großen Führungspersönlichkeiten, die mich stark beeindruckt haben, gehört auch die Pädagogin Marva Collins, über die eine Fernsehsendung in der Serie *60 Minutes* und ein Kinofilm gedreht wurden. Vor dreißig Jahren nutzte sie ihre innere Kraft; sie beschloß, sich dem Aufbau einer besseren Zukunft zu widmen und das Leben von Kindern maßgeblich zu verändern. Als sie ihre erste Stellung als Lehrerin in einem Stadtviertel von Chicago antrat, das viele als Ghetto betrachteten, sah sie sich einer gewaltigen Herausforderung gegenüber: Ihre Schüler in der zweiten Klasse hatten bereits beschlossen, daß sie nichts lernen wollten. Sie werden feststellen, daß in diesem Buch immer wieder ein Punkt betont wird: Wenn sich zwei Menschen begegnen, dann wird derjenige, der eine echte Entscheidung getroffen hat — sich am stärksten engagiert —, den anderen letztlich beeinflussen, sofern ein wirklicher Kontakt besteht. Marva sah ihre Berufung darin, einen Draht zu diesen Kindern zu finden und ihr Leben zu verbessern. Sie glaubte nicht nur an ihre Fähigkeit, ihre Schüler zu beeinflussen; sie hat vielmehr eine tiefverwurzelte, leidenschaftliche Überzeugung entwickelt, daß sie einen positiven Einfluß auf sie auszuüben vermag. Sie hatte sich keine Grenze im Hinblick darauf gesetzt, wie weit sie in diesem Bemühen gehen wollte. Mit Kindern konfrontiert, die als Legastheniker eingestuft und mit allen möglichen Lern- und Verhaltensstörungen behaftet waren, entschied sie, daß nicht die Kinder das eigentliche Problem darstellten, sondern die Lehrmethode. Niemand forderte die Kinder genug, und infolgedessen besaßen sie kein Selbstvertrauen. Sie konnten nicht auf Referenzerlebnisse zurückgreifen, die ihnen erlaubt hätten, ihre eigenen Grenzen zu sprengen und herauszufinden, wer sie wirklich waren oder was sie tatsächlich leisten konnten. Menschen sprechen auf echte Herausforderungen an, die diese Kinder nach Marvas Meinung mehr als alles andere brauchten.

Deshalb musterte sie alle alten Lehrbücher aus, die mit „Sieh doch, Waldi, lauf!" begannen, und las mit den Kindern statt dessen Shakespeare, Sophokles und Tolstoi. Ihre Kollegen sagten: „Damit erreichen Sie nichts. Das kapieren die doch nie!" Marva war zahlreichen persönlichen Angriffen ausgesetzt; man warnte sie, das Leben dieser Kinder nicht zu zerstören. Aber Marvas Schüler begriffen nicht nur den Lehrstoff, sondern sie hatten sogar ihre helle Freude daran. Warum? Weil ihre Lehrerin so unbeirrbar an die Einzigartigkeit der geistigen Entwicklungsmöglichkeiten jedes einzelnen Kindes und an seine Lernfähigkeit glaubte. Sie brachte in ihrer Kommunikation soviel Übereinstimmung und Zuwendung zum Ausdruck, daß die Kinder lernten, an sich selbst zu glauben — manche zum erstenmal in ihrem jungen Leben. Die Ergebnisse, die Marva inzwischen seit mehreren Jahrzehnten erzielt, sind außergewöhnlich.

Ich lernte Marva bei einem Interview in der Westside Preparatory School kennen, einer von ihr gegründeten und geleiteten Privatschule in Chicago, die völlig anders als das hier gängige Schulsystem ist. Nach dem Gespräch beschloß ich, mich noch mit einigen Schülern zu unterhalten. Der erste junge Mann, den ich kennenlernte, war vier Jahre alt, und er hatte ein Lächeln, das einen glatt umhauen konnte.

„Hallo, ich bin Tony Robbins."

„Guten Tag, Mr. Robbins. Mein Name ist Talmadge E. Griffin. Ich bin vier Jahre alt. Was möchten Sie gerne wissen?"

„Nun, Talmadge, was lernst du denn im Augenblick?"

„Ich befasse mich mit vielen verschiedenen Dingen, Mr. Robbins."

„Was für Bücher hast du denn zuletzt gelesen?"

„Ich habe gerade *Von Mäusen und Menschen* beendet, von John Steinbeck."

Ich muß wohl nicht erst betonen, daß ich ziemlich beeindruckt war. Ich fragte ihn, worum es in dem Buch gehe, und rechnete damit, daß er antworten würde, die Geschichte handle von zwei Männern namens George und Lenny.

Er erwiderte: „Nun, der Handlungsträger ist ...“

Das überzeugte mich endgültig! Dann wollte ich von ihm wissen, was er aus dem Buch gelernt hatte.

„Mr. Robbins, ich habe aus diesem Buch nicht nur gelernt; es hat meine Seele durchdrungen.“

Ich konnte mir das Lachen nicht verkneifen und hakte nach: „Was heißt ‚durchdrungen‘?“

„Bis in den letzten Winkel vordringen“, sagte er, und dann gab er mir eine umfassendere Erklärung, als ich sie Ihnen geben könnte.

„Was hat dich an diesem Buch so sehr beeindruckt, Talmadge?“

„Mr. Robbins, ich habe anhand dieser Geschichte festgestellt, daß Kinder andere Menschen nie nach ihrer Hautfarbe beurteilen. Das machen nur die Erwachsenen. Daraus habe ich gelernt, daß ich eines Tages zwar auch erwachsen sein, aber nie die Lektion vergessen werde, die ich als Kind erhalten habe.“

Meine Augen füllten sich mit Tränen. Ich sah, daß Marva diesen jungen Mann und viele andere Kinder mit eben jenen festgefügten Glaubensmustern ausgestattet hatte, die ihre Entscheidungen nicht nur heute, sondern ein Leben lang beeinflussen werden. Ihr ist es gelungen, die Lebensqualität ihre Schützlinge durch die Anwendung der drei Ordnungsprinzipien zu verbessern, die zu Beginn dieses Buches beschrieben wurden: Marva motiviert sie, höhere Ansprüche an sich selbst zu stellen, verhilft ihnen zu neuen, positiv motivierenden Glaubenssätzen, mit denen sich alte Grenzen durchbrechen lassen, und federt alle diese Bemühungen mit spezifischen Fähigkeiten und Strategien ab, die für lebenslange Erfolge unerläßlich sind. Die Ergebnisse? Ihre Schüler haben nicht nur mehr Selbstvertrauen, sondern auch mehr Selbstentfaltungsmöglichkeiten gewonnen. Die unmittelbaren schulischen Resultate sind verblüffend, und die allmählichen Auswirkungen im alltäglichen Leben nachhaltig.

Zum Schluß fragte ich Talmadge: „Was ist in deinen Augen das wichtigste, was Mrs. Collins dir beigebracht hat?“

„Das wichtigste, was Mrs. Collins mich gelehrt hat, ist, *daß die Gesellschaft eine Entwicklung zwar voraussehen mag, aber nur ich über mein Schicksal bestimme!*“

Vielleicht sollten wir uns alle an die Lektionen unserer Kindheit erinnern. Mit solchen Glaubenssätzen garantiere ich dem kleinen Talmadge und seinen Mitschülern große Chancen, ihr Leben ständig auf eine Weise zu deuten, die ihnen dabei hilft, eine wünschenswerte Zukunft zu schaffen, die keine Ängste weckt, wie bei den meisten Menschen.

Lassen Sie uns noch einmal zusammenfassen, was wir bisher gelernt haben. Wir sind uns darin einig, daß eine ungeheure Kraft in uns schlummert, die nur geweckt werden muß. Sie entfaltet sich mit der Fähigkeit, bewußte Entscheidungen zu treffen, die unser Schicksal beeinflussen.

5

Lassen sich Veränderungen von einer Minute auf die andere erzielen?

„Seht, ich enthülle euch ein Geheimnis:
Wir werden nicht alle entschlafen, aber wir werden alle verwandelt werden – plötzlich, in einem Augenblick ...“

KORINTHERBRIEF 15,51

Solange ich mich erinnern kann, habe ich davon geträumt, die Fähigkeit zu besitzen, Menschen zu einem ganz neuen Leben zu verhelfen. Instinktiv war mir schon in frühester Jugend bewußt, daß mir das nur gelingen würde, wenn ich imstande war, mich selbst zu ändern. Schon in der Junior High School begann ich, mich mit Büchern und Kassetten zu befassen, von denen ich glaubte, sie würden mir die grundlegenden Kenntnisse vermitteln, um menschliche Verhaltensweisen und Gefühle positiv zu beeinflussen.

Natürlich wollte ich auch in bestimmten Bereichen meines eigenen Lebens Verbesserungen einleiten: mich stärker motivieren, meine Entscheidungen zielstrebiger in die Tat umsetzen, lernen, wie man das Leben richtig genießt oder echte Beziehungen zu anderen Menschen anbahnt und pflegt. Ich weiß nicht genau warum, aber irgendwie hat es mir immer Spaß gemacht, zu lernen und meine Kenntnisse darüber, wie man die eigene Lebensqualität erhöhen kann, weiterzugeben sowie in anderen das Gefühl der Achtung und Zuneigung für mich zu wecken. Schon in der High School galt ich daher als „der Mann, der immer eine Lösung weiß“. Wenn jemand ein Problem hatte, war ich der richtige Ansprechpartner, und das machte mich sehr stolz.

Je mehr ich lernte, desto mehr brannte ich darauf, mein Wissen zu erweitern. Zu verstehen, wie man menschliche Emotionen und Verhaltensweisen beeinflußt, wurde bei mir fast schon zur fixen Idee. Ich besuchte einen Schnellesekurs und entwickelte einen unersättlichen Appetit auf Bücher. Ich verschlang annähernd siebenhundert Bücher in nur wenigen Jahren; fast alle beschäftigten sich mit der Persönlichkeitsentwicklung, Psychologie, Verhaltensbeeinflussung und der physiologischen Entwicklung. Ich wollte alles nur Erdenkliche über die Möglichkeiten in Erfahrung bringen, die Lebensqualität der Menschen zu verbessern, und ich versuchte umgehend, das Gelernte bei mir selbst anzuwenden und anderen weiterzugeben. Aber Bücher waren mir nicht genug. Ich war versessen auf Kassetten, die sich mit Motivationstechniken befaßten, und sparte schon in der High School, um Seminare über Persönlichkeitsentwicklung zu besuchen. Wie Sie sich vorstellen können, dauerte es nicht lange, bis ich das Gefühl hatte, immer wieder auf die gleichen Botschaften zu stoßen. Es schien nichts Neues zu geben, und so erlahmte mein Eifer.

Kurz nach meinem 21. Geburtstag lernte ich jedoch eine Reihe von Techniken kennen, die mit blitzartiger Geschwindigkeit Veränderungen herbeiführen können. Es handelte sich dabei um einfache Techniken, beispielsweise die sogenannte Gestalttherapie, und Instrumente der Verhaltensbeeinflussung wie die Hypnose nach Erickson oder die Neurolinguistische Programmierung. Als ich sah, daß sich mit diesen Methoden sofort Veränderungen bewirken ließen, die vorher Monate, Jahre oder sogar Jahrzehnte gedauert hatten, wurde ich einer ihrer treuesten Anhänger. Ich beschloß, alle meine finanziellen Mittel und Kräfte einzusetzen, um diese Techniken zu beherrschen. Und ich machte an diesem Punkt nicht halt, sondern setzte das Gelernte sofort in die Praxis um.

Ich werde nie die erste Woche im Seminar für Neurolinguistische Programmierung vergessen. Wir lernten, wie man einen Menschen in weniger als einer Stunde von einer lebenslangen Phobie heilt, ein Ziel, das in vielen Schulen der konventionellen Psychotherapie erst nach fünf und mehr Jahren erreicht wird. Am fünften Tag schlug ich den Psychologen und Psychiatern, die mit mir diesen Kurs besuchten, vor: „He, warum suchen wir uns nicht ein paar Leute, die an Phobien leiden, und kurieren sie!" Sie sahen mich daraufhin an, als hätte ich nicht alle Tassen im Schrank, und erklärten mir in aller Deutlichkeit, es läge doch wohl auf der Hand, daß mir die Qualifikation fehle; wir müßten warten, bis der sechsmonatige Lehrgang abgeschlossen und der abschließende Test gelaufen sei, und falls wir die Prüfung bestehen und unsere Zulassung erhalten würden, dann — und nur dann — wären wir imstande, das Gelernte praktisch umzusetzen.

Ich hatte jedoch keine Lust, so lange zu warten. Deshalb half ich meiner Karriere auf die Sprünge, indem ich in verschiedenen Radio- und Fernsehprogrammen auftrat, die zuerst in allen Teilen Kanadas und schließlich auch in den USA gesendet wurden. Hier berichtete ich über die Techniken, die es uns erleichtern, Veränderungen in unserem Leben zu bewirken. Ich schilderte, wie damit Verhaltens- und Gefühlsmuster — gleich ob es sich dabei um eine lähmende Gewohnheit oder eine Phobie handelt — innerhalb von Minuten abrupt unterbrochen werden können — auch dann, wenn man sich vorher jahrelang vergeblich darum bemüht hat, sie abzulegen.

Das Konzept war eine Radikalkur. Aber ich beharrte mit Nachdruck darauf, daß sich *alle diese Veränderungen in Minutenschnelle herbeiführen lassen.* Die meisten Menschen warten nämlich, bis bestimmte Ereignisse eintreten, bevor sie endlich beschließen, etwas zu unternehmen. Wenn wir wirklich begreifen würden, wie unser Gehirn funktioniert, dann könnten wir meiner Meinung nach aufhören, immer wieder zu analysieren, warum gerade uns so unliebsame Dinge passieren. Wir wären in der Lage, einfach das zu verändern, womit wir Schmerz und Freude assoziieren. Ebenso leicht gelänge es uns, auf die Lerninhalte einzuwirken, auf die unser autonomes Nervensystem konditioniert ist, und unser Leben ab sofort selbst in die Hand zu nehmen. Wie Sie sich denken können, kam ein junger Bursche wie ich, der ohne fachliche Qualifikation diese umstrittenen Behauptungen im Radio aufstellte, nicht gerade gut bei den Psycho-Experten der traditionellen Schulen an. Einige Psychiater und Psychologen nahmen mich unter Beschuß, manche noch während der Sendung.

Ich lernte dabei jedoch, mein Bestreben, menschliches Verhalten zu ändern, auf zwei Prinzipien zu stützen: Technik und Herausforderung. Ich wußte, daß ich eine überlegene Technik besaß, eine bessere Methode, Veränderungen auf der Basis entscheidender Einsichten in menschliche Verhaltensweisen herbeizuführen, die den meisten konventionellen Psychologen während des Studiums nicht vermittelt wurden. Und ich gelangte zu der Überzeugung: Wenn ich mich selbst und die Menschen, mit denen ich zusammenarbeitete, vor eine Herausforderung stellte, würde es mir gelingen, eine Wende zum Besseren in praktisch allen Lebensbereichen einzuleiten.

Ein bestimmter Psychiater bezeichnete mich als Scharlatan und Lügner und warf mir vor, falsche Behauptungen aufgestellt zu haben. Ich forderte diesen Mann auf, seinen Pessimismus einstweilen beiseite zu schieben und mir die Chance zu geben, mit einem x-beliebigen seiner Patienten zu arbeiten, den er seit Jahren erfolglos zu therapieren versuchte. Das war ein kühner Schachzug, und zunächst machte der Mann keine Anstalten, meiner Bitte zu entsprechen. Aber dank meines Wissens um die Technik des Veränderungswillens gestattete er seiner Patientin dann doch, an einer meiner Veranstaltungen, bei der Gäste freien Zutritt haben, teilzunehmen, so daß ich vor Publikum mit ihr arbeiten konnte. Innerhalb von fünfzehn Minuten gelang es mir, die Frau von ihrer Schlangenphobie zu befreien; sie war zum damaligen Zeitpunkt bereits mehr als sieben Jahre von dem Psychiater behandelt worden, der mich verbal angegriffen hatte. Der Mann reagierte dann verblüfft, um es gelinde auszudrücken. Aber noch wichtiger war für mich das Erfolgserlebnis und das Gefühl der Gewißheit, welche Leistungen ich zu erzielen vermochte. Ich war regelrecht aufgekratzt und hastete kreuz und quer durch Amerika, um den Menschen zu demonstrieren, wie schnell sich Veränderungen bewirken lassen. Ich stellte fest, daß meine Zuhörer überall zu Anfang skeptisch waren. Aber ich konnte ihnen sicht- und meßbare Ergebnisse vorweisen. Es gelang mir, nicht nur Aufmerksamkeit und Interesse, sondern auch die Bereitschaft zu wecken, das Gelernte anzuwenden, was zu ebenso meßbaren Resultaten in ihrem eigenen Leben führte.

Warum brauchen die meisten Menschen so lange, um sich zu ändern? Ein Grund liegt offenbar darin, daß viele es immer wieder mittels purer Willenskraft versucht haben und gescheitert sind. Das verleitet sie dann zu der Annahme, daß nachhaltige Veränderungen eben viel Zeit in Anspruch nehmen und sehr schwer herbeizuführen sind. Ein solches Vorhaben ist in Wirklichkeit aber nur deshalb so verzwickt, weil wir nicht genau wissen, wie wir es anstellen sollen! Wir besitzen keine wirksame Strategie. Die Willenskraft allein reicht nicht aus — nicht, wenn wir auf dauerhafte Veränderungen abzielen.

Es gibt noch einen zweiten Grund dafür, daß sich Veränderungen schleppend vollziehen: In unserer Kultur sind bestimmte Glaubensmuster verankert, die uns hindern, unsere angeborene Anpassungsfähigkeit zu nutzen. Auf kultureller Ebene verknüpfen wir negative Assoziationen mit dem Gedanken, uns auf Anhieb zu ändern. Wenn jemand schlagartig ein neuer Mensch werden kann, so bedeutet das meistens, daß er keine echten Probleme hatte. Denn sonst wäre er ja schon vor einer Woche, einem Monat oder einem Jahr auf die Idee gekommen, bestimmte Verhaltensweisen abzustellen, und hätte aufgehört, sie zu beklagen.

Wie schnell kann man beispielsweise den Verlust eines geliebten Menschen überwinden und seine Gefühle verändern? Rein physikalisch wäre man dazu bereits am nächsten Morgen fähig. Aber die Realität sieht anders aus. Warum? Weil in unserer Kultur die Überzeugung vorherrscht, daß wir eine bestimmte Trauerzeit einhalten müssen. Wie lang diese sein sollte, hängt von der Konditionierung des einzelnen ab. Denken Sie einmal darüber nach. Wenn Sie am Tag nach dem Tod eines Ihnen nahestehenden Menschen keine Trauer zeigen würden, müßten Sie dann nicht mit einigen Unannehmlichkeiten rechnen? Als erstes würden andere denken, Ihnen könne wohl nicht viel an dem Menschen gelegen haben, den Sie verloren haben. Und aufgrund der kulturellen Konditionierung glauben Sie am Ende vielleicht selbst daran. Die Vorstellung, diesen Tod so leicht zu verkraften, ist einfach zu schmerzlich. Wir entscheiden uns, nicht auf unsere Gefühle einzuwirken, sondern in Trauer zu verharren, bis wir meinen, den gesellschaftlichen Regeln und Normen über eine angemessene Trauerzeit Genüge getan zu haben.

Es gibt Kulturen, in denen die Menschen ein Fest feiern, wenn jemand stirbt. Sie glauben, daß Gott weiß, wann es für uns an der Zeit ist, die Erde zu verlassen, und der Tod nur die Eintrittskarte in eine bessere Welt darstellt. Sie glauben auch, daß Trauer lediglich signalisiert, daß man die Mechanismen des Lebens nicht verstanden hat und selbstsüchtig ist. Da der Tote nun an einem schöneren Ort weilt, bemitleide man sich nur selbst. Diese Menschen verknüpfen positive Aspekte mit dem Tod und negative mit der Trauer, die kein Bestandteil ihrer Kultur ist. Ich will nicht sagen, daß es schlecht oder falsch sei, zu trauern, sondern daß wir eines erkennen müssen: Nur aufgrund unserer Glaubensmuster dauert es so lange, bis wir den Schmerz überwunden haben.

Während meiner landesweiten Vortragsreise ermutigte ich die Leute oft, in dreißig Minuten oder gar in noch kürzerer Zeit Veränderungen einzuleiten, die ihr Leben in völlig neue Bahnen lenkten. Zweifellos habe ich dazu beigetragen, daß Kontroversen aufflammten, aber mit zunehmendem Erfolg wuchs auch meine Sicherheit und Zielstrebigkeit. Um die Wahrheit zu sagen, ich war gelegentlich sogar auf Konfrontation bedacht und mehr als ein kleines bißchen anmaßend. Ich begann, Therapien auf privater Ebene durchzuführen und meinen Klienten dabei zu helfen, ihr Leben völlig umzukrempeln; danach veranstaltete ich die ersten Seminare. Innerhalb weniger Jahre befand ich mich in drei von vier Wochen auf Reisen. Ich trieb mich selbst immer wieder an, mein Bestes zu geben und meine Fähigkeiten zu vertiefen, um die größtmögliche Anzahl von Menschen in so kurzer Zeit wie möglich positiv zu beeinflussen. Die Ergebnisse, die ich erzielte, waren nahezu märchenhaft. Endlich stellten die Psychiater und Psychologen ihre Angriffe ein und interessierten sich dafür, meine Techniken zu erlernen, um sie bei ihren eigenen Patienten anzuwenden. Gleichzeitig änderten sich auch meine eigenen Einstellungen, und ich wurde ausgeglichener. Aber ich habe nie das leidenschaftliche Bestreben verloren, so vielen Menschen wie möglich zu helfen.

Eines Tages vor rund viereinhalb Jahren, kurz nach dem Erscheinen des Buches *Grenzenlose Energie*, war ich nach einem Managerseminar in San Francisco gerade dabei, meine Bücher zu signieren. Dabei dachte ich die ganze Zeit darüber nach, was für unglaubliche Belohnungen mit der Verwirklichung eines Ziels einhergegangen waren, das ich mir bereits in der High School gesetzt hatte: zu wachsen, mich weiterzuentwickeln, mich sozial zu engagieren und damit etwas Positives zu bewirken. Während die Autogrammjäger mit lächelnden Gesichtern auf mich zukamen, merkte ich, wie dankbar ich für die Entwicklung der Fähigkeiten war, mit denen ich anderen helfen konnte, Veränderungen in buchstäblich jedem Lebensbereich zu realisieren.

Als sich die letzte Personengruppe schließlich zerstreute, sprach mich ein Mann an und fragte: „Erkennen Sie mich wieder?" Da ich allein in diesem Monat Tausende von Menschen zu Gesicht bekommen hatte, mußte ich eingestehen, daß dem nicht so war. „Denken Sie mal eine Sekunde nach", forderte mich der Mann auf. Nachdem ich ihn ein paar Minuten angesehen hatte, machte es plötzlich Klick. „New York City, stimmt's?" sagte ich. „Richtig", erwiderte er. „Ich habe Sie privat behandelt und Ihnen geholfen, das Rauchen aufzugeben." Er nickte. Ich sagte:

„Meine Güte, das ist Jahre her. Wie ist es Ihnen denn in der Zwischenzeit ergangen?“ Er griff in seine Tasche, zog ein Päckchen Marlboro heraus, streckte sie mir mit vorwurfsvollem Gesicht entgegen und erklärte: „Sie haben versagt.“ Dann ließ er sich in einer endlosen Tirade über meine Unfähigkeit aus, ihn wirkungsvoll zu „programmieren“.

Ich muß gestehen, ich war völlig verdattert. Schließlich beruhte meine Karriere auf der Bereitschaft, mich selbst und andere vor Herausforderungen zu stellen und alles in meiner Macht Stehende zu versuchen, um auf Anhieb dauerhafte und nachhaltige Veränderungen herbeizuführen. Als dieser Mann mich weiter beschimpfte, weil es mir nicht gelungen war, ihn von seinem Laster zu befreien, fragte ich mich, was da wohl falsch gelaufen sein mochte. Hatte mein Ego vielleicht größere Ausmaße angenommen als meine tatsächlichen Fähigkeiten und Fertigkeiten? Schließlich begann ich, mir bessere Fragen zu stellen: Was konnte ich aus dieser Situation lernen? Was ging hier wirklich vor?

„Was ist nach der Therapie geschehen?“ wollte ich wissen und erwartete zu hören, daß er eine Woche später oder so wieder zur Zigarette gegriffen habe. Es stellte sich indessen heraus, daß er das Rauchen zweieinhalb Jahre aufgegeben hatte — und das nach einer Sitzung von weniger als einer Stunde! Aber eines Tages konnte er nicht widerstehen und nahm einen Zug, und inzwischen war sein Konsum wieder auf die üblichen vier Päckchen Zigaretten pro Tag gestiegen. Und nun machte er mich dafür verantwortlich, daß die Veränderung nicht angehalten hatte.

Dann kam mir die Erleuchtung: Der Mann hatte nicht ganz unrecht. Schließlich hatte ich ja etwas unters Volk gebracht, das sich „Neurolinguistische Programmierung“ nannte. Denken Sie einmal über das Wort „Programmierung“ nach. Es deutet darauf hin, daß Sie einen Fachmann aufsuchen, sich von ihm neu programmieren lassen, und schon ist alles in bester Ordnung. Sie selbst müßten nichts dazu tun. Aus meinem Wunsch heraus, Menschen zu helfen und dabei an der Basis anzusetzen, war mir derselbe Fehler unterlaufen, den ich bei vielen Experten für Persönlichkeitsentwicklung beobachtet habe: Ich hatte begonnen, die Verantwortung für die Veränderungen anderer zu übernehmen.

An diesem Tag wurde mir bewußt, daß ich die Verantwortung, ohne es zu merken, in die Hände der falschen Person — nämlich in meine eigenen — gelegt hatte. Dieser Mann, aber auch jeder andere unter den Tausenden von Menschen, mit denen ich gearbeitet hatte, konnte leicht in seine alten Gewohnheiten zurückfallen, sobald er mit einer echten Herausforderung konfrontiert wurde. Diese Menschen sahen nämlich in mir denjenigen, der für ihre Verhaltensänderung verantwortlich war. Wenn das Vorhaben mißlang, konnten sie die Schuld bequem einem anderem in die Schuhe schieben. Sie fühlten sich nicht persönlich verantwortlich und daher auch nicht schmerzlich betroffen, wenn sie nicht imstande waren, die neuen Verhaltensweisen beizubehalten.

Infolge dieser neuen Perspektive beschloß ich, die Metaphorik für meine Arbeit zu ändern. Ich strich das Wort „Programmieren" aus meinem Wortschatz, weil es nicht genau zutrifft, auch wenn ich noch immer einige NLP-Techniken benutze. Eine bessere Bezeichnung für eine langfristige Veränderung ist der Begriff *Konditionierung.* Diese Vermutung bestätigte sich, als meine Frau einige Jahre später einen Klavierstimmer für unseren neuen kleinen Flügel ins Haus bestellte. Der Mann war ein echter Meister seines Fachs. Er arbeitete stundenlang an jeder einzelnen Saite des Instruments, bis die richtige Spannung entstanden war, um den perfekten Klang zu erzeugen. Am Abend konnten wir dem Instrument wundervolle Töne entlocken. Als ich ihn fragte, was ich ihm schuldig sei, antwortete er: „Machen Sie sich deswegen keine Gedanken; ich bringe die Rechnung bei meinem nächsten Besuch mit." „Beim nächsten Besuch? Was soll das heißen?" Er erwiderte: „Ich komme morgen wieder, und dann einen Monat lang einmal pro Woche. Danach alle drei Monate für den Rest des Jahres; Sie leben ja schließlich am Meer."

Ich sagte: „Wovon reden Sie überhaupt? Haben Sie denn noch nicht alle Anpassungen vorgenommen? Ist das Klavier noch nicht perfekt gestimmt?" „Doch", erwiderte er. „Aber die Saiten sind stark, und um die ideale Spannung zu halten, müssen wir sie immer wieder nachziehen, bis sie von selbst in dieser Stellung bleiben." Ich dachte: „Was für einen einträglichen Beruf dieser Mann doch hat." Aber ich erhielt an diesem Tag auch eine großartige Lektion.

Genau das ist es, was wir tun müssen, wenn wir langfristige Veränderungen bewirken wollen. *Sobald wir eine Verhaltensmodifizierung erzielt haben, sollten wir sie sofort verstärken. Dann müssen wir unser Nervensystem darauf konditionieren, diesen Erfolg nicht einmal, sondern ständig herbeizuführen.* Sie würden ja auch nicht nur einmal an einer Aerobic-Stunde teilnehmen und sagen: „So, das war's! Jetzt habe ich meinen Körper und meine Gesundheit für den Rest des Lebens in Schuß gebracht!" Dasselbe gilt für unsere Emotionen und Verhaltensweisen. Wir müssen uns auf Erfolg, Liebe und das Bestreben konditionieren, die Mauern unserer Ängste zu durchbrechen. Und aufgrund dieser Konditionierung können wir Muster entwickeln, die uns automatisch zu dauerhaftem, lebenslangem Erfolg führen.

Es gilt, sich daran zu erinnern, daß unser gesamtes Verhalten durch Schmerz und Freude bestimmt ist und durch sie auch verändert werden kann. Konditionierung setzt allerdings voraus, daß wir Schmerz und Freude richtig einzusetzen verstehen. Im nächsten Kapitel werde ich Ihnen eine Technik vorstellen, die ich entwickelt habe, um Veränderungen in jedem gewünschten Lebensbereich zu realisieren. Ich nenne sie die *Wissenschaft der Neuroassoziativen Konditionierung*™ oder *NAC. NAC ist ein schrittweiser Prozeß; er konditioniert Ihr autonomes Nervensystem darauf, Freude mit den angestrebten Zielen zu assoziieren, und Schmerz mit jenen Verhaltensweisen, die es zu meiden gilt, wenn Sie ohne Mühe und ohne die ständige Aufbietung Ihrer Willenskraft Erfolg haben wollen.* Denken Sie daran: Ausschlaggebend für jede Veränderung sind die Gefühle, die wir aufgrund der Konditionierung in unserem autonomen Nervensystem mit bestimmten Verhaltensweisen verknüpfen, die sogenannten Neuroassoziationen.

Wenn wir imstande sind, diese Neuroassoziationen zu steuern, können wir auch damit beginnen, unser Leben zu steuern. In diesem Kapitel erfahren Sie, wie Sie Ihre Neuroassoziationen auf eine Weise konditionieren, die Sie befähigt, die Initiative zu ergreifen und die Ergebnisse zu erreichen, von denen Sie immer geträumt haben. Genau das ist der Knackpunkt, wenn es gilt, dauerhafte Veränderungen zu bewirken.

„Nicht die Dinge ändern sich; wir ändern uns."

Henry David Thoreau

Welche Veränderungen wünscht sich jeder in seinem Leben? *Stimmt es nicht, daß wir entweder unsere Gefühle oder unsere Verhaltensweisen ändern möchten?* Wenn jemand eine Tragödie erlebt hat — vielleicht als Kind mißhandelt oder sexuell mißbraucht wurde, einen geliebten Menschen verloren hat oder zuwenig Selbstachtung besitzt —, dann wird er den Schmerz darüber so lange empfinden, bis er die Gefühle, die er mit seiner eigenen Person, diesen Ereignissen oder bestimmten Situationen verknüpft, bewußt ändert. Wer beispielsweise ständig zuviel ißt, zuviel Alkohol konsumiert, raucht oder Drogen nimmt, soll diese Gewohnheiten dringend ablegen. Dieses Ziel läßt sich nur erreichen, wenn man massive Nachteile mit dem alten und Vorteile mit dem neuen Verhalten assoziiert.

Das klingt einfach. Ich habe jedoch festgestellt, daß sich ein echter, anhaltender Wandel nur erzielen läßt, wenn wir ein bestimmtes Lernsystem entwickeln. Jeden Tag mache ich mir neue Fähigkeiten und Techniken zu eigen, die sich aus den verschiedensten wissenschaftlichen Disziplinen ableiten lassen. Ich benutze noch immer viele der NLP- und Erickson-Verfahren, mit denen ich zu Anfang meiner beruflichen Laufbahn gearbeitet habe; aber ich greife immer wieder darauf zurück, sie im Rahmen der sechs grundlegenden Schritte einzusetzen, aus denen die Neuroassoziative Konditionierung besteht. Ich habe NAC auf eine Weise konzipiert, in der sich jede Technik verwenden läßt, die der Veränderung dient. Was NAC wirklich bietet, ist eine spezifische Syntax — eine eigene Struktur und Reihenfolge — der Möglichkeiten, jegliche Fähigkeiten zu nutzen, die langfristige Veränderungen unterstützen.

Sie erinnern sich sicher, daß ich im ersten Kapitel sagte, eine der wichtigsten Komponenten für langfristig wirksame Veränderungen sei ein Wandel unserer Glaubensmuster. *Als erstes müssen wir zu dem Glauben gelangen, daß wir uns hier und jetzt ändern können.* Die meisten Menschen in unserer Gesellschaft haben unbewußt Schmerzen und große Nachteile mit dem Gedanken verknüpft, sich auf der Stelle zu ändern. Einerseits erscheint uns die Aussicht verlockend; andererseits lehrt die kulturelle Programmierung uns aber, ein so rascher Wandel müsse bedeuten, daß wir möglicherweise von Anfang an kein Problem mit einer bestimmten Verhaltensweise hatten. Vielleicht haben wir es nur vorgetäuscht oder sind träge. Wir müssen uns den Glauben zu eigen machen, daß wir tatsächlich imstande sind, uns von einer Minute auf die andere zu ändern. Wenn wir in Nullkommanichts ein Problem schaffen können, dann müßte es uns doch auch gelingen, eine Lösung zu finden. Sie und ich wissen genau: Wenn sich jemand schließlich doch ändert, dann vollzieht sich der Wandel mit blitzartiger Geschwindigkeit. Es gibt einen bestimmten Moment, in dem die Veränderung stattfindet. Warum beschließen Sie nicht, daß dieser Augenblick jetzt gekommen ist? *Normalerweise ist es die innere Vorbereitung auf die Veränderung, die so viel Zeit in Anspruch nimmt.* Wir müssen uns selbst für eine Veränderung rüsten. Wir müssen lernen, auf unsere eigenen Ratschläge zu hören und unser Leben selbst in die Hand nehmen.

Der zweite Glaubenssatz, zu dem wir gelangen müssen, ist, daß wir nur dann langfristige Veränderungen bewirken können, wenn wir selbst — und nicht andere — die Verantwortung dafür tragen. Eigentlich sind es drei spezifische Glaubenssätze, die es zu entwickeln gilt, wenn die Veränderung von Dauer sein soll:

- *Der Glaube, daß sich „etwas ändern muß"* — nicht sollte oder könnte, sondern absolut ändern muß. Wie oft hört man doch jemanden sagen: „Diese zusätzlichen Pfunde sollten verschwinden", oder: „Hinhaltemanöver sind eine miese Gewohnheit", oder: „Meine Beziehung sollte eigentlich besser sein." Wir können uns noch so oft vor Augen halten, was sein „sollte" — dadurch verändern wir unser Leben nicht! Nur wenn etwas zur absoluten Notwendigkeit wird, ergreifen wir wirklich die erforderlichen Maßnahmen, um unsere Lebensqualität zu verbessern.
- *Der Glaube, daß „wir selbst" etwas ändern müssen.* Wir müssen uns selbst als Träger der Veränderung sehen. Andernfalls werden wir immer nach anderen Ausschau halten, die Veränderungen für uns in die Wege leiten und als Sündenbock zur Verfügung stehen, wenn unser Vorhaben mißlingt. Wir selbst müssen die Veränderung aktiv herbeiführen, wenn sie von Dauer sein soll.
- *Der Glaube, daß „wir etwas ändern können".* Ohne an die Möglichkeit einer Veränderung zu glauben — wie im letzten Kapitel bereits erwähnt — haben wir keine Chance, unsere Wünsche zu verwirklichen.

Wenn Ihnen diese drei wesentlichen Glaubenssätze fehlen, sind die Veränderungen, die Sie vornehmen, wahrscheinlich nur zeitweilig, das kann ich Ihnen versichern. Bitte mißverstehen Sie mich nicht — es ist immer eine gute Idee, sich an einen namhaften Experten zu wenden (eine Kapazität auf ihrem Fachgebiet, einen Therapeuten, Berater oder irgend jemanden, der bereits bei anderen gute Ergebnisse erzielt hat), der Ihnen dabei hilft, die richtigen Maßnahmen zu ergreifen, um Ihre Phobie zu überwinden, das Rauchen aufzugeben oder abzunehmen. Aber letztendlich sind Sie selbst es, *von dem die Veränderung ausgehen muß.*

Das Gespräch, das ich damals mit dem rückfälligen Raucher führte, forderte mich heraus, mir selbst neue Fragen über die Ursachen der Veränderung zu stellen. Warum hatte ich im Verlauf der Jahre so viele Erfolge verbuchen können? Was unterschied mich von anderen, die versucht hatten, denselben Leuten zu helfen, die in gleicher Absicht handelten, aber unfähig waren, die gleichen Ergebnisse zu erzielen? Was war geschehen, wenn ich versucht hatte, jemanden zu ändern, und dieser wieder in sein altes Verhaltensmuster zurückfiel? Was hatte mich daran gehindert, die Veränderungen herbeizuführen, die ich mit ganzer Kraft anstrebte?

Dann begann ich, mir umfassendere Fragen zu stellen, zum Beispiel: „Wie werden in einer Therapie Veränderungen bewirkt?" Alle Therapien haben manchmal Erfolg, und alle versagen bisweilen. Mir fielen noch zwei weitere interessante Dinge auf: Manche Leute suchten Therapeuten auf, die ich nicht für besonders fähig hielt, und erzielten trotzdem innerhalb kürzester Zeit die gewünschten Veränderungen. Andere wählten einen Therapeuten, der meiner Meinung nach außergewöhnlich kompetent war, der aber nicht dabei helfen konnte, in kurzer Zeit die angestrebten Ergebnisse zu erzielen.

Nachdem ich einige Jahre lang Tausende von Persönlichkeitsveränderungen miterlebt hatte, traf mich die Erkenntnis wie ein Blitz: Wir können unsere Probleme jahrelang analysieren, und doch bleibt alles beim alten, *solange wir nicht die mit einer Erfahrung verknüpften Empfindungen in unserem autonomen Nervensystem ändern.*

Die Kraft Ihres Gehirns

Mit welch einer phantastischen Gabe werden wir geboren! Ich habe festgestellt, daß wir mit Hilfe unseres Gehirns buchstäblich alles erreichen können, was wir uns wünschen. Seine Kapazität ist nahezu unerschöpflich. Die meisten Menschen wissen wenig über seine Funktionsweise, und deshalb wollen wir kurz auf dieses unvergleichliche Kraftzentrum und die Möglichkeiten eingehen, es so zu konditionieren, daß wir unsere Ziele im Leben immer wieder erreichen.

Ihr Gehirn wartet eifrig auf jeden Befehl und ist bereit, alles auszuführen, was Sie ihm auftragen. Es braucht lediglich ein bißchen Kraftstoff: den Sauerstoff in Ihrem Blut und eine kleine Menge Glukose. Was seine komplizierten Strukturen und seine Kapazität angeht, so stellt es selbst die modernste und ausgefeilteste Computertechnologie in den Schatten. Es ist in der Lage, bis zu 30 Milliarden Informationseinheiten pro Sekunde zu verarbeiten, und sein Netzwerk entspricht ca. 10.000 Kilometern Draht und Kabel. In der Regel verfügt das menschliche Nervensystem über rund 28 Milliarden Neuronen (Nervenzellen, die Impulse weiterleiten). Ohne diese Neuronen wäre es außerstande, die Informationen, die wir über unsere Sinnesorgane erhalten, zu interpretieren, an das Gehirn zu übermitteln und die Befehle auszuführen, die das Gehirn ihm erteilt. Jedes einzelne Neuron ist ein winziger, eigenständig arbeitender Computer, der rund eine Million Informationseinheiten verarbeiten kann.

Die Neuronen agieren unabhängig voneinander. Sie kommunizieren jedoch mit anderen Nervenzellen über ein Netz aus Nervenfasern, die eine Länge von rund 160.000 Kilometern aufweisen. Die Informationsverarbeitungskapazität des Gehirns ist schwindelerregend, vor allem wenn man bedenkt, daß ein Rechner — und selbst der schnellste — nur jeweils eine Verbindung gleichzeitig herzustellen vermag. *Im Gegensatz dazu kann sich eine Reaktion in einem Neuron auf Hunderttausende anderer Nervenzellen ausbreiten, und das in weniger als zwanzig Millisekunden!* Um diese Zahlen in die richtige Perspektive zu rücken: das ist ein Zehntel des Zeitraums, den ein Auge braucht, um zu blinzeln.

Ein Neuron braucht im Vergleich zu einer Computer-Schaltstelle das Millionenfache an Zeit, um Signale zu senden. Und doch kann das Gehirn ein vertrautes Gesicht in weniger als einer Sekunde wiedererkennen — eine Eigenschaft, die über die Fähigkeiten der meisten Hochleistungsrechner hinausgeht. Das Gehirn erzielt diese Geschwindigkeit, weil die Milliarden Neuronen ein Problem gleichzeitig in Angriff nehmen, während ein Computer Schritt für Schritt vorgeht.

Angesichts dieser ungeheuren Kraft, die uns zur Verfügung steht, muß man sich also fragen, warum wir uns nicht stets glücklich und zufrieden fühlen. Warum können wir schlechte Gewohnheiten wie Rauchen, Alkoholkonsum, Völlerei oder Entscheidungsunlust nicht ablegen? Warum gelingt es uns nicht, eine Depression sofort abzuschütteln, aus unserer Frustration auszubrechen und jeden Tag unseres Lebens Freude zu empfinden? *Wir sind dazu sehr wohl imstande!* Jeder von uns verfügt über den unglaublichsten Computer auf diesem Planeten, aber leider hat uns niemand das Benutzerhandbuch gegeben. Die meisten Menschen haben keine Ahnung, wie unser Gehirn wirklich funktioniert. Deshalb versuchen wir, Veränderungen mit Hilfe von Denkprozessen den Weg zu ebnen. In Wirklichkeit wurzelt unser Verhalten jedoch in unserem Nervensystem und basiert auf eben jenen physikalischen Verbindungen — neuralen Verbindungen —, die ich als *Neuroassoziationen* bezeichne.

Neuro-Wissenschaft: Das Programm für eine dauerhafte Veränderung

Heute sind große Durchbrüche möglich, den menschlichen Geist zu verstehen. Der Grund ist die „Ehe", die zwischen zwei völlig verschiedenen Forschungsfeldern geschlossen wurde: der Neurobiologie (die sich mit der Funktionsweise des Gehirns befaßt) und der Computerwissenschaft. Die Verzahnung dieser beiden Bereiche hat die Disziplin der *Neuro-Wissenschaft* hervorgebracht.

Neurowissenschaftler untersuchen, wie Neuroassoziationen zustande kommen. Sie haben entdeckt, daß Neuronen ständig elektrochemische Botschaften über *neurale Bahnen* hin- und herschicken, ähnlich dem Verkehr auf einer belebten Hauptverkehrsstraße. Diese Kommunikation findet gleichzeitig statt; jede Idee oder Erinnerung bewegt sich entlang ihrer eigenen Bahn, während Milliarden anderer Impulse in verschiedene Richtungen streben. Dieses System ermöglicht uns, mental hin- und herzuschwenken von den Erinnerungen an den Geruch eines Nadelwaldes nach dem Regen zur Melodie eines beliebten Broadway-Musicals, die uns nicht mehr aus dem Kopf geht, zu den akribisch geplanten Einzelheiten eines Abends, den man mit einem geliebten Menschen verbringen wird, oder zum erlesen geformten winzigen Daumen eines Säuglings.

Dieses komplexe System gestattet uns nicht nur, die Schönheit unserer Welt zu genießen, sondern hilft uns auch, darin zu überleben. *Jedesmal, wenn wir ein außergewöhnliches Maß an Schmerz oder Freude erleben, sucht unser Gehirn nach der Ursache und speichert sie in unserem Nervensystem, damit wir künftig bessere Entscheidungen treffen können.* Ohne die Neuroassoziation in Ihrem Gehirn, die Sie daran erinnert, daß Sie sich die Hand verbrennen, wenn Sie mit einer offenen Flamme in Berührung kommen, würden Sie diesen Fehler möglicherweise ständig wiederholen, bis Sie wirklich schwere Brandwunden davontragen. Folglich versorgen Neuroassoziationen unser Gehirn schnellstens mit den Signalen, die uns dabei helfen, nach Belieben Zugang zu unseren Erinnerungen zu finden, und die uns sicher durchs Leben geleiten.

„Dem abgestumpften Geist erscheint die gesamte Natur bleiern. Für den erleuchteten Geist brennt und funkelt die ganze Welt dank ihres Lichts."

RALPH WALDO EMERSON

Wenn wir etwas zum ersten Mal tun, stellen wir eine physikalische Verbindung her, einen dünnen Nervenstrang, der uns auch in Zukunft den Zugriff auf dieses Gefühl oder Verhalten gestattet. Mit jeder Wiederholung dieses Verhaltens stärken wir die neurale Schaltverbindung und fügen einen weiteren Strang hinzu. Findet die Wiederholung oft genug und mit großer emotionaler Intensität statt, können wir viele Stränge gleichzeitig integrieren und die „Festigkeit“ dieses Gefühls- oder Verhaltensmusters erhöhen, bis wir schließlich eine Art „Standleitung“ für diese Verhaltensweise oder Empfindung geschaffen haben. In diesem Fall sehen wir uns gezwungen, ständig auf eine bestimmte Weise zu fühlen oder zu handeln. Mit anderen Worten, diese Verbindung ist zu einer neuralen „Schnellstraße“ geworden, einer Verhaltensroute, die wir automatisch und kontinuierlich einschlagen.

Diese Neuroassoziation ist eine biologische Realität, die auf physikalischen Gegebenheiten beruht. Deshalb sind die Denkprozesse, mit denen

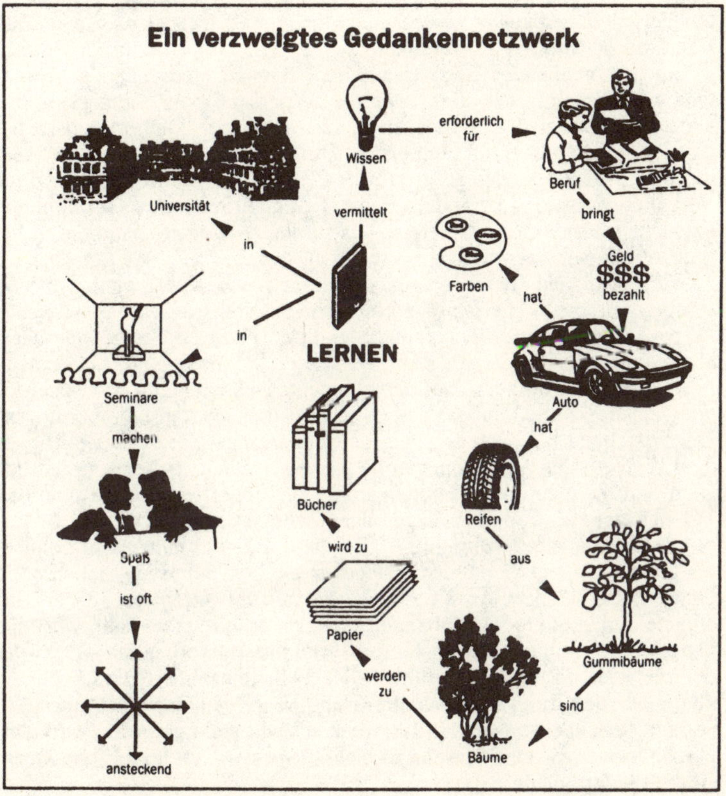

wir Veränderungen erzwingen wollen, in der Regel unwirksam. Unsere Neuroassoziationen stellen ein Werkzeug dar, das uns zu überleben hilft; sie sind als physikalische Verbindungen fest in unserem Nervensystem verankert, und keine immateriellen „Erinnerungen". Michael Merzenich von der University of California hat wissenschaftlich nachgewiesen, daß sich jegliches Verhaltensmuster verstärkt, je öfter wir es praktizieren.

Merzenich stellte spezifische Bereiche im Affenhirn kartographisch dar, die aktiviert wurden, wenn man einen bestimmten Finger der Vorderpfote des Affen berührte. Er brachte daraufhin dem Tier bei, vornehmlich diesen Finger zu benutzen, um sein Fressen zu verdienen. Als Merzenich später die von der Berührung aktivierten Regionen des Gehirns erneut aufzeichnete, stellte er fest, daß der Bereich, der auf die Signale für den zusätzlichen Einsatz dieses Fingers reagierte, sich um nahezu 600 Prozent erweitert hatte! Der Affe hielt auch dann noch am erlernten Verhalten fest, als er keine Belohnung mehr erhielt, denn die neurale Bahn war inzwischen fest verankert.

Ein entsprechendes Beispiel aus dem Bereich menschlichen Verhaltens wäre jemand, dem die Zigaretten zwar nicht mehr schmecken, der aber noch immer den Zwang zu rauchen verspürt. Dieser Mensch ist, physikalisch gesehen, mit dem blauen Dunst „vernetzt". Das erklärt, warum Sie es bisher vielleicht so schwer fanden, bestimmte Gefühls- oder Verhaltensmuster zu verändern. Sie haben nicht nur „eine Gewohnheit" entwickelt, sondern ein Netzwerk aus starken Neuroassoziationen in Ihrem autonomen Nervensystem geschaffen.

Wir entwickeln diese Neuroassoziationen unbewußt, wenn wir uns ständig auf spezifische Emotionen oder Verhaltensweisen einlassen. Jedesmal, wenn Sie in Wut geraten oder Ihren Frust an einem Menschen abreagieren, der Ihnen nahesteht, verstärken Sie die entsprechende neurale Verbindung und erhöhen die Wahrscheinlichkeit, beim nächsten Mal die gleiche Reaktion an den Tag zu legen. Aber ich kann Sie beruhigen: Die Forschung hat auch ergeben, daß der Bereich des Affengehirns, in dem die neuralen Verbindungen hergestellt wurden, zu schrumpfen begann und die Neuroassoziationen somit schwächer wurden, als man das Versuchstier zwang, diesen Finger nicht mehr zu benutzen.

Das ist eine gute Nachricht für alle, die ihre unliebsamen Gewohnheiten ändern wollen! Wenn Sie lange genug ein bestimmtes Verhalten oder Gefühl vermeiden, wenn Sie das Muster abrupt unterbrechen und die eingefahrenen alten Nervenbahnen nicht mehr benutzen, dann wird die neurale Verbindung geschwächt und verkümmert. Und damit verschwindet auch das destruktive Gefühls- oder Verhaltensmuster. Das bedeutet aber auch, daß Ihre Leidenschaft erlischt, wenn Sie keinen Gebrauch davon machen, ebenso wie der Mut, wenn er nicht mehr gefordert wird, das persönliche Engagement, wenn es nicht geübt wird, und die Liebe, wenn sie unerwidert bleibt.

„Es reicht nicht aus, einen gut funktionierenden Verstand zu haben; das Wichtigste ist, ihn auch gut zu nutzen."

René Descartes

Die Neuroassoziative Konditionierung besteht aus sechs Schritten, die darauf ausgerichtet sind, Verhaltensänderungen dadurch herbeizuführen, daß einengende Muster abrupt unterbrochen werden. Aber zuerst müssen wir verstehen, wie unser Gehirn Neuroassoziationen herstellt. Jedesmal, wenn wir ein beachtliches Maß an Schmerz oder Freude erleben, fahndet unser Gehirn nach der Ursache. Dabei legt es die folgenden drei Kriterien zugrunde:

1. *Ihr Gehirn sucht nach etwas Speziellem — Neuartigem.* Um die wahrscheinlichen Ursachen einzugrenzen, versucht das Gehirn etwas auszumachen, das ihm angesichts dieser Umstände atypisch erscheint. Es erscheint nur logisch, daß es für Ihre ungewöhnlichen Gefühle eine ungewöhnliche Ursache geben muß.

2. *Ihr Gehirn sucht nach etwas, das gleichzeitig zu geschehen scheint.* Das bezeichnet man in der Psychologie als das Gesetz der zeitlichen Nähe. Macht es nicht Sinn anzunehmen, daß die Geschehnisse des Augenblicks, in dem der Mensch intensive Freude oder Schmerz verspürt (oder kurz zuvor eingetretene Umstände), vermutlich die Ursache dieser Empfindung sind?

3. *Ihr Gehirn sucht nach festen, wiederkehrenden Mustern.* Wenn Sie Schmerz oder Freude empfinden, erkennt Ihr Gehirn auf Anhieb, was an einer Situation neuartig und besonders ist und was gleichzeitig mit Ihrer Empfindung geschieht. Wenn das Element, das diese beiden Kriterien erfüllt, immer dann auftritt, wenn Sie leiden oder sich freuen, dann wird Ihr Gehirn mit Sicherheit entscheiden, daß hier die Ursache liegt. Das Problem ist jedoch, daß wir zu Verallgemeinerungen neigen, wenn wir Schmerz oder Freude verspüren. Bestimmt hat mal irgend jemand zu Ihnen gesagt: „Das machst du immer", während es in Wirklichkeit das erste Mal war. Vielleicht haben Sie diesen Satz sogar selbst von sich gegeben.

Da die drei Kriterien, die zur Entstehung von Neuroassoziationen beitragen, so ungenau sind, werden wir leicht Opfer von Fehldeutungen und schaffen das, was ich als *falsche Neuroassoziationen* bezeichne. Deshalb müssen wir unsere mentalen Verknüpfungen überprüfen, bevor Sie Bestandteil unseres unbewußten Entscheidungsfindungsprozesses werden. *Oft weisen wir der falschen Ursache die Schuld zu und verschließen uns damit anderen möglichen Lösungen.* Ich lernte einmal eine Frau kennen, eine sehr erfolgreiche Künstlerin, die schon zwölf Jahre lang keine Beziehung mehr zu einem Mann gehabt hatte. Diese Frau ließ in allem, was sie tat, außerordentliche Leidenschaft erkennen und war deshalb vielleicht eine so große Künstlerin. Als nun ihre alte Beziehung damals in die Brüche ging und sie sehr darunter litt, suchte ihr Gehirn fieberhaft nach der Ursache, nach etwas, das ihr Verhältnis einmalig gemacht hatte.

Es stellte fest, daß diese Beziehung besonders leidenschaftlich gewesen war. Anstatt diesen Punkt als etwas Erfreuliches zu betrachten, begann die Frau nun zu denken, dies sei der Grund für die Trennung gewesen. Ihr Gehirn fahndete außerdem nach etwas, das zur gleichen Zeit wie der Schmerz aufgetreten war, und merkte erneut, daß kurz vor dem Ende die Leidenschaft besonders groß gewesen war. Und als es nach etwas Ausschau hielt, was sich ständig wiederholte, wurde die Leidenschaft auch hier als Übeltäter ermittelt. Da die Leidenschaft alle drei Kriterien erfüllte, entschied ihr Gehirn, daß ihre Leidenschaftlichkeit schuld am schmerzvollen Ende der Beziehung gewesen sei.

Als sie die Ursache gefunden und mental verknüpft hatte, faßte die Frau den Beschluß, sich nie wieder auf ein solches Ausmaß an gefühlsmäßigem Engagement einzulassen. Das ist geradezu ein Bilderbuchbeispiel für eine falsche Neuroassoziation. Die Frau verknüpfte die falsche Ursache, die nun als Richtschnur für ihr Verhalten diente und ihr die Möglichkeit beschnitt, künftig eine bessere Beziehung aufzubauen. Der wirkliche „Missetäter" war jedoch der Unterschied, der zwischen ihren eigenen Wertvorstellungen und Regeln und denen ihres Partners bestand. Da sie Schmerz mit Leidenschaft assoziierte, bemühte sie sich, dieses Gefühl um jeden Preis zu vermeiden, nicht nur in ihren zwischenmenschlichen Beziehungen, sondern auch in ihrer Kunst. Die Qualität ihres gesamten Lebens begann darunter zu leiden. Dieses Beispiel verdeutlicht die merkwürdige Art, in der wir uns manchmal selbst „vernetzen". Deshalb müssen wir uns bewußt machen, wie unser Gehirn Assoziationen herstellt und einige der Verbindungen in Frage stellen, die unser Leben einschränken können, wie wir gerade gesehen haben. Andernfalls ist das Gefühl der Frustration und Unzufriedenheit sowohl im Berufs- als auch Privatleben geradezu vorprogrammiert.

Eine Ursache der Selbstsabotage

Noch heimtückischer sind die *gemischten Neuroassoziationen,* die klassische Ursache der Selbstsabotage. Wenn Sie sich jemals bei einer Sache auf dem Weg zum Erfolg befanden, ehe Sie sich selbst zu Fall brachten, dann tragen in aller Regel gemischte Neuroassoziationen die Schuld daran. Vielleicht haben Sie beruflich Höhen und Tiefen erlebt; an einem Tag floriert Ihr Geschäft, am nächsten Tag geht der Umsatz in den Keller. Das ist ein typischer Fall, in dem sowohl Schmerz als auch Freude mit ein und derselben Situation verknüpft werden.

Ein Beispiel, das viele aus eigener Anschauung kennen, ist das liebe Geld. In unserer Kultur verknüpfen dic Menschen unglaublich gemischte

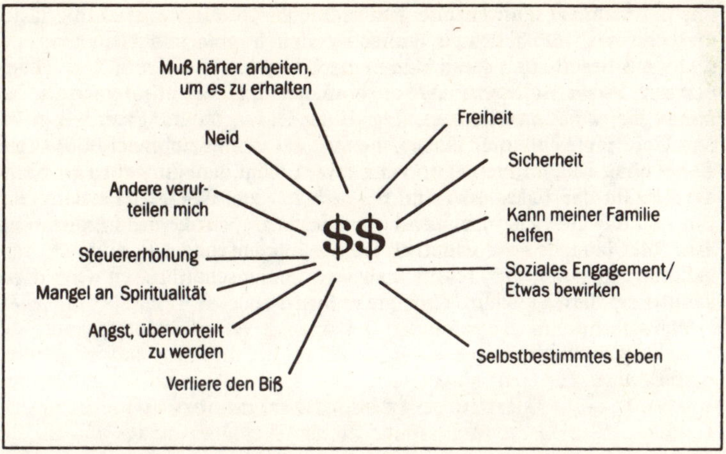

Assoziationen mit dem Begriff Wohlstand. Zweifellos sind die meisten an Geld interessiert. Sie glauben, es würde ihnen mehr Freiheit bescheren, mehr Sicherheit, die Möglichkeit, anderen zu helfen, die Gelegenheit zu reisen, zu lernen, sich weiterzuentwickeln oder Veränderungen zu bewirken. Aber gleichzeitig gelangen die meisten Menschen nicht über ein bestimmtes Einkommensniveau hinaus, weil sie tief in ihrem Innern „überschüssiges" Geld mit vielen negativen Dingen assoziieren – zum Beispiel mit Habgier, Kritik, Streß, unmoralischem Verhalten oder Mangel an geistiger Tiefe.

Eine der ersten Übungen, die Teilnehmer meines Financial Destiny™-Seminars absolvieren müssen, in dem es um eine bessere persönliche Finanzplanung geht, ist das spontane, ungeordnete Sammeln aller positiven und negativen Assoziationen, die sie mit dem Gedanken verknüpfen, reich zu sein. Auf der Plus-Seite werden Dinge notiert wie Freiheit, Luxus, Beitrag zum Gemeinwohl, Glück, Sicherheit, Reisen, Entwicklungschancen oder die Möglichkeit, Veränderungen zu bewirken. Auf der Minus-Seite (die normalerweise enger beschrieben ist) stehen Dinge wie Auseinandersetzungen mit dem Partner/der Partnerin, Streß, Schuldgefühle, schlaflose Nächte, mehr Arbeit, Habgier, Oberflächlichkeit, Selbstgefälligkeit, Kritik von anderen und Steuern. Haben Sie den Unterschied in der Intensität dieser beiden neuroassoziativen Kategorien bemerkt? Welche spielt wohl eine dominierende Rolle im Leben?

Wenn Sie eine Entscheidung hinsichtlich verschiedener Verhaltensalternativen treffen und Ihr Gehirn keine klaren Signale darüber empfängt, was mit Schmerz oder Freude gleichzusetzen ist, dann wird es überlastet und verwirrt. Infolgedessen büßen Sie den Impuls und Elan ein, entschlossen bestimmte Maßnahmen einzuleiten, die Sie Ihrem Ziel näherbringen. *Wenn Sie Ihrem Gehirn gemischte Botschaften übermitteln, erhalten Sie gemischte Resultate.* Der Entscheidungsfindungsprozeß in Ihrem Gehirn gleicht einer Waage, die auslotet, ob Sie Schmerz oder Freude bei einer bestimmten Aktion empfinden. Und denken Sie daran: Nicht die Anzahl der Faktoren zählt, die sich in jeder Waagschale befinden, sondern das Gewicht, das jedem einzelnen Faktor zukommt. Es ist möglich, daß Sie mehr angenehme als unangenehme Gedanken mit Geld verknüpfen, aber wenn ein Nachteil als sehr intensiv empfunden wird, dann kann diese falsche Neuroassoziation Ihre Fähigkeit vereiteln, finanziell erfolgreich zu sein.

Die doppelte Schmerzbarriere

Was passiert aber nun, wenn Sie an einem Punkt angelangt sind, an dem Sie das Gefühl haben, sich in jedem Fall Nachteile einzuhandeln, ganz gleich, was Sie tun? Ich bezeichne diese Situation als *doppelte Schmerzbarriere.* Wenn sie eintritt, wirkt sie sich lähmend aus, und wir wissen nicht mehr aus noch ein. Normalerweise entscheiden wir uns für die weniger schmerzliche Alternative. Manche Menschen lassen sich von diesem Zwiespalt jedoch völlig überwältigen und verfallen in das Muster erworbener Hilflosigkeit.

Mit Hilfe der sechs NAC-Schritte können Sie diese destruktiven Muster abrupt durchbrechen. Sie werden andersgeartete Nervenbahnen schaffen, so daß Sie ein unliebsames Verhalten nicht „wegwünschen" oder kurzfristig überwinden, sondern sich neu vernetzen und Ihre Gefühle und Verhaltensweisen auf die neuen, konstruktiven Alternativen abstimmen. Ohne eine Änderung der Assoziationen, die Sie in Ihrem autonomen Nervensystem mit Schmerz und Freude verknüpfen, ist kein dauerhafter Wandel möglich.

Nachdem Sie die nachfolgend beschriebenen sechs Schritte gelesen und verstanden haben, möchte ich Sie auffordern, einen Aspekt in Ihrem Leben auszuwählen, den Sie auf der Stelle ändern wollen. Schreiten Sie zur Tat, und folgen Sie dabei jedem Schritt, den Sie gleich kennenlernen werden, so daß Sie dieses Kapitel nicht nur gelesen, sondern infolgedessen auch Veränderungen bewirkt haben.

6

Wie Sie alles in Ihrem Leben verändern können: Die Technik der Neuroassoziativen Konditionierung™

„Der Beginn einer Gewohnheit ist wie ein unsichtbarer Faden. Aber jedesmal, wenn wir die Verhaltensweise wiederholen, stärken wir den Strang, fügen ihm ein weiteres Fädchen hinzu, bis er zu einem dicken Kabel wird, das uns — unser Denken und Handeln — unabänderlich fesselt."

ORISON SWETT MARDEN

Wenn wir unser Verhalten ändern wollen, gibt es nur eine wirksame Möglichkeit: Wir müssen auf der Stelle unerträgliche Nachteile mit unserer alten, und unglaubliche Vorteile mit einer neuen Verhaltensweise verknüpfen. Wir alle haben durch unsere Lebenserfahrungen bestimmte Denk- und Verhaltensmuster erworben, die uns gestatten, schmerzvolle Situationen zu überwinden und wieder Freude zu empfinden. Jeder von uns kennt Langeweile, Frustration, Wut oder das Gefühl, den Umständen hilflos ausgeliefert zu sein, und entwickelt Strategien, um aus diesen Stimmungstiefs herauszufinden. Manchen Menschen gelingt das, indem sie Einkaufen gehen, aber auch mit Hilfe von Essen, Sex, Drogen und Alkohol, oder sie reagieren sich an ihren Kindern ab. Sie spüren, bewußt oder unbewußt, daß dieser neurale Pfad die schmerzvollen Empfindungen vertreibt und ihnen für den Augenblick ein gewisses Maß an Wohlbefinden beschert.

Welche Strategie wir auch immer gewählt haben, um sie zu ändern, müssen wir sechs einfache Schritte in die Wege leiten. Der Zweck liegt darin, eine direktere und konstruktivere Methode zu finden, um vom Zustand des Schmerzes in den Zustand der Freude überzuwechseln. Wir müssen also nach Alternativen Ausschau halten, die wirksamer und feiner geschliffen sind. Die sechs Schritte der Neuroassoziativen Konditionierung zeigen Ihnen, wie Sie eine große Straße anlegen, um dieses Ziel ohne kraftzehrende Umwege zu erreichen.

SCHRITT 1

Machen Sie sich bewußt, was Sie wirklich erreichen wollen, und was Sie davon abhält, Ihr Ziel jetzt zu verwirklichen

Sie würden erstaunt sein, wie viele Leute in meine Privattherapie kommen und auf meine Frage nach ihren Wünschen zwanzig Minuten lang aufzählen, was sie nicht — oder nicht länger — wollen. Wir sollten uns daran erinnern, daß wir in unserem Leben genau das erreichen, worauf wir uns konzentrieren. Wenn wir unsere ganze Aufmerksamkeit auf unliebsame Umstände richten, häufen sich diese. *Der erste Schritt zur Veränderung besteht darin, sich bewußt zu machen, was Sie wirklich wollen, so daß Sie ein Ziel vor Augen haben, das Sie ansteuern können.* Je genauer Sie dieses Ziel definieren können, desto mehr Klarheit und Kraft gewinnen Sie, die dazu beitragen, Ihre Wünsche schneller zu verwirklichen.

Wir müssen uns auch bewußt machen, was uns davon abhält, unsere Ziele zu realisieren. Fortschritte werden fast immer dadurch verhindert, daß es uns schmerzlicher erscheint, Veränderungen herbeizuführen, als am bisherigen Zustand festzuhalten. Entweder sind wir der Überzeugung: „Veränderungen sind immer schmerzvoll", oder wir haben Angst vor dem Unbekannten, das eine Veränderung uns bringen könnte.

SCHRITT 2

Nutzen Sie Ihren Veränderungswillen: Verknüpfen Sie massiven Schmerz mit dem Gedanken, am Bisherigen festzuhalten, und massive Vorteile mit der sofortigen Änderung!

Die meisten Menschen wissen, daß es ihnen mit dem Wunsch, sich zu ändern, ernst ist. Und doch können sie sich nicht dazu aufraffen, ihr Vorhaben sofort in die Tat umzusetzen. Veränderung ist für gewöhnlich keine Frage der individuellen Fähigkeit, sondern vielmehr der Motivation. Wenn Ihnen jemand eine Pistole gegen die Schläfe drücken und befehlen würde: „Sieh zu, daß du aus deiner depressiven Stimmung herauskommst und anfängst, dich glücklich zu fühlen!", würde angesichts dieser Umstände wohl jeder einen Weg finden, die Niedergeschlagenheit zumindest für den Augenblick zu überwinden.

Das Problem liegt darin, daß Veränderungen oft ein „Sollte" und kein absolutes „Muß" sind. Und werden sie doch als unumgänglich betrachtet, dann neigen wir dazu, sie auf die „lange Bank" zu schieben. *Wir sind nur dann imstande, eine sofortige Veränderung herbeizuführen, wenn sie uns so dringlich erscheint, daß wir uns zur Ausführung unseres Vorsatzes gezwungen fühlen.* Wir müssen uns bewußt machen, daß es nicht um die Frage geht, ob wir uns ändern können, sondern vielmehr, ob wir uns ändern wollen. Und dieser Wille hängt vom Ausmaß unserer Motivation ab, die wiederum von den beiden einander verwandten Kräften Schmerz und Freude bestimmt wird, die unser ganzes Leben beeinflussen.

Jede Veränderung, die Sie herbeigeführt haben, ist das Ergebnis einer Korrektur der Neuroassoziationen, die Sie mit Schmerz und Freude in Zusammenhang bringen. Oft fällt es uns nur deshalb schwer, uns zu ändern, weil wir bei dem Gedanken daran gemischte Gefühle haben. Einerseits möchten wir uns ändern: Wir wollen das Rauchen aufgeben, weil wir die Krebsgefahr kennen; wir wollen unser Temperament im Zaum halten, weil wir unsere persönlichen Beziehungen nicht auf's Spiel setzen wollen; wir wollen unseren Kindern nicht das Gefühl geben, sie würden nicht mehr geliebt, weil wir hart mit ihnen umgesprungen sind; wir wollen nicht für den Rest unseres Lebens an Depressionen leiden, weil wir in der Vergangenheit etwas Schlimmes erlebt haben. Wir wollen uns nicht mehr als Opfer fühlen.

Andererseits haben wir Angst vor einer Veränderung. Wir fragen uns: „Was bringt's mir denn, wenn ich mit dem Rauchen aufhöre? Vielleicht sterbe ich ohnehin an Krebs, und dann habe ich auf das Vergnügen verzichtet, das mir die Zigarette beschert." Oder: „Was ist, wenn ich mich nicht mehr mit dem Gedanken an die Vergewaltigung quälen will, und dann passiert mir das gleiche wieder?" Wir haben *gemischte Gefühle,* wenn wir sowohl Schmerz als auch Freude mit einer Veränderung assoziieren. Unser Gehirn wird dadurch verunsichert; es weiß nicht, wie es entscheiden soll. Es hindert uns daran, unser Potential voll auszuschöpfen und unverzüglich Veränderungen herbeizuführen, die möglich wären, wenn wir uns mit ganzer Kraft dafür einsetzen würden.

Wie kann man dieses Problem lösen? Eine Wende läßt sich meistens dann einleiten, wenn wir unsere *Schmerzgrenze* erreichen. Das bedeutet, daß wir aufgrund unseres derzeitigen Verhaltens Höllenqualen leiden und wissen, daß wir uns unverzuglich ändern müssen. An diesem Punkt sagt sich Ihr Gehirn: „Jetzt reicht's; ich halte es nicht einen Tag, ja nicht einmal eine Minute länger aus, so zu leben oder zu empfinden."

Haben Sie diese Situation schon einmal in einer persönlichen Beziehung erlebt? Sie hatten das Gefühl, in der Falle zu sitzen; es war qualvoll, Sie waren alles andere als glücklich, und dennoch haben Sie keine Anstalten gemacht, die Beziehung zu beenden. Warum? Sie haben sich gedacht, daß es schon besser werden würde, jedoch ohne Ihren Teil dazu beizutragen. Warum haben Sie keinen Schlußstrich gezogen, wenn das Verhältnis so zerrüttet war? Obwohl Sie sich unwohl fühlten, war die Angst vor dem Unbekannten eine stärker motivierende Kraft. „Ja, ich bin unglücklich", haben Sie gedacht. „Aber was ist, wenn ich meinen Partner (oder meine Partnerin) jetzt verlasse und nie mehr einen anderen (oder eine andere) finde? Zumindest weiß ich, was mich in dieser Beziehung erwartet und wie ich mit dem Schmerz umgehen muß."

Diese Denkweise hindert viele daran, etwas an ihrer Situation zu ändern. Doch zurück zu unserem Beispiel: Am Ende kam dann doch irgendwann der Tag, an dem die Qual größer wurde als die Furcht vor dem Ungewissen; Sie haben Ihre persönliche Schmerzgrenze erreicht und die unerträgliche Beziehung beendet. Vielleicht ist es Ihnen mit Ihrem Körper ähnlich ergangen, als Sie endlich beschlossen, Ihre überflüssigen Pfunde keinen Tag länger mehr mit sich herumzuschleppen. Das Schlüsselerlebnis, das Sie zum Handeln gezwungen hat, bestand möglicherweise darin, daß Sie sich nicht mehr in Ihre Lieblingsjeans hineinquetschen konnten oder daß Ihre Oberschenkel sich aneinandergerieben haben, als Sie eine Treppe hinaufgewatschelt sind. Oder es war nur der Anblick der Fleischwülste, die zu beiden Seiten Ihres Körpers herunterhingen.

Ein Hebel ist ein Gerät, das wir dazu benutzen, um eine schwere Last zu heben oder zu transportieren, die wir andernfalls nicht von der Stelle

Die Alpo-Diät

Vor kurzem erzählte mir eine Seminarteilnehmerin von der narrensicheren Strategie, die sie entwickelt hatte, um unerwünschte Pfunde loszuwerden. Sie und eine Freundin hatten sich immer wieder gegenseitig versprochen, abzuspecken, waren jedoch jedesmal wieder rückfällig geworden. Schließlich erreichten beide den Punkt, an dem Abnehmen ein absolutes Muß war. Aufgrund dessen, was sie bei mir gelernt hatten, wußten sie, daß Sie einen Hebel brauchten, um inneren Druck aufzubauen und sich zum Handeln zu zwingen. Sie mußten dafür sorgen, daß ein erneuter Bruch ihres Versprechens unangenehmer sein würde als alles, was sie sich vorstellen konnten.

Sie einigten sich untereinander und mit einer Gruppe von Freunden darauf, bei einem erneuten Bruch ihres Versprechens eine ganze Dose Alpo-Hundefutter zu vertilgen. Um jeden Anflug von Heißhunger im Keim zu ersticken, erzählten die beiden unternehmungslustigen Frauen jedem von ihrem Gelöbnis und bewahrten die Hundefutterdosen gut sichtbar auf, als ständige Abschreckung. Jedesmal, wenn sie ein nagendes Hungergefühl verspürten, nahmen sie die Dose in die Hand und lasen das Etikett. Angesichts solch appetitlicher Zutaten wie „Pferdefleischbrocken" fanden sie es nicht schwer, sich an die Abmachung zu halten. Sie erreichten ihr Ziel ohne Schwierigkeiten.

bewegen könnten. Diese Hebelwirkung ist absolut unerläßlich, wenn man eine Veränderung bewirken und sich von belastenden Verhaltensweisen wie Rauchen, Alkoholkonsum, Völlerei, Fluchen oder emotionalen Mustern wie Depressionen, Schwarzseherei, Ängsten, Minderwertigkeitskomplexen oder was auch immer befreien will. Veränderung erfordert mehr als das bloße Wissen, daß man sich ändern sollte. Es ist die zutiefst in unseren Gefühlen und auf der intuitiven Ebene verankerte Erkenntnis, daß wir uns ändern müssen. Sollte Ihnen das mehrfach mißlungen sein, liegt es einfach daran, *daß das Ausmaß des Schmerzes nicht groß genug war und ist,* den Sie empfinden würden, wenn Sie sich nicht ändern. Sie haben die Schmerzgrenze noch nicht erreicht, die das größte Druckmittel darstellt.

Bei meinen Privatpatienten habe ich stets nach dem Punkt gesucht, an dem sich der Hebel am besten ansetzen ließ. Damit schaffte ich in einer einzigen Sitzung, was anderen Therapeuten trotz jahrelanger Behandlung nicht gelungen war: Ich konnte den Menschen, die mich aufsuchten, zu einer sofortigen Verhaltensänderung verhelfen. Ich leitete jede Sitzung mit den Worten ein, ich könne nicht mit jemandem arbeiten, der sich nicht dem Ziel verschreiben wolle, wirklich etwas zu ändern. Einer der Gründe dafür war, daß ich 3.000 Dollar pro Sitzung berechnete. Die Leute sollten ihr Geld nicht investieren, wenn sie nicht bereit waren, alles in ihrer Kraft Stehende zu tun, um an diesem Tag, in dieser Sitzung, die angestrebten Ergebnisse zu erreichen. Oft waren sie per Flugzeug angereist. Der Gedanke, daß ich sie unverrichteter Dinge wieder nach Hause schicken könnte, motivierte meine Klienten, mich mindestens eine halbe Stunde lang von ihrer Bereitschaft zu einer sofortigen Verhaltensmodifikation zu überzeugen. Mit diesem Druckmittel war die Veränderung nahezu ein Kinderspiel. Um den Philosophen Nietzsche frei wiederzugeben: „Wer ein ausreichend starkes Warum hat, kann fast jedes Wie ertragen." Ich habe festgestellt, daß Veränderung zu 20 Prozent vom Wissen um die richtige Problemlösung, aber zu 80 Prozent vom Wissen um die Problemursache abhängt. Wenn wir genug überzeugende Gründe für eine Veränderung gesammelt haben, dann können wir innerhalb einer Minute das verändern, was uns über Jahre zu ändern mißlungen ist.

„Gebt mir einen Hebel, der lang genug,
und einen Angelpunkt, der stark genug ist, dann
kann ich die Welt mit einer Hand bewegen."

ARCHIMEDES

Das stärkste Druckmittel, das Sie selbst erzeugen können, ist der Schmerz, der nicht von außen, sondern von innen kommt. Zu wissen, daß Sie es nicht geschafft haben, den eigenen Normen für Ihr Leben gerecht zu werden, ist der größte Schmerz. Wenn es uns nicht gelingt, in

Übereinstimmung mit unserem Selbstbild zu handeln, wenn sich unser Verhalten mit unseren Normen deckt, mit dem Identitätsbewußtsein, das wir entwickelt haben, dann spornt uns der Graben zwischen unseren Verhaltensweisen und unserer Persönlichkeit zur Veränderung an.

Der Hinweis auf die Unvereinbarkeit zwischen den eigenen Normen und Verhaltensweisen hat eine unglaubliche Hebelwirkung, die eine Änderung verursacht. Wichtig ist nicht der Druck der Außenwelt, sondern der Druck, den ein Mensch selbst in seinem Innern aufbaut. *Eine der stärksten Triebkräfte im Menschen ist das Bestreben, die Unversehrtheit unserer Identität zu bewahren.*

Der Grund, warum so viele von uns wandelnde Widersprüche zu sein scheinen, liegt einfach darin, daß wir Ungereimtheiten nicht als solche erkennen und sie akzeptieren. Wenn Sie jemandem helfen wollen, sich zu ändern, sollten Sie ihn nicht ins Unrecht setzen oder auf seine Inkonsequenz aufmerksam machen. Sie können nur dann den Hebel ansetzen, wenn Sie ihn durch Fragen veranlassen, sich sein widersprüchliches Verhalten selbst bewußt zu machen. Dieses Druckmittel ist wesentlich stärker, als jemanden verbal anzugreifen. Wenn Sie nur Druck von außen ausüben, wird sich Ihr Gesprächspartner dagegen wehren; dem inneren Druck zu widerstehen ist im Gegensatz dazu nahezu unmöglich.

Diese Art von Druck ist ein wertvolles Instrument, das Sie auch bei sich selbst anwenden können. Selbstgefälligkeit führt zum Stillstand; solange Sie nicht extrem unzufrieden mit Ihrem derzeitigen Verhaltensmuster sind, fehlt Ihnen die Motivation, die unabdingbaren Veränderungen einzuleiten. Machen wir uns nichts vor: Das Tier, das in jedem Menschen steckt, reagiert auf Druck.

Warum schaffen es viele nicht, sich zu ändern, obwohl sie spüren und wissen, daß sie es sollten? *Sie verknüpfen mental mehr Nachteile damit, sich zu ändern, als damit, so zu bleiben, wie sie sind.* Um Veränderungen zu bewirken, auch bei uns selbst, müssen wir diese Assoziation einfach umkehren, so daß es uns ungeheuer schmerzvoll erscheint (über unsere Toleranzschwelle hinaus), am Status quo festzuhalten, der Gedanke an eine neue Verhaltensweise hingegen verlockend und angenehm.

Um diese Hebelwirkung auszulösen, sollten Sie sich *schmerzauslösende Fragen* stellen: „Mit welchen Nachteilen muß ich rechnen, wenn ich mich nicht ändere?“ Die meisten von uns beschäftigen sich zu sehr mit dem Preis, den jede Veränderung zwangsläufig hat. Aber welchen Preis fordert uns eigentlich das Leben ab, wenn wir weitermachen wie bisher? „Worauf werde ich letztlich im Leben verzichten müssen, wenn ich mich nicht zu einer Veränderung durchringen kann? Welche mentalen, emotionalen, physischen, finanziellen und seelischen Nachteile machen sich schon jetzt bemerkbar?“ Stellen Sie sich den Schmerz so real, so intensiv und so unmittelbar wirksam vor, daß Sie Ihr Vorhaben, sich zu ändern, keine Minute mehr aufschieben können.

Falls dadurch noch nicht genug Druck entsteht, dann sollten Sie sich darauf konzentrieren, welche Auswirkungen Ihr altes Verhalten auf Ihren Partner, Ihre Kinder und andere, Ihnen nahestehende Menschen hat. Malen Sie sich in allen Einzelheiten aus, welche negativen Folgen Ihre Unfähigkeit, sich zu ändern, für diejenigen Menschen hätte, die Ihnen am wichtigsten sind.

Der zweite Schritt besteht darin, mit Freude assoziierte Fragen zu stellen, um diese positiven Empfindungen mit dem Gedanken an eine Veränderung fest zu verknüpfen. „Wie sähe mein Selbstwertgefühl aus? Welchen Auftrieb hätte ich, wenn ich diesen Aspekt in meinem Leben neu gestalte? Welche Ziele könnte ich noch erreichen, wenn ich mich heute tatsächlich ändern würde? Wie würde meine Familie und mein Freundeskreis darauf reagieren? Um wieviel glücklicher könnte ich jetzt sein?"

Der Schlüssel ist, zahlreiche gute oder — besser noch — zwingende Gründe dafür zu finden, warum Sie auf der Stelle etwas ändern sollten, nicht irgendwann in ferner Zukunft. Wenn Sie nicht das starke innere Bedürfnis verspüren, ihr Vorhaben jetzt gleich in die Praxis umzusetzen, dann haben Sie keinen hinreichenden Ansatzpunkt für Ihren Hebel.

Wenn Sie also nun in Ihrem Nervensystem Schmerz mit dem Gedanken verknüpft haben, alles beim alten zu lassen, und Freude mit der Aussicht auf eine Kurskorrektur, dann verspüren Sie das starke, innere Bedürfnis, eine Veränderung zu bewirken, und können zum dritten Schritt der NAC übergehen ...

SCHRITT 3

Unterbrechen Sie das einengende Muster

Um immer wieder bestimmte Gefühle zu erleben, entwickeln wir charakteristische Denkmuster, konzentrieren uns immer wieder auf die gleichen Vorstellungen und Ideen, stellen uns ununterbrochen dieselben Fragen. Das Problem besteht darin, daß die meisten Menschen zwar neue Ergebnisse erzielen wollen, aber auf der alten Verhaltensschiene verharren. Ich habe einmal folgende Definition von Verrücktheit gehört: „Immer wieder die gleichen Dinge tun, und unterschiedliche Ergebnisse erwarten."

Bitte, mißverstehen Sie mich nicht. Bei Ihnen ist keine Schraube lokker, und Sie brauchen auch keinen Seelenklempner. (Ich würde Ihnen empfehlen, jedem aus dem Weg zu gehen, der diese Bildersprache benutzt, um Ihre Person zu beschreiben.) Über die Mittel und Möglichkeiten, die Sie brauchen, um sich augenblicklich zu ändern, verfügen Sie bereits. Ihre bisherigen Bemühungen sind nur deshalb gescheitert, weil Ihre Neuroassoziationen Sie gewohnheitsmäßig veranlassen, Ihre Fähigkeiten nicht voll zu nutzen. Sie müssen Ihre neuralen Bahnen neu anlegen, damit diese Sie ständig Ihren Wünschen näherbringen, und nicht zu Frustrationen und Ängsten führen.

Um neue Resultate im Leben zu erzielen, müssen wir wissen, was wir wollen und wie wir inneren Druck aufbauen. Wir können einen enormen Anreiz darin sehen, uns zu ändern, aber wenn wir immer wieder dieselben Verhaltensweisen an den Tag legen und in unseren alten Denkmustern verharren, wird sich unser Leben um keinen Deut ändern und unsere Frustration und Qual nur größer werden.

Haben Sie je eine Fliege beobachtet, die in einem geschlossenen Raum gefangen ist? Sie sucht blitzschnell nach der Lichtquelle, fliegt zum Fenster und wirft sich immer wieder gegen die Scheibe, manchmal stundenlang. Haben Sie schon einmal festgestellt, daß sich manche Menschen ähnlich verhalten? Sie sind hochmotiviert, sich zu ändern, empfinden einen starken inneren Druck. Aber alle Motivation der Welt nützt nichts, wenn sie immer wieder stur mit dem Kopf gegen die Wand rennen. Da hilft nur eines: Sie müssen ihre Methode ändern. Auch die Fliege hat nur dann eine Chance zu entkommen, wenn sie nach einem anderen Weg ins Freie sucht.

Wenn wir in eingefahrenen Gleisen verharren, erhalten wir immer wieder die gleichen unzulänglichen Ergebnisse. Der Klang einer Schallplatte ändert sich nicht, weil er ein Muster aufweist, das in den Rillen verschlüsselt ist. Doch was würde passieren, wenn ich eines Tages Ihre Schallplatte mit einer Nadel kreuz und quer ein dutzendmal zerkratzen würde? Irgendwann wäre der Punkt gekommen, an dem das Muster so einschneidend unterbrochen ist, daß die Platte nie wieder wie vorher ablaufen wird. Wenn wir die einengenden Verhaltensweisen oder Emotionen eines Menschen auf ähnliche Weise abrupt unterbrechen, können wir sein Leben in völlig neue Bahnen leiten. Außerdem schaffen wir dadurch bisweilen einen starken Druck, und mit diesen beiden Schritten allein können wir buchstäblich alles verändern. Die zusätzlichen Maßnahmen der Neuroassoziativen Konditionierung stellen lediglich sicher, daß der Wandel von Dauer ist und daß Sie neue, alternative Verhaltensweisen wählen, die positiv und aktivierend sind.

Während eines meiner dreitägigen Unlimited Power™-Seminare (*Grenzenlose Energie*) in Chicago habe ich eine Technik entwickelt, um ein solches Muster auf ebenso komische wie drastische Weise zu durchbrechen. Einer der Teilnehmer behauptete, er wolle seine Gewohnheit ablegen, Schokolade in sich hineinzustopfen. Mir war jedoch klar, daß die Identität als „Schokoladensüchtiger" diesem Mann große Freude machte. Er trug sogar ein T-Shirt mit der Aufschrift: „Ich will die ganze Welt, aber ich gebe mich auch mit Schokolade zufrieden." Das war ein starkes Indiz dafür, daß der Träger, auch wenn er wirklich auf Schokolade verzichten wollte, jede Menge „sekundäre Vorteile" darin sah, dieser Gewohnheit treu zu bleiben.

Manchmal wollen sich Menschen ändern, weil ein Verhaltens- oder Gefühlsmuster schmerzhafte Nachteile mit sich bringt. Aber sie ziehen vielleicht auch einen Nutzen aus eben dem Aspekt, der einer Veränderung bedarf. Wenn jemand beispielsweise nach einer Verletzung das Bett hüten muß und feststellt, daß man ihm urplötzlich jeden Wunsch von den Augen abliest, ihm mehr Aufmerksamkeit als sonst schenkt, dann wünscht er sich vielleicht, daß die Wunden nicht so schnell heilen mögen. Er wäre mit Sicherheit gerne schmerzfrei, aber unbewußt freut er sich über die Beweise der Fürsorge, die andere ihm angedeihen lassen.

Sie können ein Problem in allem richtig angehen, aber wenn die sekundären Vorteile zu stark sind, werden Sie unweigerlich in Ihre alten Gewohnheiten zurückfallen, denn Sie bringen einer Veränderung dann gemischte Gefühle entgegen. Viele Menschen sagen zwar, daß sie sich ändern wollen, aber oft sind sie unbewußt davon überzeugt, daß die alten emotionalen Muster oder Verhaltensweisen ihnen etwas geben, was sie sich auf andere Weise nicht verschaffen können. Folglich sind sie nicht wirklich bereit, ihre depressive Stimmung zu überwinden, selbst wenn der Zustand als schmerzhaft empfunden wird. Warum? Weil sie darin beispielsweise eine Möglichkeit sehen, Aufmerksamkeit zu wecken. Sie möchten sich nicht in einem Gefühlstief befinden, aber gleichzeitig wünschen sie sich verzweifelt, bei anderen Beachtung zu finden. Am Ende erweist sich das Bedürfnis nach Aufmerksamkeit als das stärkere, und sie bleiben in ihrer Depression verhaftet. Das Bedürfnis nach Aufmerksamkeit ist nur eine Form des sekundären Vorteils. Um dieses Problem zu lösen, müssen wir jemandem genug Anreiz geben, sich zu ändern, aber gleichzeitig auch eine neue Alternative für die Befriedigung seiner Bedürfnisse aufzeigen.

Ich bin mir ziemlich sicher, dieser Mann in meinem Seminar wußte, daß er die Finger von der Schokolade lassen mußte; aber er war sich mit Sicherheit auch darüber im klaren, daß er sich dadurch ein gewisses Maß an Aufmerksamkeit verschaffen konnte. Jedesmal, wenn ein sekundärer Vorteil an ein bestimmtes Verhalten gekoppelt ist, muß man die Hebelwirkung verstärken. Deshalb beschloß ich, das Muster massiv zu unterbrechen. „Sie haben mir erzählt, daß Sie bereit sind, künftig auf Schokolade zu verzichten. Großartig! Ich möchte Sie nur um eines bitten, bevor wir das alte Verhaltensmuster ein für allemal ausmerzen: Bringen Sie sich in Form, denn in den nächsten neun Tagen dürfen Sie nichts als Schokolade zu sich nehmen."

Die übrigen Teilnehmer kicherten. Der Mann sah mich verunsichert an. „Darf ich was trinken?" fragte er. „Ja, Wasser. Vier Gläser am Tag — aber das ist alles. Sonst gibt es nur Schokolade." Er zuckte die Schultern und grinste. „Na gut, Tony, ganz wie Sie wollen. Das schaffe ich, auch ohne mich zu ändern. Tut mir leid, daß Sie unbedingt einen Narren aus sich machen wollen!" Ich lächelte und setzte das Seminar fort.

Sie hätten sehen sollen, was dann passierte! Wie von Zauberhand tauchten Dutzende von Schokoriegeln und Süßigkeiten auf, die aus Kleidertaschen, Handtaschen und Aktentaschen herausgefischt und ihm zugereicht wurden. Bis zur Mittagspause war er mit dem letzten Krümel Schokolade eingedeckt, den die Seminarteilnehmer auftreiben konnten.

Während einer Pause, draußen in der Vorhalle, sprach er mich an: „Danke, Tony. Das ist super", sagte er und schob eine Praline nach der anderen in den Mund, wild entschlossen mir zu zeigen, daß er mich allemal „in die Tasche stecken" konnte. Ihm entging jedoch, daß er sich nicht auf einen Wettbewerb mit mir, sondern mit sich selbst eingelassen hatte. Ich nutzte seinen Körper lediglich als Verbündeten und Druckmittel, um ihn von seiner Sucht zu heilen.

Wissen Sie, wie durstig Zucker macht? Am Ende des ersten Tages fühlte sich der Hals des Knaben so rauh an wie ein Reibeisen. Er büßte seine Leidenschaft für Schokolade zunehmend ein, als die Leute ihm weiterhin Schoko-Riegel in die Taschen und Schokomints in die Hände schaufelten. Am zweiten Tag hatte er seinen Sinn für Humor eindeutig verloren, aber er war noch nicht bereit, das Handtuch zu werfen. „Wie wär's mit einem Stück Schokolade?" beharrte ich. Er wickelte einen Schokoladen-Riegel aus und starrte mich vorwurfsvoll an.

Als er am dritten Morgen in den Saal schlurfte, sah er wie ein Mann aus, der die ganze Nacht auf der Toilette verbracht hatte. „Wie war das Frühstück?" fragte ich, und die Leute lachten. „Nicht besonders gut", gestand er mit schwacher Stimme ein. „Nur nicht schlappmachen", forderte ich ihn auf. Kraftlos nahm er ein weitere Tafel Schokolade von einem Seminarteilnehmer entgegen, der hinter ihm saß, aber er machte keine Anstalten, sie zu öffnen oder sie auch nur eines Blickes zu würdigen. „Was ist los. Haben Sie genug?" Er nickte. „Jetzt hören Sie aber auf! Sie sind doch der Schokomeister aller Klassen!" stachelte ich ihn auf. „Greifen Sie zu! Schokolade ist doch das Größte. Wie wär's mit einem Kokos-Riegel? Oder mit Erdnüssen mit Schokoglasur? Und einer ganzen Schachtel Toffees? Können Sie den Geschmack spüren? Läuft Ihnen nicht schon das Wasser im Mund zusammen?"

Je länger ich auf ihn einredete, desto grüner wurde sein Gesicht. „Na los, keine Müdigkeit vorschützen", drängte ich ihn, und da explodierte er: „Sie können mich nicht zwingen!" Die Zuhörer brachen in brüllendes Gelächter aus, und der Mann merkte, was er soeben gesagt hatte. „Nun gut. Werfen Sie die Süßigkeiten weg und nehmen Sie wieder Platz."

Später half ich ihm, konstruktivere Alternativen zur Schokolade zu finden. Gemeinsam entwickelten wir neue Konzepte, sich genausoviel Befriedigung zu verschaffen, ohne daß er etwas konsumierte, von dem er wußte, daß es nicht gut für ihn war. Erst dann konnte ich wirklich mit ihm arbeiten, ihn auf die neuen Assoziationen konditionieren und ihm dabei helfen, die alte Sucht durch gesundheitszuträgliche Verhaltensweisen zu ersetzen: Atemtechniken, Gymnastik, wasserreiche Nahrung, ausgewogene Kost …

Habe ich diesen Mann unter Druck gesetzt? Und wie! Wenn Sie jemandem körperlichen Schmerz zufügen, haben Sie fraglos einen starken Hebel angesetzt. Er wird alles tun, um diesen Zustand der Qual zu beenden. Auf diese Weise gelang es mir, gleichzeitig sein Verhaltensmuster zu durchbrechen. Alle hatten versucht, ihn von der Schokolade abzubringen, und ich verlangte, daß er sie aß! Das hatte er nicht erwartet, und so fand seine Gewohnheit ein jähes Ende. Er verknüpfte so schmerzhafte Gefühle mit dem Gedanken an Schokolade, daß buchstäblich über Nacht eine neue neurale Bahn geschaffen und die alte „Schoko-Autobahn" durch den Schoko-Bombenhagel zerstört wurde.

Als ich noch Privattherapien durchführte, kamen viele Leute in meine Praxis, setzen sich ins Sprechzimmer und schilderten mir ihre Probleme. Die meisten begannen mit dem Satz: „Mein Problem ist …", und dann brachen sie unvermittelt in Tränen aus, die kein Ende nehmen wollten. Sie schafften es nicht, ihre Beherrschung wiederzugewinnen. Ich stand für gewöhnlich auf und brüllte: „Entschuldigen Sie bitte!" Das versetzte ihnen einen Schock, und ich fuhr fort: „Können wir endlich anfangen?" Meistens erwiderten sie dann: „Oh, tut mir leid." Sofort änderte sich ihr emotionaler Zustand, und sie hatten sich wieder unter Kontrolle. Es ist wirklich merkwürdig, eine solche Reaktion zu beobachten! Diese Leute, die meinten, sie könnten ihr Leben nicht in den Griff bekommen, bewiesen damit, daß sie genau wußten, wie man schlagartig Gefühle verändert!

Das Verhaltensmuster eines Menschen läßt sich am besten unterbrechen, wenn Sie völlig unerwartet reagieren und Dinge tun, die er nie zuvor erlebt hat. Denken Sie einmal darüber nach, auf welche Weise Sie Ihren eigenen unliebsamen Gewohnheiten auf möglichst erfreuliche Weise zu Leibe rücken können, zum Beispiel Ihrer Frustration, Schwarzmalerei oder dem Gefühl der eigenen Ohnmacht.

Wenn Sie das nächstemal niedergeschlagen sind, springen Sie auf, blikken gen Himmel und brüllen mit Ihrer schrillsten Stimme: „Hallelujah! Meine Füße stinken heute nicht!" Ein so blödsinniges, albernes Verhalten wird Ihre Aufmerksamkeit mit Sicherheit verlagern, Sie aus Ihrer depressiven Stimmung reißen und die Laune aller Menschen in Ihrer Umgebung verbessern, denn diese merken nun, daß Sie nicht mehr bedrückt, sondern nur ein bißchen überkandidelt sind!

Wenn Sie endlich aufhören wollen, zuviel zu essen, dann werde ich Ihnen einen Trick verraten, der garantiert klappt — sofern Sie bereit sind, sich voll darauf einzulassen. Wenn Sie das nächstemal im Restaurant vor einer üppigen Portion sitzen, springen Sie mit einem Satz in die Mitte des Raumes, zeigen auf Ihren Stuhl und brüllen aus voller Lunge: „Schwein!" Ich garantiere Ihnen, wenn Sie sich drei- oder viermal in aller Öffentlichkeit so aufführen, werden Sie sich nie mehr vollstopfen! Mit diesem Verhalten verknüpfen Sie künftig hochnotpeinliche Gedanken. Vergessen Sie nicht: Je ausgefallener und verrückter die Methode, mit der Sie ein Verhaltensmuster unterbrechen, desto wirkungsvoller ist sie.

Der Schlüssel zum Erfolg liegt darin, daß Sie das Muster in dem Augenblick unterbrechen, in dem es sich wieder bemerkbar macht. Solche Störungen erleben wir jeden Tag. Wenn Sie mitten im Satz sagen: „Jetzt habe ich den Faden verloren", deuten Sie damit an, daß irgend etwas oder irgend jemand Ihre Aufmerksamkeit abgelenkt hat. Wenn Sie sich angeregt mit einem Freund unterhalten, und jemand unterbricht Sie auch nur für einen Augenblick, dann fragen Sie vielleicht: „Wo waren wir gerade stehengeblieben?" Natürlich haben Sie diese Erfahrung alle schon einmal gemacht, und sie ist ein klassisches Beispiel für die abrupte Unterbrechung eines bestimmten Denk-, Gefühls- oder Verhaltensmusters.

Wenn wir eine Veränderung anstreben und in der Vergangenheit gelernt haben, uns Befriedigung auf einem Umweg zu verschaffen, der außerdem noch einige negative Konsequenzen hat, dann gilt es, dieses alte Verhaltensmuster zu unterbrechen. Wir müssen es bis zur Unkenntlichkeit zerstören, es durch eine alternative Verhaltensweise ersetzen (das ist der nächste Schritt) und uns immer wieder darauf konditionieren, bis wir ständig auf diesen Lösungsansatz zurückgreifen.

Wie man einengende Gefühls- und Verhaltensmuster unterbricht

Oft kann man ein Muster schon allein dadurch ändern, daß man es oft genug unterbricht. Das gelingt, wenn wir die *Gefühle durcheinanderwürfeln,* die wir mit unseren Erinnerungen verknüpfen. Wut empfindet man nur, weil sich eine Situation unserem Verstand auf bestimmte Weise darstellt. Wenn Ihr Chef Sie beispielsweise anbrüllt, geht Ihnen diese unliebsame Erfahrung für den Rest des Tages nicht mehr aus dem Kopf; immer wieder sehen Sie das Bild vor sich, wie er Sie zur Schnecke gemacht hat, und Sie fühlen sich zunehmend schlechter. Warum lassen Sie zu, daß dieses Erlebnis Sie fortwährend quält? Warum nehmen Sie nicht einfach die Schallplatte in Ihrem Kopf und zerkratzen Sie so oft, daß sich diese Gefühle verlieren? Vielleicht können Sie dem Erlebnis sogar eine komische Seite abgewinnen!

Machen Sie jetzt folgendes Experiment: Malen Sie sich eine Situation aus, die Sie traurig, frustriert oder wütend macht. Jetzt erfolgt der erste NAC-Schritt: Falls Sie nun ein gewisses Unbehagen verspüren, fragen Sie sich: „Wie würde ich mich gerne fühlen und warum?" Was Sie daran hindert, dieses Gefühl zu erleben, sind die Empfindungen, die Sie mit der Situation verknüpft haben. Wäre es nicht wunderbar, wenn es Ihnen bei dem Gedanken daran gut ginge? Nun bauen Sie inneren Druck auf. Wie würden Sie sich künftig fühlen, wenn Sie Ihre Einstellung zu dieser Situation nicht ändern? Ziemlich mies, würde ich meinen. Wollen Sie diesen Preis zahlen und ständig Ihre negativen Gefühle oder die Wut mit sich herumschleppen, die beim Gedanken an diese Person oder Situation immer wieder in Ihnen aufkeimt? Würden Sie sich besser fühlen, wenn Sie sich jetzt änderten?

Wie Sie das Muster in seine Bestandteile zerlegen

Sie haben genug Druck aufgebaut, und nun würfeln Sie Ihre kräftezehrenden Gefühle so lange durcheinander, bis sie nicht mehr auftauchen. Dazu sind folgende Schritte erforderlich:

Malen Sie sich die Situation aus, die Ihnen soviel Kopfzerbrechen bereitet hat. Lassen Sie sie wie einen Film vor Ihrem inneren Auge ablaufen. Regen Sie sich nicht darüber auf; beobachten Sie nur, und registrieren Sie alles, was geschehen ist.

Nehmen Sie dieselbe Situation und lassen Sie diese wie einen Zeichentrickfilm ablaufen. Setzen Sie sich aufrecht in Ihren Sessel mit einem breiten, albernen Lächeln auf dem Gesicht, atmen Sie tief durch und lassen Sie den Film so schnell wie möglich rückwärts laufen, so daß Sie alles, was geschehen ist, in umgekehrter Reihenfolge sehen. Wenn jemand etwas gesagt hat, beobachten Sie, wie er seine eigenen Worte verschluckt! Nach dem schnellen Rücklauf spulen Sie den Film vorwärts ab, und zwar noch schneller. Nun ändern Sie die Farben der Bilder, so daß die Gesichter alle Schattierungen des Regenbogens annehmen. Wenn irgend jemand Sie besonders wütend gemacht hat, lassen Sie ihm Mickey-Maus-Ohren und eine Nase wie die von Pinocchio wachsen.

Lassen Sie diesen Film mindestens ein dutzendmal vorwärts und rückwärts laufen und zerstören Sie so die Vision in Ihrem Kopf mit riesiger Geschwindigkeit und mit Humor. Spielen Sie dabei Musik ein, vielleicht Ihr Lieblingslied oder eine bekannte Melodie aus einem Zeichentrickfilm. Koppeln Sie die Klänge, die Sie nun hören, an das alte Bild, das Sie so außer Fassung gebracht hat. Das ändert mit Sicherheit Ihre Empfindungen. Der Schlüssel zum ganzen Prozeß ist die Geschwindigkeit, mit der Sie die Bilder rückwärts abspulen, aber auch der Humor und das Element der Übertreibung, das Sie damit verknüpfen.

Denken Sie nun an die unangenehme Situation und machen Sie sich bewußt, was Sie nun empfinden. Wenn Sie alles richtig gemacht haben, ist das Muster so oft unterbrochen worden, daß Sie es wahrscheinlich schwierig oder unmöglich finden, Ihre negativen Gefühle erneut zu verspüren. Das gelingt sogar mit Dingen, die Sie seit Jahren ärgern. Diese Methode ist oft viel wirksamer als der Versuch, das Warum und Wozu einer Situation zu analysieren, was nichts an den Empfindungen ändert, die Sie mit dem Vorkommnis verknüpfen.

Eine Situation in ihre Bestandteile zu zerlegen und diese Teile durcheinanderzuwürfeln zeitigt in den meisten Fällen die gewünschte Wirkung, selbst wenn es sich um eine traumatische Erfahrung handelt. Warum ist diese Methode so effektiv? *Weil alle unsere Gefühle auf bildhaften Vorstellung beruhen, auf die sich unser Gehirn konzentriert, und auf den Geräuschen und Empfindungen, die wir mit diesen imaginären Bildern verknüpfen.* Durch eine Veränderung dieser Bilder und Geräusche verändern wir gleichzeitig unsere Gefühle. Wenn wir uns immer wieder darauf konditionieren, fällt es uns schwer, wieder in unsere alten Muster zu verfallen.

Eine andere Technik besteht darin, bestimmte Verhaltensweisen einfach ad acta zu legen, sich sozusagen einen „Entzug" zu verordnen. Wenn Sie aufhören, diese Verhaltensschiene immer wieder zu benutzen, löst sich die neurale Bahn allmählich auf. Sobald eine neurale Verbindung hergestellt ist, sucht unser Gehirn stets den vorgefertigten Weg; wird dieser jedoch nicht mehr benutzt, ist er bald überwuchert. Wie mit allen anderen Dingen im Leben beginnt man auch hier das, was man nicht ständig verwendet, aus den Augen zu verlieren.

Nun haben Sie das Muster unterbrochen, das für Sie ein Hemmschuh war, und genügend Spielraum für …

SCHRITT 4

Wie Sie eine neue, kraftvolle Alternative entwickeln

Dieser vierte Schritt ist absolut unerläßlich, um eine dauerhafte Verhaltensmodifikation zu bewirken. *Weil die meisten Menschen allerdings keine alternative Möglichkeit finden, sich von einem negativen in einen positiven Gefühlszustand zu versetzen, können sie sich nur zeitweilig ändern.* Viele erreichen den Punkt, an dem sie sich ändern müssen, an dem es keine Ausflüchte mehr gibt, weil sie unzählige Nachteile mit dem alten Verhalten und viele Vorteile mit dem Gedanken an einen Wandel verknüpfen. Sie schaffen es sogar, das fest verankerte Muster zu unterbrechen, aber danach wissen sie nicht, wodurch sie es ersetzen sollen.

Denken Sie daran: Alle neurologischen Muster sind darauf angelegt, Schmerz zu vermeiden und Freude zu gewinnen. Sie sind tief in uns verwurzelt und mögen noch so viele negative Nebenwirkungen mit sich bringen, aber sobald wir gelernt haben, daß wir mittels einer bestimmten Gewohnheit eine schmerzliche Situation beenden können, greifen wir immer wieder darauf zurück, weil wir keine andere Möglichkeit sehen, die gewünschten Gefühle herbeizuführen.

Wenn Sie den bisher beschriebenen Schritten gefolgt sind, haben Sie sich bewußtgemacht, was Sie wollen und was Sie daran hindert, Ihr Ziel zu erreichen. Sie haben sich selbst unter Druck gesetzt und das Muster unterbrochen. Nun gilt es, die Lücke mit einer Reihe von alternativen Verhaltensweisen zu füllen, die Ihnen die gleichen angenehmen Gefühle, jedoch ohne die negativen Nebenwirkungen, vermitteln. Sobald Sie aufgehört haben zu rauchen, müssen Sie eine neue Methode, besser noch, viele neue Methoden finden, um die wie auch immer gearteten Annehmlichkeiten zu ersetzen, die Sie im blauen Dunst gesehen haben. Diese Vorteile müssen in den neuen Gefühls- oder Verhaltensmustern erhalten bleiben, während die Nebenwirkungen gleichzeitig ausgemerzt werden. Wodurch lassen sich Sorgen ersetzen? Wie wär's mit konzentrierter Arbeit an einem Plan, der in groben Umrissen aufzeigt, wie Sie Ihre Ziele erreichen? Niedergeschlagenheit läßt sich durch die Konzentration auf Mittel und Wege ersetzen, anderen Menschen zu helfen, die auf unsere Unterstützung angewiesen sind.

Wenn Sie nicht genau wissen, wie Sie die Unannehmlichkeiten durchstehen und Freude beim Verzicht auf Zigaretten, Alkohol, Schwarzseherei und unerwünschte Emotionen oder Verhaltensweisen empfinden sollen, dann *orientieren Sie sich einfach an Menschen, denen es gelungen ist, bei sich selbst eine radikale Wende einzuleiten.* Halten Sie nach Vorbildern Ausschau, nach Leuten, die dauerhafte Veränderungen bewirkt haben. Garantiert werden Sie entdecken, daß diese Menschen sehr wohl eine Alternative zu ihren alten Verhaltensweisen gefunden haben.

Ein gutes Beispiel ist mein Freund Fran Tarkenton. Als wir meine ersten „Personal Power" betitelten Fernsehshows gemeinsam vorbereiteten, hatte er eine Angewohnheit, die mich ehrlich überraschte: Er war süchtig nach Kautabak. Ich saß mit Fran in einer Besprechung, und plötzlich drehte er den Kopf zur Seite und spuckte in hohem Bogen aus. Das paßte nicht zu dem Bild, das ich mir von diesem willensstarken, eleganten Mann gemacht hatte. Aber er hatte diese Gewohnheit schon seit mehr als zwanzig Jahren.

Fran erzählte mir später, Kautabak sei eine seiner größten Freuden im Leben, ähnlich einem guten Freund. Wenn er unterwegs war und sich einsam fühlte, kaute er Tabak, und schon war seine Einsamkeit vergessen. Im Freundeskreis gestand er sogar, wenn er zwischen Sex und Kautabak wählen müßte, würde er Tabak kauen. Ist das nicht ein Bilderbuchbeispiel für eine falsche Neuroassoziation? Er vernetzte den Pfad vom Schmerz zur Freude mit der Kautabak-Bahn. Nach Jahren kontinuierlicher Benutzung und Verstärkung hatte er eine neurale Hauptverkehrsstraße zwischen Tabak und Freude gebaut; folglich war das seine Lieblingsroute, um emotionale Veränderungen herbeizuführen.

Was veranlaßte ihn, damit aufzuhören? Er setzte sich schließlich selbst ausreichend unter Druck. Eines Tages erkannte er — wobei ein Freund ein bißchen nachhalf —, daß sich das Tabakkauen ganz und gar nicht mit der Persönlichkeit vereinbaren ließ, zu der er herangereift war. Es repräsentierte einen Mangel an Kontrolle über sein Leben, und da ein selbstbestimmtes Leben zu den Werthaltungen gehört, die Fran am meisten schätzt, konnte er gegen diese Norm nicht länger verstoßen. Es wäre zu schmerzlich gewesen, wenn er sich in eine solche Position begeben hätte. Fran begann, sich auf die Möglichkeit zu konzentrieren, an Mundkrebs zu erkranken. Er malte sich die Situation so lebhaft aus, daß es nicht lange dauerte, bis er den Gedanken an Kautabak abstoßend fand. Der Geschmack verursachte ihm Übelkeit. Diese Bilder halfen ihm, den inneren Druck zu verstärken und so das Muster zu durchbrechen, das er früher mit Freude oder Befriedigung assoziiert hatte.

Der nächste wichtige Schritt bestand darin, daß Fran neue, noch wirksamere Möglichkeiten als den Tabak fand, um sich Freude zu verschaffen. Er vergrub sich in seine beruflichen Aktivitäten wie nie zuvor und erzielte Resultate, die seine Firma Knowledge Ware zu einem der an der Börse erfolgreichsten Computer-Software-Unternehmen machten. Und noch wichtiger war, daß er beschloß, sein Junggesellendasein aufzugeben, als er die Frau seiner Träume fand. Er lernte, aus dieser Beziehung die positiven Empfindungen und Gefühle zu schöpfen, die eine andere Quelle ihm nie hätte vermitteln können.

Wenn wir unsere alten Muster nur genug unterbrechen, sucht unser Gehirn automatisch nach einem Ersatz, um die gewünschten Empfindungen in uns auszulösen. Deshalb nehmen viele Menschen zu, wenn sie aufhören, zu rauchen. Ihr Gehirn fahndet nach Möglichkeiten, die gleichen Lustgefühle zu erzeugen, und nun essen sie Riesenmengen, um sich diese zu verschaffen. Das Problem läßt sich lösen, wenn wir uns bewußt auf die neuen Verhaltensweisen oder Gefühle konzentrieren, die wir als Ersatz für die alten in Betracht ziehen.

Studien über grundlegende Verhaltensveränderungen

Die Forscherin Nancy Mann hat eine statistische Untersuchung durchgeführt, um das Ausmaß der Rehabilitation bei ehemaligen Drogenabhängigen zu ermitteln. *Demnach scheint die Übernahme eines Ersatzverhaltens* sogar in diesem vielschichtigen Bereich des Persönlichkeitswandels *eine wichtige Rolle zu spielen.* Die erste Gruppe, die an der Studie teilnahm, wurde durch äußeren Druck — oft mittels Anwendung von Gesetzesvorschriften — gezwungen, ihr Suchtverhalten aufzugeben. *Aber dieser von der Außenwelt ausgeübte Druck hat selten eine anhaltende Wirkung,* wie wir bereits wissen. Die Männer und Frauen fielen wieder in ihre alten Gewohnheiten zurück, sobald der Druck nachließ, also ziemlich bald nach ihrer Entlassung aus dem Gefängnis.

Die zweite Gruppe wollte wirklich von der Sucht loskommen, und versuchte es auf eigene Faust. Diese Männer und Frauen bauten vor allem inneren Druck auf. Infolgedessen dauerte die Verhaltensänderung wesentlich länger an, oft noch zwei Jahre, nachdem sie sich auf das Experiment eingelassen hatten. Die Ursache dafür, daß sie am Ende doch wieder rückfällig wurden, war ein beträchtliches Ausmaß an Streß. Wenn sie unter Streß standen, griffen sie wieder zu Drogen und kehrten somit zu ihrer alten Gewohnheit zurück, unangenehme Gefühle in angenehme umzuwandeln. Warum? Weil sie keinen Ersatz für die alte neurale Bahn gefunden hatten.

Die dritte Gruppe ersetzte die Sucht durch eine neue Alternative, die ihr das ursprünglich angestrebte — oder vielleicht sogar ein noch besseres — Gefühl vermittelte. Viele fanden eine erfüllende Beziehung, spirituelle Erleuchtung, eine berufliche Laufbahn, der sie sich uneingeschränkt widmen konnten. *Infolgedessen wurden viele nie wieder rückfällig; die meisten blieben im Schnitt mehr als acht Jahre „clean“,* bevor irgendein Ereignis eintrat, das wieder zur Abhängigkeit führte.

Diejenigen, die es geschafft haben, sich von ihrer Sucht zu befreien, sind den ersten vier Schritten der NAC gefolgt und waren deshalb so erfolgreich. Bei manchen hielt die Veränderung jedoch nur acht Jahre vor. Warum? Weil sie es versäumten, den fünften wichtigen NAC-Schritt einzuleiten.

SCHRITT 5

Konditionieren Sie das neue Muster, bis es dauerhaft ist

Die Konditionierung bietet die Gewähr, daß die von Ihnen herbeigeführte Veränderung dauerhaft ist. Die einfachste Methode, sich auf etwas zu konditionieren, besteht darin, ein Denk- oder Verhaltensmuster ständig zu wiederholen, bis eine neurologische Bahn entstanden ist. Wenn Sie eine konstruktive Alternative finden, stellen Sie sich diese so lange plastisch vor, bis Sie Ihre negativen Gefühle schnellstens ablegen und auf Anhieb positive empfinden können. Ihr Gehirn wird diese Assoziation als eine neue Möglichkeit speichern, dieses Ergebnis fortwährend zu erzielen. Unterlassen Sie diesen Schritt hingegen, werden Sie unweigerlich in das alte Verhaltensmuster zurückfallen.

Wenn Sie die neue, kraftspendende Alternative immer wieder mit ungeheurer *emotionaler Intensität* einstudieren, legen Sie einen Pfad an, der durch ständige Wiederholung zu einem direkten Weg wird. Dieser wird zur Realisierung der gewünschten Ergebnisse führen und Bestandteil Ihres gewohnheitsmäßigen Verhaltens werden. *Denken Sie daran: Ihr Gehirn kann nicht unterscheiden zwischen Situationen, die Sie sich lebhaft vorstellen, und solchen, die Sie tatsächlich erleben.* Die Konditionierung gewährleistet, daß Sie automatisch die neue Route einschlagen. Wenn Sie nun eine der „Umleitungen" sehen, denen Sie früher stets zu folgen pflegten, fahren Sie schnell daran vorbei. Es würde Ihnen sogar schwerfallen, wieder auf Ihren alten Kurs einzuschwenken.

Die Macht der Konditionierung kann nicht hoch genug bewertet werden. Ich las kürzlich, daß der bekannte Basketballspieler Larry Bird von den Boston Celtics einen Werbespot gemacht hat, in dem er springen und eine Fehlwurf vortäuschen sollte. Er traf neunmal hintereinander den Korb, bevor er sich dazu durchringen konnte, danebenzuzielen. So stark hatte er sich im Verlauf der Jahre auf Erfolg konditioniert. Wenn der Ball in seine Hände gelangt, spult Larry automatisch ein Verhaltensmuster ab, das darauf abzielt, ihn ins Netz zu bringen. Wenn man den Teil von Larry Birds Gehirn untersuchen würde, der für diesen Bewegungsablauf zuständig ist, würde man mit Sicherheit eine tief eingeprägte neurale Bahn finden. Auch wir können jedes gewünschte Verhalten konditionieren, wenn wir es oft genug und mit großer emotionaler Intensität einüben.

Nun gilt es noch einen Plan zu entwickeln, um das neue Verhalten positiv zu *verstärken.* Wie können Sie sich selbst für den Erfolg belohnen? Warten Sie damit nicht, bis Sie ein Jahr auf Zigaretten verzichtet haben. Schon ein Tag ohne Nikotin reicht aus, um sich zu belohnen. Und wenn Sie abnehmen, warten Sie mit der Belohnung nicht, bis Sie vierzig, ja nicht einmal, bis Sie vier Kilo weniger wiegen! Sobald Sie den Teller zur Seite schieben können, auf dem sich noch ein Rest befindet, sollten Sie sich auf die Schulter klopfen. Setzen Sie sich eine Reihe kurzfristiger Ziele, und bei jedem Meilenstein, den Sie erreichen, belohnen Sie sich unverzüglich selbst. Wenn Sie deprimiert oder in Sorge waren, sollten Sie nun jedesmal, wenn Sie handeln, statt zu grübeln, und jedesmal, wenn Sie auf die Frage: „Wie geht's?" mit „Prima" antworten, sich selbst belohnen, denn Sie befinden sich auf dem besten Weg zu Veränderungen, die Ihnen auf lange Sicht Erfolg garantieren.

Auf diese Weise verknüpft Ihr Nervensystem große Freude mit der Veränderung. Wer abnimmt, sieht nicht immer sofort die Ergebnisse. Wenn Sie ein paar Kilo verlieren, verwandeln Sie sich nicht wie durch Zauberhand in ein gertenschlankes Fotomodell, einen Musterathleten oder in einen gutaussehenden Schauspieler. Deshalb ist es wichtig, sich selbst eine Anerkennung auszusprechen, wenn man endlich Maßnahmen ergriffen oder positive emotionale Fortschritte gemacht hat — wenn man etwa einmal um den Block statt zum nächsten McDonald's-Restaurant gelaufen ist. Wenn Sie das unterlassen, sagen Sie sich vielleicht: „Na gut, bisher habe ich ein Pfund abgenommen; aber ich bin immer noch zu dick. Das wird ja ewig dauern, bis ich mein Traumgewicht habe. Ich mag gar nicht daran denken, was mir noch alles bevorsteht ..." Diese kurzsichtige Bestandsaufnahme könnte Ihnen als Ausrede dienen, die Hungerkur an den Nagel zu hängen und wieder in üppigen Mahlzeiten zu schwelgen.

Wenn Sie den Prozeß der *positiven Verstärkung* verstehen, läßt sich der Konditionierungsprozeß beschleunigen. Neulich las ich ein hervorragendes Buch, das ich allen empfehlen kann, die sich eingehender mit diesem Thema befassen möchten. Es trägt den Titel *Don't Shoot the Dog* und wurde von Karen Pryor geschrieben. In diesem Buch sind einige Erfahrungen über die Verhaltensmodifikation bei Hunden beschrieben; sie gleichen meinen eigenen Erkenntnissen, die ich durch jahrelange Praxis in der Beeinflussung menschlichen Verhaltens gewonnen habe.

Es ist faszinierend, wie sich die Triebkräfte des Handelns bei Menschen und Tieren ähneln. Das Wissen um die grundlegenden Elemente der Konditionierung ermöglicht uns, diese Kräfte zu steuern und unser Schicksal selbst zu gestalten. Wir können auf gleicher Stufe wie die Tiere leben, beeinflußt durch die äußeren Umstände und die Menschen, die uns umgeben — oder von diesen Gesetzmäßigkeiten lernen und sie dazu benutzen, um unser Potential so weit wie möglich zu entwickeln. Karen Pryor beschreibt in ihrem Buch, wie sie zunächst jahrelang Tiere mit Hilfe von Schmerz abrichtete: Sie benutzte Peitschen und einen Stuhl bei Löwen, das Zaumzeug bei Pferden und das Halsband bei Hunden. Sie stieß jedoch auf Probleme, als sie mit Delphinen zu arbeiten begann: Jedesmal, wenn sie diesen Tieren Schmerz zufügte, schwammen sie weg. Deshalb befaßte sich die Autorin intensiver mit der Eigendynamik, die ein Training mittels positiver Verstärkung entwickelt.

Das erste Ordnungsprinzip bei jeder Form der „Erfolgskonditionierung" ist die Kraft der positiven Verstärkung. Damit wir ständig dasselbe Verhalten oder Gefühl erzeugen, müssen wir ein konditioniertes Muster entwickeln. Alle Muster sind das Ergebnis positiver Verstärkungen. Der Schlüssel zu einer dauerhaften Neuausrichtung unserer Emotionen und Verhaltensweisen ist daher die Konditionierung.

Das Gesetz der Bekräftigung

Jedes Emotions- oder Verhaltensmuster, das ständig eine Bekräftigung oder Verstärkung erfährt, nimmt die Form einer automatischen, konditionierten Reaktion an. Alle Gefühle und Verhaltensweisen, die wir nicht verstärken, werden sich irgendwann verlieren.

Wir können unser eigenes Verhalten oder das eines anderen Menschen durch positive Verstärkung fixieren, das heißt, jede erwünschte Reaktion belohnen. Diese Belohnung kann in einem Lob, einem Geschenk, neuen Handlungsfreiräumen, und so weiter bestehen. Wir können aber auch mit negativer Verstärkung arbeiten, beispielsweise in Form eines Stirnrunzelns, eines lauten Geräusches oder sogar körperlicher Züchtigung. Wir müssen uns jedoch unbedingt bewußt machen, daß sich Verstärkung nicht mit Belohnung gleichsetzen läßt. *Verstärkung ist die positive Reaktion, die unmittelbar auf ein Verhalten erfolgt, während Belohnung erst viel später in Kraft treten kann.*

Es kommt auf den richtigen Zeitpunkt an

Die Wahl des *richtigen Zeitpunkts* ist für eine wirksame Konditionierung entscheidend. Wenn eine Basketballmannschaft einen perfekten Bogenpaß ausführt und der Trainer ruft: „Super", bewirkt das unmittelbare Lob mehr, als wenn es kurze Zeit später in den Umkleidekabinen ausgesprochen würde. Warum? Weil wir stets darauf bedacht sind, das Gefühl der Bestätigung dann zu erfahren und mit dem Verhaltensmuster zu verknüpfen, wenn es auftritt.

Eines der Probleme, an dem unser Rechtssystem krankt, besteht darin, daß Straftäter oft erst Jahre später abgeurteilt werden. Ihr Verstand sagt ihnen vielleicht, warum sie bestraft wurden, aber das Verhaltensmuster, das in erster Linie zum Konflikt mit dem Gesetz geführt hat, bleibt unangetastet. Es ist weder unterbrochen noch mit unliebsamen Erfahrungen assoziiert worden.

Das ist jedoch der einzige Weg, um Emotionen und Verhaltensweisen wirklich dauerhaft zu verändern. Wir müssen unser Gehirn darauf programmieren, die Dinge zu tun, die wirkungsvoll sind — und zwar nicht auf der intellektuellen, sondern auf der neurologischen Ebene. Das Problem liegt natürlich darin, daß den meisten Menschen nicht bewußt ist, daß wir uns ständig gegenseitig konditionieren und in unseren Verhaltensweisen beeinflussen, oft durch negative statt durch positive Verstärkung.

Ein einfaches Beispiel passierte in diesem Zusammenhang meiner Tochter Jolie mit ihrem Exfreund. Jolie hatte alle Hände voll zu tun; mit der Schule, dem Ballettunterricht und dem Theaterstück, in dem sie mitspielte. Doch ihr Freund verlangte, daß sie ihn jeden Tag anrief, und als sie es ein paar Tage unterließ, machte er ihr die Hölle heiß. Er wollte, daß sie sich regelmäßig bei ihm meldete, aber als sie ihn anrief, bestand seine Strategie darin, ihr eine Standpauke zu halten.

Haben auch Sie sich dieses Vergehens schuldig gemacht? Was glauben Sie wohl, was Sie erreichen, wenn Sie Freunden, Ihrem Lebenspartner oder andere Personen, die Ihnen viel bedeuten, ständig damit in den Ohren liegen, Sie öfter anzurufen? Und wenn er oder sie sich dann tatsächlich bei Ihnen meldet, bekommen sie zur Begrüßung zu hören: „Na so was, hast du es endlich geschafft, zum Hörer zu greifen? Es geschehen doch noch Zeichen und Wunder! Warum muß eigentlich ich dauernd bei dir anrufen?"

Damit geben Sie Ihrem Gesprächspartner allen Grund, künftig auf Tauchstation zu gehen. Sie versetzen ihm einen Hieb, obwohl er Ihrem Wunsch entsprochen hat. Was bewirkt diese Reaktion? Da das Telefonat mit so unangenehmen Erinnerungen verknüpft ist, wird er oder sie in Zukunft noch seltener anrufen. In Jolies Fall setzte sich dieses Muster monatelang fort, bis sie das Gefühl hatte, als ewige Verliererin dazustehen: Es gab Ärger, wenn sie anrief, und es gab Ärger, wenn sie es unterließ. Wie Sie sich wohl denken können, wirkte sich diese negative Verstärkung auf viele Aspekte der Beziehung aus, bis sie am Ende in die Brüche ging.

Wenn jemand Sie anruft und damit Ihrem Wunsch entspricht, sollten Sie entzückt reagieren. Wenn Sie Ihrem Gesprächspartner sagen, wie sehr er Ihnen gefehlt hat, wie sehr Sie ihn lieben und wie froh Sie sind, wieder von ihm zu hören — wird er oder sie dann nicht eher geneigt sein, sich wieder bei Ihnen zu melden? Sie sollten auf jedes erwünschte Verhalten positiv reagieren, um zu erreichen, daß es wiederholt wird.

Im Rahmen meiner Beratertätigkeit für Firmen in allen Bundesstaaten der USA habe ich festgestellt, daß die meisten Unternehmen ihre Mitarbeiter durch negative Verstärkung zu Leistungen anzuspornen versuchen. Diese Strategie ist vorrangig, und die Angst vor Strafe der primäre Motivationsfaktor. Sie mag kurzfristig von Erfolg gekrönt sein, aber nicht auf lange Sicht. Früher oder später sehen sich diese Firmen nämlich den gleichen Problemen gegenüber wie kürzlich die osteuropäischen Diktaturen: Menschen lassen sich lange mit Hilfe von Angst in Schach halten, aber wenn der Bann gebrochen ist, begehren sie auf.

Die zweite wichtige Motivationsstrategie der Firmen besteht in finanziellen Anreizen. Das ist zwar eine hervorragende Idee und in der Regel auch eine, die Arbeitnehmer zu schätzen wissen, aber auch ihrer Wirksamkeit sind Grenzen gesetzt. Irgendwann kommt der Punkt, an dem ihr Nutzen schwindet und nicht einmal zusätzliche finanzielle Anreizmechanismen eine Erhöhung der Arbeitsqualität zur Folge haben. Die meisten Firmen mußten feststellen, daß ihre Bemühungen auf diesem Gebiet nur bis zu einem gewissen Grad Erfolg zeitigen. Wenn ein bestimmtes Verhalten ständig mit Geld bekräftigt wird, beginnen die Leute zu erwarten, daß Spitzenleistungen sofort eine hohe Rendite abwerfen. Sie arbeiten nur noch für finanzielle Belohnungen; und bleiben diese aus, krümmen sie keinen Finger mehr als notwendig. So verliert ein Unternehmen langsam, aber sicher seinen finanziellen Spielraum, mit den finanziellen Forderungen seiner Belegschaft noch Schritt halten zu können.

Die dritte und wirkungsvollste Möglichkeit, Menschen zu motivieren, ist die persönliche Weiterentwicklung. Wenn Sie Ihren Mitarbeitern helfen, zu wachsen und ihre Persönlichkeit zu entfalten, dann beginnen sie Freude am Leben, am Kontakt mit anderen und an ihrer Berufstätigkeit zu empfinden. Damit wecken Sie auch den Wunsch in ihnen, einen größeren Beitrag zum Wohl des Unternehmens zu leisten. Dieses Verhalten wird durch ein Gefühl des persönlichen Stolzes ausgelöst, und weniger durch Druck von außen. Das bedeutet nicht, daß Sie auf Leistungsanreizprogramme verzichten müssen; Sie sollten sich nur vergewissern, daß sie den stärksten Motivationsfaktor berücksichtigen, nämlich das menschliche Bedürfnis nach Erweiterung des eigenen Fähigkeitspotentials.

„Das Gute und das Böse, Belohnung und Strafe, sind die einzigen Motive eines rational denkenden Lebewesens; sie stellen die Sporen und Zügel dar, mit der die gesamte Menschheit zur Arbeit veranlaßt und angeleitet wird."

JOHN LOCKE

Planen Sie Ihre positive Verstärkung, damit die Veränderung von Dauer ist

Wenn Sie neue Emotionen oder Verhaltensweisen verfestigen wollen, müssen Sie diese bei sich selbst oder anderen, in denen Sie dieses geänderte Muster verankern wollen, positiv verstärken. Zu Anfang sollten Sie sich jedesmal, wenn Sie das gewünschte Verhalten an den Tag legen (zum Beispiel einen halbvollen Teller zur Seite schieben), Anerkennung in Form einer Belohnung zollen, die Sie wirklich schätzen und genießen. Erfolgt die Belohnung jedoch in der immer gleichen Form, wird sie schließlich ihre Wirkung oder ihren Reiz verlieren. Was früher eine einzigartige und erfreuliche Überraschung war, wird am Ende zur Routine.

Da ich es als meine Pflicht ansehe, Bedürftigen zu helfen, habe ich immer einen Almosen für die Bettler, denen ich auf meinem Weg durch die Flughafengebäude begegne. Ich werde nie einen Mann vergessen, der sich einen Stammplatz vor der Abflughalle gesichert hatte, die ich häufig frequentierte. Jedesmal, wenn ich an ihm vorüberging, steckte ich ihm ein bißchen Geld zu. Eines Morgens war ich jedoch in aller Eile aufgebrochen und hatte kein Kleingeld in der Tasche. Als ich an ihm vorbeiging, lächelte ich ihn an und sagte: „Hallo! Tut mir leid, aber heute habe ich kein Geld dabei." Daraufhin wurde er wütend, weil er nur einmal nicht bekam, was er früher mit Freuden von mir entgegengenommen hatte.

Sie und ich sollten uns vergegenwärtigen, daß eine angenehme Überraschung zu den schönsten Erfahrungen gehört, die ein Mensch machen kann. Sie ist viel wichtiger, als die meisten von uns erkannt haben. Deshalb müssen Sie, um eine dauerhafte Veränderung herbeizuführen, die Strategien der *variablen Verstärkung* verstehen und anwenden.

Was damit gemeint ist, wird an einem einfachen Beispiel deutlich, der Abrichtung von Delphinen. Zu Beginn der Übungen wartet der Trainer zum Beispiel, bis der Delphin aus eigenem Antrieb springt. Das erwünschte Verhalten wird dann mit einem Fisch belohnt. Erfolgt die Belohnung jedesmal, bildet sich die Neuroassoziation: Wenn ich springe, erhalte ich einen Fisch. Die Verknüpfung eines Vergnügens mit dem angestrebten Verhalten gestattet dem Trainer, den Delphin immer wieder auf den Sprung zu konditionieren.

Als nächstes erhält der Delphin nur noch dann einen Fisch, wenn er höher springt. Durch langsames Steigern seiner Ansprüche kann der Trainer das Verhalten des Tieres beeinflussen. Und genau das ist der Schlüssel: *Falls der Delphin jedesmal belohnt wird, gewöhnt er sich daran und gibt nicht mehr sein Bestes.* Deshalb erhält er den Fisch manchmal nach dem ersten, nach dem zweiten oder erst nach dem fünften Sprung. Die Aussicht auf die Belohnung, die ja erfolgen könnte, gekopppelt mit der Ungewißheit, bei welchem Sprung sie erteilt wird, veranlaßt den Delphin, sich fortgesetzt die allergrößte Mühe zu geben. Die Belohnung wird nie als Selbstverständlichkeit hingenommen.

Genau diese Kraft ist es, die viele Menschen dazu treibt, sich auf Glücksspiele einzulassen. Sobald sich jemand einmal darauf eingelassen und gewonnen hat — und intensives Vergnügen mit dieser Erfahrung verknüpft —, ebnen Nervenkitzel und Vorfreude der Spielleidenschaft den Weg. Wenn er mehrmals verloren hat, verstärkt sich sogar sein Gefühl, daß er beim nächsten Einsatz gewinnen muß. Was den Spieler zu seinem zwanghaften Verhalten veranlaßt, ist die Möglichkeit, wieder zu gewinnen. Ein Mensch, der immer nur verliert, würde bald aufgeben. Die kleinen Belohnungen — wenn er beispielsweise mit einem Blatt gewinnt oder sich einen kleinen Teil seines Einsatzes „zurückholt" — bestärken ihn in der Erwartung, daß er irgendwann den großen Coup landen könnte.

Viele, die ihre schlechten Gewohnheiten ein paar Monate lang aufgegeben haben (wie Rauchen oder Glücksspiele), beschließen dann, nur noch einmal einen Zug zu machen oder einen letzten Versuch am Spieltisch zu wagen. Damit verstärken sie eben jenes Verhaltensmuster, das sie unterbrechen wollten, und machen es sich schwerer, die schlechten Gewohnheiten ein für allemal abzulegen. Wenn Sie „nur noch eine" Zigarette rauchen wollen, wecken Sie in Ihrem Nervensystem die Erwartung, daß Sie sich künftig immer wieder auf diese Weise zu belohnen gedenken. Sie sorgen dafür, daß auf der neuroassoziativen „Autobahn" dichter Verkehr herrscht, und verfestigen die Gewohnheiten, von denen Sie sich eigentlich zu befreien versuchen.

Wenn man menschliches Verhalten langfristig fixieren will, kann man eine Technik benutzen, die als Strategie der *regelmäßigen Verstärkung* bezeichnet wird. Karen Pryor beschreibt in ihrem Buch, wie sie einen Delphin darauf trainierte, zehn Sprünge hintereinander auszuführen. Um dieses Muster zu verfestigen, erhielt er nach jedem zehnten Sprung eine Belohnung. Doch darf man nicht zu viele der erwünschten Reaktionen erwarten, bevor die Verstärkung erfolgt; denn wenn der Delphin erst nach dem zehnten Sprung belohnt wird, lernt er bald, sich bei den neun vorausgehenden Sprüngen weniger Mühe zu geben, und die Qualität seiner Leistungen nimmt ab.

Die gleiche Reaktion läßt sich bei Arbeitnehmern beobachten, die alle zwei Wochen ihren Lohn erhalten. Sie wissen, daß man bestimmte Leistungen von ihnen erwartet, für die sie regelmäßig eine Vergütung erhalten. Das Problem ist, daß die meisten nur gerade soviel tun, wie notwendig ist, um ihr Gehalt zu kassieren, weil der Überraschungseffekt fehlt. Im Arbeitsleben wird die Entlohnung natürlich vorausgesetzt. Aber wenn der Anreiz ausschließlich finanzieller Art ist, werden die meisten nur das leisten, was man unbedingt von ihnen erwartet, und ein Mindestmaß ihres Potentials ausschöpfen, um ihren Lohn zu erhalten.

Wenn eine Firma aber gelegentlich mit einer Überraschung aufwartet — zum Beispiel mit Lob, Prämien, Beförderungen und anderen Leistungsanreizen —, wird sich ein Arbeitnehmer besondere Mühe geben, in der Hoffnung und Erwartung, daß diese belohnt und anerkannt wird. Diese Überraschungen sollten nicht vorhersehbar sein, sonst büßen sie ihre Wirkung ein und werden als Selbstverständlichkeit betrachtet, so daß die Aussicht darauf das Verhalten bestimmt. Wechseln Sie die Form der Belohnung, und Sie werden bessere Resultate bei dem Versuch erzielen, Ihr eigenes Verhalten oder das Ihrer Mitarbeiter in die gewünschten Bahnen zu lenken.

Es gibt noch ein drittes Instrument, das ebenfalls zur Verstärkung eingesetzt werden kann: die sogenannte *Jackpot*-Technik. Wenn ein Delphin zum Beispiel nicht einen Fisch, sondern gelegentlich gleich drei oder vier auf einmal für sein Verhalten erhält, dann erwartet er, bald wieder das große Los zu ziehen, wenn er sich in besonderem Maß anstrengt. Und das veranlaßt ihn wiederum, ständig sein Bestes zu geben.

Menschen reagieren ähnlich. Wenn Mitarbeiter in einem Unternehmen eine Belohnung erhalten, die viel größer ausfällt als erwartet, wird eine Motivationsbasis geschaffen, die sie künftig zu stetigen Leistungssteigerungen anspornt, da in diesem Fall die Aussicht auf eine größere Belohnung besteht. Dasselbe Prinzip kann auch bei Ihren Kindern wahre Wunder wirken!

Schaffen Sie sich neue Start-Voraussetzungen

Das Jackpot-Prinzip läßt sich auch bei jemandem anwenden, der nicht die geringste Leistungsmotivation zeigt. Wenn Trainer beispielsweise mit Delphinen arbeiten, die sich durch nichts motivieren lassen, geben sie den Tieren manchmal ein Dutzend Fische, obwohl sie diese nicht verdient haben. Das Wohlbehagen, das sie damit schaffen, reicht bisweilen aus, um das alte Verhaltensmuster zu unterbrechen und den Willen zu wecken, ein Kunststück zu erlernen. Auch hier reagieren Menschen wieder ähnlich. Wenn jemand, der bisher nichts richtig gemacht hat, unverhofft eine Belohnung erhält, nur aus Mitgefühl oder als freundliche Geste, fühlt er sich angespornt, sein Verhalten zu ändern und seine Leistungen zu verbessern.

Der wichtigste Punkt, an den man sich bei der Konditionierung erinnern sollte, ist jedoch, das erwünschte Verhalten unverzüglich zu bestätigen. In dem Augenblick, in dem Sie eine Aufgabe spielerisch angehen, die Sie vorher frustrierend fanden, sollten Sie Ihr Verhalten positiv verstärken. Wiederholen Sie dieses Verhaltensmuster und empfinden Sie immer mehr Freude dabei. Lachen Sie mal wieder, und vergessen Sie nicht: Jedesmal, wenn Sie starke positive oder negative Emotionen hervorrufen, stellen Sie eine Verbindung in Ihrem autonomen Nervensystem her. Wenn Sie das Muster kontinuierlich wiederholen, sich immer wieder dieselben Bilder ausmalen, die Ihnen ein Gefühl der Stärke und des Wohlbefindens vermitteln, wird es Ihnen auch künftig leichter fallen, sich stark und wohl zu fühlen, weil Sie das Muster fest in sich verankert haben.

In dem Augenblick, da Sie selbst oder jemand anderes das Richtige tun, sollten Sie diese Reaktion durch eine unverzügliche Belohnung bestätigen. Wählen Sie stets die Art von Belohnung, die Sie oder die andere Person am meisten schätzt oder begehrt. Geben Sie sich emotionale Streicheleinheiten, indem Sie sich Ihre Lieblingsplatte anhören, lächeln oder sich vorstellen, daß Sie nun auf dem besten Weg sind, Ihre Ziele zu erreichen. *Die Konditionierung ist ein entscheidender Faktor. Nur so erbringen wir stets die gleichen guten Ergebnisse. Und vergessen Sie nicht, daß jedes emotional geprägte Verhalten, das fortlaufend verstärkt oder belohnt wird, irgendwann automatisch erfolgt. Die Verhaltensmuster, die wir nicht bestätigen, lösen sich schließlich in Wohlgefallen auf.*

SCHRITT 6

Probieren Sie es aus!

Lassen Sie uns zusammenfassen: Sie haben beschlossen, ein bestimmtes Gefühls- oder Verhaltensmuster zu ändern; inneren Druck aufgebaut, um Ihr Vorhaben auszuführen; das alte Muster durchbrochen; eine neue Alternative gefunden und sich darauf konditioniert, so daß sie von Bestand ist. Nun bleibt Ihnen nur noch, diese Alternative auf Herz und Nieren zu prüfen, um sich zu vergewissern, daß sie auch künftig effektiv sein wird.

Eine Methode, die diesem Zweck dient, wird in der Neurolinguistischen Programmierung gelehrt und „Ökologie-Check" (engl. „Future Pacing") genannt. Hier malen Sie sich die Situation aus, die Sie des öfteren frustriert hat, und stellen fest, ob sie noch immer die gleichen Empfindungen hervorruft, oder ob das neue Gefühl der „Faszination" an ihre Stelle getreten ist. Wenn Sie nach wie vor das Bedürfnis haben, zu rauchen, oder wenn Sie überfordert sind, dann malen Sie sich nun eine Streßsituation aus und machen sich bewußt, ob Sie jetzt statt dessen den Drang verspüren, zu lesen, eine Runde zu laufen, oder worauf Sie sich auch immer konditioniert haben. Wenn Sie sich dieselben Reize vorstellen, die früher eine bestimmte emotionale Reaktion oder Verhaltensweise ausgelöst haben, und ganz sicher sind, daß die neue, produktive Alternative automatisch erfolgt, dann wissen Sie, daß sie auch künftig wirksam sein wird.

Außerdem müssen Sie die Ökologie der Veränderung, die Sie bewirkt haben, überprüfen. „Ökologie" bedeutet hier: Beschäftigung mit den Wechselwirkungen einer Entscheidung. Welche Folgen wird Ihre Veränderung für die Menschen in Ihrer unmittelbaren Umgebung haben? Wird sie Ihre beruflichen und privaten Beziehungen fördern? Achten Sie darauf, daß Ihre neuen Alternativen angemessen und auf Ihren derzeitigen Lebensstil, Ihre Überzeugungen und Werthaltungen abgestimmt sind.

Anhand der nachfolgenden Checkliste können Sie überprüfen, ob Ihr neues, erfolgversprechendes Verhaltensmuster von Dauer sein wird und ob es angemessen ist.

Falls Ihr Versuch, ein neues Verhaltensmuster zu entwickeln, nicht von Dauer war, müssen Sie wieder bei Schritt Eins beginnen. *Sind Sie sich wirklich im klaren darüber, was Sie wollen und warum Sie es wollen?*

Befassen Sie sich noch einmal mit Schritt Zwei. Die meisten Menschen, deren Veränderungsversuch vergeblich war, haben nicht genug inneren Druck aufgebaut. Vielleicht müssen Sie sich öffentlich zu Ihrem Vorhaben bekennen, *um den Veränderungsdruck zu verstärken.* Geben Sie Ihren festen Vorsatz solchen Leuten bekannt, die Sie nicht mehr „vom Haken lassen".

Wenn Sie spüren, daß der innere Druck groß genug ist, überprüfen Sie Schritt Drei. Auch wenn Sie genau wissen, was Sie wollen und daß Sie Ihr Ziel mit aller Kraft anstreben, könnte es möglich sein, daß Sie der Fliege gleichen, die ständig gegen die Fensterscheibe prallt. Sie haben immer wieder und mit wachsender emotionaler Intensität dasselbe Verhalten an den Tag gelegt, anstatt Ihren Problemlösungsansatz zu ändern. *Sie müssen erst einmal Ihr Muster unterbrechen.*

Wenn Sie das Gefühl haben, daß diese Schritte sitzen, gehen Sie zu

Der Ökologie-Check

1. **Vergewissern Sie sich, daß Sie jetzt schmerzliche Erfahrungen mit dem alten Verhaltensmuster assoziieren.**
   Wenn Sie an Ihre alten Verhaltensweisen und Gefühle denken — können Sie sich dann Situationen ausmalen, die Sie als schmerzlich (und nicht mehr als angenehm) empfinden?
2. **Vergewissern Sie sich, daß Sie angenehme Erfahrungen mit dem neuen Verhaltensmuster assoziieren.**
   Wenn Sie an Ihre neuen Verhaltensweisen und Gefühle denken — können Sie sich dann Situationen ausmalen, die Sie als angenehm (und nicht mehr als schmerzlich) empfinden?
3. **Stimmen Sie die neue Alternative auf Ihre Werthaltungen, Glaubensmuster und Regeln ab.**
   Stimmt das neue Verhaltensmuster oder Gefühl mit Ihren Werthaltungen, Glaubensmustern und Regeln überein?
4. **Vergewissern Sie sich, daß die Vorteile des alten Musters erhalten bleiben.**
   Wird Ihnen die neue Verhaltensweise oder Emotion die gleichen Vorteile und Freuden verschaffen wie das alte Muster?
5. **Zukunftserkundung — Malen Sie sich aus, wie Sie sich künftig der neuen Verhaltensweise bedienen.**
   Stellen Sie sich die Ausgangssituation vor, die das alte Verhaltensmuster auszulösen pflegte. Vergewissern Sie sich, daß Sie imstande sind, es durch das neue zu ersetzen.

Schritt Vier über. Sollten Sie trotz aller Bemühungen keine Veränderung erzielt haben, dann liegt klar auf der Hand, daß Sie diesen Schritt ausgelassen haben. *Suchen Sie nach einer neuen Alternative, die Ihnen Vorstatt Nachteile bringt und ebenso aktivierend und reizvoll ist wie das alte Muster.* Jetzt haben Sie die Chance, Ihre eigene Kreativität zu entfalten. Suchen Sie sich ein Vorbild, das imstande war, eben jene Gewohnheiten oder Emotionen auszumerzen, die Sie ändern wollen.

Wenn Sie Veränderungen eingeleitet, aber nicht durchgehalten haben, ist es Ihnen offenbar nicht gelungen, das neue Muster wirksam und positiv zu verstärken. Folgen Sie Schritt Fünf, um sich darauf zu konditionieren. *Setzen Sie sowohl die Strategie der variablen als auch der regelmäßigen Verstärkung ein, um zu gewährleisten, daß Ihr neues, kraftspendendes Verhaltensmuster von Dauer ist.*

„He, Freundchen ... ich hab' die Nase voll vom Betteln!"

Die sechs Schritte der Neuroassoziativen Konditionierung lassen sich in allen Lebensbereichen anwenden: bei Herausforderungen in privaten Beziehungen, bei Problemen im beruflichen Bereich oder wenn Sie der Unart zu Leibe rücken wollen, Ihre Kinder anzubrüllen. Angenommen, Sie machen sich zuviel Sorgen um Dinge, auf die Sie keinen Einfluß haben. Wie können Sie diese lähmende Situation mit Hilfe der sechs Schritte ändern?

1. Fragen Sie sich: „Was möchte ich tun, anstatt mir Sorgen zu machen?"
2. Bauen Sie inneren Druck auf und machen Sie sich bewußt, wie diese Sorgen Ihr Leben zerstören. Stoßen Sie dabei an Ihre Schmerzgrenze vor; malen Sie sich aus, wie Ihr Leben letztlich davon beeinträchtigt wird, so daß Sie nicht länger bereit sind, diesen Preis zu zahlen. Stellen Sie sich den Spaß vor, den Sie wieder am Leben haben werden, wenn es Ihnen gelingt, sich ein für allemal von dieser Last zu befreien!
3. Unterbrechen Sie das Muster! Jedesmal, wenn Sie sich Sorgen ma-

chen, sollten Sie etwas völlig Verrücktes tun, zum Beispiel in der Nase bohren oder aus voller Lunge singen: „So ein Tag, so wunderschön wie heute“.

4. Entwickeln Sie eine konstruktive Alternative! Was wollen Sie tun, um nicht mehr in Grübeleien zu versinken? Schreiben Sie auf, welche Maßnahmen Sie statt dessen sofort ergreifen könnten. Vielleicht haben Sie Lust zu joggen, und während des Laufens denken Sie sich neue Lösungen aus.

5. Konditionieren Sie das neue Muster. Stellen Sie es sich lebhaft vor und üben Sie es immer wieder mit großer emotionaler Intensität ein, bis die neue Verhaltensweise oder Gefühlsreaktion automatisch erfolgt. Sorgen Sie für eine positive Verstärkung, indem Sie Schritt Eins folgen: Malen Sie sich aus, wie Sie immer wieder Erfolg damit haben werden. Die guten Ergebnisse vorauszusehen kann Ihnen die Freude vermitteln, die Sie sich wünschen. Auch hier sollten Sie die neue Alternative durch Wiederholung und wachsende emotionale Intensität so lange konditionieren, bis sie von Dauer ist.

6. Prüfen Sie die Alternative auf ihre Wirksamkeit. Denken Sie über die Situation nach, die Ihnen Sorge bereitet hat, und stellen Sie fest, ob sie Ihnen auch heute noch Kopfzerbrechen macht.

Sie können die sechs Schritte der NAC sogar anwenden, um einen Vertrag auszuhandeln.

1. Als erstes schaffen Sie die Grundlagen. Machen Sie sich klar, was Sie erreichen möchten und was Sie bisher daran gehindert hat, Ihr Ziel zu verwirklichen. Dann fragen Sie sich: Was will mein Verhandlungspartner? Was springt für beide Parteien dabei heraus? Wie erkenne ich, ob ich einen vorteilhaften Vertrag entworfen habe?
2. Bauen Sie Druck auf, indem Sie Ihren Verhandlungspartner veranlassen, Nachteile mit dem Nichtabschluß und Vorteile mit dem Abschluß des Geschäfts zu verknüpfen.
3. Unterbrechen Sie das Muster jener Glaubenssätze oder Vorstellungen, die einem Abschluß des Geschäfts im Wege stehen.
4. Entwickeln Sie eine Alternative, an die bisher keiner gedacht hat, die aber den Bedürfnissen beider Parteien gerecht wird.
5. Verstärken Sie diese Alternative, indem Sie sich ständig ihre Vorteile und positiven Auswirkungen bestätigen.
6. Stellen Sie fest, ob der Vertrag sich für alle Beteiligten auszahlt, so daß jeder gewinnt. Dann bringen Sie die Verhandlungen zum erfolgreichen Abschluß.

Dasselbe Prinzip können Sie auch anwenden, um Ihre Kinder zu motivieren, ihre Zimmer aufzuräumen; um die Beziehung zu Ihrem Ehepartner zu vertiefen; um das Qualitätsniveau in Ihrem Unternehmen anzuheben, mehr Spaß in Ihrer beruflichen Tätigkeit zu empfinden und dafür zu sorgen, daß es sich in Ihrem Land besser leben läßt.

Übrigens, manchmal benutzen uns gegenüber auch unsere Kinder diese sechs Schritte in abgekürzter Form. Erinnern Sie sich noch daran, daß wir gesagt haben: Wenn man soviel Druck macht, daß jemand sein altes Verhaltensmuster unterbricht, wird er sich gezwungen sehen, eine Alternative zu finden und diese zu konditionieren? Ein Freund von mir hatte schon beinahe alles versucht, um mit dem Rauchen aufzuhören, ehe es ihm schließlich doch noch gelang, mit dieser Gewohnheit zu brechen. Und wie? Seine sechsjährige Tochter kam eines Tages ins Zimmer, als er sich gerade eine Zigarette anzünden wollte. Sie wußte, was sie wollte (1), baute starken Druck auf (2) und durchbrach sein etabliertes Muster (3), indem sie ausrief: „Papi, bitte, hör auf, dich selbst umzubringen!“

„Schätzchen, wovon redest du? Was hast du denn?“ fragte mein Freund. Sie wiederholte den Satz. Er sagte: „Schätzchen, ich bringe mich schon nicht um.“ Sie schüttelte den Kopf: „Papi, bitte hör damit auf. Ich möchte, daß du noch da bist, wenn ich heirate ...“

Dieser Mann hatte ein dutzendmal erfolglos versucht, sein Laster aufzugeben — bis zu diesem Augenblick. Er warf die Zigaretten an diesem Tag weg und hat seither nicht mehr geraucht. Seine kleine Tochter wußte genau, wie sie ihn mit ihren kleinen Händen packen und auf Anhieb das erreichen konnte, was sie wollte. Seither hat er viele Alternativen zum Rauchen gefunden, die ihm das gleiche Vergnügen verschaffen.

Manchmal genügt es schon, die ersten drei Schritte der NAC einzuleiten, um signifikante Veränderungen zu erzielen. Sobald Sie genau wissen, was Sie erreichen wollen, inneren Druck aufgebaut und das alte Verhaltensmuster unterbrochen haben, bietet Ihnen das Leben oft genügend neue Perspektiven. Und wenn die Hebelwirkung groß genug ist, sehen Sie sich vielleicht gezwungen, eine Alternative zu finden und zu konditionieren — und Sie können ziemlich sicher davon ausgehen, daß Ihre Umwelt sie einem Test unterzieht.

Nun kennen Sie die sechs Schritte der Neuroassoziativen Konditionierung, mit deren Hilfe Sie Veränderungen herbeiführen können. Der Schlüssel zum Erfolg liegt darin, sie auch anzuwenden. Das gelingt Ihnen nur dann, wenn Sie genau wissen, wozu Sie diese Methode benutzen. Sie müssen sich bewußt machen, was Sie wirklich erreichen wollen.

7

Wie Sie erhalten, was Sie wirklich wollen

„Alle Gefühle sind rein, die dir helfen,
dich zu sammeln und zu erheben; unrein ist das Gefühl,
das nur eine Seite deines Wesens ergreift
und dich dadurch verzerrt."

RAINER MARIA RILKE

Her mit der ersten Bombe!" Auf diese Weise bat Elvis Presley immer um seinen ersten „Medikamentencocktail" und erfüllte damit ein bizarres, sich täglich wiederholendes Ritual. Nur auf diese Weise konnte der König des Rock 'n' Roll, der mit Hits wie *Heartbreak Hotel* weltberühmt geworden war, sicher sein, nach einem anstrengenden Auftritt Schlaf zu finden. Ein Mitglied aus Elvis' Troß öffnete daraufhin den ersten Umschlag und gab ihm seine „übliche", in allen Farben des Regenbogens schillernde Ration Barbiturate; dann kamen Beruhigungsmittel an die Reihe, gefolgt von drei Spritzen, die knapp unterhalb der nackten Schulterblätter injiziert wurden.

Bevor er einschlief, machte sich Elvis' Küchenpersonal, das sich rund um die Uhr im Einsatz befand, an die Arbeit. Es wurden Wetten abgeschlossen, wieviel der „King" konsumieren könne, bevor er ins Land der Träume hinüberglitt. Für gewöhnlich aß er drei Cheeseburger und sechs oder sieben Bananen-Splits, bevor er einnickte. Oft mußten seine Helfer Essensreste aus der Speiseröhre entfernen, damit er nicht erstickte. Dann schlief Elvis rund vier Stunden, bevor er sich wieder rührte.

Er war dann so benebelt, daß er ins Badezimmer getragen werden mußte. Dort verlangte er nach der zweiten Ration, indem er seinen persönlichen Betreuer mit schwacher Hand am Hemd zupfte. Elvis war unfähig, die Medikamente selbst zu nehmen; deshalb schob man ihm die Pillen in den Mund und flößte ihm sorgfältig Wasser ein, damit sie durch den Schlund rutschten.

Elvis war selten in der Lage, um die dritte Ration zu bitten. Ein Helfer hatte es sich deshalb zur Gewohnheit gemacht, ihm die dritte Dosis unaufgefordert zu verabreichen und ihn bis zum frühen Nachmittag schlafen zu lassen. Dann brachte der aufgeschwemmte König des Rock 'n' Roll seinen Körper auf Touren, indem er ein Aufputschmittel schluckte und sich kokaingetränkte Wattebäuschchen in die Nase stopfte, bevor er wieder die Bühne betrat.

An seinem Todestag blieb Elvis clean und sparte alle „Bomben“ für eine Dosis auf, die tödlich war. Warum trieb ein Mann, der von Fans in der ganzen Welt verehrt wurde und scheinbar alles hatte, regelmäßig solchen Raubbau mit seinem Körper und nahm sich dann auf so schreckliche Weise das Leben? David Stanley, Elvis' Stiefbruder, behauptete, ihm sei es lieber gewesen, mit Drogen vollgepumpt und betäubt, als bei klarem Verstand zu sein und sich erbärmlich zu fühlen.

Leider haben viele berühmte Persönlichkeiten — Menschen, die in ihrem Beruf, in der Kunst und im Geschäftsleben absolute Stars sind — ihren eigenen Niedergang direkt oder indirekt herbeigeführt. Denken Sie an Schriftsteller wie Ernest Hemingway und Sylvia Plath, an Schaupieler wie William Holden und Freddie Prinze, Sängerinnen wie Mama Cass Elliott und Janis Joplin. Was haben sie gemein? Zunächst einmal, daß sie nicht mehr unter uns weilen und daß wir ihren Verlust schmerzlich zu spüren bekommen haben. Zweitens hatten sie sich allesamt dem Prinzip verschrieben: „Eines Tages, irgend jemand, irgendwie, irgendwas ... und dann werde ich glücklich sein.“ Aber als sich der Erfolg einstellte, als sie ihr Ziel erreicht hatten, der Weg weniger dornenvoll war und sie mit eigenen Augen einen Blick auf den Amerikanischen Traum werfen konnten, da stellten sie fest, daß ihnen das Glück noch immer fehlte. Und so jagten sie ihm weiter hinterher und hielten den Schmerz, den ihnen das Leben bereitete, mit Alkohol, Zigaretten und Eßgelagen in Schach, bis sie schließlich den Zustand der Vergessenheit erreichten, nach dem sie sich gesehnt hatten. Sie entdeckten nie die wahre Quelle des Glücks.

Was diese Menschen kennzeichnet, ist vielen vertraut: Sie wußten nicht, was sie sich im Leben wirklich wünschten, und deshalb suchten sie Zerstreuung in einer Vielfalt künstlicher Möglichkeiten, ihre Stimmungslage zu verbessern. Sie entwickelten nicht nur neurologische Bahnen, sondern regelrechte Schnellstraßen zum Schmerz. Und ihre Gewohnheiten trieben sie regelmäßig auf diesen Kurs.

Obwohl sie sich auf dem Gipfel des Erfolgs befanden, von dem sie einst geträumt hatten, und sich der Liebe und Bewunderung von zig Millionen Fans sicher sein konnten, erwies sich der Schmerz als das stärkere Referenzerlebnis. Sie entwickelten großes Geschick, dieses Gefühl schnell und problemlos zu erzeugen, weil sie diesen Weg zur Hauptstrekke ausgebaut hatten. Sie wußten nicht, wie man sich selbst ein gutes Gefühl vermittelt. Sie mußten sich einer äußeren Kraft bedienen, um die Gegenwart zu bewältigen. Sie hatten nie gelernt, wie man seine eigenen Gedanken bewußt steuert und auf ein Ziel hinlenkt. Sie gestatteten den positiven und negativen Ereignissen, prägend in ihr Leben einzugreifen, anstatt selbst die Kontrolle zu übernehmen.

Diese Geschichten stehen in völligem Gegensatz zu einem Brief, den ich kürzlich von einer Frau erhielt. Sie setzte mein Konzept in die Praxis um, und sie schaffte es, ihr Leben in völlig neue Bahnen zu lenken:

Lieber Tony,

ich bin von frühester Kindheit bis zum Tod meines zweiten Mannes in meinem ganzen Leben extrem mißhandelt worden. Infolge dieses Mißbrauchs und eines schweren Traumas habe ich eine mentale Störung entwickelt, die als Multiples Individualitätssyndrom bekannt ist. Ich habe mich in 49 verschiedene Kerne gespalten. Keines dieser Individuen wußte von der Existenz der anderen, oder was in deren jeweiligem Leben geschehen war.

Die einzige Erleichterung, die ich mir in den 49 Jahren der Erkrankung verschaffen konnte, bestand in selbstzerstörerischem Verhalten. Es mag seltsam klingen, aber die Selbstverstümmelung empfand ich für gewöhnlich als Wohltat. Nach einem von zahlreichen Selbstmordversuchen wurde ich in eine psychiatrische Klinik eingewiesen und der Obhut eines Arztes unterstellt. Um die Individuen zu integrieren, mußte ich mich auf jedes der ursprünglichen Traumata rückbesinnen, die zur Entstehung der abgetrennten Individuen beigetragen hatten. Jedes einzelne Trauma mußte erinnert, erneut durchlebt und wieder spürbar werden. Jedes Individuum war für eine bestimmte Funktion zuständig, besaß ein selektives Erinnerungsvermögen und befand sich normalerweise in einer bestimmten emotionalen Verfassung. Ich arbeitete mit einem Experten für diese Erkrankung, der über große pädagogische Fähigkeiten verfügte und mir half, sämtliche 49 Individuen zu einem einzigen zusammenzufügen. Was mir die Kraft gab, die zahlreichen schwierigen Verfahren durchzustehen, die wir anwendeten, war das Gefühl, daß viele meiner Leute unglücklich waren und mein Leben so chaotisch geworden war (das eine Individuum wußte nicht, was das andere tat, und ich fand mich in allen möglichen Situationen und an Orten wieder, an die ich mich beim Individualitätswechsel nicht mehr erinnern konnte). Wir dachten, wenn diese Individuen zu einem verschmelzen würden, könnte ich wieder glücklich sein — mein Endziel

Doch diese Auffassung war falsch und ein schlimmer Schock. Ich habe ein Jahr lang die Hölle durchgemacht. Ich war todunglücklich und trauerte um jedes meiner Individuen in mir. Ich vermißte diese Personen, die mir vertraut waren, und wünschte sie mir so zurück, wie sie waren. Ich durchlebte eine schwierige Zeit und unternahm in diesem Jahr drei weitere Selbstmordversuche, nach denen wieder eine Einweisung in die Klinik erfolgte.

Im vergangenen Jahr habe ich Ihr Programm im Fernsehen entdeckt und Ihre 30 „Personal-Power"-Kassetten bestellt. Ich habe sie mir immer wieder angehört und alles ausprobiert, was mir von Nutzen schien. Der Durchbruch gelang mir, als ich Ihr monatliches Programm „POWER-TALK" hörte. Ich habe von einer einzigen Person, nämlich Ihnen, Dinge gelernt, die ich als multiples Individuum nie erfahren habe. Zum erstenmal seit fünfzig Jahren wurde mir klar, daß Glück von innen kommt. Als ganzheitlicher Mensch gelingt es mir nun, mich an die unsäglichen Qualen zu erinnern, die jedes einzelne Individuum erleiden mußte. Wenn diese Bilder auftauchen, kann ich sie mir ansehen, und wenn sie unerträglich werden, konzentriere ich mich auf etwas anderes, wie ich es von Ihnen gelernt habe, und zwar nicht auf dissoziative Weise, wie früher. Ich muß mich nicht länger in einen Zustand der Trance versetzen, während dessen mein Bewußtsein ausgeschaltet ist, um mich in eine andere Person zu verwandeln.

Ich erfahre immer mehr über mich selbst und lerne, als eine einzige Persönlichkeit zu leben. Ich weiß, daß ich noch einen weiten Weg vor mir und noch viel zu erforschen habe. Ich suche mir meine Ziele aus und plane die Möglichkeiten, sie zu verwirklichen. Zur Zeit nehme ich ab und habe mir vorgenommen, mein Gewichtsziel Weihnachten zu erreichen (ein nettes Weihnachtsgeschenk für mich). Ich weiß auch, daß ich gerne eine normale Beziehung zu einem Mann hätte, die beiden Partnern zugute kommt. Vor meinem Klinikaufenthalt war ich Vollzeit bei IBM beschäftigt und hatte danach vier eigene Geschäfte. Inzwischen habe ich wieder eine Firma gegründet und freue mich über das höhere Einkommen, das ich seit meiner Entlassung aus der Klinik erziele. Ich lerne meine Kinder und Enkel, aber noch wichtiger, mich selbst besser kennen.

Ihre
Elizabeth Pietrzak

Dies ist der genehmigte Abdruck eines Briefes. Heute ist diese mutige Frau nicht nur voll in den Erwerbsprozeß integriert, sondern auch als ehrenamtliche Helferin in einem Krankenhaus tätig.

Was wollen Sie wirklich?

Fragen Sie sich, was Sie im Leben wirklich wollen. Eine liebevolle Ehe? Die Achtung Ihrer Kinder? Viel Geld, ein schnelles Auto, ein blühendes Geschäft, ein Haus im Nobelviertel Ihrer Stadt? Die Welt bereisen, exotische Häfen anlaufen, historische Stätten besuchen? Von Millionen Fans als Rockmusiker bewundert oder eine Berühmtheit werden, die mit einem Stern auf dem Pflaster des Hollywood-Boulevards verewigt wird? Sich als Erfinder einer Zeitreisemaschine ewigen Ruhm sichern? Mit Mutter Teresa zusammenarbeiten, um die Welt zu retten, oder eine aktive Rolle als Umweltschützer übernehmen?

Was immer Sie sich auch wünschen oder anstreben, Sie sollten sich fragen: „Warum ist mir dieser Wunsch oder dieses Ziel so wichtig?" Hätten Sie gerne eine Luxuslimousine, weil Sie sich nach dem Gefühl, etwas geleistet zu haben, und nach dem Prestige sehnen, das ein solches Statussymbol Ihrer Meinung nach mit sich bringt? Warum wünschen Sie sich ein intaktes Familienleben? Weil Sie glauben, daß Sie dann Liebe, Vertrautheit, Nähe und Wärme empfinden würden? Möchten Sie die Welt retten, weil Sie dann das Gefühl hätten, Ihren Beitrag geleistet und etwas bewirkt zu haben? Kurz gesagt: Wollen Sie in Wirklichkeit nicht einfach Ihre Gefühle verändern? *Tatsache ist, daß Ihnen diese Dinge oder Ergebnisse vorschweben, weil Sie darin ein Mittel sehen, die von Ihnen gewünschten Gefühle, Emotionen oder Situationen herbeizuführen.*

Was trägt dazu bei, Ihnen ein gutes Gefühl zu verschaffen, wenn jemand Sie küßt? Löst das Zusammentreffen nassen Mundgewebes dieses Wohlbehagen aus? Bestimmt nicht, denn dann könnten Sie sich genauso in Hochstimmung fühlen, wenn Sie Ihren Hund küssen. Alle unsere Gefühle sind nichts weiter als ein Hagel biochemischer Stürme in unserem Gehirn, die wir jederzeit entfachen können. *Aber zuerst müssen wir lernen, sie bewußt zu kontrollieren, statt sie passiv hinzunehmen.* Die meisten emotionalen Reaktionen sind erlernte Reaktionen auf unsere Umwelt. Manche haben wir absichtlich nach einem bestimmten Muster geformt, über andere sind wir zufällig gestolpert.

Um die Macht unserer *Gefühlszustände* zu ergründen, müssen wir uns dieser Faktoren bewußt sein. Zweifellos zielen alle unsere Aktionen darauf ab, Schmerz zu vermeiden und Freude zu gewinnen, aber wir können auf einen Schlag ändern, was unserer Ansicht nach zu Schmerz oder Freude führt. Das gelingt uns, indem wir unsere Konzentration verlagern und unsere jeweils vorherrschende mentale, emotionale und phsysiologische Verfassung beeinflussen. In meinem Buch *Grenzenlose Energie* habe ich ‚Zustand' wie folgt definiert:

Ein Zustand kann als die Summe von Abermillionen neurologischen Prozessen definiert werden, die in uns ablaufen — die Summe unserer gesamten Erfahrung in jedem beliebigen Augenblick. Die meisten Zustände entstehen ohne unsere bewußte Steuerung. Wir sehen etwas und reagieren darauf, indem wir uns in einen bestimmten Zustand versetzen. Es kann sich um einen hilfreichen und nützlichen oder um einen hinderlichen und einengenden Zustand handeln, aber die meisten von uns tun nicht viel, um diesen Vorgang zu steuern.

Haben Sie je erlebt, daß Ihnen der Name eines Freundes nicht mehr eingefallen ist? Oder daß Sie urplötzlich nicht mehr wissen, wie man ein „schwieriges" Wort schreibt ... zum Beispiel „Lehre"? Wie kam es, daß Sie diese Probleme hatten? Liegt es daran, daß es Ihnen an Intelligenz mangelt? Nein; der Grund ist darin zu suchen, daß Sie sich in einem Zustand befunden haben, der Sie nicht mehr klar denken ließ! *Der Unterschied zwischen schlechten und brillanten Aktionen basiert nicht auf Ihren Fähigkeiten, sondern vielmehr auf dem geistigen und/oder körperlichen Zustand, in dem Sie sich in diesem Augenblick befinden.* Sie können mit Gaben wie dem Mut und der Entschlossenheit einer Marva Collins ausgestattet sein, mit dem Charme und Flair eines Fred Astaire, der inneren Stärke und Ausdauer eines Nolan Ryan, der Leidenschaft und Intelligenz eines Albert Einstein — aber wenn Sie ständig in negative Gefühlszustände eintauchen, werden Sie Ihren vielversprechenden Talenten nie gerecht werden.

Wenn Sie jedoch das Geheimnis Ihrer aktivierendsten Gefühlszustände kennen, können Sie buchstäblich Wunder vollbringen. Die Verfassung, in der Sie sich in einem bestimmten Augenblick befinden, beeinflußt Ihre Wahrnehmungen der Realität und somit Ihre Entscheidungen und Ihr Verhalten. Mit anderen Worten, *Ihr Verhalten ist nicht das Ergebnis Ihres Fähigkeitspotentials, sondern des Zustandes, in dem Sie sich gerade befinden.* Um auf diese Fähigkeiten einzuwirken, müssen Sie auf Ihre Gemütslage einwirken. Um die zahllosen Ressourcen anzuzapfen, die in Ihnen schlummern, brauchen Sie sich nur in den Zustand der Findigkeit und aktiven Erwartung zu versetzen — und Sie werden wahre Wunder erleben!

Wie können wir also unsere emotionale Verfassung ändern? Das funktioniert ähnlich wie die Bedienung eines Fernsehgeräts. Um „helle, lebhafte Farben und einen optimalen Ton" zu erhalten, müssen sie das Gerät zunächst einmal einstecken und einschalten. Wenn wir unsere Physiologie aktivieren, führen wir unserem Körper sozusagen die Elektrizität zu, die er zum Handeln braucht. Wenn Ihrem Fernseher der „Saft" fehlt, haben Sie kein Bild und keinen Ton, nur einen leeren Bildschirm. Wenn Sie sich nicht aktivieren, indem Sie Ihren gesamten Körper einsetzen — mit anderen Worten, Ihre *Physiologie* —, dann sind Sie vielleicht nicht imstande, das Wort „Lehre" richtig zu buchstabieren. Haben Sie schon einmal erlebt, daß Sie morgens aufgewacht und schlaftrunken herumgetaumelt sind, unfähig, einen klaren Gedanken zu fassen oder Ihren Aufgaben nachzugehen, bis Sie sich genug bewegt und Ihren Kreislauf in Schwung gebracht haben? Sobald die „Empfangsstörung" vorüber war, haben sich Ihre kleinen grauen Zellen eingeschaltet, und die Ideen kamen in Fluß. Wenn Sie sich hingegen in der falschen Verfassung befinden, haben Sie nicht auf Empfang geschaltet, selbst wenn Ihre Ideen die richtigen sein sollten.

Sobald Sie „unter Strom stehen", müssen Sie natürlich den richtigen Kanal einstellen, um das zu erhalten, was Sie wirklich wollen. Es gilt also, sich mental auf das zu konzentrieren, was Sie aktiviert. Diese Konzentration — oder Kanalisierung — wird von intensiven Gefühlen begleitet.

Falls Ihnen nicht gefällt, was Sie gerade tun, dann ist es vielleicht an der Zeit, die Frequenz zu wechseln.

Die Anzahl der Empfindungen kennt keine Grenzen, genauso wie die Perspektiven, aus denen sich alles im Leben betrachten läßt. Wenn Ihre augenblickliche Vorgehensweise keinen Erfolg hat, schalten Sie auf einen anderen Kanal um, so daß Sie die Gefühle empfangen, die Sie sich immer gewünscht haben. Sie sind jederzeit verfügbar — Sie müssen nur das richtige Programm einschalten. Es gibt zwei Möglichkeiten, Ihren emotionalen Zustand zu steuern: Sie können Einfluß auf die Bewegungsabläufe in Ihrem *Körper* nehmen, oder Ihren *Blickwinkel* verändern.

Physiologie: Die Kraft der Bewegung

Eine der wichtigsten Erkenntnisse, zu denen ich in den vergangenen zehn Jahren meines Lebens gelangt bin, ist folgende: *Gefühle entstehen durch Bewegung.* Alles, was wir empfinden, ist das Ergebnis dessen, wie wir unseren Körper einsetzen. Selbst die geringfügigsten Veränderungen in Mimik oder Gestik tragen dazu bei, unseren Gefühlszustand in jedem beliebigen Augenblick zu verändern und damit auch die Art, wie wir unser Leben beurteilen, wie wir denken und handeln.

Lassen Sie sich kurz auf ein verrücktes Experiment ein. Tun Sie so, als wären Sie Dirigent eines Symphonieorchesters. Sie sind ziemlich gelangweilt, humorlos und sollen nun den Taktstock schwingen. Bewegen Sie Ihre Arme dabei im Zeitlupentempo. Sie dürfen Ihre Aufgabe nicht als aufregend empfinden! Betrachten Sie das Ganze als reine Routine und vergewissern Sie sich, daß Ihr Gesicht ein gewisses Maß an Langeweile widerspiegelt. Machen Sie sich bewußt, was Sie fühlen. Klatschen Sie nun mit aller Kraft in die Hände und reißen Ihre Arme so schnell wie möglich auseinander. Zaubern Sie dabei ein breites, albernes Grinsen auf Ihr Gesicht. Vervollständigen Sie diesen Bewegungsablauf dadurch, daß Sie mit extrem lauter, donnernder Stimme singen — die Luft, die dabei durch Brustkorb, Kehle und Mund strömt, wird Ihr Gefühl noch drastischer verändern. Die Bewegung und das Tempo, das Sie nun in Ihrem Körper und in Ihren Stimmbändern erzeugt haben, wirken sich auf Anhieb auf Ihre Stimmungslage aus.

Jedes Gefühl ist mit einer bestimmten Physiologie verbunden, die in Körperhaltung, Atmung, spezifischen Bewegungsmustern oder im Gesichtsausdruck ihren Niederschlag findet. Wenn jemand unter einer Depression leidet, werden die körperlichen Merkmale auf Anhieb sichtbar. In *Grenzenlose Energie* habe ich die physischen Attribute der Depression beschrieben, den Punkt, auf den sich die Augen konzentrieren, die Körperhaltung und so weiter. Wenn Sie gelernt haben, wie Sie Ihren Körper während eines bestimmten Gefühlszustands einsetzen, können Sie diese Verfassung meiden oder nach Belieben wieder hervorrufen, indem Sie Ihre Physiologie verändern. Das Problem ist, daß sich die meisten Menschen gewohnheitsmäßig auf einige wenige physiologische Muster beschränken. Wir greifen automatisch darauf zurück, in Unkenntnis der gravierenden Rolle, die sie für unser Verhalten in jedem Augenblick spielen.

In unserem Gesicht befinden sich mehr als achtzig verschiedene Muskeln. Wenn Sie sich daran gewöhnt haben, automatisch eine finstere, gelangweilte oder frustrierte Miene aufzusetzen, dann beginnt diese eingefahrene Muskelbewegung, unsere Gefühlszustände zu diktieren, ganz zu schweigen von unserem physischen Aussehen. Ich bitte die Teilnehmer meiner Date With Destiny™-Seminare in der Regel, ihre Gefühle während einer ganz durchschnittlichen Woche aufzuschreiben. Ich habe dabei festgestellt, daß es zwar unzählige Empfindungsmöglichkeiten gibt, daß aber im Schnitt weniger als ein nur Dutzend notiert werden. Warum? Weil die meisten Menschen nur über eine begrenzte Bandbreite physiologischer Muster verfügen, die zu begrenzten Ausdrucksmustern führen.

Emotionen, die jemand im Verlauf einer Woche verspüren kann	völlig gestreßt	elend
	frustriert	glücklich
	wütend	erleichtert
	verunsichert	geliebt
	einsam	aufgeregt
	gelangweilt	fröhlich

Das ist ein kurzes Menü emotionaler Wahlmöglichkeiten, wenn man bedenkt, daß Tausende reizvoller Gefühlszustände verfügbar wären. Achten Sie darauf, daß Sie sich nicht auf eine so knappe Liste beschränken. Ich schlage vor, daß Sie sich am gesamten Buffet bedienen — neue Dinge probieren und Ihren Gaumen verfeinern. Wie wär's mit ein bißchen mehr Begeisterung, Faszination, Heiterkeit, spielerische Leichtigkeit, Wißbegierde, Sinnlichkeit, Sehnsucht, Dankbarkeit, Verzauberung, Neugierde, Kreativität, Kompetenz, Vertrauen, Unverschämtheit, Kühnheit, Rücksichtnahme, Liebenswürdigkeit, Humor ... Warum schreiben Sie nicht eine eigene lange Liste?

Sie können jede dieser Emotionen herbeiführen, wenn Sie Ihren Körper anders benutzen. Es liegt bei Ihnen, sich stark zu fühlen, zu lächeln, mit Humor alles innerhalb von Minuten zu verändern. Sie wissen, daß auch die größten Probleme vorübergehen, und daß Sie eines Tages darüber lachen können. Warum also nicht gleich jetzt? Warum damit warten? Rütteln Sie Ihren Körper wach; lernen Sie, sich ständig in eine angenehme Verfassung zu versetzen, gleichgültig, was auch geschehen sein mag. Wie? Setzen Sie Energie frei, indem Sie immer wieder über eine Situation nachdenken und die Empfindungen verändern, die Sie künftig damit assoziieren wollen.

Wenn Sie Ihren Körper wiederholt auf eine Weise einsetzen, die Schwäche anzeigt, wenn Sie dauernd die Schultern hängen lassen, herumschleichen, als wären Sie übermüdet, dann fühlen Sie sich auch müde und ausgelaugt, was sonst? *Ihr Körper dient als Richtschnur für Ihre Gefühle.* Der emotionale Zustand, in dem Sie sich befinden, beginnt sich auf Ihren Körper auszuwirken, und so entsteht ein Teufelskreis. Machen Sie sich bewußt, in welcher Haltung Sie in diesem Augenblick sitzen. Richten Sie sich kerzengerade auf und führen Sie Ihrem Körper damit mehr Energie zu, nicht nur zum Lesen, sondern auch, um diese Prinzipien in den Griff zu bekommen.

Was können Sie sofort tun, um Ihren physiologischen Zustand und somit Ihre Gefühle und Ihr Leistungsniveau zu verändern? Atmen Sie tief durch die Nase ein, und kräftig durch den Mund aus. Zaubern Sie ein breites Lächeln auf Ihr Gesicht, wenn Sie Ihre Kinder ansehen. Wenn Sie Ihr Leben wirklich verändern wollen, stellen Sie sich in der nächsten Woche jeden Tag fünfmal vor den Spiegel und grinsen Sie von einem Ohr zum anderen. Sie werden sich unglaublich albern vorkommen, aber denken Sie daran: Durch diese Einflußnahme auf Ihre Physiologie können Sie diesen Teil Ihres Gehirns aktivieren und eine neurologische Bahn schaffen, die zu mehr Lebensfreude führt und bald gewohnheitsmäßig eingeschlagen wird. Nur zu, und viel Spaß dabei!

Versuchen Sie's mal mit Seilhüpfen statt Joggen. Damit können Sie Ihre Verfassung schlagartig ändern, weil Seilhüpfen vier Dinge bewirkt:

1. Es ist eine gute Gymnastikübung.
2. Der Körper wird dadurch weniger belastet als beim Joggen.
3. Sie sind nicht mehr in der Lage, Ihren ernsten Gesichtsausdruck beizubehalten.
4. Sie tragen zur Belustigung aller Passanten bei: Sie verändern also auch den Gefühlszustand anderer Menschen, indem Sie diese zum Lachen bringen.

Lachen hat eine ungeheure Wirkung. Mein Sohn Joshua hat einen Freund namens Matt, dessen Lachen geradezu ansteckend wirkt. Wenn Sie Ihre Lebensqualität tatsächlich verbessern wollen, dann lernen Sie wieder zu lachen. In Kombination mit fünfmal Lächeln pro Tag sollten Sie eine Woche lang dreimal täglich aus keinem ersichtlichen Grund lachen. In einer Erhebung, die vor kurzem von der Zeitschrift *Entertainment Weekly* durchgeführt wurde, stellte man fest, daß 82 Prozent der Befragten ins Kino gingen, um zu lachen, 7 Prozent, um zu weinen und 3 Prozent, um vor Entsetzen aufzuschreien. Das läßt erkennen, daß wir dem Lachen einen viel höheren Stellenwert beimessen als vielen anderen Dingen. Und wenn Sie die Bücher von Norman Cousins, Dr. Deepak Chopra und Dr. Bernie Siegel gelesen oder sich überhaupt jemals mit

Psychoneuroimmunologie beschäftigt haben, dann wissen Sie, wie sich ein Lachen auf den Körper auswirkt und unser Immunsystem stimuliert.

Warum suchen Sie nicht jemanden, der gerne lacht, und imitieren ihn? Sagen Sie ihm: „Würden Sie mir einen Gefallen tun? Sie haben ein phantastisches Lachen. Ich möchte es gerne nachmachen. Würden Sie mir dabei helfen?“ Ich garantiere Ihnen, daß Sie beide dabei vor Lachen schier platzen werden. Atmen Sie genauso wie Ihr Vorbild; ahmen Sie seine Körperhaltung, seine Bewegungen und die Geräusche nach, die er dabei von sich gibt. Am Anfang werden Sie sich vielleicht ziemlich töricht vorkommen, aber nach einer Weile, wenn Sie sich in Ihre Rolle hineingefunden haben, werden Sie beide einen Lachkrampf bekommen, weil Sie und Ihr Gegenüber so albern aussehen. Im Verlauf dieses Prozesses knüpfen Sie jedoch das neurologische Netz, das Ihnen ermöglicht, regelmäßig zu lachen. Bei entsprechender Übung wird es Ihnen leichtfallen, zu lachen, und Sie werden ganz sicher Ihren Spaß haben.

„Wir wissen zuviel und fühlen zuwenig. Zumindest spüren wir zuwenig von jenen schöpferischen Emotionen, aus denen ein sinnvolles Leben entspringt.“

BERTRAND RUSSELL

Jeder kann sich gut fühlen, der bereits in guter Stimmung oder „gut drauf“ ist; dazu gehört nicht viel. Aber der eigentliche Knackpunkt im Leben ist die Fähigkeit, sich selbst dann in gute Laune zu versetzen, wenn man sich schlecht fühlt oder sich nicht einmal mehr wünscht, man wäre in einer besseren Gemütsverfassung. Sie können dieses Kunststück auf Anhieb bewirken, wenn Sie Ihren Körper als Werkzeug benutzen, um bewußt einen anderen Gefühlszustand herbeizuführen. Vor einigen Jahren habe ich mit John Denver zusammengearbeitet. Dieser Mann hat mich nicht nur mit seinem musikalischen Talent, sondern auch dadurch beeindruckt, daß Privatleben und Image bei ihm völlig übereinstimmen. Der Grund für seinen Erfolg liegt auf der Hand; er ist ein unglaublich warmherziger, sozial engagierter Mensch.

Ich arbeitete mit ihm, weil er gerade eine kreative „Blockade“ als Liedermacher erlebte. Wir forschten nach, wann er seine besten Songs geschrieben hatte, und stellten fest, daß ihm die Inspiration dazu gekommen war, während er sich sportlich betätigte. Normalerweise war ein Lied fix und fertig in seinem Kopf, wenn er auf Skiern einen Berg bezwungen, eine Spritztour in seinem Düsenflugzeug oder Doppeldecker unternommen oder auch nur seinen Sportwagen mit hohem Tempo gefahren hatte. In der Regel waren die Geschwindigkeit, aber auch der Adrenalinstoß und das Erlebnis, sich auf die Schönheit der Natur zu konzentrieren, wichtige Elemente seiner kreativen Strategie. Als er nun zu mir kam, hatte er in seinem Leben gerade einige Frustrationen verkraften müssen und war nicht so intensiv seinen gewohnten Aktivitäten im Freien nachgegangen. Allein durch diese Veränderung und durch die damit einhergehende Rückkehr zu einer starken Physiologie gelang es ihm, auf Anhieb und mit innerer Gewißheit den Fluß seiner schöpferischen Ideen wieder in Gang zu setzen. *Jeder Mensch ist imstande, solche Veränderungen zu jedem beliebigen Zeitpunkt zu bewirken.* Wenn wir unsere Physiologie ändern, können wir auch unser Leistungsniveau verbessern. Diese Fähigkeit steht uns immer zur Verfügung; wir müssen uns lediglich in einen Zustand versetzen, der uns ermöglicht, Zugang zu unseren Ressourcen zu finden.

Der Schlüssel zum Erfolg besteht also darin, *ein Bewegungsmuster zu entwickeln, das Selbstvertrauen, innere Kraft, Flexibilität, ein Gefühl persönlicher Stärke und Lebensfreude erzeugt.* Stillstand ist das Resultat mangelnder Bewegung. Kennen Sie einen alten Menschen, der „nicht mehr viel herumkommt?“ Alt werden ist nicht von den Lebensjahren abhängig, sondern vielmehr auf den Mangel an Bewegung zurückzuführen. Und der absolute Stillstand ist der Tod.

Haben Sie schon einmal Kinder beobachtet, die nach einem Regenguß auf dem Bürgersteig entlanggehen? Was glauben Sie, was passiert, wenn vor ihnen eine Pfütze auftaucht? Sie springen mitten hinein, lachen, platschen herum und amüsieren sich königlich. Was macht dagegen ein älterer Mensch? Außen herumgehen? Genau das — und er beschwert sich die ganze Zeit darüber! Sie stellen sich Ihr Leben doch sicher anders vor. Sie möchten mit leichtem Schritt und einem Lächeln im Gesicht die Hürden nehmen. Warum räumen Sie nicht Ausgelassenheit, den kleinen Verrücktheiten, dem Spielerischen, einen neuen, hohen Stellenwert ein? Machen Sie das positive Lebensgefühl zu einer Erwartung, einem Anspruch, den Sie an sich selbst stellen. Sie brauchen keinen Anlaß, um es auszulösen — Sie leben, und deshalb können Sie sich *völlig grundlos* gut fühlen!

Der Blickwinkel: Die Kraft der Konzentration

Könnten Sie sich, wenn Sie es sich vornehmen, von einem Augenblick auf den anderen niedergeschlagen fühlen? Mit absoluter Sicherheit, und zwar allein dadurch, daß Sie sich auf ein schreckliches Erlebnis aus Ihrer Vergangenheit *konzentrieren.* An schlimmen Erfahrungen mangelt es wohl niemandem, oder? Wenn Sie sich stark genug darauf konzentrieren, stellt sich ziemlich bald auch das Gefühl wieder ein, das damals mit der unliebsamen Erfahrung verknüpft war. Haben Sie sich schon einmal einen Horrorfilm angesehen? Würden Sie sich denselben schrecklichen Film noch hundertmal anschauen? Natürlich nicht, denn Sie hätten dabei kein angenehmes Gefühl. Warum spulen Sie dann regelmäßig Horrorfilme in Ihrem Kopf ab? Warum beobachten Sie sich als Zuschauer in Ihrer gräßlichsten Rolle, in der Sie sich gegen einen ebenso widerwärtigen Gegenspieler oder eine launische Diva behaupten müssen? Warum spielen Sie immer wieder einen Streifen ab, in dem ein geschäftlicher Reinfall oder eine schlechte berufliche Entscheidung im Mittelpunkt steht? Natürlich sind diese zweitklassigen Filme nicht auf Erlebnisse aus der Vergangenheit beschränkt. Sie können sich in diesem Moment auf etwas fixieren, das Sie zu verpassen glauben, und sich hundeelend fühlen. Und Sie können Ihr Augenmerk sogar auf etwas richten, das überhaupt noch nicht geschehen ist, und sich schon im voraus schlecht fühlen. Vielleicht lachen Sie darüber, aber leider ist es genau das, was die meisten Menschen tagtäglich machen.

Könnten Sie auf Anhieb in Ekstase geraten? Das läßt sich genauso leicht bewerkstelligen. Sind Sie in der Lage, sich auf eine Zeit zu konzentrieren oder sich an eine Begebenheit zu erinnern, wo Sie sich in einem totalen, absoluten Sinnestaumel befanden? Wissen Sie noch, welches Körpergefühl Sie damals hatten? Sind Sie imstande, sich diese Situation in so lebhaften Einzelheiten ins Gedächtnis zu rufen, daß Sie sich wieder voll mit diesen Emotionen assoziieren können? Ich wette, daß Ihnen das gelingt. Oder konzentrieren Sie sich auf Dinge, die Sie gegenwärtig in überschwengliche Begeisterung versetzen, die Sie als etwas Großartiges in Ihrem Leben empfinden. Und Sie wären auch in der Lage, sich auf mögliche Ereignisse in der Zukunft zu konzentrieren und sich dabei im voraus gut zu fühlen. Das ist die Kraft, die Ziele zu bieten haben.

Das, worauf wir uns konzentrieren, beeinflußt unsere Vorstellung von der Realität

Die Wahrheit ist, daß nur sehr wenige Dinge absolut sind. In der Regel sind unsere Gefühle und die Bedeutung, die wir einer bestimmten Erfahrung beimessen, von unserer Perspektive abhängig. Elizabeth, die Frau mit dem Multiplen Individualitätssyndrom, hatte ständig Qualen empfunden. Ihr Fluchtweg bestand darin, eine neue Individualität für jedes Erlebnis zu schaffen, das emotional bewältigt werden mußte. Damit konnte sie ihre Sichtweise verändern und das Problem mit den Augen „einer anderen" betrachten. Aber die Qualen erlebte sie auch dann noch, als die Integration stattgefunden hatte. Erst als sie lernte, ihren Gefühlszustand zu kontrollieren, indem sie ihren Blickwinkel veränderte, schaffte sie es, ihr Leben eigenverantwortlich zu steuern.

Der Blickwinkel spiegelt nicht die Wirklichkeit wider, sondern ist nur eine von vielen Möglichkeiten, die Dinge wahrzunehmen. Er hat großen Einfluß und ähnelt den Linsen einer Kamera. Sie zeigen nur das Bild und den Ausschnitt der Wirklichkeit, den Sie in den Brennpunkt gerückt haben. Deshalb kann man die Wirklichkeit auf Fotografien leicht verzerren, da sie nur einen kleinen Teil des Gesamtbildes wiedergeben.

Angenommen, Sie nehmen Ihre Kamera zu einer Party mit, setzen sich in eine Ecke und schießen Fotos von einer Gruppe von Gästen, die sich gerade streiten. Was für einen Eindruck würde man von diesem Fest gewinnen? Die Bilder würden eine unerfreuliche, frustrierende Party zeigen, bei der sich scheinbar jeder gelangweilt oder verbal angegriffen hat. Wir sollten uns darin erinnern, daß die Art, wie wir unserem Gehirn eine Situation präsentieren, unsere Gefühle bestimmt. Was wäre gewesen, wenn Sie Ihre Kamera auf das andere Ende des Raums gerichtet hätten, wo die Leute gelacht, Witze erzählt und sich prächtig amüsiert haben? Dann wäre auf den Bildern die tollste Party zu sehen gewesen, bei der sich alle Anwesenden großartig verstanden haben.

Deshalb wird soviel Wirbel um „nicht autorisierte" Biographien gemacht, denn hier sind nur die persönlichen Eindrücke beschrieben, die ein Mensch vom Leben eines anderen gewonnen hat. Und oft wird diese Sichtweise von Leuten dargeboten, die aufgrund ihrer Neidgefühle ein begründetes Interesse daran haben, Sachverhalte zu verzerren. Die Perspektive ist allein auf den „Sichtwinkel" des Biographen beschränkt, der die Kamera führt. Wir wissen alle, daß Kameras die Realität verzerrt darstellen und daß eine Nahaufnahme die Dinge größer erscheinen läßt, als sie wirklich sind. Und wenn ein Fachmann sie handhabt, kann die Kamera wichtige Teile der Realität verwischen. Ralph Waldo Emerson hat einmal gesagt, daß jeder von uns das in anderen Menschen sieht, was wir in unseren eigenen Herzen tragen.

Bedeutungen hängen oft von der Sichtweise ab

Wenn eine geschäftliche Besprechung auf Ihrem Terminkalender steht und einer der Teilnehmer erscheint nicht rechtzeitig, sind Ihre Gefühle allein von Ihrer Sichtweise abhängig. Stellen Sie sich vor, daß er nur deshalb durch Abwesenheit glänzt, weil ihm die Besprechung gleichgültig ist? Oder ziehen Sie daraus die Schlußfolgerung, er müsse wohl Schwierigkeiten gehabt haben, pünktlich zu erscheinen? Für welche Sichtweise Sie sich auch entscheiden, sie wird Ihre Gefühle beeinflussen. Was ist, wenn der wahre Grund für das Zuspätkommen dieses Mannes darin bestand, daß er noch mit seiner Geschäftsleitung darum kämpfen mußte, Ihnen ein besseres Angebot präsentieren zu können? Denken Sie daran: Unsere Sichtweise bestimmt, was wir empfinden. Vielleicht sollten wir keine voreiligen Schlußfolgerungen ziehen, sondern sehr sorgfältig auswählen, worauf wir uns konzentrieren.

Die Sichtweise entscheidet, ob wir die Realität als gut oder schlecht wahrnehmen, ob wir glücklich oder traurig sind. Ein phantastisches Beispiel dafür sind Rennautos — eine wahre Leidenschaft von mir. Im Vergleich zu dem Gefühl, einen Formel-1-Rennwagen zu steuern, ist das Fliegen von Jethubschraubern ein entspannender Zeitvertreib! In einem Rennwagen kann man sich nicht erlauben, auch nur einen Moment in der Konzentration auf die Strecke nachzulassen. Ihre Aufmerksamkeit darf sich nicht ausschließlich auf den Punkt beschränken, an dem Sie sich gerade befinden, noch sich auf das fixieren, was hinter Ihnen oder noch in weiter Entfernung vor Ihnen liegt. Sie müssen sich voll bewußt sein, wo Sie gerade sind, und gleichzeitig vorausahnen, was in naher Zukunft geschehen könnte.

Das war eine der ersten Lektionen, die man mir beibrachte, als ich im Rahmen eines Rennfahrerlehrgangs ein Schleudertraining absolvierte. Der Lehrer setzte mich in ein spezielles Schulungsfahrzeug mit eingebautem Computer und einer hydraulischen Vorrichtung, die bewirkt, daß sich auf Knopfdruck jedes Rad vom Boden heben kann. Die erste Regel, die wir hier lernten, lautet: *Konzentriere dich auf dein Ziel, nicht auf deine Ängste.*

Wenn man die Kontrolle über das Fahrzeug verliert, neigt man natürlich dazu, einen angstvollen Blick auf die Mauer zu werfen. Aber wenn man sich weiterhin darauf konzentriert, endet man meistens genau dort. Die Fahrer wissen, daß man dorthin fährt, wohin man blickt, und der Richtung folgt, auf die man sich konzentriert. Wenn Sie sich gegen Ihre Angst zur Wehr setzen, Selbstvertrauen haben und sich auf Ihr Ziel konzentrieren, rücken Sie ihm durch Ihr beherztes Verhalten stetig näher. Es ist möglich, die Richtung zu wechseln, wenn Sie es wirklich wollen, aber dazu haben Sie keine Chance, wenn Sie sich auf Ihre Angst konzentrieren. Die meisten Leute sagen: „Und was ist, wenn man ohnehin auf Kollisionskurs steuert?" Die Antwort lautet, daß Sie Ihre Chancen auf jeden Fall verbessern, wenn Sie sich auf das konzentrieren, was Sie erreichen wollen. Es ist immer von Vorteil, das ungeteilte Augenmerk auf die Lösung des Problems zu richten. Wenn die Schubkraft in Richtung Mauer zu groß sein sollte, dann hilft es Ihnen knapp vor dem Aufprall auch nicht mehr, sich auf das Problem zu konzentrieren.

Als der Fahrlehrer mir dies erstmals erklärte, nickte ich mit dem Kopf und dachte: „Natürlich. Weiß ich alles; schließlich bringe ich anderen ja genau das bei." Dann befand ich mich zum erstenmal auf der Straße, mit quietschenden Reifen, und urplötzlich, ohne daß ich es wußte, drückte der Fahrlehrer den Knopf. Der Wagen geriet ins Schleudern, und ich verlor die Kontrolle. Worauf, glauben Sie, fixierte ich meine Augen? Richtig, genau auf die Mauer. In den letzten Sekunden war ich vor Schreck wie erstarrt, denn ich dachte, ich würde frontal gegen die Mauer prallen. Der Lehrer packte meinen Kopf, riß ihn nach links und zwang mich, in die Richtung zu blicken, die ich einschlagen mußte. Wir schlitterten weiter, und ich wußte, ich würde einen Unfall bauen; aber ich hatte keine andere Wahl, als in die gewünschte Richtung zu sehen und das Lenkrad entsprechend einzuschlagen. Im letzten Augenblick konnte ich den Wagen abfangen, und wir schafften es, unseren Weg fortzusetzen. Sie können sich sicher vorstellen, wie erleichtert ich war!

Eines ist in diesem Zusammenhang hilfreich zu wissen: Wenn man den Blickwinkel ändert, steuert man nicht immer unverzüglich einen neuen Kurs. Gilt das nicht auch im Leben? Oft vergeht eine gewisse Zeitspanne zwischen dem Moment, in dem Sie sich auf ein neues Ziel ausrichten, und dem Augenblick, in dem sich Ihr Körper und Ihre Lebenserfahrung darauf eingestellt haben. Um so mehr Gründe gibt es, sich schneller auf das zu konzentrieren, was man erreichen will, und das Problem nicht auf die lange Bank zu schieben.

Habe ich meine Lektion im Schleuderkurs auf Anhieb gelernt? Nein, ich machte zunächst lediglich eine Erfahrung, hatte aber noch keine Neuroassoziation entwickelt, die stark genug war. Ich mußte das neue Verhaltensmuster erst noch konditionieren. Und so war mein Lehrer gezwungen, mich beim nächsten Mal, als ich der Mauer gefährlich nahe kam, lautstark an meine Zielrichtung zu erinnern. Erst beim dritten Mal wandte ich unaufgefordert und bewußt den Kopf. Ich vertraute auf diese Technik, und sie funktionierte. Nachdem ich inzwischen genügend Übung habe, geht mein Kopf nun automatisch in die Zielrichtung, das Steuer dreht sich, und mein Wagen folgt. Ist das eine Gewähr dafür, daß es mir stets gelingen wird, durch Kontrolle meines Blickwinkels Erfolg zu haben? Nein, aber dadurch habe ich viel bessere Chancen, den Aufprall zu vermeiden!

Das trifft auch auf unser Leben zu. Später lernen Sie einige Techniken, mit deren Hilfe Sie sich vergewissern, daß Sie einen positiven Blickwinkel konditionieren. Für den Augenblick sollten Sie sich nur merken, daß Sie Ihre Gedanken unter Kontrolle bringen müssen. Wenn Sie nämlich Ihre Gedanken nicht unter Kontrolle haben, können diese Ihnen üble Streiche spielen. Wenn Sie hingegen wissen, wie man sie lenkt, erweisen sie sich vielleicht als Ihr stärkster Verbündeter.

Die eigene Sichtweise kontrolliert man am besten, wenn man Fragen stellt. Ihr Gehirn hält auf alle Fragen eine Antwort bereit, und Sie werden finden, wonach Sie Ausschau halten. Wenn Sie fragen: „Warum versucht diese Person, mich zu übervorteilen?“, dann konzentrieren Sie sich darauf zu ergründen, wie man Sie ausnutzt und ob dieses Gefühl überhaupt den Tatsachen entspricht. Wenn Sie fragen: „Wie kann ich diese Situation ändern?“, erhalten Sie eine weitaus positivere Antwort. Fragen sind ein ungeheuer wirkungsvolles Instrument, um Ihr Leben neu auszurichten, und deshalb ist das nächste Kapitel ausschließlich diesem Thema gewidmet. Fragen stellen eine der bedeutendsten und zugleich einfachsten Möglichkeiten dar, Ihre Gefühle gegenüber so gut wie allen Dingen —

und somit auch Ihre Zielrichtung im Leben — von einer Minute auf die andere zu ändern. Fragen sind der Schlüssel, um unsere grenzenlose Energie freizusetzen.

Eines der anschaulichsten Beispiele dafür ist die Geschichte eines jungen Mannes, der im US-Bundesstaat Alabama aufwuchs. Vor rund fünfzehn Jahren fing ein brutaler Mitschüler aus der siebten Klasse einen Streit mit ihm an, verpaßte ihm einen Haken auf die Nase und schlug ihn k.o. Als der Junge wieder zu Bewußtsein kam, schwor er, sich zu rächen und seinen Peiniger umzubringen. Er lief nach Hause, schnappte sich die Pistole seiner Mutter und begab sich auf die Suche nach dem Mitschüler. Ein paar Augenblicke lang stand sein Schicksal auf Messers Schneide.

Als er den Jungen im Visier hatte, wäre es ihm ein leichtes gewesen, einfach zu schießen und seinen Schulkameraden ins Jenseits zu befördern. Aber in genau diesem Augenblick stellte er sich die Frage: Was ist, wenn ich jetzt abdrücke? Und ein anderes Bild drängte sich ihm auf, das unvorstellbar schmerzlich war. Im Bruchteil dieser Sekunde, in der das Leben des Jungen an einem Scheideweg angelangt war, malte er sich mit eiskalter Klarheit aus, wie es ihm im Gefängnis ergehen würde. Er sah vor sich, wie er die ganze Nacht wachbleiben müßte, um zu verhindern, daß seine Mitgefangenen ihn vergewaltigten. Diese möglichen Qualen fielen stärker ins Gewicht als die Aussicht auf Rache. Er visierte ein anderes Ziel an und schoß auf einen Baum.

Der Junge war der Leichtathlet Bo Jackson, und er beschreibt diese Szene in seiner Biographie. Es kann keinen Zweifel daran geben, daß der Schmerz, den er an diesem Wendepunkt seines Lebens empfand, eine größere Triebkraft darstellte als die Genugtuung, die ihm der Tod seines Widersachers verschafft hätte. Eine einzige Änderung der Sichtweise, eine Entscheidung über die Vor- und Nachteile, reichte vermutlich aus, um den Unterschied zwischen einem Jungen, der keine Zukunft hatte, und einem der erfolgreichsten Hochleistungssportler unserer Zeit zu bewirken.

Es zählt nicht nur, worauf man sich konzentriert, sondern auch wie ...

Die Erfahrungen, die wir in dieser Welt machen, entstehen dadurch, daß wir mit Hilfe unserer fünf Sinne Informationen sammeln. Jeder Mensch entwickelt dabei jedoch eine bevorzugte Konzentrationstechnik — oder Modalität, wie es im Fachjargon heißt. Manche werden in stärkerem Maß von den Dingen beeindruckt, die sie sehen; ihr visuelles System ist in der Regel wesentlich ausgeprägter. Für andere sind Töne und Klänge ein auslösender Reiz, der ihnen die herrlichsten Erlebnisse beschert, während für manche die Gefühle die Grundlage bilden.

Selbst innerhalb dieser Erfahrungsmodalitäten gibt es bestimmte Elemente von Bildern, Geräuschen oder anderen Empfindungen, die geändert werden können, um die Intensität unserer Erfahrung zu verstärken oder abzuschwächen. Diese fundamentalen Bausteine bezeichnet man als *Submodalitäten.* Sie können sich beispielsweise in Gedanken etwas ausmalen und dann einen beliebigen Aspekt dieses Bildes (eine Submodalität) austauschen, um Ihre Gefühle zu verändern. Sie können das Bild heller gestalten, so daß sich die Intensität Ihrer Erfahrung sofort verändert: Der größte Fachmann für Submodalitäten ist vermutlich Richard Bandler, der Mitbegründer der Neurolinguistischen Programmierung. Die Reihe der Experten auf diesem Gebiet läßt sich freilich bis zu Aristoteles zurückverfolgen, der Grundlagenforschung über die fünf Sinne getrieben und Wahrnehmungsmodelle nach Kategorien geordnet hat.

Sie können die Intensität Ihrer Gefühle drastisch erhöhen oder verringern, wenn Sie die Submodalitäten verändern. Denn diese beeinflussen buchstäblich sämtliche Emotionen, gleich ob es sich um Freude, Frustration, Staunen oder Verzweiflung handelt. Wenn man diesen Mechanismus versteht, kann man nicht nur seine Empfindungen gegenüber jeder Lebenserfahrung, sondern auch die Bedeutung ändern, die man ihr beimißt — und somit auch die Handlungsalternativen, die einem für die Problemlösung zur Verfügung stehen.

Submodalitäten könnte man mit dem Strichcode auf Verpackungen vergleichen, jenem Bündel schwarzer Balken, die in fast jedem Supermarkt, den Sie mit Ihrem Besuch beehren, heutzutage die Preisschildchen ersetzt haben. Sie wirken völlig unscheinbar, aber wenn sie an der Kasse über den Scanner geführt werden, sagen sie dem Rechner, um welchen Artikel es sich handelt, was er kostet, wie sich der Verkauf auf den Lagerbestand auswirkt ... Submodalitäten haben eine ähnliche Wirkung. Denn wenn sie über den Scanner des Computers in unserem Kopf geführt werden, informieren sie unser Gehirn, um welche Situation es sich handelt, was wir empfinden und wie wir reagieren sollten. Jeder Mensch hat seine eigenen Strichcodes; sie werden gemeinsam mit den Fragen aufgelistet, die darüber bestimmen, welche von ihnen wir benutzen.

Wenn Sie sich beispielsweise auf die visuellen Modalitäten konzentrieren, ist das Ausmaß an Freude, das Sie angesichts einer bestimmten Erinnerung empfinden, ein direktes Ergebnis der Submodalitäten Größe, Farbe, Helligkeit, Distanz und Ausmaß der Bewegung in dem visuellen Bild, das Sie sich gemacht haben. Wenn Sie dieses Bild dagegen mit der auditiven Submodalität fassen, hängen Ihre Gefühle von Lautstärke, Tempo, Tonhöhe, Klangcharakter und ähnlichen Faktoren ab, die Sie damit verbinden. Manche Leute müssen, um sich zu motivieren, zuerst auf ein bestimmtes inneres Programm umschalten. Wenn dieses Programm visueller Natur ist, dann verstärkt die Konzentration auf die visuellen Elemente einer Situation bei solchen Menschen die emotionale Intensität, die sie dabei verspüren. Bei anderen Menschen sind die auditiven oder kinästhetischen (auf Muskelempfindungen bezogene) Rezeptorkanäle vorrangig. Und bei manchen ähnelt die beste Strategie dem Kombinationsschloß bei einem Safe: Zuerst muß der visuelle Reiz einrasten, dann der auditive und zum Schluß der kinästhetische. Alle drei Wählscheiben müssen sich in der richtigen Reihenfolge am richtigen Platz befinden, damit sich der Tresor öffnet.

Sobald Sie sich diesen Sachverhalt bewußt gemacht haben, werden Sie merken, daß jeder Mensch ständig Worte in der Umgangssprache benutzt, die erkennen lassen, auf welches System und welche Submodalitäten er gerade umschaltet. Hören Sie einmal aufmerksam zu, wenn jemand eine Erfahrung beschreibt, und nehmen Sie das Gesagte wörtlich. (Ich habe beispielsweise in den letzten Sätzen des öfteren die Begriffe „umschalten" und „hören" verwendet, eindeutig auditive Beispiele.)

Wie oft haben Sie schon gehört, daß jemand gesagt hat: „Ich kann mir nicht vorstellen, daß mir das gelingt." Diese Worte deuten auf das eigentliche Problem hin: Denn wenn derjenige es sich ausmalen könnte, würde er sich in einen Zustand versetzen, in dem er das Gefühl hat, es bewerkstelligen zu können. Vielleicht hat jemand zu Ihnen gesagt: „Du bauschst die Sache viel zu sehr auf." Wenn Sie wirklich wütend sind, hat er damit vielleicht sogar recht. Denn in Ihrer Vorstellung nimmt das Problem eine überdimensionale Größe an — was in der Regel dazu führt, die Erfahrung zu intensivieren. Wenn jemand sagt: „Das ist für mich eine große Belastung", können Sie ihm helfen, die Situation leichter zu nehmen und sich in einen Zustand zu versetzen, in dem er besser damit umzugehen vermag. Und wenn jemand sagt: „Ich blende euch einfach aus", dann sollten Sie dafür sorgen, daß man Sie wieder einblendet, wenn Sie dem Betreffenden helfen wollen, seinen Zustand zu ändern.

Die Fähigkeit, unsere Gefühle zu verändern, hängt von unserer Fähigkeit ab, unsere Submodalitäten zu verändern. Wir müssen lernen, die verschiedenen Elemente, mit deren Hilfe wir dem Gehirn unsere Erfahrungen präsentieren, so zu steuern, daß sie uns bei der Verwirklichung unserer Ziele unterstützen. Haben Sie beispielsweise schon einmal gesagt, Sie müßten „Abstand" von einem Problem gewinnen? Versuchen Sie doch einmal, sich eine Situation vorzustellen, die Sie im Augenblick als Herausforderung empfinden. Malen Sie sich diese Situation aus, und dann schieben Sie dieses Bild vor Ihrem inneren Auge immer weiter in den Hintergrund. Sie sollten über einem Problem stehen und aus einer neuen Perspektive darauf herabschauen. Bei den meisten Menschen nimmt die emotionale Intensität in diesem Augenblick ab. Was ist, wenn das Bild mehr und mehr verblaßt, kleiner wird? Nehmen Sie nun dieses gleiche Bild und holen Sie es näher heran, so daß es größer und klarer wird. Für die meisten Menschen geht damit eine Intensivierung der Gefühle einher. Schieben Sie es jetzt wieder in den Hintergrund und beobachten Sie, wie

Häufig vorkommende Begriffe aus dem Bereich der

Visuellen Submodalitäten:

Endlich ein Lichtblick!
Das rückt die Angelegenheit in ein besseres Licht (in ein neues Licht).
Dieser Aufgabe kommt die oberste Priorität zu.
Der Mann hat keine lupenreine Vergangenheit.
Sehen wir uns doch mal das Gesamtbild an.
Die Papiere auf meinem Schreibtisch schauen mich schon seit Tagen an.

Auditorischen Submodalitäten:

Ich muß mir dauernd sein Gemecker anhören!
Das Problem schreit geradezu nach einer Lösung.
Ich höre dich laut und deutlich.
Wir haben die Sache mit Ach und Krach abblasen können.
Der Kerl ist wirklich taktlos.
Das klingt großartig.

Kinästhetische Submodalitäten

Der Kerl ist aalglatt.
Wir stehen unter Hochdruck/der Druck ist vorüber.
Die Sache liegt mir schwer im Magen.
Ich habe das Gefühl, als trüge ich eine zentnerschwere Last auf meinen Schultern.
Ich habe mich in das Projekt vergraben.
Die Sache ist echt heiß.

es in der Sonne zusammenschmilzt. Eine einfache Veränderung in einem dieser Elemente hat die gleiche Wirkung, als würden Sie die Zutaten in einem Kochrezept austauschen. Dadurch ändert sich eindeutig, was Sie letztlich rein physisch wahrnehmen. Obwohl ich in meinem Buch *Grenzenlose Energie* bereits eingehend über Submodalitäten gesprochen habe, schneide ich das Thema hier noch einmal an, um sicherzugehen, daß Sie dieses Schlüsselelement verstanden haben. Es ist für die Arbeit, die im vorliegenden Buch noch vor uns liegt, von entscheidender Bedeutung.

Denken Sie daran: Ihre Gefühle lassen sich auf Anhieb durch eine Veränderung Ihrer Submodalitäten beeinflussen. Denken Sie beispielsweise an eine Situation, die sich gestern ereignet hat. Stellen Sie sich diese Situation einen Augenblick lang plastisch vor. Nehmen Sie das Bild dieser

Erinnerung und lassen Sie es weit hinter sich zurück. Schieben Sie es von sich weg, bis es meilenweit entfernt ist, ein winziger, vager Fleck am fernen dunklen Horizont. Haben Sie nun das Gefühl, die Situation sei gestern eingetreten, oder vor langer Zeit? Wenn die Erinnerung schön war, holen Sie sie zurück; sonst lassen Sie sie, wo sie jetzt ist! Wer muß sich schon auf schlimme Erinnerungen konzentrieren? Sicher hatten Sie im Gegensatz dazu auch wundervolle Erlebnisse. Denken Sie jetzt an eines, das schon vor langer Zeit geschehen ist. Holen Sie dieses Ereignis in den Vordergrund und halten Sie es sich direkt vor Augen. Verleihen Sie dem Bild, das vor Ihrem inneren Auge entstanden ist, Größe, Schärfe und Farbe; machen Sie es dreidimensional. Schlüpfen Sie noch einmal in Ihren Körper, wie er zu diesem Zeitpunkt war, und rufen Sie die gleichen Empfindungen wach, die Sie damals hatten. Haben Sie jetzt das Gefühl, daß sich diese Situation vor langer Zeit zugetragen hat, oder genießen Sie sie in diesem Augenblick? Sie sehen, selbst Ihre Zeiterfahrung läßt sich mit den Submodalitäten ändern.

Entwickeln Sie Ihre eigene Blaupause

Die eigenen Submodalitäten zu entdecken ist ein Prozeß, der Spaß macht. Sie können versuchen, ihnen alleine auf die Spur zu kommen, Sie können es aber auch gemeinsam mit anderen tun. Dadurch verschaffen Sie sich ein genaueres Bild. Und wenn auch diese Leute obendrein noch dieses Buch lesen, dann haben Sie sich nicht nur viel zu erzählen, sondern Sie haben auch Menschen gefunden, die Sie in dem Bestreben unterstützen, Ihr Leben eigenständig zu meistern. Denken Sie nun spontan an ein höchst erfreuliches Ereignis in Ihrem Leben zurück. Ordnen Sie die Freude, die Sie dabei empfinden, einer Skala von 0 bis 100 zu. 0 steht dabei für kein bißchen Freude, und 100 für ein Höchstmaß an Freude. Angenommen, Sie haben auf dieser Skala der emotionalen Intensität eine 80 erreicht. Nun überprüfen Sie anhand der folgenden Checkliste möglicher Submodalitäten, welche Elemente dazu dienen könnten, mehr Freude in Ihr Leben zu bringen, mehr positive als negative Gefühle auszulösen.

Vergleichen Sie jede Frage in der Checkliste mit Ihrem Erlebnis. Fragen Sie sich zum Beispiel, während Sie sich an diese Situation erinnern und sich auf die visuellen Submodalitäten konzentrieren: „Handelt es sich um einen Film oder eine Standaufnahme?“ Wenn es ein Film ist, der vor Ihrem inneren Auge abläuft, registrieren Sie das Gefühl, das er in Ihnen auslöst. Ist es ein gutes Gefühl? Nun verkehren Sie die Situation ins Gegenteil, in eine Standaufnahme. Läßt Ihre Freude nach? Merklich? Um wieviel Prozent? Ist sie zum Beispiel von 80 auf 50 Prozent gesun-

Checkliste möglicher Submodalitäten

Visuelle Submodalitäten

1.	Film/ Standaufnahme	Ist es ein Film oder eine Standaufnahme?
2.	Farbe/ Schwarzweiß	Ist es in Farbe oder Schwarzweiß gehalten?
3.	Rechts/Links/ Mitte	Befindet sich das Bild rechts, links oder in der Mitte?
4.	Oben/Mitte/ Unten	Befindet sich das Bild oben, in der Mitte oder unten?
5.	Hell/Gedämpft/ Dunkel	Ist das Bild hell, gedämpft, dunkel?
6.	Lebensgröße/ Größer/Kleiner	Hat das Bild Lebensgröße, ist es größer oder kleiner?
7.	Nähe	In welcher Entfernung zu Ihnen befindet sich das Bild?
8.	Schnell/Gemäßigtes Tempo/Langsam	Bewegt sich das Bild schnell, in gemäßigtem Tempo oder langsam?
9.	Bestimmter Blickwinkel?	Befindet sich ständig ein bestimmtes Element im Brennpunkt?
10.	Ihr Standort	Sind Sie Teil des Bildes, oder beobachten Sie die Szene aus einiger Entfernung?
11.	Rahmen/Panorama	Hat das Bild einen Rahmen, oder handelt es sich um eine Panoramaaufnahme.
12.	3-D/2-D	Ist das Bild drei- oder zweidimensional?
13.	Besondere Farbe	Gibt es eine Farbe, die Sie am meisten beeindruckt?
14.	Standpunkt	Betrachten Sie das Bild von oben, von unten, von der Seite, usw.?
15.	Bestimmte Auslöser	Gibt es noch andere Reize, die starke Gefühle bei Ihnen auslösen?

Auditive Submodalitäten

1.	Selbst/Andere	Sagen Sie etwas zu sich selbst, oder hören Sie etwas von anderen?
2.	Inhalt	Was genau sagen oder hören Sie?
3.	Die Art, wie es gesagt wird	Wie sagen oder hören Sie es?
4.	Lautstärke	Wie laut ist das Gesagte?
5.	Klangcharakter	Wie ist der Klangcharakter beschaffen?
6.	Tempo	Wie schnell wird es gesagt?
7.	Quelle	Woher stammen die Laute/Geräusche?

8.	Harmonie/ Kakophonie	Sind die Laute harmonisch, oder gibt es Dissonanzen?
9.	Regelmäßig/ Unregelmäßig	Sind die Laute regelmäßig oder unregelmäßig zu hören?
10.	Modulation	Ist die Stimme moduliert?
11.	Bestimmte Worte	Werden bestimmte Worte betont?
12.	Zeitdauer	Wie lange sind die Laute zu vernehmen?
13.	Einzigartigkeit	Was ist an diesen Lauten so einzigartig?
14.	Bestimmte Auslöser	Gibt es noch andere Reize, die starke Gefühle in Ihnen auslösen?

Kinästhetische Submodalitäten

1.	Temperatur-veränderung	Hat eine Temperaturveränderung stattgefunden? Heiß oder kalt?
2.	Veränderung der Oberflächenstruktur	Hat eine Veränderung der Oberflächenstruktur stattgefunden? Rauh oder weich?
3.	Starr/Flexibel	Ist sie starr oder flexibel?
4.	Vibration	Sind Vibrationen zu spüren?
5.	Druck	Hat der Druck zu- oder abgenommen?
6.	Druckquelle	Wo befand sich der Ausgangspunkt des Drucks?
7.	Anspannung/ Entspannung	Hat die Anspannung oder die Entspannung zugenommen?
8.	Bewegung/ Richtung/ Geschwindigkeit	War eine Bewegung zu verzeichnen? Wenn ja, in welche Richtung und mit welcher Geschwindigkeit?
9.	Atmung	Welche Atemtechnik? Wo begann/endete sie?
10.	Gewicht	Schwer oder leicht?
11.	Stetig/Intervalle	Sind die Gefühle anhaltend, oder werden sie in Abständen ausgelöst?
12.	Größe/Form-veränderung	Hat sich die Größe oder Form verändert?
13.	Richtung	Sind die Gefühle in den Körper ein- oder ausgeströmt?
14.	Bestimmte Auslöser	Gibt es noch andere Reize, die starke Gefühle in Ihnen auslösen?

ken? Notieren Sie die Auswirkungen dieser Veränderung, so daß Sie sich diese Erkenntnis künftig zunutze machen können.

Kehren Sie zur urprünglichen Form des Bildes zurück. Spulen Sie also wieder den Film ab, falls er an erster Stelle stand, so daß Sie wieder bei 80 angelangt sind. Dann gehen Sie zur nächsten Frage der Checkliste über. Handelt es sich um einen Farb- oder um einen Schwarzweiß-Film, den Sie vor Augen haben? Registrieren Sie Ihre Gefühle, wenn er in Schwarzweiß gehalten ist. Nun verkehren Sie die Situation wieder ins Gegenteil und fügen Farbe hinzu. Erreicht Ihre emotionale Intensität nun mehr als 80 Punkte? Notieren Sie, welche gefühlsmäßigen Auswirkungen Sie feststellen können. Wenn Sie dadurch auf 95 Punkte kommen, sollten Sie sich künftig daran erinnern. Wenn Sie beispielsweise an eine Arbeit denken, der Sie gerne aus dem Weg gehen, und dem Bild Farbe zufügen, werden Sie feststellen, daß Ihre positiven Gefühle sofort an Intensität gewinnen. Nun stellen Sie sich das Bild wieder in Schwarzweiß vor; Sie werden einen enormen Unterschied in Ihrer emotionalen Intensität bemerken. Beenden Sie diesen Durchlauf stets mit der Rückkehr zum urprünglichen Zustand, bevor Sie zur nächsten Frage übergehen. Geben Sie dem Bild wieder Farbe, machen Sie es heller als vorher, bis sie von leuchtenden Farben überflutet sind.

Die Helligkeit ist für die meisten Menschen eine wichtige Submodalität, da sie die Gefühle intensiviert. Wenn Sie nun über das positive Erlebnis nachdenken und das Bild immer stärker aufhellen, fühlen Sie sich vermutlich besser, stimmt's? Natürlich gibt es Ausnahmen. Wenn Sie die Erinnerung an eine romantische Situation zurückrufen und plötzlich sämtliche Scheinwerfer darauf richten, ist das vielleicht nicht ganz angemessen. Was wäre, wenn Sie das Bild dimmen, abdunkeln, aus dem Brennpunkt rücken? Auf die meisten Menschen wirkt es dann beinahe deprimierend. Deshalb stellen Sie es sich wieder heller vor, in leuchtenden Farben.

Fahren Sie in der Liste fort, indem Sie feststellen, welche dieser visuellen Submodalitäten die emotionale Intensität am stärksten beeinflussen. Dann konzentrieren Sie sich auf die *auditiven* Submodalitäten. Während Sie die Situation noch einmal mental erleben, sollten Sie sich fragen, was Sie dabei empfinden. Ändert sich das positive Gefühl, wenn Sie die Lautstärke erhöhen? Oder das Tempo steigern? Um wieviel? Machen Sie sich dazu Notizen und verändern Sie so viele Elemente, wie Ihnen einfallen. Wenn Sie jemandes Stimme zu hören meinen, experimentieren Sie mit verschiedenen Modulationen und Akzenten, und registrieren Sie, wie sich diese Veränderungen auf Ihr Wohlbefinden auswirken. Was passiert, wenn Sie die Stimmqualität von sanft und seidenweich auf rauh und belegt verlagern? Denken Sie daran, am Ende wieder auf die ursprüngliche auditive Version umzuschalten, so daß wieder alle Elemente vorhanden sind, die Ihnen Freude machen.

Und als letztes konzentrieren Sie sich auf die *kinästethischen* Submodalitäten. Wie wirkt sich die Veränderung der verschiedenen kinästhetischen Elemente in der Erfahrung, an die Sie sich erinnern, auf Ihr positives Gefühl aus? Fühlen Sie sich beispielsweise wohler, wenn die Temperatur steigt, oder könnten Sie dabei die Wände hochgehen? Konzentrieren Sie sich auf die Atmung. Welche Atemtechnik benutzen Sie? Welche

Auswirkung hat der Wechsel von einer schnellen, flachen Atmung zu einer langsamen, tiefen? Achten Sie auf den Unterschied, und notieren Sie Ihre Beobachtungen. Wie steht's mit der Oberflächenstruktur des Bildes? Spielen Sie damit und ziehen Sie alle Register: von sanft und flaumig über naß und schleimig bis hin zu klebrig und zäh.

Welche körperlichen Empfindungen werden bei diesen Veränderungen ausgelöst? Schreiben Sie Ihre Beobachtungen auf. Wenn Sie Ihre Experimente mit allen Submodalitäten auf der Checkliste beendet haben, beginnen Sie noch einmal von vorne und nehmen Sie so lange Anpassungen vor, bis Sie Ihr Lieblingsbild wieder vor Augen haben. Sorgen Sie dafür, daß es so real wirkt, als könnten Sie es mit Ihren Händen greifen und den Saft herausquetschen!

Im Lauf dieser Übungen werden Sie bald feststellen, daß einige dieser Submodalitäten größere Wirkung auf Sie ausüben als andere. Wir sind alle aus einem anderen Stoff gemacht und haben unsere eigene Art, unsere Erfahrungen vor uns selbst zu präsentieren. Sie haben lediglich eine Blaupause entwickelt, in der die Funktionsweise Ihres Gehirns mit kartographischer Genauigkeit aufgezeichnet ist. Sie sollten dieses Dokument aufheben und benutzen; vielleicht kommt es Ihnen eines Tages — oder schon heute — zustatten. Wenn Sie die Submodalitäten kennen, die für Sie einen auslösenden Reiz darstellen, sind Sie in der Lage, Ihre positiven Gefühle zu verstärken und Ihre negativen abzubauen.

Beispielsweise können Sie durch eine Vergrößerung, Aufhellung und Nahaufnahme des Bildes Ihre Emotionen ungeheuer intensivieren und sich selber zu etwas motivieren, indem Sie das Bild entsprechend diesen Kriterien verändern. Sie wissen auch, daß Sie Ihre Probleme nicht groß, hell und in Nahaufnahme sehen dürfen, denn sonst verstärken Sie auch Ihre negativen Emotionen! Auf diese Weise können Sie sich wachrütteln und von einem einengenden, lähmenden Zustand in einen aktivierenden überwechseln. Und Sie sind besser gerüstet, den Weg zur Entwicklung Ihrer persönlichen Stärke fortzusetzen.

Die Rolle zu kennen, die Submodalitäten für unsere Wahrnehmung der Realität spielen, ist auch für die Bewältigung von Herausforderungen von entscheidender Bedeutung. Ob Sie sich beispielsweise verwirrt fühlen oder meinen, sich auf dem richtigen Weg zu befinden, hängt ebenfalls von den Submodalitäten ab. Wenn Sie sich an eine Zeit erinnern, in der Sie keinen klaren Gedanken fassen konnten, sollten Sie überlegen, ob Sie diese Erfahrung Ihrem Gehirn als ein Bild oder einen Film präsentiert haben. Dann vergleichen Sie dieses Erlebnis mit einer Situation, in der Sie glaubten, etwas fest im Griff zu haben. Oft fühlt man sich verwirrt, weil sich eine Reihe von Bildern im Kopf überlagern und zu einem chaotischen Durcheinander anhäufen, nachdem jemand zu schnell oder zu laut geredet hat. Andere reagieren konfus, wenn man ihnen Dinge mit quälender Langsamkeit beibringen will. Für sie ist es besser, wenn sie die

Bilder wie einen Film ablaufen sehen und den Zusammenhang erkennen können; sonst empfinden sie diesen Prozeß als Anhäufung unzusammenhängender Einzelteile. Können Sie nun verstehen, wie sich mit Hilfe von Submodalitäten der Lerneffekt verbessern läßt?

Das Problem ist, daß die meisten von uns ihre einengenden Erfahrungsmuster in riesige, helle, nahe, laute oder schwergewichtige Bilder verwandeln — je nachdem, auf welche Submodalität sie umschalten — und sich der Situation dann hoffnungslos ausgeliefert fühlen. Wenn es Ihnen gelungen sein sollte, sich aus diesem Zustand zu befreien, dann lag es vermutlich daran, daß jemand anders dieses Bild und Ihren Blickwinkel zurechtgerückt hat. Und schließlich haben Sie gesagt: „Oh, das ist ja wirklich keine so große Sache." Oder Sie haben einen Aspekt des Problems in Angriff genommen und dabei festgestellt, daß die Aufgabe gar nicht so schwierig ist, wie sie anfangs schien. Viele dieser einfachen Strategien habe ich in *Grenzenlose Energie* beschrieben. In diesem Kapitel möchte ich Ihre Neugierde anregen und sie Ihnen bewußt machen.

Ändern Sie Ihre Verfassung, und Sie ändern Ihr Leben

Sie sind jetzt imstande, Ihren emotionalen Zustand mit Hilfe verschiedener, einfacher Möglichkeiten zu beeinflussen. Sie können Ihre Physiologie auf Anhieb ändern, indem Sie zu einer anderen Atemtechnik greifen. Sie sind in der Lage, Ihren Blickwinkel zu korrigieren, indem Sie entscheiden, worauf, in welcher Reihenfolge und wie Sie sich konzentrieren wollen. Sie können Ihre Submodalitäten ändern. Wenn Sie sich früher ständig damit beschäftigt haben, was schlimmstenfalls geschehen könnte, gibt es nun keinen Entschuldigung mehr für Ihre Schwarzseherei. Beginnen Sie gleich damit, Ihre ungeteilte Aufmerksamkeit auf den bestmöglichen Ausgang einer jeden Situation zu richten.

Es ist von entscheidender Bedeutung, über eine solche Bandbreite von Möglichkeiten zu verfügen, mit denen sich das eigene Leben steuern läßt, daß dieses Unterfangen zur Kunst wird. Die meisten Menschen stehen vor dem Problem, daß sie nur wenige Optionen haben, um ihren emotionalen Zustand zu verändern: Sie essen zuviel, trinken zuviel Alkohol, schlafen zu lange, verfallen in einen Kaufrausch, rauchen, nehmen Medikamente oder Drogen. Keine dieser Alternativen gibt Kraft, und alle können verheerende und tragische Folgen haben. Das größte Problem ist, daß viele dieser Konsequenzen eine kumulative Wirkung haben, so daß wir uns der Gefahr erst dann bewußt werden, wenn es zu spät ist. Genau das passierte Elvis Presley, und so ergeht es leider Tag für Tag auch vielen anderen Leuten. Stellen Sie sich einen unglückseligen Frosch vor, der im Kessel über einem offenen Feuer langsam zu Tode siedet. Wäre er in einen Topf mit kochendem Wasser geworfen worden, hätte ihn der Hitzeschock veranlaßt, sofort wieder herauszuspringen. Aber da sich die Temperatur langsam erhöht, bemerkt er die Gefahr erst dann, wenn es bereits zu spät ist, ihr zu entrinnen.

Ihr Boot treibt unentrinnbar auf die Stromschnellen der Niagara-Fälle zu, wenn Sie Ihre emotionalen Zustände nicht bewußt steuern, denn dann sind Sie auch nicht imstande, Ihr Verhalten in den Griff zu bekommen. Wenn Sie sich nicht dazu aufraffen können, eine unerfreuliche, aber unumgängliche Aufgabe in Angriff zu nehmen, dann befinden Sie sich nicht im richtigen Gefühlszustand. Das ist allerdings keine Entschuldigung, sondern vielmehr eine Aufforderung! Eine Aufforderung, alles zu tun, um Ihren Zustand zu korrigieren, gleichgültig, ob es sich dabei um eine Änderung Ihrer Physiologie oder Ihres Blickwinkels handelt. Ich hatte mich vor einiger Zeit unter Druck gesetzt, dieses Buch zu schreiben; kein Wunder, daß mir dieses Unterfangen unmöglich erschien! Aber dann mußte ich einen Weg finden, um in einen anderen Zustand hinüberzuwechseln. Es gelang mir, denn sonst könnten Sie diese Zeilen jetzt nicht lesen. Ich mußte kreativ denken, freudige Erregung bei dem Gedanken verspüren. Wenn Sie vorhaben, eine Diät zu machen, dann ist das Scheitern geradezu vorprogrammiert, wenn Sie sich schon am ersten Tag ängstlich, besorgt oder frustriert fühlen. *Sie müssen sich in einen Zustand unbeirrbarer Entschlossenheit versetzen, damit Ihr Vorhaben gelingt.* Wenn Sie Ihre beruflichen Leistungen verbessern möchten, dann sollten Sie sich bewußt machen, daß Intelligenz oft von der emotionalen Verfassung abhängt: Menschen mit scheinbar begrenzten Fähigkeiten wachsen bisweilen über sich selbst hinaus, wenn sie sich in einem anderen Gefühlszustand befinden. Ich habe diesen Punkt häufig bei meiner Arbeit mit Legasthenikern demonstriert. Legasthenie ist zwar eine Funktion unserer visuellen Fähigkeiten, aber auch unserer mentalen und emotionalen Verfassung. Legastheniker verdrehen nicht jedesmal, wenn sie etwas lesen, Buchstaben oder Worte. Die Leseschwäche tritt zwar sehr häufig, aber nicht immer auf, und das läßt sich allein auf den jeweiligen Gemütszustand zurückführen. Wenn man diesen Zustand ändert, verändert man auf Anhieb die Leistung. Jeder, der unter einer Lese- und Rechtschreibschwäche oder anderen Problemen leidet, die mit der emotionalen Verfassung zu tun haben, kann diese Strategien hilfreich anwenden.

Auch Bewegung kann unsere Gefühle und damit unseren Zustand schlagartig verändern. Vor einigen Jahren habe ich in Kanada etwas gelernt, das mein Leben nachhaltig beeinflussen sollte. Hier traf ich einen Mann, der Holz mit einem Karateschlag spaltete. Statt eineinhalb bis zwei Jahre darauf zu verwenden, diese Technik zu erlernen, und ohne die geringsten Kenntnisse über Budo-Sportarten fand ich heraus, worauf und wie sich dieser Mann konzentrierte (die Helligkeit und so weiter), und welche Überzeugungen und physischen Strategien er entwickelt hatte — wie er also seinen Körper einsetzte —, um die Holzscheite zu zertrümmern.

Ich ahmte die Bewegungen immer wieder mit großer emotionaler Intensität nach und schickte meinem Gehirn die Botschaft der tiefempfundenen Gewißheit, daß ich sie meistern würde. Die ganze Zeit über korrigierte mein Lehrer meinen Stil. Puh! Ich zerschlug ein Stück Holz, dann zwei, dann drei und zuletzt vier. Wie war mir das gelungen?

- Ich stellte hohe Ansprüche an mich selbst und machte das Durchschlagen der Holzscheite zu einem absoluten Muß — was ich vorher als eine Fähigkeit betrachtet hatte, die ich nicht beherrschte.
- Ich veränderte diese einengende Überzeugung, indem ich mich in den emotionalen Zustand innerer Gewißheit versetzte.
- Ich entwickelte eine wirksame Strategie, um mein Ziel zu erreichen.

Dieser Schritt verwandelte das Kraft- und Sicherheitsgefühl meines ganzen Körpers. Ich benutzte die „Schlagkraft" der Gewißheit, um andere Aufgaben zu bewältigen, obwohl ich nie geglaubt hatte, dazu fähig zu sein. Damit durchbrach ich problemlos die Schranken meiner Hemmungen und Ängste. Im Verlauf der Jahre nutzte und verstärkte ich diese Empfindungen immer wieder. Schon nach kurzer Zeit war ich in der Lage, diese Technik anderen beizubringen, selbst Kindern oder elf- und zwölfjährigen Mädchen. Ich zeigte ihnen, wie sie ihr Selbstvertrauen durch eine Erfahrung stärken, die sie nie für möglich gehalten hatten. Schließlich wurde sie zum festen Bestandteil meiner auf Videokassetten erhältlichen Unlimited Power-Kurse, die von unseren Franchise-Nehmern — Beratern für Persönlichkeitsentwicklung — in aller Welt durchgeführt werden. Die Teilnehmer lernen in weniger als dreißig Minuten, ihre Ängste zu überwinden und alle Barrieren in ihrem Leben zu durchbrechen. Nachdem sie die Holzscheite mit der bloßen Hand zertrümmert haben, verfügen sie über die notwendige Selbstsicherheit, um alle Ziele in ihrem Leben anzugehen. Es ist faszinierend zu beobachten, wie große, muskelbepackte Männer, die glauben, dieses Kunststück mit roher Gewalt fertigzubringen, scheitern, während eine zarte kleine Frau im Bruchteil von Sekunden das Holz durchschlägt. Sie hat ein Gefühl der inneren Sicherheit entwickelt und fest in ihrer Physiologie verankert.

„Erfahrung ist nicht, was einem Menschen widerfährt,
sondern vielmehr, was er daraus macht."

Aldous Huxley

Sie müssen Ihre Gedanken bewußt und vorsätzlich steuern; andernfalls sind sie den Geschehnissen und äußeren Umständen auf Gedeih und Verderb ausgeliefert. Als erstes sollten Sie in der Lage sein, ihren emotionalen Zustand schlagartig zu verändern, ungeachtet der Situation oder der Angst und Frustration, die Sie empfinden. Das ist eine der grundlegenden Fähigkeiten, die jeder Teilnehmer an meinen Seminare zu entwikkeln lernt. Die Ängstlichen, die „wissen“, daß sie etwas nicht können, lernen, daß auch sie imstande sind, wirksame Maßnahmen einzuleiten und ihr Ziel zu erreichen. Erfahrungen wie diese zu sammeln verleiht Ihnen ungeheure Kraft im Leben, die man meistens erst dann richtig zu schätzen weiß, wenn man es selbst ausprobiert hat.

Als zweites sollten Sie imstande sein, Ihren emotionalen Zustand in jeder Situation zu verändern – auch in einem Umfeld, das Ihnen bisher Unbehagen bereitet hat. Sie können Ihre Verfassung so lange verändern und konditionieren, bis Sie sich wohlfühlen, wo immer Sie sich befinden. Und drittens müssen Sie es sich natürlich zur Gewohnheit machen, Ihre Physiologie zielgerichtet einzusetzen, so daß sich das Wohlgefühl kontinuierlich und ohne bewußte Anstrengung einstellt. Meine Erfolgsformel lautet: *Lebe dein Leben auf eine Weise, die viel Freude und sehr wenig Schmerz verursacht.* Aufgrund dieser Philosophie werden auch die Menschen in Ihrer unmittelbaren Umgebung mehr positive als negative Gefühle erleben. Ein Mensch, der viel erreicht hat, aber ständig emotionale Qualen erleidet oder sich mit Leuten umgibt, die sich in ihrer eigenen Haut nicht wohlfühlen, ist nicht wirklich erfolgreich. Das vierte Ziel besteht darin, andere zu lehren, ihren Zustand ein für allemal in Sekundenschnelle und in gleich welcher Situation zu verändern. Genau das ist es, was meine Lizenznehmer in Seminaren und Einzelsitzungen tun.

Fassen wir die wichtigsten Punkte dieses Kapitels noch einmal zusammen. *Alles, was Sie im Leben wirklich anstreben, ist eine Veränderung Ihrer Gefühle.* Emotionen sind nichts anderes, als biochemische Stürme im Gehirn, die Sie in jedem Augenblick Ihres Lebens im Griff haben. Sie können jetzt, in diesem Moment, ein Gefühl höchster Ekstasc erleben, oder unter Qualen und Depressionen leiden – die Entscheidung liegt ganz allein bei Ihnen. Sie brauchen dazu keine Drogen oder andere Aufputschmittel, denn es gibt weitaus wirksamere Möglichkeiten. Drogen werden nämlich von den chemischen Substanzen noch übertroffen, die Sie in Ihrem eigenen Körper produzieren, indem Sie Ihren Blickwinkel oder die Art verändern, in der Sie sich Ihrer Physiologie bedienen. Solche Mittel haben einen weit größeren Effekt als jeder andere, dem Körper von außen zugeführte Wirkstoff.

Wissen Sie, was Sie tun müssen, um sich gut zu fühlen?

Während einer Geschäftsreise nach Toronto war ich körperlich gestreßt, weil ich starke Rückenschmerzen hatte. Als die Maschine zum Landeanflug ansetzte, überlegte ich, was ich nach meiner Ankunft im Hotel noch zu tun hatte. Es war bereits 21.30 Uhr, und ich mußte am nächsten Morgen früh aufstehen, um mein Seminar zu halten. Vielleicht würde es mir gelingen, noch etwas Eßbares aufzutreiben — schließlich hatte ich den ganzen Tag keinen Bissen zu mir genommen —, aber es war schon reichlich spät. Ich konnte meinen Papierkram erledigen und die Nachrichten im Fernsehen anschauen. Ich merkte, daß alle diese Aktivitäten in Wirklichkeit nur Strategien darstellten, um den Schmerzen zu entrinnen und ein gewisses Maß an Wohlbefinden zu erzeugen. Aber keine der Alternativen erschien mir sonderlich reizvoll. Ich mußte die Liste mit den Optionen erweitern, die positive Gefühle auslösen, ungeachtet von Zeit und Ort.

Wissen Sie, was Sie tun müssen, um sich gut zu fühlen? Die Frage klingt zunächst ziemlich einfältig, oder? Aber ernsthaft — haben Sie wirklich bestimmte Methoden entwickelt, um sich zu jedem x-beliebigen Zeitpunkt in gute Laune zu versetzen? Erreichen Sie dieses Ziel, ohne sich aufs Essen zu stürzen, ohne Alkohol, Zigaretten und andere Mittel, die süchtig machen? Ich bin sicher, Sie verfügen über einige, aber Sie sollten diese Liste erweitern. Lassen Sie uns einige positive Alternativen ermitteln, die in Ihnen ein Gefühl des Wohlbefindens erzeugen. *Setzen Sie sich gleich hin und notieren Sie alle Aktionen, die Sie derzeit einzuleiten pflegen, um Ihre emotionale Verfassung zu verändern.* Warum fügen Sie nicht einige neue Möglichkeiten hinzu, die Sie noch nicht ausprobiert haben, die aber mit Sicherheit Ihre Laune verbessern würden?

Suchen Sie so lange weiter, bis sie mindestens fünfzehn, und im Idealfall fünfundzwanzig, neue Möglichkeiten entdeckt haben. Diese Übung können Sie später immer wiederholen und die Liste ergänzen, bis sie auf hundert Strategien gekommen sind.

Als ich meine eigene Liste schrieb, entdeckte ich, daß Musikhören für mich eine der wirkungsvollsten Möglichkeiten darstellt, meinen Gefühlszustand blitzschnell zu verändern. Lesen war eine weitere Option, weil ich mich auf etwas anderes konzentrieren mußte und es mir gleichzeitig ungeheuren Spaß macht, meinen Horizont zu erweitern. Das gilt vor allem, wenn es sich um lehrreiche Themen und Informationen handelt, die ich auf Anhieb in meinem Leben anwenden kann. Körperliche Bewegung trägt ebenfalls dazu bei, mich aus einem lähmenden Gefühlszustand zu reißen und meinen Einfallsreichtum anzukurbeln: Ich steige Treppen auf meinem Stair Master™-Gerät, während die Musik in voller Lautstärke

Liste der Möglichkeiten, um von schmerzlichen Gefühlen zu angenehmen Gefühlen zu gelangen und sich dabei auf Anhieb gut zu fühlen

1. ______
2. ______
3. ______
4. ______
5. ______
6. ______
7. ______
8. ______
9. ______
10. ______
11. ______
12. ______
13. ______
14. ______
15. ______
16. ______
17. ______
18. ______
19. ______
20. ______
21. ______
22. ______
23. ______
24. ______
25. ______

dröhnt, springe auf meinem Trampolin auf und ab, renne fünf Meilen bergauf oder schwimme einige Bahnen.

Hier sind einige weitere Alternativen, die bei mir den gleichen Zweck erfüllen: Tanzen; lautes Mitsingen, wenn ich meine liebsten CDs spiele; einen komischen Film im Kino ansehen; in ein Konzert gehen; informative Audiokassetten anhören. Oder mich in den Whirlpool legen, ein heißes Bad nehmen, mit meiner Frau schlafen oder auch ein Familienessen, bei dem wir uns alle um den Tisch versammeln und über das reden, was uns am wichtigsten ist. Meine Kinder oder Becky in den Arm nehmen und küssen. Oder mit Becky einen Film wie *Ghost* anschauen, bei dem wir tränenüberströmt in unseren Sitzen kleben. Eine neue Idee entwickeln, eine Firma gründen, ein Konzept erarbeiten. Ein Projekt, das mich derzeit beschäftigt, ausfeilen oder verbessern. Etwas Schöpferisches leisten. Meinen Freunden Witze erzählen. Seminare abhalten, vor allem mit unheimlich vielen Leuten (eine meiner bevorzugten Submodalitäten). Meine Erinnerungen aufpolieren und mir lebhaft ein wundervolles Ereignis ins Gedächtnis zurückzurufen, das ich vor kurzer oder längerer Zeit in meinem Erfolgsjournal verzeichnet hatte.

Wenn Sie Ihre Freuden nicht planen, werden Sie Schmerz empfinden

Es ist absolut unerläßlich, eine umfassende Liste mit den Möglichkeiten zu erstellen, positive Gefühle hervorzurufen. Auf diese Weise bleibt es Ihnen erspart, nach anderen, destruktiven Methoden greifen zu müssen. Wenn Sie zunehmend mehr Nachteile mit Ihren zerstörerischen Gewohnheiten und Freude mit den neuen, produktiven Optionen assoziieren, werden Sie feststellen, daß Ihnen letztere wirklich die meiste Zeit zur Verfügung stehen. Setzen Sie diese Liste in die Realität um; *entwickeln Sie einen Plan, um jeden Tag Freude zu empfinden.* Geben Sie sich nicht mit der vagen Hoffnung zufrieden, daß sich dieses Wohlgefühl irgendwann schon von selbst einstellen wird; zielen Sie darauf ab, einen wahren Sinnestaumel zu erleben. Schaffen Sie Raum für diese Ekstase.

Sie müssen Ihr Nervensystem, Ihren Körper und Ihren mentalen Blickwinkel entsprechend konditionieren, so daß Sie ständig nach Möglichkeiten Ausschau halten, dem Leben die besten Seiten abzugewinnen. Vergessen Sie nicht: Wenn Sie sich weiterhin einer begrenzten Skala von Gefühlsmustern bedienen, liegt es daran, daß Sie Ihren Körper rein gewohnheitsmäßig nur begrenzt einsetzen oder sich ständig auf bestimmte, unproduktive Dinge konzentrieren. Ihre Sichtweise muß sich ändern, und das gelingt Ihnen auf Anhieb mit einem unglaublich wirksamen Instrument: Sie müssen sich nur die richtigen Fragen stellen …

8

Fragen sind die Antwort

„Wer Fragen stellt, kommt um die Antwort nicht herum."

Sprichwort aus Kamerun

Sie brauchten keinen Grund. Sie kamen einfach, weil er jüdischer Abstammung war. Die Nazischergen stürmten in sein Haus und führten ihn und seine ganze Familie ab. Sie wurden wie Vieh in den Güterwaggons der Züge zusammengepfercht und in das berüchtigte Todeslager Auschwitz gebracht. Er hätte sich selbst in seinen schlimmsten Träumen nicht ausmalen können, daß seine Familie eines Tages vor seinen Augen erschossen werden sollte. Wie gelang es ihm, das Entsetzen zu verkraften, als er die Kleidung seines Kindes an einem anderen sah, weil sein Sohn nun tot war, nach dem Gang unter die „Brause"?

Irgendwie schaffte er es, weiterzumachen. Doch eines Tages sah er sich den Alptraum ringsum an und stellte sich der Wahrheit, vor der es kein Entrinnen gab: Wenn er noch einen Tag länger im Lager blieb, würde er sterben. Er beschloß, sofort die Flucht zu wagen. Er wußte nicht wie, aber es war ihm klar, daß er es um jeden Preis versuchen mußte. Wochenlang hatte er seine Mitgefangenen gefragt: „Wie können wir die Flucht aus dieser Hölle bewerkstelligen?" Und immer wieder hatte er die gleiche Antwort erhalten: „Sei kein Narr. Es ist aussichtslos. Mit solchen Fragen quälst du dich nur unnötig. Arbeite nach besten Kräften und bete, daß du überlebst." Aber er konnte und wollte diese Antwort nicht akzeptieren. Der Gedanke an eine Flucht ließ ihn nicht mehr los, und auch wenn seine Antworten keinen Sinn machten, fragte er sich immer wieder: „Wie könnte ich es anstellen? Es muß einen Weg geben. Wie kann ich hier noch heute unverletzt und lebend herauskommen?"

Es heißt, wer fragt, der wird auch eine Antwort erhalten. Und aus irgendeinem Grund fand er an diesem Tag die Lösung. Vielleicht lag es an der Dringlichkeit, mit der er seine Frage stellte, oder an der Gewißheit, daß „nun der richtige Zeitpunkt" für die Flucht gekommen war. Möglicherweise wirkte sich auch die Intensität aus, die er auf diese brennende Frage gerichtet hatte. Aus welchem Grund auch immer — die ungeheuren geistigen Kräfte und Lebensgeister dieses Mannes erwachten. Die

Antwort fand er an einer unvermuteten Stelle: im übelerregenden Gestank von verwesendem menschlichen Fleisch. Nur wenige Schritte von seinem Arbeitsplatz entfernt nahm er plötzlich den riesigen Berg von Leichen wahr, den man achtlos auf die Ladefläche eines Lastwagens gehäuft hatte — Männer, Frauen und Kinder, die vergast worden waren. Man hatte ihnen die Goldfüllungen aus den Zähnen herausgebrochen, den Schmuck, die Kleider und alles weggenommen, was sie einst besaßen. Statt endlos darüber nachzugrübeln: „Wie können die Nazis so verroht, so gewalttätig sein? Wie konnte Gott etwas so abgrundtief Böses schaffen? Warum hat Gott mir das angetan?", stellte sich Stanislaw Lec eine ganz andere Frage, nämlich: *„Wie kann ich diesen Umstand für meine Flucht nutzen?"* Und auf Anhieb fand er die Antwort.

Als der Abend nahte und die Arbeitskolonne in ihre Baracken zurückmarschierte, kauerte sich Lec hinter den Lastwagen. In Sekundenschnelle hatte er sich die Sträflingskleidung vom Leib gerissen; nackt und unbemerkt kroch er unter den Berg von Leibern. Er stellte sich tot und lag völlig bewegungslos, obwohl er später fast zu ersticken drohte, als man immer mehr Leichen über ihm auftürmte.

Er war von durchdringendem Verwesungsgeruch und von den starren Überresten der Toten umhüllt. Er wartete und wartete und hoffte, daß niemand den lebenden Körper unter dem Leichenberg entdecken möge, und daß der Lastwagen das Lager bald verließ.

Endlich hörte er, wie der Motor angelassen wurde. Er spürte, wie der Lastwagen vibrierte und Fahrt aufnahm. In diesem Augenblick, als er zwischen den Toten lag, keimte Hoffnung in ihm auf. Schließlich hielt der Wagen und kippte seine gespenstische Last in einem riesigen, offenen Grab außerhalb des Lagers ab — Leichen über Leichen, und einen Mann, der sich totstellte. Lec lag dort stundenlang, ohne sich zu bewegen, bis die Dunkelheit hereinbrach. Als er sicher war, daß sich niemand mehr auf dem Gelände befand, rannte er nackt rund siebzig Kilometer weit, der Freiheit entgegen.

Worin bestand nun der Unterschied zwischen Stanislaw Lec und den zahllosen anderen, die im Konzentrationslager starben? Es gab natürlich viele Faktoren, die sein Überleben ermöglichten, aber von entscheidender Bedeutung war, *daß er eine andersgeartete Frage stellte.* Er fragte hartnäckig, in der Erwartung, eine Antwort zu erhalten, und sein Gehirn fand eine Lösung, die ihm das Leben rettete. Die Frage, die er sich an jenem Tag in Auschwitz stellte, veranlaßte ihn, im Bruchteil von Sekunden eine Entscheidung zu treffen, und diese führte wiederum zu Maßnahmen, die sein Schicksal entscheidend beeinflussen sollten. Aber bevor er der Lösung auf die Spur kam, einen Beschluß faßte und handelte, mußte er sich die richtigen Fragen stellen.

In diesem Buch haben Sie bereits gelernt, wie sich unsere Überzeugungen auf unsere Entscheidungen, unsere Handlungsweisen, auf die Richtung, die unser Leben nimmt und somit letztlich auf unser Schicksal auswirken. Doch alle diese Einflußfaktoren sind ein Produkt unserer Denkweise — der Art, wie unser Gehirn einen Sachverhalt beurteilt und ihm eine Bedeutung beigemessen, ihn interpretiert hat. Um zu ergründen, wie wir Tag für Tag unsere Realität schaffen, müssen wir uns also die Frage stellen: *„Wie* denken *wir?"*

Unsere Fragen beeinflussen unsere Gedanken

Eines Tages dachte ich über die wichtigen Ereignisse in meinem und im Leben der Menschen nach, denen ich auf diesem Weg begegnet war. Ich kannte viele, die Glück und Pech, Erfolg und Fehlschläge hatten; deshalb wollte ich wissen, wie diejenigen, die es zu etwas gebracht hatten, ihre Ziele erreichten, während andere mit vergleichbarem oder besseren Voraussetzungen „die Klippen der Niagara-Fälle" hinabgestürzt waren. Ich fragte mich: „Was ist wirklich ausschlaggebend in meinem Leben? Was hat mich zu der Person gemacht, die ich derzeit bin, und die ich dereinst sein werde? Was hat den Kurs beeinflußt, den ich nun ansteuere?" Die Antwort, die ich fand, kennen Sie bereits: *„Nicht die äußeren Umstände sind es, die mein Leben, meine Gefühle und Verhaltensweisen entscheidend beeinflussen; wichtig ist vielmehr die Art, wie ich meine Lebenserfahrungen interpretiere und bewerte.* Die Bedeutung, die ich einem Ereignis beimesse, beeinflußt die Entscheidungen, die ich treffe, die Aktionen, die ich einleite und somit letztlich auch mein Schicksal." Und dann versuchte ich zu ergründen: „Wie nehme ich diese Beurteilung oder Bewertung vor? Was genau ist damit gemeint?"

Ich dachte: „Nun, in diesem Augenblick bin ich bereits damit beschäftigt, etwas zu bewerten. Ich versuche mir ein Urteil darüber zu bilden, wie man den Begriff ‚Bewertung' beschreibt. Womit beschäftige ich mich also gerade?" Und dann erkannte ich, daß ich mir soeben eine ganze Reihe von Fragen gestellt hatte, nämlich folgende:

- Wie nehme ich eine Bewertung vor?
- Was genau ist eine Bewertung?
- Eben jetzt bewerte ich etwas, nicht wahr?
- Womit beschäftige ich mich also gerade?

Dann dachte ich: *„Ist es möglich, daß Bewertungen nichts anderes sind als Fragen?"* Und ich begann zu lachen und dachte: „Na so was; ist das nicht eine gute Frage?"

Mir wurde klar, daß Denken nichts anderes ist, als der Prozeß von Frage und Antwort. Wenn Sie jetzt sagen: „Das stimmt!" oder: „Das kann doch nicht wahr sein!", dann haben Sie sich zuvor — bewußt oder unbewußt — die Frage gestellt: „Kann das stimmen?" Und selbst wenn Sie zu der Meinung gelangt sind: „Darüber muß ich erst einmal nachdenken", sagen Sie in Wirklichkeit: „Ich muß mir dazu einige Fragen stellen und einen Augenblick überlegen." Während Sie darüber nachsinnen, beginnen Sie, die Behauptungen zu analysieren. Wir müssen erkennen, daß wir uns tagaus, tagein vornehmlich damit beschäftigen, Fragen zu stellen und zu beantworten. Wenn wir also unsere Lebensqualität verbessern wollen, sollten wir die Fragen ändern, die wir gewohnheitsmäßig stellen. Diese Fragen sind richtungsweisend für das, worauf wir uns konzentrieren, und folglich auch für unsere Denkweise und für unsere Gefühle.

Die Meister im Fragenstellen sind natürlich die Kinder. Mit wieviel Abermillionen Fragen bombardieren sie uns, während sie heranwachsen? Was ist Ihrer Meinung nach wohl die Ursache? Haben sie es nur darauf abgesehen, uns den letzten Nerv zu rauben? Wohl kaum. Kinder versuchen ständig zu beurteilen, welche Bedeutung einer Situation zukommt und was sie tun sollen. Sie produzieren Neuroassoziationen, mit der sie die Weichen für ihre Zukunft stellen. Sie sind wahre Lernmaschinen, und der Reiz, etwas dazuzulernen, eigenständig zu denken und neue mentale Verbindungen zu schaffen, wird durch Fragen ausgelöst — Fragen, die sie sich selbst und anderen stellen.

Auch dieses Buch und mein ganzes Lebenswerk sind das Ergebnis der Fragen, die ich gestellt habe. Ich wollte wissen, was jeden von uns dazu veranlaßt, auf bestimmte Weise zu handeln, und wie man Veränderungen schneller und problemloser als früher herbeiführen kann. Fragen stellen die wichtigste Technik dar, um buchstäblich alles zu lernen. Die Sokratische Methode (eine Lehrmethode, die auf den griechischen Philosophen Sokrates zurückgeht) basiert darauf, daß der Lehrer ausschließlich Fragen stellt, den Blickwinkel der Schüler in eine bestimmte Richtung lenkt und sie damit befähigt, eigene Antworten selbst zu finden.

Als ich feststellte, in welch unglaublichem Maß Fragen unsere Gedanken und buchstäblich alle Reaktionen auf unsere Erfahrungen beeinflussen, begab ich mich auf die „Suche nach wirksamen Fragen". Mir wurde bewußt, wie oft die Menschen in unserem Kulturkreis Fragen stellen. Gesellschaftsspiele, die auf Fragen und Antworten basieren (zum Beispiel „Trivial Pursuit"), sind Renner. Das Buch *The Book of Questions*, das nichts anderes als Fragen enthält, die den Leser anregen, über sein Leben nachzudenken, wurde ein Bestseller. Und auch in der Fernseh- und Zeitschriftenwerbung werden laufend Fragen gestellt: „Was steht einer Legende am besten zu Gesicht?", „Wie buchstabiert man Erleichterung?", „Ist das noch eine Suppe?", und Spike Lee fragt Michael Jordan in einem TV-Werbespot für die Air Jordan-Basketballschuhe von Nike: „Liegt es an den Schuhen?"

Ich wollte nicht nur wissen, welche Fragen in unserer Gesellschaft gestellt werden, sondern auch, was sie im Leben der Menschen bewirken. Deshalb stellte ich den Teilnehmern an meinen Seminaren Fragen, aber auch Leuten, die ich im Flugzeug, bei Tagungen oder irgendwo sonst traf, von Konzernchefs in der Führungsetage eines Hochhauses bis hin zu den Obdachlosen auf der Straße. Ich wollte herausfinden, welche Fragen ihre täglichen Lebenserfahrungen prägten. Ich gelangte zu der Schlußfolgerung, daß der Hauptunterschied zwischen den — auf allen Gebieten! — erfolgreichen und den erfolglosen Menschen darin bestand, daß *erfolgreiche Menschen bessere Fragen stellten und infolgedessen bessere Antworten erhielten.* Diese Antworten befähigten sie, in allen Situationen die richtigen Entscheidungen zu treffen und die gewünschten Ergebnisse zu erzielen.

Hochkarätige Fragen schaffen eine hochkarätige Lebensqualität. Sie müssen diesen Satz in Ihr Gedächtnis einbrennen, weil er mindestens genauso wichtig ist wie alle anderen Lektionen in diesem Buch. Unternehmen florieren, wenn die Entscheidungsträger, in deren Hand der geschäftliche Erfolg oder Mißerfolg liegt, die richtigen Fragen über Marktstrategien oder Produktlinien stellen. Beziehungen gedeihen, wenn die Partner die richtigen Fragen über das Konfliktpotential und die Möglichkeiten stellen, sich gegenseitig zu unterstützen statt zu zerfleischen. Politiker gewinnen Wahlen, wenn ihre ausdrücklich oder stillschweigend angesprochenen Fragen zu Antworten führen, die ihnen selbst nutzen und ihren Wählern zugute kommen.

Als die Automobilindustrie noch in den Kinderschuhen steckte und Hunderte von Firmen an Prototypen bastelten, fragte sich Henry Ford: „Wie kann ich Autos in großen Mengen produzieren?“ Millionen von Menschen standen unter der Knute des Kommunismus, aber Lech Walesa fragte: „Wie kann ich den Lebensstandard aller werktätigen Männer und Frauen verbessern?“ *Fragen setzen eine Kettenreaktion in Gang, deren Wirkung unsere Vorstellungskraft übersteigt.* Wer die menschlichen Grenzen in Frage stellt, reißt Mauern im Leben nieder — in der Wirtschaft, in den zwischenmenschlichen Beziehungen, zwischen einzelnen Nationen. Ich glaube, daß jedem menschlichen Fortschritt neue Fragen vorausgehen.

Die Macht der Fragen

„Manche Menschen sehen die Dinge, wie sie sind, und fragen: ‚Warum?‘. Ich träume von Dingen, die es noch nie gegeben hat, und frage: ‚Warum nicht?‘“

George Bernard Shaw

Wenn wir Menschen mit außerordentlichen Fähigkeiten begegnen oder jemandem, der die Herausforderungen des Lebens mit fast übermenschlichem Geschick zu meistern scheint, denken viele: „Hat der's gut! Er ist ein Glückspilz. Das muß angeboren sein.“ Aber mit Glück hat das in

Wirklichkeit wenig zu tun. Das menschliche Gehirn vermag schneller Antworten zu produzieren als der leistungsfähigste Computer der Welt. Das gilt selbst angesichts der heutigen Fortschritte in der Mikrotechnologie und angesichts des Baus von Rechnern, die Daten in Gigasekunden (Milliardenbruchteilen einer Sekunde) verarbeiten können. Um die Speicherkapazität eines einzigen menschlichen Gehirns in Form von Computerzentren unterzubringen, wären zwei Wolkenkratzer von der Größe des New Yorker World Trade Center erforderlich. Und doch ist dieser drei Pfund schwere Klumpen grauer Materie imstande, uns auf Anhieb mehr Triebkraft für Problemlösungen und starke emotionale Empfindungen zu verleihen als jedes Wunderwerk aus dem riesigen technologischen Arsenal, das der Mensch geschaffen hat.

Ähnlich wie bei einem Computer ist die Verarbeitungskapazität des Gehirns ohne das Wissen, wie man die gespeicherten Daten auffindet und verwendet, bedeutungslos. Sie kennen sicher jemanden (und vielleicht trifft das sogar auf Sie selbst zu), der sich einen neuen Computer zugelegt und ihn nie benutzt hat, weil er einfach nicht wußte, wie man damit umgeht. Wenn Sie sich Zugang zu wichtigen Informationen im Computer verschaffen wollen, müssen Sie wissen, wie man Daten abruft, indem man nämlich mit Hilfe der richtigen Befehle danach fragt. Entsprechend kommen Sie auch an Ihre persönliche Datenbank im Gehirn nur heran, wenn Sie imstande sind, sich der Macht konstruktiver Fragen zu bedienen.

„Eine brillante Antwort erhält stets derjenige,
der eine noch brillantere Frage stellt."

E. E. Cummings

Menschen unterscheiden sich nicht zuletzt durch die Fragen, die sie für gewöhnlich stellen. Manche Leute sind dauernd deprimiert. Warum? Wie im letzten Kapitel beschrieben, ist die Ursache teilweise in ihrem einengenden Gefühlszustand zu suchen. Sie führen ein Leben mit eingeschränkten Bewegungen und gehemmter Physiologie; vor allem aber befassen sie sich mit Problemen, die ihnen das Gefühl geben, überlastet und überfordert zu sein. Ihre Konzentrations- und Bewertungsmuster begrenzen ihre emotionalen Lebenserfahrungen. Können solche Menschen ihre Gefühle von einem Augenblick auf den anderen ändern? Mit absoluter Sicherheit! Sie müssen lediglich ihren mentalen Blickwinkel korrigieren.

Wie ändert man den Blickwinkel am schnellsten? Indem man einfach neue, konstruktive Fragen stellt. Manche Menschen befinden sich höchstwahrscheinlich deshalb andauernd in einem Gefühlstief, weil sie sich sagen: „Was soll das überhaupt? Selbst wenn ich mir die größte Mühe gebe, scheint alles schiefzulaufen. Lieber Gott, warum passiert das ausgerechnet mir?" Doch denken Sie daran: Wenn man schreckliche Fragen stellt, erhält man auch schreckliche Antworten. *Ihr mentaler Computer steht Ihnen immer zu Diensten, und welche Frage Sie auch eingeben mögen, er wird zweifelsohne mit einer Antwort aufwarten.* Wenn Sie also fragen: „Warum mißlingt mir nur alles?", wird er Ihnen unweigerlich eine Antwort liefern — selbst wenn sie auf reiner Erfindung beruht! Vielleicht lautet sie: „Weil du dumm bist" oder: „Weil du nicht verdienst, Erfolg zu haben."

Welche Beispiele gibt es für brillante Fragen? Wie wär's mit meinem Freund W. Mitchell? Wenn Sie *Grenzenlose Energie* gelesen haben, kennen Sie seine Geschichte bereits. Wie ist es ihm wohl gelungen, zu überleben und sein Leben zu genießen, obwohl zwei Drittel seines Körpers verbrannt sind? Und wie schaffte er es, einige Jahre später ein Flugzeugunglück zu überstehen, im Anschluß gelähmt und an den Rollstuhl gefesselt zu sein — und nach wie vor Spaß daran zu haben, anderen Menschen zu helfen? Er lernte, seinen Blickwinkel zu steuern, indem er die richtigen Fragen stellte.

Als er im Krankenhaus aufwachte, war sein Körper bis zur Unkenntlichkeit verstümmelt. Er sah sich auf seiner Station von Patienten umgeben, die in Selbstmitleid schwelgten und sich fragten: „Warum ich? Wie konnte Gott mir das antun? Warum spielt mir das Leben so übel mit? Wozu tauge ich noch als Krüppel?" Mitchell zog hingegen vor, sich zu fragen: *„Wie mache ich das Beste daraus? Wie könnte ich aufgrund meiner schlimmen Erfahrung anderen helfen?"* Diese unterschiedlichen Überlegungen hatten zur Folge, daß der weitere Lebensweg dieser Menschen unterschiedlich verlief. Fragen wie: „Warum ausgerechnet ich?" zeitigen selten ein positives Ergebnis. „Wie mache ich das Beste aus dieser Situation?" ist dagegen eine konstruktive Frage. Sie bringt uns auf den Weg, unsere Probleme in eine treibende Kraft zu verwandeln, die uns drängt, an uns selbst zu arbeiten und die Welt zu einem Ort zu machen, an dem es sich besser leben läßt. Mitchell erkannte, daß sich sein Leben nicht ändern konnte, wenn er in Selbstmitleid versinken, seine Wut ausleben oder in Frustration schwelgen würde. Statt seinen Blick auf das zu fixieren, was er nicht mehr hatte oder konnte, sagte er sich: „Was bleibt mir noch? Wer bin ich wirklich? Ist mein Körper das einzige, was zählt, oder gibt es da noch etwas anderes? Wozu bin ich jetzt noch in der Lage, oder noch besser befähigt als vorher?"

Als er nach dem Flugzeugunglück, von der Hüfte abwärts gelähmt, in der Klinik lag, lernte er eine unglaublich attraktive Frau kennen, eine Krankenschwester namens Annie. Trotz seines völlig verbrannten Gesichts und der Lähmung besaß er den Mut, sich zu fragen: „Wie schaffe ich es, sie näher kennenzulernen?" Seine Freunde sagten: „Du bist verrückt. Du machst dir selbst etwas vor." Doch eineinhalb Jahre später begann seine Beziehung zu Annie, und heute ist sie seine Frau. Wenn man kraftvolle Fragen stellt, verfügt man über eine unersetzliche Ressource: Antworten und Problemlösungen.

Fragen sind für alle Dinge im Leben entscheidend, angefangen von Ihren Fähigkeiten bis hin zu Ihren Beziehungen und Ihrem Einkommen. Viele Leute scheuen beispielsweise vor einer Beziehung zurück, weil sie sich Fragen stellen, die Zweifel begünstigen: „Sollte ich nicht noch warten? Vielleicht gibt es jemanden, der besser zu mir paßt? Was ist, wenn ich mich jetzt festlege und meine Chance verpasse, den richtigen Partner zu finden?" Solche Fragen sind schrecklich lähmend! Sie nähren die Angst, daß die Weiden auf der anderen Seite des Zaunes saftiger sein könnten, und hindern Sie daran, das im Leben Erreichte zu genießen. Manchmal zerstören solche Menschen die Beziehungen, die sie dann schließlich doch eingehen, mit noch schlimmeren Fragen, zum Beispiel: „Warum bist du immer so gemein zu mir? Warum bringst du mir keinen Funken Achtung entgegen? Was wäre, wenn ich dich auf der Stelle verließe — wie würdest du dich dann fühlen?" Vergleichen Sie diese Fragen einmal mit folgenden: „Wie habe ich nur das Glück verdient, daß es Dich in meinem Leben gibt? Was gefällt mir an meinem Mann/meiner Frau am besten? Um wieviel reicher wird unser Leben infolge dieser Beziehung?"

Denken Sie an die Fragen, die Sie sich für gewöhnlich hinsichtlich Ihrer Finanzlage stellen. Wenn jemand ständig Geldsorgen hat, liegt das meistens daran, daß er ziemlich große Angst verspürt — Angst, die ihn davon abhält, zu investieren oder seine Finanzen zunächst einmal richtig in den Griff zu bekommen. Er fragt sich beispielsweise: „Was möchte ich mir jetzt als nächstes leisten?" statt: „Wie muß der Plan aussehen, den ich brauche, um meine finanziellen Ziele zu erreichen?" Die Fragen, die Sie sich stellen, entscheiden über die Ziele, auf die Sie sich konzentrieren, über Ihre Denkweise, Ihre Gefühle und Ihre Aktionen. Wenn wir eine finanzielle Zwangslage überwinden wollen, müssen wir höhere Ansprüche an uns selbst stellen, unsere Vorstellungen über das korrigieren, was im Leben möglich ist, und eine bessere Strategie entwickeln. Als ich mir einige der besten Finanzstrategen unserer Zeit zum Vorbild nahm und ihr Verhalten genauer untersuchte, habe ich festgestellt, daß sie ständig andere Fragen als die breite Masse stellen — Fragen, die oft im völligen Widerspruch zu den weithin akzeptierten „Weisheiten" auf diesem Gebiet stehen.

Es läßt sich nicht leugnen, daß sich der Immobilienspekulant Donald Trump zur Zeit riesigen finanziellen Problemen gegenübersieht. Aber er gehörte nahezu ein Jahrzehnt lang eindeutig zu den Tycoons der amerikanischen Wirtschaft. Worauf war sein sagenhafter Erfolg zurückzuführen? Viele Faktoren trugen dazu bei, doch die meisten seiner Zeitgenossen würden in einem Punkt übereinstimmen: Trump stellte in den siebziger Jahren, als New York City vor dem Bankrott stand und die meisten Baulöwen darüber nachgrübelten, wie sie ihr Überleben sichern könnten, wenn die Metropole finanziell den Bach hinunterging, einmalige Fragen, etwa: „Wie werde ich reich in einer Zeit, in der alle anderen vor Angst wie versteinert sind?" Diese Fragen hatten maßgeblichen Einfluß auf seine unternehmerischen Entscheidungen und brachten ihm klar die Vormachtstellung in seiner Branche ein.

Aber damit gab sich Trump nicht zufrieden. Er stellte sich eine weitere brillante Frage, und jeder, der eine finanzielle Investition plant, sollte es ihm gleichtun, bevor er sein Vorhaben in die Tat umsetzt. Sobald er zu der Überzeugung gelangt war, daß ein Projekt enorme Gewinne abzuwerfen versprach, fragte er sich: „Wie sieht die Kehrseite aus? Was könnte schlimmstenfalls passieren, und wie gehe ich dann mit dieser Situation um?" Wenn er sich sicher war, daß er im Ernstfall eine Lösung finden konnte, brachte er das Geschäft unter Dach und Fach, denn er wußte, der Erfolg würde sich von alleine einstellen. Wie war es aber angesichts so kluger Fragen überhaupt möglich, daß sein Imperium zusammenbrach?

Trump hatte sich auf Transaktionen eingelassen, die niemand anders in dieser wirtschaftlich angespannten Lage in Betracht gezogen hätte. Er hatte das alte Commodore-Gebäude erworben und es in das Grand Hyatt-Hotel verwandelt (sein erster großer unternehmerischer Erfolg). Als der ökonomische Umschwung eintrat, konnte er saftige Gewinne einstreichen. Und doch sah er sich am Ende mit großen finanziellen Schwierigkeiten konfrontiert. Warum? Viele behaupten, er habe seine Investitionsziele geändert. Er begann sich Fragen zu stellen wie: „Welche weiteren Besitztümer würden mir noch Spaß machen?" statt: „Welches Geschäft ist das gewinnträchtigste?" Und schlimmer noch: Manche behaupten, Trump habe geglaubt, unbesiegbar zu sein; infolgedessen hörte er auf, Fragen nach der „Kehrseite" zu stellen. Diese einzige Veränderung in seinen Beurteilungsmethoden — in den Fragen, die er sich selbst stellte — hat ihn möglicherweise einen beachtlichen Teil seines Vermögens gekostet. *Nicht nur die Fragen, die wir stellen, sondern auch die Fragen, die wir zu stellen unterlassen, beeinflussen unser Schicksal.*

Eines habe ich gelernt, als ich die Grundprinzipien und Strategien der führenden Köpfe unserer Zeit unter die Lupe nahm: *Wer über das bessere Urteilsvermögen verfügt, verfügt über eine bessere Lebensqualität.* Jeder von uns ist befähigt, das Leben auf einer Ebene zu bewerten, die außergewöhnliche Ergebnisse hervorbringt. Woran denken Sie, wenn Sie das Wort „Genie" hören? Mir schießt dabei blitzartig das Bild von Albert Einstein durch den Kopf. Aber wie gelang es Einstein, der ein miserabler Schüler war, sich einen Platz unter den wahrhaft großen Denkern zu sichern? Zweifellos lag es daran, daß er sich darauf verstand, brillant formulierte Fragen zu stellen.

Als Einstein zuerst über die Beziehung zwischen Raum und Zeit nachsann, fragte er sich: „Wäre es möglich, daß Dinge, die simultan abzulaufen scheinen, gar nicht gleichzeitig geschehen?“ Wenn man sich beispielsweise einige Kilometer von einem Flugzeug entfernt befindet, das die Schallmauer durchbricht, hört man den Knall dann genau in dem Augenblick? Einstein vermutete, daß ein Ereignis nicht in dem Moment stattfindet, in dem wir es erleben, sondern kurz vorher. Im Alltag, argumentierte er, ist die Zeit relativ, je nachdem, womit unsere Gedanken gerade befaßt sind.

Einstein sagte einmal: „Wenn ein Mann eine Stunde mit einem hübschen Mädchen zusammensitzt, kommt ihm die Zeit wie eine Minute vor. Sitzt er dagegen auf einem heißen Ofen, scheint ihm schon eine Minute länger zu dauern als jede Stunde. Das ist Relativität.“ Er beschäftigte sich intensiver mit dem Gebiet der Physik und gelangte zu der Überzeugung, daß die Lichtgeschwindigkeit eine konstante Größe ist. Er fragte sich: „Was wäre, wenn man Licht an Bord einer Rakete transportierte? Würde sich die Lichtgeschwindigkeit dann erhöhen?“ Indem er diese und andere faszinierende Fragen beantwortete, entwickelte Einstein seine berühmte Relativitätstheorie.

Einsteins tiefgreifende Erkenntnisse resultierten aus einer Reihe von Fragen. Waren sie einfach? Ja. Waren sie kraftvoll? Absolut. *Welche Kräfte könnten Sie denn freisetzen, wenn Sie ebenso einfache, aber kraftvolle Fragen stellten?* Fragen gleichen einem Sesam-öffne-Dich. Sie veranlassen den dienstbaren Geist, der in unseren Gedanken wohnt, unsere Wünsche zu erfüllen. Sie wecken die ungeheuren Kräfte, die in uns schlummern. Sie gestatten uns, unsere Ziele zu erreichen, wenn wir sie in Form eines bestimmten, gut durchdachten Anliegens präsentieren. *Echte Lebensqualität erwächst aus kontinuierlichen Fragen von guter Qualität.* Unser Gehirn erfüllt — wie bei Aladin der Geist in der Flasche — jedes Ansinnen. Überlegen Sie also gut, worum Sie bitten — denn was Sie auch suchen, Sie werden es finden!

Wie kommt es, daß trotz dieser Kraft in unseren kleinen grauen Zellen die Menschen nicht ausnahmslos „glücklich, gesund, wohlhabend und weise“ sind? Warum fühlen sich so viele frustriert und empfinden ihr Leben als ausweglos? Das hat unter anderem folgenden Grund: Wenn sie Fragen stellen, fehlt ihnen die innere Sicherheit, die bewirkt, daß ihnen die Antworten von alleine zufliegen. Und wichtiger noch, sie unterlassen es, sich bewußt kraftvolle Fragen über die eigene Person zu stellen. Sie gehen über diesen kritischen Prozeß hinweg, achtlos und ohne Gespür für die Kraft, die sie mißbrauchen oder zu wecken versäumen.

Ein klassisches Beispiel ist jemand, der unbedingt abnehmen will, es aber einfach nicht schafft. Nicht, daß er dazu unfähig wäre: sein derzeitiger Ernährungsplan unterstützt ihn nur nicht in seinem Vorhaben. Solche Menschen fragen sich: „Womit erziele ich am besten ein Völlegefühl?“ und: „Welche süßen und kalorienreichen Produkte darf ich ungestraft essen?“ Das läßt sie zu fett- und zuckerhaltigen Lebensmitteln greifen, was nahezu vorprogrammiert, daß sie sich noch unglücklicher fühlen. Was wäre, wenn sie Fragen wie die folgenden stellten? „Was hat wirklich einen hohen Nährwert?“, „Welche leichten Speisen darf ich essen, die mir Energie zuführen?“, oder: „Wirkt diese Kost abführend oder stopft sie?“ Und besser noch: „Worauf müßte ich, falls ich das esse, verzichten, um meine Ziele doch noch zu erreichen? Welchen Preis zahle ich letztlich, wenn ich meinem Heißhunger damit stattgebe?“ Durch Fragen wie diese assoziieren Sie schmerzvolle Nachteile mit der Völlerei und werden Ihr Verhalten auf Anhieb ändern. Um eine Wende zum Besseren herbeizuführen, müssen Sie andere Fragen als gewöhnlich stellen. Denken Sie daran: Dieses alte Fragemuster erzeugt entweder Frust oder Freude, Aufregungen oder Anregungen, Mühsal oder Magie. Stellen Sie Fragen, die Ihnen neuen Schwung verleihen und die Sie auf dem Weg zu menschlichen Glanzleistungen voranbringen.

Was Fragen bewirken

Fragen haben drei spezifische Auswirkungen: *Fragen verändern umgehend unseren Blickwinkel und damit unsere Gefühle.* Wenn Sie sich immer wieder fragen: „Warum bin ich so niedergeschlagen?“ oder: „Warum mag mich niemand?“, richten Sie Ihre Konzentration und Ihr Augenmerk auf die Suche nach Referenzerlebnissen, die Ihre Auffassung stützen, daß es für Sie einen Grund gibt, sich deprimiert und ungeliebt zu fühlen. Infolgedessen verharren Sie in einer unproduktiven emotionalen Verfassung. Wenn Sie sich statt dessen fragen würden: „Wie kann ich meinen Zustand so verändern, daß ich mich glücklicher fühle und liebenswerter bin?“, konzentrieren Sie sich auf Problemlösungen. Selbst wenn Ihr Gehirn zunächst die Antwort hervorbringt: „Ich kann dir nicht helfen“, sollten Sie wie Stanislaw Lec oder W. Mitchell trotz allem mit Ausdauer, mit dem Gefühl innerer Gewißheit und der Erwartung positiver Ergebnisse weiterforschen, denn dann werden Sie am Ende die erforderlichen und verdienten Antworten erhalten. Sie werden überzeugende Gründe finden, sich besser zu fühlen, und während Sie sich darauf konzentrieren, wird sich ihr emotionaler Zustand im Handumdrehen anpassen.

Es besteht ein großer Unterschied zwischen einer Bestätigung und einer Frage. Wenn Sie sich immer wieder suggerieren: „Ich bin glücklich, ich bin glücklich, ich bin glücklich“, könnte dieses Gefühl, wenn es intensiv genug ist, tatsächlich eintreten und sowohl Ihre Physiologie als auch Ihren emotionalen Zustand beeinflussen. Es ist aber auch möglich, daß Sie sich diese Bestätigung den ganzen Tag lang geben, ohne damit das gewünschte Ergebnis zu erzielen. Was Ihre Gefühle wirklich verändert, sind Fragen. „Worüber bin ich gerade jetzt glücklich? Worüber könnte ich glücklich sein, wenn ich es wirklich wollte? Welche Empfindungen hätte ich dann?“ Wenn Sie Fragen wie diese stellen, fallen ihnen echte Referenzerlebnisse ein, die Ihren Blickwinkel gezielt auf Gründe lenken, sich glücklich zu fühlen. Dann haben Sie die innere Gewißheit, glücklich und zufrieden zu sein.

Statt sich „gewollt auf Hochtouren zu bringen“, liefern Ihnen diese Fragen einen echten Grund, die Empfindung zu spüren. *Jeder Mensch kann auf Anhieb seine Gefühle modifizieren, indem er seinen Blickwinkel korrigiert.* Die meisten haben keine Ahnung, welche Macht wir freisetzen, wenn wir unsere Erinnerungen steuern. Wenn Sie sich auf Augenblicke in Ihrem Leben konzentrieren, die Sie nicht missen möchten, und sich wieder an sie erinnern, lösen sie dann nicht sofort die gleichen Gefühle wie damals aus? Vielleicht handelt es sich dabei um die Geburt eines Kindes, Ihre Hochzeit oder Ihr erstes Rendezvous. Fragen führen uns wieder zu diesen denkwürdigen Augenblicken zurück. Wenn Sie sich ernsthaft fragen: „Welche Erinnerungen sind für mich die kostbarsten?“ oder: „Was ist zur Zeit in meinem Leben besonders positiv?“, dann denken Sie spontan an Erlebnisse zurück, die Ihnen ein absolut großartiges Gefühl vermittelt haben. Und in dieser großartigen emotionalen Verfassung fühlen Sie sich nicht nur besser, sondern sind auch imstande, den Menschen, die Ihnen nahestehen, mehr zu geben.

Das Problem besteht, wie Sie sicher erraten haben, darin, daß viele Menschen ihr System auf „Autopilot“ geschaltet haben. Sie versäumen es, bewußt die Fragen zu kontrollieren, die sie sich gewohnheitsmäßig stellen. Damit schränken sie ihre emotionale Bandbreite merklich ein, und folglich auch ihre Fähigkeit, die ihnen zur Verfügung stehenden Ressourcen bestmöglich zu nutzen. Die Lösung? Wie schon geschildert, besteht der erste Schritt darin, sich die eigenen Wünsche bewußt zu machen und den alten, eingrenzenden Denk-, Gefühls- und Verhaltensmustern auf die Spur zu kommen. Bauen Sie inneren Druck auf mit der Frage: „Welchen Preis muß ich letztlich zahlen, wenn ich mich nicht ändere? Mit welchen Nachteilen muß mich langfristig rechnen?“, und: „Welche Konsequenzen hätte es für sämtliche Bereiche meines Lebens, wenn ich mein Vorhaben jetzt in die Tat umsetzen würde?“ Unterbrechen Sie das Muster (wenn Sie jemals Schmerzen empfunden und sie dann völlig vergessen haben, weil Sie abgelenkt wurden, wissen Sie, wie wirkungsvoll diese Methode sein kann). Entwickeln Sie eine neue, zweckdienliche Alternative und eine Reihe besserer Fragen. Konditionieren Sie diese Veränderungen: Üben Sie das neue Verhalten solange ein, bis es zu einem dauerhaften Bestandteil Ihres Lebens geworden ist.

Eine kraftspendende Fähigkeit

Zweckdienliche Fragen in Krisensituationen zu stellen ist eine ungeheuer wichtige Fähigkeit, die auch mir geholfen hat, die schlimmsten Zeiten in meinem Leben durchzustehen. Ich werde nie den Augenblick vergessen, als ich feststellen mußte, daß ein ehemaliger Geschäftspartner Seminare abhielt und das Urheberrecht für ein Konzept beanspruchte, das Wort für Wort von mir entwickelt worden war. Mein erster Impuls bestand darin, mich zu fragen: „Wie kann er das wagen! Woher hat er nur den Nerv, mir so etwas anzutun?“ Aber schon bald wurde mir bewußt, daß Fragen wie diese nur die Wut in mir anstachelten und einen Teufelskreis schufen, aus dem es kein Entrinnen gab. Der Mann hatte sich nun mal so entschieden, und ich gelangte zu der Erkenntnis, es wäre das beste, meine Anwälte damit zu beauftragen, das Schmerz-Freude-Prinzip so anzuwenden, daß es ihm eine Lehre sein würde. Aus welchem Grund hätte ich also in der Zwischenzeit meine Wut aufstauen sollen? Ich beschloß, die leidige Affäre zunächst zu vergessen und mein Leben zu genießen, denn solange ich darüber nachgrübelte, warum er mir das angetan hatte, würde sich nichts an meiner negativen Stimmung ändern. Ich mußte mir also eine Reihe ganz neuer Fragen stellen, um einen Gefühlsumschwung herbeizuführen: „Welche Eigenschaften schätze ich an diesem Mann?“ Zunächst protestierte mein Gehirn lautstark: „Nicht eine einzige!“, aber dann fragte ich mich: „Welche Vorzüge könnte ich finden, wenn ich wollte?“ Schließlich fiel mir eine Antwort ein: „Nun, ich muß zugeben, daß er nicht untätig herumsitzt, sondern meine Lektionen praktisch umsetzt.“ Dieser Einfall brachte mich zum Lachen; damit gelang es mir, aus meinem bisherigen Denkmuster auszubrechen, meinen Gefühlszustand zu überwinden, meine Optionen neu zu beurteilen und mich gut zu fühlen bei der Entscheidung, daran festzuhalten.

Ich habe entdeckt, daß ich meine Lebensqualität verbessern kann, wenn ich mir jene *Fragen, welche sich die von mir geschätzten Menschen gewohnheitsmäßig stellen, zum Vorbild nehme.* Wenn Sie jemanden finden, der rundum glücklich und zufrieden ist, dann gibt es dafür mit Sicherheit einen Grund. Dieser Mensch konzentriert sich ständig auf die Dinge, die ihn glücklich machen, und das bedeutet, daß er sich Fragen über das Glück stellt. Finden Sie heraus, welche es sind, stellen Sie sich diese Fragen selbst, und Sie werden merken, daß Sie bald das gleiche wie er empfinden.

Manche Fragen ziehen wir einfach nicht in Betracht. Walt Disney lehnte es beispielsweise ab, sich die Frage zu stellen, ob sein Unternehmen Erfolg haben oder scheitern würde. Das bedeutet jedoch nicht, daß er nicht über produktivere Fragen nachsann. Mein Großvater Charles Shows war als Drehbuchautor für Disney tätig, und er erzählte mir unter anderem, daß Disney seine Mitarbeiter jedesmal, wenn sie an einem neuen Projekt oder Skript arbeiteten, auf einmalige Weise zu persönlichen Bestleistungen anspornte. Er benutzte eine ganze Wand, um das Projekt, das Drehbuch oder die Idee darzustellen, und jedes Mitglied der Belegschaft notierte darauf seine Antworten auf die Frage: „Wie können wir dieses Konzept verbessern?" Die Lösungen häuften sich so, daß am Ende die Wand mit Vorschlägen bedeckt war. Dann pflegte Disney alle Ideen zu prüfen. Auf diese Weise verschaffte er sich Zugang zu den Ressourcen sämtlicher Firmenangehöriger und erzielte die bestmöglichen Ergebnisse.

Die Antworten, die wir erhalten, hängen von den Fragen ab, die wir zu stellen gewillt sind. Wenn Sie beispielsweise richtig wütend sind und jemand sagt: „Na und? Warum regst du dich so auf?", sind Sie vielleicht nicht einmal bereit, ihn einer Antwort zu würdigen. Aber wenn Ihnen daran gelegen ist, Ihren Horizont zu erweitern, dann sind Sie eher geneigt sich zu fragen: „Was kann ich aus dieser Situation lernen? Welchen Nutzen kann ich aus dieser Erfahrung ziehen?" Ihr Streben nach neuen Erkenntnissen veranlaßt Sie, sich Zeit für die Antworten zu nehmen und dabei Ihren Blickwinkel, Ihren emotionalen Zustand und die Resultate zu korrigieren, die Sie erzielen.

Stellen Sie sich jetzt einige kraftvolle Fragen. *Was macht Sie in diesem Augenblick wirklich glücklich?* Was ist derzeit wirklich großartig in Ihrem Leben? *Wofür sind Sie aufrichtig dankbar?* Lassen Sie sich einen Moment Zeit, um über die Antworten nachzudenken. Machen Sie sich bewußt, wie wohltuend das Wissen ist, daß Sie gute Gründe haben, sich blendend zu fühlen.

Fragen beeinflussen, was wir aus unserer Erinnerung „löschen". Wir Menschen sind mit der wundervollen Eigenschaft ausgestattet, etwas aus unserem Gedächtnis streichen zu können. Unzählige Dinge geschehen in unserem Umfeld, auf die wir uns in jedem Augenblick konzentrieren können, angefangen von dem Blut, das durch unsere Ohren strömt, bis hin zum Windhauch, der unsere Arme streift. Die Anzahl der Vorgänge, auf die wir unsere Aufmerksamkeit bewußt und gleichzeitig zu richten vermögen, ist jedoch sehr begrenzt. Unbewußt ist unser Gehirn gleichwohl imstande, alle nur erdenklichen Tätigkeiten auszuführen, aber unsere Fähigkeit, uns bewußt auf verschiedene Dinge gleichzeitig zu konzentrieren, ist eingeschränkt. Deshalb verbringt das Gehirn einen großen Teil seiner Zeit mit dem Versuch, Prioritäten im Hinblick auf die Sachverhalte zu setzen, die wir uns merken, und wichtiger noch, die wir nicht beachten oder „löschen" sollten.

Wenn Sie tieftraurig sind, gibt es dafür nur einen Grund: Sie radieren alle Gründe aus, die Sie veranlassen könnten, sich gut zu fühlen. Und wenn Sie „in Stimmung sind", streichen Sie alle negativen Dinge aus Ihrem Gedächtnis, auf die Sie Ihr Augenmerk richten könnten. Wenn Sie also jemandem eine Frage stellen, beeinflussen Sie das, worauf er sein

Augenmerk richtet und was er löscht. Wenn jemand von Ihnen wissen möchte: „Finden Sie dieses Projekt genauso frustrierend wie ich?“, dann beginnen Sie nun vielleicht, sich auf Umstände zu konzentrieren, die Sie vorher nicht als frustrierend empfunden oder aus ihrem Gedächtnis gelöscht haben, und sofort fühlen Sie sich schlecht. Wenn Sie jemand fragt: „Was ist denn an deinem Leben wirklich so schlimm?“, dann sehen Sie sich möglicherweise gezwungen, krampfhaft nach einer Antwort zu suchen, wie lächerlich die Frage auch sein mag. Wenn Sie nicht bewußt darauf antworten, könnte sich die Frage unbewußt in Ihren Gedanken festsetzen.

Und wenn Sie umgekehrt gefragt werden: „Was ist in deinem Leben wirklich positiv?“ und sich auf die Antwort konzentrieren, dann sind Sie unter Umständen sofort guter Laune. Wenn jemand sagt: „Wissen Sie, dieses Projekt ist phantastisch. Haben Sie je darüber nachgedacht, was wir mit unserem Konzept alles in Bewegung setzen können?“, dann fühlen Sie sich vielleicht inspiriert und motiviert, eine Aufgabe zu bewältigen, die Ihnen vorher zu mühsam erschien. *Fragen durchdringen das menschliche Bewußtsein wie ein Laserstrahl. Sie lenken unseren Gedanken in eine bestimmte Richtung und haben entscheidenden Einfluß auf unsere Gefühle und Aktionen.* Halten Sie einen Augenblick inne, blicken Sie sich in dem Raum um, in dem Sie sich gerade befinden, und fragen Sie sich: „Was ist in diesem Raum braun?“ Sie werden feststellen, daß Sie überall braune Gegenstände entdecken. Nun richten Sie Ihr Augenmerk auf diese Buchseite. Ignorieren Sie alles, was am Rande Ihres Gesichtsfeldes auftauchen könnte, und konzentrieren Sie sich in Gedanken auf alles, was grün ist. Falls Sie mit dem Raum vertraut sind, dürfte Ihnen diese Übung leichtfallen; aber in einem fremden Zimmer erinnern Sie sich vermutlich an mehr braune als grüne Gegenstände. Und nun blicken Sie sich um, und stellen Sie fest, was alles grün ist — grün, grün, grün. Sehen Sie dieses Mal mehr grün? Falls Ihnen die Umgebung, in der Sie sich befinden, nicht vertraut ist, lautet die Antwort auch hier mit Sicherheit wieder: ja. Das beweist: Wir finden genau das, wonach wir suchen.

Wenn Sie also wütend sind, sollten Sie sich fragen: „Was kann ich aus dieser unangenehmen Situation lernen, damit mir so etwas künftig nie wieder passiert?“ Das ist ein Beispiel für eine konstruktive Frage, die Sie von Ihrem derzeitigen Problem weg- und zu Lösungen hinführt, mit deren Hilfe sich ähnlich schmerzvolle Erfahrungen künftig vermeiden lassen. Sollten Sie sich diese Frage nicht stellen, klammern Sie die Möglichkeit aus, daß Ihr Problem in Wirklichkeit eine Chance sein könnte.

Die Macht der Annahmen

Fragen wirken sich auf unsere Glaubenssätze aus und somit auf das, was wir für möglich oder unmöglich halten. Wie wir schon gesehen haben, können eindringliche Fragen die Referenzsäulen für kraftzehrende Glaubensmuster schwächen, uns gestatten, sie zu abzubauen und durch kraftvollere zu ersetzen. Aber nicht nur bestimmte Wörter in einer Frage, sondern auch deren Reihenfolge können uns veranlassen, bestimmte Dinge überhaupt nicht zu berücksichtigen, während wir andere als selbstverständlich voraussetzen. Dieser Prozeß stützt sich auf die Macht der *stillschweigenden Annahmen*, und davor sollten wir uns unbedingt hüten.

Annahmen programmieren uns darauf, Sachverhalte zu akzeptieren, die nicht unbedingt den Tatsachen entsprechen müssen. Nicht nur andere, sondern auch wir selbst können, unbewußt, zu Mutmaßungen über uns selbst gelangen. Wenn Sie sich beispielsweise fragen: „Warum grabe ich mir ständig selber das Wasser ab?“, nachdem Sie wieder einmal eine Enttäuschung hinnehmen mußten, dann schaffen Sie die Voraussetzungen dafür, daß Sie wieder die gleichen negativen Erfahrungen machen und setzen damit eine sich selbst erfüllende Prophezeiung in Gang. Warum? Weil unser Gehirn pflichtschuldig die Antwort auf alle Fragen liefert, die wir ihm stellen. Sie setzen voraus, daß Sie ein Vorhaben zum Scheitern gebracht haben, weil Sie sich darauf konzentrieren, zu ergründen, warum das ausgerechnet Ihnen passieren muß — und nicht, ob Sie überhaupt die Schuld an dem Fehlschlag tragen.

Ein Beispiel dafür ereignete sich während des Präsidentschaftswahlkampfes von 1988, kurz nachdem George Bush angekündigt hatte, daß Dan Quayle sein Kandidat für die Vizepräsidentschaft sein würde. Ein auf Nachrichten spezialisierter US-Fernsehsender führte eine landesweite Umfrage durch und bat die Zuschauer, eine mit 900 beginnende Nummer anzurufen und die Frage zu beantworten: „Stört es Sie, daß sich Dan Quayle den Einfluß seiner Familie zunutze gemacht hat, um in die Nationalgarde aufgenommen und nicht nach Vietnam geschickt zu werden?“ In dieser Frage ist natürlich unverkennbar die Annahme enthalten, daß Quayle in der Tat die einflußreiche Stellung seiner Familie benutzt hatte, um sich einen unfairen Vorteil zu verschaffen — eine Behauptung, für die jeder Beweis fehlte. Aber die amerikanischen Bürger nahmen sie als gegeben hin. Sie stellten sie nie in Frage, sondern akzeptierten sie rein automatisch. Und schlimmer noch, viele riefen an, um ihrer Empörung über einen „Tatbestand“ Ausdruck zu verleihen, der nie auf seine Richtigkeit überprüft worden war. Leider beeinflussen wir uns selbst und andere fortlaufend auf diese Weise. Hüten Sie sich vor der Falle, Ihre eigenen lähmenden Annahmen oder die anderer ungeprüft zu akzeptieren. Suchen Sie nach Referenzerlebnissen, die neue Glaubenssätze untermauern und die Sie beflügeln.

Fragen verändern die Ressourcen, die uns zur Verfügung stehen. Vor fünf Jahren gelangte ich an einen Wendepunkt meines Lebens, als ich nach einer aufreibenden „Tournee“ nach Hause zurückkehrte und entdecken mußte, daß einer meiner Geschäftspartner eine Viertelmillion Dollar veruntreut und meine Firma mit 758.000 Dollar in die roten Zahlen gebracht hatte. Das Versäumnis, mir zu Beginn dieser Partnerschaft die richtigen Fragen zu stellen, war für die mißliche Situation verantwortlich, und nun hing mein Schicksal von den richtigen Fragen ab, die ich mir jetzt stellen würde. Alle meine Berater erklärten mir, daß mir nur eine Wahl bliebe: Konkurs anzumelden.

Sie befaßten sich sofort mit den Einzelheiten: „Welche Vermögenswerte sollten wir zuerst abstoßen?“ oder: „Wer teilt der Belegschaft die Hiobsbotschaft mit?“ Aber ich weigerte mich, die Niederlage zu akzeptieren. Ich beschloß, alle notwendigen Schritte zu unternehmen und irgendwie einen Weg zu finden, um den Fortbestand meines Unternehmens zu sichern. Ich bin noch immer im Geschäft — nicht, weil ich so phantastische Ratschläge erhielt, sondern weil ich eine bessere Frage stellte: *„Wie kann ich eine Wende zum Besseren herbeiführen?“*

Und dann stellte ich mir eine Frage, die mich noch mehr inspirierte: „Wie kann ich meine Firma sanieren, ihr eine stärkere Position im Wettbewerb und noch größere Schlagkraft verleihen als früher?“ Ich wußte, daß ich eine bessere Antwort erhalten würde, wenn ich eine bessere Frage stellte.

Zunächst fiel mir keine Lösung ein, die mir zusagte. Anfangs sah ich nur, daß es keine Möglichkeit gab, die Krise unbeschadet zu überwinden. Ich ließ mich jedoch nicht entmutigen und stellte hartnäckig und erwartungsvoll weitere, umfassendere Fragen: „Wie kann ich einen Zusatznutzen schaffen und den Leuten noch im Schlaf helfen? Wie spreche ich sie auf eine Weise an, die nicht auf meine körperliche Präsenz beschränkt ist?“ Im Verlauf dieser Überlegungen kam mir die Idee, ein Franchise-System aufzubauen, so daß mehrere Lizenznehmer mein Konzept landesweit präsentieren konnten. Und infolge dieser Fragen hatte ich ein Jahr später den Einfall, eine Fernsehsendung zu produzieren, die sowohl werbeträchtig als auch informativ war.

Seit dieser Zeit haben wir mehr als sieben Millionen Audiokassetten produziert und weltweit verkauft. Und weil ich so intensiv über diese Fragen nachsann, stieß ich auf eine Antwort, die dazu beitrug, Beziehungen zu Menschen in der ganzen Welt zu knüpfen, die ich anderweitig nie getroffen, kennengelernt oder als Zielgruppe angesprochen hätte.

Gerade im Geschäftsleben bieten Fragen den Zugang zu einer ganz neuen Welt und zu Ressourcen, deren Existenz man sonst vielleicht nie bemerkt hätte. Donald Petersen, der ehemalige Präsident der Ford Motor Company, war für seine beharrlichen Fragen bekannt: „Was halten Sie davon? Wie ließe sich Ihre Tätigkeit verbessern?“ Einmal stellte er eine

Frage, die Fords Gewinnlage zweifellos auf Erfolgskurs lenkte. Er fragte den Designer Jack Telnack: „Gefallen Ihnen die Modelle, die Sie auf dem Reißbrett entwickeln?" Telnack erwiderte: „Wenn ich ehrlich sein soll, nein." Und dann stellte ihm Petersen die entscheidende Frage: „Warum ignorieren Sie nicht einfach die Geschäftsleitung und konstruieren ein Auto, das Sie persönlich gerne besitzen würden?".

Der Designer nahm den Firmenvorstand beim Wort und begann mit der Arbeit am Ford Thunderbird Baujahr 1983, einem Wagen, der als Vorlage für die späteren Modelle Taurus und Sable diente. 1987 hatte Ford unter der Leitung des meisterhaften Fragenstellers Petersen General Motors auf der Gewinnspur überholt, und heute gehört der Taurus zu den besten Automobilen, die produziert werden.

Donald Petersen ist ein Paradebeispiel für einen Menschen, der es versteht, sich die unglaubliche Macht der Fragen zunutze zu machen. Mit einer einfachen Frage gelang es ihm, das Schicksal der Ford Motor Company völlig zu verwandeln. *Auch Ihnen steht diese Macht zur Verfügung, und zwar jederzeit. Die Fragen, die wir uns selbst stellen, können beeinflussen, wie wir uns selbst wahrnehmen, wozu wir fähig und was wir zu tun bereit sind, um unsere Träume zu verwirklichen.* Wenn Sie lernen, diese Fragen bewußt zu steuern, haben Sie ein Instrument zur Hand, das Sie Ihrer bestmöglichen Bestimmung näherbringt als alle anderen Mittel und Methoden, die ich kenne. Oft sind unsere Ressourcen lediglich durch die Fragen begrenzt, die wir uns selbst stellen.

Wichtig ist, sich vor Augen zu halten, daß unsere Glaubensprinzipien die Fragen beeinflussen, die zu stellen wir auch nur in Betracht ziehen. Viele Menschen kämen nie auf die Idee, sich zu fragen: „Wie kann ich eine Wende zum Besseren einleiten?", weil jeder in ihrer Umgebung behauptet, ein solches Vorhaben sei von vornherein zum Scheitern verurteilt. Sie hätten das Gefühl, damit nur ihre Zeit und Energie zu verschwenden. Achten Sie darauf, daß Sie sich keine derartig einengenden Fragen stellen, denn sonst erhalten Sie ebenso einengende Antworten. Ihre Fragen werden ausschließlich dadurch begrenzt, was Ihrem Glauben nach möglich ist. Mein Berufs- und Privatleben wurde nachhaltig von dem Glaubensprinzip beeinflußt, daß ich immer eine Antwort finden kann, wenn ich nur beharrlich frage. Wir alle müssen lediglich bessere Fragen stellen, um bessere Antworten zu erhalten.

Problemlösungsfragen

Der Schlüssel liegt also darin, ein folgerichtiges Fragemuster zu entwikkeln, das Sie beflügelt. Sie und ich wissen, daß es immer wieder Zeiten gibt, in denen wir auf Probleme stoßen — Hindernisse für unsere persönlichen und beruflichen Fortschritte. Niemandem bleibt es erspart — ungeachtet der Station, die er im Leben erreicht hat —, sich mit diesen unverhofften „Gaben“ auseinandersetzen zu müssen.

Die Frage ist nicht, ob Sie Probleme haben, sondern wie Sie damit umgehen, wenn sie auftauchen. Wir müssen eine Möglichkeit finden, solche Herausforderungen systematisch anzugehen. Als ich erkannte, welch ungeheuren Einfluß Fragen auf die Veränderung meines emotionalen Zustands und auf meine Fähigkeit hatten, Zugang zu Ressourcen und Lösungen zu finden, versuchte ich in zahlreichen Gesprächen zu ergründen, wie andere Menschen ihre Probleme bewältigen. Ich stellte fest, daß bestimmte Fragen immer wieder gestellt wurden. Die fünf nachfolgend aufgelisteten Fragen haben dazu beigetragen, mein Leben völlig zu verändern. Auch Ihnen wird dies gelingen, wenn Sie beschließen, sie zu stellen.

Problemlösungsfragen

1. Was ist an diesem Problem positiv?
2. Was ließe sich noch verbessern?
3. Was wäre ich bereit zu tun, um die Situation nach meinen Wünschen zu verändern?
4. Worauf würde ich bereitwillig verzichten, um die Situation nach meinen Wünschen zu verändern?
5. Wie kann ich diesen Veränderungsprozeß genießen, während ich das Notwendige tue, um die Situation nach meinen Wünschen zu verändern?

Ich vergesse nie, wie ich diese Fragen erstmals benutzte, um meine emotionale Verfassung zu verändern. Ich war von 120 Tagen mindestens 100 unterwegs gewesen und fühlte mich jetzt völlig ausgelaugt. In meinem Büro fand ich einen Stapel Notizen von den Leitern meiner Firmen vor, die allesamt den Vermerk „dringend“ trugen; daneben lag eine Liste mit mehr als hundert Anrufen, die ich persönlich beantworten sollte. Sie stammten nicht von irgendwelchen Leuten, die mir ihren Besuch ankündigen wollten, sondern enge Freunde, wichtige Geschäftspartner und Familienmitglieder baten mich um Rückruf. Ich geriet völlig außer Fassung und begann, mir einige unglaublich lähmende Fragen zu stellen: „Wie kommt es, daß ausgerechnet ich nie Zeit habe? Warum lassen die mich nicht in Frieden? Haben die nicht begriffen, daß ich keine Maschine bin? Warum kann ich mir keine Ruhepause gönnen?“ Sie können sich vorstellen, in welchem Gemütszustand ich mich zu diesem Zeitpunkt befand.

Zum Glück merkte ich mitten in dieser Tirade, daß ich in Selbstmitleid schwelgte. Ich durchbrach das Muster abrupt und machte mir bewußt, daß sich meine Situation um keinen Deut ändern würde, wenn ich mich in meine Wut hineinsteigerte. Im Gegenteil, damit würde ich alles nur noch schlimmer machen. Mein emotionaler Zustand veranlaßte mich, schreckliche Fragen zu stellen, und ich konnte ihn nur überwinden, wenn mir bessere einfielen. Ich nahm mir meine Checkliste mit den Problemlösungsfragen vor und begann mit:

- *„Was ist an diesem Problem positiv?"* Meine erste Antwort lautete, wie so oft: „Absolut gar nichts!" Dann dachte ich einen Augenblick nach und stellte fest, daß ich noch vor acht Jahren alles darum gegeben hätte, wenn zwanzig Geschäftspartner und Freunde mir ihren Besuch angekündigt hätten, ganz zu schweigen von hundert mit diesem Einfluß und Format. Als mir dies bewußt wurde, mußte ich über mich selbst lachen; ich durchbrach damit mein Denkschema und war dankbar dafür, daß so viele Menschen, die ich achte und schätze, ihre Zeit mit mir verbringen wollten.
- *„Was ließe sich noch verbessern?"* Meine Zeitplanung brauchte offensichtlich ein bißchen mehr Feinschliff. Ich hatte das Gefühl, daß mir keine Zeit für mich selbst blieb und mein Leben zunehmend aus dem Gleichgewicht geriet. Die in der Frage „Was ließe sich noch verbessern?" enthaltene Annahme deutet klar darauf hin, daß sich eine bessere Lösung finden läßt. Diese Frage liefert Ihnen nicht nur Antworten, sondern wirkt gleichzeitig auch beruhigend.
- *„Was wäre ich bereit zu tun, um die Situation nach meinen Wünschen zu verändern?"* Ich war gewillt, mein Leben und meinen Terminkalender so zu organisieren, daß sie ausgewogener waren, meine Verpflichtungen besser zu steuern und auch einmal nein zu sagen. Ich erkannte des weiteren, daß ich für eine meiner Firmen einen neuen Vorstand brauchte, der mir einen Teil der Arbeitslast abnehmen konnte. Dadurch erhielt ich die Möglichkeit, mehr Zeit zu Hause und mit meiner Familie zu verbringen.
- *„Worauf würde ich bereitwillig verzichten, um die Situation nach meinen Wünschen zu verändern?"* Ich wußte, daß ich nicht länger jammern und mich darüber beklagen durfte, wie unfair das Leben doch war. Außerdem mußte ich schleunigst aufhören, mir ausgenutzt vorzukommen, denn die Leute bemühten sich in Wirklichkeit nur, mich zu unterstützen.
- *„Wie kann ich diesen Veränderungsprozeß genießen, während ich das Notwendige tue, um die Situation nach meinen Wünschen zu verändern?"* Als ich mir diese letzte, wichtigste Frage stellte, sah ich mich nach einer Möglichkeit um, Spaß dabei zu empfinden. „Wie gelingt es mir, die hundert Rückrufe gerne zu erledigen?" Während ich an meinem Schreibtisch saß, fiel mir einfach nichts ein, was mir mental oder emotional Auftrieb hätte geben können. Dann kam mir ein Idee: Ich war sechs Monate

lang nicht mehr in meinem Whirlpool gewesen. Ich schlüpfte schnell in die Badehose, schnappte meinen tragbaren Computer und mein schnurloses Telefon und machte mich auf den Weg zum Whirlpool. Von dort aus rief ich einige meiner Geschäftspartner in New York an und hänselte sie ein bißchen: „Ist es tatsächlich so kalt da oben? Wissen Sie, das Leben hier in Kalifornien ist auch ganz schön hart. Ich sitze gerade in meinem Whirlpool." Wir hatten viel Spaß, und es gelang mir, die unangenehme Aufgabe in ein Spiel zu verwandeln. (Als ich am Ende meiner Liste angelangt war, sah meine Haut so verschrumpelt aus wie bei einem Vierhundertjährigen.)

Der Whirlpool befand sich schon immer im Garten hinter meinem Haus, aber ich mußte mir erst die richtige Frage stellen, um zu entdekken, daß er ein Hilfsmittel darstellte. Wenn Sie regelmäßig einen Blick auf die Liste mit diesen fünf Fragen werfen, verfügen Sie über ein Problemlösungsschema, das Ihren Blickwinkel sogleich verändert und Ihnen den Zugang zu den Ressourcen eröffnet, die Sie brauchen.

Jeden Morgen nach dem Aufwachen stellen wir uns dieselben Fragen. Was fragen Sie sich, wenn der Wecker klingelt? „Warum muß ich ausgerechnet jetzt aufstehen?" „Warum hat der Tag nicht mehr Stunden?" „Was wäre, wenn ich den Wecker noch mal auf eine Stunde später stelle?" Und welche Fragen gehen Ihnen durch den Kopf, wenn Sie unter der Dusche stehen? „Warum muß ich bloß arbeiten?" „Ob das Verkehrsgewühl heute wohl sehr groß ist?" „Was für einen Mist mögen die wohl heute wieder auf meinem Schreibtisch abgeladen haben?" Sie sollten statt dessen lieber jeden Tag bewußt damit beginnen, sich Fragen zu stellen, die Sie in die richtige Gemütsverfassung bringen und die Sie daran erinnern, wie dankbar, zufrieden und motiviert Sie im Grunde genommen sein sollten. Wie würde Ihr Tag wohl verlaufen, wenn Sie ihn durch die Brille eines positiven emotionalen Zustands betrachteten? Dadurch könnten Sie buchstäblich alle Empfindungen beeinflussen.

Als ich das erkannte, beschloß ich, ein „Erfolgsritual" in Form von Fragen aus der Taufe zu heben, die ich mir jeden Morgen stellen wollte. Das Wunderbare daran ist, daß man sich diese Fragen stellen kann, während man duscht, sich rasiert, die Haare fönt ... Ihnen gehen ohnehin schon etliche Fragen durch den Kopf, also warum dann nicht gleich die richtigen? Mir wurde bewußt, daß wir bestimmte Gefühle pflegen sollten, um glückliche und erfolgreiche Menschen zu sein. Wenn Sie nämlich keine Bestandsaufnahme machen oder sich nicht die Zeit nehmen zu ergründen, wie gut es Ihnen eigentlich geht, dann fühlen Sie sich unter Umständen auch dann als Verlierer, wenn Sie zu den Gewinnern im Leben gehören. Deshalb sollten Sie sich nun die Zeit nehmen, folgende Fragen zu beantworten und bei jeder auf Ihre Gefühle zu achten.

Aktivierende Fragen am Morgen

Unsere Lebenserfahrungen stützen sich auf diejenigen Dinge, auf die wir uns konzentrieren. Die nachfolgenden Fragen sollen Ihnen dabei helfen, mehr Glück, Motivation, Stolz, Dankbarkeit, Freude und persönliches Engagement zu empfinden, und jeden Tag Ihres Lebens zu genießen. Denken Sie daran: Hochkarätige Fragen schaffen eine hochkarätige Lebensqualität.

Suchen Sie zwei oder drei Antworten auf jede Frage, und assoziieren Sie sich vollkommen damit. Wenn es Ihnen schwerfällt, eine Antwort zu finden, fügen Sie einfach das Wort „könnte" hinzu. Beispiel: „Worüber könnte ich in diesem Augenblick meines Lebens glücklich sein?"

1. Worüber bin ich in diesem Augenblick meines Lebens glücklich?
   Was genau macht mich daran glücklich? Welches Gefühl löst der Gedanke in mir aus?
2. Was finde in diesem Augenblick meines Lebens aufregend?
   Was genau erregt mich daran? Welches Gefühl löst der Gedanke in mir aus?
3. Worauf bin ich in diesem Augenblick meines Lebens stolz?
   Was genau läßt mich stolz sein? Welches Gefühl löst der Gedanke in mir aus?
4. Wofür bin ich in diesem Augenblick meines Lebens dankbar?
   Was genau läßt mich dankbar sein? Welches Gefühl löst der Gedanke in mir aus?
5. Was genieße ich in diesem Augenblick meines Lebens am meisten?
   Was genau genieße ich daran? Welches Gefühl löst der Gedanke in mir aus?
6. Wofür engagiere ich mich in diesem Augenblick meines Lebens?
   Was genau weckt dabei meine Einsatzbereitschaft? Welches Gefühl löst der Gedanke in mir aus?
7. Wen liebe ich? Wer liebt mich?
   Was genau weckt Liebe in mir? Welches Gefühl löst der Gedanke in mir aus?

Diese morgendlichen Fragen stelle ich mir gelegentlich auch am Abend, und manchmal noch drei weitere Fragen. Hier sind sie:

Aktivierende Fragen am Abend

1. Welchen Beitrag habe ich heute geleistet?
   Auf welche Weise war ich heute konkret der/die Gebende?
2. Was genau habe ich heute dazugelernt?
3. Wie hat der heutige Tag meine Lebensqualität konkret erhöht, oder wie kann ich diesen Tag nutzen und als Investition in meine Zukunft betrachten?

Wiederholen Sie die Fragen, die Sie am Morgen gestellt haben (wahlweise).

Wenn Sie Ihr Leben verändern wollen, sollten Sie diese Fragen zum festen Bestandteil Ihres täglichen Erfolgsrituals machen. Wenn Sie sich diese Fragen kontinuierlich stellen, gewährleisten diese Ihnen den regelmäßigen Zugang zu Ihren aktivierendsten emotionalen Zuständen. Dadurch schaffen Sie neurale „Schnellstraßen" zu Gefühlen wie Glück, Erregung, Stolz, Dankbarkeit, Freude, Engagement und Liebe. Sie werden schon bald merken, daß Ihnen diese Fragen automatisch durch den Kopf schießen, aus reiner Gewohnheit. Sie sind ja nun darin geübt, Fragen zu stellen, die Ihr Leben bereichern.

Betrachten Sie Fragen als ein Geschenk an andere

Sobald Sie wissen, wie man aktivierende Fragen stellt, können Sie nicht nur sich selbst, sondern auch anderen helfen. Machen Sie ihnen die Fragen zum Geschenk. Ich traf mich einmal mit einem Freund und Geschäftspartner in New York City zum Abendessen. Ich bewunderte diesen prominenten, auf Urheberrechte spezialisierten Anwalt wegen seines unternehmerischen Weitblicks und der gutgehenden Kanzlei, die er schon in jungen Jahren aufgebaut hatte. Eines Tages mußte er jedoch einen verheerenden Schlag einstecken: Sein Partner stieg aus der Sozietät aus und ließ ihn auf einem riesigen Arbeitsüberhang sitzen. Mein Freund hatte nicht die geringste Ahnung, wie er die verfahrene Situation retten könnte.

Er konzentrierte sich darauf, den Sinn des Geschehnisses zu ergründen. Nun kann man, wie Sie wissen, in jeder Situation seine Aufmerksamkeit auf die positiven oder auf die negativen Seiten richten, und man wird genau das finden, wonach man sucht. Das Problem war, daß mein Freund immer wieder die falschen Fragen stellte: „Wie konnte mich mein Partner auf so schäbige Weise im Stich lassen? Bin ich ihm völlig gleichgültig? Merkt er nicht, daß er damit mein Leben zerstört? Weiß er nicht, daß ich es ohne ihn nicht schaffen kann? Wie erkläre ich meinen Mandanten, daß sie sich einen anderen Anwalt suchen müssen?" Alle diese Fragen waren mit Mutmaßungen über die Katastrophe befrachtet, auf die sein Leben vermeintlich zusteuerte.

Ich sah viele Möglichkeiten, zu intervenieren, aber ich beschloß, ihm lediglich ein paar Fragen zu stellen. Ich sagte: „Ich habe vor kurzem diese einfache Fragetechnik entwickelt und mit erstaunlichen Ergebnissen in meinem eigenen Leben angewendet. Sie hat mir geholfen, einige ziemlich schlimme Krisen zu überwinden. Wenn du gestattest, möchte ich dir einige Fragen stellen, um zu sehen, ob sie auch dir nutzen könnten." Er erwiderte: „Ja. Aber ich glaube, im Moment kann mir nichts und niemand helfen." Also begann ich, ihm zuerst die aktivierenden Fragen am Morgen und danach die Problemlösungsfragen zu stellen.

Ich sagte: „Worüber bist du glücklich? Ich weiß, das klingt dumm, lächerlich und nach unverbesserlichem Optimismus, aber was macht dich wirklich glücklich?" Spontan antwortete er: „Nichts." Deshalb hakte ich nach: „Worüber könntest du jetzt glücklich sein, wenn du wirklich wolltest?" Er erwiderte: „Über meine Frau. Sie reagiert großartig, und wir stehen uns sehr nahe." Ich fragte ihn: „Was für ein Gefühl hast du bei dem Gedanken an die Beziehung, die euch verbindet?" „Sie ist für mich ein unglaubliches Geschenk." Ich warf ein: „Sie ist auch eine ganz besondere Frau, nicht wahr?" Er begann, sich auf sie zu konzentrieren und blühte regelrecht auf.

Jetzt können Sie natürlich sagen, ich hätte ihn nur abgelenkt. Das ist jedoch nicht ganz richtig, denn ich half ihm, über seinen Zustand hinwegzukommen; und wenn man sich besser fühlt, findet man auch bessere Möglichkeiten, Herausforderungen zu bewältigen. Zuerst mußten wir das negative Muster durchbrechen und ihn in eine positive Stimmungslage bringen.

Ich fragte ihn, was ihn noch glücklich mache. Er erzählte, daß er einem Schriftsteller beim Abschluß seines ersten Buchvertrags geholfen habe, und daß der Mann begeistert sei. Eigentlich müsse er stolz darauf sein, aber dazu sehe er sich im Moment nicht imstande. Deshalb fragte ich ihn: „Was für ein Gefühl hättest du, wenn du stolz wärst?" Er begann darüber nachzudenken, wie phantastisch das wäre, und sein emotionaler Zustand besserte sich auf Anhieb. Ich fragte: „Worauf bist du denn wirklich stolz?" Und er entgegnete: „Auf meine Kinder. Sie sind zu außergewöhnlichen Menschen herangereift, und nicht nur erfolgreich im Beruf, sondern auch sozial engagiert. Ich bin stolz darauf, daß sie sich zu großartigen Männern und Frauen entwickelt haben, und daß sie meine Kinder sind, ein

Teil meines Vermächtnisses." Ich sagte: „Was für ein Gefühl hast du bei dem Gedanken, das alles erreicht zu haben?"

Und urplötzlich erwachten die Lebensgeister dieses Mannes, der kurz vorher geglaubt hatte, sein Leben sei zu Ende. Ich fragte ihn, wofür er wirklich dankbar sei. Er erwiderte, er könne dankbar dafür sein, daß er es geschafft habe, die harten Zeiten als junger, aufstrebender Anwalt durchzustehen, sich von der Pike auf hochzuarbeiten und den Amerikanischen Traum zu leben. Dann wollte ich von ihm wissen: „Was findest du wirklich aufregend?"

„Daß ich nun eine Chance habe, Veränderungen einzuleiten." Zum erstenmal war ihm dieser Gedanke gekommen, weil sich sein Gefühlszustand so radikal verwandelt hatte. Ich fragte: „Wen liebst du, und wer liebt dich?" Er begann, über seine Familie zu sprechen und die ungewöhnlich enge Bindung, die zwischen ihnen bestand.

Deshalb fragte ich ihn nun: „Und was ist so schlimm daran, daß sich dein Partner aus dem Staub gemacht hat?" Er entgegnete: „Was unangenehm sein könnte, ist der Gedanke, jeden Tag nach New York City zu fahren. Ich bin gerne in meinem Haus in Connecticut. Gut daran ist, daß ich langsam beginne, alles aus einer neuen Perspektive zu betrachten." Damit eröffnete sich ihm eine ganze Reihe von Möglichkeiten. Er beschloß, gemeinsam mit seinem Sohn eine Kanzlei in Connecticut zu eröffnen, nicht einmal fünf Minuten von seinem Anwesen entfernt, und den Telefondienst zu beauftragen, seine Anrufe in Manhattan entgegenzunehmen. Den Gedanken fand er so aufregend, daß er sich gleich nach passenden Räumlichkeiten umsehen wollte.

Innerhalb weniger Minuten hatten diese Fragen ein wahres Wunder bewirkt. Mein Freund befand sich stets im Besitz des Potentials, das ihn befähigte, diese Situation zu bewältigen. Seine unproduktiven Fragen hatten ihm indessen den Zugriff darauf versperrt und ihn bewogen, sich als Mann zu betrachten, der zum „alten Eisen" gehörte und im Begriff stand, alles zu verlieren, was er sich aufgebaut hatte. In Wirklichkeit hatte ihm das Leben ein unermeßliches Geschenk gemacht; diese Wahrheit war von ihm verdrängt worden, bis er begann, zweckdienliche Fragen zu stellen.

Eine Schicksalsfrage

Ein prominenter Zeitgenosse, den ich sehr mag — und einer der engagiertesten Männer, die ich je kennengelernt habe — ist Leo Buscaglia, der Autor von *Love* und anderen herausragenden Büchern über zwischenmenschliche Beziehungen. Besonders bemerkenswert finde ich, daß er sich hartnäckig immer wieder eine Frage stellt, die sein Vater ihm schon „eingetrichtert" hatte, als er noch ein kleiner Junge war. Jeden Tag, wenn die Familie sich beim Abendessen um dem Tisch versammelt hatte, wollte der Vater wissen: „Leo, was hast du heute gelernt?" Leo mußte mit einer Antwort aufwarten, und zwar einer guten. Wenn er an diesem Tag in der Schule nichts besonders Interessantes gelernt hatte, suchte er sich zu Hause im Lexikon einen Begriff heraus, über den er reden konnte. Leo sagte mir, er ginge bis zum heutigen Tag nicht eher ins Bett, bis er etwas Neues, Nützliches dazugelernt habe. Infolgedessen stimuliert er ständig seine Gedanken, und ein großer Teil seiner leidenschaftlichen Wißbegier ist auf diese Frage zurückzuführen, die ihm erstmals vor Jahrzehnten gestellt wurde.

Welche nutzbringenden Fragen können Sie sich selbst regelmäßig stellen? Zwei meiner Lieblingsfragen sind besonders einfach, aber sie werden mir helfen, alle Herausforderungen zu meistern, vor die ich im Leben gestellt sein könnte. Sie lauten: „Was ist daran so außergewöhnlich?" und: „Wie kann ich diese Erkenntnis praktisch umsetzen?" Wenn ich ergründe, was so außergewöhnlich an einer Situation ist, finde ich für gewöhnlich irgendeinen sinnvollen, positiven Aspekt; und wenn ich mich frage, wie sich diese Erkenntnis praktisch umsetzen läßt, verwandle ich jedes Problem im Handumdrehen in eine Chance, die mir zum Vorteil gereicht. Welche beiden Fragen können Sie sich also stellen, um Ihre emotionale Verfassung zu verändern oder sich Zugang zu den Ressourcen zu verschaffen, mit denen Sie Ihr angestrebtes Ziel erreichen? Fügen Sie diese zwei Fragen, die Sie Ihren persönlichen und emotionalen Bedürfnissen anpassen sollten, den morgendlichen Standardfragen hinzu.

Zu den wichtigsten Fragen, die sich jeder Mensch stellen sollte, gehören die folgenden: „Worum geht es mir wirklich im Leben?", „Was will ich tatsächlich mit allen Mitteln erreichen?", „Warum stehe ich an diesem Punkt meines Lebens?" und: „Wer bin ich?" Diese Fragen haben eine ungeheure Macht, aber wenn Sie warten, bis Sie die absolut vollkommene Antwort darauf finden, werden Sie sich ungeheuren Schwierigkeiten gegenübersehen. Oft ist die erste, emotionale, instinktive Problemlösung diejenige, der Sie trauen und die Sie als Richtschnur des Handelns betrachten sollten. Das ist der letzte Gedanke, den ich Ihnen nahebringen möchte: *Es gibt einen Punkt, an dem Sie aufhören müssen, Fragen zu stellen, denn sonst können Sie keine Fortschritte erzielen.* Wenn Sie weiterhin Fragen stellen, werden Sie sich weiterhin verunsichert fühlen, und nur bestimmte Aktionen führen zu bestimmten Ergebnissen. *Irgendwann kommt der Zeitpunkt, da Sie aufhören sollten, das Für und Wider abzuwägen, und Handeln geboten ist.* Wie? Entscheiden Sie, was für Sie am wichtigsten ist, zumindest im Augenblick. Dann sollten Sie Ihre ganze persönliche Kraft aufbieten, um Ihr Vorhaben zu verwirklichen und den ersten Schritt zur Verbesserung Ihrer Lebensqualität einzuleiten.

Ich möchte Ihnen noch eine Frage stellen: Würde es Sie interessieren, etwas über eine Maßnahme zu erfahren, mit der Sie auf Anhieb Ihre alltäglich wiederkehrenden Emotionen und Gefühle verändern können? Dann lesen Sie schnell weiter.

9

Das Vokabular des größtmöglichen Erfolges

„Große Macht übt das richtige Wort aus.
Immer, wenn wir auf eines dieser eindringlichen,
treffenden Worte stoßen, ... ist die Wirkung
physisch und geistig — und blitzartig spontan."

MARK TWAIN

Worte ... Sie dienen dazu, uns zum Lachen oder zum Weinen zu bringen. Sie können verwunden oder heilen, uns Hoffnung einflößen oder uns am Boden zerstören. Mit Worten können wir unseren edelsten Absichten Ausdruck verleihen und unsere verborgensten Wünsche offenbaren.

Seit Anbeginn der Menschheit haben unsere größten Führer und Denker die Macht des Wortes benutzt, um auf unsere Gefühle einzuwirken, uns für ihr jeweiliges Anliegen zu gewinnen und den Lauf des Schicksals zu beeinflussen. Worte können nicht nur Gefühle, sondern auch Handlungsbereitschaft auslösen. Und unsere Handlungsweisen bestimmten die Ergebnisse, die wir im Leben erzielen. Als Patrick Henry im März 1775 in Virginia vor seine Mitdelegierten trat und verkündete: „Ich weiß nicht, welchen Kurs andere einzuschlagen gedenken, aber was mich betrifft, so gebt mir die Freiheit oder den Tod!", da entfachten seine Worte einen Feuersturm unter den Revolutionären in den englischen Kolonien Nordamerikas. Sie schworen, sich mit aller Kraft für die Abschaffung der englischen Tyrannei einzusetzen, unter der sie so lange gelitten hatten.

Das mit diesem Vermächtnis verbundene Vorrecht, das die Amerikaner genießen, die Optionen, die heute in Amerika und anderen demokratisch geführten Ländern zur Verfügung stehen, wurden von Männern geschaffen, die mit ihren Worten die Aktionen kommender Generationen maßgeblich beeinflussen sollten:

Wenn es im Zuge der menschlichen Geschichte für ein Volk notwendig wird, die politischen Bande zu lösen, die es mit einem anderen Volke verbunden haben ...

Diese einfach formulierte Unabhängigkeitserklärung aus dem Jahre 1776, diese Ansammlung von Wörtern, wurde zum Instrument des Wandels für eine ganze Nation.

Natürlich ist die Wirksamkeit der Worte nicht auf die USA beschränkt. Während des Zweiten Weltkriegs, als das Überleben Großbritanniens auf dem Spiel stand, trugen die Worte eines Mannes dazu bei, den Durchhaltewillen der britischen Nation zu mobilisieren. Es wurde einmal gesagt, Winston Churchill habe die einzigartige Fähigkeit besessen, die englische Sprache in die Schlacht zu schicken. Sein berühmter Appell an alle Briten, die Stunde der Entscheidung zur „rühmlichsten Stunde" zu machen, führte zu unvergleichlich mutigem Handeln und ließ Hitlers Illusion von der Unbesiegbarkeit seiner Kriegsmaschinerie wie eine Seifenblase zerplatzen.

Die meisten Glaubensprinzipien stützen sich auf Worte und können auch durch Worte geändert werden. Amerikas Auffassung von der Rassengleichheit wurde sicher von Taten beeinflußt, aber diese waren von leidenschaftlichen Worten inspiriert. Wer kann den bewegenden Aufruf von Martin Luther King Jr. vergessen, als er seine Vision offenbarte: „I have a dream ... Ich habe den Traum, daß diese Nation eines Tages aufbrechen und der wahren Bedeutung ihres Glaubensbekenntnisses gerecht werden wird ..."

Viele von uns sind sich der einflußreichen Rolle bewußt, die Worte in unserer Geschichte gespielt haben, und der Macht, über die talentierte Redner verfügen, um uns einen Anstoß zum Denken und Handeln zu geben. Aber die wenigsten haben begriffen, daß auch wir uns derselben Macht und der Worte bedienen können, um uns emotional zu aktivieren, uns einer Herausforderung zu stellen, uns Mut zu verleihen und unsere Lebensgeister zu stärken, uns zum Handeln zu bewegen und das Geschenk, das wir Leben nennen, besser zu nutzen.

Ein ausgewähltes, wirksames Vokabular zur Beschreibung unserer Lebenserfahrungen kann zur Verstärkung derjenigen Gefühle beitragen, die uns die größte Antriebskraft verleihen. Eine schlechte Wortwahl kann ebenso sicher und schnell eine verheerende Wirkung ausüben. Die meisten von uns wählen ihre Worte unbewußt; wir taumeln schlafwandlerisch durch das Labyrinth der verbalen Möglichkeiten, die uns zur Verfügung stehen. *Machen Sie sich jetzt klar, über welche Macht Ihre Worte verfügen, wenn Sie diese umsichtig wählen.*

Diese einfachen Symbole sind ein phantastisches Geschenk! Wir nehmen die einzigartigen Formen, die wir als Buchstaben bezeichnen (oder Töne, wenn es sich um das gesprochene Wort handelt), und verwandeln sie zu einem beispiellosen und kostbaren Teppich menschlicher Erfahrungen. Sie sind ein Werkzeug, um unsere Erfahrungen auszudrücken und anderen mitzuteilen. Den meisten Menschen scheint jedoch eines entgangen zu sein: *Die Worte, die wir für gewöhnlich wählen, wirken sich auch auf unsere eigene innere Kommunikation aus — und folglich auch auf unsere Erfahrungen.*

Worte können unser Selbstwertgefühl verletzen oder unsere Herzen entflammen. Wir sind imstande, unsere emotionalen Erfahrungen schlagartig zu verändern, indem wir einfach andere Worte wählen, um unsere Gefühle zu beschreiben. Wenn wir es versäumen, unseren Wortschatz zu meistern, und zulassen, daß unsere Wortwahl ausschließlich von unbewußten Gewohnheiten gesteuert wird, dann beeinträchtigen wir unsere gesamte Lebenserfahrung. Wenn Sie ein wundervolles Erlebnis als „ganz nett" bezeichnen, dann glätten und verflachen sie seine facettenreiche Struktur durch die eingeschränkte Nutzung Ihres Vokabulars. *Menschen mit verarmtem Wortschatz haben ein verarmtes Gefühlsleben; Menschen, die über einen reichen Wortschatz verfügen, bedienen sich einer umfangreichen Palette von Farben, mit denen Sie ihren Erfahrungen eine nuancenreiche Färbung geben, nicht nur in der Kommunikation mit anderen, sondern auch mit sich selbst.*

Die meisten Leute sehen indessen keine Herausforderung im Umfang des Vokabulars, das ihnen bewußt zu eigen ist, sondern vielmehr in der Wahl der Wörter; die sie benutzen. Oft verwenden wir Begriffe, die „Kürzel" darstellen, doch diese Kürzel führen häufig auch zur Abkürzung emotionaler Entwicklungsprozesse. Um unser Leben bewußt zu steuern, müssen wir unseren alltäglichen Wortschatz bewußt überprüfen und verbessern. Nur so können wir sichergehen, daß er uns auf den gewünschten Kurs und nicht in eine Richtung lenkt, die wir eigentlich vermeiden wollen. Wir müssen erkennen, daß unsere Sprache zahllose Begriffe enthält, die nicht nur eine wörtliche Bedeutung haben, sondern auch eine deutlich erkennbare emotionale Intensität übermitteln. Wenn Sie es sich beispielsweise angewöhnt haben zu sagen, daß Sie bestimmte Dinge „hassen" — zum Beispiel Ihre Frisur, Ihre berufliche Tätigkeit oder eine unliebsame Aufgabe —, sind Ihre negativen Gefühle dann nicht stärker, als wenn Sie sagten: „Ich ziehe etwas anderes vor"?

Die Verwendung emotional befrachteter Wörter kann Ihre emotionale Verfassung und die anderer Menschen wie von Zauberhand verwandeln. Denken Sie an den Begriff „Ritterlichkeit". Beschwören Sie damit nicht andere Bilder und intensivere Gefühle herauf als mit Worten wie „Höflichkeit" oder „vornehmes Wesen"? Auf mich trifft das zumindest zu. Bei „Ritterlichkeit" denke ich spontan an einen kühnen Ritter auf seinem weißen Streitroß, der sich zu Ehren seiner tugendhaften Angebeteten mit den rabenschwarzen Haaren in einem Turnier mißt. In diesem Begriff schwingt die edle Gesinnung, die Tafelrunde, an dem die verdienten Rekken sitzen, und die ganze Ethik mit, die sich hinter König Artus und den Rittern seiner Tafelrunde verbirgt — kurz gesagt, das sagenumwobene Camelot, der Hof, an dem der König residierte. Und wie schneiden die Wörter „makellos" oder „Integrität" im Vergleich zu „gut gemacht" und

„Redlichkeit“ ab? Wenn man vom „Streben nach persönlichen Bestleistungen“ spricht, werden mit Sicherheit stärkere Gefühle ausgelöst als durch den Begriff „Verbesserungsversuch“.

Seit vielen Jahren habe ich mich selbst von der Macht überzeugt, die in der Veränderung eines einzigen Schlüsselworts in der Kommunikation mit einem anderen Menschen liegen kann. Mir fiel auf, daß sich damit auch die Gefühle des Gesprächspartners auf Anhieb änderten, oft sogar die späteren Verhaltensweisen. Nachdem ich mit Hunderttausenden von Menschen gearbeitet habe, kann ich Ihnen eines sagen, das über jeden Zweifel erhaben ist und schwer zu glauben sein mag: *Wenn Sie Ihren habituellen Wortschatz ändern — die Begriffe, die Sie ständig benutzen, um Ihre Empfindungen auszudrücken —, können Sie im Handumdrehen Ihre Denkweise, Ihre Emotionen und Ihren Lebensstil ändern.*

Das Erlebnis, das mir erstmals zu dieser Erkenntnis verhalf, hatte ich vor einigen Jahren während einer Konferenz, an der außer mir noch zwei Männer teilnahmen: Der eine leitete damals als Geschäftsführer eine meiner Firmen, der andere war ein gemeinsamer Geschäftspartner und guter Freund. Mitten in der Besprechung erhielten wir eine ziemlich alarmierende Nachricht. Einer unserer Verhandlungspartner versuchte offensichtlich, sich auf unfaire Weise Vorteile zu verschaffen. Er hatte unsere Abmachung verletzt, und es sah so aus, als habe er die Oberhand. Ich war wütend und fassungslos, um es gelinde auszudrücken. Doch obwohl ich von der Situation tief betroffen war, konnte ich nicht umhin zu bemerken, wie die beiden anderen Männer auf diese Hiobsbotschaft reagierten.

Mein Firmenchef war außer sich vor Wut und Entrüstung, während mein Freund ziemlich ungerührt schien. Wie kam es, daß wir drei auf eine Nachricht, die uns gleichermaßen in Mitleidenschaft zog (für uns alle stand bei dieser Verhandlung genau das gleiche auf dem Spiel), so völlig unterschiedlich reagieren? Ehrlich gestanden, der Wutausbruch meines Firmenleiters wirkte selbst auf mich unangemessen angesichts dessen, was wirklich geschehen war. Er redete immer wieder davon, wie „wütend“ und „empört“ er sei; sein Gesicht wurde krebsrot, und die Adern auf seiner Stirn und am Hals traten sichtbar hervor. Er verband mit dem Ausleben seiner Wut ganz offensichtlich die Hoffnung, seine negativen Emotionen auszumerzen oder sich nach dem Ausbruch besser zu fühlen. Als ich ihn fragte, was für einen Sinn er in seiner Reaktion sehe und warum er so in Rage gerate, erwiderte er mit zusammengebissenen Zähnen: „Wenn man wütend wird, fühlt man sich stärker, und wenn man stark ist, kann man etwas in Bewegung setzen und jede Situation zum Besseren wenden.“ Er betrachtete sein Wutgefühl als Mittel, um sich aus einer schmerzhaften emotionalen Verfassung in eine angenehmere zu versetzen, in der er glaubte, den Verlauf der Verhandlungen steuern zu können.

Dann fragte ich mich, warum mein Freund nahezu gleichgültig auf die Krise reagiert hatte. Ich sagte zu ihm: „Du scheinst dich nicht besonders darüber aufzuregen. Bist du nicht sauer?" Und mein Firmenchef warf auch ein: „Ja, sind Sie denn nicht außer sich vor Wut?" Mein Freund entgegnete schlicht: „Nein, die Sache ist es nicht wert, daß man sich darüber ereifert." Bei diesen Worten wurde mir bewußt, daß ich in den langen Jahren, die wir uns kannten, nie bemerkt hatte, daß ihn irgend etwas aus der Fassung brachte. Ich fragte ihn nun, was er denn mit Wutgefühlen verknüpfe, und er antwortete: „Wenn man in Wut gerät, verliert man die Kontrolle." Interessant, dachte ich. „Und was passiert, wenn du die Kontrolle verlieren solltest?" wollte ich wissen. Er erwiderte ganz beiläufig: „Dann haben andere das Spiel gewonnen."

Ich hätte mir keinen größeren Gegensatz ausmalen können: Der eine verknüpfte mit Wutgefühlen die angenehme Aussicht, die Kontrolle zu übernehmen, während der andere damit die unangenehme Aussicht assoziierte, die Kontrolle zu verlieren. *Das Verhalten dieser beiden Männer spiegelte ganz offensichtlich ihre Prinzipien wider.* Ich begann, meine eigenen Empfindungen zu analysieren. Was hielt ich von der Sache? Jahrelang glaubte ich, mit allen Problemen nur dann fertigwerden zu können, wenn ich wütend wurde, aber inzwischen bin ich überzeugt, daß ich es auch ohne Wutgefühle schaffe. Ich kann genauso effektiv sein, wenn ich mich auf dem Gipfel des Glücks befinde. Infolgedessen versuche ich weder, Wutgefühle zu vermeiden — ich nutze sie, wenn ich mich in diesem Zustand befinde —, noch mich bewußt in Wut zu versetzen, da ich mir auch ohne sie Zugang zu meinem Kräftepotential verschaffen kann. Was mich wirklich interessierte, waren die unterschiedlichen Worte, die wir drei benutzten, um diese Erfahrung zu beschreiben. Ich hatte die Begriffe „sauer" und „aufgeregt" verwendet, mein Firmenchef „wütend" und „empört", und mein Freund hatte gesagt, er sei „unangenehm berührt". Ich konnte es einfach nicht fassen! Unangenehm berührt?

Ich fragte ihn: „Das ist alles, was du dabei empfindest? Du fühlst dich unangenehm berührt? Du mußt doch auch mal wütend oder sauer werden!" Er erwiderte: „Nein, eigentlich nicht. Da muß schon einiges passieren, bevor ich derart reagiere, aber das kommt so gut wie nie vor." Ich fragte ihn: „Kannst du dich an die Zeit erinnern, als das Finanzamt eine Viertelmillion Dollar bei dir kassiert hat, aufgrund eines Fehlers, der den Beamten unterlaufen war? Hat es nicht zwei Jahre gedauert, bis sie dir das Geld zurückerstattet haben? Bist du da nicht unglaublich wütend gewesen?" Mein Firmenchef stieß ins gleiche Horn: „Sind Sie nicht fuchsteufelswild geworden?" Mein Freund entgegnete: „Nein, darüber habe ich mich nicht besonders aufgeregt. Vielleicht war ich ein wenig gereizt." Gereizt? Ich dachte, dieses Wort sei das dümmste, das ich je gehört hatte! Ich wäre nie auf die Idee gekommen, es zu benutzen, um so intensive Gefühle zu beschreiben. Wie konnte dieser wohlhabende und erfolgreiche Geschäftsmann ein Wort wie „gereizt" benutzen und dabei mit einem so unbeteiligten Gesicht herumlaufen? In Wirklichkeit hatte er jedoch gar keine ungerührte Miene aufgesetzt. Er schien es geradezu zu genießen, über Dinge zu reden, die mich in den Wahnsinn getrieben hätten.

Ich begann mich zu fragen: „Wie würde ich mich fühlen, wenn ich dieses Wort gewählt hätte, um meine Empfindungen zu beschreiben? Würde ich lächeln, statt mich gestreßt zu fühlen?“ Ich dachte: „Hmm, vielleicht sollte ich mich damit einmal näher befassen.“ Noch Tage danach faszinierte mich die Idee, das Sprachmuster meines Freundes zu benutzen und festzustellen, wie es sich auf meine emotionale Intensität auswirkte. Was würde geschehen, wenn ich wirklich wütend war und meinem Gegenüber sagte: „Ich bin wirklich ein wenig gereizt.“ Allein bei dem Gedanken mußte ich lachen – ich fand die ganze Sache wirklich komisch. Spaßeshalber beschloß ich, mich auf das Experiment einzulassen.

Meine erste Chance, das Wort zu benutzen, erhielt ich nach einem langen Flug, bei der Ankunft in meinem Hotel. Da versäumt wurde, ein Zimmer für mich zu reservieren, mußte ich fünfzehn oder zwanzig Minuten vor der Rezeption herumstehen, physisch total erschöpft und an der Toleranzgrenze angelangt. Der Empfangschef schlurfte zur Anmeldung hinüber und begann meinen Namen nach dem Zwei-Finger-Suchsystem und in einem Tempo in den Computer einzugeben, das einer Schnecke den letzten Geduldsfaden geraubt hätte. Ich spürte, wie „ein bißchen Wut“ in mir aufwallte, deshalb erklärte ich dem guten Mann: „Ich weiß, es ist nicht Ihre Schuld, aber ich bin ziemlich erschöpft und möchte schnellstmöglich in mein Zimmer. Wenn ich hier nämlich noch länger herumstehe, fürchte ich, daß ich bald ein wenig gereizt sein werde.“

Der Mann sah auf und warf mir einen ziemlich verdutzten Blick zu; dann lächelte er. Ich erwiderte sein Lächeln; mein Gefühlsmuster war durchbrochen. Der emotionale Vulkan, der sich in mir aufgetan hatte, kühlte auf Anhieb ab, und dann geschahen zwei Dinge: Mir begann es Spaß zu machen, noch einige Minuten an der Rezeption zu verbringen, und der Empfangschef beeilte sich. War es möglich, daß es ausreichte, meine Empfindungen mit einem neuen Etikett zu versehen, um das Gefühlsmuster zu überwinden und meine Erfahrung zu verändern? Sollte das tatsächlich so leicht sein? Was für eine sensationelle Methode!

Im Verlauf der nächsten Wochen experimentierte ich immer wieder mit meinem neuen Wort. Jedesmal, wenn ich es aussprach, bewirkte es, daß die Intensität meiner Gefühle von einem Augenblick zum anderen nachließ. Manchmal brachte mich das zum Lachen, aber zumindest unterdrückte ich damit den Impuls, mich vom Zustand der Verärgerung in Wut hineinzusteigern. Innerhalb von zwei Wochen kostete es mich nicht mehr die geringste Mühe, das Wort zu benutzen: es war zur Gewohnheit geworden. Ich griff zuerst danach, um meine Gefühle zu beschreiben, und merkte, daß ich nicht mehr so extrem wütend wurde. Dieses Instrument, über das ich gestolpert war, faszinierte mich zunehmend. Ich erkannte, daß sich mit der Veränderung meines habituellen Wortschatzes auch meine Erfahrungen veränderten. Von da an benutze ich das, was ich später *Transformatorisches Vokabular*™ nannte. Nach und nach begann ich, auch mit anderen Begriffen zu experimentieren, die so stark waren, daß ich damit jedes Gefühl intensivieren oder abschwächen konnte.

Sie müssen sich vorstellen, daß Ihre fünf Sinne eine Reihe von Wahrnehmungen an Ihr Gehirn weiterleiten, daß Sie also auf Sicht- (visuelle), Hör- (auditive), Tast- (kinästhetische), Geruchs- (olfaktorische) und Geschmacks- (gustatorische) Reize reagieren. Diese werden in neurale Erregung umgewandelt und bestimmten Kategorien zugeordnet. Aber wie wissen wir, was Bilder, Geräusche, Gefühle und andere Wahrnehmungen bedeuten? Eine der wirksamsten Methoden, die der Mensch erlernt hat, um sich schnellstmöglich über seine Empfindungen klar zu werden, besteht darin, sie mit einem Etikett zu versehen, das wir als „Wort" bezeichnen.

Und hier liegt das Problem: Alle Wahrnehmungen fließen durch einen Trichter in verschiedene Gußformen, die „Wörter". Aufgrund unseres Bestrebens, Entscheidungen unverzüglich zu fällen, statt alle verfügbaren Wörter zu berücksichtigen und nach der angemessensten und zutreffendsten Beschreibung zu suchen, zwingen wir diese Wahrnehmung in eine negative Gußform. Wir entwickeln Vorlieben — Matrizen, die unsere Lebenserfahrungen formen und umwandeln. Die meisten Menschen schätzen die Wirkung der Wörter, die zu benutzen sie sich angewöhnt haben, leider nicht bewußt ein. Die Schwierigkeiten beginnen, wenn wir ständig unsere negativen Wahrnehmungen in Wort-Formen wie „wütend", „deprimiert", „erniedrigend" oder „unsicher" pressen. Sie spiegeln unsere tatsächliche Erfahrung unter Umständen gar nicht genau wider. In dem Augenblick, da wir unsere Wahrnehmungen mit dieser Hülle umgeben, repräsentiert das Etikett unsere Erfahrung. Was „ein wenig problematisch" war, wird nun als „verheerend" bezeichnet.

Mein Firmenchef verwendete beispielsweise die Wörter „wütend" „fuchsteufelswild" und „empört". Ich redete von „zornig" oder „aufgeregt", und mein Freund ließ seine Erfahrung in die Gußform „gereizt" oder „unangenehm berührt" einfließen. Interessant ist meine Entdekkung, daß wir alle jeweils immer gleiche Wortmuster benutzen, um eine Fülle frustrierender Erlebnisse zu beschreiben. Wir können alle das gleiche wahrnehmen, aber die Art, wie wir diese Eindrücke zuordnen — die Gußform oder das Wort, das wir verwenden —, wird zu unserer ureigenen Erfahrung. Ich stellte später fest, daß ich durch den Gebrauch der Matrize meines Freundes (der Wörter „verärgert", „gereizt" oder „unangenehm berührt") auf Anhieb in der Lage war, die Intensität eines Erlebnisses zu verändern. Es wurde dadurch völlig umgewandelt. *Das ist der Kern des Tranformatorischen Vokabulars: Die Begriffe, die wir mit einer Erfahrung verknüpfen, werden zu unserer Erfahrung.* Deshalb müssen wir die Wörter bewußt wählen, die wir zur Beschreibung unserer emotionalen Verfassung benutzen, oder zur Strafe größere Nachteile in Kauf nehmen, als gerechtfertigt oder angemessen wäre.

Wörter dienen buchstäblich dazu, uns unsere Lebenserfahrungen immer wieder bildlich zu präsentieren. Und dabei wirken sie wiederum auf unsere Wahrnehmungen und Gefühle ein. Erinnern Sie sich: Wenn drei Personen dasselbe erleben können und dabei die erste total in Rage gerät, die zweite wütend und die dritte nur gereizt ist, dann werden die Empfindungen offensichtlich auch durch die verbale Übertragung verändert, die jede Person für sich vorgenommen hat. Da Wörter unser wichtigstes Werkzeug für die Interpretation oder Übertragung sind, verändert das Etikett, mit dem wir unsere Erfahrung versehen, sogleich die Empfindung, die in unserem autonomen Nervensystem entsteht. Wörter haben in der Tat eine biochemische Wirkung.

Falls Sie daran zweifeln, sollten Sie einmal ernsthaft überlegen, ob es Begriffe gibt, die auf der Stelle eine emotionale Reaktion bei Ihnen auslösen. Was würden Sie beispielsweise empfinden, wenn Ihnen jemand eine rassistische Beleidigung ins Gesicht schleudern würde? Und wie würde es sich auf Ihren Gemütszustand auswirken, wenn Sie jemand auf übelste Weise beschimpft? Es macht vermutlich einen großen Unterschied, ob jemand Sie als „A." bezeichnet, oder ob er in einem Satz mit drastischen Einzelheiten zum Ausdruck bringt, wofür diese Abkürzung steht.

Entstünde dabei in Ihrem Körper nicht eine stärkere Anspannung, als wenn man sie einen „Engel", ein „Genie" oder eine „geile Type" nennen würde? Wir alle verknüpfen beträchtliche Schmerzzustände mit bestimmten Wörtern. Als ich mit Dr. Leo Buscaglia sprach, teilte er mir die Ergebnisse einer Studie mit, die gegen Ende der fünfziger Jahre an einer Universität im Osten Amerikas durchgeführt worden war. Die Teilnehmer wurden gebeten, das Wort „Kommunismus" zu definieren. Eine erstaunliche Anzahl der Befragten geriet allein schon aufgrund der Aufgabenstellung in Panik, und nur wenige konnten den Begriff wirklich umreißen; sie wußten lediglich, daß er ihnen Angst einflößte! Eine Frau erklärte sogar: „Nun, eigentlich weiß ich nicht, was man genau darunter versteht; aber es wäre besser, wenn wir so was in Washington nie bekämen." Ein Mann behauptete sogar, über die Kommunisten sei ihm alles Nötige bekannt, und alles, was man tun musse, sei, sie zur Strecke zu bringen! Aber er konnte nicht einmal erklären, was Kommunisten sind. Es läßt sich also nicht leugnen, daß derartige Worthülsen einen ungeheuren Einfluß auf die Entstehung von Empfindungen und Gefühlen ausüben.

„Wörter bilden die Perlenschnur, auf der wir unsere Erfahrungen aufreihen."

Aldous Huxley

Als ich die Macht des Vokabulars zu erforschen begann, widerstrebte mir noch immer die Vorstellung, daß ein so einfaches Mittel wie die Veränderung der Wörter, die wir benutzen, so spektakuläre Auswirkungen auf unsere Lebenserfahrungen haben könnte. Aber als ich mich intensiver mit dem Studium der Sprache befaßte, stieß ich auf einige überraschende Fakten. Sie überzeugten mich, daß Wörter unsere Erfahrungen tatsächlich filtern und verwandeln. Ich entdeckte beispielsweise, daß die englische Sprache laut *Compton's Encyclopedia* mindestens 500.000 Wörter umfaßt, und andere Quellen geben die Gesamtzahl mit rund 750.000 an. Sie ist weltweit die Sprache mit den meisten Wörtern, gefolgt von der deutschen Sprache, die es auf ungefähr die Hälfte bringt.

Ich fand es faszinierend, daß angesichts dieses riesigen Begriffspotentials, *unser habituelles Vokabular außerordentlich beschränkt ist.* Verschiedene Sprachwissenschaftler haben mir erklärt, daß der aktive Wortschatz eines durchschnittlichen Menschen aus nicht mehr als 2.000 bis 10.000 Wörtern besteht. Nach vorsichtigen Schätzungen umfaßt aber die englische Sprache ungefähr eine halbe Million Begriffe, was bedeuten würde, daß wir in der Regel nur 0,5 bis maximal 2 Prozent der Sprache benutzen. Gibt es etwas, das noch tragischer sein könnte? Wie viele dieser Wörter beschreiben nach Ihrer Schätzung wohl unsere Gefühle? Mit Hilfe einer Reihe von Synonymwörterbüchern konnte ich 3.000 Begriffe ausfindig machen, die in Zusammenhang mit menschlichen Gefühlsregungen stehen. Was mich verblüfft hat, war das Verhältnis zwischen den Wörtern, die positive, und denen, die negative Emotionen beschreiben. Nach meiner Rechnung gibt es im Englischen 1.051 Begriffe für positive Gefühle, und 2.086 für negative. Für „Traurigkeit" fand ich beispielsweise 264 Wörter, darunter: „verzagt", „grämlich", „niedergeschlagen", „verstimmt", „kummervoll", „gequält", „tränenreich", „melancholisch"; aber ich konnte nur 105 Synonyme für „Fröhlichkeit" entdecken: „munter", „unbekümmert", „keck", „schwungvoll" und „lebhaft". Kein Wunder, daß sich die Leute häufiger schlecht als gut fühlen!

Wenn die Teilnehmer an meinem Seminar Date With Destiny die Gefühle auflisten, die sie während einer normalen Woche verspürt haben, bringen die meisten nicht mehr als rund ein Dutzend zusammen. Warum? Weil wir dazu neigen, immer wieder dieselben Gefühle zu entwikkeln: Bestimmte Leute sind andauernd frustriert, wütend, verunsichert oder niedergeschlagen. Einer der Gründe ist darin zu suchen, daß sie immer dieselben Wörter benutzen, um ihre Erfahrungen zu beschreiben. Wenn wir unsere Körperempfindungen kritischer analysieren würden und bei unserer Einschätzung der Realität kreativer vorgingen, würden wir eher unseren Erfahrungen ein anderes Etikett anhängen und damit auch unsere emotionalen Reaktionen verändern.

Ich erinnere mich, vor einigen Jahren etwas über eine Studie gelesen zu haben, die in einer Strafvollzugsanstalt durchgeführt wurde. Man stellte fest, daß Insassen, die unter der Inhaftierung litten, zur Anwendung körperlicher Gewalt neigten, da ihre Kommunikationsfähigkeit eingeschränkt war. Ihr begrenzter Wortschatz engte ihre emotionale Bandbreite ein und lenkte selbst das leiseste Gefühl des Unbehagens in Bahnen, die zu einem erhöhten Maß an aggressiver Energie und Wut führten. Ein völliger Gegensatz dazu sind Menschen wie William F. Buckley, die aufgrund ihrer Belesenheit und Wortgewandtheit ein äußerst nuancenreiches Bild ihrer Empfindungen zu zeichnen vermögen und so all diese Empfindungen in ihrem Innern auch kultivieren können. *Wenn wir unser Leben verändern und unser Schicksal selbst in die Hand nehmen wollen, müssen wir die Wörter, die wir benutzen, bewußt wählen und ständig danach streben, unsere Möglichkeiten zu erweitern.*

Um Ihnen weitere Vergleichsmöglichkeiten an die Hand zu geben: die Bibel verwendet 7.200 verschiedene Wörter, der Dichter und Essayist John Milton 17.000, und es heißt, daß William Shakespeare mehr als 24.000 Wörter in seinen verschiedenen Werken verwendete, 5.000 davon nur einmal. Tatsächlich gehen viele jener englischen Wörter, die noch heute Teil des allgemeinen Sprachgebrauchs sind, auf ihn zurück, darunter zahlreiche Neuprägungen. Eine kleine Auswahl, die Sie vielleicht interessiert, im folgenden Kasten.

Sprachwissenschaftler haben ohne die Spur eines Zweifels nachgewiesen, daß jede Kultur maßgeblich durch ihre Sprache beeinflußt wird. Macht es nicht Sinn, daß sich die englische Sprache so stark an Verben orientiert? Schließlich sind Amerikaner sehr stolz darauf, daß sie tatkräftig zupacken können. Die Begriffe, die wir ständig benutzen, wirken sich auf unsere Werturteile und somit auch auf unsere Denkweise aus. Im Gegensatz dazu legt man in der chinesischen Kultur viel Wert auf das Unveränderliche. Diese Tatsache spiegelt sich in den zahlreichen chinesischen Dialekten wider, in denen nicht Verben, sondern Substantive vorherrschen. Aus dieser Perspektive stellen Substantive Dinge dar, welche die Zeiten überdauern, während Verben (wie Tätigkeiten) auf das Hier und Jetzt beschränkt und morgen dem Blick entschwunden sind.

Wir müssen uns bewußt machen, daß Wörter unsere Glaubensmuster und Aktionen beeinflussen. Sie stellen das Rohmaterial dar, aus dem alle Fragen gemacht sind. Wenn wir ein Wort in einer Frage austauschen, können wir auf Anhieb die Antwort ändern, die wir in bezug auf unsere Lebensqualität erhalten. Je mehr ich mich bemühte, die Bedeutung verschiedener Begriffe zu verstehen, desto stärker beeindruckte mich ihre tiefgreifende Wirkung auf menschliche Gefühle, nicht nur bei mir selbst, sondern auch bei anderen.

> *„Wer die Macht der Wörter nicht kennt,*
> *kann auch die Menschen nicht kennen.“*
>
> Konfuzius

Wörter für die flinke Zunge ...

Diese schlagkräftigen, emotionsauslösenden Begriffe, die nur eine kleine Auswahl darstellen, wurden von dem Meister der englischen Sprache, William Shakespeare, entweder geprägt oder in die englische Sprache neu eingeführt:

amazement (Verwunderung)
arch-villain (Erzschurke)
assassination (Mordanschlag)
bloodstained (blutgetränkt)
bluster (Großmaul)
to champion (verfechten)
cold-hearted (kaltherzig)
disgraceful (schändlich)
eventful (ereignisreich)
fathomless (unergründlich)
gallantry (Galanterie)
hostile (feindselig)
invulnerable (unverwundbar)
jaded (ermattet)
lackluster (glanzlos)
laughable (lachhaft)
lustrous (strahlend)
madcap (verwegener Kerl)
majestic (majestätisch)
money's worth (sein Geld wert sein)
moonbeam (Mondstrahl)
mortifying (Verdruß auslösend)
to negotiate (aushandeln)
nimble-footed (leichtfüßig)
obscene (unzüchtig)
pageantry (Prunk)
to perplex (verblüffen)
to puke (speien)
uppy dog (Springinsfeld)
on purpose (vorsätzlich)
quarrelsome (zänkisch)
radiance (strahlender Glanz)
reliance (Vertrauen, Stütze)
remorseless (unbarmherzig)
rose-cheeked (rotwangig)
sacrificial (aufopferungsvoll)
savagery (Barbarei)
shipwrecked (schiffbrüchig, gescheitert)
shooting star (Sternschnuppe)
to sire (zeugen)
to sneak (heranschleichen)
to squabble (zanken)
stealthy (verstohlen)
to swagger (großspurig auftreten)
tardiness (Saumseligkeit)
time-honored (altehrwürdig)
to torture (quälen)
tranquil (friedlich, gelassen)
transcendence (Erhabenheit)
trippingly (flink)
unearthly (überirdisch)
watchdog (Wachhund, Aufpasser)
yelping (kreischend)
zany (Hanswurst, närrisch)

Eines Tages merkte ich, daß diese Idee — so einfach sie auch erscheinen mag — kein Hirngespinst ist. Ich stellte fest, daß es tatsächlich ein Tranformatorisches Vokabular gibt, und daß wir durch eine Veränderung unserer gewohnheitsmäßig benutzten Begriffe das emotionale Muster unseres Lebens beeinflussen können. Folglich sind wir auch imstande, unsere Verhaltensweisen, unsere Lebensrichtung und letztlich auch unsere Bestimmung zu gestalten. Eines Tages sprach ich mit Bob Bays, einem langjährigen Freund, über diese Erkenntnisse. Dabei konnte ich beobachten, daß er wie ein Weihnachtsbaum zu strahlen begann. Er sagt: „Wow! Ich habe auch etwas entdeckt, das ich dir erzählen möchte." Er hetzte von einem Termin zum nächsten, um seinen Verpflichtungen nachzukommen. Als er schließlich nach Hause zurückkehrte, wollte er lediglich ein wenig „Freiraum" für sich selbst haben. Sein Haus am Strand von Malibu ist sehr klein und eigentlich nicht für Logierbesuch geeignet, ganz zu schweigen von drei oder vier Gästen gleichzeitig.

Als er über die Schwelle trat, stellte er fest, daß seine Frau ihren Bruder eingeladen hatte, und daß seine Tochter Kelly, die für zwei Wochen zu Besuch kommen sollte, zwei Monate bleiben wollte. Um das Maß vollzumachen, hatte auch noch jemand den Videorecorder abgeschaltet, der von ihm eigenhändig für die Aufnahme eines Footballspiels vorprogrammiert worden war, auf das er sich schon seit Tagen freute! Wie Sie sich vorstellen können, war Bob an seiner emotionalen Toleranzgrenze angelangt. Als er herausfand, daß seine Tochter das Gerät ausgestellt hatte, entlud sich seine Wut, und er brüllte ihr alle Schimpfwörter ins Gesicht, die ihm nur einfielen. Sie erlebte zum erstenmal in ihrem Leben, daß ihr Vater laut geworden war und dabei auch noch eine so drastische Sprache benutzte, und brach postwendend in Tränen aus.

Bobs Frau hatte die Szene miterlebt und begann, schallend zu lachen. Da Bobs Verhalten so ungewöhnlich war, vermutete sie, daß es sich hier um eine von Wut diktierte, massive Strategie zur Unterbrechung seines sonstigen Reaktionsmusters handelte. In Wirklichkeit wünschte er sich, er hätte eine solche Strategie gehabt, um seinen Wutausbruch zu verhindern. Als sich der Rauch verflüchtigt hatte und sie feststellen mußte, daß er tatsächlich fuchsteufelswild war, begann sie sich Sorgen zu machen; deshalb gab sie ihm einige wichtige Rückmeldungen. Sie sagte: „Bob, du benimmst dich so merkwürdig. Du bist doch sonst nicht so. Weißt du, mir ist auch noch etwas anderes aufgefallen: Du benutzt dauernd ein Wort, das ich vorher noch nie von dir gehört habe. Wenn du innerlich angespannt bist, sagst du für gewöhnlich, daß du ‚überlastet' bist; aber seit kurzem redest du laufend von ‚gestreßt'. Das sagst du doch sonst nie; Kelly benutzt dieses Wort, und wenn sie es ausspricht, dann ist sie genauso wütend und reagiert ähnlich, wie du es soeben getan hast."

„Wäre es möglich", dachte ich, als Bob mir diese Geschichte erzählte, „daß man mit dem habituellen Wortschatz auch die Gefühlsmuster eines anderen Menschen übernimmt?" Und könnte es sein, daß man sich nicht nur die Wörter, sondern auch die Lautstärke, Intensität und den Tonfall eines anderen zu eigen macht?

Ich bin sicher, daß wir oft deshalb jenen Menschen zu ähneln beginnen, mit denen wir unsere Zeit verbringen, weil wir einen Teil ihrer Gefühlsmuster durch den Gebrauch ihres alltäglichen Vokabulars übernehmen. Die Leute, die häufig mit mir zusammen sind, stellen bald fest, daß sie Begriffe wie „leidenschaftlich", „unglaublich" und „spektakulär" verwenden, um ihre Erfahrungen zu beschreiben. Können Sie sich vorstellen, daß damit ganz andere, positive Gefühlszustände erzeugt werden, als wenn jemand lediglich lapidar sagt: „Mir geht's ganz gut"? Können Sie sich vorstellen, daß mit dem Wort „Leidenschaft" das Pendel der Gefühle in Schwingung versetzt wird? Dieser Begriff führt einen Wandel herbei, und da ich ihn ständig benutze, hat mein Leben mehr emotionale Würze.

Das Transformatorische Vokabular gestattet uns, jeden Gemütszustand, gleich ob positiv oder negativ, nach Belieben zu verstärken oder zu dämpfen. Damit haben wir die Macht, die Intensität der unangenehmsten Empfindungen in unserem Leben auf ein Niveau herunterzuschrauben, das uns nicht länger Kopfzerbrechen bereitet, und die angenehmsten Emotionen zu einem Höchstmaß an Freude und Tatendurst zu intensivieren.

Als Bob und ich später an jenem Tag zusammen zu Mittag aßen, vertieften wir uns in eine Reihe von Projekten, an denen wir gemeinsam arbeiteten. An einem Punkt des Gesprächs sagte er zu mir: „Tony, ich kann einfach nicht glauben, daß sich irgend jemand auf der Welt langweilt." Ich stimmte ihm zu. „Ich weiß, was du meinst. Klingt verrückt, oder?" Er erwiderte: „Ja, das Wort Langeweile kommt in meinem Vokabular nicht vor." „Was hast du da gerade gesagt? Langeweile kommt in deinem Vokabular nicht vor? ... Erinnerst du dich, wovon wir vorhin gesprochen haben? Es ist in deinem Wortschatz nicht vorhanden, und du kennst keine Langeweile. Könnte es sein, daß wir bestimmte Emotionen deshalb nicht erleben, weil uns ein Wort fehlt, das sie repräsentiert?"

Die Begriffe, die Sie ständig wählen, beeinflussen Ihr Schicksal

Ich habe an früherer Stelle gesagt, daß die Art, wie wir in unseren Gedanken bestimmte Sachverhalte wiedergeben, unser Lebensgefühl beeinflußt. Damit verknüpft ist die Erkenntnis: *Wenn man keine Möglichkeit hat, eine Erfahrung darzustellen, sie gedanklich wiederzugeben, kann man sie auch nicht erleben.* Es mag sein, daß man sich etwas vorzustellen vermag, für das man kein Wort hat, oder es durch Töne oder Wahrnehmungen umschreiben kann; es läßt sich jedoch nicht bestreiten, daß die Fähigkeit, einen Sachverhalt zu artikulieren, ihm eine zusätzliche Dimension und Substanz verleiht und somit auch ein gewisses Maß an Realität. Wörter sind ein grundlegendes Instrument, um uns selbst bestimmte Dinge vorzustellen und wiederzugeben. Wenn es für etwas kein Wort gibt, gibt es auch keine Möglichkeit, über das Erlebte nachzudenken. Zum Beispiel fehlt in einigen amerikanischen Indianersprachen ein Wort für „Lüge", das auch kein Bestandteil der Denk- oder Verhaltensweisen dieser ethnischen Gruppen ist. Ohne ein entsprechendes Wort scheint diese Konzeption nicht zu existieren. Der Tasaday-Stamm auf den Philippinen hat, soweit wir wissen, kein Wort für „Abneigung", „Haß" oder „Krieg" — welch herrlicher Gedanke!

Um auf mein ursprüngliches Thema zurückzukommen: Da Bob keine Langeweile kennt und dieses Wort in seinem habituellen Vokabular fehlt, mußte ich nachhaken: „Welches Wort habe ich denn selbst noch nie benutzt, um meine Gefühle zu schildern?" Die Antwort lautete: „Depression." Ich bin unter Umständen frustriert, wütend, neugierig oder überlastet, aber nie deprimiert. Warum? War das immer so gewesen? Nein. Vor acht Jahren befand ich mich in einer Lage, in der ich ständig unter Depressionen litt. Sie löschten jede Spur des Willens aus, mein Leben zu ändern, und gleichzeitig sorgten sie dafür, daß ich praktisch überall unlösbare, persönliche Probleme sah. Zum Glück war der Leidensdruck so groß, daß ich mich selbst aus dieser Falle befreien konnte, und infolgedessen assoziiere ich mit dem Wort Depression große Qualen. Ich kam zur Überzeugung, daß depressiv sein „tot sein" am nächsten kommen müsse. Da mein Gehirn, ohne daß ich es merkte, so massive Nachteile mit dem Begriff Depression verband, hatte ich ihn automatisch aus meinem Wortschatz verbannt, so daß mir keine Möglichkeit mehr blieb, dieses Gefühl zu denken, darzustellen oder es zu erleben. Mit einem Streich war es mir gelungen, mein Vokabular von destruktiven Begriffen zu säubern und somit auch ein Gefühl auszulöschen, das selbst auf den psychisch Stabilsten eine verheerende Wirkung hat. *Wenn bestimmte Begriffe, die Sie benutzen, einen lähmenden Zustand herbeiführen, dann sollten Sie sich ihrer entledigen und sie durch bestärkende ersetzen!*

Jetzt sagen Sie vielleicht: „Das sind doch nur Wortklaubereien! Was für einen Unterschied macht es schon, wenn man solche Wortenspielereien betreibt?" Die Antwort lautet: Wenn Sie nur den Begriff austauschen, können Sie Ihre Erfahrung nicht beeinflussen. Aber wenn es Ihnen gelingt, damit Ihre üblichen Gefühlsmuster zu durchbrechen, dann verändert sich alles. Wenn man es versteht, das Transformatorische Vokabular — das unsere emotionalen Erfahrungen umwandelt — richtig zu verwenden, *kann man unproduktive Verhaltensmuster durchbrechen, sich zu einem Lächeln durchringen, völlig andere Gefühle erzeugen, den eigenen Gemütszustand beeinflussen und intelligentere Fragen stellen.*

Meine Frau und ich sind beispielsweise temperamentvolle Menschen, die leidenschaftlicher Gefühle fähig sind. Zu Beginn unserer Beziehungen waren wir beide häufig in „ziemlich intensive Streitgespräche" verwickelt. Als wir jedoch die Macht der Etiketten entdeckten, die wir unserer Erfahrungen in dem Bemühen anhängten, sie zu ändern, einigten wir uns darauf, diese „Auseinandersetzungen“ künftig als „angeregte Debatten“ zu bezeichnen. Damit änderte sich unsere gesamte Einstellung dazu. Eine „angeregte Debatte“ verläuft nach anderen Regeln als ein Streitgespräch und wird eindeutig mit einer anderen emotionalen Intensität geführt. In den sieben Jahren danach sind wir nie wieder zu dem gewohnten Maß an Gefühlsstärke zurückgekehrt, das wir früher mit unseren „Streitgesprächen“ verknüpft hatten.

Mir wurde bewußt, daß ich meine emotionale Intensität oft durch den Gebrauch von einschränkenden Adverbien abschwächen kann, indem ich zum Beispiel sage: „Ich bin nur ein wenig verärgert“ oder: „Ich fühle mich nicht ganz auf dem Damm.“ Wenn Becky leicht frustriert ist, sagt sie häufig: „Ich bin nur eine Spur schlecht gelaunt.“ Dann müssen wir beide lachen, weil wir dadurch das Muster abrupt unterbrechen. Unsere neueste Gewohnheit besteht darin, Witze über unsere negativen Gefühle zu machen, bevor sie sich zu dem Punkt aufschaukeln, an dem wir außer Fassung geraten. Wir haben „den Teufel bekämpft, solange er klein ist“.

Als ich die Technik des Transformatorischen Vokabulars meinem guten Freund Ken Blanchard erklärte, zählte er Begriffe auf, die er zur Veränderung seines Gemütszustands benutzt. Einen nahm er in seinen alltäglichen Wortschatz auf, als er sich in Afrika auf einer Safari befand und der Lastwagen streikte. Er sagte zu seiner Frau Marge: „Na ja, das kommt ja ziemlich ungelegen.“ Dieser Spruch hatte so durchschlagende Wirkung, daß beide ihn inzwischen regelmäßig verwenden. Wenn ein Ball auf dem Golfplatz nicht die gewünschte Richtung nimmt, pflegt er zu sagen: „Dieser Schlag macht mir nicht gerade Ehre.“ Winzige Veränderungen wie diese beeinflussen unsere emotionale Ausrichtung und somit auch unsere Lebensqualität.

Sie können das Transformatorische Vokabular benutzen, um anderen zu helfen

Sobald Sie die Macht der Wörter begriffen haben, sind Sie hochgradig sensibilisiert, nicht nur für das Vokabular, das Sie selber benutzen, sondern auch für das anderer Menschen. Bei mir hatte das zur Folge, daß ich anderen mit dieser Technik helfen wollte. Ich werde nie das erste Mal vergessen, als ich sie anwendete — bei meinem Freund Jim, einem sehr erfolgreichen Geschäftsmann, der gerade eine harte Zeit durchstehen mußte. Nie zuvor hatte ich ihn so am Boden zerstört gesehen.

Ich merkte, daß er im Verlauf von zwanzig Minuten mindestens ein dutzendmal beschrieb, wie deprimiert er sich fühle und wie ausweglos ihm die Situation erscheine. Ich wollte ergründen, ob ich ihn nicht mit Hilfe des Transformatorischen Vokabulars aus seiner Trübsal herausreißen konnte, und so fragte ich: „Fühlst du dich wirklich deprimiert oder nur ein bißchen frustriert?" „Eigentlich bin ich sehr frustriert." Ich erwiderte: „Mir scheint, daß du schon einige sehr positive Fortschritte gemacht hast und daß es weiter vorangeht." Da er mir zustimmte, beschrieb ich die Auswirkung, die seine Worte auf seinen emotionalen Zustand haben könnten, und bat ihn um einen Gefallen: „Versprich mir, das Wort ‚deprimiert' in den nächsten zehn Tagen nicht ein einziges Mal zu benutzen. Wenn es dir doch wieder herausrutschen sollte, ersetzt du es sofort durch einen konstruktiveren Begriff. Statt ‚Ich bin deprimiert' sag einfach: ‚Ich bin ein bißchen geknickt', ‚Mir geht's bald besser', oder ‚Das kriege ich schon hin.'"

Er versprach mir, sich auf das Experiment einzulassen, und Sie können sicher erraten, was geschah: Eine einzige Veränderung in seinem Wortschatz bewirkte eine Veränderung seines gesamten Gefühlsmusters. Er steigerte sich nicht mehr im gleichen Maß in seine gedrückte Stimmung hinein und blieb statt dessen in einem produktiveren emotionalen Zustand. Zwei Jahre später, als ich Jim von meiner Absicht erzählte, seine Erfahrung in diesem Buch zu schildern, gestand er mir, er sei seither nie mehr deprimiert gewesen, weil er das Wort nie wieder benutzt habe.

Der große Vorteil des Transformatorischen Vokabulars liegt in der ungeheuren Einfachheit dieser Technik. Sie beruht auf fundiertem Wissen und ist so unkompliziert und vielseitig anwendbar, daß Sie schon in der Minute, da Sie Gebrauch davon machen, Ihre Lebensqualität verbessern.

Ein anschauliches Beispiel für die Umwandlung, die man mit der Veränderung eines einzigen Wortes erzielen kann, sind die Geschehnisse bei PIE, einem Lastwagen-Transportunternehmen mit Niederlassungen in allen US-Bundesstaaten. Das Management stellte fest, daß 60 Prozent der Lieferungen reklamiert wurden, was die Firma mehr als eine Viertelmillion Dollar pro Jahr kostete. Man engagierte Dr. W. Edwards Deming, um die Ursache des Problems zu ermitteln. Er führte eine umfangreiche Studie durch und entdeckte, daß 56 Prozent der Fehler darauf beruhten, daß die Lagerarbeiter des Unternehmens die falschen Container verluden. Auf Dr. Demings Empfehlungen hin beschloß die PIE-Geschäftsleitung, nach Möglichkeiten für eine firmenweite Qualitätsverbesserung zu suchen, und die beste bestand darin, das Selbstwertgefühl der Belegschaft zu ändern. Aus den Lagerarbeitern oder Lastwagenfahrern wurden nun Speditionsexperten.

Zunächst fanden die Leute diesen Schritt merkwürdig, denn welchen Unterschied sollte eine neue Berufsbezeichnung schon bewirken? Es hatte sich dadurch ja nichts geändert! Aber bald begannen sich die Arbeiter als „Experten" zu fühlen, und in weniger als dreißig Tagen konnte die Fehlerquote beim Versand von sechzig auf weniger als zehn Prozent gesenkt werden. Das kam einer Kostenersparnis von annähernd einer Viertelmillion Dollar im Jahr gleich.

Hier wird eine grundlegende Wahrheit deutlich: *Die Begriffe, die in der Unternehmenskultur verankert sind und die von jedem einzelnen Arbeitnehmer benutzt werden, haben nachhaltige Auswirkung auf unsere Wahrnehmung der Realität.* Einer der Gründe, die mich bewogen haben, das Kürzel *CANI!* zu prägen statt den japanischen Begriff *kaizen* (Verbesserung) zu borgen, war mein Bestreben, die Philosophie und Denkmuster einer „kontinuierlichen, lebenslangen Verbesserung" in einem Wort zu verankern. Sobald man es fortwährend benutzt, wirkt es sich auf die Perspektive und Denkweise eines Menschen aus. Die Begriffe, die wir verwenden, sind mit Bedeutungsinhalten und Emotionen befrachtet. Wir erfinden ständig neue Wörter; das ist das Wunderbare an unserer Alltagssprache, die neue Begriffe und Konzepte blitzschnell aufzunehmen vermag. Wenn Sie ein Wörterbuch durchblättern, werden Sie Beiträge aus vielen fremden Sprachen und alle möglichen Fachtermini darin finden.

Surfer haben beispielsweise eigene Begriffe wie „röhrenförmig" (tubular) und „radial" (rad) entwickelt, um ihre Erfahrung mit bestimmten Wellenformen sprachlich umzusetzen und auf das Alltagsleben zu übertragen. Dieser Fachjargon hat in Amerika so weitgehend Akzeptanz gefunden, daß er Teil der Umgangssprache und Denkweise geworden ist. Das bringt uns wieder zu dem Punkt, daß wir uns die Worte bewußt machen sollten, die wir automatisch von den Menschen in unserer Umgebung übernehmen oder selber wählen. Wenn Sie Phrasen wie: „Am liebsten würde ich mich umbringen" benutzen, haben Sie sich auf Anhieb in qualvolle Emotionen hineingesteigert, die eine echte Bedrohung für Ihre Lebensqualität darstellen können. Oder wenn Sie in einer romantischen Beziehung Ihrem Partner/Ihrer Partnerin androhen: „Mir reicht's. Ich gehe!", schaffen Sie damit eine sehr reale Möglichkeit, daß die Beziehung zerbricht. Wenn Sie jedoch sagen: „Ich bin unglaublich frustriert" oder: „Ich bin sauer", dann ist die Wahrscheinlichkeit wesentlich größer, daß sich die Konflikte beseitigen lassen.

In den meisten Berufen gibt es einen Fachjargon, um bestimmte Arbeitsvorgänge und Sachverhalte zu beschreiben, die mit einer Tätigkeit verbunden sind. Beispielsweise haben viele Entertainer just vor ihrem Auftritt „Lampenfieber", das sich in Bauchschmerzen äußert. Die Atemfrequenz ändert sich, der Puls rast, und sie beginnen zu schwitzen. Manche betrachten diese Symptome als natürlichen, unverzichtbaren Teil der Vorbereitung auf den Auftritt, während andere darin ein Zeichen sehen, daß sie unweigerlich versagen werden. Diese Empfindungen, die Carly Simon „Auftrittsangst" nennt, hielten sie jahrelang davon ab, live aufzutreten. Auch Bruce Springsteen verspürt die gleiche innere Anspannung; er bezeichnet sie indessen als „Erregung". Er weiß, daß es ihm ein unvergleichliches Gefühl der Stärke gibt, vor Tausenden von Fans seine Show abzuziehen und sie in einen Taumel der Begeisterung zu versetzen. Er kann es gar nicht erwarten, auf die Bühne zu kommen, so aufgeregt ist er. Für Springsteen sind die „Bauchschmerzen" also ein Verbündeter, für Carly Simon ein Feind.

Von Flügellahm bis Turbodynamisch

Wie würde Ihr Leben verlaufen, wenn Sie die Intensität aller negativen Empfindungen soweit dämpfen könnte, daß sie keinen nennenswerten Einfluß mehr und Sie selbst das Gefühl haben, alles in den Griff zu bekommen? Wie würde Ihr Leben verlaufen, wenn Sie Ihre positivsten Empfindungen verstärken und somit Ihre Lebensqualität verbessern könnten? Beides läßt sich im Bruchteil von Sekunden bewerkstelligen. Hier ist Ihre erste Aufgabe.

Nehmen Sie sich unverzüglich einen Augenblick Zeit. Notieren Sie drei Wörter, die Sie derzeit immer wieder benutzen, um sich selbst in miese Stimmung zu versetzen (gelangweilt, frustriert, enttäuscht, wütend, erniedrigt, verletzt, traurig, usw.). Achten Sie bei der Wahl darauf, daß Sie diese Begriffe regelmäßig verwenden, um sich zu lähmen und destruktiv mit sich umzugehen. Um einige der Wörter aufzuspüren, die umgewandelt werden müssen, sollten Sie sich fragen: „Welche negativen Gefühle stellen sich bei mir kontinuierlich ein?"

Als nächstes ist Spaß angesagt. *Versetzen Sie sich in eine überdrehte, ausgelassene Stimmung; erfinden Sie spontan und wahllos einige neue Wörter, die nach Ihrer Meinung dazu dienen könnten, Ihr Verhaltensmuster oder zumindest Ihre emotionale Intensität auf irgendeine Weise zu verändern.* Lassen Sie mich Ihnen ein paar Tips geben, welche Wörter Sie wählen sollten, um langfristig etwas zu bewirken. Denken Sie daran, daß Ihr Gehirn alles begrüßt, was Schmerz vermeiden und Freude gewinnen hilft. Entscheiden Sie sich deshalb für ein Wort, das Sie gerne anstelle des alten, einschränkenden benutzen werden. Ich habe „gereizt" oder „unangenehm berührt" statt „wütend" verwendet, weil die neuen Begriffe zum Lachen reizen. Damit bewirke ich eine vollständige, abrupte Unterbrechung des Musters bei mir selbst und allen, die mir zuhören, und weil das zu meinen Lieblingsbeschäftigungen gehört, macht es mir Spaß, diese Wörter zu benutzen. Sobald Sie solche Ergebnisse erzielen, garantiere ich Ihnen, daß Sie nach dieser Technik süchtig werden. Um Ihnen bei den ersten Schritten zu helfen, finden Sie nachfolgend einige Beispiele für einfache, komische Begriffe, mit denen Sie die Intensität Ihrer Gefühle sofort eindämmen können.

Negative Gefühle/ Ausdrücke		**verwandeln sich in:**
Ich fühle mich ...		*Ich fühle mich ...*
am Boden zerstört	→	zeitweilig aus dem Tritt
angewidert	→	unangenehm überrascht
ängstlich	→	ein wenig beunruhigt
ängstlich	→	erwartungsvoll
ängstlich	→	wißbegierig
auf dem Holzweg	→	auf der Suche
bedroht	→	auf die Herausforderung erpicht
beleidigt	→	mißverstanden
beleidigt	→	falsch interpretiert
besorgt	→	unbehaglich
das stinkt mir	→	*das ist mir ein bißchen zuviel des Guten*
deprimiert	→	ruhig, bevor ich loslege
deprimiert	→	nicht ganz auf dem Damm
deprimiert	→	kurz vor dem Wendepunkt
dumm	→	auf Entdeckungsreise
dumm	→	einfallslos
dumm	→	im Lernen begriffen
eifersüchtig	→	übermäßig liebend
einsam	→	jederzeit verfügbar
einsam	→	zeitweilig solo
enttäuscht	→	alles andere als überwältigt
enttäuscht	→	betrübt
erschöpft	→	ich muß auftanken
erschöpft	→	ein bißchen flügellahm
faul	→	Energie speichern
frustriert	→	herausgefordert
frustriert	→	fasziniert
Furcht	→	Neugierde
furchtsam	→	gespannt
gedemütigt	→	unwohl
gedemütigt	→	unangenehm überrascht
gereizt	→	angeregt
gereizt	→	aus der Fassung gebracht
gestreßt	→	beschäftigt
gestreßt	→	auserwählt
gestreßt	→	energiegeladen
ich hasse, etwas zu tun	→	*ich ziehe etwas anderes vor*

Ich fühle mich ...		*Ich fühle mich ...*
in Panik	→	aufgeregt
krank	→	klar Schiff machen
nervös	→	energiestrotzend
Oh, Scheiße!	→	Mensch, Meier!
peinlich berührt	→	der Lage bewußt
peinlich berührt	→	stimuliert
Scheitern	→	*im Lernen begriffen*
Scheitern	→	den Horizont erweitern
schmerzvoll	→	unliebsam
schrecklich	→	*anders*
starr vor Schreck	→	gefordert
total überfordert sein	→	viel zu tun haben
traurig	→	beim Sortieren meiner Gedanken
überfordert	→	unausgewogene Aufgabe
überfordert	→	herausgefordert
überfordert	→	ständig gefragt/gebraucht
überfordert	→	zahlreiche Chancen haben
überfordert	→	*im Höchstmaß beansprucht*
überfordert	→	am Rotieren sein
überlastet	→	stark beansprucht
ungeduldig	→	voller Vorfreude
verletzt	→	verstimmt
verletzt	→	pikiert
verunsichert	→	im Zweifel
verwirrt	→	neugierig
wütend	→	*ernüchtert*
wutentbrannt	→	leidenschaftlich
zurückgewiesen	→	auf Eis gelegt
zurückgewiesen	→	im Lernen begriffen
zurückgewiesen	→	übergangen
zurückgewiesen	→	nicht gebührend anerkannt
zurückgewiesen	→	*mißverstanden*
zu Tode gelangweilt	→	*es plätschert alles so dahin*

Ich bin sicher, daß Ihnen noch bessere Begriffe als die in dieser Liste enthaltenen einfallen. *Notieren Sie also drei Wörter aus Ihrem alltäglichen Vokabular, die negative Gefühle in Ihnen wachrufen, und fertigen Sie eine Liste mit Alternativen an.* Diese sollten entweder dazu beitragen, Ihr Verhaltensmuster zu durchbrechen, Sie zum Lachen bringen, weil sie so albern sind, oder zumindest die Intensität Ihrer Gefühle abschwächen.

Alte, eher lähmende Begriffe	Neue, beflügelnde Begriffe
1. ______________	1. ______________
2. ______________	2. ______________
3. ______________	3. ______________

Wie können Sie sich vergewissern, daß Sie diese neuen Wörter dann auch wirklich benutzen? Wenden Sie die NAC-Technik an — die Neuroassoziative Konditionierung. Erinnern Sie sich noch an die ersten beiden Schritte?

Erster Schritt: Beschließen Sie, daß Sie von nun an viel mehr Freude am Leben und weniger Unannehmlichkeiten haben wollen. Einer der Faktoren, die Sie bisher von diesem Ziel abgehalten haben, ist der Gebrauch einer Sprache, die negative Gefühle verstärkt.

Zweiter Schritt: Bauen Sie inneren Druck auf, damit Sie diese drei neuen Begriffe ständig benutzen. Das gelingt Ihnen unter anderem, wenn Sie daran denken, wie absurd es ist, sich selbst in helle Aufregung zu versetzen, während Sie doch genauso beschließen könnten, sich gut zu fühlen. Noch wirksamer ist vielleicht die Strategie, die ich selbst angewendet habe: Setzen Sie drei Freunde von Ihrer unumstößlichen Absicht in Kenntnis, sich zu ändern. Ich war beispielsweise oft frustriert in meinem Leben und habe daher die Entscheidung getroffen, künftig alle Geschehnisse „faszinierend" zu finden. Außerdem predigte ich mir oft selbst: „Diese Aufgabe mußt du jetzt endlich in Angriff nehmen!", und dadurch fühlte ich mich unter Druck gesetzt. Da ich mich stets daran erinnern wollte, wie gut es mir doch eigentlich ging, und weil ich wußte, daß sich meine Erfahrung dadurch ändern würde, sagte ich mir von nun an: „Diese Aufgabe werde ich jetzt in Angriff nehmen." Ich muß überhaupt nichts! Und statt „wütend" zu reagieren, zog ich es vor, „unangenehm berührt", „ein wenig gereizt" oder „ein bißchen beunruhigt" zu sein.

Wenn ich mich in den nächsten zehn Tagen dabei ertappte, daß ich in meine alten Gewohnheiten zurückfiel, unterbrach ich sofort dieses Muster und ersetzte das alte Wort durch das neue. Es machte mir Spaß, mein Vorhaben zielstrebig in die Tat umzusetzen, und so gelang es mir, eine neues Sprachmuster zu verankern. Meine Freunde halfen mir, wenn ich vom Kurs abkam. Sie fragten mich sofort, wie vereinbart: „Tony, bist du wütend oder nur gereizt?" „Bist du frustriert, oder hängst du nur einem faszinierenden Gedanken nach?" Ich bat sie klipp und klar, dieses Mittel nicht als Waffe, sondern zur Unterstützung zu verwenden. Innerhalb kürzester Zeit wurden diese neuen Sprachmuster ein Lösungsansatz, den ich ständig verfolgte.

Bedeutet diese Veränderung nun, daß ich nie mehr wütend werde? Natürlich nicht. Wut kann bisweilen eine sehr nützliche Empfindung sein. Wir sollten unsere negativsten Gefühle jedoch nicht als ein Instrument betrachten, zu dem wir als erstes Zuflucht nehmen, sondern uns außerdem Alternativen offenlassen. Es empfiehlt sich, mehr als eine Gußform bereit zu halten, in die unsere formbaren Gefühle einfließen können. Nur so haben wir Zugang zu Emotionen von größerer Quantität und Qualität.

Wenn Sie wirklich eine Veränderung abstreben, dann erklären Sie drei Freunden Ihr Vorhaben und welche Begriffe Sie vorziehen. Dann sollen diese Ihnen die Frage stellen: „Bist du (altes Wort) oder (neues Wort)?" Setzen Sie alles daran, auch Ihre eigenen Reaktionsmuster, wenn möglich, zu durchbrechen. Belohnen Sie sich sofort, nachdem Sie die alternative Verhaltensweise gezeigt haben, und Sie werden neue, bessere Wahlmöglichkeiten in Ihrem Leben entwickeln.

Selbstverständlich ist der Gebrauch des Tranformatorischen Vokabulars nicht auf die Eindämmung der Intensität von negativen Gefühlen beschränkt. Es bietet uns auch die Chance, die Intensität unserer positiven Emotionen merklich zu verstärken. Wenn Sie jemand fragt, wie es Ihnen geht, dann sollten Sie nicht „Ganz gut" oder „So là là" erwidern, sondern Ihren Gesprächspartner mit folgender Antwort aus dem Konzept bringen: „Ich fühle mich sensationell!" *Diese Methode mag einfach klingen — sie schafft aber ein neues, neurologisches Muster, eine neue neurale „Schnellstraße" zur Lebensfreude.* Deshalb sollten Sie nun drei Begriffe notieren, die in Ihren Augen grundlegend „in Ordnung sind" und die zum Ausdruck bringen, wie Sie sich derzeit oder für gewöhnlich fühlen — zum Beispiel: „Ich fühle mich gut", „Mir geht's prima" oder: „Alles klar." Lassen Sie sich jetzt drei neue Wörter einfallen, die Sie inspirieren. Vielleicht finden Sie einige Anregungen in der nachfolgenden Liste. Kreisen Sie diejenigen Wörter ein, die Sie amüsant finden und Ihrem Vokabular hinzufügen möchten, um Ihren derzeitigen Lebenserfahrungen ein wenig mehr Würze zu verleihen:

Gutes Wort:		**Superwort:**
Ich fühle mich …		*Ich fühle mich …*
attraktiv	➜	hinreißend
aufgedreht	➜	auf dem Höhenflug
aufgeregt	➜	hingerissen
aufgeregt	➜	aufgewühlt

Gutes Wort:		**Superwort:**
Ich fühle mich …		*Ich fühle mich …*
aufgeregt	→	ausgeflippt
aufmerksam	→	konzentriert
behaglich	→	umwerfend
begeistert	→	aufgeregt
entschlossen	→	nicht zu halten
findig	→	genial
Fortschritte machen	→	mit affenartiger Geschwindigkeit vorankommen
friedlich	→	heiter und gelassen
frisch und munter	→	energiegeladen
froh	→	im siebten Himmel
ganz gut	→	einfach super
geliebt	→	angebetet
gescheit	→	talentiert
geschmackvoll	→	kultiviert
gewaltig	→	traumhaft
Glück haben	→	*vom Schicksal begünstigt sein*
glücklich	→	hingerissen
glücklich	→	beschwingt
glücklich	→	angetörnt, in sprudelnder Laune, euphorisch
glücklich	→	einfach selig
großartig	→	aufgedreht
großartig	→	aufgekratzt
großartig	→	absolut umwerfend
großartig	→	unglaublich
großartig	→	phänomenal
gut	→	besser geht's nicht
gut	→	eine Wucht
gut	→	zauberhaft
gut	→	vibrierend
hellwach	→	in den Startlöchern
in Ordnung	→	voller Elan
in Ordnung	→	erstklassig
in Ordnung	→	perfekt
interessant	→	fesselnd
interessiert	→	in den Bann geschlagen
kein Problem	→	sehr erfreut
konzentriert	→	energiegeladen

Gutes Wort:		**Superwort:**
Ich fühle mich …		*Ich fühle mich …*
konzentriert	→	gespannt wie ein Flitzebogen
kraftvoll	→	turbodynamisch
kraftvoll	→	unbesiegbar
lieben	→	Liebe ausströmen
lieben	→	leidenschaftlich zugetan
lustig	→	putzmunter
mögen	→	entzückt sein
mögen	→	ein Faible haben
mögen	→	schwelgen in
motiviert	→	beflügelt
motiviert sein	→	Antrieb haben
motiviert sein	→	unter Strom stehen
nett	→	phantastisch
nett	→	spektakulär
neugierig	→	fasziniert
nicht schlecht	→	könnte nicht besser sein
phantastisch	→	sagenhaft
prima	→	ehrfurchtgebietend
satt	→	zum Bersten voll
selbstsicher	→	zur eigenen Mitte finden
selbstsicher	→	zuversichtlich
selbstsicher	→	guten Mutes sein
selbstsicher	→	kraftvoll zupacken
schnell	→	wie der Blitz
schnell	→	mit explosionsartiger Geschwindigkeit
sich gut fühlen	→	sich eins mit dem Kosmos fühlen
sich gut fühlen	→	in absoluter Höchstform
stark	→	unbesiegbar
stimuliert	→	aufgeputscht
toll	→	Klasse
unverfroren	→	außer Rand und Band
vergnüglich	→	riesig
vollkommen	→	außergewöhnlich
ziemlich gut	→	erste Sahne
ziemlich gut	→	irre
zuversichtlich	→	nicht zu bremsen
zufrieden	→	ausgeglichen
zufrieden	→	durchdrungen sein von

Altes, mittelmäßiges Wort	Neues, intensiveres Wort
1. ______________________	1. ______________________
2. ______________________	2. ______________________
3. ______________________	3. ______________________

Sprechen Sie sich auch hier wieder mit Ihren Freunden ab, um sicherzugehen, daß Sie diese neuen, dynamischen und positiven Begriffe benutzen. Sie werden sehen, daß es Ihnen Spaß macht!

Gehen Sie ein bißchen schonender mit anderen um

Man kann die Wirkung des Transformatorischen Vokabulars auf uns selbst und andere gar nicht hoch genug einschätzen. Wir sollten uns an den Wert dessen erinnern, was ich als *Weichmacher* und *Verstärker* in der Wortwahl bezeichne; sie gestatten Ihnen, sich im Umgang mit anderen präziser auszudrücken, sei es in einer Liebesbeziehung, einer geschäftlichen Verhandlung und in allen nur erdenklichen, dazwischen angesiedelten Szenarien.

Bis vor einigen Jahren pflegte ich, wenn ich glaubte, in meiner Firma sei „etwas faul", die betreffende Person anzurufen und zu sagen: „Ich bin wirklich empört" oder: „Darüber mache ich mir wirklich Sorgen." Wissen Sie, was ich damit erreichte? Mein Sprachmuster löste automatisch eine bestimmte Reaktion bei meinem Gesprächspartner aus, ohne daß es in meiner Absicht lag: Der oder die Betreffende ging in Abwehrhaltung, was alle Beteiligten daran hinderte, eine Problemlösung zu finden.

Statt dessen lernte ich zu sagen (selbst wenn die Intensität meiner Gefühle größer war): „Ich bin ein bißchen beunruhigt über diesen oder jenen Punkt. Können Sie mir helfen?" Erstens verringerte ich dadurch meine eigene emotionale Anspannung, was sowohl mir selbst als auch meinem Gesprächspartner zugute kam. Warum? Weil „beunruhigt" ein ganz anderes Wort als „besorgt" ist. Wenn Sie sagen, daß Sie besorgt sind, könnten Sie den Eindruck vermitteln, daß Sie nicht viel Vertrauen in die Fähigkeiten der anderen Person haben. Und zweitens wird die Botschaft durch den Zusatz „ein bißchen" beträchtlich gemildert. Da ich weniger emotionsgeladen war, ermöglichte ich also meinen Gesprächspartnern, aus einer Position der Stärke heraus zu reagieren, und konnte gleichzeitig meine Kommunikation mit ihnen verbessern.

Ist Ihnen klargeworden, wie sich mit Hilfe dieser Technik auch Ihre Interaktionen im Privatleben verbessern lassen? Wie kommunizieren Sie normalerweise mit Ihren Kindern? Oft ist uns die Macht der Worte, die wir in ihrer Gegenwart benutzen, gar nicht bewußt. Kinder und Erwachsene neigen gleichermaßen dazu, bestimmte Dinge persönlich zu nehmen, und wir sollten uns für die möglichen Folgen gedankenloser Bemerkungen sensibilisieren. Statt ständig ungeduldig herauszuplatzen: „Mein Gott, bist du dumm!“ oder: „Du bist so ungeschickt“ — Kränkungen, die das Selbstwertgefühl mancher Kinder nachhaltig untergraben können —, sollten Sie diese Gewohnheit ablegen und sagen: „Langsam finde ich dein Verhalten ein bißchen ärgerlich. Komm doch mal her; wir sollten uns mal darüber unterhalten.“ Damit können Sie Ihre Gefühle und Wünsche nicht nur verständlicher machen, sondern dem Kind auch die Botschaft übermitteln, daß nicht seine Persönlichkeit, sondern sein Verhalten problematisch ist und einer Änderung bedarf. Damit läßt sich etwas aufbauen, was ich als Realitätsbrücke™ bezeichne. Sie bildet das Fundament für eine aktivere und positivere zwischenmenschliche Kommunikation und hat auch auf Ihre Kinder einen starken, positiven Einfluß.

Der Schlüssel, mit allen diesen Situationen fertigzuwerden, liegt in der Fähigkeit, eingefahrene Muster zu durchbrechen; andernfalls könnten Sie, aufgrund Ihres einfallslosen, festgefahrenen Zustands Dinge sagen, die Sie später bereuen. Genau das ist der Grund, warum viele Beziehungen in die Brüche gehen. Infolge unserer Wut machen wir unserem Gesprächspartner vielleicht Vorwürfe, die seine Gefühle verletzen und Rachegedanken in ihm wecken; oder wir kränken ihn so sehr, daß er sich uns nie wieder anvertraut. Deshalb sollten wir uns bewußt machen, daß Worte die Macht haben, sowohl etwas zu schaffen als auch zu zerstören.

Von Anbeginn der Geschichte wurden Wörter von den Demagogen als Waffe eingesetzt, um zu morden und ganze Völker zu unterjochen. Ein Beispiel ist Hitler: Ihm gelang es, die Frustration einer ganzen Nation auf perverse Weise in Haß auf eine kleine Bevölkerungsgruppe zu verkehren und in seiner Gier nach neuem Lebensraum das deutsche Volk anzustiften, sich für den Krieg zu rüsten. Saddam Hussein bezeichnete seinen Einmarsch in Kuwait und die nachfolgenden Feindseligkeiten als Jihad, als „Heiligen Krieg“. Damit konnte er die irakischen Bürger indoktrinieren und sie davon überzeugen, für eine gerechte Sache zu kämpfen.

In unserer jüngsten Geschichte finden sich zahlreiche, wenn auch weniger krasse Beispiele dafür, daß umsichtig gewählte Worte unsere Erfahrungen neu definieren können. Während des Golfkriegs entwickelte sich ein ungeheuer vielschichtiger, militärischer Jargon, der dazu diente, die Folgen der Zerstörung verbal herunterzuspielen. Während der Amtszeit Ronald Reagans wurde die MX-Rakete in „Peacekeeper“ (Friedenssicherer) umbenannt. Die Eisenhower-Administration bezeichnete den Korea-Krieg beharrlich als „Polizeiaktion“.

Wir sollten die Wörter, die wir benutzen, so präzise wie möglich verwenden. Sie haben nicht nur einen Bedeutungsgehalt für uns selbst, weil sie etwas über unsere eigenen Erfahrungen aussagen, sondern auch für andere. Wenn Sie mit dem Ergebnis Ihrer zwischenmenschlichen Kommunikation nicht zufrieden sind, sollten Sie einen genaueren Blick auf die Wörter werfen, die Sie verwenden, und künftig wählerischer vorgehen. Ich empfehle Ihnen wohlgemerkt nicht, so übervorsichtig zu werden, daß Sie sich überhaupt nicht mehr trauen, den Mund aufzumachen. Es ist jedoch von entscheidender Bedeutung, konstruktive Begriffe zu wählen.

Genauso könnte man sich fragen, ob es immer von Vorteil ist, die Intensität unserer Gefühle herunterzuschrauben. Die Antwort lautet: Nein. Manchmal müssen wir uns in einen Zustand der Wut hineinsteigern, um genügend inneren Druck aufzubauen, der uns zu einer Veränderung zwingt. Alle menschlichen Empfindungen haben ihren Platz, wie wir später sehen werden. Wir sollten uns jedoch vergewissern, daß wir nicht als allererstes auf unsere negativsten und intensivsten Emotionen zurückgreifen. Bitte mißverstehen Sie mich also nicht: Ich verlange nicht von Ihnen, sämtliche negativen Empfindungen und Gefühle ein für allemal aus Ihrem Leben zu verbannen. Es gibt Situationen, in denen sie sehr wichtig sein können. Unser Ziel besteht darin, kontinuierlich weniger Schmerz und mehr Freude im Leben zu empfinden, und der meisterhafte Umgang mit dem Transformatorischen Vokabular gehört zu den einfachsten und effektivsten Schritten auf dem Weg zu diesem Ziel.

Und nun eine kurze Unterbrechung für die Werbung ...

Manchmal ist das Transformatorische Vokabular sogar noch einflußreicher als geplant und gewollt — eine Tatsache, die etliche große Werbeinserenten bestätigen können. Nachdem der Slogan „Pepsi ist ein Lebenselixier" für eine chinesische Kampagne ins Chinesische übersetzt worden war, entdeckten die Repräsentanten des Unternehmens verblüfft, daß sie Millionen von Dollar für die Ankündigung ausgegeben hatten: „Pepsi holt Ihre Ahnen aus dem Grab zurück." Der Automobilkonzern General Motors sah sich vor ein Rätsel gestellt, weil sich der Verkauf seines neuen Kompaktmodells Chevrolet Nova in Lateinamerika nur schleppend anließ — bis man auf die Bedeutung von „no va" im Spanischen stieß: „Nichts geht mehr."

Hüten Sie sich vor Wörtern, die Ihren Erfahrungsradius einschränken. Wie schon im ersten Kapitel erwähnt, habe ich einmal mit einem Jungen zu tun gehabt, der als „lernbehindert" abgestempelt wurde und der heute als wahres Genie gilt. Sie können sich vorstellen, wie diese eine verbale Neuregelung sein Selbstbild radikal verändert und ihm ermöglicht hat, sein Fähigkeitspotential nun besser auszuschöpfen. Mit welchen Worten möchten Sie gerne beschrieben werden? Welche Begriffe oder Sätze sollen andere verwenden, um Ihre Identität zu umreißen?

Wir sollten sehr vorsichtig sein und nicht unreflektiert die „Etiketten" anderer übernehmen, denn sobald wir etwas mit einem Etikett versehen, erzeugen wir die entsprechenden Gefühle. Das gilt in ganz besonderem Maß für Krankheiten. Alle Forschungen auf dem Gebiet der Psychoneuroimmunologie, mit denen ich mich befaßt habe, bestätigen die Auffassung, daß die Wörter, die wir benutzen, eine starke biochemische Wirkung auslösen. Norman Cousins erzählte mir von seiner Arbeit mit mehr als 2.000 Patienten, die er in den letzten zwölf Jahren betreut hat. Immer wieder stellte er fest, daß sich der Zustand des Patienten in dem Moment, wenn die Diagnose gestellt wurde — wenn also die Symptome ein „Etikett" erhielten —, verschlechterte. Bezeichnungen wie „Krebs", „Multiple Sklerose" und „Herzerkrankung" lösten häufig Panik, ein Gefühl der Hilflosigkeit und eine Depression bei dem Patienten aus, wodurch wiederum das Immunsystem des Körpers geschwächt wurde.

Im Gegensatz dazu konnte man in Untersuchungen nachweisen, daß die körpereigenen Abwehrkräfte von Patienten, die eine durch solches „Schubladendenken" hervorgerufene Depression überwunden hatten, automatisch gestärkt wurden. *„Wörter können Krankheiten verursachen; Wörter können töten"*, erklärte Cousins. „Deshalb achten kluge Ärzte genau darauf, wie sie kommunizieren." Das ist einer der Gründe, die uns bewogen haben, in unserer Beratungsfirma Fortunate Management™ Ärzten nicht nur bei Existenzgründungen beratend zur Seite zu stehen, sondern außerdem ihre emotionale Feinfühligkeit zu stärken, damit sie besser in der Lage sind, ihren Patienten in jeder Hinsicht zu helfen. *Falls Sie in einem Beruf tätig sind, in dem Sie mit Menschen zusammenarbeiten, ist es absolut unerläßlich, daß Sie die Macht des Wortes verstehen, um Ihre Ziele zu erreichen.*

Sollten Sie immer noch skeptisch sein, empfehle ich Ihnen, das Transformatorische Vokabular einfach bei sich selbst einmal auszuprobieren und zu beobachten, was passiert. Oft sagen unsere Seminarteilnehmer Dinge wie: „Ich bin wütend, weil mir diese Person so etwas angetan hat!" Dann hake ich nach: „Sind Sie wütend oder gekränkt?" Allein diese Frage veranlaßt viele, die Situation noch einmal zu überdenken. Wenn sie ein neues Wort wählen und sagen: „Ich schätze, ich bin gekränkt", kann man unmittelbar erkennen, wie sich die Verringerung der emotionalen Intensität in ihrer Physiologie widerspiegelt. Es ist wesentlich einfacher, mit einer Kränkung als mit Wutgefühlen umzugehen.

Auf ähnliche Weise können Sie Ihre emotionale Intensität in Bereichen dämpfen, an die Sie bisher vielleicht nicht gedacht haben. Was wäre, wenn Sie künftig statt „Ich bin halbtot vor Hunger" sagen würden: „Mein Magen knurrt ein bißchen"? Sie werden, genau wie ich, entdecken, daß Sie Ihren Appetit buchstäblich in Sekundenschnelle zügeln können. Manche Leute essen einfach deshalb zuviel, weil sie rein gewohnheitsmäßig eine emotionale Hochspannung erzeugen. Dieser Prozeß wird nicht zuletzt durch die Sprache in Gang gesetzt, die sie ständig benutzen.

Während eines unserer letzten Date With Destiny-Seminare erlebten wir ein anschauliches Beispiel dafür, wie nachhaltig sich der Gefühlszustand eines Menschen mit Hilfe von Worten verändern läßt. Eine der Teilnehmerinnen kam freudestrahlend vom Essen zurück und erzählte uns, daß sie unmittelbar vor der Mahlzeit den unüberwindlichen Drang verspürt habe, zu weinen, und heulend aus dem Raum gerannt sei. „Ich war völlig durcheinander und hatte das Gefühl, ich müßte gleich platzen. Ich dachte, jetzt brichst du gleich zusammen. Aber dann sagte ich mir: ‚Nein, nein, jetzt brichst du statt dessen auf!' Darüber mußte ich lachen. Und dann dachte ich: ‚Nein, das ist kein Aufbruch, sondern vielmehr ein Durchbruch!'" Sie hatte nur ein einziges Wort variiert, aber da sie ihren Begriffsbildungsprozeß zu steuern vermochte (ihr Vokabular), konnte sie auch ihre emotionale Verfassung, ihre Wahrnehmung des Geschehens und somit ihre Realität grundlegend verwandeln.

Jetzt sind Sie am Zug: Nutzen Sie Ihre Chance und übernehmen Sie die *Kontrolle* über Ihr Vokabular. Stellen Sie fest, welche Wörter Sie normalerweise benutzen, und ersetzen Sie diese durch bessere, die Sie beflügeln, wobei Sie die emotionale Intensität entsprechend verstärken oder abschwächen. Fangen Sie gleich damit an, diese Kettenreaktion in Gang zu setzen. Notieren Sie Ihre Begriffe, schwören Sie sich auf Ihr Vorhaben ein, setzen Sie es in die Tat um und machen Sie sich bewußt, was Sie allein mit Hilfe dieses ebenso einfachen wie wirksamen Werkzeugs erreichen können.

Als nächstes werfen wir einen Blick auf eine Technik, mit der es Ihnen auf genauso kurzweilige und problemlose Weise gelingt, Ihre Gefühle dauerhaft in den Griff zu bekommen. Gemeinsam wollen wir unseren Möglichkeiten und Chancen den Weg ebnen und die ungeheure Wirksamkeit einer weiteren Kraft erkunden, nämlich des bildhaften Denkens ...

10

Die Macht der Metaphern: Wie Sie Barrieren durchbrechen, Mauern niederreißen, eingefahrene Gleise verlassen und dem Erfolg leichtfüßig entgegeneilen

„Die Metapher zählt möglicherweise zu den fruchtbarsten latenten Kräften des Menschen. Ihre Wirksamkeit grenzt an Zauberei, und sie scheint ein Werkzeug der Schöpfung zu sein, die Gott im Innern einer seiner Kreaturen vergaß, als ER sie schuf."

José Ortega y Gasset

„Ich bin mit meinem Latein am Ende."
„Ich kann diese Barriere nicht durchbrechen."
„Mir platzt gleich der Schädel."
„Ich bin an einem Scheideweg angelangt."
„Ich habe zum entscheidenden Schlag ausgeholt."
„Ich schwebe auf Wolken."
„Ich ertrinke in Arbeit."
„Ich könnte jubilieren wie eine Lerche."
„Ich bin in einer Sackgasse gelandet."
„Ich trage die Last der ganzen Welt auf meinen Schultern."
„Das Leben ist ein Karussell."
„Die Erde ist ein Jammertal."

Im letzten Kapitel haben wir über die Macht von Wörtern gesprochen, die unser Leben beeinflussen. Nun wollen wir uns mit bestimmten Wörtern befassen, die mit noch größerer Bedeutung und emotionaler Intensität befrachtet sind: Metaphern. Um diese sprachlichen Bilder zu verstehen, müssen wir uns zuerst klarmachen, was Symbole sind. Was hinterläßt einen nachhaltigeren Eindruck: das Wort „Christ" oder das Sinnbild des Kreuzes? Bei den meisten Menschen erzeugt das Kreuz stärkere, unmittelbare, positive Emotionen. Im Grunde handelt es sich nur um zwei gekreuzte Balken, doch sie haben die Macht, Millionen von Menschen bestimmte ethische Normen zu vermitteln und ihr Leben zu formen. Stellen Sie sich nun das Hakenkreuz bildlich vor, und vergleichen Sie es mit dem Wort „Nazi". Welcher der beiden Begriffe weckt stärkere Gefühle in Ihnen? Auch hier ruft das Bild der Swastika in der Regel noch schneller intensive Empfindungen hervor als das Wort selbst. Seit Anbeginn der Geschichte dienen Symbole dazu, emotionale Reaktionen auszulösen und menschliches Verhalten zu beeinflussen. Dabei kann vieles als Symbol dienen: Bilder, Geräusche, Objekte, Aktionen und natürlich auch Wörter. Wenn schon die Wörter als solche symbolisch sind, dann gilt das erst recht für die Metaphern: Sie sind besonders starke Symbole.

Was also ist eine Metapher? *Immer, wenn wir einen Begriff mit Hilfe eines Vergleichs erklären oder weitervermitteln, verwenden wir eine Metapher.* Das eigentlich gemeinte Wort und das als Ersatz gewählte mögen sich in Wirklichkeit kaum ähneln, aber da wir mit einem der beiden vertraut sind, wird uns das andere leichter verständlich. Metaphern sind sprachliche Bilder und können als solche schneller und umfassender intensive Gefühle hervorrufen als herkömmlich benutzte Wörter. Metaphern können uns in Sekunden von Grund auf verwandeln.

Menschen denken und sprechen ständig in Bildern. Oft heißt es: „Ich habe das Gefühl, zwischen zwei Stühlen zu sitzen", „Ich stehe auf dem Schlauch" oder: „Ich muß kämpfen, um mich über Wasser zu halten." Können Sie sich vorstellen, daß Sie sich weniger unter Druck gesetzt fühlen, wenn Sie Ihr Karriereproblem nicht mit den Worten schildern: „Ich muß mich hocharbeiten", sondern statt dessen sagen: „Ich erklimme die Erfolgsleiter"? Würden Sie sich besser fühlen, wenn Sie vor einer Prüfung sagten: „Das ist ein Kinderspiel" statt: „Das ist die Hölle"? Würden sich Ihre Wahrnehmungen und Empfindungen ändern, wenn Sie sagten, daß die Zeit nicht mehr „quälend langsam", sondern „wie im Flug" vergeht? Darauf können Sie wetten!

Metaphern gehören zu den wichtigsten Lerntechniken des Menschen. Lernen ist ein Prozeß, bei dem wir in unseren Gedanken neue Assoziationen erzeugen, neue Bedeutungen schaffen, und für diesen Zweck sind Metaphern das ideale Mittel. Wenn wir etwas nicht verstehen, können wir anhand eines ähnlichen Bildes einen Bedeutungsvergleich ziehen. Metaphern helfen uns, Zusammenhänge herzustellen. Wenn X beispielsweise Y gleicht, und wir verstehen X, dann verstehen wir plötzlich auch Y. Wenn jemand versucht, Ihnen Elektrizität zu erklären, indem er mit Begriffen wie „Ohm", „Ampère", „Watt" und „Widerstände" um sich wirft, wird er Sie vermutlich völlig verwirren. Sie haben unter Umständen keine Ahnung, was sie bedeuten, und keine Referenzerlebnisse in Ihrem Gedächtnis gespeichert; deshalb ist es schwierig, den Zusammenhang zwischen ihnen zu erfassen.

Was wäre jedoch, wenn ich Ihnen Elektrizität mittels eines Sachverhalts erkläre, der Ihnen vertraut ist? Wenn ich eine Leitung zeichnen und fragen würde: „Haben Sie mal gesehen, wie Wasser durch eine Leitung fließt?“ Sicher könnten Sie mit ja antworten. Dann würde ich fortfahren: „Hier kann man eine kleine Klappe einbauen; sie drosselt die Wassermenge, die durch die Leitung fließt. Diese Klappe hat die gleiche Aufgabe wie der Widerstand in einer elektrischen Leitung.“ Wüßten Sie jetzt, was ein Widerstand ist? Mit Sicherheit, und zwar sofort. Warum? Weil ich es mit etwas verglichen habe, was Ihnen bereits vertraut ist.

Alle großen Lehrer — Buddha, Mohammed, Konfuzius, Laotse — haben Metaphern gebraucht, um ihre Philosophien dem Volk verständlich zu machen. Ungeachtet ihrer religiösen Überzeugungen würden die meisten darin übereinstimmen, daß Christus ein bemerkenswerter Lehrer war, dessen Botschaft der Nächstenliebe die Jahrhunderte nicht nur wegen ihres Inhalts, sondern auch wegen der Art überdauert hat, in der sie vermittelt wurde. Jesus ging nicht einfach zu den Fischern und befahl ihnen, ihre Zeitgenossen zum Christentum zu bekehren, denn sie hatten keine Erfahrung als Missionare. Er trug ihnen statt dessen auf, „Menschen zu fischen“.

In dem Augenblick, als er diese Metapher benutzte, wußten sie, was sie zu tun hatten. Damit gab er ihnen eine Entsprechung an die Hand, die ihnen Schritt für Schritt zeigte, wie sie andere auf den Pfad des Glaubens führen konnten. Wenn er seine Gleichnisse vortrug, verdichtete er vielschichtige Ideen zu einfachen Bildern, die einen Persönlichkeitswandel bei jedem hervorriefen, der sich die darin enthaltene Botschaft zu Herzen nahm. Jesus war nicht nur ein meisterhafter Geschichtenerzähler, sondern er benutzte sein gesamtes Leben als sprachliches Bild, um die Stärke von Gottes Liebe und das Versprechen der Erlösung zu erläutern.

Metaphern können uns befähigen, unser Potential besser auszuschöpfen, weil sie die Palette unserer Lebenserfahrungen erweitern und bereichern. Wenn wir allerdings nicht achtgeben und einen bildlichen Ausdruck unreflektiert übernehmen, machen wir uns leider oft gleichzeitig zahlreiche einengende Glaubenssätze zu eigen, die damit einhergehen. Jahrelang benutzten Physiker das Bild vom Solarsystem, um die Beziehung der Elektronen zu den Protonen und Neutronen im Kern eines Atoms zu beschreiben. Was war an dieser Metapher so großartig? Sie half den Studenten, umgehend die Beziehung zwischen Atomen und einem System zu verstehen, dessen Funktionsweise sie begriffen hatten. Sie konnten sich den Kern problemlos als Sonne und die Elektronen als Planeten vorstellen, die sie umkreisen. Das Problem war jedoch, daß die Physiker unbewußt auch die Ansicht entwickelten, daß die Elektronen den Kern auf einer stets gleich weit entfernten Umlaufbahn umkreisten, ähnlich wie sich die Planeten im grundlegend gleichen Abstand um die Sonne bewegen. Diese Annahme war jedoch falsch und einengend. Sie sorgte dafür, daß die Physiker jahrelang in einem Zustand der Unschlüssigkeit verharrten; viele Fragen hinsichtlich des Atoms blieben unbeantwortet, weil man aufgrund dieser Metapher falsche Hypothesen aufgestellt hatte. Heute wissen wir, daß sich der Abstand der Elektronenumlaufbahn zum Kern verändert. Diese neue Theorie wurde erst als richtig anerkannt, als man von der Sonnensystem-Metapher abrückte. Das Ergebnis war ein Quantensprung im Wissen um die Kernenergie.

Globale Metaphern

Erinnern Sie sich noch an meinen tobenden Firmenchef? Am selben Tag, als ich zu den Erkenntnissen gelangte, die zur Entwicklung der Technik des Transformatorischen Vokabulars führten, entdeckte ich den Wert *globaler Metaphern.* Ich wußte, daß mein Geschäftsführer Begriffe verwendete, die seine Gefühle anheizten, und ich fragte mich, was diese negativen Empfindungen wohl ausgelöst haben mochte. Wie wir bereits gesagt haben, basieren alle unsere Handlungen auf dem emotionalen Zustand, in dem wir uns gerade befinden, und dieser wird von unserer Physiologie und der Art bestimmt, wie wir unserem Gehirn bestimmte Sachverhalte präsentieren.

Als ich ihn fragte, was ihn so außer Fassung gebracht habe, antwortete er: „Nun, es ist so, als hätten sie uns im Schwitzkasten und hielten uns eine Pistole an den Kopf." Können Sie sich vorstellen, daß Sie ziemlich heftig reagieren, wenn Sie glauben oder Ihrem Gehirn signalisieren, Sie wären in eine solch ausweglose Situation geraten? Man braucht nicht viel Phantasie, um sich auszumalen, warum der Mann vor Wut schier ausrastete. Ich hatte, ohne es zu merken, den Menschen jahrelang dabei geholfen, ihre Gefühle dadurch zu modifizieren, daß sie mit alten Gewohnheiten brachen und ihre *Metaphern veränderten.* Mir war einfach nicht bewußt gewesen, was ich im Grunde tat. (Das ist ein Teil der Macht, die Bezeichnungen innewohnt: sobald man eine Tätigkeit mit einem Etikett versehen kann, ist man imstande, das entsprechende Verhalten folgerichtig zu entwickeln.)

Ich fragte meinen Firmenchef: „Was für eine Farbe hat denn die Wasserpistole?" Er sah mich verdattert an und sagte: „Wie bitte?" Ich wiederholte die Frage: „Was für eine Farbe hat denn die Wasserpistole?" Um eine Antwort zu finden, mußte er sich auf meine sonderbare Frage konzentrieren, womit sich sein Blickwinkel sofort verschob. Als er sich die Wasserpistole vorstellte, änderten sich seine Gefühle, und er begann zu lachen. Sie sehen also, wenn man eine Frage wiederholt, muß der Angesprochene eine Antwort geben, und damit verändert er seine Sichtweise. Wenn Sie jemandem beispielsweise ständig eintrichtern: „Denk bloß nicht an die Farbe Blau" – welche Farbe kommt ihm dann wohl unwillkürlich in den Sinn? Die Antwort liegt auf der Hand: Blau. Und das, worüber Sie nachdenken, wirkt sich auf Ihre Gefühle aus.

Indem ich meinen Firmenchef dazu brachte, sich eine Wasserpistole vorzustellen, konnte ich sein destruktives Bild zerstören und damit seinen emotionalen Zustand im Nu verändern. Und was war mit seinem „Schwitzkasten"? Diesen Punkt sprach ich auf andere Weise an, denn ich kannte seinen sportlichen Ehrgeiz. Ich sagte einfach: „Und was den Schwitzkasten angeht — ich weiß nicht, wie das mit Ihnen ist, aber soweit es mich betrifft, so kenne ich niemanden, der stark genug wäre, mich in den Schwitzkasten zu nehmen." Sie können sich vorstellen, wie schnell dieser Gedanke abgeschrieben war!

Dieser Mann ist ständig innerlich angespannt, weil er aggressive bildliche Ausdrücke benutzt. Wenn Ihnen etwas großes Unbehagen bereitet, sollten Sie einen kurzen Blick auf die Metaphern werfen, mit denen Sie Ihre Gefühle, die Gründe für Ihren Karrierestop oder die Hindernisse beschreiben, die sich Ihnen in den Weg stellen. Oft dienen sie dazu, ihre negativen Gefühle noch zu verstärken. Viele Menschen, die sich Schwierigkeiten gegenübersehen, pflegen zu sagen: „Ich habe das Gefühl, als müßte ich die Last der ganzen Welt auf meinen Schultern tragen" oder „Vor mir ist eine Mauer, und ich kann sie einfach nicht durchbrechen." Aber energieverschleißende Metaphern lassen sich genauso schnell ausmerzen wie schaffen. Sie haben entschieden, sie Ihrem Gehirn als Realität zu präsentieren, und ebenso unverzüglich kann dieser Eindruck auch gelöscht werden. Wenn sich bei mir also jemand darüber beklagt, er trage die Last der Welt auf seinen Schultern, dann rate ich ihm: „Setz sie ab und marschiere weiter." Meistens wirft er mir einen belustigten Blick zu; doch um zu verstehen, was ich damit ausdrücken wollte, betrachtet er die Situation aus einem anderen Blickwinkel und somit auch auf Anhieb mit anderen Gefühlen. Und wenn mir jemand eröffnet, er mache nicht die geringsten Fortschritte und es sei, als renne er immer wieder mit dem Kopf gegen die Wand, empfehle ich ihm, damit aufzuhören und einfach bis zur nächsten Tür weiterzugehen, um sie zu öffnen und auf die andere Seite zu gelangen.

So einfach diese Technik auch klingen mag, Sie wären erstaunt, wie schnell die Leute reagieren. Auch hier gilt wieder: In dem Augenblick, in dem Sie Ihrem Gehirn einen Sachverhalt anders präsentieren, ändern sich auch Ihre Gefühle. Wenn mir jemand anvertraut: „Ich bin mit meinem Latein am Ende", erwidere ich: „Dann vergiß dein Latein und komm her." Eine Situation ist nie ausweglos! Vielleicht sind Sie ein bißchen frustriert oder haben keine klaren Antworten zur Hand, aber es kann keine Rede davon sein, daß sie nicht mehr aus noch ein wissen! Wenn Sie Ihrem Gehirn den Sachverhalt als hoffnungslos präsentieren, fühlen Sie sich auch entsprechend. Deshalb sollten wir die Metaphern sehr sorgfältig auswählen, die wir uns zu verwenden gestatten.

Nehmen Sie sich auch vor den Metaphern in acht, die andere benutzen. Vor kurzem las ich in einem Artikel, daß die Schauspielerin Sally Field 44 Jahre alt geworden sei. Dort hieß es auch, damit beginne „der Abstieg vom schlüpfrigen Hügel der Lebensmitte". Was für eine schreckliche und lähmende Art, die wachsende Lebensweisheit eines Menschen zu beschreiben! Wenn Sie das Gefühl haben, im Dunkeln zu tappen, dann schalten Sie einfach das Licht ein! Und wenn die Wellen der Verzweiflung über Ihnen zusammenschlagen, schwimmen Sie doch ans Ufer und entspannen Sie sich auf der mythischen Insel der Seligen. Ich weiß, das mag unreif klingen; aber wirklich unreif sind wir, wenn wir unbewußt zu Metaphern greifen, die uns dauerhaft schwächen. *Wir müssen unsere Metaphern meistern,* das heißt, nicht nur die problematischen meiden, sondern auch kraftspendende in unseren Wortschatz aufnehmen.

Sie müssen sich lediglich fragen: „Meine ich das wirklich? Entspricht dieser Sachverhalt den Tatsachen, oder ist der bildhafte Ausdruck unzutreffend?" Denken Sie daran: Jedesmal, wenn Sie „Ich fühle mich wie" oder „Das ist wie" sagen, dient das Wort „wie" als auslösender Reiz für die Verwendung einer Metapher. Fragen Sie sich also: „Welche Metapher wäre besser? Welche Denkweise wäre konstruktiver? Womit hat diese Situation sonst noch Ähnlichkeit?" Wenn ich Sie beispielsweise fragen würde, was das Leben für Sie bedeutet oder mit welcher Metapher sich Ihr Alltag beschreiben ließe, antworten Sie vielleicht: „Das Leben ist ein ständiger Kampf" oder: „Das Leben ist ein Nervenkrieg." Dann beginnen Sie, eine Reihe von Anschauungen zu übernehmen, die mit diesem Vergleich verknüpft sind. Wie im Beispiel mit dem Atom und dem Sonnensystem handeln Sie nun auf der Grundlage unbewußter Überzeugungen, die in dieser Metapher enthalten sind.

Jede Metapher, die Sie sich zu eigen machen, wird von bestimmten Regeln, Ideen und festgefügten Vorstellungen begleitet. Wie würden Sie das Leben wahrnehmen, wenn Sie der Auffassung wären, es sei ein Nervenkrieg, eine ständige Mühsal, die mit dem Tod endet, oder ein Kampf bis aufs Messer, den einer gegen den anderen führt? Solche Metaphern wirken wie ein Filter und beeinflussen die unbewußten Glaubensprinzipien, die Sie in bezug auf andere Menschen, Ihre Chancen im Leben, Ihre berufliche Tätigkeit, Ihre Bestrebungen und das Leben selbst entwickeln. Sie wirken sich auf die Entscheidungen darüber aus, wie Sie denken, fühlen und sich verhalten wollen.

Das Leben ist ein Spiel

Jeder Mensch hat seine eigenen globalen Metaphern. Als ich beispielsweise Interviews mit Donald Trump las, fiel mir auf, daß er das Leben oft mit einer Prüfung vergleicht, die man entweder besteht oder in den Sand setzt. Dazwischen gibt es nichts. Können Sie sich vorstellen, wieviel Streß eine solche Interpretation in seinem Alltag erzeugt haben muß? Wenn das Leben tatsächlich einer Prüfung gleichen würde, dann sähen wir uns harten Zeiten gegenüber; vielleicht wäre es besser, sich darauf vorzubereiten, zu „kneifen" (oder zu mogeln, wie ich annehme). Für manche Leute ist das Leben ein Wettbewerb. Das könnte Spaß machen, aber auch bedeuten, daß sie sich mit anderen messen und sie schlagen müssen, weil nur einer gewinnen kann.

Für andere ist das Leben ein Spiel. Wie würden Ihre Wahrnehmungen in einem solchen Fall aussehen? Das Leben könnte ein Vergnügen sein — ein tolle Idee! Es würde vielleicht ein gewisses Maß an Wettbewerb beinhalten. Es könnte Ihnen Gelegenheit bieten, sich zu amüsieren und wesentlich wohler zu fühlen. Manche Leute sagen: „Wenn es ein Spiel ist, dann wird es Verlierer geben." Andere fragen: „Braucht man dazu viel Können und Geschick?" Es hängt alles davon ab, welche Prinzipien Sie mit dem Wort „Spiel" assoziieren; aber auch diese Metapher wirkt wie ein Filter und beeinflußt Ihre Gedanken und Gefühle.

Mutter Teresas Metapher für „Leben" wäre sicher, daß es heilig ist. Wenn auch Sie dieses Bild benutzen, dann würden Sie das Leben entweder mehr schätzen — oder ein schlechtes Gewissen haben, weil es Ihnen soviel Spaß macht. Und wenn Sie das Leben als Geschenk betrachten? Dann birgt es plötzlich Überraschungen, Spaß und stellt etwas Besonderes dar. Und wenn man es sich als einen Reigen vorstellt? Vermittelt dieses Bild nicht ein prickelndes Gefühl? Es wäre wundervoll, etwas, das man mit anderen Menschen gemeinsam erlebt, etwas, das Anmut, Rhythmus und Freude einschließt. Welche dieser Metaphern stellt das Leben angemessen dar? Sie sind vermutlich allesamt nützlich, jede zu ihrer Zeit, um Ihnen bei der Interpretation der erforderlichen Schritte zu helfen, mit denen Sie Veränderungen herbeiführen. Aber vergessen Sie nicht: Alle Metaphern bieten in einem bestimmten Zusammenhang Vorteile, während sie in anderen begrenzend wirken.

Seit ich mein Gespür für bildhafte Ausdrücke geschärft habe, bin ich zu der Überzeugung gelangt, daß man sein Leben gewaltig einschränkt, wenn man sich mit einer einzigen Metapher zufriedengibt. Am Sonnensystem-Vergleich wäre nichts auszusetzen, wenn die Physiker zahlreiche andere Möglichkeiten genutzt hätten, Atome zu erklären. Wenn wir unseren Horizont erweitern wollen, sollten wir also die Palette der Metaphern erweitern, um unser Leben, unsere Beziehungen zu anderen oder sogar unsere eigene Identität als menschliche Wesen zu beschreiben.

Sind diese Sinnbilder auf unser Leben oder Atome beschränkt? Keineswegs. Wir haben Metaphern für nahezu jeden Erfahrungsbereich. Nehmen wir beispielsweise die berufliche Tätigkeit. Manche sagen: „Also zurück in die Tretmühle" oder: „Ich muß dauernd katzbuckeln." Was glauben Sie wohl, welche Gefühle diese Leute für ihre Arbeit hegen? Einige Geschäftsleute, die ich kenne, pflegen ihre Firmen als „Aktivposten“ und die Belegschaft als „Verbindlichkeiten“ zu bezeichnen. Wie wirkt sich diese Einstellung Ihrer Meinung nach auf den Umgang mit ihren Mitarbeitern aus? Andere sehen in ihrem Unternehmen einen Garten, der täglicher Pflege bedarf, so daß er schließlich blüht und reiche Ernte bringt. Und dann gibt es noch Menschen, die ihre Arbeit als Gelegenheit begreifen, mit Freunden zusammen und Mitglied eines erfolgreichen Teams zu sein. Ich betrachte meine Firmen als Teile einer großen Familie, was uns gestattet, die Qualität der Beziehungen umzuwandeln, die uns miteinander verbinden.

Haben Sie nun erkannt, wie Sie mit der Veränderung einer einzigen globalen Metapher — „Das Leben ist ein Spiel“ statt „Das Leben ist ein Wettbewerb“ — Ihre Lebenserfahrungen in vielen Bereichen gleichzeitig und auf Anhieb beeinflussen können? Hätte es Folgen für Ihre zwischenmenschlichen Beziehungen, wenn Sie das Leben als einen Reigen betrachteten? Oder für Ihre berufliche Tätigkeit? Darauf können Sie wetten! Dies ist ein Beispiel für einen *Dreh- und Angelpunkt,* eine globale Veränderung, die Ihre Denkweise und Gefühle in vielen Bereichen des Lebens umzuwandeln vermag. Ich behaupte nicht, daß es eine richtige oder falsche Perspektive gibt, aus der man die Dinge in Augenschein nimmt. Sie sollten sich nur bewußt machen, *daß Sie mit der Veränderung einer globalen Metapher unverzüglich den Blickwinkel korrigieren können, aus dem Sie Ihr gesamtes Leben betrachten.* Wie beim Transformatorischen Vokabular liegt die Stärke der Metaphern in ihrer Einfachheit.

Vor zwei Jahren hielt ich ein zweiwöchiges Zertifikations-Seminar in Scottsdale, Arizona, ab. Mitten in der Veranstaltung sprang damals ein Mann auf und stieß mit bloßen Händen nach den anderen Teilnehmern, als hielte er ein Messer in der Hand, während er aus voller Kehle brüllte: „Ich raste aus, ich raste total aus!“ Ein Psychiater, der zwei Reihen vor ihm saß, schrie: „Oh, mein Gott! Er hat einen psychotischen Zusammenbruch!“ Zum Glück akzeptierte ich dieses Transformatorische Vokabular nicht. Ich wußte allerdings nur, daß ich den Mann sofort aus seiner Hysterie reißen mußte. Ich hatte das Konzept der globalen Metaphern noch nicht entwickelt, und deshalb tat ich das, was ich am besten konnte: Ich unterbrach sein Verhaltensmuster abrupt. Ich ging zu ihm und brüllte: „Dann rasten Sie wieder ein! Bedienen Sie den Hebel!“ Der Mann sah einen Augenblick lang völlig verdattert aus. Er hörte sofort auf, mit den Händen zu fuchteln, und alle warteten gespannt, was als nächstes passieren würde.

Innerhalb von Sekunden veränderten sich sein Gesichtsausdruck, sein Körper und seine Atmung. Ich sagte: „Rasten Sie wieder ein!“ Dann fragte ich ihn, wie er sich fühle, und er antwortete: „Viel besser.“ Dann forderte ich ihn auf, wieder Platz zu nehmen, und fuhr mit meinem Seminar fort. Alle Anwesenden wirkten verblüfft, und — um die Wahrheit zu sagen — auch ich war ein bißchen erstaunt, daß es so leicht geklappt hatte. Zwei Tage später kam der Mann zu mir und sagte: „Ich weiß nicht, was das sollte; aber ich bin an diesem Tag vierzig geworden, und irgendwie war ich aus dem Tritt geraten. Ich hatte das Gefühl, wild um mich schlagen zu müssen, weil ich mich in einer schwarzen Box befand, die mich total einzuengen drohte. Als ich den Hebel umgelegt hatte, sprang die Box auf, und alles lief wieder wie geschmiert. Ich fühlte mich total anders. Mir kamen ganz neue Gedanken, und heute geht es mir blendend." Und es gelang ihm, diesen Zustand des Wohlbefindens für den Rest der Zeit zu bewahren — weil er eine einzige Metapher verändert hatte.

Bisher haben wir nur davon gesprochen, wie wir die Intensität unserer negativen Gefühle mit Hilfe des Transformatorischen Vokabulars und globaler Metaphern drosseln. *Manchmal ist es jedoch nutzbringend und wichtig, starke negative Gefühle in uns aufzubauen.* Ich kenne ein Ehepaar, dessen Sohn nicht mehr von Drogen und Alkohol loskam. Die beiden wußten, daß sie etwas unternehmen mußten, um dieses selbstzerstörerische Verhaltensmuster zu verändern; aber gleichzeitig verbanden sie gemischte Gefühle und Assoziationen mit dem Gedanken, sich in sein Leben einzumischen. Was schließlich den Ausschlag gab und sie zum Handeln veranlaßte, war ein Gespräch mit einem ehemals Süchtigen. „Zwei Pistolen sind in eben diesem Augenblick auf den Kopf Ihres Sohnes gerichtet", erklärte er ihnen. „Die eine ist der Drogenmißbrauch, die andere der Alkoholkonsum. Eine wird ihn umbringen — das ist nur eine Sache der Zeit —, wenn Sie ihn nicht jetzt davon abbringen."

Diese Darstellungsweise trieb die beiden dazu, einzugreifen. Plötzlich hätte Nichthandeln bedeutet, tatenlos zuzusehen, wie ihr Sohn sich zugrunde richtete, während sie sein Verhalten vorher lediglich als Problem betrachtet hatten. Bis zu dem Zeitpunkt, als sie sich diese neue Metapher zu eigen machten, fehlte ihnen die emotionale Kraft, um die notwendigen Schritte einzuleiten. Ich bin glücklich, Ihnen sagen zu können, daß sie dem jungen Mann wirklich halfen, eine positive Wende in seinem Schicksal herbeizuführen. Vergessen Sie nicht: Die sprachlichen Bilder, die wir benutzen, bestimmen unser Handeln.

Wählen Sie Ihre globalen Metaphern sorgfältig aus

Während ich eine „Antenne" für die globalen Metaphern meiner Mitmenschen entwickelte, las ich ein Interview mit der Anthropologin Mary Catherine Bateson. Sie hatte gesagt: „Nur wenige Dinge schwächen mehr als eine gifthaltige Metapher." Eine großartige Erkenntnis, mit der ich bald Erfahrungen aus erster Hand machen sollte.

In einem meiner Date With Destiny-Seminare beklagten sich die meisten Teilnehmer über eine bestimmte Frau, noch bevor der Kurs angefangen hatte. Sie hatte schon einen Riesenwirbel in der Ecke veranstaltet, in der die Einschreibung stattfand, und fand auch nun an allem etwas auszusetzen: Zuerst war der Saal zu heiß, dann war er zu kalt; sie regte sich über die Person auf, die vor ihr saß ... Seit Beginn meines Vortrags waren noch keine fünf Minuten vergangen, als sie mich schon unterbrach: Sie behauptete, mein Konzept sei nicht umsetzbar, oder falsch, oder es gäbe diese und jene Ausnahme.

Ich versuchte beharrlich, ihr Verhaltensmuster zu unterbrechen, aber ich konzentrierte mich dabei nicht auf die Ursache, sondern auf die Wirkung. Plötzlich wurde mir bewußt, daß sie irgendein globales Glaubensmuster oder eine Metapher in bezug auf das Leben haben mußte, die für Ihre Detailbesessenheit und ihre geradezu boshaften Störmanöver verantwortlich sein mußten. Ich fragte sie: „Was bezwecken Sie damit? Ich weiß, daß dahinter eine löbliche Absicht stehen muß. Wie denken Sie über das Leben, oder Details, oder ob etwas richtig oder falsch ist?“ Sie erwiderte: „Ich glaube, daß auch kleine Lecks ein Schiff zum Sinken bringen.“ Wenn Sie der Meinung wären, Sie stünden kurz vor dem Ertrinken, würden Sie dann nicht auch alle Hebel in Bewegung setzen, um jedes nur mögliche Leck auszumachen? So sah diese Frau also das Leben!

Woher stammte diese Metapher? Es stellte sich heraus, daß die Frau in ihrem Leben mehrere Situationen erlebt hatte, in denen sie für Nichtigkeiten teures Lehrgeld zahlen mußte. Sie führte ihre Scheidung auf einige unbedeutende Probleme zurück, die nicht aus dem Weg geräumt wurden — Probleme, deren sie sich nicht einmal bewußt gewesen war. Auch ihre finanzielle Misere hielt sie für die Folge gleichermaßen geringfügiger Ursachen. Sie machte sich diese Metapher zu eigen, um einen Schmerz wie diesen künftig nicht nochmals erleiden zu müssen. Da sie sich offenbar nicht von diesem Bild trennen wollte, sah ich mich gezwungen, nachzuhelfen. Sobald ich ihr die Nachteile, die sie damit in ihrem Leben schuf, und die Freude vor Augen führte, die eine Veränderung mit sich bringen würde, konnte ich ihr helfen, dieses Verhaltensmuster zu unterbrechen und durch eine Umwandlung der Metapher eine Reihe neuer Ansichten über sich selbst und das Leben verankern.

Sie kombinierte dann verschiedene globale Metaphern und lernte etwa, das Leben als Spiel und als bunten Reigen zu betrachten. Danach wirkte sie wie umgewandelt, nicht nur im Umgang mit anderen Menschen, sondern auch mit sich selbst, denn sie hatte auch in ihrem eigenen Verhalten ständig nach Schwachstellen gesucht. Diese eine Veränderung wirkte sich auf ihre gesamte Einstellung aus —ein anschauliches Beispiel, wie auch Sie mit neuen Metaphern jeden Lebensbereich, Ihr Selbstwertgefühl, Ihre zwischenmenschlichen Beziehungen oder auch Ihre Weltsicht generell beeinflussen können.

Angesichts der ungeheuren Macht, die bildhafte Vergleiche über unser Leben ausüben, ist eines erschreckend: Die meisten von uns haben nie bewußt die Metaphern ausgewählt, mit deren Hilfe wir unserem Gehirn einen Sachverhalt präsentieren. Woher stammen sie? Vermutlich haben Sie sie von den Menschen in Ihrer Umgebung übernommen, von Ihren Eltern, Lehrern, Arbeitskollegen und Freunden. Ich wette, Sie haben nicht die nachhaltigen Wirkung bedacht, die sie ausüben, oder überhaupt nicht darüber nachgedacht, so daß sie rein automatisch zur Gewohnheit geworden sind.

„Jede Wahrnehmung der Wahrheit ist die Entdeckung einer Analogie."

HENRY DAVID THOREAU

Jahrelang wurde ich gefragt, was genau ich beruflich mache. Jedesmal versuchte ich, meine Tätigkeit mit einer anderen Metapher zu erklären: „Ich bin Lehrer", „Ich forsche", „Ich bin auf der Suche nach Menschen mit überragenden Fähigkeiten", „Ich halte Reden", „Ich bin Bestseller-Autor", „Ich bin Unternehmensberater, der anderen zu Spitzenleistungen verhilft", „Ich bin Therapeut" oder: „Ich bin Lebensberater." Aber mit keiner dieser Aussagen konnte ich anderen das richtige Gefühl für meine Tätigkeiten vermitteln. Die Leute bemühten sich ebenfalls, mich mit Hilfe zahlreicher Metaphern zu charakterisieren. Von den Medien wurde ich als „Guru" bezeichnet. Ich vermied diesen Ausdruck, denn er verleitet zu der Annahme, die Menschen seien von mir abhängig, um sich zu verändern. Auf diese Weise wären sie jedoch nie imstande, ihre innere Stärke und Energie auszuschöpfen. Ich bin der Überzeugung, daß jeder selbst die Verantwortung für seine persönliche Weiterentwicklung trägt.

Aber eines Tages traf mich die Erkenntnis wie ein Blitz. „Ich bin ein Coach", dachte ich. Was ist das? Für mich ist ein Coach (anders als ein Trainer) ein Freund, jemand, dem Ihr Wohl wirklich am Herzen liegt. Er ist bestrebt, Ihnen dabei zu helfen, das Beste in Ihnen zur Entfaltung zu bringen. Er stellt Sie vor Herausforderungen und läßt Sie nicht mehr vom Haken. Ein Coach verfügt über Wissen und Erfahrung, weil er sich früher als Sie mit der Materie befaßt hat. Er ist nicht besser als die Leute, die er betreut (diese Einsicht heilte mich von dem Bedürfnis, für die Menschen, denen ich etwas „beibringe", stets perfekt sein zu müssen). Seine Schützlinge haben unter Umständen natürliche Talente und Begabungen, die den seinen überlegen sind. Aber da ein Coach seine Energie seit Jahren auf einen bestimmten Bereich konzentriert hat, kann er Ihnen so manche Erkenntnisse vermitteln, mit denen Sie im Nu eine merkliche Leistungsverbesserung realisieren können.

Manchmal verhilft Ihnen ein Coach zu neuen Informationen, Strategien und Fähigkeiten; er zeigt Ihnen, wie Sie meßbare Ergebnisse erzielen. Er muß Ihnen aber nicht einmal etwas Neues beibringen. Vielleicht erinnert er Sie nur an das, was Sie im richtigen Augenblick zu tun haben, und fordert Sie mit Nachdruck auf, es zu tun. Ich dachte: „Ich bin eigentlich ein Coach für Erfolgsorientierte. Ich zeige Menschen, wie sie ihre wahren Wünsche schneller und problemloser verwirklichen." Jeder braucht einen Coach — gleich ob es sich um Topmanager, Studenten, Hausfrauen, Obdachlose oder den Präsidenten der Vereinigten Staaten von Amerika handelt! Sobald ich begann, diese Metapher zu benutzen, änderte sich auf Anhieb mein Selbstgefühl. Ich fühlte mich weniger gestreßt, entspannter und meinen Mitmenschen enger verbunden. Ich mußte nicht „perfekt" oder „besser" als andere sein. Ich hatte mehr Spaß am Leben, und meine Wirkung auf andere vervielfachte sich.

Eine Metapher kann Ihr Leben retten

Meine Frau Becky und ich haben die Ehre, den Filmschauspieler Martin Sheen und seine Frau Janet zu unseren Freunden zu zählen. Die beiden sind seit annähernd dreißig Jahren verheiratet. Eine der Eigenschaften, die ich am meisten an ihnen schätze, ist, daß sie sich gegenseitig, ihre Familie und jeden, der ihre Hilfe braucht, vorbehaltlos unterstützen. Die Öffentlichkeit weiß, daß Martin ein Mensch ist, der von Herzen gibt; aber die wenigsten ahnen, was Janet und er tagtäglich für andere tun. Sie sind der Inbegriff der Integrität. Ihre Metapher für Menschlichkeit ist die einer „riesigen Familie", und infolgedessen empfinden sie das allergrößte Interesse und menschliche Anteilnahme selbst für völlig Fremde.

Martin erzählte mir die bewegende Geschichte, wie sich sein Leben während der Dreharbeiten zu dem Film *Apocalypse Now* verändert habe. Vor dieser Zeit hatte er das Leben als etwas Furchteinflößendes betrachtet. Heute empfindet er es als faszinierende Herausforderung. Warum? Seine neue Metapher lautet, daß das Leben einem unergründlichen Geheimnis gleicht. Ihn fesselt der Gedanke, als menschliches Wesen Teil dieses Mysteriums zu sein, ebenso wie das immerwährende Staunen und das Gespür für die eigenen Möglichkeiten, die sich mit dem Erleben jedes neuen Tages entfalten.

Was hat zur Veränderung seiner Metapher geführt? Ein unvorstellbar grauenvolles Erlebnis. *Apocalypse Now* wurde auf den Philippinen, mitten im Urwald, gedreht. Die Dreharbeiten fanden normalerweise von montags bis freitags statt, und für gewöhnlich fuhren Martin und Janet danach zweieinhalb Stunden mit dem Auto zu ihrem Domizil in Manila, wo sie das Wochenende verbrachten. An einem Wochenende konnte Martin den Drehort jedoch nicht verlassen, weil für Samstagmorgen zusätzliche Aufnahmen geplant waren (Janet hatte versprochen, für ein

Mitglied des Teams ein Glasauge zu kaufen; der Mann war so arm, daß er sich keines leisten konnte, und so machte sich Janet allein auf den Weg in die Stadt, um es zu besorgen). In dieser Nacht war Martin alleine; er wälzte sich ruhelos im Bett umher, hatte heftige Schweißausbrüche, und dann traten plötzlich starke Schmerzen auf. Gegen Morgen erlitt er einen schlimmen Herzanfall. Seine Gliedmaßen waren taub und bewegungsunfähig. Er stürzte zu Boden; mit schierer Willenskraft gelang es ihm, durch die Tür ins Freie zu kriechen und um Hilfe zu rufen. Als er dort auf der Erde lag, hatte er das Gefühl, seinen eigenen Tod zu erleben. Plötzlich empfand er tiefen Frieden und innere Gelassenheit. Er beobachtete als Zuschauer, wie er über den See und das Wasser in der Ferne verschwand, und er dachte: „So ist es also, wenn man stirbt." Und da erkannte er, daß er keine Angst vor dem Sterben, sondern in Wirklichkeit Angst vor dem Leben gehabt hatte! In diesem Augenblick wurde ihm klar, daß das Leben selbst die eigentliche Herausforderung ist. Er bot alle Kräfte auf, die ihm noch verblieben waren, und streckte den Arm aus, um einige Grashalme auszurupfen. Er richtete seine Aufmerksamkeit einzig darauf, die Hand langsam zur Nase zu führen. Er spürte kaum etwas. In dem Moment, als er das Gras roch, kamen die Schmerzen zurück, und er wußte, daß er noch lebte. Er kämpfte beharrlich.

Als die Mitglieder des Teams ihn entdeckten, waren sie sicher, daß er sterben würde. Sowohl der Ausdruck auf ihren Gesichtern als auch ihre Bemerkungen ließen Martin daran zweifeln, daß er den Anfall überleben würde. Seine Stärke ließ nach. Der Chefpilot der *Apocalypse*-Crew erkannte, daß keine Zeit mehr blieb, und riskierte sein eigenes Leben, als er den Hubschrauber seitlich durch Sturmböen flog, die mit vierzig Knoten dahinfegten, um Martin ins Krankenhaus der nächstgelegenen Stadt zu schaffen. Bei der Ankunft wurde er auf eine Trage gelegt und in die Notaufnahme gerollt; auch dort wurde ihm sowohl unterschwellig als auch offen mitgeteilt, daß er sterben müsse. Mit jedem Augenblick wurde er schwächer. Dann kam Janet zur Tür herein. Ihr war lediglich zu Ohren gekommen, daß er einen Herzinfarkt gehabt hatte, aber dann klärten die Ärzte sie über den ernsten Zustand auf, in dem er sich befand. Sie weigerte sich, sich damit abzufinden — sie wußte, daß Martin Kraft brauchte, und sie wußte auch, daß sie sein Angstmuster genauso unterbrechen mußte wie das ihre. Sie schritt unverzüglich zur Tat und erreichte ihr Ziel mit einer einzigen Bemerkung: Als er seine Augen öffnete, lächelte sie ihn strahlend an und sagte: „Das ist bloß ein Film, Schatz! Nichts weiter als ein Film." Martin sagte, in diesem Augenblick habe er gewußt, daß er es schaffen werde, und der Heilungsprozeß begann. Was für eine brillante Metapher! Sofort erschien das Problem nicht mehr so schwerwiegend; er war sich sicher, es bewältigen zu können. „Es lohnt sich nicht, wegen eines Films einen Herzanfall zu erleiden!" lautete die unausgesprochene Botschaft, aber unterbewußt zielte die Metapher wohl noch tiefer. Der

Schmerz, den jemand in einem Film empfindet, hält ja nicht an. Er ist nicht real, und an irgendeinem Punkt sagt der Regisseur später: „Schnitt!" Janets hervorragende Idee, ihren Mann mit einer einzigen Metapher aus seinem Denk- und Gefühlsschema zu reißen, half Martin, seine inneren Kräfte zu mobilisieren. Bis zum heutigen Tag ist er der festen Überzeugung, daß sie ihm damit das Leben rettete.

Metaphern wirken sich nicht nur auf den einzelnen Menschen, sondern auch auf unsere Gesellschaft und die Welt schlechthin aus. Die bildlichen Ausdrücke, die Teil unserer Kultur geworden sind, können unsere Wahrnehmungen und Aktionen nachhaltig beeinflussen — oder uns veranlassen, nicht zu handeln. In den letzten Jahrzehnten, mit den ersten Flügen zum Mond, haben wir die Metapher vom „Raumschiff Erde" in unseren Wortschatz aufgenommen. Sie klingt zwar phantastisch, war aber nicht unbedingt geeignet, eine emotionale Reaktion auszulösen, die uns zur Beseitigung unsere Umweltprobleme angespornt hätte. Warum? Es ist schwer, etwas für ein Raumschiff zu empfinden, das wir dissoziiert erleben, also aus einer emotionalen Distanz heraus, sozusagen als Außenstehende. Vergleichen Sie damit das Gefühl, das bei dem Ausdruck „Mutter Erde" entsteht. Hätten Sie ein anderes Gefühl bei dem Gedanken, diese „Mutter" zu schützen, als das, was Sie verspüren würden, wenn Sie ein Raumschiff sauberhalten müßten? Piloten und Seeleute beschreiben ihre Flugzeuge beziehungsweise Schiffe oft wie eine bezaubernde Frau. Sie sagen: „Sie ist eine Schönheit!" Warum heißt es nicht: „Er ist eine Schönheit?" Weil sie vermutlich viel ruppiger mit ihrem Flugzeug oder Schiff umgehen würden, wenn sie darin einen riesigen fetten Kerl namens Joe und nicht eine wohlgeformte, anmutige Prinzessin sähen, die durch die Lüfte oder über das Meer gleitet.

Während eines Krieges werden ständig Metaphern benutzt. Wie nannte man im Januar 1991 den ersten Teil des militärischen Einsatzes im Persischen Golf? Noch bevor die Kriegserklärung erfolgte, sprach alle Welt von der „Operation Wüstenschild". Sobald die Kampfhandlungen begannen, wurde daraus „Operation Wüstensturm". Denken Sie einmal darüber nach, wie die neue Metapher auf einen Schlag die Bedeutung veränderten, die Beteiligte und Beobachter dem militärischen Einsatz beimaßen. Die amerikanischen Kampfverbände schickten sich nicht nur an, den Rest der arabischen Welt vor Saddam Hussein zu schützen, sondern wurden, wie General Norman Schwarzkopf es formulierte, zum „Sturm der Freiheit, der die irakischen Besatzungstruppen aus Kuweit hinwegfegen wird".

„Ein eiserner Vorhang hat sich über den Kontinent gesenkt."

Winston Churchill

Das Gesicht Europas hat sich in den letzten Jahren radikal gewandelt. Der „eiserne Vorhang“ war eine Metapher, die nach dem Zweiten Weltkrieg jahrzehntelang das Lebensgefühl der Menschen nachhaltig beeinflußte, und die Berliner Mauer diente als greifbares Sinnbild für die wachsenden Barrieren, die viele europäische Nationen trennten. Als sie im November 1989 fiel, wurde mehr als eine Steinmauer niedergerissen. Die Zerstörung dieses Symbols leitete die Geburt einer neuen Metapher ein; sie änderte die Überzeugungen zahlloser Menschen hinsichtlich dessen, was möglich war. Warum hatten viele Besucher solchen Spaß daran, Teile einer alten, zerbröckelnden Mauer abzutragen, wo es doch genügend Tore gab, die Durchlaß geboten hätten? Der Grund lag darin, daß der Abbruch der Mauer eine weltweit verstandene Metapher für die Fähigkeit des Menschen war, Chancen wahrzunehmen, Freiheit zu erringen und Barrieren zu durchbrechen.

Sorgen Sie dafür, daß Worte und Taten übereinstimmen

Wenn man die riesige Macht von Metaphern kennt, sollte man auch imstande sein, sich ihrer im richtigen Zusammenhang zu bedienen. Die Schwierigkeit ist, daß viele Menschen bildliche Ausdrücke verwenden, die ihnen zwar im Berufsleben von Nutzen sind, im privaten Bereich jedoch Probleme aufwerfen. Eine mir bekannte Anwältin versuchte immer wieder, dieselben auf den Prozeßgegner gemünzten und in diesem Zusammenhang äußerst wirkungsvollen Metaphern auf den häuslichen Bereich zu übertragen. Ihr Mann begann beispielsweise ein völlig harmloses Gespräch, und schon bald hatte er das Gefühl, als stünde er im Zeugenstand und müsse sich einem Kreuzverhör unterziehen. Diese Strategie ist in einer persönlichen Beziehung selten besonders wirkungsvoll. Oder nehmen wir an, jemand wäre mit Leib und Seele Polizist. Wenn er auch dann nicht abschalten kann, wenn er Feierabend hat, dann wird er vermutlich ständig auf der Suche nach Missetätern sein, die gegen Recht und Ordnung verstoßen.

Eines der besten Beispiele für eine unangemessene Metapher ist ein Mann, der so eigenbrötlerisch war, daß seine Frau und Kinder das Gefühl hatten, überhaupt keinen Draht mehr zu ihm finden. Es störte sie, daß er nie seine wahren Gefühle zum Ausdruck brachte und ihnen laufend Vorschriften machte. Können Sie seinen Beruf erraten? Er war Fluglotse! Der Mann war bei der Arbeit ganz auf sich gestellt. Selbst bei einem Notfall mußte seine Stimme vollkommen ruhig bleiben, um die Piloten, denen er Anweisungen gab, nicht in Panik zu versetzen. Diese Einzelgänger-Mentalität zahlte sich im Kontrollturm aus, nicht aber in den eigenen vier Wänden! Achten Sie also darauf, daß Ihnen nicht der gleiche

Fehler unterläuft, die im einen Zusammenhang, zum Beispiel im beruflichen Umfeld, angemessenen Metaphern, auf einen anderen Lebensbereich zu übertragen, etwa auf die Beziehungen zu Familienmitgliedern und Freunden.

Mit welchen Metaphern werden persönliche Beziehungen beschrieben? Manche bezeichnen ihre Partner als „mein Alter", „blöde Kuh", „Tyrann", „Klotz am Bein" oder „Sklavenhalter". Eine Frau nannte ihren Mann tatsächlich „Herr der Finsternis". Welche konstruktiveren Alternativen gibt es? Zum Beispiel „Schatz", „meine bessere Hälfte", „Lebenspartner", „Kampfgenosse", oder „Seelenfreund". Selbst wenn Sie Ihre Metaphern nur um eine Nuance abwandeln, verändert sich die Art, wie Sie Ihre Beziehung wahrnehmen. Sie empfinden vielleicht keine leidenschaftlichen Gefühle für einen „Partner", wohl aber für Ihren „Liebsten".

Die plakativen Ausdrücke, die Sie verwenden, um sich selbst und anderen die Qualität Ihrer Beziehungen zu beschreiben, wirkt sich auf Ihre Gefühle gegenüber dem Partner und auf die Art aus, wie Sie miteinander umgehen. Eine Teilnehmerin an meinem Date With Destiny-Seminar nannte ihren Mann wiederholt „diesen Trottel, mit dem ich verheiratet bin". Er hingegen bezeichnete sie, wie ich feststellen konnte, immer als „die große Liebe" seines Lebens, als seine „bessere Hälfte" oder „ein Geschenk des Himmels". Als ich sie nun auf diese Diskrepanz aufmerksam machte, war sie schockiert. Sie liebte ihren Mann sehr und hatte nur nicht erkannt, wie eine ganz unbedacht verwendete Metapher die Atmosphäre vergiften kann. Gemeinsam suchten wir nach Ausdrücken, mit denen sich die Beziehung zu ihrem Mann angemessener beschreiben ließ.

Alles, was ich mir zu Weihnachten wünsche ...

Einer meiner Freunde – ohne Nachwuchs, selbstredend – pflegte Kinder als „kleine Monster" zu bezeichnen. Können Sie sich vorstellen, wie diese auf ihn reagierten? Vor kurzem mußte er jedoch auf unser Drängen hin als Weihnachtsmann in einem Warenhaus einspringen – und die Tortur über sich ergehen lassen, daß Hunderte dieser kleinen Monster hereinstürmten und unbedingt auf seinem Schoß sitzen wollten. Dieses Erlebnis veränderte ein für allemal seine Einstellung zu Kindern und seine Metapher. Jetzt sind sie plötzlich richtige „Knuddelmäuse" für ihn! Können Sie sich vorstellen, daß sich dadurch seine Gefühle veränderten? Und fragen Sie nicht, wie! Und vergessen Sie eines nicht: Kinder hören sehr aufmerksam zu und lernen von Ihnen.

Eine der am stärksten beflügelnden Metaphern, die mir geholfen haben, harte Zeiten durchzustehen, ist die vom Steinmetz — ein Beispiel, das von vielen Experten für Persönlichkeitsentwicklung zitiert wird. Wie bricht ein Steinmetz einen riesigen Rohling auseinander? Er beginnt damit, den Block unter Aufwendung all seiner Kräfte mit einem großen Hammer zu behauen. Wenn er das erste Mal trifft, sieht man keinen Kratzer, kein abgesplittertes Gestein — rein gar nichts. Er hebt den Hammer und schlägt wieder und wieder zu — an die hundert-, zweihundert- oder dreihundertmal, ohne daß auch nur eine einzige Spur zurückbleibt.

Nach all dieser Mühe zeigt der Rohling womöglich nicht einmal andeutungsweise einen Riß, aber der Steinmetz läßt nicht locker. Manchmal gehen Passanten vorüber und lachen, weil er hartnäckig an einer Technik festhält, die ganz offensichtlich keine Wirkung zeitigt. Aber ein Steinmetz ist gewieft und weiß: Auch wenn man das Resultat nicht sofort sieht, bedeutet das nicht, daß man keine Fortschritte macht. Er schlägt weiter auf verschiedene Stellen des Gesteins ein, schwingt immer wieder den Hammer, bis irgendwann der Punkt kommt — vielleicht nach dem fünfhundertsten, dem siebenhundertsten oder erst nach dem tausendundvierten Schlag —, an dem der Rohling nicht nur zu splittern beginnt, sondern buchstäblich in zwei Hälften zerbricht. War es ein einzelner, gezielter Schlag, der dieses Ergebnis bewirkt hat? Natürlich nicht. Der gleichbleibende kontinuierliche Druck war dafür verantwortlich. Für mich ist die fortlaufende Anwendung der *CANI!*-Technik der Hammer, mit dem wir jeden Rohling zum Bersten bringen, der uns den Weg zu persönlichem Fortschritt versperrt.

Vor Jahren half mir Jim Rohn, einer meiner ersten Mentoren, mein Leben mit Hilfe von Jahreszeiten-Metaphern aus einem anderen Blickwinkel zu betrachten. Wenn die Dinge nicht so laufen, wie man es sich wünscht, denken viele: „Ich bin immer vom Pech verfolgt." Ich sage mir statt dessen: *„Das Leben hat seine Jahreszeiten;* und jetzt ist für mich gerade Winter." Und was folgt auf den Winter? Der Frühling! Die Sonne scheint wieder, man friert sich nicht mehr zu Tode, und urplötzlich ist die Zeit für die neue Aussaat gekommen. Sie beginnen, die Schönheit der Natur wahrzunehmen, das wiedererwachte Leben, das allenthalben wächst und sprießt. Dann naht der Sommer. Es ist heiß; sie müssen Ihre kleinen Sämlinge pflegen und gießen, damit sie nicht verdorren. Dann kommt der Herbst, und Sie müssen Ihre Ernte einbringen. Manchmal fällt sie nicht so reich aus, wie Sie hoffen durften — vielleicht hat ein Hagelsturm einen Teil Ihrer Feldfrüchte vernichtet. Aber wenn Sie Vertrauen in den ewigen Kreislauf der Jahreszeiten haben, dann wissen Sie, daß Sie bald eine neue Chance erhalten.

Ein großartiges Beispiel für die lebensverändernde Macht der Metaphern lieferte ein Mann, der an einem meiner Date With Destiny-Seminare teilnahm. Sein Spitzname war „Maestro". (Ich bitte die Teilnehmer immer, sich selbst einen Spitznamen auszusuchen, der bildhaft beschreibt, wie Sie während des Wochenend-Kurses behandelt werden möchten. Selbst diese einfache Übung kann interessante Veränderungen herbeiführen, denn die Leute beginnen, sich ihrem neuen Etikett entsprechend zu verhalten. Würden Sie ein anderes Verhalten an den Tag legen, wenn man Sie als „Tausendsassa“, „Traumtänzer“ oder „Hexenmeister“ bezeichnete?) Maestro war ein wundervoller Mann mit nahezu 89 Kilo Übergewicht. Als ich mit ihm arbeitete, wurde mir klar, daß er „dick sein“ mit „geistig interessiert sein“ assoziierte. Er war der Überzeugung, daß nur Menschen mit geistigem Tiefgang sich die Mühe machten, ihn näher kennenzulernen, weil nur sie sich durch seine Leibesfülle nicht abgestoßen fühlten. Oberflächliche, geistig hohle Menschen neigten dazu, ihn zu ignorieren, so daß er sich gar nicht erst mit ihnen abgeben mußte. Er sagte: „Ich weiß, daß es keinen Sinn macht, aber ich empfinde es als real, daß man nur dann wirklich etwas im Kopf hat, wenn man ein paar Pfunde zuviel auf die Waage bringt. Denken Sie schließlich an all die fetten Gurus auf der Welt. Gott liebt dicke Menschen.“

Ich erwiderte: „Nun, ich bin der Ansicht, daß Gott alle Menschen liebt. Aber ich glaube, daß er die dicken auf einen Spieß steckt und über dem Höllenfeuer röstet!“ Sie hätten sein Gesicht sehen sollen! Das ist natürlich nicht meine Meinung, aber es gelang mir, mit dieser drastischen Formulierung sein Denkmuster abrupt zu unterbrechen und ein ziemlich plastisches Bild in seinem Kopf zu erzeugen. Dann fragte ich ihn: „Was empfinden Sie gegenüber Ihrem Körper?“ „Nichts. Für mich ist er nicht mehr als ein Vehikel.“ „Ein qualitativ wertvolles?“ hakte ich nach. „Die Qualität spielt keine Rolle, solange es mich an mein Ziel bringt.“

Ganz offensichtlich war eine Veränderung der Metapher geboten. Er war bereits ein geistig aktiver Mann, und deshalb half ich ihm dabei, eine Metapher zu finden, die in Einklang mit seinen Überzeugungen stand. Ich fragte ihn, wie er seinen Körper behandeln würde, wenn er ihn nicht mehr als Mittel zum Zweck, sondern vielmehr als einen Schrein für seine Seele betrachtete. Er nickte zustimmend, und in diesem Augenblick konnte man an seinem Gesicht ablesen, daß er seinen Körper wirklich so sah. Mit einer einfachen Veränderung seiner Wahrnehmungen leitete er alle erforderlichen Korrekturen in den unbewußten Regeln darüber ein, was, wann und wie er essen und mit seinem Körper umgehen sollte. Eine einzige globale Metapher führte zu einem vollständigen Sinneswandel in bezug auf seinen Körper.

Wie behandelt man einen Schrein? Stopft man ihn mit riesigen Mengen kalorienreicher, fetthaltiger Nahrung voll? Die Ehrerbietung, die Maestro seinem Körper von nun an zollte, machte aus ihm einen ganz neuen Menschen. Seit dem Seminar sind sechs Monate vergangen, und er hat bereits 60 Kilo abgenommen, weil er diese eine Metapher verinnerlicht und jeden Tag entsprechend gelebt hat. Sie ist zu einer habituellen

Metapher geworden, einer Gewohnheit, die sein Denken und Handeln formt. Wenn er jetzt Lebensmittel einkauft, hat er das Bild vor Augen und fragt sich: „Würde ich damit einen Schrein füllen?“ Es kommt nur noch sehr selten vor, daß er sich im Supermarkt vor den Regalen mit nährstoffarmen, dickmachenden Produkten wiederfindet; sollte das doch geschehen, dann braucht er sich lediglich seinen Körper vorzustellen, der am Spieß über dem Höllenfeuer brät, und schon ergreift er die Flucht. Maestro hörte auch gerne Musik, und zwar in einer so ohrenbetäubenden Lautstärke, daß jeder in seiner Umgebung befürchtete, sein Trommelfell würde gleich platzen. Inzwischen hat sich sogar sein Musikgeschmack geändert, weil er sagt: „Ich will diesen Schrein pfleglich behandeln.“ Ist Ihnen nun klar, daß globale Metaphern unbeschreibliche Macht besitzen und Veränderungen in mehreren Lebensbereichen gleichzeitig herbeiführen können?

Die Metamorphose von der Raupe zum Schmetterling

Eines Tages, als mein Sohn Joshua ungefähr sechs oder sieben Jahre alt war, kam er hysterisch schluchzend von der Schule nach Hause. Einer seiner Freunde war vom Klettergerüst auf dem Pausenhof gefallen und hatte dabei tödliche Verletzungen erlitten. Ich setze mich mit ihm hin und sagte: „Schatz, ich weiß, wie dir zumute ist, du vermißt ihn, und es ist richtig, so zu empfinden. Aber du solltest dir auch klarmachen, daß du deshalb so fühlst, weil du eine Raupe bist.“ Er erwiderte: „Was?“ Ich hatte ihn ganz schön aus dem Konzept gebracht. Ich sagte: „Du denkst wie eine Raupe.“ Er wollte wissen, was ich damit meinte. „Es gibt einen Punkt“, erklärte ich, „an dem die meisten Raupen denken, sie wären tot. Sie glauben, ihr Leben sei beendet. Wann ist das?“ Er erwiderte: „O ja, wenn sich dieses Ding um sie rumwickelt.“ „Richtig. Schon nach kurzer Zeit spinnt sich die Raupe in ihren Kokon ein, so daß sie ganz darunter begraben ist. Und weißt du was? Wenn du den Kokon öffnen würdest, wäre die Raupe nicht mehr da, nur noch ein weicher Brei, eine klebrige Masse. Und die meisten Leute wären, wie auch die Raupe selbst, der Überzeugung, daß sie nicht die geringste Überlebenschance hat. Aber in Wirklichkeit macht sie eine Metamorphose durch. Verstehst du? Sie verwandelt sich in etwas anderes. Und in was?“ „Einen Schmetterling“, sagte er.

„Können die anderen Raupen auf dem Boden sehen, daß ihr Artgenosse zu einem Schmetterling geworden ist?“ wollte ich von ihm wissen. „Nein“, antwortete Josh. Ich fuhr fort: „Und was macht eine Raupe, die ihren Kokon durchbricht?“ Joshua antwortete: „Sie fliegt.“ „Genau. Sie verläßt den Kokon als Schmetterling; die Sonne trocknet seine Flügel und er fliegt davon. Er ist noch schöner als zu der Zeit, da er noch eine

Raupe war. Ist er nun freier oder weniger frei?" Josh sagte: „Freier." „Und glaubst du, daß er nun mehr Spaß hat?" „Ja, er hat weniger Beine, die müde werden." Und ich sagte: „Stimmt genau. Er braucht keine Beine mehr; er besitzt Flügel. Ich glaube, daß auch dein Freund nun Flügel hat.

Weißt du, es ist nicht an uns zu entscheiden, wann sich jemand in einen Schmetterling verwandelt. Wir meinen, daß es sich immer um den falschen Zeitpunkt handelt; aber ich glaube, daß Gott besser weiß als wir, wann unsere Zeit gekommen ist. Jetzt haben wir Winter, und du wünschst dir den Sommer herbei; aber Gott hat für die Jahreszeiten einen anderen Plan. Manchmal müssen wir einfach darauf vertrauen, daß Gott besser weiß als wir, wann Schmetterlinge entstehen sollen. Und wenn wir Raupen sind, erkennen wir manchmal nicht einmal, daß es Schmetterlinge gibt, weil sie hoch über uns schweben. Aber vielleicht sollten wir uns von Zeit zu Zeit daran erinnern, daß sie existieren." Joshua lächelte, umarmte mich und sagte: „Ich wette, er ist ein wunderschöner Schmetterling."

Metaphern können die Bedeutung verändern, die wir mit allen möglichen Lebenssituationen verknüpfen, die Dinge beeinflussen, die wir mit Schmerz und Freude assoziieren, und unser Leben genauso wirksam verwandeln wie unsere Sprache. Wählen Sie Ihre Metaphern sorgfältig, umsichtig und auf eine Weise aus, die dazu beiträgt, Ihre Lebenserfahrung und diejenige der Ihnen nahestehenden Menschen zu vertiefen und zu bereichern. Werden Sie zum Metaphern-Detektiv! Wenn Sie einen bildhafte Redewendung hören, die Grenzen setzt und einengend wirkt, greifen Sie unbedenklich ein, unterbrechen Sie abrupt das Sprachmuster und bieten Sie eine Alternative. Wenden Sie diese Strategie bei sich selbst und anderen an. Machen Sie nun folgende Übung:

- *Was ist das Leben für Sie? Notieren Sie die Metaphern, die Sie bereits gewählt haben.* „Das Leben ist wie ..." was? Tragen Sie spontan alle Ideen zusammen, weil Sie vermutlich mehr als eine Metapher für das Leben haben. Wenn Sie sich in einer schlechten Verfassung befinden, bezeichnen Sie es wahrscheinlich als Kampf oder Nervenkrieg; und wenn Sie sich gut fühlen, betrachten Sie es vielleicht als Geschenk. Schreiben Sie alles auf, was Ihnen dazu einfällt. Dann gehen Sie die Liste noch einmal durch und fragen sich: Falls das Leben so und so ist, was bedeutet es dann für mich? Welche Folgen hat es, wenn Sie das Leben als etwas Heiliges betrachten, als Traum oder als Bühne? Jede Metapher besitzt eine inspirierende und eine hemmende Seite. Die Welt als Bühne zu sehen kann großartig sein, weil Sie dann ins Rampenlicht treten und sich Gehör verschaffen können. Dieses Bild kann aber auch aussagen, daß Sie ein Mensch sind, der ständig Theater spielt und seine wahren Gefühle verbirgt. Werfen Sie also einen kritischen Blick auf die Metaphern, die Sie benutzen. Welche Vor- und Nachteile haben sie? Welche neuen Metaphern könnten Sie für Ihr Leben finden, um sich glücklicher, freier und produktiver zu fühlen?

- *Schreiben Sie eine Liste von allen Metaphern, die Sie mit Ihren Partnerschaftsbeziehungen oder der Ehe in Verbindung bringen.* Sind sie beflügelnd oder lähmend? Denken Sie daran: Metaphern lassen sich nur umwandeln, wenn sie bewußt wahrgenommen werden, denn dann sagt sich Ihr Gehirn: „Das stimmt oder funktioniert nicht — das ist lächerlich!" Und Sie können sich problemlos eine neue Metapher zu eigen machen, denn der Reiz dieser Technik liegt in ihrer Einfachheit.
- *Wählen Sie einen anderen Bereich Ihres Lebens, der große Bedeutung für Sie hat* — sei es Ihr Beruf, Ihre Eltern, Ihre Kinder oder Ihre Lernfähigkeit —, *und spüren Sie die Metaphern auf,* die Sie hier verwenden. Schreiben Sie diese auf und analysieren Sie ihre Wirkung. Notieren Sie beispielsweise: „Lernen ist ein Kinderspiel." Falls Sie Lernen eher mit „Zahnziehen" vergleichen, können Sie sich vorstellen, welche Schmerzen Sie sich selbst bereiten. Sie sollten diese Metapher aus Ihrem Vokabular streichen, und zwar gleich! Notieren Sie auch hier wieder die positiven und negativen Konsequenzen. Wenn Sie diese gründlich erforschen, schaffen Sie in Ihrem Leben vielleicht ganz neue Wahlmöglichkeiten und Chancen.
- *Entwickeln Sie neue, konstruktivere Metaphern für jeden dieser Bereiche.* Beschließen Sie, das Leben von heute an mit mindestens vier oder fünf völlig anderen Dingen zu vergleichen. Das Leben ist kein Nervenkrieg, keine Prüfung. Es ist ein Spiel, ein Reigen, etwas Geheiligtes, ein Geschenk, ein Picknick — was auch immer, wenn es nur die stärksten positiven Gefühle in Ihnen erzeugt.
- *Treffen Sie nun die Entscheidung, daß Sie in den nächsten dreißig Tagen mit diesen neuen, konstruktiven Metaphern leben werden.*

Ihre neuen Metaphern sollten eine so magnetische Anziehungskraft besitzen, daß Sie das Gefühl haben, „mitgerissen" zu werden und zu „schweben", bis Sie „im siebten Himmel" angelangt sind. Während Sie sich dort befinden, können Sie auf dieses „Jammertal" hinunterblicken und sich freuen „wie ein Schneider", denn Sie wissen, daß dieses Hochgefühl nur die „Spitze eines Eisbergs" ist. *Bestimmen Sie von nun an selbst, welche Metaphern Sie verwenden, und schaffen Sie sich eine neue, eigene Welt: eine Welt der unbegrenzten Möglichkeiten, die prächtig, voller Wunder und reich an Freuden ist.*

11

Die zehn Emotionen, die Ihnen innere Kraft geben

„Ohne Emotionen kann man Dunkelheit nicht in Licht und Apathie nicht in Bewegung verwandeln."

C. G. Jung

Ich möchte Ihnen einen Mann namens Walter vorstellen. Walter ist ein guter, anständiger Mensch, der sich stets bemüht, das Richtige zu tun. Er hat sein Leben zu einer Wissenschaft gemacht: Alles muß seine Ordnung haben und nach Plan verlaufen. Wochentags steht er um Punkt 6.30 Uhr auf, duscht und rasiert sich, schlürft seinen Kaffee, greift nach seiner Frischhaltebox mit dem unerläßlichen Sandwich und dem Pausensnack und verläßt um 7.10 Uhr im Laufschritt das Haus, um sich dann 45 Minuten lang seinen Weg durch den morgendlichen Berufsverkehr zu bahnen. Um 8.00 Uhr sitzt er an seinem Schreibtisch und beginnt mit seiner Arbeit, die seit zwanzig Jahren immer die gleiche geblieben ist.

Um 17.00 Uhr macht er sich auf den Heimweg, öffnet ein kaltes Bier und greift nach der TV-Fernbedienung. Eine Stunde später kehrt seine Frau nach Hause zurück, und sie entscheiden, ob sie Reste essen oder eine Pizza in die Mikrowelle schieben wollen. Nach dem Abendbrot schaut er die Nachrichten an, während seine Frau das Kind badet und ins Bett bringt. Spätestens um 21.30 Uhr liegt er in der „Kiste". An den Wochenenden arbeitet er im Garten, pflegt sein Auto oder schläft aus. Walter und seine zweite Frau sind seit drei Jahren verheiratet. Er würde ihre Beziehung zwar nicht gerade als „flammende Leidenschaft" bezeichnen, aber sie ist gut eingespielt, obwohl sich in letzter Zeit vieles von dem alten Trott seiner ersten Ehe breitzumachen scheint.

Kennen Sie jemanden, der Walter ähnelt? Vielleicht handelt es sich dabei sogar um einen Menschen, mit dem Sie auf vertrautem Fuß stehen — jemand, der nie die Tiefen äußerster Niedergeschlagenheit oder Verzweiflung erlitten, aber auch nie die Höhen der Leidenschaft und des Glücksgefühls erlebt hat. Es heißt, der einzige Unterschied zwischen einer Furche und einem Grab bestehe in ein paar Zentimetern Erdreich, und vor mehr als einem Jahrhundert machte Henry David Thoreau in *Walden, oder Leben in den Wäldern* die Beobachtung, daß „die überwiegende Mehrheit der Menschen ein Leben stiller Verzweiflung führt". Dieser Satz ist kurz vor Beginn eines neuen Jahrtausends zutreffender als je zuvor. Eines ist mir in den zahllosen Zuschriften aufgefallen, die ich seit der Veröffentlichung von *Grenzenlose Energie* erhalte: daß heute diese Art von Dissoziation — das Gefühl, unbeteiligter Zuschauer zu sein, das sich ohne „eigenes Zutun" einfach deshalb einstellt, weil man Schmerz vermeiden will — überhand nimmt, gekoppelt mit dem Drang, jede Gelegenheit beim Schopf zu packen, sich lebendiger, leidenschaftlicher und dynamischer zu fühlen. Aus meiner Perspektive, als ein Mensch, der die ganze Welt bereist, Leute aus allen Bereichen des Lebens kennengelernt und buchstäblich Hunderttausenden „den Puls gefühlt" hat, scheinen wir instinktiv die Gefahr eines emotionalen Dahinsiechens zu erkennen und deshalb verzweifelt nach Möglichkeiten zu suchen, wie wir unser Herz wieder zum Schlagen bringen können.

Heutzutage leiden allzu viele Menschen unter der Täuschung, daß sie keinerlei Macht über ihre Gefühle haben und daß Emotionen nicht mehr sind als spontane Reaktionen auf Ereignisse in unserem Leben. Oft haben wir Angst vor ihnen, als wären es Viren, die uns befallen und hart zusetzen, wenn wir am verwundbarsten sind. Manchmal betrachten wir sie als „minderwertige Verwandte" unseres Intellekts und werten ihre Existenzberechtigung ab. Oder wir mutmaßen, daß Emotionen als Reaktion auf die Worte und Verhaltensweisen anderer entstehen. Diese globalen Glaubenssätze haben eines gemein: Sie basieren auf der Fehlauffassung, daß wir die geheimnisvollen Kräfte, die wir Emotionen nennen, nicht in den Griff bekommen können.

Viele Leute geben sich die allergrößte Mühe, ja machen sich sogar lächerlich in dem Bestreben, bestimmte Gefühle zu vermeiden. Sie nehmen Zuflucht zu Drogen, Alkohol oder Glücksspielen, essen ständig zuviel oder verfallen in eine lähmende Depression. Aufgrund ihres Bedürfnisses, einen ihnen nahestehenden Menschen nicht zu „verletzen" (oder von ihm verletzt zu werden), unterdrücken sie jegliche Empfindungen, entwickeln sich zu emotionalen Androiden, kappen schließlich alle gefühlsmäßigen Bindungen, die für die Wahl dieses Partners ausschlaggebend waren, und zerstören somit den Menschen, den sie am meisten lieben.

Ich glaube, daß es vier grundlegende Möglichkeiten gibt, mit unseren Emotionen umzugehen. Welche haben Sie heute angewandt?

- *Gefühle vermeiden.* Jeder Mensch ist bestrebt, schmerzlichen Gefühlen auszuweichen. Infolgedessen gehen die meisten jeder Situation möglichst aus dem Weg, die Empfindungen auslösen könnte, vor denen sie Angst haben — oder, schlimmer noch, sie bemühen sich, sämtliche Gefühlsregungen zu unterdrücken. Wenn sie beispielsweise befürchten, sich von jemandem eine Abfuhr einzuhandeln, halten sie sich jeder Situation fern, die eine Zurückweisung nach sich ziehen könnte. Diese Form des Umgangs mit den eigenen Emotionen ist eine besonders heimtückische Falle, denn wer negative Situationen meidet, kann sich kurzfristig schützen, aber er verhindert, daß er Liebe, Vertrautheit und jene tiefe Verbundenheit erleben kann, die sich alle Menschen wünschen. *Und letztlich kann man seinen Gefühlen doch nicht entgehen.* Konstruktiver ist es, zu lernen, wie man dem verborgenen, positiven Sinn jener Emotionen auf die Spur kommt, die man für negativ gehalten hat.

- *Gefühle leugnen.* Die zweite Spielart im Umgang mit den eigenen Gefühlen ist die Strategie des Leugnens. Viele Menschen versuchen, sich bewußt von ihren Empfindungen zu dissoziieren, indem sie Distanz zu ihnen einlegen und sich sagen: „So schlimm fühle ich mich nun auch wieder nicht." In der Zwischenzeit schüren sie jedoch ständig das Feuer in ihrem Inneren, weil sie laufend darüber nachdenken, wie schrecklich ihre Lage ist, oder daß sich die Dinge immer wieder zu ihren Ungunsten entwikkeln, obwohl sie stets das Richtige tun; warum passiert das alles ausgerechnet ihnen? Mit anderen Worten: Sie ändern nie ihren Blickwinkel oder ihre Philosophie und stellen sich permanent die selben, zur Ohnmacht führenden Fragen. Gefühle zu empfinden und vorzugeben, daß sie nicht existieren, vergrößert nur die Qualen. *Wenn Sie die Botschaft ignorieren, die Ihre Gefühle Ihnen zu vermitteln suchen, machen Sie die Lage nicht besser. Ihre Emotionen werden nur um einiges stärker und schließlich so intensiv, daß Sie nicht mehr umhinkönnen, ihnen Ihre Aufmerksamkeit zu schenken.* Gefühle zu leugnen ist keine Lösung. Eine wirkungsvollere Strategie besteht darin, sie zu verstehen und zu nutzen, und das werden Sie in diesem Kapitel lernen.
- *Wettbewerb der Gefühle.* Viele Menschen hören irgendwann auf, ihre schmerzlichen Gefühle zu bekämpfen, und beschließen, sich ihnen hinzugeben. Statt die positive Botschaft zu registrieren, die diese Gefühle zu vermitteln suchen, verstärken die Betroffenen ihre negativen Emotionen und bauschen sie auf. Sie werde so zum Ausweis von Tapferkeit, wobei man sich gegenseitig zu übertrumpfen bemüht, indem man sagt: „Du glaubst, daß es dir schlecht geht? Dann laß dir mal erzählen, wie schlimm ich dran bin!" Dieses Klagelied wird Teil der Identität solcher Menschen, eine Möglichkeit, sich aus der Masse abzuheben; sie beginnen, damit zu prahlen, daß es ihnen schlechter geht als allen anderen. Diese Methode ist der gefährlichste Stolperdraht, der um jeden Preis vermieden werden sollte. Sie wird nämlich zu einer sich selbst erfüllenden Prophezeiung, weil man am Ende immer wieder viel Kraft aufwendet, um sich schlecht zu fühlen, und dann sitzt man tatsächlich in der Falle. Konstruktiver und zuträglicher geht man mit schmerzlichen Gefühlen um, wenn man erkennt, daß sie einem guten Zweck dienen, nämlich …
- *Aus Gefühlen lernen und sie nutzen.* Wenn Sie Ihr Leben wirklich erfolgreich gestalten wollen, müssen Sie danach trachten, Ihre Gefühle für

Sie arbeiten zu lassen. Sie können nicht vor ihnen davonlaufen, sie nicht ausschalten, herunterspielen oder sich selbst über ihre Bedeutung hinwegtäuschen. Sie dürfen auch nicht Ihr Leben steuern. Emotionen, selbst die kurzfristig schmerzvoll erscheinenden, sind in Wirklichkeit ein innerer Kompaß; er weist Ihnen den Weg zu den Maßnahmen, die Sie ergreifen müssen, um an Ihre Ziele zu gelangen. Ohne das Wissen, wie man diesen Kompaß benutzt, sind Sie für alle Ewigkeiten jedem psychischen Wirbelsturm ausgeliefert, der Ihren Weg kreuzt.

Viele therapeutische Disziplinen gehen von der falschen Voraussetzung aus, daß Gefühle unsere Feinde seien und unser emotionales Wohlbefinden seine Wurzeln in der Vergangenheit habe. Tatsache ist jedoch, daß wir in Sekundenbruchteilen von Weinen auf Lachen umschalten können, wenn das Muster unserer mentalen Konzentration und Physiologie nur massiv genug unterbrochen wird. Die Anhänger der Freudschen Psychoanalyse erforschen beispielsweise die „tiefen, dunklen Geheimnisse" in unserer Vergangenheit, um unsere gegenwärtigen Probleme zu erklären. Und doch wissen wir alle schon vorher, daß wir genau das finden, wonach wir suchen, wenn wir nur lange genug suchen. Wenn Sie ständig ergründen wollen, warum sich frühere Ereignisse lähmend auf Ihre derzeitige Situation auswirken, oder warum Ihr Leben ein solches Chaos ist, dann leistet Ihr Gehirn der Anfrage Folge und liefert Referenzerlebnisse, die Ihre Annahme untermauern und die entsprechenden negativen Gefühle erzeugen. Um wieviel besser wäre es, sich das Grundprinzip zu eigen zu machen, daß „die Vergangenheit nicht der Zukunft gleicht"?

Sie können Ihre Gefühle nur dann effektiv nutzen, wenn Sie begreifen, daß sie Ihnen dienlich sind. Sie müssen von ihnen lernen und sie nutzen, um die gewünschten Resultate zu erzielen. *Die Emotionen, die Sie früher für negativ gehalten haben, sind lediglich eine Aufforderung, zu handeln.* Statt sie als negative Gefühle zu bezeichnen, werden wir sie *Handlungsbedarfssignale* nennen. Sobald Sie mit jedem einzelnen Signal und seiner Botschaft vertraut sind, werden Sie diese Emotionen nicht als Feind, sondern als Ihren Verbündeten betrachten. Sie werden zum Freund, zum Mentor, zum Coach; sie führen Sie sicher durch die ekstatischen Höhen und die niederschmetternden Tiefen des Lebens. Wenn Sie lernen, diese Signale zu benutzen, befreien Sie sich von der Angst und sind imstande, den Reichtum des Lebens mit der ganzen emotionalen Intensität zu erleben, deren der Mensch fähig ist. Um diesen Punkt zu erreichen, müssen Sie Ihre Grundprinzipien hinsichtlich der Bedeutung von Gefühlen ändern. Gefühle sind keine räuberischen Elemente, kein Ersatz für die Logik, und kein Produkt, dessen Entstehung von den Launen anderer abhängig ist. Sie sind vielmehr Handlungsbedarfssignale, die uns auf unserem Weg zu mehr Lebensqualität als Richtschnur dienen.

Falls Sie es sich zur Gewohnheit gemacht haben, auf Ihre Gefühle nur mit Ausweichmanövern zu reagieren, dann entgeht Ihnen auch die unschätzbar wertvolle Botschaft, die in den Gefühlen enthalten ist. Sollten Sie diese Signale weiterhin ignorieren und sich nicht gleich dann mit den Gefühlen befassen, wenn sie entstehen, können sich diese emotionalen Probleme zu schwerwiegenden Krisen ausweiten. All unsere Empfindungen sind wichtig und bedeutungsvoll, wenn sie in der richtigen Intensität, zum richtigen Zeitpunkt und im richtigen Zusammenhang auftauchen.

Erkennen Sie, daß die Gefühle, die Sie in diesem Augenblick verspüren, ein Geschenk sind, eine Leitlinie, ein Stützwerk, ein Aufruf zum Handeln. Wenn Sie Ihre Gefühle unterdrücken und sie aus Ihrem Gesichtskreis verbannen, oder wenn Sie Ihre Gefühle künstlich aufblähen und diese jeden Aspekt Ihres Lebens bestimmen, dann verschwenden Sie eine der kostbarsten Gaben der Natur.

Sie selbst sind der Urheber der Emotionen, die Quelle, der sie entstammen. Viele Menschen meinen, sie müßten auf bestimmte Erlebnisse warten, um die gewünschten Gefühle zu verspüren. Sie gönnen sich nicht, sich geliebt, glücklich oder zuversichtlich zu fühlen, bis bestimmte Erwartungen in Erfüllung gegangen sind. Ich sage Ihnen jedoch, *daß Sie jederzeit das empfinden können, was Sie empfinden möchten.*

In den Seminaren, die ich in der Nähe meines Hauses in Del Mar in Kalifornien abhalte, haben wir ein lustiges Verfahren entwickelt, das uns daran erinnert, wer wirklich für unsere Gefühle verantwortlich ist. Diese Seminare werden in einem luxuriösen Vier-Sterne-Hotel, dem Inn L'Auberge, abgehalten, das direkt am Meer, aber auch in unmittelbarer Nähe der Bahnstation gelegen ist. Ungefähr viermal am Tag kann man die laute Pfeife der durchfahrenden Züge vernehmen. Manche Seminarteilnehmer ärgerten sich über die Unterbrechung (sie kannten das Transformatorische Vokabular noch nicht!); und so schien mir dies die ideale Gelegenheit zu sein, Frustration in Freude zu verwandeln. Ich sagte: „Von nun an werden wir jedesmal ‚feiern', wenn wir das Pfeifen einer Lokomotive vernehmen. Ich möchte sehen, wie es Ihnen gelingt, sich in Stimmung zu bringen. Wir warten immer auf die richtige Person oder Situation, bevor wir uns gut fühlen können. Aber wer entscheidet denn, ob eine Person oder Situation die richtige ist? Wer ist dafür verantwortlich, daß Sie sich gut fühlen, wenn Sie sich gut fühlen? Das sind allein Sie selbst! Aber Sie haben sich eine Regel zu eigen gemacht, die Sie zu warten zwingt, bis A, B und C eintrifft, ehe Sie sich ein Gefühl des Wohlbefindens zugestehen. Warum warten? Warum stellen Sie nicht einfach eine Regel auf, die besagt, daß Sie sich automatisch großartig fühlen, sobald Sie eine Lokomotive pfeifen hören? Das Gute daran ist, daß das Pfeifen vermutlich beständiger und vorhersehbarer eintrifft als die Menschen, auf deren Erscheinen Sie hoffen, um sich gut zu fühlen."

Nun begrüßen wir den durchfahrenden Zug jedesmal mit Jubelgeschrei. Die Teilnehmer — zu denen auch Ärzte, Anwälte und Topmanager gehören — springen prompt von ihren Stühlen auf, klatschen Beifall, brüllen und gebärden sich total ausgeflippt. Und das sind die gleichen Menschen, die sich für intelligent hielten, bevor das Seminar begann! Danach folgt wieherndes Gelächter. Was können wir daraus lernen? Sie müssen nicht auf ein Ereignis oder eine Person warten. *Sie brauchen keinen besonderen Grund, um sich gut zu fühlen — es reicht aus, zu entscheiden, daß Sie sich jetzt sofort, auf der Stelle, gut fühlen werden, nur weil sie lebendig sind, nur weil es Ihrem Wunsch entspricht.*

Wenn Sie also Urheber all Ihrer Emotionen sind, warum fühlen Sie sich dann nicht immer in Höchstform? Weil Ihnen Ihre sogenannten negativen Gefühle auch hier wieder eine Botschaft vermitteln. *Und wie lautet die Botschaft dieser Handlungsbedarfssignale? Daß Ihr derzeitiger Problemlösungsansatz nicht funktioniert, daß Ihr schmerzhafter Mißerfolg entweder auf Ihre Wahrnehmungen oder auf die angewandten Verfahren zurückzuführen ist: vor allem aber auf die Art, wie Sie anderen Ihre Bedürfnisse und Wünsche mitteilen oder wie Sie agieren.*

Ihre Aktivitäten führen nicht zum gewünschten Ergebnis, und deshalb müssen Sie Ihren Problemlösungsansatz ändern. Bedenken Sie, daß Ihre Wahrnehmungen von jenen Aspekten einer Situation beeinflußt werden, auf die Sie Ihre Aufmerksamkeit richten, sowie von der Bedeutung, die Sie den Dingen beimessen. Und Sie können Ihre Wahrnehmungen von einer Minute zur nächsten korrigieren, indem Sie Ihre Physiologie auf anderes einsetzen oder sich selbst eine bessere Frage stellen.

Die Problemlösungsmethoden, die Sie verwenden, schließen Ihren Kommunikationsstil ein. Vielleicht schlagen Sie einen zu harschen Ton an, oder haben eine Technik gewählt, die Ihre Bedürfnisse nicht einmal klar zum Ausdruck bringt, und erwarten trotzdem, daß andere wissen, was Sie brauchen. Das könnte durchaus die Ursache für Frustrationen, Wut und verletzte Gefühle in Ihrem Leben sein.

Das Handlungsbedarfssignal verletzter Gefühle sagt Ihnen möglicherweise, daß Sie Ihren Kommunikationsstil ändern sollten, um künftig keine Kränkungen mehr erleben zu müssen. *Niedergeschlagenheit ist ein weiterer Aufruf zum Handeln. Dieses Signal sagt Ihnen, daß Sie Ihre Wahrnehmungen ändern müssen,* die Ihnen vorgaukeln, das Problem, dem Sie sich gegenübersehen, sei für alle Ewigkeit festgeschrieben oder Ihnen völlig aus der Hand geglitten. Vielleicht sollten Sie auch einfach einen Bereich Ihres Lebens tatkräftig umgestalten, um sich selbst erneut daran zu erinnern, daß Sie selbst über Ihr Schicksal bestimmen.

Diese Botschaft ist in allen Handlungsbedarfssignalen enthalten, denn sie vermitteln lediglich Impulse, zu handeln und dabei Ihre Denkschemata, Ihren Blickwinkel, Ihre Kommunikationstechniken oder Verhaltensweisen zu ändern. Diese Aufrufe zum Handeln sollen Ihnen ins Gedächtnis rufen, daß Sie nicht wie eine Fliege immer wieder gegen die Fensterscheibe ins Freie gelangen wollen. Wenn Sie Ihre derzeitige Problemlösungsmethode nicht ändern, wird sich selbst die größte Beharrlichkeit der Welt nicht auszahlen. Ihre Handlungsbedarfssignale flüstern (oder brüllen?) Ihnen mit Hilfe einer schmerzlichen Erfahrung zu, daß Sie einen anderen Weg zum Ziel wählen sollten.

Sechs Schritte, um Ihre Gefühle zu meistern

Ich habe festgestellt, daß ich schmerzhaften Erfahrungen mit Hilfe der nachfolgenden sechs Schritte sehr bald ein Ende setzen kann. Sie helfen mir dabei, meine einengenden Denk- und Verhaltensmuster abrupt zu unterbrechen, mir über die Vorteile dieser Emotion klar zu werden, mich selbst für die Lektion, die sie enthält, zu sensibilisieren und das negative Gefühl künftig schneller auszumerzen.

Schritt 1: Ergründen Sie Ihre wahren Gefühle

Viele Menschen fühlen sich gefühlsmäßig so überfordert, daß sie nicht einmal mehr wissen, was sie wirklich empfinden. Ihnen ist nur bewußt, daß ihnen alle diese negativen Emotionen und Gefühle „hart zusetzen".

Statt sich gestreßt zu fühlen, sollten Sie einen Moment innehalten und sich fragen: „Was empfinde ich in diesem Augenblick wirklich?" Wenn Ihnen als erstes einfällt: „Ich bin wütend", dann haken Sie nach: „Bin ich tatsächlich wütend? Oder ist es etwas anderes? Fühle ich mich vielleicht verletzt oder als Verlierer in dieser Situation?" Machen Sie sich bewußt, daß Gefühle des Gekränktseins oder des Verlusts nicht so intensiv sind wie Wutgefühle. Nehmen Sie sich einen Moment Zeit, um zu ergründen, was Sie wirklich empfinden. Wenn Sie beginnen, Ihre Gefühle in Frage zu stellen, können Sie die emotionale Intensität Ihrer Erfahrung dämpfen und die Situation folglich schneller und besser bewältigen.

Wenn Sie sich beispielsweise sagen: „Eben jetzt fühle ich mich zurückgewiesen", sollten Sie sich fragen: „Fühle ich mich tatsächlich zurückgewiesen, oder vielmehr isoliert von dem Menschen, den ich liebe? Oder enttäuscht? Oder ein wenig unwohl in meiner Haut?" Denken Sie an die Macht des Transformatorischen Vokabulars, das die emotionale Intensität auf Anhieb abzubauen vermag. Wenn Sie Ihre wahren Gefühle analysieren, können Sie ihre Stärke noch mehr verringern und somit um einiges leichter von ihnen lernen.

Schritt 2: Sie sollten Ihre Gefühle akzeptieren und würdigen, weil Sie wissen, daß sie Ihnen helfen

Versuchen Sie nie, Ihre Gefühle als „falsch" einzustufen, denn damit würden Sie eine aufrichtige Kommunikation mit sich selbst und anderen im Ansatz zerstören. Sie sollten vielmehr dankbar sein, daß Ihr Gehirn Ihnen ein hilfreiches Signal gibt, einen Aufruf, entweder einen Aspekt Ihrer Wahrnehmung oder Ihres Lebens tatkräftig zu verändern. Wenn Sie bereit sind, Ihren Emotionen zu vertrauen — auch wenn Sie diese im Augenblick noch nicht verstehen —, in dem Wissen, daß jede einzelne Sie bei der Einleitung positiver Veränderungen unterstützt, beenden Sie schlagartig den Krieg, den Sie gegen sich selbst führen. Statt dessen werden Sie merken, daß Sie den einfachen Lösungen ein Stück näherkommen. Ein Gefühl als „falsch" abzustempeln trägt selten dazu bei, seine Intensität zu verringern. Oft bleiben gerade diejenigen hartnäckig bestehen, gegen die Sie sich besonders vehement zur Wehr setzen. *Machen Sie es sich zur Gewohnheit, alle Gefühle zu akzeptieren und zu würdigen,* und Sie werden feststellen, daß Sie sich fast unverzüglich „besänftigen" lassen wie ein rebellisches Kind, das Aufmerksamkeit fordert.

Schritt 3: Seien Sie neugierig auf die Botschaft, die Ihnen dieses Gefühl vermitteln will

Denken Sie an die Macht, die emotionalen Zuständen innewohnt? Wenn Sie sich in eine Verfassung bringen, in der Sie begierig darauf sind, etwas dazuzulernen, können Sie damit jegliches Gefühlsmuster abrupt unterbrechen und eine Menge über sich selbst erfahren. *Neugierde trägt dazu bei, Gefühle in den Griff zu bekommen, Herausforderungen zu bewältigen und zu verhindern, daß in Zukunft ähnliche Probleme auftreten.*

Wenn Sie ein bestimmtes Gefühl verspüren, sollten Sie neugierig darauf sein, was es Ihnen sagen will. Was müssen Sie jetzt tun, um eine Wende zum Besseren einzuleiten? Falls Sie sich einsam fühlen, sollten Sie Ihre Neugierde anstacheln und sich fragen: „Wäre es möglich, daß ich die Situation falsch interpretiere und glaube, isoliert zu sein, während ich in Wirklichkeit viele Freunde habe? Vielleicht warten sie nur darauf, daß ich den ersten Schritt tue und sie besuche. Vermittelt mir das Gefühl der Einsamkeit die Botschaft, daß ich etwas tun muß, daß ich die Initiative ergreifen und den Kontakt zu anderen suchen muß?"

Die folgenden Fragen sollten Sie sich stellen, um Neugierde auf Ihre Emotionen zu wecken:

- Was möchte ich wirklich fühlen?
- Welche Glaubenssätze stehen wahrscheinlich hinter meinen bisherigen Gefühlen?
- Was bin ich bereit zu tun, um eine Lösung zu finden und das Problem sofort anzugehen?
- Was kann ich daraus lernen?

Wenn Sie neugierig geworden sind, gewinnen Sie wichtige Erkenntnisse über Ihre Gefühle, die Ihnen nicht nur heute, sondern auch in Zukunft zugute kommen.

Schritt 4: Entwickeln Sie Selbstvertrauen!

Entwickeln Sie Selbstvertrauen und den festen Glauben, daß Sie Ihre Gefühle auf Anhieb in den Griff bekommen. *Die schnellste, einfachste und wirkungsvollste Art, dieses Ziel zu erreichen, besteht darin, sich an eine Zeit zu erinnern, in der Sie ähnliche Gefühle erfolgreich bewältigt haben.* Da es Ihnen in der Vergangenheit gelungen ist, sind Sie mit Sicherheit auch heute dazu in der Lage. Wenn Sie dieses Handlungsbedarfssignal schon einmal empfangen und darauf reagiert haben, verfügen Sie bereits über eine Strategie, mit der Sie Ihre emotionale Verfassung verändern.

Denken Sie an die Zeit zurück, in der Sie dieselben Empfindungen verspürt und auf positive Weise bewältigt haben. Benutzen Sie diese Strategie als Vorbild oder Checkliste für die Maßnahmen, die Sie jetzt ergreifen, um Ihre Gefühle zu verändern. Was haben Sie damals getan? Haben Sie Ihren Blickwinkel, Ihre Fragestellung, Ihre Wahrnehmungen geändert? Oder haben Sie neue Methoden erprobt, um Ihr Ziel zu erreichen? Tun Sie jetzt dasselbe, in dem Vertrauen, daß es wie damals gelingen wird.

Wenn Sie sich beispielsweise deprimiert fühlen und schon früher in der Lage waren, Ihrer Niedergeschlagenheit ein Ende zu setzen, sollten Sie sich fragen: „Wie habe ich das damals geschafft?“ Ist Ihnen das gelungen, indem Sie etwas anderes getan haben als zu grübeln — sind Sie beispielsweise zum Joggen gegangen oder haben Sie mit jemandem telefoniert? Sobald Sie sich darüber klargeworden sind, was sich damals ausgezahlt hat, sollten Sie wieder zu dieser Strategie greifen, und Sie werden feststellen, daß Sie damit ähnliche Resultate erzielen.

Schritt 5: Vergewissern Sie sich, daß Sie dieses Gefühl nicht nur heute, sondern auch in Zukunft bewältigen können

Sie möchten sichergehen, daß Sie dieses Gefühl auch in Zukunft leicht und planmäßig in den Griff bekommen. Das gelingt Ihnen, wenn Sie sich erinnern, wie Sie in der Vergangenheit damit umgegangen sind, und sich immer wieder vorstellen, wie Sie künftige Situationen bewältigen, in denen Sie diese Handlungsbedarfssignale empfangen. Sehen, hören und fühlen Sie, wie Sie diese Situation spielend meistern. Solche Wiederholungen schaffen eine neurale Bahn und die Sicherheit, daß Sie derartigen Herausforderungen problemlos gewachsen sind.

Notieren Sie sich außerdem drei oder vier weitere Möglichkeiten, Ihre Wahrnehmungen zu beeinflussen, sobald ein Handlungsbedarfssignal auftaucht. Suchen Sie nach Wegen, um Ihre Gefühle und Bedürfnisse auf neue Weise zum Ausdruck zu bringen, oder andere Aktionen einzuleiten, als Sie es bisher in dieser speziellen Situation getan haben.

Schritt 6: Innere Spannung erzeugen und die Initiative ergreifen

Nun sind die ersten fünf Schritte getan: Sie haben ergründet, was Sie empfinden, Sie haben das Gefühl akzeptiert, statt es zu bekämpfen; Sie haben Ihre Neugierde auf seine wahre Bedeutung und die Lektion geweckt, die es zu bieten hat; Sie haben gelernt und sich überlegt, wie Sie durch Anpassung früherer, erfolgreicher Strategien im Umgang mit diesem Gefühl eine Wende herbeiführen können; Sie haben sich immer wieder vorgestellt, wie Sie es künftig meistern werden und dabei ein Gefühl der Sicherheit entwickeln. Nun der letzte Schritt: Erzeugen Sie innere Spannung und ergreifen Sie die Initiative! Freuen Sie sich auf die Tatsache, daß Sie mit diesem Gefühl spielend fertigwerden, und schreiten Sie zur Tat, um sich zu beweisen, daß Sie es im Griff haben. Bleiben Sie nicht im einengenden Gleis Ihrer derzeitigen Emotionen stecken. Bringen Sie Ihre Wünsche und Bedürfnisse zum Ausdruck, indem Sie Ihre zuvor mental durchgespielte Strategie praktisch umsetzen, um Ihre Wahrnehmungen und Aktionen zu verändern. Denken Sie daran, daß diese neugewonnenen Erkenntnisse nicht nur Ihre derzeitigen Gefühle beeinflussen, sondern auch die Art, wie Sie diese in Zukunft bewältigen.

Mit Hilfe dieser sechs einfachen Schritte können Sie buchstäblich jedes Gefühl meistern, vor das Sie sich in Ihrem Leben gestellt sehen. Wenn Sie feststellen, daß Sie immer wieder mit demselben emotionalen Muster konfrontiert sind, wird ihnen diese Schritt für Schritt nachvollziehbare Methode helfen, das zugrundeliegende Schema zu ermitteln und innerhalb sehr kurzer Zeit zu ändern.

Üben Sie diese Technik. Sie könnte Ihnen, wie alles, was brandneu ist, zunächst ein wenig beschwerlich erscheinen. Aber je öfter Sie sie benutzen, desto leichter wird sie Ihnen fallen, und schon bald werden Sie sich problemlos Ihre Marschroute durch das bahnen, was Sie früher als emotionale Minenfelder betrachtet haben. Statt dessen finden Sie nun zahlreiche persönliche Wegweiser vor, die jeden Ihrer Schritte auf dem Weg zu Ihren Zielen lenken.

Denken Sie daran: Ein Gefühl läßt sich am besten in dem Augenblick bewältigen, in dem es aufkommt. Es ist viel schwieriger, ein emotionales Muster zu unterbrechen, wenn es sich voll entwickelt hat. Meine Philosophie lautet: „Wehret den Anfängen." Bedienen Sie sich der oben beschriebenen Technik, sobald sich das Handlungsbedarfssignal bemerkbar macht, und Sie werden feststellen, daß Sie imstande sind, buchstäblich jedes Gefühl im Handumdrehen in den Griff zu bekommen.

Die zehn Handlungsbedarfssignale

Schon mit den genannten sechs Schritten allein können Sie die meisten negativen Gefühle verändern. Damit Sie jedoch nicht einmal darauf angewiesen sind, sollten Sie sich bewußtmachen und verstehen, welche positiven Botschaften Ihnen Ihre wichtigsten Gefühle oder Handlungsbedarfssignale zu vermitteln suchen. Auf den nachfolgenden Seiten werden Sie etwas über die zehn primären Gefühle erfahren, die von den meisten Menschen nach Möglichkeit gemieden werden, von Ihnen jedoch als Triebfeder des Handelns genutzt werden können.

Wenn Sie die Liste dieser Signale durchgelesen haben, beherrschen Sie Ihre Emotionen natürlich noch nicht auf Anhieb. Sie müssen die Erkenntnisse, die Sie daraus gewonnen haben, immer wieder in die Praxis umsetzen, um sie nutzen zu können. Ich empfehle, diesen Abschnitt mehrmals durchzuarbeiten und die Bereiche zu unterstreichen, die für Sie besonders wichtig sind. Dann sollten Sie die Handlungsbedarfssignale auf eine kleine Karte schreiben, die Sie überall mitnehmen können. Sie können sich so an die Bedeutung erinnern, die dieses Gefühl für Sie hat, und an die Maßnahmen, die Sie ergreifen müssen, um davon zu profitieren. Bringen Sie eines dieser kleinen Kärtchen an der Sonnenblende Ihres Autos an; Sie können es dann nicht nur im Verlauf des Tages lesen, sondern es auch herausziehen und sich vor allem dann an die positive Botschaft erinnern, wenn Sie im Stau stehen und „vor Wut kochen".

Beginnen wir mit dem am weitesten verbreiteten Handlungsbedarfssignal, dem …

● **Unbehagen.** Das Gefühl des Unbehagens besitzt keine markerschütternde Intensität, aber es nagt an uns und weckt die dumpfe Ahnung, daß irgend etwas nicht ganz stimmt.

Die Botschaft: *Gefühle wie Langeweile, Ungeduld, Nervosität, Kummer oder Verlegenheit signalisieren, daß irgend etwas nicht ganz stimmt.* Vielleicht sehen Sie die Dinge aus einer verzerrten Perspektive, oder Sie erzielen mit Ihren Aktionen nicht die gewünschten Ergebnisse.

Die Lösung: Mit dem Gefühl des Unbehagens fertigzuwerden ist einfach.

1. *Nutzen Sie die Fähigkeiten, die Sie in diesem Buch bereits erworben haben, um Ihre Verfassung zu ändern.*
2. *Klären Sie ab, was Sie wirklich wollen.*
3. *Modifizieren Sie Ihre Aktionen. Versuchen Sie es mit einer leicht abgewandelten Problemlösungsmethode und beobachten Sie, ob Sie auf Anhieb Ihre Gefühle bezüglich einer bestimmten Situation und/oder die Qualität der Ergebnisse verändern können, die Sie erzielen.*

Wie alle Gefühle, mit denen man sich nicht aktiv auseinandersetzt, wird sich auch das Unbehagen verstärken. Es kann bis zu einem gewissen Grad lästig sein, aber die Aussicht auf eine größere emotionale Krise ist wesentlich unangenehmer als die Beklommenheit, die Sie im Augenblick empfinden. Wir sollten uns daran erinnern, daß unsere Phantasie imstande ist, sich eine Situation zehnmal schlimmer auszumalen, als wir sie wirklich erleben würden. Im Schach und in den Kampfsportarten heißt es: „Die Androhung eines Angriffs hat größere Wirkung als der Angriff selbst.“ Wenn wir beginnen, Schmerzen — vor allem intensive Schmerzen — zu ahnen, entsteht oft das Handlungsbedarfssignal der …

● **Angst.** Angstgefühle treten in vielen Abstufungen auf, angefangen von leichter Beunruhigung und dunklen Vorahnungen, bis hin zu großer Besorgnis, Bangigkeit, Furcht und schierem Entsetzen. Angst dient einem bestimmten Zweck, und ihre Botschaft ist einfach zu entschlüsseln.

HÄGAR DER SCHRECKLICHE

Die Botschaft: *Angst ist nicht mehr als die Vorahnung, daß irgend etwas in nächster Zeit geschehen wird, auf das man besser vorbereitet sein sollte* — frei nach dem Pfadfindermotto: *„Allzeit bereit“*. Wir müssen entweder dafür gerüstet sein, eine Situation zu bewältigen, oder etwas zu unternehmen, um sie zu ändern. Das Drama ist, daß die meisten Menschen versuchen, ihre Angst zu leugnen, oder sich in ihr suhlen. Keine der beiden Methoden berücksichtigt die Botschaft, die uns die Angst zu übermitteln sucht; also wird die betreffende Person weiter von der Angst verfolgt, denn diese muß sich ja Gehör verschaffen. Sie wollen sich doch sicher nicht Ihrer Angst ausliefern, geschweige denn, sie dadurch vergrößern, daß Sie sich das schlimmstmögliche Szenario ausmalen oder vorgeben, keine Angst zu haben.

Die Lösung: *Überprüfen Sie, was Sie ängstigt, und überlegen Sie, was Sie tun müssen, um sich mental auf den Ernstfall vorzubereiten. Erwägen Sie die Maßnahmen, die Sie ergreifen müssen, um die Situation bestmöglich zu bewältigen.* Manchmal haben wir alles unternommen, um uns auf etwas vorzubereiten; es bleibt nichts mehr zu tun — und doch warten wir angstvoll auf das, was uns bevorsteht. Das ist der Zeitpunkt, an dem Sie sich das Gegenmittel zur Angst verabreichen und die bewußte Entscheidung treffen müssen, Ihren Fähigkeiten zu vertrauen. Sie wissen, daß Sie keine Mühe gescheut haben, um sich für die gefürchtete, wie auch immer geartete Situation zu wappnen, und daß sich die wenigsten Befürchtungen im Leben bewahrheiten. Falls doch, dann kann es Ihnen passieren, daß Sie sich gekränkt fühlen ...

● **Gekränktsein.** Wenn irgendeine Emotion sowohl in beruflichen als auch in privaten zwischenmenschlichen Beziehungen eine dominierende Rolle zu spielen scheint, dann ist es das Gefühl, gekränkt oder verletzt worden zu sein. *Es entsteht normalerweise infolge eines Verlustgefühls.* Wenn Menschen sich gekränkt fühlen, neigen sie dazu, es anderen heimzuzahlen. Wir sollten uns bemühen, die eigentliche Botschaft zu empfangen, die das Gefühl des Verletztseins uns zu übermitteln trachtet.

Die Botschaft: *Das Gefühl des Verletztseins signalisiert uns, daß wir eine bestimmte Erwartung hatten, die nicht erfüllt wurde.* Oft macht sich dieses Gefühl bemerkbar, wenn wir fälschlicherweise davon ausgegangen sind, daß jemand sein Wort hält. In diesem Fall schwindet die Vertrautheit, vielleicht sogar das Vertrauen zu dem oder der Betreffenden. Und dieses Gefühl des Verlustes erzeugt das Gefühl, verletzt worden zu sein.

Die Lösung:

1. *Erkennen Sie, daß Sie in Wirklichkeit vielleicht gar keinen Verlust erlitten haben.* Möglicherweise müssen Sie nur den Irrtum beseitigen, daß andere absichtlich versucht haben, Sie zu kränken oder zu verletzen. Vielleicht ist den anderen gar nicht bewußt, welche Auswirkungen ihr Verhalten auf Ihr Leben hat.
2. Überdenken Sie einen Augenblick die Situation. Fragen Sie sich: *„Habe ich wirklich einen Verlust erlitten? Urteile ich vielleicht vorschnell, oder zu harsch?"*
3. *Eine weitere Möglichkeit, darüber hinwegzukommen, besteht darin, die betreffende Person geschickt und auf angemessene Weise von Ihren Gefühlen in Kenntnis zu setzen.* Sagen Sie: „Neulich, als das und das passiert ist, habe ich dein Verhalten mißverstanden und gemeint, ich sei dir völlig gleichgültig; und nun fühle ich mich verletzt. Kannst du mir erklären, was sich wirklich abgespielt hat?" Wenn Sie Ihren Kommunikationsstil ändern und die tatsächlichen Vorgänge abklären, löst sich das Gefühl der Kränkung oftmals ziemlich schnell in Wohlgefallen auf.

● **Wut.** Wutgefühle umfassen ebenfalls eine breite Skala abgestufter Empfindungen, angefangen von leichter Verärgerung bis hin zu Empörung, Groll, Zorn und „Weißglut".

Die Botschaft: *Die Botschaft der Wut lautet, daß jemand — vielleicht sogar Sie selbst — gegen eine wichtige Regel oder einen Grundsatz in Ihrem Leben verstoßen hat.* Wenn Sie dieses Signal empfangen, müssen Sie wissen, daß Sie diese Empfindung im Handumdrehen auslöschen können.

Die Lösung: *Sie müssen*

1. *erkennen, daß Sie die Situation vielleicht völlig falsch interpretiert haben. Ihre Wut auf die Person, die gegen Ihre Regeln verstoßen hat, basiert möglicherweise auf der Tatsache, daß diese gar nicht weiß, was Ihnen besonders wichtig ist (obwohl Sie glauben, daß es ihr eigentlich hinlänglich bekannt sein sollte).*
2. *sich bewußt machen: Selbst wenn jemand gegen eine Ihrer Prinzipien verstoßen hat, müssen diese Regeln nicht unbedingt die „richtigen" sein, auch wenn Sie starke Gefühle damit verbinden.*
3. *sich eine konstruktivere Frage stellen, wie: „Könnte es sein, daß dieser Person auf lange Sicht doch etwas an mir liegt?" Unterbrechen Sie Ihr Wutmuster, indem Sie sich fragen: „Was kann ich daraus lernen? Wie kann ich den Stellenwert, den diese Prinzipien für mich haben, der anderen Person auf eine Weise begreiflich machen, die in ihr den Wunsch weckt, mir zu helfen und künftig nicht wieder dagegen zu verstoßen?"*

Falls Sie wütend sind, dann könnten Sie beispielsweise *Ihre Perspektive ändern* — vielleicht kannte diese Person Ihre Regeln tatsächlich nicht. Oder *Sie ändern Ihren Kommunikationsstil* — vielleicht haben Sie Ihre Bedürfnisse nicht klar genug zum Ausdruck gebracht. Oder *Sie ändern Ihr Verhalten* — sagen Sie gleich: „Halt, das habe ich dir im Vertrauen erzählt. Versprich mir, daß du mit niemandem darüber redest; das ist mir wirklich wichtig."

Bei vielen Menschen führt ununterbrochener Ärger, oder die Unfähigkeit, nach den eigenen Prinzipien und Regeln zu leben, zu …

● **Frustration.** Frustration kann sich auf vielen Wegen einschleichen. Jedesmal, wenn wir meinen, in unserem Leben von Hindernissen umgeben zu sein, wenn wir uns ständig Mühe geben, ohne den verdienten Lohn dafür zu ernten, fühlen wir uns frustriert.

Die Botschaft: *Frustration ist ein aktivierendes Signal. Das bedeutet, daß Ihr Gehirn glaubt, Sie könnten bessere Ergebnisse erzielen, als Sie derzeit vorweisen können.* Zwischen Frustration und Enttäuschung oder Desillusionierung besteht ein großer Unterschied. Enttäuschung ist das Gefühl, da man sich etwas wünscht, von dem man weiß, daß man es nie bekommen wird. *Im Gegensatz dazu muß Frustration als ein sehr positives Signal gewertet werden.* Es bedeutet, daß die Lösung Ihres Problems in greifbare Nähe gerückt, Ihre derzeitige Methode indessen nicht die richtige ist. Sie müssen also Ihre Vorgehensweise ändern, um Ihr Ziel zu erreichen. Frustration signalisiert, daß Sie flexibler werden sollten! Wie geht man nun mit Frustration um?

Die Lösung: *Sie ist ganz einfach!*

1. *Erkennen Sie, daß die Frustration Ihr Verbündeter ist, und durchforsten Sie Ihr Gehirn nach neuen Optionen, um die gewünschten Ergebnisse zu erzielen.* Wie entwickelt man eine flexiblere Methode?
2. *Informieren Sie sich über Möglichkeiten, die Situation in den Griff zu bekommen. Suchen Sie nach einem Vorbild, einem Menschen, der einen Weg gefunden hat, sich das zu verschaffen, was Sie sich wünschen.* Bitten Sie ihn um Tips, wie Sie die gewünschten Ergebnisse effektiver erreichen können.
3. *Lassen Sie sich von den neuen Erkenntnissen anspornen. Sie könnten Ihnen dabei helfen, sich der Herausforderung nicht nur heute, sondern auch in Zukunft gewachsen zu zeigen, und zwar auf eine Weise, die nicht nur wenig Zeit und Energie verschlingt, sondern obendrein auch noch Freude macht.*

Viel zerstörerischer als Frustration ist jedoch das Gefühl der …

● **Desillusionierung/Enttäuschung:** Sie kann sehr destruktiv sein, wenn man ihr nicht schnell beikommt. Enttäuschung ist das verheerende Gefühl, eine Niederlage erlitten zu haben, oder bestimmte Hoffnungen ein für allemal begraben zu müssen. Alles, was sie traurig stimmt oder desillusioniert, weil Sie mehr erwartet haben, ist enttäuschend.

Die Botschaft: *Das Gefühl der Enttäuschung oder Desillusionierung übermittelt die Botschaft, daß eine Erwartung — ein Ziel, das Sie ernsthaft angestrebt haben — vermutlich nicht in Erfüllung gehen wird. Es ist daher an der Zeit, Ihre Erwartungen zu ändern, sie besser auf die Realität abzustimmen und unverzüglich die Initiative zu ergreifen, um neue Ziele zu setzen und zu realisieren.*

Die Lösung: *Eine Enttäuschung bekommen Sie in den Griff, wenn Sie*

1. *unverzüglich herausfinden, was Sie aus dieser Situation lernen können, damit Sie in Zukunft das erreichen, was Sie sich von Anfang an gewünscht haben.*
2. *sich ein neues Ziel setzen, das Sie noch mehr anspornt und Ihnen unmittelbare Fortschritte bringt.*
3. *erkennen, daß Sie sich vorschnell ein Urteil gebildet haben. Oft sind Situationen, die Sie enttäuschend finden, nur ein vorübergehendes*

Problem, ähnlich wie in der Lebensgeschichte von Billy Joel beschrieben. *Vielleicht verzögert Gott die Erfüllung eines Wunsches, aber verweigert ihn nicht unbedingt.* Möglicherweise befinden Sie sich in einer Art „Warteschleife". Viele Menschen programmieren Enttäuschungen vor, indem sie völlig unrealistische Erwartungen hegen. Wenn Sie heute einen Sämling setzen, können Sie nicht davon ausgehen, daß Sie morgen einen ausgewachsenen Baum sehen.
4. *sich bewußt machen, daß noch nicht alle Hoffnung verloren ist, und Sie vielleicht etwas mehr Geduld an den Tag legen sollten. Überprüfen Sie noch einmal, was Sie wirklich wollen, und entwickeln Sie einen wirkungsvolleren Plan, um Ihr Ziel zu erreichen.*
5. *eine positive Erwartungshaltung gegenüber künftigen Geschehnissen entwickeln, egal was sich in der Vergangenheit ereignet hat.*

Eine besonders tiefgreifende Enttäuschung, die wir erleben, äußert sich normalerweise in …

● **Schuldgefühlen.** Schuldgefühle, Bedauern und Selbstvorwürfe gehören zu den Emotionen, die zu vermeiden wir Menschen uns die größte Mühe geben. Sie sind schmerzvolle Erfahrungen, aber auch sie haben eine wichtige Funktion, die offenkundig wird, sobald wir ihre Botschaft vernehmen.

Die Botschaft: *Schuldgefühle sagen Ihnen, daß Sie gegen einen Ihrer höchsten Maßstäbe verstoßen haben und unverzüglich etwas unternehmen müssen, damit Sie ihm künftig nicht wieder untreu werden.* In Kapitel 6 habe ich gesagt, daß wir inneren Druck aufbauen, wenn wir schmerzhafte Nachteile mit einer bestimmten Handlungsweise verknüpfen. Dieser Schmerz führt dazu, daß wir unser Verhalten schließlich ändern, und der größte Schmerz ist derjenige, den wir uns selbst zufügen. Schuldgefühle und Gewissensbisse sind für viele das stärkste Druckmittel, um ein Verhaltensmuster zu korrigieren. Manche Menschen versuchen jedoch mit Schuldgefühlen fertigzuwerden, indem sie diese leugnen und unterdrücken. Leider zeitigt diese Methode selten Erfolg. Die Schuldgefühle lassen sich nicht für immer verbannen; sie kehren nur um so stärker zurück.

Das andere Extrem besteht darin, sich von Schuldgefühlen unterkriegen zu lassen und sich in ihnen zu suhlen. In diesem Fall akzeptieren wir den Schmerz und greifen zum Muster der erworbenen Hilflosigkeit. Das ist nicht der Sinn und Zweck von Schuldgefühlen. Auch sie stellen ein Signal dar, das uns zum Handeln, zur Veränderung auffordert. Viele Menschen haben das nicht begriffen und sind so zerknirscht über ein früheres Fehlverhalten, daß sie sich für den Rest ihres Lebens minderwertig vorkommen. Doch gerade das ist nicht die Botschaft, die Schuldgefühle uns vermitteln wollen. Vielmehr wollen sie dafür sorgen, daß wir bestimmte Verhaltensweisen in Zukunft vermeiden, weil wir sicher sein können, daß diese Schuldgefühle nach sich ziehen. Und falls Sie gegen Ihre eigenen Normen verstoßen, erzeugen Schuldgefühle genügend Schmerz, um Sie zu veranlassen, höhere Ansprüche an sich selbst zu stellen. Sobald Sie sich mit Ihrem alten Verhaltensmuster, das Ihnen Schuldgefühle einflößt, ernsthaft und konsequent auseinandergesetzt haben, sollten Sie jedoch zum nächsten Schritt übergehen.

Die Lösung:

1. *Machen Sie sich klar, daß Sie gegen eine Norm verstoßen haben, die von Ihnen selbst aufgestellt wurde.*
2. *Setzen Sie alles daran, daß sich dieses Verhalten in Zukunft nie mehr wiederholt. Malen Sie sich aus, wie Sie die gleiche, Schuldgefühle auslösende Situation noch einmal erleben und zwar so, wie es Ihren höchsten persönlichen Maßstäben entspricht.* Wenn Sie sich über jeden Schatten des Zweifels hinaus geloben, daß Sie ein solches Verhalten nie mehr zulassen werden, steht Ihnen das Recht zu, Ihre Schuldgefühle zu begraben. Denn diese haben dann ihren Zweck erfüllt und Sie veranlaßt, künftig höhere Ansprüche an sich selbst zu stellen. Sie sollen Ihre Schuldgefühle nutzen, und sich nicht in ihnen suhlen!

Manche Menschen schaffen es, sich selbst mental und emotional niederzuknüppeln, weil sie ständig gegen die Normen verstoßen, die sie in buchstäblich allen Lebensbereichen aufgestellt haben. Infolgedessen leiden sie meistens unter ...

● **Minderwertigkeitsgefühlen.** Dieses Gefühl der Unzulänglichkeit tritt jedesmal dann auf, wenn wir etwas nicht können, wozu wir eigentlich imstande sein sollten. *Das Problem ist, daß wir oft völlig unfaire Regeln und Maßstäbe bei der Entscheidung zugrunde legen, ob wir einer Aufgabe gewachsen sind oder nicht.* Als erstes sollten Sie lernen, die Botschaft dieses Minderwertigkeitsgefühls zu verstehen.

Die Botschaft: *Sie lautet, daß Sie derzeit noch nicht über die Fähigkeiten und Fertigkeiten verfügen, die für die anfallende Aufgabe erforderlich sind. Sie sagt Ihnen, daß Sie mehr Informationen, Erkenntnisse, Strategien, Hilfsmittel oder Selbstvertrauen brauchen.*

Die Lösung:

1. *Fragen Sie sich einfach: „Ist es wirklich angemessen, daß ich mich in dieser Situation minderwertig fühle? Habe ich hier tatsächlich eine Schwachstelle, oder muß ich nur meine Perspektive ändern?“* Vielleicht haben Sie sich selbst eingeredet, Sie wären nur dann imstande,

mit anderen mitzuhalten, wenn Sie in der Disco Michael Jackson den Rang ablaufen! Diese Auffassung ist höchstwahrscheinlich unsinnig.

Sollte Ihr Minderwertigkeitsgefühl berechtigt sein, dann signalisiert es, daß Sie eine Aufgabe besser als bisher bewältigen müssen. Die Lösung liegt in diesem Fall auf der Hand.

2. *Immer, wenn Sie sich unzulänglich fühlen, sollten Sie das Handlungsbedarfssignal begrüßen und sich ermutigt fühlen, Ihre Leistungen zu verbessern.* Rufen Sie sich ins Gedächtnis, daß Sie nicht „perfekt" sind und es auch nicht sein müssen. *Infolge dieser Erkenntnis können Sie sich in dem Augenblick gleichwertig fühlen, in dem Sie beschließen, die CANI!™-Technik anzuwenden und nach stetiger, lebenslanger Verbesserung in diesem Bereich zu streben.*
3. *Halten Sie nach einem Vorbild Ausschau — jemandem der sich auf dem Gebiet, auf dem Sie sich unzulänglich fühlen, durch besondere Leistungen hervorgetan hat — und bitten Sie ihn, als Ihr Coach zu fungieren.* Allein der Prozeß der Entscheidung, diesen Bereich meistern zu wollen, und die nachfolgenden, auch noch so kleinen Fortschritte verwandeln einen Menschen mit Minderwertigkeitsgefühlen in jemanden, der dazulernt. Dieses Gefühl ist von entscheidender Bedeutung, weil man sonst sehr leicht in die Falle der erworbenen Hilflosigkeit gerät, das Problem einem Defizit in der eigenen Persönlichkeit anlastet und folglich als permanent betrachtet. Es gibt keine größere Lüge, die Sie sich selbst erzählen könnten. Sie mögen ungeübt oder unbegabt auf einem bestimmten Gebiet sein, aber deshalb sind Sie noch lange kein minderwertiger Mensch. Das Potential zu außergewöhnlichen Leistungen ist auch jetzt schon in Ihnen verankert.

Wenn wir zu der Schlußfolgerung gelangen, daß bestimmte Probleme auf ewig andauern und in allen Lebensbereichen gegenwärtig sind, oder daß wir mehr Herausforderungen bewältigen müssen, als wir uns ausmalen können, dann entwickeln wir häufig das Gefühl der …

● **Überforderung/Ohnmacht.** Kummer, Niedergeschlagenheit und Hilflosigkeit bringen lediglich das Gefühl der Überforderung und Ohnmacht zum Ausdruck. Kummer stellt sich dann ein, wenn Sie keinen positiven Sinn in einer schlimmen Erfahrung entdecken können, oder wenn Ihr Leben von Menschen, Ereignissen oder Kräften negativ beeinflußt wird, die sich Ihrem Einfluß entziehen. Wer sich in diesem Zustand befindet, fühlt sich den äußeren Umständen hilflos ausgeliefert und entwickelt oftmals die Einstellung, daß nichts die Situation zu ändern vermag, daß dieses Problem zu groß — permanent, persönlich und allgegenwärtig — ist, um damit fertigzuwerden. Viele steigern sich in diese emotionale Verfassung hinein, wenn sie die Welt als einen Ort wahrnehmen, der sie überfordert. Das Tempo, die Menge oder die Intensität der Empfindungen scheint ihnen über den Kopf zu wachsen.

Die Botschaft: *Sie lautet, daß Sie nochmals überprüfen müssen, was für Sie in dieser Situation am wichtigsten ist.* Der Grund für die Überforderung liegt darin, daß sie versuchen, zu viele Dinge gleichzeitig anzupakken. Das Gefühl der Überforderung und Ohnmacht zerstört mehr Menschenleben als jede andere Emotion.

Die Lösung: Sie müssen ab sofort das Gefühl entwickeln, Ihr Leben im Griff zu haben. Das gelingt Ihnen, indem Sie einfach

1. *entscheiden, welche Aufgaben in Ihrem Leben, die Sie bewältigen müssen, die wichtigste ist, auf die Sie sich konzentrieren sollten.*
2. *Notieren Sie nun alle wichtigen Aufgaben in der Reihenfolge ihrer Priorität. Allein durch diese Niederschrift werden Sie das Gefühl entwickeln, Einfluß auf die Ereignisse ausüben zu können.*
3. *Nehmen Sie die erste Aufgabe auf Ihrer Liste in Angriff, und arbeiten Sie so lange an sich, bis Sie diese aus dem Effeff beherrschen.* Sobald Sie einen Bereich gemeistert haben, gewinnen Sie an Schwung. Ihr Gehirn beginnt zu erkennen, daß Sie die Situation unter Kontrolle haben und nicht mehr überlastet, ihr ohnmächtig ausgeliefert oder niedergeschlagen sind. Sie stellen fest, daß dieses Problem nicht von Dauer ist und Sie immer eine Lösung finden können.
4. *Wenn Sie meinen, es sei an der Zeit, ein lähmendes Gefühl wie Kummer ad acta zu legen, sollten Sie Ihre Aufmerksamkeit auf die Dinge richten, die Sie beeinflussen können. Machen Sie sich bewußt, daß die ganze Situation einen positiven Sinn haben muß, auch wenn Sie ihn jetzt noch nicht erkennen.*

Unser Selbstwertgefühl ist oft mit der Fähigkeit verknüpft, unser Umfeld zu beeinflussen. *Wenn wir in unserem Kopf ein Umfeld schaffen, das zu große und zu viele Anforderungen gleichzeitig an uns stellt, fühlen wir uns verständlicherweise überlastet. Aber wir sind auch imstande, Abhilfe zu schaffen, indem wir uns auf das konzentrieren, was wir steuern können, und die Herausforderungen schrittweise angehen.*

Das Gefühl, das die Mehrzahl der Menschen am meisten fürchtet, ist jedoch das Gefühl der Isolation, auch bekannt als …

● **Einsamkeit.** Alles, was in uns das Gefühl der Einsamkeit, Isolation oder Distanz zu anderen weckt, fällt in diese Kategorie. Waren Sie jemals wirklich einsam? Ich glaube, alle Menschen kennen dieses Gefühl.

Die Botschaft: Sie lautet, *daß Sie den Kontakt zu anderen Menschen intensivieren müssen.* Aber was bedeutet diese Botschaft? Viele Leute glauben, darunter sei eine sexuelle Beziehung oder ein spontanes Gefühl der Vertrautheit zu verstehen. Und sie sind frustriert, daß sie sich auch dann noch einsam fühlen, wenn sie diese Intimität gefunden haben.

Die Lösung:

1. *Die Lösung liegt darin zu erkennen, daß Sie sofort die Initiative ergreifen und Kontakte herstellen müssen, um Ihrer Einsamkeit ein Ende zu setzen. Es gibt überall Menschen, zu denen Sie ein gutes Verhältnis entwickeln können.*
2. *Überlegen Sie, wie Ihre zwischenmenschlichen Kontakte aussehen sollten.* Haben Sie das Bedürfnis, eine intime Beziehung aufzubauen? Vielleicht brauchen Sie nur ein paar nette Freunde, oder jemanden, der Ihnen zuhört, mit dem Sie lachen und reden können. Sie müssen einfach Ihre wahren Bedürfnisse ergründen. Wenn Sie sich einsam fühlen, gibt es noch eine dritte, wirkungsvolle Möglichkeit, diesen emotionalen Zustand zu überwinden: Sie sollten ...
3. *Sich die positiven Aspekte der Einsamkeit vor Augen halten, denn dieses Gefühl bedeutet: „Mir ist wirklich etwas an anderen Menschen gelegen; ich bin gerne in Gesellschaft. Ich muß herausfinden, welche Beziehung ich in diesem Augenblick mit wem haben möchte, und dann sofort etwas unternehmen, um meinen Wunsch zu verwirklichen.“*
4. *Ergreifen Sie unverzüglich die Initiative, um Kontakt zu anderen Menschen herzustellen.*

Das ist also Ihre Liste mit den zehn Handlungsbedarfssignalen. Wie Sie sehen, enthält jede dieser Emotionen aktivierende Botschaften und den Aufruf, entweder Ihre falschen und lähmenden Wahrnehmungen oder Ihre unangemessenen Methoden zu ändern, das heißt, Ihren Kommunikations- oder Aktionsstil. Lesen Sie diese Liste mehrmals durch, um sie voll nutzen zu können. Beachten und unterstreichen Sie bei der Wiederholung die positiven Botschaften, die Ihnen jedes Signal übermittelt, und die Problemlösungen, die Sie künftig anwenden können. Fast alle „negativen“ Emotionen haben ihre Wurzeln in diesen zehn Kategorien oder stellen eine Mischform dar. Aber Sie können sich mit ihnen in der zuvor beschriebenen Weise auseinandersetzen: indem Sie die sechs Schritte nachvollziehen, Neugierde auf diese Gefühle wecken und die positive Bedeutung entdecken, die sie enthalten.

Stellen Sie sich nun Ihren Verstand, Ihre Gefühle und Ihre Seele als einen Garten vor. Um eine reiche, kraftspendende Ernte zu gewährleisten, müssen Sie Samen wie Liebe, menschliche Wärme und Achtung statt Samen wie Enttäuschung, Wut und Angst aussäen. Die Handlungsbedarfssignale sind das Unkraut, das in Ihrem Garten wächst. Und Unkraut bringt Sie auf Trab, stimmt's? Sie sagen sich: „Du mußt etwas unternehmen; du mußt es ausreißen, um Platz für nützlichere, gesündere Pflanzen zu schaffen." Hegen und pflegen Sie die von Ihnen gewünschten Pflanzen, und jäten Sie das Unkraut, sobald Sie es entdecken.

Es gibt zehn emotionale „Sämlinge", die Sie in Ihrem Garten anpflanzen können. Wenn Sie diese hegen, indem Sie sich auf die Gefühle konzentrieren, die Sie jeden Tag verspüren möchten, werden Sie dem Anspruch menschlicher Größe gerecht. Diese Pflanzen gedeihen und ermöglichen Ihnen, ein Leben zu führen, das sein Potential in höchstem Maß ausschöpft. Sie bilden den Gegenpol zu den „negativen" Gefühlen, die Sie zuvor erlebt haben.

Die zehn Emotionen, die Ihnen innere Kraft geben

Liebe und menschliche Wärme. Wenn man konsequent liebevoll reagiert, kann man fast alle negative Emotionen, denen man ausgesetzt ist, zum Schmelzen bringen. Ist jemand wütend auf Sie, dann fällt es Ihnen leicht, diesem Menschen gegenüber liebevoll zu bleiben, wenn Sie sich folgendes zu eigen gemacht haben: *Jede Kommunikation ist entweder eine liebevolle Reaktion oder ein Hilferuf.* Wenn jemand zu Ihnen kommt, der sich verletzt fühlt oder wütend ist, und Sie begegnen ihm mit Liebe und menschlicher Wärme, wird sich seine emotionale Verfassung allmählich ändern und die Intensität seiner Gefühle nachlassen.

Achtung und Dankbarkeit. Ich glaube, daß die stärksten Gefühle ausnahmslos Spielarten der Liebe darstellen, die nur unterschiedlich ausgerichtet sind. Für mich gehören Achtung vor den Menschen und Dankbarkeit zu den Empfindungen, die in besonderem Maß spirituell geprägt sind. Sie spiegeln in Gedanken und Taten die Hochachtung und Wertschätzung aller Geschenke wider, die mir das Leben, andere Menschen und die Erfahrung gemacht haben. Diese emotionale Verfassung bereichert Ihr Leben mehr als alles andere. Sie zu pflegen bedeutet, pfleglich mit dem eigenen Leben umzugehen, es dankbar anzunehmen.

Neugierde. Wenn Sie sich wirklich weiterentwickeln wollen, sollten Sie lernen, wieder so wißbegierig zu werden wie ein Kind. Kinder können noch staunen — eine Eigenschaft, die einnehmend wirkt. *Wenn Sie die Langeweile bekämpfen wollen, sollten Sie Ihre Neugierde wecken.* Wer neugierig ist, dem erscheint keine Aufgabe zu schwierig; er will automatisch Wissen erwerben. Bewahren Sie sich Ihre Neugierde, und das Leben wird zu einem nie endenden Lernprozeß, der viel Freude bringt.

Faszination und Leidenschaft. Faszination und Leidenschaft geben dem Leben erst die richtige Würze. Leidenschaft kann jede Herausforderung in eine ungeheure Chance verwandeln. *Sie ist eine ungezügelte Kraft, die unser Leben beflügelt.* Der große britische Premierminister Benjamin Disraeli hat einmal gesagt, daß ein Mensch nur dann wahre Größe besitzt, wenn er aus leidenschaftlichen Gefühlen heraus handelt. Aber wie „entfachen" wir unsere Leidenschaft? Genauso, wie wir Liebe, menschliche Wärme, Dankbarkeit und Neugierde „entfachen" — *wir beschließen, sie zu empfinden!* Bedienen Sie sich dabei Ihrer Physiologie: Sprechen Sie temperamentvoller, lassen Sie die Bilder vor Ihrem inneren Auge schneller ablaufen und bewegen Sie Ihren Körper in die Richtung, die Sie einschlagen wollen. Vermeiden Sie, sich hinzuflegeln, wenn Sie nachdenken wollen. Sie können keine Leidenschaft empfinden, wenn Sie mit gekrümmtem Rücken vor Ihrem Schreibtisch hocken, flach atmen und undeutlich sprechen.

Entschlossenheit/Beharrlichkeit. Alle oben genannten Eigenschaften sind von unschätzbarem Wert, aber es gibt eine, über die Sie verfügen müssen, um in dieser Welt etwas von bleibendem Wert zu schaffen. Sie bestimmt, wie Sie mit Meinungsverschiedenheiten und Herausforderungen, mit Enttäuschungen und Desillusionierung fertigwerden. *Beharrlichkeit ist der Unterschied zwischen dem Gefühl, in einer Sackgasse gelandet zu sein, und dem Wissen, daß es immer einen Ausweg gibt, wenn man nur zielstrebig danach sucht.* Wenn Sie abnehmen wollen, die lästigen Telefonate endlich hinter sich bringen oder irgendeinen Entschluß in die Tat umsetzen möchten, dann hilft es wenig, wenn Sie sich dazu „zwingen" müssen. Ganz anders ist es, wenn Sie fest dazu entschlossen sind. Alle Aktionen beruhen auf Entschlossenheit; in diesem Fall tun Sie rein automatisch, was notwendig ist, um Ihr Ziel zu erreichen. Entschlossenes Handeln bedeutet, eine konsequente, engagierte Entscheidung zu treffen.

Mit Beharrlichkeit können Sie alles erreichen. Ohne diese sind Frustration und Enttäuschung geradezu vorprogrammiert. Unsere Bereitschaft, die notwendigen Schritte in die Wege zu leiten, ungeachtet unserer Angst zu handeln, bildet das Fundament des Mutes. Und Mut ist der Nährboden, auf dem die Entschlossenheit wächst. Das Gefühl, etwas geschafft zu haben oder an etwas gescheitert zu sein, hängt davon ab, wie stark unsere emotionale Beharrlichkeit entwickelt ist. Gleichwohl sollten wir uns bei aller Beharrlichkeit vergewissern, daß wir imstande sind, unsere eigenen Verhaltensmuster zu unterbrechen und unsere Problemlösungsmethoden zu ändern. Warum wollen Sie mit dem Kopf durch die Wand, wenn Sie nur eine Spur nach links blicken müssen, um eine Tür zu finden?

Flexibilität. Eine Tugend, die Sie bewahren sollten, weil sie den Erfolg gewährleistet, ist die Fähigkeit, Ihre Problemlösungsmethoden zu ändern. Sämtliche Handlungsbedarfssignale — die Sie bisher als negative Emotionen bezeichnet haben — enthalten vor allem die Botschaft, Anpassungen vorzunehmen! Wer sich für Flexibilität entscheidet, entscheidet sich dafür, glücklich zu sein. Es gibt im Leben immer Situationen, die Sie nicht beeinflussen können. Die Fähigkeit, flexibel in Ihren Prinzipien, in der Bedeutung, die Sie den Dingen beimessen, und in Ihren Verhaltensweisen zu sein, entscheidet über Ihren langfristigen Erfolg oder Mißerfolg, ganz zu schweigen vom Grad Ihrer persönlichen Zufriedenheit und Lebensfreude. Das Schilf, das sich biegt, übersteht unbeschadet einen Sturm, während die mächtige Eiche splittert.

Selbstvertrauen. Unerschütterliches Selbstvertrauen vermittelt ein Gefühl der inneren Sicherheit, nach dem wir alle streben. Sie erleben es nur dann — selbst in einem Umfeld oder einer Situation, mit der Sie zuvor nie konfrontiert waren —, wenn Sie an sich selbst glauben. Vergegenwärtigen und erleben Sie die Gefühle, die Sie schon jetzt verdienen; warten Sie nicht darauf, daß sie sich irgendwann in ferner Zukunft ganz von selbst einstellen. Wenn Sie Selbstvertrauen besitzen, sind Sie auch bereit, sich auf Experimente einzulassen und alles auf eine Karte zu setzen. Eine Möglichkeit, Selbstvertrauen und Selbstsicherheit zu entwickeln, besteht einfach darin, sich im Alltag ständig darin zu üben. Wenn ich Sie fragen würde, ob Sie sich zutrauen, Ihre eigenen Schuhe zuzubinden, würden Sie mit Sicherheit antworten: „Na klar!“ Und warum? Weil Sie es schon tausendmal gemacht haben! Entwickeln Sie also Selbstvertrauen, indem Sie sich ständig darin üben, und Sie werden erstaunt sein über die Gewinne, die Sie damit in jedem Bereich Ihres Lebens erzielen.

Um sich selbst zum Handeln zu bewegen, müssen Sie vertrauensvoll an eine Aufgabe herangehen. Es ist eine Tragödie, daß viele Menschen aus Angst bestimmte Aktivitäten meiden; sie haben schon im voraus, allein bei dem Gedanken daran, ein unangenehmes Gefühl. Der Erfolg außergewöhnlich leistungsstarker Menschen wurzelt häufig in einer Reihe festgefügter Glaubenssätze, für die der Betreffende keine Referenzerlebnisse hatte! Die Fortschritte, die der menschlichen Rasse beschieden sind, beruhen allein auf der Richtigkeit ihres Glaubens.

Fröhlichkeit. Als ich meiner Liste mit den wichtigsten Werthaltungen Fröhlichkeit zufügte, machten viele die Bemerkung: „Irgend etwas an Ihnen ist jetzt anders. Sie wirken so glücklich.“ Da wurde mir bewußt, daß ich tatsächlich glücklich gewesen war, es meinem Gesicht aber nicht mitgeteilt hatte! Es besteht ein Riesenunterschied zwischen dem inneren Glücksgefühl und der nach außen getragenen Fröhlichkeit. Fröhlichkeit trägt dazu bei, Ihre Selbstachtung zu fördern, dem Leben mehr Freude abzugewinnen und die Menschen in Ihrer Umgebung ebenfalls heiter zu stimmen. Fröhlichkeit besitzt die Macht, Empfindungen wie Angst, Gekränktheit, Wut, Frustration, Enttäuschung, Niedergeschlagenheit,

Schuld- und Minderwertigkeitsgefühle aus unserem Leben auszuradieren. Sie können sich ihrer bedienen, wenn Sie erkennen, daß Trübsalblasen die Situation auch nicht ändert.

Fröhlich sein bedeutet nicht, daß Sie sich einem blinden Optimismus hingeben oder die Welt durch eine rosarot getönte Brille betrachten und sich weigern, Probleme zur Kenntnis zu nehmen. *Fröhlich sein heißt, daß Sie unglaublich klug sind, weil Sie wissen: Mit einer Lebensfreude, die so überschäumend ist, daß sie auf andere abfärbt, können Sie buchstäblich jede Herausforderung meistern, die Ihren Weg kreuzt.* Bewahren Sie sich Ihre Fröhlichkeit, denn damit verringern Sie die Anzahl der „schmerzlichen" Handlungsbedarfssignale, die Ihre Aufmerksamkeit fordern!

Vitalität. Vitalität ist von entscheidender Bedeutung. Wenn Sie Ihren Körper nicht pfleglich behandeln, fällt es Ihnen schwerer, dieses Gefühl der Lebenskraft zu empfinden. Vergewissern Sie sich, daß die physischen Voraussetzungen gegeben sind, und denken Sie daran, daß alle Emotionen durch Ihren Körper geleitet werden. Wenn Sie sich emotional nicht ganz auf dem Damm fühlen, sollten Sie nach den grundlegenden, physischen Ursachen fahnden. Wie atmen Sie? Viele Leute halten den Atem an, wenn sie unter Streß stehen, und untergraben damit auch Ihre Lebenskraft. Lernen Sie, richtig zu atmen, denn das ist der wichtigste Weg zu gesundheitlichem Wohlbefinden. Ein weiteres, bedeutsames Element der physischen Vitalität ist ein ausreichendes Maß an nervlicher Kraft.

Wie sorgen Sie dafür? Tag für Tag müssen Sie für Ihre Aktivitäten Energie aufwenden und sicherstellen, daß Sie ausruhen und Ihre „Batterien" wieder aufladen. Übrigens, wieviel Schlaf bekommen Sie? Wenn Sie regelmäßig acht bis zehn Stunden „an der Matratze horchen", ist das zuviel! Für die meisten Menschen sind sechs bis acht Stunden Schlaf optimal. Im Gegensatz zu einer weitverbreiteten Auffassung ist langes Sitzen nicht energieschonend. Die Wahrheit ist, daß man sich dann ganz besonders müde fühlt. Das menschliche Nervensystem braucht Bewegung, um Kraft zu tanken. Bis zu einem gewissen Grad schärft der Energieverbrauch das Energiebewußtsein. Mit jeder Bewegung fließt Energie durch Ihren Körper; diese physische Ebene der Gesundheit schafft emotionale Vitalität. Sie kann Ihnen dabei helfen, nahezu alle negativen Erfahrungen und Schwierigkeiten im Leben zu bewältigen (siehe auch *„Grenzenlose Energie"*). *Erkennen Sie deshalb, daß Vitalität ein wichtiges Lebensgefühl ist, das Sie sich bewahren sollten, um mit allen anderen Emotionen fertigzuwerden.* Sie ist außerdem eine unerläßliche Voraussetzung, um die Leidenschaft wachzuhalten.

Gemeinsinn. Vor Jahren, in einer der härtesten Zeiten meines Lebens, fuhr ich einmal mitten in der Nacht auf einer Schnellstraße entlang. Ich fragte mich immer wieder: „Wie kann ich eine Wende zum Besseren einleiten?" Plötzlich traf mich der Blitz der Erkenntnis, begleitet von einer so starken Gefühlsaufwallung, daß ich sofort an den Straßenrand fahren und einen Schlüsselsatz in mein persönliches Erfolgsjournal schreiben mußte: *„Leben heißt geben; das ist das ganze Geheimnis."*

Es gibt kein befriedigenderes Gefühl als das Wissen, daß man kraft seiner Persönlichkeit, Worte oder Taten nicht nur die eigenen Lebenserfahrungen, sondern auch die anderer bereichert hat, gleichgültig, ob es sich dabei um nahestehende Personen oder um völlig Fremde handelt. Am tiefsten berühren mich die Geschichten von Menschen, die sich der spirituell anspruchsvollsten Emotion verschrieben haben und sich bedingungslos für andere einsetzen. Als ich das Musical *Les Miserables* sah, war ich tief bewegt vom Charakter des Jean Valjean, der ein so guter Mensch war und anderen so viel geben wollte. Wir sollten dieses soziale Engagement jeden Tag pflegen, indem wir uns nicht nur mit uns selbst befassen, sondern auch unseren Mitmenschen Beachtung schenken.

Hüten Sie sich indessen davor, anderen zum Nutzen des eigenen Wohlergehens helfen zu wollen — wenn Sie den Märtyrer *spielen,* fehlt es Ihnen an echter menschlicher Solidarität. Sie sollten ständig zum eigenen Wohl und dem anderer in einem Maß beitragen, das Ihnen vermittelt: Ich habe etwas Bleibendes geschaffen! Nur dann können Sie echte zwischenmenschliche Beziehungen, aber auch ein Gefühl des Stolzes und der Selbstachtung entwickeln, das Ihnen weder Geld noch Leistungen, weder Ruhm noch Anerkennung jemals vermitteln können. Soziales Engagement gibt unserem Leben einen Sinn. Stellen Sie sich vor, um wieviel besser unsere Welt wäre, wenn alle Menschen bereit wären, einander zu helfen!

Die zehn Handlungsbedarfssignale

1. Unbehagen
2. Angst
3. Gekränktsein
4. Wut
5. Frustration
6. Desillusionierung/ Enttäuschung
7. Schuldgefühle
8. Minderwertigkeitsgefühle
9. Überforderung/ Ohnmacht
10. Einsamkeit

Die zehn Emotionen, die Ihnen eine innere Kraft geben

1. Liebe und menschliche Wärme
2. Achtung und Dankbarkeit
3. Neugierde
4. Faszination und Leidenschaft
5. Entschlossenheit/ Beharrlichkeit
6. Flexibilität
7. Selbstvertrauen
8. Fröhlichkeit
9. Vitalität
10. Gemeinsinn

Pflegen Sie diese Emotionen jeden Tag und beobachten Sie, wie Ihr Leben eine nie gekannte Dynamik erhält. Links sind noch einmal die zehn Handlungsbedarfssignale und Emotionen aufgelistet, die Ihnen innere Kraft geben. Ich kann nicht oft genug betonen, wie wichtig es ist, zu lernen, die negativen Gefühle als das zu nutzen, was sie sind — ein Aufruf zum Handeln —, und die positiven zu hegen und pflegen. Erinnern Sie sich noch an das Kärtchen, auf dem Sie alle Botschaften und Lösungen verzeichnet haben, welche die Handlungsbedarfssignale enthalten? Lesen Sie es jeden Tag mehrmals durch. Sollten Sie dies gerade getan haben, werden Sie vielleicht festgestellt haben, daß die soeben beschriebenen positiven Gefühle ein wirkungsvolles Gegengewicht zu den Handlungsbedarfssignalen bilden. Mit anderen Worten: Wenn Sie sich unbehaglich fühlen, können Sie diesen Zustand mit Liebe und menschlicher Wärme viel einfacher ändern. Angst läßt sich bewältigen, wenn Sie dankbar die Geschenke entgegennehmen, die das Leben für Sie bereithält. Wenn Sie sich verletzt fühlen und Ihre Neugierde Sie veranlaßt herauszufinden, was wirklich geschehen ist, verblaßt das Gefühl des Gekränktseins. Denken Sie daran, was Sie alles erreichen können, wenn Sie wütend sind und die emotionale Triebkraft in gezielte Faszination und Leidenschaft verwandeln! Frustration läßt sich durchbrechen, wenn Sie entschlossen und beharrlich Abhilfe schaffen. Eine Enttäuschung kann durch Flexibilität im Problemlösungsansatz überwunden werden. Schuldgefühle verschwinden in der Minute, in der Sie Vertrauen in Ihre eigene Fähigkeit setzen, künftig Ihren neuen Prinzipien gerecht zu werden. Minderwertigkeitsgefühle lassen sich überwinden, wenn Sie fröhlich sind, weil einfach kein Platz mehr für das Gefühl der Unzulänglichkeit bleibt. Das Gefühl der Überforderung weicht, wenn man sich seiner inneren Kraft und Vitalität bewußt wird. Einsamkeit vergeht, wenn man sich überlegt, was man für andere Menschen tun kann.

Die nachfolgende Aufgabe wird Sie voll mit dem ebenso einfachen wie wirkungsvollen Instrumentarium der Gefühle assoziieren.

Jedesmal, wenn sich in den nächsten zwei Tagen ein lähmendes oder negatives Gefühl bei Ihnen bemerkbar macht, wenden Sie die oben dargestellten sechs Schritte zur Bewältigung Ihrer Gefühle an. Stellen Sie fest, in welche Kategorie das betreffende Gefühl gehört, und machen Sie sich dessen wertvolle Botschaft bewußt, mit der Sie auf Ihre Schwachpunkte hingewiesen werden. Ergründen Sie, ob Ihre Wahrnehmungen oder Aktionen veränderungsbedürftig sind. Entwickeln Sie Selbstvertrauen, ein Gefühl der Sicherheit und Faszination für die Aufgabe, die vor Ihnen liegt.

Handlungsbedarfssignale dienen einem wichtigen Zweck, aber wäre es Ihnen nicht lieber, wenn Sie seltener damit zu tun hätten? *Pflegen Sie deshalb nicht nur die zehn Emotionen, die Ihnen innere Kraft geben, sondern auch jene Grundprinzipien, die Ihre negativen Gefühle auf ein Min-*

destmaß verringern. Ich habe beispielsweise das Gefühl der Verlassenheit (Einsamkeit) aus meinem Leben gestrichen, weil ich zu der Überzeugung gelangt bin, daß ich nie wirklich von allen verlassen sein werde. Wenn jemand, den ich liebe, jemals die Absicht haben sollte, das Weite zu suchen, schließe ich mich ihm einfach an! (Zu den weiteren beflügelnden Glaubenssätzen gehören Sätze wie: „Auch das geht vorüber!", „Liebe ist das einzige, was zählt in meinem Leben; alles andere ist zweitrangig" und: „Wo ein Wille ist, ist auch ein Weg.")

Nutzen Sie die kraftspendenden Gefühle täglich, ebenso wie die sechs Schritte zur Bewältigung Ihrer Gefühle, damit Sie die Handlungsbedarfssignale in positives Handeln umsetzen können. Denken Sie daran: *Jedes Gefühl, das Sie verspüren – sei es gut oder schlecht –, basiert auf Ihrer Interpretation der Geschehnisse.* Immer, wenn Sie sich schlecht fühlen, sollten Sie sich fragen: „Was könnte das sonst noch bedeuten?" Das ist der erste Schritt, um die Kontrolle über Ihre Empfindungen zu gewinnen.

Ich hoffe, daß Sie aufgrund dieses Kapitels jetzt alle Ihre Emotionen zu schätzen wissen und die Chance faszinierend finden, etwas zu lernen. Damit läßt sich Ihre Lebensqualität im Handumdrehen verbessern. Sie müssen Ihre negativen Gefühle nie wieder als Feind empfinden, denn sie signalisieren ja ausnahmslos, daß bei Ihnen irgendeine Form der Veränderung erforderlich ist. Wenn Sie Ihre Fähigkeit, diese Handlungsbedarfssignale zu nutzen, verfeinern, werden Sie in Zukunft Probleme angehen, solange sie noch klein sind, statt zu warten, bis sie sich zu einer ernsten Krise ausgeweitet haben. Sie sind imstande, eine Situation beispielsweise schon dann in den Griff zu bekommen, wenn sie noch frustrierend – und nicht wutauslösend ist. Genauso werden Sie etwas gegen Ihr Übergewicht unternehmen, sobald Sie die ersten überflüssigen Pfunde entdecken, und nicht erst dann, wenn Sie fünfzehn Kilo zugelegt haben.

Konzentrieren Sie sich in den nächsten Wochen darauf, den Lernprozeß zu genießen, den Sie allen Ihren Emotionen verdanken. Sie sind imstande, das gesamte Kaleidoskop der Empfindungen zu erleben, wann immer Sie wollen. Haben Sie keine Angst vor der Achterbahn der Gefühle! Lassen Sie sich ein auf die Freude, die Leidenschaft und den Nervenkitzel, und erkennen Sie, daß Sie die Kontrolle darüber besitzen! Sie selbst bestimmen über Ihr Leben, Ihre Gefühlspalette und Ihr Schicksal.

Ich habe festgestellt, daß manche Leute zwar wissen, wie sie etwas tun sollen, dieses Wissen aber nicht praktisch umsetzen. Was wir in diesem Zusammenhang wirklich brauchen, ist ein lohnendes Ziel, um die Macht unserer Entscheidungen zu nutzen, unsere Prinzipien zu ändern, inneren Druck aufzubauen, Verhaltensmuster zu unterbrechen, bessere Fragen zu stellen und uns für den eigenen Wortschatz und unsere Metaphern zu sensibilisieren.

12

Die große Passion – Entwicklung einer unwiderstehlichen Zukunftsvision

„Nichts geschieht, ohne daß ein Traum vorausgeht."

CARL SANDBURG

Sind Sie nun bereit für ein bißchen Spaß? Sind Sie gewillt, sich wieder wie ein Kind zu fühlen und Ihrer Phantasie freien Lauf zu lassen? Haben Sie Lust, Ihr Leben selbst in die Hand zu nehmen und ihm jeden Funken Kraft, „Saft" und Leidenschaft abzugewinnen?

Ich habe Ihnen bisher einige Denkanstöße gegeben. Wir haben in den vorherigen Kapiteln einen riesigen Berg Informationsmaterial bewältigt, und die meisten der beschriebenen Konzepte lassen sich unverzüglich in die Praxis umsetzen. Einiges wird sich auch in einem Winkel Ihres Gehirns einnisten und gespeichert bleiben, bis es benötigt wird. Gemeinsam haben wir hart gearbeitet, um Sie in die Lage zu versetzen, neue Entscheidungen zu treffen – Entscheidungen, die darüber bestimmen, ob Sie Ihr Leben lang nur träumen oder ob Sie tatkräftig anpacken.

Viele Menschen wissen zwar, was sie eigentlich tun sollten, schaffen es aber nicht, ihr Vorhaben zu verwirklichen. Ihnen fehlt jene Motivation, die nur eine *reizvolle Zukunft* entfachen kann. Jetzt haben Sie Gelegenheit, über Ihren eigenen Schatten zu springen, in den wildesten Träumen zu schwelgen, sich die verrücktesten Szenarien einfallen zu lassen und möglicherweise etwas zu entdecken, was Ihrem Leben enormen Auftrieb verleiht. Es wird Ihnen dabei helfen, Energie und Elan zu schaffen.

Wenn Sie dieses Kapitel nicht passiv durchlesen, sondern aktiv durcharbeiten, wenn Sie die Übungen absolvieren und das Gelernte praktisch umsetzen, dann verhelfen Ihnen die nachfolgenden Seiten zu einer Zukunftsvision, die wie ein Magnet wirkt und dafür sorgt, daß Sie auch die schlimmsten Zeiten unbeschadet überstehen. Ich bin sicher, daß Sie auf dieses Kapitel gerne zurückgreifen, wenn Sie Inspiration und neuen Schwung für Ihr Leben brauchen. Das ist Ihre Chance, wirklich Spaß zu haben und Ihre wahre Leidenschaft zu entdecken!

Ich werde Sie auf den nächsten Seiten auffordern, Ihrer Phantasie freien Lauf zu lassen, auf den „gesunden Menschenverstand" zu pfeifen und so zu handeln, als wären Sie wieder ein Kind — ein Kind, dem man jeden Wunsch von den Augen abliest und erfüllt. Erinnern Sie sich an die *Märchen aus 1001 Nacht?* Können Sie sich vorstellen, welche Geschichte ich am liebsten mochte? Richtig, „Aladins Wunderlampe". Ich glaube, wir alle haben uns sehnlichst gewünscht, eine magische Lampe wie diese in die Hände zu bekommen. Man muß nur daran reiben, und ein mächtiger Geist erscheint, um jedem Begehren zu entsprechen. Ich möchte Sie darauf aufmerksam machen, daß Sie bereits eine solche Lampe besitzen, *und sie ist nicht nur auf drei Wünsche beschränkt!*

Es ist nun an der Zeit, daß Sie die ungeheure Macht, die in Ihnen steckt, ergreifen. Wenn Sie entscheiden, den Riesen zu wecken, der in Ihnen schlummert, dann kann niemand Sie daran hindern, ein mentales, emotionales, physisches, finanzielles und spirituelles Reservoir zu schaffen, dessen Fülle selbst Ihre wildesten Phantasievorstellungen übersteigt. Ob sich Ihre Träume sofort erfüllen oder erst allmählich Gestalt annehmen — Sie sollten eines wissen: Die einzigen Grenzen in Ihrem Leben sind das Ausmaß Ihrer Phantasie und des Engagements, wenn es gilt, Ihre Wünsche zu verwirklichen.

Hohe Ziele erzeugen einen hohen Motivationsgrad

Wie oft bekomme ich doch zu hören: „Tony, woher nehmen Sie bloß Ihre Energie? Bei all dem Elan ist es kein Wunder, daß Sie so erfolgreich sind. Ich habe einfach nicht Ihre Antriebskraft; ich schätze, ich bin nicht richtig motiviert, oder faul." Darauf pflege ich zu antworten: „Sie sind nicht faul. Sie haben lediglich lasche Ziele!"

Oft wird meine Antwort nicht recht verstanden. Dann erkläre ich, daß mein Enthusiasmus und meine Motivation ihren Ursprung in meinen Zielen haben. Jeden Morgen nach dem Aufwachen, selbst wenn ich mich infolge von Schlafmangel körperlich erschöpft fühle, bin ich voller Tatendrang, weil meine Ziele einen solchen Anreiz ausüben. Sie sorgen dafür, daß ich zeitig aus dem Bett finde und spät schlafen gehe. Sie inspirieren mich, meine Talente und alle Ressourcen zu nutzen, die ich nur finden kann, um meine Ziele zu verwirklichen. Dieselbe Energie und Beharrlichkeit schlummern auch in Ihnen; sie werden jedoch nie geweckt, wenn Ihre Ziele zu anspruchslos sind. Setzen Sie Ihre Ziele höher, damit sie Sie mehr begeistern und stärker herausfordern.

Oft erzählen mir die Leute: „Mein Problem ist, daß ich überhaupt kein richtiges Ziel habe." Dies bringt jedoch nur einen Mangel an Verständnis für die Wirkungsweise von Zielen zum Ausdruck. Der menschliche Geist verfolgt immer eine bestimmte Absicht, auch wenn sie nur in der Fähigkeit besteht, Schmerz zu verringern, zu eliminieren oder Situationen zu meiden, die dazu führen könnten. Unser Gehirn leitet uns auch bei der Suche nach allen Dingen, aus denen wir Freude schöpfen könnten. Jeder Mensch hat Ziele. Das Problem, das ich bisher immer betont habe, besteht darin, *daß wir unsere Ressourcen nicht bewußt nutzen.*

Die meisten Menschen haben sich zum Ziel gesetzt, die unvermeidlichen monatlichen Rechnungen zu zahlen, sich über Wasser zu halten, zu überleben, den Tag zu überstehen. Kurz gesagt, sie bewegen sich in eingefahrenen Geleisen und fristen ihr Leben, statt es zu *planen.* Können solche Ziele Sie dazu aktivieren, die riesigen Kraftreserven in Ihrem Innern anzuzapfen? Wohl kaum! Wir sollten uns stets vor Augen halten, daß sich unsere Ziele auf unser Leben auswirken, wie immer sie auch geartet sein mögen. Wenn wir nicht bewußt planen, was wir in unserem mentalen Garten anpflanzen wollen, dann sehen wir uns am Ende einem Wildwuchs an Unkraut gegenüber! Wenn wir die unendlichen Möglichkeiten in uns aufspüren wollen, müssen wir ein Ziel finden, das hochgesteckt und erhaben ist, das uns herausfordert, unsere Grenzen zu durchbrechen und unser wahres Potential zu entdecken. Denken Sie daran, daß Ihre gegenwärtigen Lebensumstände nicht Ihr Potential widerspiegeln, sondern vielmehr das Ausmaß und die Qualität der Ziele, auf die Sie sich im Augenblick konzentrieren. Wir alle müssen eine großartige Obsession entwickeln, eine unwiderstehliche Zukunftsvision entdecken oder schaffen.

Ziele führen Sie über Ihre Grenzen hinaus in eine Welt der grenzenlosen Energie

Wenn wir uns erstmals hochgesteckte Ziele setzen, mag es uns zunächst fraglich erscheinen, ob wir sie je verwirklichen können. Aber der wichtigste Schlüssel in diesem Prozeß ist die Suche nach einem Ziel, das anspruchsvoll genug ist, um Sie zu inspirieren und zu veranlassen, Ihre inneren Kräfte freizusetzen. Daß ich mir das richtige Ziel gesetzt habe, erkenne ich normalerweise daran, daß es unrealisierbar erscheint, mich aber gleichzeitig in helle Aufregung versetzt, wenn ich daran denke, daß ich es vielleicht doch erreichen könnte. Um diesen Anreiz zu finden und jene scheinbar „unerreichbaren" Ziele zu verwirklichen, müssen wir unsere einengenden Glaubenssysteme hinsichtlich unserer eigenen Leistungsfähigkeit ablegen.

Ich werde nie die Geschichte eines Jungen vergessen, der in einem Elendsviertel von San Francisco zur Welt gekommen war und im Gegensatz zu allen anderen fest daran glaubte, seine Ziele erreichen zu können.

Er war ein glühender Verehrer des legendären Footballstars Jim Brown von den Cleveland Browns. Dieser Junge litt infolge einer Mangelernährung an Rachitis; seine Beine waren seit dem sechsten Lebensjahr verkrümmt und seine Waden so dünn und verkümmert, daß man ihm den Spitznamen „Bleistiftbein" gegeben hatte. Trotz dieser Widrigkeiten nahm er sich vor, eines Tages ein ebenso berühmter Footballspieler wie sein großes Vorbild zu werden. Er hatte kein Geld, um sich Footballspiele anzusehen; immer, wenn die Browns gegen die San Francisco 49ers spielten, wartete er außerhalb des Stadions, bis das Aufsichtspersonal gegen Ende des letzten Viertels das Eingangstor öffnete. Dann humpelte er ins Stadion und verfolgte begierig die restliche Spielzeit.

Mit 13 hatte der Junge schließlich eine Begegnung, von der er sein ganzes Leben geträumt hatte. Nach einem 49er-Spiel gegen die Browns spazierte er in eine Eisdiele, und dort erblickte er tatsächlich sein langjähriges Idol! Er näherte sich dem Footballstar und sprach ihn an: „Mr. Brown, ich bin Ihr größter Fan!" Brown dankte ihm etwas herablassend. Der Junge ließ nicht locker. „Mr. Brown, wissen Sie was? Ich kenne jeden Rekord, den Sie aufgestellt haben, jeden Touchdown, mit dem Sie Punkte gemacht haben!" Jim Brown lächelte und erwiderte beiläufig: „Prima." Dann nahm er sein Gespräch wieder auf. Der junge Mann blieb stur: „Mr. Brown! Mr. Brown!" Jim Brown drehte sich nochmals zu ihm um. Dieses Mal starrte ihn der Junge mit einem so leidenschaftlichen Ausdruck in den Augen an, daß Brown es direkt spüren konnte. Er sagte: „Mr. Brown, eines Tages werde ich jeden Ihrer Rekorde brechen!"

Der legendäre Footballstar lächelte: „Das ist toll, Junge. Wie heißt du denn?" Der Junge grinste von einem Ohr zum anderen und sagte: „Orenthal, Sir. Orenthal James Simpson. Meine Freunde nennen mich O. J."

O. J. Simpson stellte tatsächlich alle Rekorde von Jim Brown in den Schatten! Wie kommt es, daß Ziele die ungeheure Macht haben, den Lebensweg eines Menschen so entscheidend zu beeinflussen? Wie gelingt es, einen rachitischen Jungen in eine Football-Legende zu verwandeln? *Ziele zu setzen ist der erste Schritt, um das Unsichtbare sichtbar zu machen — der Grundstein für jeden Erfolg im Leben.* Es ist, als ob ein unendlicher Geist kraft des Eindrucks Ihrer stark emotionalen Gedanken jede Gußform füllt, die Sie schaffen. Mit anderen Worten: Sie können Ihre eigene Existenz mit Hilfe der Gedanken formen, in die Sie sich ständig und in jedem Augenblick des Lebens hineinversetzen. Die Konzeption Ihrer Ziele ist der übergeordnete Plan, der alle Ihre Gedanken leitet.

Werden Sie selbst ein Meisterwerk schaffen, oder das Leben nur mit Hilfe der Gemälde anderer interpretieren? Stellen Sie einen Fingerhut auf, um Ihre Lebenserfahrungen zu sammeln, oder eine riesige Regentonne? Die Antworten auf diese Fragen sind bereits durch die Ziele festgelegt, die Sie ständig anstreben.

Das Unsichtbare in etwas Sichtbares verwandeln

Blicken Sie sich einmal im Raum um. Was sehen Sie? Haben Sie es sich auf dem Sofa gemütlich gemacht, umgeben von Kunstobjekten, oder vor einem großen Fernsehbildschirm, der auf der neuesten technologischen Errungenschaft, der Laserplatte, basiert? Sitzen Sie vielleicht vor einem Schreibtisch, auf dem sich ein Telefon, ein Computer und ein Faxgerät befinden? Alle diese Gegenstände waren zuerst nicht mehr als eine Idee, die irgend jemandem im Kopf herumspukte. Wenn ich Ihnen vor hundert Jahren gesagt hätte, daß unsichtbare Wellen rund um die Welt aus der Luft eingefangen und in einen Kasten geleitet werden können, in dem sie Töne und Bilder erzeugen, dann hätte man mich vielleicht für verrückt erklärt. Heute steht in jedem amerikanischen Haushalt mindestens ein Fernseher (im Schnitt sogar zwei!). Irgend jemand hat diese Geräte erstmals gebaut, doch bevor das geschehen konnte, mußte er *eine klare Vorstellung von ihnen entwickeln.*

Gilt das nur für greifbare Gegenstände? Nein, auch für Aktivitäten und Prozesse verschiedenster Art. Ein Auto fährt nur deshalb, weil ein Mensch mit Unternehmungsgeist herausfand, wie man die Kraft des Verbrennungsmotors nutzen konnte. Die Lösung unserer Energiekrise hängt von der Vorstellungskraft und dem Einfallsreichtum unserer Physiker und Ingenieure ab. Und unsere sozialen Krisen, wie die alarmierende Verbreitung radikaler, Rassenhaß predigender Gruppierungen, Obdachlosigkeit und Hunger, können nur mit Hilfe der Findigkeit und des Mitgefühls von Menschen wie Ihnen und mir bewältigt werden.

Warum setzt sich nicht jeder Ziele?

Vielleicht denken Sie jetzt: „Das klingt alles ganz interessant, aber Ziele setzen, damit ist es sicher nicht getan." Ich kann Ihnen voll und ganz beipflichten. *Auf jede Zielsetzung muß unverzüglich die Entwicklung eines Aktionsplans folgen, der wirkungsvoll und konsequent umgesetzt wird und der Sie der Verwirklichung Ihres Ziels näher bringt.* Sie verfügen bereits über die Kraft, entschlossen zu handeln. Wenn Sie bisher nicht in der Lage waren, sie aufzubieten, dann lag es nur daran, daß Sie versäumt haben, sich reizvolle Ziele zu setzen.

Was hält Sie davon ab? Sicher haben Sie sich schon der Macht der Zielsetzungsmechanismen gegenübergesehen, bevor Sie dieses Buch gelesen haben. Aber haben Sie eine Liste mit klar definierten Zielen aufgestellt, um diejenigen Ergebnisse zu erhalten, die Sie mental, emotional, physisch und finanziell anstreben möchten? Was hat Sie daran gehindert?

Für manche liegt der Grund in der unbewußten Angst vor einer Enttäuschung. Sie haben sich in der Vergangenheit Ziele gesetzt und sind gescheitert; infolge ihrer Enttäuschung und Angst vor künftigen Fehlschlägen hören sie auf, sich Ziele zu setzen. Sie verzichten auf jegliche Erwartungen, die zunichte gemacht werden könnten. Andere Menschen setzen sich zwar Ziele, aber treiben Raubbau mit sich selber, indem Sie ihr ganzes Glück von der Erfüllung jener Wünsche abhängig machen, die unter Umständen außerhalb ihrer Einflußsphäre liegen. Oder es mangelt ihnen an Flexibilität: Sie merken nicht, daß es auf dem Weg zur Realisierung Ihrer Vorstellungen bessere, erstrebenswertere Ziele in greifbarer Nähe gibt.

Der Zielsetzungsprozeß läuft ähnlich wie der Sehprozeß ab. Je näher Sie Ihrem Bestimmungsort kommen, desto klarer sehen Sie nicht nur das Ziel selbst, sondern auch die einzelnen Begleitumstände und Alternativen. Wer weiß — vielleicht gelangen Sie zu der Schlußfolgerung, daß Ihnen eine der anderen Möglichkeiten besser gefällt, daß sie reizvoller ist, und beschließen, mitten im Rennen die Pferde zu wechseln. Manchmal bringt das Unvermögen, ein erklärtes Ziel zu erreichen, jemanden sogar seinem eigentlichen Lebenszweck näher.

Die Motivation, bestimmte Ziele zu erreichen und einen Beitrag zu leisten, kann in vielfältiger Form entstehen. Für manche Menschen wird sie durch eine Enttäuschung, ja sogar eine Tragödie, entfacht. Bei anderen dient die nüchterne Erkenntnis, daß das Leben an ihnen vorübergeht und ihre Lebensqualität sich mit jedem Augenblick verschlechtert, als Auslöser. Für manche erweist sich eine Inspiration als motivierendes Erlebnis. Diese Menschen sehen, was machbar ist, malen sich das bestmögliche Szenario im voraus aus, oder erkennen, daß sie tatsächlich beachtliche Fortschritte machen, die ihnen enormen Auftrieb geben und sie anspornen, noch höhere Ziele anzustreben.

Oft übersehen wir, was wir im Leben bereits erreicht haben, weil wir unerbittlich im Leistungsprozeß eingespannt sind. Ein gutes Beispiel: Ein Freund erzählt Ihnen, daß Ihre Tochter oder Ihr Sohn beinahe erwachsen ist, und Sie antworten ehrlich erstaunt: „Tatsächlich?“ Es ist direkt unter Ihrer Nase geschehen, aber Sie haben es nicht bemerkt. Noch schwerer fällt es Ihnen vielleicht, Ihre eigene Weiterentwicklung zu verfolgen, und deshalb möchte ich Ihnen eine einfache Übung vorstellen. Bitte nehmen Sie sich einen Augenblick Zeit dafür. Sie wird Ihnen dabei helfen, eine oder beide der oben genannten Motivationskräfte freizusetzen.

Gestern, heute und morgen

Manchmal verliert man leicht die Spur der Dinge, die man im Leben bereits erreicht hat oder noch erreichen möchte. Die folgende Übung hilft Ihnen dabei, genau festzustellen, an welchem Punkt Sie sich vor fünf Jahren in diesen zehn wichtigen Bereichen befunden haben. *Neben jeder dieser Kategorien finden Sie eine Zeile, auf der Sie sich selbst nach Punkten bewerten; die Skala reicht von 0 bis 10, wobei 0 bedeutet, daß Sie in diesem Bereich keine Leistungen zu verzeichnen hatten, und 10, daß Sie in dieser Kategorie ein absolut wunschgemäßes Leben geführt haben.*

Als nächstes *schreiben Sie hinter die Punktezahl für jede Kategorie einen kurzen Satz, in dem Sie beschreiben, wie Sie damals waren.* Wie war es vor fünf Jahren beispielsweise um Ihre Gesundheit bestellt? Vielleicht haben Sie es auf eine Punktezahl von „7“ gebracht und schreiben dann: „Einigermaßen gut; Kondition hätte besser sein können. Zweieinhalb Kilo Übergewicht, 2 × pro Woche Joggen, keine gesunde Ernährung. Energie mittelmäßig.“

Nehmen Sie sich fünf bis zehn Minuten Zeit für diese Übung. Sie werden einiges über sich selbst entdecken!

Vor 5 Jahren	*Punkte*	*Satz*
Physisch	_____	____________________
		____________________
Mental	_____	____________________
		____________________
Emotional	_____	____________________
		____________________
Attraktivität	_____	____________________
		____________________
Beziehungen	_____	____________________
		____________________
Lebensumstände	_____	____________________
		____________________

Sozial

Spirituell

Karriere

Finanziell

Nun lassen Sie uns, des Kontrasts wegen, einen Blick darauf werfen, was Sie inzwischen in jeder dieser Kategorien erreicht oder nicht erreicht haben. Beantworten Sie dieselben Fragen, aber aus heutiger Sicht. Mit anderen Worten: *Geben Sie sich Punkte von 1 bis 10, und beschreiben Sie dann in einem Satz oder zwei kurze Sätzen, wie Sie sich heute in jeder Kategorie entwickelt haben.*

Heute	*Punkte*	*Satz*
Physisch		
Mental		
Emotional		
Attraktivität		
Beziehungen		
Lebensumstände		

Sozial ______ ______________________________

____

Spirituell ______ ______________________________

____

Karriere ______ ______________________________

____

Finanziell ______ ______________________________

____

Was haben Sie bisher daraus gelernt? Welche Erkenntnisse haben Sie gewonnen? Haben Sie in manchen Bereichen größere Fortschritte erzielt, als Ihnen bewußt war? Haben Sie eine Menge erreicht? Das ist ein tolles Gefühl, nicht wahr? Wenn Sie nicht so weit gekommen sind, wie Sie es sich gewünscht hätten, oder zu der Schlußfolgerung gelangen, daß Sie vor fünf Jahren in einigen Bereichen bessere Ergebnisse vorweisen konnten als heute, dann ist auch das eine großartige Botschaft. Möglicherweise gibt Sie Ihnen die Antriebskraft, Veränderungen einzuleiten, bevor noch weitere Jahre vergehen. Denken Sie daran: Enttäuschung kann ein wichtiger Schlüssel zum Erfolg sein.

Schreiben Sie nun einige Schlüsselsätze auf, die beschreiben, was Sie aus diesem Vergleich gelernt haben:

____

____

____

____

____

____

Vervollständigen Sie nun die Übung, indem Sie fünf Jahre vorauseilen. *Geben Sie sich auch hier wieder Punkte und erläutern Sie in einem kurzen Satz, wie es in jeder dieser Schlüsselkategorien um Sie bestellt sein wird.*

In fünf Jahren	*Punkte*	*Satz*
Physisch	____	________________
Mental	____	________________
Emotional	____	________________
Attraktivität	____	________________
Beziehungen	____	________________
Lebensumstände	____	________________
Sozial	____	________________
Spirituell	____	________________
Karriere	____	________________
Finanziell	____	________________

Wie man seine Ziele erreicht

Wenn Sie sich ein Ziel setzen, haben Sie sich *CANI!* verschrieben. Sie sind sich des Bedürfnisses nach „kontinuierlichen, lebenslangen Verbesserungen“ bewußt, das allen Menschen zu eigen ist. Unzufriedenheit und innere Spannung, die durch zeitweiliges Unbehagen entstehen, können einen ungeheuren Druck ausüben. Das ist die Art von Schmerz, die Sie in Ihrem Leben begrüßen und unverzüglich in positive, neue Aktionen umsetzen sollten.

Dieser Druck wird *Eustreß* (positiver Streß) genannt; er bildet einen Gegensatz zum *negativen Streß* (Disstreß), der als Belastung empfunden wird. Eustreß kann eine motivierende, positive Kraft sein, die Ihnen ständig den Anstoß gibt, Ihre eigene Lebensqualität und die all jener Menschen zu verbessern, zu denen Sie engen Kontakt haben. Viele versuchen, diesem Druck zu entgehen, aber wenn jede Spannung und jeder Ansporn fehlt, stellen sich für gewöhnlich ein Gefühl der Langeweile und genau das eintönige Leben ein, das so viele Menschen heute beklagen. Wenn wir aufgeregt sind, spüren wir in Wirklichkeit den Druck oder die innere Anspannung, die wir in uns selbst erzeugt haben. Ein solches Ausmaß an Streß wirkt nicht erdrückend, sondern vielmehr anregend.

Es ist ein Unterschied, ob sich jemand als Opfer oder als Herr einer Streßsituation fühlt. Nutzen Sie den Streß (Eustreß), der Ihnen als Antriebskraft dient, um Sie auf dem gewünschten Kurs voranzubringen; er kann einen ungeheueren Wandel in Ihnen bewirken. Wenn Sie lernen, sich bewußt dieses Drucks zu bedienen und ihn zu Ihrem Verbündeten zu machen, statt in ihm einen Feind zu sehen und gegen ihn anzukämpfen, dann können Sie ihn zu einem Instrument verfeinern, mit dessen Hilfe Sie Ihr Leben voll auszukosten vermögen. Davon abgesehen sollten wir uns daran erinnern, daß wir das Ausmaß an Streß selbst bestimmen. Also sollten wir umsichtig vorgehen, wenn wir uns in Spannung versetzen.

Am einfachsten nutzen Sie diesen positiven Streß, wenn Sie Menschen, die Sie respektieren, dafür gewinnen, Sie bei der Realisierung Ihrer Ziele zu unterstützen. Wenn Sie in aller Öffentlichkeit erklären, daß Sie bereit sind, alle notwendigen Schritte einzuleiten, um sich Ihre geheimsten und aufrichtigsten Wünsche zu erfüllen, wird es Ihnen schwerer fallen, vom Kurs abzuweichen, sobald sich Frustration oder Probleme einstellen. Wenn Ihr Engagement nachläßt, oder wenn Sie unsicher sind und das Gefühl haben, nicht die erhofften Fortschritte zu machen, dann läßt der Gedanke an Ihre öffentliche Bekundung Sie an Ihrem Vorhaben festhalten, oder Ihre Freunde erinnern Sie an Ihr Bestreben, ein höheres Lebensniveau zu erreichen. Damit haben Sie vielleicht ein nützliches Werkzeug zur Hand, das Ihnen dabei hilft, Ihren Weg weiterzugehen, auch wenn er ein wenig holperig wird.

Das Nichterreichen eines Ziels kann zur Folge haben, daß Sie Ihren wahren Zielen näher kommen

Vor Jahren erzählte mir ein Freund von seinem Wunschtraum, auf einer paradiesischen Fidschi-Insel zu leben. Ich hatte oft gehört, daß jemand den Wunsch äußerte, „auszusteigen", und war von der Idee im Prinzip sehr angetan. Aber ich bin ein praktisch denkender Mensch: Eine paradiesische Fidschi-Insel zu erwerben war für mich nichts anderes als eine günstige Gelegenheit, mein Geld zu investieren; ich rechtfertigte meinen Standpunkt, indem ich mir sagte: Wenn es je zu einer Katastrophe auf unserer Erde kommen sollte, dann wäre meine Familie an einem solchen Ort gut aufgehoben. Deshalb setzte ich eine kombinierte „Geschäfts-/Urlaubsreise" auf meinen Terminkalender. Ich plante, mir gemeinsam mit Becky mehrere Immobilien auf den Inseln anzusehen und mich aus erster Hand darüber zu informieren, ob sich die Investition lohnte.

Wir brauchten einige Tage, um den hektischen Alltag hinter uns zu lassen, den wir beide an unseren Urlaubsort mitgebracht hatten. Aber nichts konnte uns von unserem Ziel abhalten, Bauland zu erwerben. Deshalb beschlossen wir, die entlegenen äußeren Inseln zu erkunden, auf der Suche nach einer soliden Anlagemöglichkeit.

Wir verbrachten einen abenteuerreichen Tag und besichtigten mehrere Örtlichkeiten, einschließlich der Blauen Lagune (aus dem gleichnamigen Film bekannt), bevor wir schließlich auf einem abgeschiedenen Strand im Norden der Inselgruppe landeten. Wir ergatterten das einzig verfügbare Mietauto und fuhren drei Stunden lang eine von Kokosnüssen übersäte, schmutzige Straße entlang, die als „Hibiscus Highway" bekannt ist.

Dann entdeckten wir — „mitten im Urwald", wie es schien — ein kleines Fidschi-Mädchen mit ungewöhnlichen roten Haaren, die in allen Richtungen stachelförmig von ihrem Kopf wegstanden. Becky und ich fanden sie so entzückend, daß wir sie gerne fotografiert hätten; da wir aber nicht unhöflich sein und sie ohne Erlaubnis ablichten wollten, begaben wir uns auf die Suche nach ihren Eltern.

Als wir nach ihrem Haus Ausschau hielten, entdeckten wir ein winziges Dorf am Meeresstrand. Als wir näher kamen, entdeckten uns einige Dorfbewohner, und ein hünenhafter Fidschi-Insulaner lief uns entgegen. Er begrüßte uns mit einem breiten Lächeln und hieß uns willkommen, nicht in einer der Stammessprachen, sondern in einem Englisch, das der britischen Königin Ehre gemacht hätte. „Guten Tag, mein Name ist Joe", sagte er mit dröhnender Stimme. „Bitte, seien Sie unsere Gäste und trinken Sie *kava* mit uns." Als wir das Dorf betraten, wurden wir allenthalben mit lächelnden Gesichtern und Lachen empfangen. Ich wurde aufgefordert, in eine große Hütte einzutreten, in der sich dreißig Männer zusammendrängten, die an der *kava*-Zeremonie teilnahmen. Becky blieb draußen und hielt einen Schwatz mit den Frauen, wie es den kulturellen Gepflogenheiten der Inselbewohner entsprach.

Die Begeisterungsfähigkeit dieser Menschen verschlug mir die Sprache. Ihre ungezügelte Fröhlichkeit war umwerfend. Die Fidschi-Insulaner in der Hütte schenkten mir ein strahlendes Lächeln, freuten sich über den Gast und hießen mich mit einem „Bula, bula, bula!“ willkommen, was ungefähr soviel wie „Herzlich willkommen; fühl dich wie zu Hause, wir mögen dich“ bedeutet. Die Männer hatten seit mehreren Stunden *yanggona* (eine Art scharfschmeckender Wurzel) in einer Schüssel mit Wasser eingeweicht. Nun rührten und schenkten sie stolz das nichtalkoholische Getränk aus, das sie *kava* nannten (in meinen Augen brackiges Wasser). Sie luden mich ein, einen Schluck aus einer halbierten Kokosnuß zu probieren, und als ich das *kava* nahm (es schmeckte ungefähr so, wie es aussah), lachten und scherzten die Männer mit mir und miteinander. Nach nur wenigen Minuten in Gesellschaft dieser Menschen stellte sich ein Gefühl inneren Friedens bei mir ein, das ich nie zuvor erlebt hatte.

Voller Staunen über ihre unbändige Freude und kindliche Heiterkeit fragte ich sie: „Worin besteht Ihrer Meinung nach der Sinn des Lebens?“ Sie blickten mich an, als käme ich von einem anderen Stern und antworteten beinahe einstimmig: „Glücklich zu sein, natürlich. Worin sonst?“ Ich sagte: „Ja, das stimmt. Alle Bewohner hier scheinen glücklich zu sein.“ Ein Mann erwiderte: „Ja, ich glaube, wir hier in Fidschi sind die glücklichsten Menschen der Welt ... Natürlich war ich noch nirgendwo anders!“, was mit rauhem Gelächter quittiert wurde.

Dann brachen die Männer ihre eigenen ungeschriebenen Gesetze und gestatteten Becky den Zutritt zur Hütte. Sie brachten die einzige Kerosinlampe im Dorf herbei, gemeinsam mit ihren Ukulelen und Mandolinen, und schon bald füllte sich die *bure* mit sämtlichen Dorfbewohnern, als Männer, Frauen und Kinder ihre Lieder in den wundervollen, für vier Stimmen geschriebenen Fidschi-Harmonien für uns sangen. Dieses Erlebnis war eines der eindrucksvollsten und bewegendsten unseres Lebens. Das erstaunlichste daran war, daß diese Menschen nichts *weiter von uns wollten, als ihre überschäumende Lebensfreude mit uns teilen.*

Viele Stunden später, nach einem langen Abschiedszeremoniell, bei dem man uns die besten Wünsche mit auf den Weg gab, verließen wir das Dorf; wir fühlten uns wie neugeboren, in Frieden mit uns selbst und in harmonischem Einklang mit dem Leben. An diesem Abend kehrten wir nach Einbruch der Dunkelheit mit geschärften Sinnen und voller Dankbarkeit für die Schönheit, die uns umgab, in unser Feriendomizil zurück, das einem verwunschenen Ort glich. Da saßen wir nun, in dieser prachtvollen Landschaft, geborgen in unserem abgeschirmten, strohgedeckten kleinen Ferienhäuschen, das auf der Spitze eines Lavahügels thronte, umgeben von üppigem Grün, mondbeschienenen Kokospalmen und dem

Geräusch sanft anbrandender Wellen vor der Tür. Wir hatten einen unvergeßlichen Tag erlebt und das Gefühl gehabt, daß unser Leben von den Menschen dieses kleinen Dörfchens unendlich bereichert worden war. Wir stellten fest, daß wir unser Ziel an diesem Tag nicht verwirklicht hatten, dabei aber auf ein viel größeres Geschenk gestoßen waren, *eine Gabe von unvergleichlichem Wert.*

Inzwischen waren wir in den letzten sechs Jahren drei- oder viermal jährlich auf den Fidschi-Inseln. Wir hatten schon bei unserer ersten Reise erwartet, eine geeignete Parzelle zu finden; aber wir unternahmen insgesamt rund zwanzig Spritztouren, bis wir den Kauf endlich tätigten — nicht als Investition, sondern vielmehr als eine Gelegenheit, unsere Freunde an den Freuden teilhaben zu lassen, die uns die Fidschi-Inseln boten. Wir erwarben auch kein Bauland, sondern kauften vor zwei Jahren Namale, die wundervolle Plantage, auf der wir bei unserer ersten Reise wohnten. Wir wollten dieses Paradies, das rund 48 Hektar groß ist und einen rund fünf Kilometer langen Privatstrand besitzt, noch schöner gestalten, so daß wir es gemeinsam mit Freunden und anderen Menschen, die wir schätzen, genießen konnten.

Der Besitz von Namale vermittelt mir die gleiche Befriedigung wie meine Seminare, in denen ich die Persönlichkeitsveränderung der Teilnehmer beobachten kann, die lernen, ihr Leben zu genießen. Ich beobachte wie ein unbeteiligter Zuschauer die Menschen, die aus allen Lebensbereichen stammen — junge Pärchen, die hier ihre Flitterwochen verbringen, alte Ehepaare, die nicht mehr im Arbeitsleben stehen, und dynamische Topmanager, die sich nach und nach von der Bürde des hektischen Tempos in der Welt der Spitzenunternehmen befreien und entdecken, was es heißt, wieder ein Kind zu sein. Sie versuchen ausgelassen, der viereinhalb Meter hohen Gischt auszuweichen, die aus dem ehrfurchtgebietenden Krater auf dem Riff hochschießt, spielen Volleyball mit den Einheimischen, reiten am Strand entlang oder nehmen an einer *kava*-Zeremonie der Inselbevölkerung teil.

Ich finde es herrlich, das Staunen in ihren Augen zu sehen, wenn sie eine ganz neue Welt unter Wasser entdecken, wenn sie angesichts eines Sonnenuntergangs, dessen Schönheit selbst die wildesten Phantasievorstellungen übertrifft, ein Glas trinken, oder wenn ihr Lächeln die spirituelle Verbundenheit widerspiegelt, die sie mit den Fidschi-Bewohnern nach einem sonntäglichen Besuch des Gottesdienstes in der Dorfkirche empfinden. Ich hätte nie gedacht, daß ich bei der Verfolgung meines „Investitionsziels" statt dessen ein Fleckchen Erde finden würde, das jeden von uns veranlaßt, sich an die wirklich wichtigen Dinge im Leben zu erinnern. *Was zählt, ist nicht allein die Verwirklichung des Ziels, sondern auch die Lebensqualität, die man auf diesem Weg entdeckt.*

Seinen Traum leben

Viele Leute gehen blind durchs Leben und heben sich Freude und Glück für einen späteren Zeitpunkt auf. Für sie bedeutet Ziele setzen, daß sie „irgendwann einmal“, nachdem sie etwas erreicht haben, in der Lage sein werden, ihr Leben in vollen Zügen zu genießen. Tatsache ist, daß wir automatisch mehr Erfolg haben, wenn wir beschließen, jetzt glücklich zu sein. Ziele bieten uns eine hervorragende Orientierungshilfe und die Möglichkeit, unsere Aufmerksamkeit zu „bündeln“; wir sollten jedoch ständig danach streben, jeden einzelnen Tag voll auszukosten und jedem Augenblick uneingeschränkt die Freuden abzugewinnen, die er uns bietet. Statt Erfolg oder Versagen an Ihrer Fähigkeit zu messen, ein individuelles, spezifisches Ziel zu erreichen, sollten Sie sich eines immer wieder vor Augen halten: *Die Richtung, in die wir uns bewegen, ist wichtiger als einzelne Ergebnisse.* Wenn wir uns weiterhin auf dem richtigen Kurs befinden, können wir nicht nur die angestrebten Ziele verwirklichen, sondern um einiges mehr erreichen!

Der verstorbene Schauspieler Michael Landon war ein Mann, dessen Leben zeigt, welche Fähigkeiten durch die Macht einer zwingenden, beflügelnden Zukunftsvision freigesetzt werden können. Gleichzeitig erinnert uns seine Biographie daran, daß wir unser erklärtes Ziel vielleicht nicht erreichen mögen, uns dadurch aber veranlaßt sehen, ein viel höher gestecktes Ziel zu verwirklichen. Warum wurde Michael Landon von so vielen Menschen verehrt? Er repräsentierte viele der höchsten Werte, die in unserer Kultur verankert sind: Er besaß einen ausgeprägten Familiensinn, den Glauben an das Gute im Menschen, die Fähigkeit, widerspruchsfrei zu handeln, persönliche Integrität, Beharrlichkeit angesichts widriger Umstände, Gemeinsinn und Liebe zu den Menschen.

Dieser Mann, der Licht in das Leben vieler Menschen brachte, wurde auf Umwegen zum Helden einer ganzen Nation. Er wuchs in einem physisch und emotional abträglichen Milieu auf, denn seine Eltern stritten sich ständig, da sein Vater Jude war (und Katholiken haßte) und seine Mutter dem katholischen Glauben angehörte (und eine antisemitische Einstellung hatte). Seine Mutter inszenierte mehrere melodramatische Selbstmordversuche und folgte ihrem Sohn oft zu den Treffpunkten der Teenager vor Ort, wo sie aus dem Taxi zu springen und ihn mit einem Kleiderbügel zu verprügeln pflegte. Als Michael das High-School-Alter erreichte, war er chronischer Bettnässer, litt an nervösen Zuckungen im Gesicht und unkontrollierbarem Rülpsen. Er war spindeldürr und voller Ängste. Dieses Bild hat nicht die geringste Ähnlichkeit mit dem selbstbewußten, selbstsicheren Patriarchen der Ingall-Familie, den er in der Fernsehserie *Unsere kleine Farm* darstellte, oder? Wodurch veränderte sich sein Leben von Grund auf?

Eines Tages, im zweiten High-School-Jahr, führte der Sportlehrer die

Klasse aufs Footballfeld, um dort mit einem alten, rostigen Speer Würfe zu üben. Hier hatte Michael ein Schlüsselerlebnis, das sein Selbstbild ein für allemal verändern sollte. Als die Reihe an ihm war, nahm er den Speer mit derselben Angst und dem Mangel an Selbstvertrauen in die Hand, die sich bisher im Umgang mit allen Problemen seines Lebens offenbart hatten.

Aber an diesem Tag geschah ein Wunder. Michael schleuderte den Speer so, daß er über den Wurfsektor hinausflog und rund 30 Fuß weiter landete, als alle anderen es jemals geschafft hatten. In diesem Augenblick wußte Michael, daß er eine Zukunft besaß. Später sagte er in einem Interview mit dem Magazin *Life:* „An diesem Tag stieß ich auf etwas, das ich besser als andere konnte, das mir einen Halt gab. Und ich klammerte mich daran. Ich flehte den Coach an, mir den Speer in den Sommerferien mit nach Hause zu geben, und er erfüllte meine Bitte. Ich übte und übte und übte, übte immer wieder."

Michael hatte seine unwiderstehliche Zukunftsvision gefunden, er verfolgte sie mit brennendem Ehrgeiz. Die Ergebnisse waren phantastisch. Nach den Sommerferien hatte sich sein Körper völlig verändert. Im zweiten High-School-Jahr begann er mit dem Muskeltraining für den Oberkörper. Und als er in die obersten Klassen kam, hielt er den amerikanischen Rekord im Speerwerfen der High-School-Studenten und erhielt aufgrund seiner sportlichen Leistungen ein Stipendium an der University of Southern California. Um es mit seinen Worten auszudrücken: Aus der „Maus" war ein „Löwe" geworden. Eine gute Metapher, stimmt's?

Die Geschichte ist an diesem Punkt noch nicht zu Ende. Michaels Stärke basierte zum Teil auf einer Überzeugung, zu der er anläßlich eines Kinofilms über Samson und Delilah gelangt war. Er glaubte, wenn er sich die Haare lang wachsen ließe, würde er an Körperkraft gewinnen. Das funktionierte auch eine Weile, während seiner Zeit an der High School. Leider wurde er unsanft auf den Boden der Tatsachen zurückgeholt, als er in der Bürstenhaarschnitt-Ära der fünfziger Jahre an die University of Southern California kam. Eine Gruppe kurzgeschorener Sportler nahm ihn in den Schwitzkasten und schnitt seine Löwenmähne ab. Obwohl er genug Verstand hatte, die Zusammenhänge zu erkennen, schwand seine Kraft auf Anhieb. Beim Speerwerfen verringerte sich seine Weite um mehr als zehn Meter. Als er sich gnadenlos antrieb, um wieder sein einstiges Leistungsniveau zu erreichen, verletzte er sich so schwer, daß er in diesem Jahr nicht mehr an den Wettbewerben teilnehmen konnte. Das Sportinstitut machte ihm das Leben zur Hölle, so daß er sich schließlich gezwungen sah, die Universität zu verlassen. Um seinen Lebensunterhalt zu bestreiten, entlud er Frachtgut in einer Fabrik. Es schien, als sei sein Traum ein für allemal gestorben. Wie sollte er je seine Vision in die Tat umsetzen und ein international bekannter Speerwerfer werden?

Zum Glück wurde eines Tages ein Hollywood-Agent auf ihn aufmerksam, der auf der Suche nach neuen Talenten war. Er lud ihn zu Probeaufnahmen für *Bonanza* ein, die erste amerikanische Western-Serie in Farbe, und Michael Landon erhielt die Rolle des Little Joe Cartwright. Danach warf er keinen Blick mehr zurück. Der Grundstein für seine Karriere als Schauspieler und schließlich als Regisseur und Produzent war gelegt. *Dadurch, daß er seinen Traum begraben mußte, hatte er seine Zukunft gefunden.* Aber die Verfolgung seiner ursprünglichen Ziele und die Richtung, in die sie ihn führten, beeinflußten sowohl seine körperliche Entwicklung als auch seinen Charakter, zwei Elemente des Wachstums, die als Vorbereitung auf sein endgültiges Zukunftsszenario unerläßlich waren. *Manchmal müssen wir darauf vertrauen, daß unsere Enttäuschungen in Wirklichkeit verborgene Chancen sein können.*

Der Schlüssel zur Realisierung unserer Ziele

Soll das nun heißen, daß Sie Ihr erklärtes Ziel aufgeben und sich einem anderen Vorhaben zuwenden sollten, wenn Sie sich mit Mißerfolgen und Frustrationsgefühlen konfrontiert sehen? Selbstverständlich nicht. Niemand hat ein Ziel nur deshalb erreicht, weil er an der Verwirklichung interessiert war. Man muß sich seinen Zielen vielmehr verschreiben, sich darauf einschwören. Ich habe mich intensiv mit den Grundlagen des Erfolgs vieler Menschen befaßt und festgestellt, daß Beharrlichkeit hier noch mehr wiegt als Talent; sie ist das wichtigste und wirksamste Instrument, wenn es gilt, Lebensqualität zu schaffen und das eigene Leben zu gestalten. Ärgerlich ist, daß die meisten Menschen dann aufgeben, wenn sie nur noch um Haaresbreite von ihrem Ziel entfernt sind!

Ich glaube, daß das Leben die Ernsthaftigkeit unseres Engagements ständig auf die Probe stellt. Es scheint die größten Belohnungen für diejenigen aufzusparen, die eine niemals endende innere Verpflichtung eingehen, sich so lange zu bemühen, bis sie am Ziel angelangt sind. Diese Entschlossenheit kann Berge versetzen, aber sie muß andauern und konsequent sein. So einfach das auch klingen mag, Beharrlichkeit ist noch immer der gemeinsame Nenner, der die Menschen, die ihre Träume leben, von jenen trennt, die den verpaßten Chancen im Leben nachtrauern.

Ich habe mich intensiv mit jenen beschäftigt, die gelernt haben, das Unsichtbare sichtbar zu machen. Deshalb habe ich große Achtung vor Dichtern, Schriftstellern, Schauspielern und Unternehmern, die sich allesamt darauf verstehen, einer Idee Leben einzuhauchen. Einer von jenen, die meiner Meinung nach ein außergewöhnliches Vorbild für das Streben nach Kreativität und lebenslangem persönlichen Wachstum darstellen, ist Peter Guber, Vorstandsvorsitzender und Geschäftsführer der

Sony Entertainment Inc. (die früher als Columbia Pictures firmierte). Obwohl er erst 48 Jahre alt ist, zählt Peter zu den mächtigsten und renommiertesten Größen in der Filmindustrie. Er und sein Partner Jon Peters haben es gemeinsam auf mehr als 52 Oscar-Nominierungen gebracht. Zu seinen Produktionen gehören so bekannte Filme wie *Mitternachtsexpreß, Missing, Rain Man* und *Batman.* 1989 wurde ihre gemeinsame Firma Guber-Peters Entertainment für mehr als 200 Millionen Dollar vom Sony-Konzern aufgekauft, der das Gespann unbedingt für die Leitung des Columbia Pictures-Imperiums verpflichten wollte. Wie gelingt es jemandem in so jungen Jahren, einen solchen Einfluß in einer Branche zu gewinnen, die für ihren knallharten Wettbewerb bekannt ist? Die Antwort lautet: mit Hilfe einer Vision und dank unerschütterlicher Beharrlichkeit.

Eines Tages erhielt ich einen Anruf von ihm und fand heraus, daß er ein großer Fan meines „Personal Power"™-Audioprogramms war. Während seiner morgendlichen Konditionsgymnastik hörte er meine Kassetten, so daß er nicht nur seinen Körper, sondern auch seinen Geist trimmte! Er wollte mir danken, weil er nie zuvor etwas Derartiges nach Fernsehwerbung gekauft hatte und weil er ganz sicher Kassetten dieser Art noch nie gehört hatte. Infolge dieses Gesprächs hatte ich Gelegenheit, Peter persönlich kennenzulernen, und heute sind wir Freunde.

Ich habe festgestellt, daß eines der Schlüsselelemente seines sagenhaften Erfolgs die Fähigkeit ist, ein Ziel nie aus den Augen zu verlieren, sobald er sich darauf eingeschossen hat. 1979 hatten er und Jon Peters die Filmrechte für *Batman* erworben, aber die Produktion konnte erst 1988 beginnen. Die Studiobosse behaupteten, es gäbe dafür keinen Markt und die einzigen Zuschauer, die man damit ins Kino locken könne, wären Kinder und Comics-Besessene (die außer Rand und Band gerieten, als Michael Keaton für die kraftstrotzende Rolle des Batman ausgewählt wurde). Trotz ständiger Enttäuschungen, Frustration und beträchtlicher Risiken gelang es dem Guber-Peters-Team, *Batman* zu einem der größten Kassenschlager aller Zeiten zu machen. Der Streifen spielte schon am Premierenwochenende die höchsten Einnahmen ein, die je ein Film erzielt hatte. Die Erträge aus dem Film und dem Verkauf aller Nebenprodukte wurden auf mehr als 1 Milliarde Dollar geschätzt!

Ein weiteres Beispiel für Gubers Beharrlichkeit war die Produktion von *Rain Man.* Diesem Film hatte niemand eine Überlebenschance gegeben. In verschiedenen Phasen der Fertigstellung arbeiteten fünf Drehbuchautoren an dem Script, und drei Regisseure waren bereits aus dem Projekt ausgestiegen, einschließlich Steven Spielberg. Manche verlangten von Guber, das Drehbuch zu ändern und ein bißchen mehr Action, ein paar Morde oder wenigstens einige Sexszenen hinzuzufügen. Sie behaupteten, niemand werde Lust haben, sich einen Film anzusehen, in dem die ganze Handlung darin bestand, daß zwei Brüder in einem Auto saßen und kreuz und quer durchs Land fuhren, insbesondere, wenn der eine „geistig zurückgeblieben“ sei.

Aber Peter hatte die Macht der Emotionen erkannt; er entscheidet sich bewußt immer wieder für die Produktion von Filmen, die den menschlichen Geist inspirieren. Er weiß, wie er die Seele der Kinobesucher anrühren kann, und er weigerte sich, klein beizugeben. Er erklärte damals jedem, daß in diesem Film nun mal eine Beziehung im Mittelpunkt stehe, daß die Geschichte von den beiden Brüdern, die einander näherkommen, die einzige Handlung sei, die der Film brauche, und daß *Rain Man* Oscar-verdächtig sei. Die besten Köpfe der Branche versuchten ihn vom Gegenteil zu überzeugen, einschließlich Spielberg. Und siehe da: Der Film heimste 1988 vier Oscars ein für den besten Spielfilm, den besten Hauptdarsteller, die beste Regie und das beste Drehbuch des Jahres. Beharrlichkeit zahlt sich aus, wie man sieht. Guber ist der Überzeugung, daß man in Hollywood bei jedem neuen Projekt, mit dem man beginnt, ausschließlich am Erfolg des letzten Films gemessen wird. Weckt das nicht große Ängste? Natürlich! Er erklärte jedoch, daß diese Furcht und der Streß in seinem Arbeitsumfeld nicht lähmend auf ihn wirken, sondern ihm Antrieb verleihen.

Viele Menschen nehmen die Verwirklichung eines Ziels gar nicht erst in Angriff, aus Angst vor dem Scheitern. Oder, schlimmer noch, sie verfolgen es eine Weile und werfen dann vorzeitig das Handtuch. Sie sind vielleicht auf dem besten Weg, an ihr Ziel zu gelangen, aber es mangelt ihnen an der Geduld, die ein Steinmetz besitzt. Da sie keine unmittelbaren positiven Rückmeldungen erhalten, geben sie viel zu früh auf. Wenn es jedoch eine Eigenschaft gibt, die ich bei den Gewinnern im Leben ausmachen konnte – Menschen, die ihre anspruchsvollsten Träume und Wünsche verwirklichen konnten –, dann war es ein unglaubliches Maß an Beharrlichkeit. Sie ändern, falls erforderlich, die Strategien, mit deren Hilfe sie ihr Ziel verfolgen, aber sie sind um keinen Preis der Welt bereit, ihre Vision aufzugeben.

Entfesseln Sie die Macht des retikulären Aktivierungssystems, um Ihre Ziele zu erreichen

Auf welches Kraftreservoir können Männer wie Peter Guber oder Michael Landon zurückgreifen? Worauf beruht die außergewöhnliche Gabe, alles und jedes wahrzunehmen, was in Beziehung zu ihrem Ziel steht oder genutzt werden könnte, um sich einen Herzenswunsch zu erfüllen? Ich bin der Auffassung, daß diese Menschen ausnahmslos einen Mechanismus im Gehirn zu steuern gelernt haben, den man als retikuläres Aktivierungssystem bezeichnet.

Der Begriff klingt kompliziert, und der tatsächliche Ablauf des Prozesses ist auch höchst vielschichtig. Die Funktion Ihres RAS ist gleichwohl ebenso einfach wie wirkungsvoll: Es bestimmt, was Sie wahrnehmen und welchen Dingen Sie Ihre Aufmerksamkeit schenken. Es ist das Filtersystem Ihres Gehirns. Ihr Bewußtsein kann sich nur auf eine begrenzte Anzahl von Elementen konzentrieren; also gibt sich Ihr Gehirn Mühe zu entscheiden, was nicht beachtet werden muß. In diesem Augenblick stürmen zahllose Reize auf Sie ein; aber Ihr Gehirn löscht die meisten Eindrücke und lenkt seine Aufmerksamkeit nur auf die wichtigen. Der Mechanismus, der ihm diese Analyse der Wahrnehmungen gestattet, ist das RAS. Folglich ist das retikuläre Aktivierungssystem direkt verantwortlich für die Größe des Realitätsausschnitts, den Sie derzeit erleben.

Ein Beispiel: Haben Sie jemals ein neues Kleidungsstück oder Auto gekauft und dann urplötzlich an jeder Ecke das gleiche Modell gesichtet? Wie kommt das? War es vorher auch schon so stark verbreitet? Natürlich, aber Sie bemerken es erst jetzt, denn der Kauf dieses Artikels hat Ihrem RAS klar demonstriert, daß alles, was in Zusammenhang mit diesem Objekt steht, wichtig ist und registriert werden sollte. Ihr Bewußtsein für einen Gegenstand, den es in Wirklichkeit schon lange in Ihrem Umkreis gab, hat sich unverzüglich geschärft.

Diese Verlagerung des mentalen Blickwinkels trägt dazu bei, sich präziser auf ein Ziel auszurichten. Sobald Sie einem Vorhaben Vorrang geben, widmen Sie ihm ungeheure emotionale Aufmerksamkeit. Und indem Sie sich ständig darauf konzentrieren, kristallisiert sich jedes Mittel, das seiner Verwirklichung dient, nach und nach klar heraus. Deshalb ist es nicht wichtig, von Anfang an genau zu wissen, wie Sie an Ihre Ziele gelangen. Vertrauen Sie darauf, daß Ihr RAS Sie zu gegebener Zeit auf die Erfordernisse hinweisen wird, die auf Ihrer Marschroute unerläßlich sind.

Vor acht Jahren machte ich eine Übung, die eine so unwiderstehliche Zukunftsvision schuf, daß sich danach mein ganzes Leben von Grund auf änderte. Im Rahmen dieses Gesamtprozesses, der dazu diente, höhere Anforderungen an mich selbst zu stellen, setzte ich mir eine Reihe neuer Ziele. Ich schrieb alle Mißstände auf, die ich abschaffen, und alle Wünsche, die ich um jeden Preis verwirklichen wollte. Ich legte sämtliche Prinzipien ab, die meinen Entscheidungs- und Handlungsfreiraum einengten, und setzte mich mit meinem Erfolgsjournal an den Strand.

Ich schrieb drei Stunden ohne Unterbrechung in wahlloser Reihenfolge alles nur Erdenkliche auf, was ich tun, sein, haben, schaffen, erleben und zum Allgemeinwohl beitragen wollte. Die Zeitspanne, die ich mir für die Realisierung dieser Ziele setzte, reichte vom darauffolgenden Tag bis irgendwann innerhalb der nächsten zwanzig Jahre. Ich hielt nicht einmal inne, um darüber nachzudenken, ob ich diese Ziele tatsächlich erreichen konnte oder nicht. Ich griff einfach jede Möglichkeit auf, die mich inspirierte, und hielt sie schriftlich fest.

Damit wurde ein Prozeß in Gang gesetzt, der Monate später seinen Feinschliff erhielt: Man hatte mich mit einer Gruppe Parapsychologen in die ehemalige UdSSR eingeladen. Hier konnte ich psychische Phänomene aus erster Hand bei den Experten auf diesem Gebiet an verschiedenen Universitäten studieren. Ich verbrachte viele Stunden in der Eisenbahn, die uns von Moskau nach Sibirien und wieder zurück nach Leningrad brachte. Da ich nichts anderes zum Schreiben hatte als die Rückseite einer alten russischen Landkarte, notierte ich darauf alle langfristigen Ziele, die ich mir für meine spirituelle, mentale, emotionale, physische und finanzielle Entwicklung gesetzt hatte. Dann entwarf ich eine Reihe von Zwischenzielen — Meilensteine, an denen sich meine Fortschritte messen ließen —, wobei ich in umgekehrter chronologischer Reihenfolge vorging.

Ich fragte mich beispielsweise, was für ein Mensch ich sein und welche Leistungen ich heute in neun, acht, sieben ... Jahren — bis zum heutigen Tag zurückreichend — vorweisen müßte, um mein größtes spirituelles Ziel zu erreichen. *Welche spezifischen Aktionen, die mich auf dem Weg zur Verwirklichung meiner selbstgewählten Lebensumstände voranbringen würden, konnte ich heute noch einleiten?*

An diesem Tag setzte ich mir bestimmte Ziele, die mein Leben von Grund auf verwandelten. Ich beschrieb die Frau meiner Träume und ihre Eigenschaften. Ich beschrieb in allen Einzelheiten, wie ich mir meine Kinder vorstellte, das riesige Einkommen, das ich genießen, und das Haus, in dem ich leben wollte, einschließlich eines kreisrunden Bürokomplexes im dritten Stockwerk mit Blick aufs Meer.

Eineinhalb Jahre später kamen Reporter des Magazins *Life* zu mir nach Hause, um ein Interview mit mir zu machen und etwas über die Ursachen der spektakulären Wende in meinem Leben zu erfahren. Als ich ihnen die Landkarte mit den Zielen zeigte, die ich damals notiert hatte, erkannte ich verblüfft, wie viele Träume bereits Wirklichkeit geworden waren. Ich hatte die von mir beschriebene Frau kennengelernt und geheiratet. Und ich hatte genau das Haus gefunden und gekauft, das mir damals vorschwebte, einschließlich des Büros im dritten Stockwerk des Schloßturms, mit Meerblick. Als ich meine Ziele erstmals aufschrieb, besaß ich nicht die geringste Gewißheit, sie jemals verwirklichen zu können. *Aber ich war bereit gewesen, das endgültige Urteil darüber für kurze Zeit aufzuschieben, um mein Konzept unbelastet umsetzen zu können.*

Tun Sie heute noch den ersten Schritt!

Nun beginnen wir, das Unsichtbare sichtbar zu machen, und verwirklichen Ihre Träume. Am Ende werden Sie so phantastische Aussichten, eine so zwingende Zukunftsvision entwickelt haben, daß Ihnen gar nichts anderes übrigbleibt, als heute noch den ersten Schritt zu wagen.

1. *Ziele für die Persönlichkeitsentwicklung*
2. *berufliche/geschäftliche/wirtschaftliche Ziele*
3. *Luxus-/Freizeitziele*
4. *Sozial förderliche Ziele*

Um Ideen für jeden dieser Zielbereiche zu sammeln, haben Sie eine bestimmte Zeit zur Verfügung. Schreiben Sie schnell; halten Sie Ihren Stift ständig in Bewegung, geben Sie kein Werturteil über Ihre Einfälle ab, sondern notieren Sie spontan und wahllos alles, was Ihnen in den Sinn kommt. Fragen Sie sich immer wieder: *Was würde ich mir im Leben wünschen, wenn ich wüßte, daß ich genau das haben kann, was mir vorschwebt?* Vergessen Sie einen Augenblick lang das Bedürfnis, genau zu ergründen, *wie* Sie Ihre Ziele erreichen. Erforschen Sie einfach, was Sie wirklich wollen, und zwar ohne Ihre Fähigkeiten, diese Träume zu realisieren, in Frage zu stellen oder in Zweifel zu ziehen.

Wenn dieser Prozeß Sie genügend inspiriert, wird die Macht, die Sie in sich wecken, einen Weg finden, Ihren geheimsten Wunsch zu offenbaren. Am Anfang sollten Sie keine Zeit mit nebensächlichen Einzelheiten verschwenden, etwa: „Ich wünsche mir ein Haus mit mehreren Wohnebenen im Villenviertel auf den Hügeln in San Francisco, mit schneeweißem, supermodernem Mobiliar und einigen Farbtupfern hier und da — ach ja, und nicht zu vergessen ein viktorianischer Rosengarten." Schreiben Sie lediglich „Traumhaus. Großer Garten. San Francisco."

Beginnen Sie jetzt. Versetzen Sie sich in einen Zustand des absoluten Selbstvertrauens und der unerschütterlichen Überzeugung, daß Sie alle Ihre Wünsche verwirklichen. Stellen Sie sich vor, Sie wären wieder ein Kind und stünden am Heiligen Abend vor dem Weihnachtsbaum. Können Sie sich erinnern, was für ein Gefühl das war? Kinder haben in der Vorweihnachtszeit nicht die geringsten Probleme, eine ellenlange Wunschliste zusammenzustellen. Auf die Frage, was sie sich wünschen, geben sie vielleicht zur Antwort: „Das werde ich dir sagen. Ich will einen Swimming-pool — nein, eigentlich zwei, einen für dich, und einen für mich." Ein Erwachsener würde vermutlich sagen: „Wie bitte? Du kannst von Glück reden, wenn du ein Planschbecken für den Garten bekommst!" Den praktischen Dingen werden wir uns später zuwenden; für den Augenblick geht es darum, wieder ein Kind zu sein.

Ziele für die Persönlichkeitsentwicklung

Schritt 1: Schreiben Sie auf der folgenden Leerseite (oder auf einem zusätzlichen Blatt Papier, falls Sie mehr Platz brauchen) alle Verbesserungsmöglichkeiten auf, die Ihr persönliches Wachstum betreffen. Wie sollte es um Ihr körperliches Wohlergehen bestellt sein? Welche Ziele wollen Sie im Hinblick auf Ihre geistige und gesellschaftliche Entwicklung erreichen? Würden Sie beispielsweise gerne eine Fremdsprache lernen? Schnelleser werden? Hätten Sie einen Nutzen davon, wenn Sie sich intensiv mit Shakespeares Werken befaßten? Was möchten Sie auf emotionalem Gebiet erleben, erreichen oder meistern? Vielleicht wären Sie gerne in der Lage, bestimmte, immer wiederkehrende Reaktionsmuster auf frustrierende Situationen und Zurückweisungen unverzüglich zu unterbrechen? Vielleicht wären Sie gerne in der Lage, Verständnis für jene Menschen aufzubringen, die Sie für gewöhnlich zur Weißglut treiben. Wie sehen Ihre spirituellen Ziele aus? Möchten Sie sich mit Ihrem Schöpfer enger verbunden fühlen? Oder mehr Mitleid gegenüber Ihren Mitmenschen empfinden?

Der springende Punkt besteht darin, alles aufzuschreiben, was Ihnen spontan einfällt, ohne Ihrem Verstand eine Ruhepause zu gönnen. Dabei kann es sich um kurzfristige Ziele handeln — etwas, das Sie noch in dieser Woche, in diesem Jahr erreichen wollen — oder um langfristige, die Sie in einem Zeitrahmen zwischen heute und den nächsten zwanzig Jahren verwirklichen möchten. *Tragen Sie mindestens fünf Minuten lang wahllos Ideen zusammen. Unterbrechen Sie Ihre Schreibarbeit nicht.* Seien Sie albern, ausgeflippt, kindlich, denn manchmal führt ein verrückter Einfall Sie auf einen phantastischen Lebensweg. Hier sind nun einige Fragen, die Sie sich vielleicht durch den Kopf gehen lassen möchten, bevor Sie anfangen. Danach sollten Sie an die Arbeit machen und umgehend mit dem Zielsetzungsprozeß beginnen.

Was würden Sie gerne lernen?
    Welche Fähigkeiten möchten Sie meisterhaft beherrschen?
    Welche Charaktereigenschaften würden Sie gerne entwickeln?
    Wie sollten Ihre Freunde sein?
    Was für ein Mensch wollen Sie sein?

Was könnten Sie für Ihr körperliches Wohlbefinden tun?
    Sich einmal pro Woche eine Massage verabreichen lassen?
    Jeden Tag?
    Ihren Traumkörper schaffen?
    Einem Fitneß-Club beizutreten — und die gebotenen Trainingsmöglichkeiten wirklich nutzen?
    Einen vegetarischen Küchenchef einstellen?
    Beim Iron-Man-Triathlon in Honolulu bis zum Ende mithalten?

Möchten Sie Ihre Angst vorm Fliegen besiegen?
    Oder davor, eine öffentliche Rede zu halten?
    Oder vorm Schwimmen?

Womit möchten Sie Ihren Horizont erweitern?
Französisch lernen?
Die Schriftrollen vom Toten Meer studieren?
Eine Tanz- und/oder Gesangsausbildung absolvieren?
Unterricht beim Geigenvirtuosen Itzhak Perlman nehmen?
Bei wem möchten Sie sonst noch etwas lernen?
Würden Sie gerne einen ausländischen Studenten aufnehmen?

Schritt 2: Nun haben Sie eine Liste mit stimulierenden Zielen für Ihre persönliche Entwicklung erarbeitet. *Verwenden Sie jetzt eine Minute darauf, für jedes einzelne einen Zeitraum abzustecken.* In dieser Phase ist es nicht wichtig zu wissen, wie Sie im einzelnen an diese Ziele gelangen können. Was zählt, ist allein der Zeitrahmen, der Ihnen als Ausgangsbasis dient. Denken Sie daran: *Ihre Ziele sind Wünsche, für deren Verwirklichung Sie einen Termin festsetzen.* Allein die Entscheidung darüber, wann Sie ein bestimmtes Ziel erreicht haben wollen, setzt bewußte und unbewußte Kräfte in Bewegung, die Sie der Realisierung näherbringen. Wenn Sie den festen Vorsatz haben, es in einem Jahr oder schneller zu erreichen, schreiben Sie eine 1 daneben. Wenn Sie sich 3 Jahre Zeit dafür geben, versehen Sie es mit einer 3. Verfahren Sie genauso mit den längerfristigen, den Fünf-, Zehn- und Zwanzigjahreszielen.

Schritt 3: Wählen Sie nun das wichtigste Einjahresziel in dieser Kategorie aus — ein Ziel, das Ihnen nach der Verwirklichung ungeheuren Aufschwung und das Gefühl verleihen würde, dieses Jahr sei nicht vergeudet gewesen. *Nehmen Sie sich zwei Minuten Zeit, um aufzuschreiben, warum Sie dieses Ziel unbedingt noch in diesem Jahr erreichen wollen.* Mit welchen Vorteilen können Sie rechnen, wenn Sie es verwirklicht haben? Was würde Ihnen entgehen, wenn Sie es nicht angehen oder scheitern? Sind diese Gründe gewichtig genug, um Sie zu veranlassen, Ihr Vorhaben wirklich in die Tat umzusetzen? Wenn nicht, sollten Sie ein besseres Ziel oder bessere Gründe finden.

Ich bin vor Jahren zu einer wichtigen Erkenntnis gelangt: Wenn der Handlungsanlaß beträchtlich war, dann fand sich immer ein Weg, um meine Ziele zu erreichen. Ziele allein können inspirieren, aber das Wissen um die tiefreichendsten Gründe für den Wunsch, sie überhaupt erst anzustreben, bietet Ihnen die langfristige Antriebskraft und Motivation, um sie beharrlich zu verfolgen und zu verwirklichen.

Berufliche/geschäftliche/wirtschaftliche Ziele

Der nächste Schritt besteht darin, Ihre *beruflichen/geschäftlichen/wirtschaftlichen Ziele zu bestimmen.*

Schritt 1: Schreiben Sie sich alles auf, was Sie sich im beruflichen, geschäftlichen oder finanziellen Bereich wünschen. Welches Maß an Wohl-

Ziele für die Persönlichkeitsentwicklung

stand möchten Sie erreichen? In welche Position würden Sie gerne aufsteigen? *Nehmen Sie sich nun fünf Minuten Zeit, um eine Liste zu erarbeiten, die Millionen wert ist!*

Was möchten Sie verdienen:

 50.000 im Jahr?
 100.000 im Jahr?
 500.000 im Jahr?
 1 Million im Jahr?
 Soviel, daß Sie Ihr Geld vermutlich nicht mehr zählen können?

Welche Ziele haben Sie für Ihre Firma vor Augen?

 Möchten Sie Ihr Unternehmen in eine AG umwandeln?
 Möchten Sie sich als Branchenführer profilieren?

Wie hoch wollen Sie Ihr Nettoeinkommen ansetzen?

 Wann möchten Sie sich aus dem Erwerbsleben zurückziehen?
 Wie hoch sollten Ihre Kapitalerträge sein, so daß Sie nicht mehr arbeiten müssen?

Wie sehen Ihre Ziele im Umgang mit Ihren Finanzen aus? Möchten Sie:

 Ihr Budget ausgleichen?
 Ihr Konto ausgleichen?
 Einen Finanzberater engagieren?

Welche Investitionen würden Sie gerne tätigen? Möchten Sie:

 Ein vielversprechendes, junges Unternehmen finanzieren?
 Eine erlesene Münzsammlung erwerben?
 Eine lebenslängliche Treuhandverwaltung aufbauen?
 Geld in eine Pensionskasse einzahlen?

Wieviel möchten Sie angespart haben, um Ihren Kindern eine fundierte Berufsausbildung ein Studium zu ermöglichen?

 Wieviel Geld möchten Sie für Reisen und Freizeit ausgeben?
 Wieviel möchten Sie in neue „Luxusobjekte" investieren?

Welche beruflichen Ziele streben Sie an?

 Welchen Beitrag möchten Sie in Ihrer Firma leisten?
 Welche Durchbrüche würden Sie gerne erzielen?
 Möchten Sie einer Arbeitsgruppe/Abteilung vorstehen?
 Ins Topmanagement aufsteigen? Unternehmensvorstand werden?
 Welche Art von Einfluß möchten Sie ausüben?

Schritt 2: Nun haben Sie eine Liste mit Ihren vordringlichsten beruflichen, geschäftlichen und wirtschaftlichen Zielen erarbeitet. *Verwenden Sie sich jetzt eine Minute darauf, für jedes einzelne einen Zeitrahmen zu*

Berufliche/geschäftliche/wirtschaftliche Ziele

bestimmen, wie bei den Zielen für die Persönlichkeitsentwicklung. Wenn Sie fest entschlossen sind, dieses Ziel innerhalb des nächsten Jahres oder schneller zu erreichen, schreiben Sie eine 1 daneben; wenn der Zeitraum fünf Jahre betragen soll, eine 5. Was zählt, ist nicht das Wissen, ob Sie es realisieren werden oder nicht, oder ob der Zeitrahmen vernünftig ist. Es geht ausschließlich um die Frage, ob Sie den unumstößlichen Willen besitzen, es zu erreichen.

Schritt 3: Wählen Sie nun das wichtigste Einjahresziel in dieser Kategorie aus. Nehmen Sie sich zwei Minuten Zeit, um in einem kurzen Absatz schriftlich festzuhalten, warum Sie dieses Ziel innerhalb eines Jahres erreichen wollen. Vergewissern Sie sich, daß Sie genügend Gründe auflisten — Gründe, die wirklich Antriebskraft, Leidenschaft und Vorfreude beim Gedanken an diesen Prozeß in Ihnen wecken.

Luxus-/Freizeitziele

Wenn es keine finanziellen Grenzen für Sie gäbe, welche Träume möchten Sie sich dann erfüllen? Was würden Sie gerne tun? Wenn Sie eine gute Fee vor sich hätten, die umgehend jeden Wunsch erfüllt, was würden Sie sich dann am meisten auf der Welt wünschen?

Schritt 1: Nehmen Sie sich fünf Minuten Zeit, um alles aufzuschreiben, was Sie sich jemals im Leben wünschen könnten, was Sie haben möchten oder gerne erleben würden.

Was würden Sie gerne bauen oder kaufen:

Ein Landhaus? Schloß?
Ferienhaus am Strand?
Privatyacht?
Insel?
Lamborghini-Sportwagen?
Chanel-Garderobe?
Hubschrauber?
Musikstudio?
Kunstsammlung?
Privatzoo mit Giraffen, Alligatoren und Nilpferden?

Woran würden Sie gerne teilnehmen?

Premiere eines Broadway-Theaterstücks?
Bruce Springsteen-Konzert?
Kabuki-Theateraufführung in Osaka, Japan?

Möchten Sie:

Im nächsten 500-Meilen-Rennen von Indianapolis mitfahren?
Gegen Steffi Graf oder Boris Becker Tennis spielen?
Die Olympische Flamme tragen?

Luxus-/Freizeitziele

Mit den rosa Delphinen vor der peruanischen Meeresküste schwimmen?
Mit Ihrem besten Freund ein Kamelrennen zwischen den Pyramiden bestreiten? Und gewinnen?
Mit den Sherpas eine Trekkingtour im Himalaya unternehmen?

Würden Sie gerne:
Star in einem Broadway-Theaterstück sein?
Kim Basinger vor laufender Kamera küssen?
Mit Patrick Swayze „Dirty Dancing" aufs Parkett legen?
Ein modernes Ballett mit Michail Baryschnikow choreographieren?

Welche exotischen Orte möchten Sie besuchen? Würden Sie gerne:
Rund um die Welt segeln, wie Thor Heyerdahl auf der *Kon-Tiki*?
Mit Jacques Cousteau auf der *Calypso* segeln?
Mit einer Segelyacht durch die griechische Inselwelt kreuzen?
Beim Drachenfest in China dabeisein?
An einem Schattentanz in Bangkok teilnehmen?
Auf den Fidschi-Inseln Tiefseetauchen?
In einem buddhistischen Kloster meditieren?
Einen Platz für den Flug der nächsten Raumfähre buchen?

Schritt 2 und 3: Geben Sie wieder jedem Ziel einen Zeitrahmen, wählen Sie Ihr wichtigstes Einjahresziel in dieser Kategorie aus und verwenden Sie zwei Minuten darauf, um in einem kurzen Absatz zu erklären, warum Sie so fest entschlossen sind, es innerhalb des nächsten Jahres zu verwirklichen. Geben Sie für jedes Ziel überzeugende Gründe an, und sollten Sie sich dadurch nicht veranlaßt sehen, Ihr Vorhaben in die Tat umzusetzen, dann sollten Sie sich bessere Gründe oder ein besseres Ziel einfallen lassen.

Sozial förderliche Ziele

Sie können die inspirierendsten, unwiderstehlichsten Ziele sein, denn Sie bieten Ihnen die *Gelegenheit, eine Spur Ihrer Existenz, ein bleibendes Vermächtnis zu hinterlassen, das echte Veränderungen im Leben der Menschen bewirkt.* Dabei kann es sich um ein einfaches Vorhaben handeln, zum Beispiel Ihrer Kirche eine großzügige Spende zukommen zu lassen oder sich mit Ihrem gesamten Haushalt aktiv an einem Recycling-Programm zu beteiligen, aber auch um ein so breitgestecktes Ziel wie die Gründung einer Stiftung, um benachteiligten Bevölkerungsgruppen eine Chance zu geben.

Schritt 1: Nehmen Sie sich fünf Minuten Zeit, um alle Ideen zusammenzutragen, die Ihnen spontan in den Sinn kommen.

Sozial förderliche Ziele

Welchen sozialen Beitrag könnten Sie leisten? Würden Sie gerne:
- Ein Obdachlosenasyl bauen?
- Ein Kind adoptieren?
- Ehrenamtlich in einer Suppenküche für Arme arbeiten?
- Blinden vorlesen?
- Männliche oder weibliche Strafgefangene besuchen?
- Sechs Monate freiwillig in der Heilsarmee mitarbeiten?
- Ein Altersheim mit Luftballons schmücken?

Wie können Sie dabei helfen:
- Die Ozonschicht zu schützen?
- Die Meere zu säubern?
- Rassendiskriminierung auszumerzen?
- Der Zerstörung der Regenwälder Einhalt zu gebieten?

Welchen bleibenden Wert könnten Sie schaffen? Würden Sie gerne:
- Ein Perpetuum mobile konstruieren?
- Ein Automobil entwickeln, das mit Müll betrieben wird?
- Ein System zur Verteilung von Nahrung an alle Hungernden erarbeiten?

Schritt 2 und 3: Geben Sie auch dieses Mal wieder jedem Ziel einen Zeitrahmen, wählen Sie Ihr wichtigstes Einjahresziel in dieser Kategorie aus und verwenden Sie zwei Minuten darauf, um in einem kurzen Absatz zu erklären, warum Sie so fest entschlossen sind, es innerhalb des nächsten Jahres zu verwirklichen.

„Nichts trägt in gleichem Maß
wie der Traum dazu bei, die Zukunft zu gestalten.
Heute Utopia, morgen Fleisch und Blut.“

VICTOR HUGO

Nun haben Sie vier anspruchsvolle Einjahresziele aufgestellt, die Sie mit Vorfreude erfüllen, inspirieren und auf soliden, herausfordernden Gründen beruhen. Wie würden Sie sich fühlen, wenn es Ihnen gelänge, sie in einem Jahr zu erreichen? Wie wäre es dann um Ihr Selbstwertgefühl bestellt? Ich kann nicht genug darauf hinweisen, wie wichtig es ist, herausfordernde Gründe für die Verwirklichung dieser Ziele zu entwickeln. Wenn das Warum stark genug ist, findet sich das Wie von ganz alleine.

Vergewissern Sie sich, daß Sie jeden Tag einen Blick auf die Liste Ihrer Ziele werfen. Heben Sie sie an einem Ort auf, wo Sie sie täglich vor Augen haben, zum Beispiel in Ihrem persönlichen Erfolgsjournal, auf Ihrem Schreibtisch im Büro oder über dem Badezimmerspiegel. Wenn Sie Ihre Ziele mit Hilfe des *CANI!*-Konzepts untermauern — dem kontinuierlichen, nie endenden Streben nach Verbesserung in jedem dieser Bereiche —, haben Sie die Gewißheit, jeden Tag Fortschritte zu machen. Treffen Sie jetzt die Entscheidung, Ihr Vorhaben in die Tat umzusetzen, und packen Sie die Aufgabe unverzüglich an.

Wie Sie Ihre Ziele verwirklichen

Nun, da Sie eine Reihe fesselnder Ziele und klar umrissener Gründe für ihre Realisierung haben, ist der Prozeß der Verwirklichung bereits im Gang. Ihr retikuläres Aktivierungssystem wird zunehmend sensibilisiert, wenn Sie Ihre Ziele und Gründe ständig überprüfen; es wird Sie wie ein Magnet zu jedem nützlichen Hilfsmittel ziehen, das Sie der Erfüllung Ihres klar definierten Wunsches näherbringt. Um hundertprozentig sicherzugehen, daß Sie Ihre Ziele erreichen, müssen Sie Ihr Nervensystem schon im voraus darauf konditionieren, die Befriedigung zu empfinden, die sich mit Sicherheit einstellen wird. Mit anderen Worten: *Sie sollten mindestens zweimal am Tag das Erlebnis, jedes Ihrer wichtigsten Ziele erreicht zu haben, mental vorwegnehmen und emotional genießen.* Jedesmal, wenn Sie sich auf diese Erfahrung einlassen, wird Ihre Freude größer sein, wenn Sie sehen, fühlen und hören, wie Sie Ihren Traum leben.

Die ständige Konzentration auf Ihre Ziele schafft eine neurale Bahn zwischen dem Punkt, an dem Sie heute stehen, und jenem, den Sie erreichen möchten. Aufgrund dieser intensiven Konditionierung werden Sie das Gefühl absoluter Gewißheit verspüren, daß sich Ihre Wünsche erfüllen, und diese Sicherheit wird sich in wirksames Handeln übertragen, das Ihren Erfolg garantiert. Ihr Selbstvertrauen wird Ihnen geeignete Berater und Vorbilder zeigen. Diese können Ihnen Hinweise auf die effektivsten Maßnahmen geben und Sie befähigen, schnellstmöglich Ergebnisse zu erzielen, statt aus Fehlern zu lernen — was Jahrzehnte oder noch mehr Zeit in Anspruch nehmen kann. Warten Sie keinen Tag länger, um diesen Prozeß ins Rollen zu bringen. Fangen Sie heute damit an!

Der wahre Sinn hinter jedem Ziel

Wenn wir unsere Ziele verfolgen, entgeht uns oft die tatsächliche Wirkung, die sie auf unser unmittelbares Umfeld haben. Wir glauben, es sei damit getan, unser Ziel zu erreichen. Wenn wir eingehender darüber nachdächten, wüßten wir, daß wir auf dem Weg zur Verwirklichung unserer Wünsche häufig eine Kettenreaktion auslösen, die noch weitreichende

Folgen haben kann. Grübelt die Honigbiene darüber nach, auf welche Weise sie zur Vermehrung der Blumen beiträgt? Natürlich nicht. Aber während sie nach dem süßen Nektar in den Blüten sucht, bleiben unweigerlich Pollen an den Saugnäpfen ihrer Beine hängen, und mit dem Anfliegen der nächsten Blumen setzt sie einen Bestäubungsprozeß in Gang. Ein Unternehmer ist darauf bedacht, Gewinne zu erwirtschaften; dabei schafft er vielleicht Arbeitsplätze, die seinen Angestellten ungeahnte Möglichkeiten für ihre persönliche Entwicklung und die Verbesserung ihrer Lebensqualität bieten. Der Erwerbsprozeß ermöglicht vielen die Verwirklichung ihrer Ziele. Diese können darin bestehen, die Kinder auf die Universität zu schicken, die ihrerseits wiederum einen gesellschaftlichen Beitrag leisten, indem sie Ärzte, Anwälte, Wissenschaftler und Eltern werden. Die Kette reißt nie ab.

Ziele sind ein Mittel zum Zweck, nicht der eigentliche Sinn und Zweck unseres Lebens. Sie stellen nur ein Instrument dar, um unser Augenmerk zu konzentrieren und uns in eine bestimmte Richtung zu lenken. Der einzige wahre Grund, der uns veranlaßt, Ziele zu verfolgen, besteht darin, daß wir nach Erweiterung unserer Horizonts und persönlichem Wachstum streben. *Zielen um ihrer selbst willen nachzujagen kann uns auf Dauer niemals glücklich machen. Was wirklich zählt und uns die langfristig tiefste Erfüllung verschafft, sind die Meilensteine auf dem Weg zur Entwicklung unserer Persönlichkeit, während wir die Stolpersteine auf dem Weg zu unserem Ziel beseitigen.* Deshalb sollten wir uns vielleicht die Schlüsselfrage stellen: „Was für ein Mensch muß ich werden, um alle meine Wünsche zu verwirklichen?“ Das ist unter Umständen die wichtigste Frage, die Sie an sich selbst richten, denn die Antwort legt die Marschroute fest, die Sie persönlich einschlagen sollten.

Bitte nehmen Sie sich nun einen Augenblick Zeit. Beschreiben Sie in einem kurzen Absatz alle Charaktereigenschaften, Fähigkeiten und Fertigkeiten, Einstellungen und Prinzipien, die Sie entwickeln müßten, um sämtliche zuvor notierten Ziele zu erreichen. Mit Sicherheit müssen Sie einige Maßnahmen in die Wege leiten, um diese Ziele zu verwirklichen. Aber welche persönlichen Merkmale sollten Sie besitzen, um diese unsichtbaren Konzepte, auf die sich sich eingeschworen haben, in Ihre sichtbare Realität zu verwandeln?

Der wichtigste Schritt

Jahrelang hatte ich mir Ziele gesetzt und vorzeitig das Handtuch geworfen. Ich war im Handumdrehen Feuer und Flamme, regelrecht aufgedreht, aber drei Wochen später stellte ich fest, daß ich keines meiner schriftlich festgehaltenen Vorhaben verwirklicht hatte. Ein Ziel aufzuschreiben ist zweifellos der erste Schritt, und die meisten Menschen können sich nicht einmal dazu aufraffen. Wenn Sie sich die Mühe machen, Ihre Ideen zu Papier zu bringen, kommen sie Ihnen sofort greifbarer vor.

Der wichtigste Schritt besteht darin, *eine starke Antriebskraft zu schaffen,* sobald Sie sich ein Ziel gesetzt haben. Die wichtigsten Regeln, die mir bei der Realisierung meiner Ziele gute Dienste leisteten, habe ich von einem erfolgreichen Mann gelernt. Er riet mir, diese Ziele aufzuschreiben und *den Raum nicht eher zu verlassen, bis ich irgendeine positive Aktion eingeleitet hätte, die mich der Verwirklichung näher brächte.*

Wie ich in Kapitel 2 hervorgehoben habe, setzt eine echte Entscheidung voraus, daß man entsprechende Maßnahmen ergreift, und zwar unverzüglich. Nutzen Sie den Antrieb, den Sie während der Aufstellung Ihrer vier wichtigsten Einjahresziele entwickelt haben. Die wirkungsvollste Methode, um diese Energie zu bewahren, besteht darin, *nach Beendigung dieses Kapitels sogleich zu handeln.* Selbst der kleinste Schritt — ein Telefonat, die Bekundung Ihres Engagements, ein Plan, der in groben Zügen skizziert wird — bringt Sie ein Stück vorwärts. Dann sollten Sie die einfachen Aktivitäten auflisten, die Sie während der nächsten zehn Tage täglich durchführen können. Ich verspreche Ihnen, daß diese Sie Ihrem Ziel nicht nur näher bringen, sondern auch eine Kette von Gewohnheiten in Gang setzen, die Ihren langfristigen Erfolg vorprogrammieren.

Wenn Ihr Ziel im Bereich der Persönlichkeitsentwicklung beispielsweise darin besteht, sich innerhalb der nächsten Jahre zum Meister im Jazztanz zu mausern, dann lassen Sie Ihre Finger heute noch durch die Gelben Seiten gleiten. Vereinbaren Sie einen Termin bei verschiedenen Tanzstudios, und schreiben Sie sich baldmöglichst für einen Kurs ein.

Wenn das oberste Luxus-/Freizeitziel auf Ihrer Liste ein Mercedes-Benz ist, bitten Sie Ihren Autohändler vor Ort um Zusendung einer Informationsbroschüre, oder statten Sie ihm heute nachmittag einen Besuch ab, um eine Probefahrt zu unternehmen. Ich will Sie damit nicht auffordern, den Kauf noch heute abzuschließen; aber finden Sie zumindest heraus, was der Wagen kostet, oder setzen Sie sich hinter das Steuer, so daß die Idee realer wird. Ihr Wunsch wird dadurch noch verstärkt, und er wird Sie motivieren, einen genauen Plan aufzustellen.

Wenn Ihr wichtigstes ökonomisches Ziel ein Jahreseinkommen von 100.000 DM ist, dann *überlegen Sie jetzt, welche Maßnahmen Sie ergreifen müssen,* um diese Summe zu erreichen. Wer verdient bereits ein Gehalt dieser Größenordnung und könnte Aufschluß über die Schlüsselelemente seines Erfolgs geben? Müssen Sie einen Nebenjob annehmen, um es auf diese Summe zu bringen? Welche Fähigkeiten empfiehlt es sich, zu vertiefen, um eine solche Vergütung zu erhalten? Sollten Sie vielleicht damit beginnen, mehr Geld zu sparen als auszugeben, und den Differenzbetrag investieren, damit Ihnen noch andere Einkommensquellen als Ihre berufliche Tätigkeit zur Verfügung stehen? Wäre es eine gute Idee, ein neues, risikoreicheres Projekt zu beginnen oder eine eigene Firma zu gründen? Über welche Ressourcen müssen Sie wirklich verfügen?

Sie sollten mindestens einmal am Tag das Gefühl haben, daß Sie Ihrem wichtigsten Einjahresziel in allen vier Kategorien näherkommen. Im Idealfall werfen Sie morgens und abends einen Blick auf Ihre Liste. Überprüfen Sie diese alle sechs Monate, um zu gewährleisten, daß Ihre Ziele noch aktuell sind. Vielleicht sollten Sie dann ein zweites Mal Ideen sammeln, um einige neue Ziele zu entwickeln. Und ich bin mir sicher, daß Sie einige hinzufügen oder streichen werden, sobald Ihr Leben eine interessante neue Struktur erhält.

Es gibt noch eine weitere tiefgreifende Erkenntnis, die für den langfristigen Erfolg von entscheidender Bedeutung ist: *Es kann verhängnisvoll sein, ein Ziel zu erreichen, wenn Sie sich nicht vorher eine Reihe neuer, noch höher gesteckter Ziele gesetzt haben.* Sobald Sie kurz vor dem Ziel angelangt sind, sollten Sie die nächsten Ziele unverzüglich skizzieren. Sonst bleibt von Ihrem Lebenstraum nur eine große Leere. Viele Menschen, die im Leben alles erreicht haben, fragen sich in solchen Fällen enttäuscht: „Und das soll alles gewesen sein?“ Sie haben das Gefühl, daß sie auf dem Gipfel angelangt sind.

Ein Bilderbuchbeispiel sind einige der Apollo-Astronauten, die sich ein Leben lang auf ihre große Aufgabe vorbereitet hatten: die Mondlandung. Als das Unterfangen endlich glückte, waren sie euphorisch; aber nach ihrer Rückkehr zur Erde entwickelten einige von ihnen unvorstellbar schlimme Depressionen. Es gab nichts mehr, worauf sie sich freuen konnten. Welches Ziel wäre schließlich größer und aufregender, als auf dem Mond zu landen, das Unmögliche möglich zu machen und den Weltraum zu erforschen? Vielleicht lautet die Antwort, daß es sich lohnt, das gleichermaßen unbekannte Neuland in uns, nämlich den inneren Raum unseres Geistes, unserer Herzen und unserer Seelen zu erkunden.

Es gibt Frauen, die ihre Hochzeit über Monate, manchmal sogar jahrelang planen. Sie bringen ihren ganzen Einfallsreichtum, ihre Mittel, ja sogar ihre Identität in das Bestreben ein, eine richtige Märchenhochzeit zu erleben. Sie machen alle Träume und Hoffnungen an einem Ereignis fest, von dem sie erwarten, daß es einmalig sein wird. Nachdem der glanzvolle Augenblick vorüber ist, fühlt sich die junge Ehefrau jedoch desillusioniert. Was könnte auf den Höhepunkt des Lebens folgen? Statt dessen sollte sie ihren Blick auf das vor ihr liegende, wichtigere und nie endende Abenteuer richten, eine gute Beziehung zu ihrem Partner aufzubauen.

Wie gelingt es manchen Menschen, auch nach der Realisierung eines Wunschtraums die innere Spannung und Leidenschaft zu bewahren, die sie auf dem Weg zum Ziel erfüllt hat? *Wenn sie sich dem lang ersehnten Ende der Reise nähern, setzen sie sich unverzüglich eine Reihe neuer, verlockender Ziele.* Das gewährleistet einen nahtlosen Übergang von dem Erfolgserlebnis, das eine vollbrachte Leistung vermittelt, zu neuem Ansporn und fortwährendem Streben nach persöhlichem Wachstum. Ohne diese innere Verpflichtung beschränken wir uns auf das Notwendige, um unsere Bedürfnisse zu befriedigen, wagen aber niemals, das vertraute, bequem gewordene Terrain zu verlassen. In diesem Augenblick büßen wir unsere Antriebskraft ein: wir verlieren die Lust, uns weiterzuentwickeln, und beginnen zu stagnieren. Viele Menschen sind emotional und geistig tot, lange bevor sie ihre Körperhülle verlassen.

Um aus dieser Falle auszubrechen, müssen wir erkennen, *daß die eigentliche, letztgültige Lösung im sozialen Engagement liegen könnte.* Die Möglichkeit, anderen zu helfen — deren Schicksal uns am Herzen liegt —, kann uns ein Leben lang inspirieren. Es gibt immer einen Platz auf der Welt für Menschen, die bereit sind, Zeit, Kraft, Geld, Kreativität und Engagement in die Lösung sozialer Probleme zu investieren.

Der Schauspieler Robin Williams ist ein solches Beispiel. Dieser Mann besitzt einen großen Vorteil gegenüber seinem verstorbenen Freund John Belushi, denn er hat einen Weg entdeckt, der gewährleistet, daß ihm die Ziele nie ausgehen. Robin hat sich gemeinsam mit seinen Kolleginnen Whoopi Goldberg und Billy Crystal einer Aufgabe verschrieben, die ständig höchste Ansprüche an seine Ressourcen stellt: Sie kümmern sich um Obdachlose. Arnold Schwarzenegger fand eine ähnliche, emotional lohnende Aufgabe in seiner Arbeit für die Behindertenolympiade und in seiner Tätigkeit im Beratergremium des amerikanischen Präsidenten zur Stärkung der Volksgesundheit. Alle diese erfolgreichen Menschen haben die Erfahrung gemacht, daß nichts das Gefühl aufwiegen kann, einen gewichtigen Beitrag zum Gemeinwohl zu leisten.

Vergewissern Sie sich, daß auch Ihre nächsten hochfliegenden Pläne und Träume Ihnen auf der Suche nach „kontinuierlicher, nie endender Verbesserung" Schubkraft verleihen. Wer sich dem *CANI!*-Prinzip verschreibt, hat in Wirklichkeit eine universelle Versicherung für lebenslanges Glück abgeschlossen. Denken Sie daran, daß *eine reizvolle Zukunftsvision der Nährboden ist, auf dem unsere Seele gedeiht.*

Programmieren Sie sich auf den Erfolgskurs

Nun, da Sie Ziele gesetzt haben, die Ihnen wirklich Inspiration und Antriebskraft verleihen, gilt es, sie so fest zu verankern, daß Ihr Nervensystem sie als real empfindet. Wie entwickeln Sie dieses Gefühl unumstößlicher Sicherheit? Als erstes müssen Sie alle Hindernisse beseitigen, indem Sie vorab herausfinden, was Sie von Ihren Zielen abhalten könnte. Das sollte jetzt und nicht erst dann geschehen, wenn Sie die Strecke schon zur Hälfte hinter sich gebracht haben. Dann bekunden Sie Ihren festen Vorsatz gegenüber Menschen, von denen Sie wissen, daß sie Sie gegebenenfalls an Ihre hochgesteckten Ziele erinnern werden. Verstärken Sie die neuen neuralen Bahnen durch ständiges mentales Einüben, mit zahlreichen Wiederholungen und emotionaler Intensität. Führen Sie sich Ihre Ziele immer wieder lebhaft vor Augen. Fügen Sie die visuellen, auditiven und kinästethischen Elemente in dieses Bild ein, das vor Ihrem inneren Auge entsteht und Ihr Ziel in eine Realität verwandelt.

Die wichtigste Lektion

Die wichtigste Lektion in diesem Kapitel ist die Erkenntnis, daß eine reizvolle Zukunftsvision ein Gefühl des dynamischen Wachstums erzeugt. Ohne dieses Gefühl kosten wir unser Leben nicht voll aus. Eine positive Zukunft ist kein schmückendes Beiwerk, sondern eine absolute Notwendigkeit. Sie führt uns zu Höchstleistungen und gibt uns den tiefen Sinn der Freude, des Gebens und der persönlichen Weiterentwicklung, die dem Leben selbst Bedeutung verleiht.

Ich erinnere mich gelesen zu haben, daß verblüffend viele Rentner und Pensionäre innerhalb von drei Jahren nach dem Ausscheiden aus dem Erwerbsleben sterben. Das ist für mich ein Beweis, daß viele mit dem Verlust des Gefühls, einen sinnvollen Beitrag zu leisten, buchstäblich ihren Lebenswillen verlieren. Daraus schließe ich auch, daß diejenigen, die einen Grund haben, am Leben festzuhalten, es meistens auch schaffen. In wissenschaftlichen Untersuchungen wurde festgestellt, daß ältere oder kranke Menschen, die dem Tod nahe sind, häufig erst nach Feiertagen sterben. Solange es etwas gab, auf das Sie sich freuen konnten, wie beispielsweise Weihnachten und den Besuch von Familienmitgliedern, hatten sie allen Grund zu leben; nach diesem Ereignis sah die Zukunft trübe aus. Dieses Phänomen kann man nicht nur in unserer Hemisphäre, sondern in allen Gesellschaften beobachten. In China sinkt die Sterberate unmittelbar vor und an wichtigen Festtagen; und sie steigt, sobald diese vorüber sind.

Es spielt keine Rolle, ob Sie achtzehn oder achtzig sind – jeder Mensch braucht etwas, das ihm Antriebskraft gibt. Die Inspiration, nach der Sie suchen, finden Sie in sich selbst; sie wartet nur darauf, durch eine unvorhergesehene Herausforderung oder ein interessantes Problem geweckt zu werden. Oberst Harlan Sanders hatte im Alter von 65 Jahren einen Geistesblitz, als seine dürftige Pension auf dem Konto einging. Seine Entrüstung veranlaßte ihn, die Initiative zu ergreifen. Er gründete seine Firma (Kentucky Fried Chicken). Wir müssen nicht auf ein bestimmtes Ereignis warten, das uns die große Inspiration bringt. *Wir können unsere Ideen selber kreieren.*

Auch der unverwüstliche Komiker George Burns hat die Bedeutung und Triebkraft einer unwiderstehlichen Zukunftsvision erkannt. Als er einmal gebeten wurde, seine Lebensphilosophie zusammenzufassen, erwiderte er: „Man braucht etwas, das einen aus dem Bett treibt. Im Bett kann ich sowieso nichts erledigen. Am wichtigsten ist es, ein bestimmtes Ziel, eine Richtung vor Augen zu haben, in die man strebt." Heute, im Alter von mehr als neunzig Jahren, feilt er immer noch an seinem messerscharfen Verstand und wirkt wie eh und je in Kino- und Fernsehfilmen mit. Es heißt, daß er sich vorgenommen hat, im Jahr 2000 im Londoner Palladium aufzutreten; er wäre dann 104 Jahre alt — und wäre damit das Paradebeispiel eines Menschen, der es versteht, sich eine reizvolle Zukunftsvision zu schaffen.

Nutzen Sie Ihre innere Kraft. Sie wissen, was Sie tun müssen, um sich selbst zu inspirieren. Es ist an der Zeit! Wenn Sie dieses Kapitel bisher passiv gelesen haben, kehren Sie nochmals an den Anfang zurück und absolvieren Sie die Übungen. Sie sind leicht und machen Spaß: Erstellen Sie die Liste mit Ihren vier wichtigsten Einjahreszielen. Ergründen Sie, warum Sie diese Ziele erreichen sollten. Entwickeln Sie das Ritual, Ihre Ziele zehn Tage lang täglich zu überprüfen und im voraus die Freude zu erleben, die ihre Verwirklichung mit sich bringen wird. Halten Sie nach Vorbildern und solchen Menschen Ausschau, die Ihnen bei der Aufstellung eines Plans helfen können, der Ihnen als Orientierungshilfe bei der Verwirklichung Ihrer Ziele dient. Jeder dieser Schritte trägt dazu bei, Ihr retikuläres Aktivierungsprogramm zu programmieren und Sie für alle möglichen Hilfsmittel und -quellen zu sensibilisieren, die Sie einsetzen können, damit Ihre Bemühungen Früchte tragen. Die ständige Überprüfung wird Ihnen darüber hinaus auch das Gefühl der inneren Sicherheit vermitteln, das Sie brauchen, um Ihr Vorhaben in die Tat umzusetzen.

Wenden wir uns nun dem nächsten Kapitel zu. Ich möchte Ihnen das Geheimnis verraten, wie Sie alle Barrieren durchbrechen, die sich Ihnen in den Weg stellen …

13

Die mentale Herausforderung: Ein Zehn-Tage-Programm

„Gewohnheit ist entweder der beste aller Diener oder der schlechteste aller Herren.“

NATHANIEL EMMONS

Beständigkeit — ist das nicht etwas, wonach wir alle trachten? Wir wollen nicht nur gelegentlich gute Ergebnisse erzielen. Wir wollen uns nicht nur im Augenblick glücklich fühlen. Wir wollen nicht nur sporadisch Bestleistungen erbringen. Das Kennzeichen der Champions ist die Beständigkeit — und wahre Beständigkeit wird dadurch verankert, daß wir sie zu einer Gewohnheit machen.

Sicher spüren Sie im Moment genau, daß ich das Buch nicht nur geschrieben habe, um Ihnen dabei zu helfen, einige entscheidende Erkenntnisse zu gewinnen. Genausowenig lag es in meiner Absicht, Ihnen lediglich einige kurzweilige Geschichten zu erzählen oder ein paar interessante Informationen zu vermitteln, die Sie dazu benutzen können, schrittweise an Ihrer persönlichen Weiterentwicklung zu arbeiten. Dieses Buch — und mein ganzes Leben — dient dem Zweck, Ihre Lebensqualität merklich und meßbar zu verbessern.

Das gelingt Ihnen nur, wenn Sie ein neues, tatkräftiges Handlungsmuster entwickeln. Der wirkliche Wert, den neue Strategie oder Fähigkeit hat, steht in direktem Verhältnis zu der Häufigkeit, mit der sie eingesetzt wird. Zu verstehen, was man tun sollte, ist nicht genug: Man muß tun, worauf man sich versteht. Dieses Kapitel soll Ihnen dabei helfen, sich auf persönliche Bestleistungen zu programmieren, die Muster der Konzentration auf ein bestimmtes Ziel zu schaffen, die dazu beitragen, sich selbst und andere nachhaltig zu beeinflussen.

Um unsere Lebensqualität zu verbessern, müssen wir jedoch eines erkennen: *Die Denkmuster, die uns an den Punkt gebracht haben, an dem wir heute stehen, werden uns nicht dorthin bringen, wo wir gerne sein möchten.* Eine der größten Herausforderungen, vor die sich meiner Meinung nach sowohl Menschen als auch Unternehmen gestellt sehen, ist der

Widerstand gegen Veränderungen (die doch in Wirklichkeit ihr stärkster Verbündeter sind). Gerechtfertigt wird diese Abwehrhaltung mit dem Hinweis, daß man seinen Erfolg schließlich eben jenen Verhaltensweisen verdanke, die man seit Jahr und Tag praktiziert habe. Daran läßt sich nicht rütteln, *doch um eine neue Ebene des persönlichen und beruflichen Erfolgs zu erreichen, ist eine neue gedankliche Ebene erforderlich.*

Deshalb müssen wir ein für allemal die Barrieren unserer Angst durchbrechen und unsere Gedanken bewußt auf ein bestimmtes Ziel lenken. Es gilt, das alte Muster ein für allemal zu unterbrechen, das uns zwingt, uns von den Problemen des Augenblicks versklaven zu lassen. Statt dessen müssen wir es ein Leben lang als innere Verpflichtung betrachten, uns auf die Lösungen zu konzentrieren und den Prozeß zu genießen. In diesem Buch haben Sie eine Reihe wirkungsvoller Mittel und Strategien kennengelernt, die Ihr Leben bereichern, erfüllter, reizvoller und aufregender machen. Aber wenn Sie diese nicht in die Praxis umsetzen, dann ist es so, als würden Sie einen neuen Computer kaufen und ihn nie aus der Verpackung herausnehmen, oder sich einen Ferrari zulegen, den Sie dann nur in der Auffahrt stehenlassen, als Staub- und Schmutzfänger.

Deshalb werde ich Sie nun in einen einfachen Plan einweihen, der Ihnen dabei hilft, Ihre alten Denk-, Gefühls- und Verhaltensmuster abzulegen und sich auf neue, konstruktivere Alternativen zu konditionieren, die beständig und fest verankert sind.

Vor Jahren waren Frustration und Wut bei mir an der Tagesordnung. Überall, wohin ich blickte, schienen sich Probleme aufzutürmen. Damals stand positives Denken nicht weit oben auf meiner Problemlösungsliste. Schließlich hielt ich mich für intelligent, und intelligente Menschen sehen keinen Sinn in der „Schönfärberei". In meinem Umkreis gab es viele, die mich in meiner Auffassung unterstützten (und die über ihr Leben genauso frustriert waren wie ich!).

In Wirklichkeit war ich damals unglaublich negativ eingestellt und sah die Situation schlimmer, als sie eigentlich war. Ich benutzte meinen Pessimismus wie einen Schild. Er war Ausdruck meines halbherzigen Versuchs, mich selbst vor der schmerzlichen Erkenntnis zu schützen, daß sich meine Erwartungen zerschlagen hatten. Aber dieses Einstellungsmuster, das ich mir zu eigen gemacht hatte, diese Barriere, die den Schmerz von mir fernhielt, verwehrte mir auch die Freude am Leben. Sie blockierte meine Fähigkeit, Lösungen zu finden, und schloß mich in die Grabkammer des emotionalen Todes ein, in der man nie zuviel Schmerz oder Freude empfindet, und in der man das begrenzte Repertoire an Verhaltensweisen mit der Erklärung rechtfertigt, sie wären „realistisch".

In Wirklichkeit erfordert das Leben ein ständiges Ausbalancieren. Wenn wir uns weigern, das Unkraut zur Kenntnis zu nehmen, das in unserem Garten Wurzeln schlägt, dann wird diese Selbsttäuschung zerstörende Auswirkungen zeitigen. Genauso selbstzerstörerische Tendenzen zeigen diejenigen, die ständig in Angst leben, weil sie sich vorstellen, der Garten werde bald überwuchert und unter unausrottbarem Unkraut erstickt sein. Ein Mensch, der echte Führungsqualitäten besitzt, wählt den goldenen Mittelweg. Er sieht das Unkraut und ergreift Maßnahmen, um es zu entfernen.

Wir müssen keine negativen Gefühle gegenüber Unkraut und Problemen entwickeln. Sie sind Bestandteil des Lebens. Wir sollten sie offenen Auges zur Kenntnis nehmen, als solche akzeptieren, uns auf die Lösung konzentrieren und sofort Maßnahmen ergreifen, um ihrem Einfluß auf unser Leben ein Ende zu setzen. Vorzugeben, daß überhaupt keine Probleme vorhanden sind, ändert nichts an der Lage, in der wir uns befinden. Ebensowenig nützt es, deswegen in Wut zu geraten oder uns durch Angstgefühle lähmen zu lassen. Daß sie ständig versuchen, sich in den Garten des Lebens einzuschleichen, ist eine Tatsache. Rotten Sie diese Probleme einfach mit Stumpf und Stiel aus. Und Sie sollten an diese Aufgabe spielerisch oder mit Freude herangehen, weil Sie sonst für den Rest Ihres Lebens unter Streß stehen. Eines kann ich Ihnen nämlich garantieren: Das „Unkraut" wird immer wieder nachwachsen. Und wenn Sie sich nicht jedesmal, wenn Probleme auftauchen, darauf beschränken wollen, zu reagieren statt zu agieren, dann sollten Sie sich daran erinnern, daß Probleme ein wichtiges Element des Lebens sind. Sie sorgen dafür, daß Sie Ihren Schwung, Ihre innere Kraft und Ihre Wachsamkeit beibehalten. Nur so können Sie die notwendigen Schritte einleiten, damit Ihr Garten des Lebens auch weiterhin wächst und gedeiht.

Nach derselben Methode müssen wir den Garten unserer Gedanken von Unkraut befreien. Wir sollten imstande sein zu merken, wann wir negative Denkmuster entwickeln — uns deswegen aber nicht mit Selbstvorwürfen quälen oder in Trübsinn verfallen, sondern diese Muster einfach durchbrechen, sobald wir sie entdecken, und statt dessen die neue Saat des mentalen, emotionalen, physischen, finanziellen, spirituellen und beruflichen Erfolges säen. Wie gelingt uns das? Indem wir uns wieder die einzelnen Schritte der Neuroassoziativen Konditionierung ins Gedächtnis rufen, die in Kapitel 6 beschrieben sind.

Sie müssen entscheiden, was Sie wirklich wollen. Wenn Sie bestrebt sind, Leidenschaft, Freude und das Gefühl zu empfinden, ein selbstbestimmtes Leben zu führen — woran Ihnen offensichtlich etwas liegt —, dann sollten Sie wissen, was Sie erreichen möchten.

Sie müssen inneren Druck aufbauen. Wäre es nicht eine ungeheure Zeitverschwendung, wenn Sie das Buch zu Ende läsen und sich nicht innerlich verpflichtet fühlten, Ihr Leben von Grund auf neu zu gestalten? Und was würden Sie im Gegensatz dazu empfinden, wenn Sie das Gelernte wirklich anwenden und ab sofort die Kontrolle über Ihre Gedanken, Ihren Körper, Ihre Emotionen, Finanzen und zwischenmenschlichen Beziehungen übernehmen? Lassen Sie sich durch Ihr Bestreben, schmerzhafte Erfahrungen zu vermeiden und intensive Freude zu erleben, zu den erforderlichen Veränderungen motivieren, die eine Verbesserung Ihrer Lebensqualität bewirken. Um das zu erreichen, müssen Sie das einengende Muster abrupt unterbrechen. Das gelingt am einfachsten, wenn Sie sich einer *„Mentalen Diät"* unterziehen, das heißt, innerhalb einer vorgegebenen Zeitspanne Ihre Gedanken bewußt steuern. Eine mentale Diät ist eine gute Gelegenheit, die negativen und destruktiven Denk- und Gefühlsmuster auszumerzen, die unweigerlich entstehen, wenn man ein emotional reaktives und mental undiszipliniertes Leben führt. Ich selbst habe mich einer solchen mentalen Läuterung unterzogen und festgestellt, daß dieses Verfahren nachhaltig wirkt und von unschätzbarem Wert ist.

Diese Idee fand ich zufällig in einer dünnen Broschüre von Emmet Fox: In *The Seven-Day Mental Diet* hat er beschrieben, wie wichtig es ist, sieben Tage ohne einen einzigen negativen Gedanken zu verbringen. Der Einfall erschien mir so absurd, so lächerlich simpel, daß ich das gesamte Konzept zunächst für reine Zeitverschwendung hielt. Aber als er die Vorschriften dieser Diät zur Reinigung der mentalen Kräfte schilderte, erkannte ich, daß sie schwieriger sein könnte, als ich zunächst gedacht hatte. Die Herausforderung reizte mich, und die Endergebnisse versetzten mich in Erstaunen. Ich möchte diese Herausforderung, die Emmet Fox 1935 schuf, erweitern und in das Instrumentarium der Veränderungen integrieren, die Sie heute einleiten sollten.

Ihnen bietet sich nun die Chance, alles in die Praxis umzusetzen, was Sie in den bisherigen Kapiteln gelernt haben. Ich fordere Sie daher auf: *Beginnen Sie unverzüglich, Ihre mentalen und emotionalen Kräfte bewußt zu steuern, indem Sie jetzt die Entscheidung treffen, zehn Tage hintereinander keine unproduktiven Gedanken oder Gefühle aufkommen zu lassen oder darin zu schwelgen.*

Das klingt einfach, oder? Und ich bin sicher, es könnte einfach sein. Aber viele, die sich auf diese Radikalkur einlassen, stellen erstaunt fest, wie oft sich ihr Gehirn mit fruchtlosen, von Angst und Sorge bestimmten oder destruktiven Gedanken befaßt.

Warum verfallen wir immer wieder in Denk- und Gefühlsmuster, die unnötigen Streß in unserem Leben erzeugen? Die Antwort lautet: Wir sind der Überzeugung, daß uns das weiterbringt! Das Leben vieler Menschen ist von stetiger Sorge gekennzeichnet. Um diesen Zustand zu erreichen, malen sie sich immer wieder die schlimmstmögliche Situation aus. Sie glauben, daß sie dadurch motiviert werden, etwas zu unternehmen, zu handeln. In Wirklichkeit versetzen sie sich durch diese Besorgnis in eine außerordentlich unproduktive emotionale Verfassung. Normalerweise finden sie dann nicht mehr die Kraft, Abhilfe zu schaffen, sondern neigen vielmehr dazu, sich von Frustration und Angst lähmen zu lassen.

Sie können diesen Angstzustand mit Hilfe der einfachsten in diesem

Buch beschriebenen Mittel ändern, indem Sie sich unverzüglich auf die *Lösung des Problems konzentrieren.* Sie können sich selbst eine bessere Frage stellen, zum Beispiel: „Was muß ich jetzt tun, um eine Wende zum Besseren herbeizuführen?" Oder Sie ändern die Begriffe, mit denen Sie für gewöhnlich Ihre derzeitigen Empfindungen beschreiben, und benutzen statt „besorgt" „ein wenig beunruhigt".

Wenn Sie sich auf mein Zehn-Tage-Programm einlassen, dann beschließen Sie im wesentlichen, sich in einen leidenschaftlichen, positiven Zustand zu versetzen und daran festzuhalten, gleichgültig, was auch geschehen mag. Das bedeutet, daß Sie jedesmal, wenn Sie sich in einer unproduktiven emotionalen Verfassung befinden, Ihre Physiologie verändern oder sich auf einen produktiven Zustand konzentrieren, ungeachtet ihrer momentanen Wünsche. Wenn Sie beispielsweise merken, daß Ihnen jemand übel mitgespielt hat und Sie darüber in Wut geraten, müssen Sie sofort beschließen, Ihren emotionalen Zustand zu verändern und zehn Tage hintereinander an diesem Vorsatz festhalten.

Denken Sie daran, daß Ihnen zahllose Strategien zur Verfügung stehen, um Ihren Gefühlszustand zu verändern. Stellen Sie sich beispielsweise die konstruktivere Frage: „Was kann ich daraus lernen?" „Was ist an dieser Situation positiv, und was verbesserungsbedürftig?" Diese Fragen bewirken, daß Sie sich in einen konstruktiveren Zustand versetzen, statt sich immer wieder im gewohnten Teufelskreis aus wachsender Wut und Frustration zu drehen. Wie viele andere Möglichkeiten hätten Sie, um Ihren Zustand zu ändern, wenn Sie wirklich wollten?

Unser Ziel besteht nicht darin, die Probleme im Leben zu ignorieren, sondern uns selbst in einen vorteilhafteren mentalen und emotionalen Zustand zu versetzen, in dem wir nicht nur Lösungen finden, sondern sie auch in Handlung umsetzen. Wenn wir uns ausschließlich auf Umstände konzentrieren, die sich unserer Einflußnahme entziehen, bleibt unser Energiepotential ständig ungenutzt.

Als ich das erste Mal in Betracht zog, die Mentaldiät von Fox auszuprobieren, glaubte ich, die positiven Gedanken und Emotionen würden mir nur Nachteile bringen. Schließlich hatte ich früher ja auch eine positive Einstellung gehabt, und meine Erwartungen waren nicht erfüllt worden. Am Ende stellte ich jedoch fest, daß ich mein Leben durch die Veränderung meiner Perspektive besser in den Griff bekam und den problemfixierten Zustand vermeiden konnte, indem ich mich sofort auf Lösungen konzentrierte. Auf meiner Suche nach Antworten, die meinem innersten Wesen entsprangen, wurde ich sofort fündig, wenn ich mich in einer produktiveren Verfassung befand.

Alle großartigen, erfolgreichen Menschen haben die Fähigkeit, sich inmitten emotionaler „Stürme" auf ihre Mitte zu besinnen, klar zu denken und kraftvoll zu handeln. Die meisten halten sich an eine grundlegende Regel: *Vergeude im Leben nie mehr als zehn Prozent deiner Zeit mit ei-*

nem Problem; verwende mindestens 90 Prozent auf die Lösung. Und, wichtiger noch: Brüte nicht über Kleinkram … und vergiß nicht, alles ist Kleinkram!

Wenn Sie sich für mein Zehn-Tage-Programm entscheiden — und ich schätze, das werden Sie —, dann sollten Sie sich klarmachen, daß Sie in den nächsten zehn Tagen 100 Prozent Ihrer Zeit mit der Suche nach Lösungen verbringen werden, und keine Sekunde damit, über das Problem nachzugrübeln.

Aber wird das Problem dadurch nicht noch schlimmer? „Wenn ich mir wegen meiner Probleme keine Sorgen mache, geraten sie dann nicht völlig außer Kontrolle?" Wenn Sie sich zehn Tage lang darauf konzentrieren, welche Lösungen sich anbieten, was in Ihrem Leben positiv ist, was sich bewährt hat und wie gut es Ihnen eigentlich geht, dann gewinnen Sie durch diese neuen Denkmuster soviel innere Stärke, daß Ihre Probleme vielleicht nichtig erscheinen. Sie haben eine neue Identität angenommen und sind zu einem lebensfrohen Menschen geworden, den nichts aufzuhalten vermag.

Das Zehn-Tage-Programm: Die Spielregeln

Regel 1: Weigern Sie sich in den nächsten zehn aufeinanderfolgenden Tagen, sich irgendwelchen unproduktiven Gedanken oder Gefühlen hinzugeben. Verzichten Sie bewußt auf lähmende Fragen, Vokabeln und Metaphern.

Regel 2: Wenn Sie sich selbst dabei ertappen, daß Sie sich auf die negativen Aspekte zu konzentrieren beginnen — und das wird nicht ausbleiben —, wenden Sie unverzüglich die in diesem Buch beschriebenen Techniken an, um Ihre Aufmerksamkeit wieder auf einen positiveren emotionalen Zustand zu richten. Benutzen Sie vor allem die Problemlösungsfragen als ersten Ansatzpunkt. Ein Beispiel: „Was ist daran positiv? Was ließe sich verbessern?" Die letzte Frage setzt die Einstellung voraus, daß sich jede Situation verbessern läßt. Damit ändert sich Ihre Verfassung. Sie ignorieren das Problem nicht, aber Sie bleiben in einem konstruktiven Zustand, während Sie ergründen, was einer Änderung bedarf.

Außerdem sollten Sie sich in den folgenden zehn Tagen jeden Morgen auf Erfolg programmieren, indem Sie sich die Fragen für das morgendliche Mentaltraining stellen. Das können Sie tun, während Sie noch im Bett liegen oder unter der Dusche stehen; aber vergewissern Sie sich, daß Sie diese Übung als erste Handlung des Tages absolvieren. Damit steuern Sie schon nach dem Aufwachen den Kurs an, konstruktive Denk- und Gefühlsmuster zu entwickeln. Stellen Sie sich am Abend die Fragen für das abendliche Mentaltraining oder solche, die Sie Ihrer Meinung nach in einen erstrebenswerten Zustand versetzen, bevor Sie einschlafen.

Regel 3: Vergewissern Sie sich in den folgenden zehn Tagen, daß Sie sich nicht auf die Probleme in Ihrem Leben, sondern ausschließlich auf die Lösungen konzentrieren. Sobald Sie sich einer Herausforderung gegenübersehen, richten Sie Ihre ganze Aufmerksamkeit auf die Suche nach einer Möglichkeit, sie zu bewältigen.

Regel 4: Falls Sie rückfällig werden — das heißt, sich wieder bei destruktiven Gedanken oder Gefühlen erwischen —, quälen Sie sich nicht mit Selbstvorwürfen. Sie sollten diese Schlappe nicht überbewerten, solange Sie sich vornehmen, Ihren Zustand sofort zu ändern. Falls Sie aber weiterhin ziemlich lange an destruktiven Gedanken und Gefühlen festhalten, dann warten Sie bis zum nächsten Morgen und fangen noch einmal mit dem Zehn-Tage-Programm an. Das Ziel besteht darin, an zehn aufeinanderfolgenden Tagen alle negativen Gedanken oder Gefühle auszulöschen. Sie müssen wieder beim Nullpunkt beginnen, gleichgültig, an wieviel Tagen hintereinander Sie die Aufgabe bereits bewältigt haben.

Vielleicht fragen Sie sich jetzt: „Wie lange kann ich mich mit den negativen Aspekten einer Situation auseinandersetzen, bevor man von ‚sich hingeben' sprechen kann?" Für mich erfüllt schon eine Minute, in der wir uns stetig auf die Schattenseiten des Lebens konzentrieren und unsere Gefühle daran festmachen, den Tatbestand der „Hingabe". Eine Minute ist mehr als genug Zeit, um uns zu fangen und eine Veränderung herbeizuführen. Unser Ziel besteht darin, den Anfängen zu wehren. Sicher wissen Sie innerhalb von zwanzig bis vierzig Sekunden, ob Sie etwas als negativ ansehen.

An Ihrer Stelle gäbe ich mir höchstens zwei Minuten, um die Herausforderung zu erkennen und meine Verfassung zu verändern. Diese Zeitspanne reicht allemal aus, um festzustellen, daß man sich in einem negativen Zustand befindet. Durchbrechen Sie dieses Muster. Sie sollen lernen, Ihre Gefühle schneller in positive Bahnen zu lenken. Das Ziel ist, einzugreifen, bevor man überhaupt in eine negative Verfassung gerät.

Als ich diese Übung zum erstenmal machte und am dritten Tag angelangt war, wurde ich aus irgendeinem Grund sauer und wütend. Fünf Minuten lang dauerten diese negativen Gefühle an, bevor ich merkte, was da passierte. Ich mußte noch einmal ganz von vorne beginnen. Beim zweiten Versuch sah ich mich am sechsten Tag vor eine große Herausforderung gestellt, aber zu diesem Zeitpunkt war ich fest entschlossen, durchzuhalten. Ich hatte keine Lust, wieder am Nullpunkt anzufangen!

Deshalb konzentrierte ich mich schnurstracks auf die Lösung. Der Vorteil lag nicht nur darin, daß ich meine „Diät" durchhalten konnte, sondern auch darin, daß ich ein ungeheuer kraftspendendes, positives Gefühlsmuster konditioniert hatte. Es blieb mir ein Leben lang erhalten — selbst dann, wenn sich die Herausforderungen rings um mich anhäuften. Ich kann mich auf die Suche nach Lösungen zu konzentrieren.

Sie haben vermutlich bemerkt, daß ich es vorziehe, von „Herausforderungen" statt von „Problemen" zu sprechen. Ich halte mich nie lange damit auf, über eine knifflige Situation nachzugrübeln, sondern denke postwendend darüber nach, wie ich diese Herausforderung in eine Chance verwandeln kann.

Sie beschließen vielleicht, nicht nur ihre Gedanken, sondern auch Ihren Körper auf Vordermann zu bringen. In meinem Buch *Grenzenlose Energie* habe ich ein zehntägiges Gesundheitstraining beschrieben, das in Verbindung mit dem zehntägigen Mentaltraining nachhaltige Ergebnisse zeitigt und Ihr Lebensqualität in nur zehn Tagen merklich verbessert.

Wenn Sie sich dieser mentalen Herausforderung stellen, gönnen Sie sich eine Pause von Ihren einengenden Gewohnheiten und stärken Ihre inneren Kräfte. Sie übermitteln Ihrem Gehirn eine ganz neue Botschaft und programmieren neue Ergebnisse. *Sie verlangen kraftspendende Emotionen, bereichernde Gedanken und inspirierende Fragestellungen.*

Mit einer klar umrissenen Idee, die Sie aus alten, eingefahrenen Geleisen herausführt (unterstützt durch die schmerzvollen Gedanken, eventuell wieder von vorne beginnen zu müssen), geben Sie Ihrem Gehirn starke Signale, nach besseren Optionen zu suchen. Wenn Sie höhere Ansprüche an Ihre Gedanken stellen, bemerken Sie plötzlich den „Müll" und die destruktiven Muster, die Sie bisher blind oder aus Trägheit akzeptiert haben. Infolgedessen wird es Ihnen schwerfallen, jemals wieder in die alten Denk- und Verhaltensweisen zurückzufallen.

Ein Wort der Vorsicht ist geboten: *Beginnen Sie erst dann mit dem Zehn-Tage-Programm, wenn Sie absolut sicher sind, daß Sie sich bis zum Ende an die Regeln halten.* Wenn Sie sich nicht von Anfang an motiviert fühlen, werden Sie die zehn Tage nicht durchstehen. Das ist keine Herausforderung für labile Menschen. Sie läßt sich nur dann bewältigen, wenn Sie wirklich fest entschlossen sind, Ihr autonomes Nervensystem auf neue, kraftspendende Gefühlsmuster zu konditionieren, die Ihrem Leben eine tiefere Dimension geben. Diese zehn Tage werden dazu beitragen, daß Sie sich mit Hilfe der Neuroassoziativen Konditionierung auf den Erfolg programmieren. Sie werden sich neue Fragen stellen, das Transformatorische Vokabular und stärkende globale Metaphern benutzen, und Ihre Konzentration und Physiologie auf Anhieb verändern können.

Machen wir uns doch nichts vor: Wir alle haben unsere schlechten Gewohnheiten. Sollten Sie übergewichtig sein, können Sie vielleicht Schokoladeneis oder Pizzas nicht widerstehen. Wenn Sie beschließen, eine

Schlankheitsdiät zu machen, sagen Sie sich: „Mir reicht's. Ich muß endgültig einen Trennstrich ziehen." Sie stellen höhere Ansprüche an sich selbst und entwickeln größere Selbstachtung, die infolge einer einzigen, unscheinbaren, disziplinierten Handlung entsteht. Aber wir haben auch unsere mentalen Schwächen. Manche Leute bemitleiden sich selbst. Andere geraten leicht in Wut und schaden damit ihren eigenen Interessen. Und wieder andere versäumen es, sich auf die Dinge zu konzentrieren, die Aufmerksamkeit erfordern. Deshalb stelle ich Sie vor die Herausforderung, selbst zu entscheiden, ob Sie bereit sind, zehn Tage lang auf jede Hingabe an destruktive mentale Gewohnheiten zu verzichten.

Eigentlich stehen dem nur drei Hemmnisse entgegen: Erstens, die eigene Trägheit. Viele Leute wissen, was sie tun sollten, können sich aber nicht dazu aufraffen. Ihnen ist klar, daß sie mehr aus ihrem Leben machen könnten, und doch hocken sie stundenlang vor der Mattscheibe, stopfen minderwertige Nahrung in sich hinein und berauben Körper und Geist des Zündstoffs, der den Prozeß persönlichen Wachstums in Gang setzt.

Das zweite Hindernis ist die Angst. *Oft ist die Sicherheit einer mittelmäßigen Gegenwart angenehmer als das Wagnis, in Zukunft mehr aus sich zu machen.* Und so fragen sich viele Leute am Ende ihres Lebens, was alles hätte sein können. Verfallen Sie nicht in diesen Fehler.

Das dritte Problem ist die Gewohnheit. Wir haben bestimmte emotionale Muster entwickelt und stecken in dieser Routine fest. Wie ein Flugzeug, das auf Autopilot geschaltet ist, gräbt unser Gehirn immer wieder dieselben alten Reaktionen aus. Wir sehen uns einem Hindernis gegenüber und fixieren unsere Aufmerksamkeit nicht auf die Lösung, sondern vielmehr auf das Problem. Wir müssen einen Rückschlag hinnehmen und bemitleiden uns, anstatt aus dieser unliebsamen Erfahrung zu lernen. Uns unterläuft ein Fehler, den wir als unheilvollen Fingerzeig auf all die Dinge betrachten, die wir nicht können, statt zu lernen, wie man es beim nächsten Mal besser macht. *Diese Übung bietet Ihnen die Möglichkeit, alle drei Hindernisse zu überwinden und Veränderungen herbeizuführen,* deren Vorteile sich im Lauf der Zeit vervielfachen können. Sie haben damit die Chance, das *CANI!*-Prinzip fest in sich zu verankern.

Das Zehn-Tage-Programm ist keine leichte Übung. Wenn Sie sich angewöhnt haben, sich ständig selbst zu bemitleiden, wird es Ihnen nicht leicht fallen, damit aufzuhören. Wenn Sie sich dauernd finanziell unter Druck fühlen, wird sich an Ihrer Zwangslage nichts ändern, solange Angst Ihr Handeln bestimmt. Wenn Sie Ihre Frau oder Ihren Mann für alles verantwortlich machen, was in Ihrem Leben schiefgeht, ist es einfach, auch weiterhin nach einem Sündenbock zu suchen. Wenn Sie Ihre Unsicherheit hinter der Maske der Wut verbergen, in Schuldgefühlen baden, alle Probleme Ihrem Aussehen, Ihrem finanziellen Engpaß oder Ihrem Elternhaus anlasten, dann wird es ein hartes Stück Arbeit sein, sich zu ändern. *Aber Sie verfügen bereits über zahlreiche Instrumente, mit de-*

nen sich Ihre Lebensqualität verbessern läßt. Ich fordere Sie auf, sie auch zu benutzen.

Glauben Sie mir, die Kraft, die in dieser kleinen Übung steckt, ist verblüffend. Wenn Sie sich ihrer bedienen, wird sie vier Dinge zu Ihren Gunsten bewirken. *Erstens:* Sie werden sich urplötzlich aller gewohnheitsmäßigen Denkmuster bewußt, die Sie davon abhalten, an sich zu arbeiten. *Zweitens:* Ihr Gehirn wird nach neuen, kraftvollen Alternativen suchen. *Drittens:* Ihr Selbstvertrauen wird sprunghaft wachsen, sobald Sie sehen, daß Sie wirklich imstande sind, eine *Wende in Ihrem Leben herbeizuführen.* Und *viertens,* und das ist der wichtigste Punkt: Sie werden *neue Gewohnheiten, neue Maßstäbe und neue Erwartungen* entwickeln, die Sie weiterbringen, als Sie es sich je erträumt hätten.

Erfolg ist ein Prozeß, der sich schrittweise vollzieht. Er ist das Ergebnis einer Reihe von Maßnahmen; sie ebnen einem Muster den Weg, das keiner ständigen Willenskraft oder Anstrengung bedarf. Wie ein Güterzug Fahrt aufnimmt, so wird auch diese Übung, die Sie bewußt auf das richtige Handeln konditioniert, die einengende Denk-, Verhaltens- und Gefühlsmuster ausmerzt und neue, beflügelnde verankert, Ihnen ungeahnte Kraft verleihen.

Die gute Neuigkeit ist, daß Sie — im Gegensatz zu einer Diät, bei der Sie ständig unter Hunger leiden und schließlich doch wieder rückfällig werden — nie wieder in Ihre alten, negativen Denkmuster zurückfallen müssen. Die Übung wird letztlich länger als zehn Tage dauern. Sie ist eine gute Gelegenheit, sich für den Rest Ihres Lebens an einen positiven Blickwinkel zu „gewöhnen“. Falls Sie zehn Tage lang ihre negativen Denkmuster verbannt und dann immer noch Lust haben, wieder zum alten Trott zurückkehren, bitte sehr! Sie werden allerdings feststellen, daß Sie diese abstoßend finden, nachdem Sie ein mental kraftvolles, energievolles Leben geführt haben. Sollten Sie merken, daß Sie vom Weg abweichen, dann kennen Sie die Mittel, um sich selbst sofort wieder auf den anspruchsvollen Kurs zu trimmen.

Denken Sie daran, es liegt allein bei Ihnen, ob das Zehn-Tage-Programm Erfolg zeitigt. Nur Sie können den unbeirrbaren Entschluß fassen, die Regeln zu befolgen. Vielleicht wollen Sie darüber hinaus noch inneren Druck aufbauen, um sicherzugehen, daß Sie bei der Stange bleiben. Ein solcher zusätzlicher Anreiz könnte darin bestehen, daß Sie Ihren Beschluß Freunden verkünden oder einen Partner finden, der das Programm mit Ihnen gemeinsam absolvieren möchte. Außerdem wäre es ideal, wenn Sie während dieser Zeit ein Tagebuch schrieben, in dem Sie jeden Tag vermerken, welche Erfahrungen Sie gemacht und wie erfolgreich Sie Herausforderungen bewältigt haben. Diese Eintragungen könnten später für Sie eine wertvolle Gedächtnisstütze sein.

Eines der wichtigsten Werkzeuge der Veränderung besteht darin, das alte Denkmuster nicht nur abrupt zu unterbrechen, sondern es auch durch ein neues zu ersetzen. Sie beschließen vielleicht, etwas zu tun, was ich im Lauf meines Lebens fortwährend getan habe: eine Leseratte zu werden.

Wissen ist Macht

Vor Jahren hat Jim Rohn, einer meiner Lehrer, mir beigebracht, daß Lesen wichtiger sein kann als Essen, wenn es sich um eine Lektüre handelt, die gehaltvoll, wertvoll und kraftspendend ist, die jeden Tag neue Erkenntnisse bietet. Er hat mir die Idee schmackhaft gemacht, täglich mindestens dreißig Minuten lang zu lesen. Lesen gehört inzwischen zu den wichtigsten Dingen in meinem Leben. Während Sie also Ihre alten Gewohnheiten ablegen, möchten Sie diesen Prozeß vielleicht dadurch unterstützen, daß Sie etwas Neues lesen. Und Sie haben noch etliche Seiten vor sich, die Ihnen wertvolle Informationen und Strategien bieten, auf die Sie während des Zehn-Tage-Programms zurückgreifen können.

In diesem Buch haben Sie erfahren, welche Macht echten Entscheidungen innewohnt. Sie sind an einem kritischen Punkt unserer gemeinsamen Reise angelangt. Sie haben eine breite Palette grundlegender Strategien kennengelernt und Erkenntnisse gewonnen, mit deren Hilfe Sie Ihr Leben nun nachhaltig und auf positive Weise verändern können. Deshalb frage ich Sie nun: *Haben Sie die Entscheidung getroffen, sie in die Praxis umzusetzen?* Sind Sie es nicht sich selber schuldig, das Beste aus dem zu machen, was dieses Buch Ihnen zu bieten hat? Das ist einer der wichtigsten Wege, ein Vorhaben zu realisieren. Treffen Sie jetzt die unwiderrufliche Entscheidung, genau das Leben zu führen, von dem Sie einst geträumt haben.

Dieses Kapitel ist eine persönliche Herausforderung, vor die ich Sie stelle. Es ist aber auch eine Chance und eine Aufforderung, mehr aus sich zu machen als andere je erwartet hätten, und den Lohn dieses Engangements zu ernten. Es ist an der Zeit, das Gelernte in die Praxis umzusetzen. Aber es ist auch an der Zeit, zu entscheiden, ob Sie gewillt sind, einige einfache und wirksame Verbesserungen in Ihrem Leben vorzunehmen. Ich weiß, daß Sie sich genau das wünschen. Wenn Sie Beweise dafür brauchen, daß Sie dazu imstande sind, dann wird dieses Kapitel Sie Ihnen liefern — sofern Sie die Bereitschaft mitbringen, sich voll auf das Programm einzulassen.

Jetzt haben Sie den Punkt erreicht, an dem Sie für das nächste Kapitel gerüstet sind. Sie kennen die grundlegenden Instrumente, die Ihnen gestatten, Ihr Leben durch echte Entscheidungen eigenständig zu gestalten. Nun wollen wir uns der zentralen Schaltstelle zuwenden, mit deren Hilfe Sie jede Entscheidung zu steuern vermögen.

TEIL II

Selbstbestimmung – Ihr internes Steuersystem

14

Ihr internes Steuersystem

„Grundlegend, mein lieber Watson ...“

SIR ARTHUR CONAN DOYLE
möge mir vergeben

Was ich bei meiner Arbeit am meisten liebe, ist die Möglichkeit, das Rätsel menschlichen Verhaltens zu ergründen und dabei Lösungen zu entwickeln, mit denen sich die Lebensqualität wirklich verbessern läßt. Ich finde es faszinierend, unter der Oberfläche zu bohren und die Gründe für das Verhalten eines Menschen, seine Grundprinzipien, Fragen, Metaphern, Referenzerlebnisse und Werthaltungen zu entdecken. Da meine Stärke in der Fähigkeit liegt, in kürzester Zeit meßbare Ergebnisse hervorzubringen, habe ich notgedrungen gelernt, umgehend zentrale Ansatzpunkte auszumachen und von hier aus mit Hilfe von innerem Druck Veränderungen zu erleichtern. Jeden Tag spiele ich Sherlock Holmes und spüre winzigen Einzelheiten nach, um das Puzzle-Spiel der einzigartigen Erfahrungen zusammenzusetzen, über die jeder Mensch individuell verfügt. Es gibt bestimmte Anhaltspunkte, die sicheren Aufschluß über das menschliche Verhalten geben und die genauso offenkundige Indizien sind wie eine rauchende Pistolenmündung.

Manchmal sind diese Hinweise subtiler, und es bedarf tiefschürfenderer Nachforschungen, um sie zu entdecken. Doch so unterschiedlich die menschlichen Verhaltensweisen auch sein mögen, sie lassen sich letztlich doch auf einen gemeinsamen Nenner zurückführen, ein immer wiederkehrendes Muster, bestehend aus bestimmten Schlüsselelementen. Wenn wir diese Ordnungsprinzipien kennen, dann können wir nicht nur Menschen zu positiven Veränderungen motivieren, sondern auch begreifen, warum sie so handeln, wie sie handeln.

Das Steuersystem, das alle menschlichen Verhaltensweisen lenkt, ist eine Wissenschaft für sich, wie die Chemie und die Physik; auch hier findet man vorhersehbare Gesetzmäßigkeiten und bestimmte Aktions- und Reaktionsmuster vor. Sie können sich dieses System — die fünf Komponenten, die bestimmen, wie Sie sämtliche Ereignisse in Ihrem Leben beurteilen oder bewerten — als eine Art periodischer Tabelle vorstellen, in der die Elemente des menschlichen Verhaltens regelmäßig wiederkehren.

Genauso, wie sich jede physische Materie auf die gleichen Elemente zurückführen läßt, kann auch der menschliche Verhaltensprozeß von jemandem, der weiß, wonach er zu suchen hat, in seine Bestandteile zerlegt werden. *Was jeden Menschen zu einem einzigartigen Wesen macht, ist die Kombination der Bausteine und die Struktur seines Steuersystems,* also die Art, wie wir von diesen Elementen Gebrauch machen. Wie in der Chemie gibt es auch hier „Gemische“, die brisant sind und explosive Ergebnisse zur Folge haben. Andere Verbindungen wirken neutralisierend, als Katalysator oder auch lähmend.

Unter dem Hagel der Ereignisse, die jeden Tag auf uns einstürmen, erkennen die meisten von uns nicht, daß wir eine persönliche Lebensphilosophie besitzen. Noch weniger sind wir uns der Macht bewußt, die sie ausübt, wenn wir den Geschehnissen eine Bedeutung beimessen. Der zweite Teil des Buches soll Ihnen dabei helfen, dieses Steuersystem der Bewertung in den Griff zu bekommen — jene Kraft, die in jeder Minute unseres Lebens entscheidet, was wir empfinden und wie wir handeln.

Wenn Sie verstanden haben, wie das Steuersystem eines Menschen beschaffen ist, können Sie auf Anhieb zum Kern seines Wesens vordringen, gleichgültig, ob es sich dabei um Ihren Lebenspartner, Ihr Kind, Ihren Chef, Ihren Geschäftspartner oder um Leute handelt, denen Sie zufällig begegnen. Ist das Wissen, was jene Menschen motiviert, die Ihnen am wichtigsten sind — einschließlich Ihrer selbst —, nicht eine der größten Gaben, die man sich nur vorstellen kann? Wäre es nicht phantastisch, sich über alle Streitereien oder Probleme, die man mit jemandem hat, hinwegsetzen und verstehen zu können, warum er oder sie eine bestimmte Verhaltensweise an den Tag legt? Und dann, ohne Wertung, in der Lage zu sein, sofort wieder den guten Kontakt zu dem Menschen herzustellen, der sich wirklich hinter der Fassade verbirgt?

Wenn Kinder reizbar werden, erinnern wir uns gewöhnlich daran, daß sie vielleicht nicht schlecht gelaunt, sondern vielmehr müde sind. In einer Ehe ist es wichtig, einen Blick hinter die alltäglichen Belastungen zu werfen, um zu sehen, wie man sich gegenseitig unterstützen und das Gefühl der Zusammengehörigkeit festigen kann, das beide Partner überhaupt zusammengebracht hat. Wenn sich Ihr Lebenspartner beruflichem Streß ausgesetzt sieht und ihrer oder seiner Frustration Luft macht, bedeutet das nicht, daß Ihre Ehe zerrüttet ist; der Gefühlsausbruch signalisiert vielmehr, daß Sie aufmerksamer sein und Ihre Konzentration darauf richten sollten, dem Menschen zur Seite zu stehen, den Sie lieben. Schließlich würden Sie den Aktienmarkt ja auch nicht auf der Grundlage eines einzigen Tages bewerten, an dem der Dow-Jones-Index gerade um zwanzig Prozentpunkte gefallen ist. Genausowenig können Sie den Charakter eines Menschen anhand eines einzigen Geschehnisses beurteilen, losgelöst aus dem Gesamtzusammenhang. *Was den Kern des Menschen ausmacht, sind nicht seine Verhaltensweisen.*

Wer Menschen verstehen will, muß ihr Steuersystem kennen. *Jeder von uns hat ein bestimmtes System oder Verfahren, mit dessen Hilfe wir die Bedeutung der Geschehnisse ermitteln und festlegen, wie wir uns in einer bestimmten Situation verhalten sollten.* Wir müssen uns immer wieder ins Gedächtnis rufen, daß jeder Mensch den Geschehnissen ein anderes Gewicht und eine ganz ureigene Bedeutung beimißt, je nach Perspektive und Konditionierung.

Stellen Sie sich vor, Sie würden Tennis spielen und nicht besonders gut aufschlagen. Aus Ihrer Sicht haben Sie den Ball verpatzt. Aus der Perspektive Ihres Gegners war der Aufschlag super — für ihn! Vom Standpunkt des Schiedsrichters aus war er weder gut noch schlecht, sondern lediglich im Feld oder „aus". Nach einer Fehlleistung beginnen viele Menschen, zu verallgemeinern und sich selbst das Wasser abzugraben. Aus „Schrecklich, dieser Aufschlag" wird „Heute gelingt mir aber auch gar nichts!" Die nächsten Aufschläge werden vermutlich ebenfalls alles andere als überwältigend sein. Dann nimmt der Zug der Verallgemeinerung Fahrt auf, und aus „Heute gelingt mir aber auch gar nichts" wird „Mein Aufschlag war noch nie berückend", „Mir fehlt der Biß beim Tennisspielen", „Ich kann überhaupt nichts richtig machen", und zum Schluß heißt es: „Ich bin ein Versager auf der ganzen Linie." In diesem Zusammenhang und in allen Einzelheiten ausgesprochen, wirken solche Schlußfolgerungen absurd; aber finden wir sie nicht in vielen Bereichen des Lebens? Wenn es uns nicht gelingt, unseren Bewertungsprozeß zu steuern, dann gerät er buchstäblich außer Kontrolle und reißt uns in den Strudel der Selbstvorwürfe, aus dem es kein Entrinnen gibt.

Ein besseres Urteilsvermögen führt zu einem besseren Leben

Wenn man erfolgreiche Persönlichkeiten in unserer Gesellschaft analysiert, stellt man immer wieder fest, daß sie eines miteinander gemein haben, und das ist ein *besseres Urteilsvermögen.* Denken Sie an Menschen, die es auf irgendeinem Gebiet zu wahrer Meisterschaft gebracht haben, sei es in der Politik, im Rechtswesen, in Kunst, Musik oder Literatur, oder auch im Rahmen zwischenmenschlicher Beziehungen, der Gesundheit oder Spiritualität. Wie sind sie auf den Gipfel dieses persönlichen Erfolgs gelangt? Wie kommt es, daß Staatsanwalt Gerry Spence fast jeden Fall gewonnen hat, mit dem er in den letzten fünfzehn Jahren befaßt war? Warum schafft es der Komiker Bill Cosby, das Publikum jedesmal in seinen Bann zu ziehen, sobald er die Bühne betritt? Warum ist Andrew Lloyd Webbers Musik so unvergleichlich, daß die Melodien aus seinen Musicals wahre „Ohrwürmer" werden?

Das alles läßt sich darauf zurückführen, daß diese Menschen auf ihrem Fachgebiet ein besseres Urteilsvermögen bewiesen haben. Spence hat gezeigt, daß er besser als andere versteht, welche Faktoren menschliche Gefühle und Entscheidungen beeinflussen. Cosby hat jahrelang Referenzerlebnisse, Glaubensprinzipien und Regeln entwickelt, die ihn befähigen, alle Geschehnisse in seinem Umfeld als Rohmaterial für seine Sketche zu benutzen. Und Webbers Genie, mit dem er komponiert, orchestriert, arrangiert und andere Elemente meisterhaft umsetzt, ermöglicht ihm, eine Musik zu schreiben, die uns tief im Innern berührt.

Nehmen Sie den Eishockeystar Wayne Gretzky von den Los Angeles Kings. Er hat mehr Tore erzielt als irgendein anderer Spieler in der Geschichte der National Hockey League. Was macht ihn so erfolgreich? Ist er der größte, stärkste oder schnellste in der amerikanischen Eishockey-Liga? Er gibt selbst zu, daß die Antwort auf alle drei Fragen nein lautet. Und doch wurde er immer als bester Torschütze der Liga betrachtet. Er sieht den Grund seiner Leistungsstärke darin, daß er immer in die Richtung läuft, die der Puck nach seiner Ansicht nehmen wird. Diese Fähigkeit, in jedem Augenblick vorauszudenken — die Geschwindigkeit des Pucks und seine Bahn, aber auch die augenblickliche Taktik und körperliche Verfassung der übrigen Spieler abzuschätzen —, gestattet es ihm, sich optimal für den Torschuß zu postieren.

Einer der besten Finanzmanager der Welt ist Sir John Templeton, federführend in der Welt des internationalen Investment, der in den letzten fünfzig Jahren beispiellose Erfolge erzielt hat. Eine Summe von 10.000 Dollar, die man 1954 in dem von ihm gegründeten Wachstumsfonds angelegt hätte, wäre heute 2,2 Millionen Dollar wert! Damit er sich persönlich mit Ihrem Portefeuille befaßt, müssen Sie mindestens über 10 Millionen Dollar verfügen; seine größten Kunden vertrauen ihm mehr als eine Milliarde Dollar an, die er für sie investiert. Was hat Templeton zu einem der erfolgreichsten Anlageberater aller Zeiten gemacht? Als ich ihm diese Frage stellte, zögerte er nicht einen Augenblick: „Meine Fähigkeit, den tatsächlichen Wert einer Investition zu beurteilen."

Wohlstand ist das Ergebnis eines gesunden Urteilsvermögens

Zu den weiteren bekannten Anlageberatern, die ich im vergangenen Jahr studiert und mir zum Vorbild genommen habe, gehören Peter Lynch, Robert Trechter und Warren Buffet. Als Entscheidungshilfe bei seinen Finanzanalysen verwendet Buffet eine sehr anschauliche Metapher, die er von seinem Freund und Mentor Ben Graham übernommen hat: „Man muß sich die Kursschwankungen lediglich als ein Auf und Ab vorstellen, das von einem bemerkenswert anpassungsfähigen Burschen mit dem Namen ‚Herr Markt‘ ausgelöst wird, Ihrem Partner im Privatkundengeschäft ... Die Preisangaben dieses Herrn sind alles andere als verläßlich. Warum? Nun, aus einem einfachen und traurigen Grund: Der arme Kerl leidet unter unheilbaren emotionalen Problemen. Manchmal fühlt er sich euphorisch, und dann sehen wir nur die vorteilhaften Auswirkungen auf den Geschäftsverlauf. Wenn er sich in dieser Hochstimmung befindet, nennt er Ihnen einen gepfefferten An- und Verkaufspreis, weil er Angst hat, daß Sie ihm seine Anteile wegschnappen und somit die zu erwartenden Gewinne schmälern. Zu anderen Zeiten befindet er sich in einem Gefühlstief und sieht nichts als Probleme, sowohl fürs Geschäft als auch für die Welt schlechthin. Bei solchen Gelegenheiten setzt er einen sehr niedrigen Preis oder Kurs fest, weil er fürchtet, daß Sie ihm Ihre Anteile aufhalsen. ... Aber wie Aschenputtel müssen Sie eine Warnung beachten, damit sich nicht alle Kostbarkeiten wieder in Staub und Asche verwandeln: *Die Aufgabe des ‚Herrn Markt‘ besteht allein darin, Ihnen zu dienen, und nicht, Ihnen gute Ratschläge zu erteilen.* Sein Geldbeutel ist für Sie wichtig, und nicht sein Wissen. Wenn er eines Tages in besonders verrückter Laune auftaucht, steht es Ihnen frei, ihn zu ignorieren oder auf sein närrisches Treiben einzugehen; es wäre jedoch katastrophal, wenn Sie seinem Einfluß zum Opfer fielen. *Wenn Sie nicht ganz sicher sind, daß Sie Ihr Handwerk weit besser verstehen und beurteilen können als ‚Herr Markt‘, dann sind Sie in diesem Spiel fehl am Platz.*“

Offenbar beurteilt Buffet seine Investitionsentscheidungen ganz anders als jene, die sich außerordentlich große Sorgen machen, wenn der Markt zusammenbricht, oder die euphorisch sind, wenn die Kurse in die Höhe schnellen. Deshalb haben seine Ergebnisse auch eine andere Qualität. *Wenn jemand in irgendeinem Lebensbereich bessere Resultate erzielt als wir, dann liegt es daran, daß er oder sie die Bedeutung bestimmter Situationen und die erforderlichen Maßnahmen besser beurteilen kann.* Auch dürfen wir nicht vergessen, daß die Wirkung unserer Bewertungen weit über Hockey und Finanzen hinausgeht. Wie Sie beispielsweise einschätzen, was Sie jeden Abend essen, das könnte Ihre Lebensdauer und Lebensqualität nachhaltig beeinflussen. Ein schlechtes Urteilsvermögen in Fragen der Kindererziehung schafft unter Umständen lebenslange Nachteile für die betroffenen Sprößlinge. Die Unfähigkeit, die Bewertungsmethoden eines anderen Menschen zu begreifen, kann eine wundervolle, harmonische Liebesbeziehung zerstören.

Das Ziel besteht also darin, alle Dinge im Leben auf eine Weise zu bewerten, die Ihnen ständig hilft, Ihre Wahl zu treffen und die gewünschten Ergebnisse hervorzubringen. Das Problem daran ist, daß wir diesen scheinbar komplexen Prozeß nur selten bewußt lenken. Ich habe indessen eine Möglichkeit gefunden, ihn zu vereinfachen, so daß wir das Ruder übernehmen und unsere eigenen Bewertungsverfahren und somit auch unser Schicksal steuern können. Im folgenden finden Sie eine kurze Übersicht mit den fünf Elementen des Bewertungsprozesses; manche kennen Sie bereits, der Rest wird Thema der nächsten Kapitel sein. Unten sehen Sie einen Pfeil, dessen Spitze auf zwei nebeneinanderliegende Ziele deutet. Dieses Diagramm zeigt, wie Ihr Bewertungssystem funktioniert. Die fünf Elemente werden einzeln erläutert und dem Diagramm nach und nach hinzugefügt.

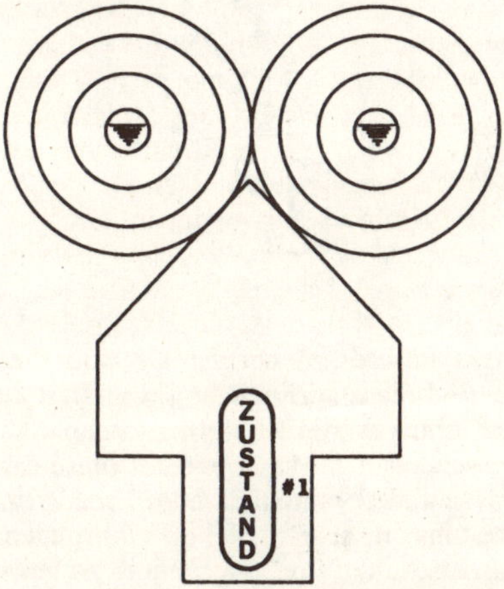

Das erste Element, das alle unsere Bewertungen beeinflußt, ist der mentale und emotionale *Zustand,* in dem Sie sich gerade befinden. Es gibt Zeiten im Leben, da eine bestimmte Bemerkung eines anderen Sie in Tränen ausbrechen läßt, während die gleiche Bemerkung Sie ein anderes Mal zum Lachen bringt. Worin besteht der Unterschied? Vielleicht liegt es einfach an der Verfassung, in der Sie gerade sind. Wenn Sie sich ängstlich und schutzlos fühlen, dann hat ein knirschender Fußtritt vor Ihrem Fenster mitten in der Nacht, zusammen mit dem Knarren einer sich öffnenden Tür eine ganz andere Bedeutung und andere Gefühle zur Folge als in einem Augenblick, in dem Sie sich im Zustand freudiger Erregung oder Erwartung befinden. Ob Sie unter dem Laken zittern oder aus dem Bett springen, um mit offenen Armen zur Tür zu laufen, hängt davon ab, welche Bedeutung Sie diesen Geräuschen beimessen. Um bessere Bewertungen vornehmen zu können, also zu entscheiden, was eine Situation zu bedeuten hat und wie wir darauf reagieren sollen, müssen wir dafür sorgen, daß wir uns in einem außerordentlich positiven mentalen und emotionalen Zustand statt im „Überlebenskampf" befinden.

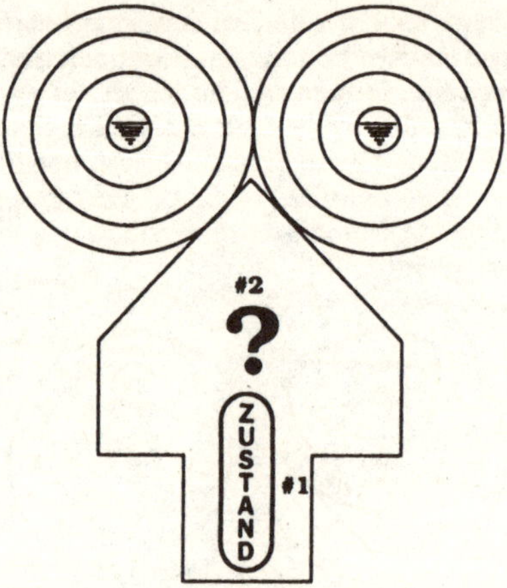

Der zweite Baustein unseres Steuersystems sind die Fragen, die wir uns stellen. Fragen sind die ursprüngliche Form, in der wir Bewertungen vornehmen. Unser Gehirn ergründet alle Geschehnisse im Leben anhand der Frage: „Was geschieht da? Was bedeutet diese Situation für mich? Hat sie Vor- oder Nachteile, Schmerzen oder Freude für mich zur Folge? Was kann ich jetzt tun, um schmerzliche Erfahrungen zu umgehen, zu verringern oder auszuschalten und angenehme zu gewinnen?" Was entscheidet darüber, ob Sie jemanden um ein Rendezvous bitten? Ihr Urteil wird von den Fragen beeinflußt, die Sie sich stellen, wenn Sie überlegen, ob Sie einen Annäherungsversuch riskieren sollen. Wenn Sie denken: „Wäre es nicht toll, diesen Mann oder diese Frau kennenzulernen?", dann drängt es Sie vermutlich, Ihr Glück zu versuchen. Wenn Sie dagegen immer wieder überlegen: „Was ist, wenn diese Person mir eine Abfuhr erteilt? Was ist, wenn diese schmerzhafte Zurückweisung Narben hinterläßt?", dann führen diese Fragen Sie durch einen ganz anderen Bewertungsprozeß. Er endet damit, daß Sie die Chance verpassen, jemanden näher kennenzulernen, der Sie wirklich interessiert.

Welche Speisen sich auf Ihrem Teller finden, hängt ebenfalls von den Fragen ab, die Sie sich stellen. Wenn Sie nur die Überlegung anstellen, wie Sie schnellstmöglich satt werden, dann neigen Sie dazu, Fertiggerichten den Vorzug zu geben — was man gemeinhin „junk food" (wertloses Zeug) nennt. Wenn Sie sich statt dessen aber fragen: „Unter welchen Produkten kann ich auswählen", dann entscheiden Sie sich wahrscheinlich für Nahrungsmittel wie Obst, Säfte, Gemüse und Salate. Der Unterschied zwischen der Entscheidung, sich ständig Schokoriegel einzuverleiben oder ein Glas frisch gepreßten Saftes zu sich zu nehmen, wirkt sich maßgeblich auf Ihre körperliches Befinden aus und resultiert aus dem Urteil, das Sie gefällt haben. Und die Fragen, die Sie im Verlauf dieses Prozesses für gewöhnlich stellen, spielen eine wichtige Rolle.

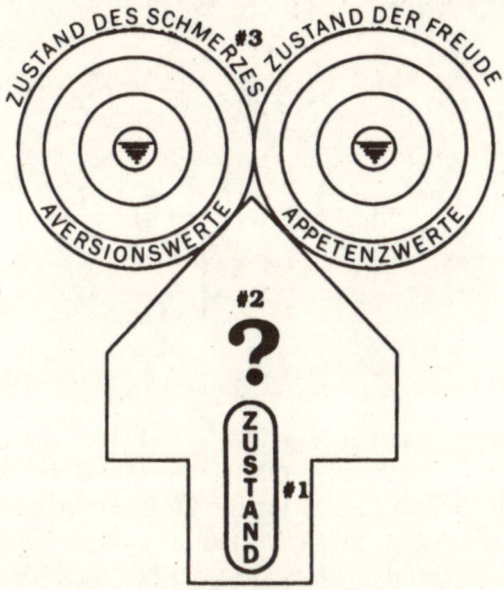

Der dritte Einflußfaktor im Bewertungssystem ist die Hierarchie Ihrer *Wertvorstellungen.* Jeder Mensch hat im Lauf seines Lebens gelernt, bestimmte Emotionen höher zu schätzen als andere. Wir alle möchten uns gut fühlen, das heißt, Freude empfinden, und ein Gefühlstief vermeiden, das heißt, Schmerz aus dem Weg gehen. Aber im Verlauf unseres Lebens hat jeder von uns einen einzigartigen Code entwickelt, in dem verschlusselt ist, was sich mit Schmerz und Freude gleichsetzen läßt. Dieses Orientierungssystem sind unsere Wertvorstellungen. Der eine hat beispielsweise gelernt, Freude mit dem Gefühl der Sicherheit zu assoziieren; ein anderer verknüpft dagegen schmerzliche Erfahrungen und Nachteile damit, weil das Sicherheitsbedürfnis in seiner Familie nahezu zwanghaft war und bewirkte, daß er nie das Erlebnis der Freiheit auskosten durfte. Manche bemühen sich nach besten Kräften, Erfolg beim anderen Geschlecht zu erzielen, versuchen aber gleichzeitig mit allen Mitteln, eine Zurückweisung zu vermeiden. Ein solcher Wertkonflikt kann Frustration und Handlungsunfähigkeit bewirken.

Die Werthaltungen, die Sie wählen, haben nachhaltigen Einfluß auf alle Entscheidungen in Ihrem Leben. Es gibt zwei Kategorien von Werten:

den positiven emotionalen Zustand, den wir stets *anstreben* – Werte wie Liebe, Lebensfreude, die Fähigkeit, Mitleid oder freudige Erregung zu empfinden –, und den negativen emotionalen Zustand, den wir vermeiden möchten oder von dem wir nach Möglichkeit *wegstreben* – zum Beispiel Demütigung, Frustration, Niedergeschlagenheit und Wut. Die Dynamik, die aufgrund dieser beiden entgegengesetzten Bestrebungen entsteht, bestimmt die Richtung, die Ihr Leben nimmt.

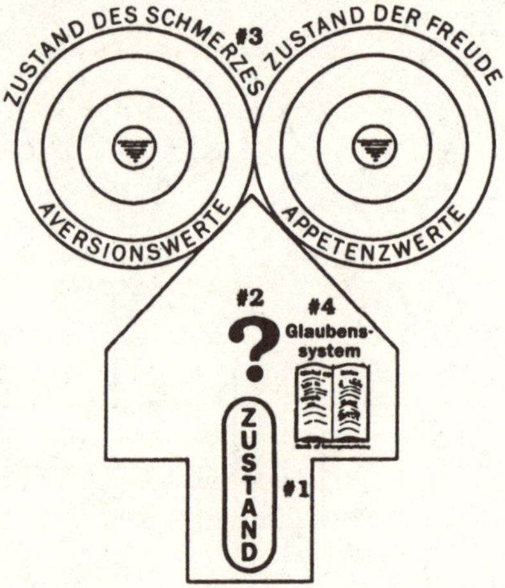

Das vierte Element in Ihrem Steuersystem ist Ihr *Glaubenssystem.* Unser globales *Glaubenssystem vermittelt uns das Gefühl der inneren Gewißheit darüber, was wir empfinden und was wir von uns selbst, vom Leben oder von anderen Menschen erwarten sollten.* Regeln sind Glaubenssätze hinsichtlich der Anforderungen, die erfüllt sein müssen, damit etwas unseren Wertvorstellungen gerecht wird. Manche Leute haben beispielsweise die Regel aufgestellt: „Wenn du mich wirklich liebst, dann schreist du mich nie an!" Eine solche Lebensregel veranlaßt jemanden, einen heftigen Wortwechsel als Indiz für Lieblosigkeit zu betrachten. Dafür mag es in Wirklichkeit keine Grundlage geben, aber die Regel ist stärker als das gesunde Urteilsvermögen und drängt somit auch die Wahrnehmungen und Erfahrungen dieses Menschen in den Hintergrund, die ihm sagen, ob etwas der Wahrheit entspricht. Zu den weiteren einengenden Lebensregeln können zum Beispiel Ideen wie die folgenden gehören: „Wenn jemand wirklich erfolgreich ist, dann verdient er auch jede Menge Geld", oder: „Wenn Eltern wirklich etwas von Erziehung verstehen, dann gibt es nie Konflikte mit den Kindern."

Unser globales Glaubenssystem beeinflußt unsere Erwartungen und oftmals auch die Dinge, die wir überhaupt zu überprüfen gewillt sind. Gemeinsam bestimmen diese Glaubenskräfte, wann wir Schmerz oder Freude erleben, und sie sind ein Kernelement in jeder Bewertung, die wir vornehmen.

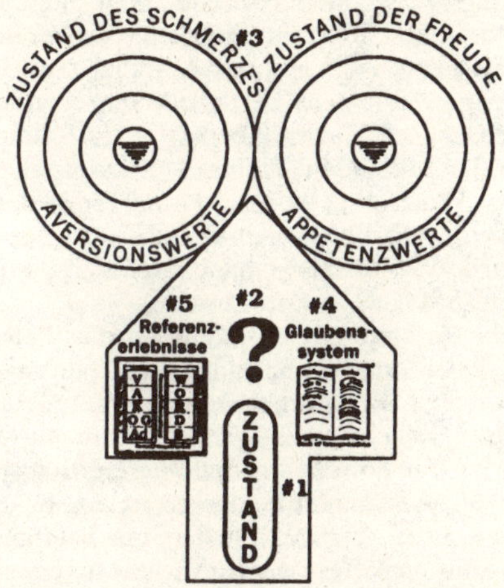

Das fünfte Element Ihres Steuerungssystems sind Ihre *Referenzerlebnisse* — eine gigantische Datenbank, auf die Sie mit Hilfe Ihres Gehirns zurückgreifen können. Hier ist alles gespeichert, was Sie jemals erlebt und je erträumt haben. Diese Referenzspeicherungen sind das Rohmaterial, das wir für die Entwicklung unserer Glaubenssysteme und als Entscheidungshilfe benutzen. Um uns über die Bedeutung einer Situation klar zu werden, müssen wir Vergleiche anstellen: Hat sie beispielsweise Vor- oder Nachteile für uns? Denken Sie an das vorhin erwähnte Tennis-Beispiel: Ist Ihr Aufschlag Spitze, verglichen mit dem Ihrer Freunde? Schneiden Sie noch schlechter ab als andere, die den Aufschlag auch nicht besonders gut beherrschen? Sie verfügen über eine unbegrenzte Zahl von Referenzspeicherungen, auf die Sie bei jeder Entscheidung zugreifen können. Die Wahl, die Sie innerhalb dieses „Menüs" treffen, beeinflußt die Bedeutung, die Sie einer Erfahrung beimessen, die Gefühle, die sich dabei einstellen, und bis zu einem gewissen Grad auch die Aktionen, die Sie einleiten.

Es läßt sich nicht bestreiten, daß sich Referenzerlebnisse maßgeblich auf unseren Glauben und auf unsere Werte auswirken. Können Sie sich vorstellen, daß ein Erwachsener, der in seiner Kindheit von seinen Bezugspersonen laufend unter Druck gesetzt wurde, ein anderes Leben führt als jemand, dem man im Elternhaus bedingungslose Liebe entgegengebracht hat? Wie würde sich diese Erfahrung auf die Glaubenssysteme oder Wertvorstellungen der Betreffenden auswirken, auf die Art, wie sie das Leben schlechthin betrachten?

Wenn Sie beispielsweise mit sechzehn Jahren Fallschirmspringen gelernt haben, verknüpfen Sie vermutlich andere Wertvorstellungen mit dem Begriff Abenteuer als jemand, der jedesmal in seine Schranken gewiesen wurde, wenn er eine neue Fertigkeit oder eine neue Idee ausprobieren wollte. Meister ihres Fachs haben oft mehr Referenzerlebnisse als andere bezüglich der Methoden, die in einer bestimmten Situation zum Erfolg führen oder Frustration auslösen. John Templeton kann nach seiner vierzigjährigen Laufbahn als Anlageberater sicher auf mehr Referenzerlebnisse zurückgreifen als jemand, der sich zum erstenmal eine Anlagestrategie austüftelt.

Jedes zusätzliche Referenzerlebnis bietet uns das Potential für richtige Entscheidungen. Doch ungeachtet unserer Erfahrungen, oder deren Mangel, haben wir unzählige Möglichkeiten, unsere Referenzerlebnisse Glaubenssätzen und Regeln zuzuordnen, die uns entweder anspornen oder hemmen. Jeden Tag können wir neue Referenzen speichern, die unsere Glaubensmuster untermauern, unsere Wertvorstellungen verfeinern, die uns veranlassen, neue Fragen zu stellen, uns Klarheit über den emotionalen Zustand zu verschaffen, in dem wir uns befinden, und eine wirkliche Wende zum Besseren in unserem Leben einzuleiten.

Vor einigen Jahren hörte ich von dem unglaublichen Erfolg eines Mannes namens Dwayne Chapman, dem es gelungen war, Straftäter ausfindig und dingfest zu machen, die der Justiz jahrelang durchs Netz gegangen waren. Er trug den Spitznamen „Dog", Spürhund, und galt als gewieftester „Kopfgeldjäger" in den USA. Ich war fasziniert und wollte ihn unbedingt persönlich kennenlernen, um festzustellen, wie er solche Leistungen zuwege brachte. Chapman ist ein tiefgründiger Mann, der die Straftäter nicht nur fängt, sondern sich zum Ziel gesetzt hat, ihnen bei der Resozialisierung zu helfen. Woher stammt dieser Wunsch? Er entspringt seinen eigenen schmerzvollen Erfahrungen.

Als junger Mann umgab er sich infolge seines schlechten Urteilsvermögens mit den falschen Freunden. Aufgrund seines Zugehörigkeitsbedürfnisses schloß er sich einer Motorradgang an, den „Teufelsjüngern". Eines Tages, als gerade ein Drogengeschäft geplatzt war, erschoß ein Bandenmitglied einen der Dealer. Seine Kumpane gerieten in Panik und ergriffen schleunigst die Flucht.

Chapman war zwar nicht der Täter, doch machte man in seinem Heimatstaat keinen Unterschied zwischen einer Person, die Beihilfe zu einem Mord leistet, und der Person, die tatsächlich den Abzug betätigt. Er landete in einem Zuchthaus, wo er eine mehrjährige Haftstrafe mit Zwangsarbeit verbüßte. Die Inhaftierung war eine so schmerzvolle Erfahrung, daß er sich gezwungen sah, seine gesamte Lebensphilosophie zu überprüfen. Er erkannte, daß seine grundlegenden Prinzipien, Werte und Regeln für seinen Leidensweg verantwortlich waren. Er begann, sich neue Fragen zu stellen und die Hafterfahrungen (Referenzerlebnisse) als Konsequenz der Entscheidungen zu betrachten, die er im Rahmen seiner früheren Lebensphilosophie getroffen hatte. Das brachte ihn an den Punkt, wo ihm klar wurde, daß er sein Leben ein für allemal ändern mußte.

In den Jahren nach seiner Entlassung versuchte sich Chapman in den verschiedensten Berufen, bis er sich schließlich als Privatdetektiv niederließ. Als er wieder vor Gericht erscheinen mußte, weil er mit den Unterhaltszahlungen für seine Kinder im Rückstand war, bot ihm der Richter eine Gelegenheit, das Geld zu verdienen. „Dog" sollte einen Vergewaltiger finden, dem zahlreiche Frauen im Raum Denver zum Opfer gefallen waren. Der Richter schlug ihm vor, das während der Haft erworbene Wissen über die Mentalität von Straftätern zu nutzen, um herauszufinden, wie sich dieser Straftäter verhalten und wo er sich verstecken könnte. Obwohl die Polizei seit Jahren vergebens hinter dem Verbrecher hergewesen war, gelang es „Dog", ihn innerhalb von drei Tagen den Behörden auszuliefern!

Der Richter war beeindruckt. Damit begann Chapmans glänzende berufliche Laufbahn; und heute, nachdem er mehr als 3.000 Straftäter dingfest gemacht hat, gilt er als einer der besten, wenn nicht sogar als der beste seines Fachs. Er hat jedes Jahr im Schnitt 360 Verhaftungen vorgenommen — also rund eine pro Tag. Worin liegt der Schlüssel seines Erfolgs? Zu den wichtigen Faktoren zählen mit Sicherheit die Entscheidungen, die er aufgrund seiner Recherchen trifft. „Dog" spricht mit den Angehörigen oder Partnern der Straftäter und er hat viele Tricks auf Lager, um ihnen die benötigten Informationen zu entlocken. Er findet einiges über die Prinzipien, Wertvorstellungen und Gewohnheiten des Mannes oder der Frau heraus, die er gerade sucht. Er verschafft sich Einblick in ihre Referenzerlebnisse, so daß er imstande ist, sich in sie hineinzuversetzen und ihre nächsten Schritte mit geradezu nachtwandlerischer Sicherheit vorherzusehen. Er hat ihr Steuersystem begriffen, und die Ergebnisse sprechen für sich.

Zwei Kategorien der Veränderung

Wenn wir etwas in unserem Leben verändern wollen, dann geht es ausnahmslos um eine der beiden Kategorien: unsere Gefühle oder unsere Verhaltensweisen. Wir können lernen, unsere Empfindungen oder Gefühle innerhalb eines bestimmten Lebenszusammenhangs zu verändern.

Wenn Sie beispielsweise in einem Laientheater mitwirken und befürchten, nach der Vorstellung ausgebuht zu werden, kann ich Ihnen dabei helfen, sich so zu konditionieren, daß Ihre Angst vergeht. Wir sind aber ebenso befähigt, eine *globale Veränderung* einzuleiten. Ein Beispiel: Wenn Sie das Datenverarbeitungsverfahren Ihres Computers ändern wollten, könnten Sie die Software wechseln, die Sie benutzen, so daß beim Tastenanschlag eine völlig andere Formatierung auf dem Bildschirm erscheint. Und wenn Sie nicht nur die äußere Form der Datei, sondern eine Reihe von Modalitäten anders gestalten möchten, stellen Sie den Computer einfach auf ein anderes Betriebssystem um. Wenn wir unser internes Steuersystem ändern, beeinflussen wir auch Interaktionen, die wir in verschiedenen Situationen in Gang setzen.

Statt uns darauf zu konditionieren, Zurückweisungen nicht mehr so schwer zu nehmen und Verhaltensweisen abzulegen, die von Angst zeugen, können wir uns einen neuen globalen Glaubenssatz zu eigen machen: *„Alle Emotionen haben ihren Ursprung in mir selbst. Niemand und nichts kann etwas an meinen Gefühlen ändern. Wenn ich merke, daß ich nicht agiere, sondern nur noch auf die äußeren Umstände reagiere, kann ich dieses Muster von einer Minute auf die andere umprogrammieren.“* Wenn Sie dieses Prinzip in sich verankern — nicht nur auf der Verstandes-, sondern auch auf der emotionalen Ebene, die Ihnen ein Gefühl absoluter innerer Gewißheit verleiht —, dann sehen Sie, wie Sie nicht nur Ihre Angst vor Zurückweisung, sondern auch andere Empfindungen wie Wut, Frustration oder Minderwertigkeitsgefühle überwinden. Plötzlich sind Sie imstande, Ihr eigenes Schicksal in die Hand zu nehmen.

Oder Sie verändern Ihre Wertvorstellungen, so daß der soziale Beitrag, den Sie leisten könnten, höchste Priorität erhält. Dann würde es Ihnen nichts ausmachen, wenn man Ihre Hilfe zurückweist. Sie wären auch weiterhin bereit, Ihr Scherflein beizutragen und könnten die Zurückweisung besser verkraften. Außerdem würden Sie dadurch ein Gefühl der Erfüllung und Verbundenheit zu Ihren Mitmenschen verspüren, die Sie in anderen Bereichen Ihres Lebens nie kennengelernt haben. Oder Sie können Ihre konditionierten Gelüste auf eine Zigarette verändern, indem Sie Gesundheit und Vitalität ganz oben auf die Liste Ihrer Werteskala setzen. Sobald Sie dieses Ziel zum wichtigsten in Ihrem Leben gemacht haben, werden Sie aufhören zu rauchen und, wichtiger noch, diese Gewohnheit durch andere Verhaltensweisen ersetzen, die Ihre neue Wertvorstellung von Gesundheit und Lebenskraft unterstützen: Sie werden sich anders ernähren, anders atmen ... Beide Kategorien der Veränderung sind von unschätzbarem Wert.

Im zweiten Teil des Buches, in dem wir uns jetzt befinden, konzentrieren wir uns auf die Frage, wie wir diese globalen Veränderungen einleiten können. *Eine einzige Neuregelung der fünf Elemente des internen Steuersystems kann Ihre Denk-, Gefühls- und Verhaltensweisen in vielen Berei-*

chen des Lebens gleichzeitig und nachhaltig beeinflussen. Mittels dieser Veränderung gewährleisten Sie, daß Sie bestimmte Werturteile nie wieder auch nur in Betracht ziehen, daß bestimmte Fragen nie wieder gestellt werden und bestimmte Prinzipien vom Computer, sprich: Ihrem Gehirn, nie wieder akzeptiert werden. Dieser Prozeß der globalen Veränderung kann sich als Kraft entpuppen, die Ihren weiteren Lebensweg entscheidend formt.

Ich erzähle gerne die Geschichte von einem Mann, der am Ufer eines Flusses steht. Plötzlich sieht er, wie jemand von der starken Strömung mitgerissen wird, gegen die gezackten Klippen prallt, und hört Hilferufe. Er springt ins Wasser, schleppt den Ertrinkenden ans rettende Ufer, führt eine Mund-zu-Mund-Beatmung durch, versorgt notdürftig seine Wunden und ruft einen Krankenwagen. Während er noch nach Luft ringt, hört er zwei weitere Stimmen vom Fluß herüber um Hilfe rufen. Wieder stürzt er sich mutig in die Fluten und rettet dieses Mal zwei junge Frauen. Bevor er auch nur einen klaren Gedanken fassen kann, hört er vier weitere Menschen um Hilfe rufen. Ziemlich bald ist der Mann völlig erschöpft. Er hat ein Opfer nach dem anderen gerettet, und doch sind immer noch Hilferufe zu hören. Wenn er sich nur die Zeit genommen hätte, ein Stück flußaufwärts zu gehen, hätte er entdeckt, wie alle diese Menschen in den reißenden Strom geraten waren. Er hätte sich die ganze Mühe sparen können, wenn er sich mit der Ursache des Problems befaßt hätte. Und genauso verhält es sich mit unserem internen Steuersystem: Wenn wir verstehen, wie es funktioniert, können wir die Ursachen beseitigen statt uns mit der Bekämpfung der Auswirkungen zu verausgaben.

Eines der besten von mir entwickelten Programme ist das drei Tage dauernde Date With Destiny-Seminar. Statt der üblichen zweitausend Zuhörer beschränke ich hier die Teilnehmerzahl auf zweihundert. Eine der wichtigsten Fragen, die wir in diesem Seminar stellen, lautet: „Welche Werte bestimmen mein Leben? Wie erkenne ich, daß etwas meinen Wertvorstellungen entspricht? Welche Regeln habe ich aufgestellt?“ Am Date With Destiny-Seminar haben nicht nur amerikanische Senatoren und Kongreßabgeordnete, Topmanager der Fortune-500-Unternehmen und Filmstars teilgenommen, sondern Menschen aus allen Lebensbereichen. Allen Menschen ist eines gemein: Wir sehen uns vor mannigfache Herausforderungen gestellt. Wie gehen wir mit Enttäuschung, Frustration, Fehlschlägen und bestimmten Geschehnissen in unserem Umfeld um, die sich unserem Einfluß entziehen, gleichgültig, wie groß unsere sonstigen Erfolge auch sein mögen?

Unsere Emotionen und Aktionen basieren darauf, wie wir bestimmte Dinge bewerten. Und trotzdem haben die meisten von uns dieses Bewertungssystem nicht selbst entwickelt. In meinem Seminar machen die Teilnehmer in nur drei Tagen eine Verwandlung durch, die mit Worten nicht zu beschreiben ist. Sie ändern ihre Gedanken und ihr Lebensgefühl buchstäblich von einer Minute auf die andere, weil sie plötzlich imstande sind, den Teil ihres Gehirns zu steuern, der entscheidenden Einfluß auf ihre Lebenserfahrungen hat. Diese Veränderungen sind emotionaler und sogar physischer Natur, weil ihr Gehirn neue Prioritäten für das setzt, was am wichtigsten ist. Dieses Buch kann zwar kein Ersatz für das Date of Destiny-Programm sein, aber es gibt Ihnen grundlegend das gleiche Werkzeug an die Hand, das wir im Seminar benutzen. Mit Hilfe der nachfolgenden Kapitel können auch Sie die gleichen Veränderungen in Ihrem Leben bewirken, und zwar jetzt!

Überprüfen Sie, was Sie gelernt haben

Um Sie anzuregen, einmal über die Funktionsweise Ihres internen Steuersystems nachzudenken, möchte ich Ihnen nun einige provozierende Fragen stellen. Sie sollen die Schleusen Ihrer Gedanken öffnen und Ihnen bewußt machen, wie verschiedene Teile dieses Systems dazu benutzt werden, Entscheidungen zu treffen.

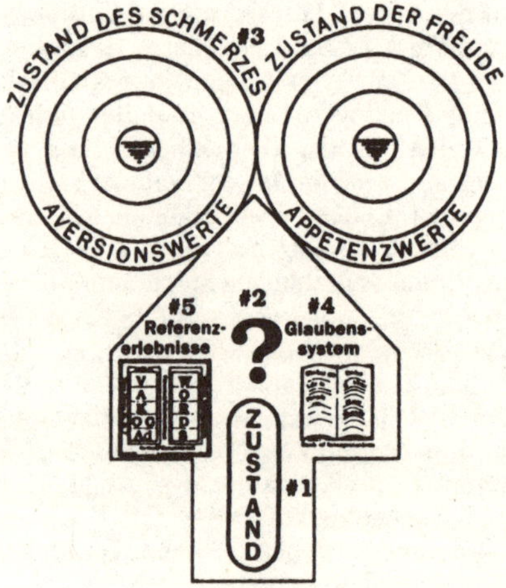

Beantworten Sie die folgenden vier Fragen, bevor Sie weiterlesen:

1. Welche Erinnerung schätzen Sie am meisten?
2. Wenn Sie den Hunger in der Welt dadurch beenden könnten, daß Sie einen einzigen unschuldigen Menschen töten, würden Sie es tun? Warum, oder warum nicht?
3. Wenn Sie einen roten Porsche angefahren und einen Kratzer verursacht hätten, und es gäbe keinen Zeugen — würden Sie einen Zettel hinterlassen? Warum, oder warum nicht?
4. Wenn Sie 10.000 Dollar damit verdienen könnten, daß Sie eine Schale lebender Küchenschaben verspeisen, würden Sie sich auf die Wette einlassen? Warum, oder warum nicht?

Lassen Sie uns nun Ihre Antworten betrachten.

Schauen Sie sich das Diagramm mit Ihrem internen Steuersystem an. *Welchen der fünf Bewertungsbereiche haben Sie benutzt, um die Frage zu beantworten?* Vermutlich haben Sie die Frage nach der Erinnerung, die Sie am meisten schätzen, zuerst einmal wiederholt. Um die Antwort zu finden, mußten Sie auf ihre Referenzerlebnisse zurückgreifen, nicht wahr? Sie haben die unzähligen Erfahrungen Ihres bisherigen Lebens Revue passieren lassen und dann schließlich jene ausgewählt, die Ihnen die wichtigste ist. Oder vielleicht konnten Sie sich zu keiner Entscheidung durchringen, weil Sie glauben, daß alle Erfahrungen gleiches Gewicht besitzen oder daß durch die Wahl einer bestimmten Erinnerung alle anderen Erlebnisse abgewertet worden wären. Solche Glaubensprinzipien hätten Sie also daran gehindert, die Frage zu beantworten. Sie sehen: Unser internes Steuersystem bestimmt nicht nur, was wir wie bewerten, sondern was wir überhaupt zu bewerten gewillt sind.

Die zweite Frage, die noch stärker unsere Gefühle anspricht, habe ich in *The Book of Questions* gelesen: *Wenn Sie den Hunger in der Welt dadurch beenden könnten, daß Sie einen einzigen unschuldigen Menschen töten, würden Sie es tun?*

Wenn ich diese Frage stelle, bekomme ich für gewöhnlich eine Reihe emotionsgeladener Antworten zu hören. Manche erwidern: „Ohne zu zögern", weil sie der Meinung sind, das Leben so vieler Menschen wiege schwerer als das einen einzelnen. In ihren Augen würde der Zweck die Mittel heiligen, wenn dadurch, daß eine Person bereit wäre zu leiden, alles Leid auf Erden ein Ende hätte. Andere schrecken bei dem Gedanken zurück, jemanden zu töten, weil einer ihrer Glaubenssätze lautet, daß das Leben eines jeden Menschen wertvoll ist. In anderen Kulturen hat sich das globale Glaubensprinzip entwickelt, alle Dinge auf Erden seien richtig gefügt, und Menschen, die hungerten, erhielten unschätzbar wertvolle Lektionen für ihre nächste Inkarnation. Manche Leute schließlich antworten: „Ja, ich wäre dazu bereit. Aber ich würde meinem eigenen Leben ein Ende setzen." Es ist interessant, diese unterschiedlichen Reaktionen auf dieselbe Frage zu beobachten; die Antworten hängen jedenfalls immer davon ab, welches der fünf Elemente des Bewertungssystems jeder einzelne benutzt, und welche Bewußtseinsinhalte er gespeichert hat.

Auf die dritte Frage, wie sie sich nach der Beschädigung des fremden Fahrzeugs verhalten würden, antworten einige: „Ich würde immer meinen Namen hinterlassen"; für sie ist Ehrlichkeit der allerhöchste Wert. Andere hätten die gleiche Entscheidung getroffen, aber nur deshalb, weil sie um jeden Preis Schuldgefühle vermeiden wollen. Fahrerflucht zu begehen würde Schuldgefühle in ihnen auslösen, und diese Erfahrung wäre zu schmerzvoll. Andere haben mir erklärt: „Ich würde keinen Zettel anbringen" und, nach dem Grund befragt, geantwortet: „Mir ist das schon ein paarmal passiert, und bei mir hat auch niemand einen Zettel hinterlassen." Das heißt also, daß ihre persönlichen Referenzerlebnisse einem solchen Glaubensmuster den Weg geebnet haben. Sie halten sich an das Motto: „Wie du mir, so ich dir."

Und nun zur letzten Frage, der 10.000-Dollar-Wette mit den Küchenschaben. Normalerweise erhalte ich darauf zunächst nur wenig Zustimmung. Die meisten Menschen verbinden negative Referenzerlebnisse mit Küchenschaben. Sie sind nicht gerade eine kulinarische Köstlichkeit. Aber dann pflege ich den Einsatz zu erhöhen: Wie viele von Ihnen wären bereit, sich für 100.000 Dollar auf die Wette einzulassen? Langsam kommt Bewegung in den Raum, sobald die ersten Teilnehmer, die vorher ganz entschieden nein gesagt haben, zögernd die Hand heben. Was hat diesen Sinneswandel bewirkt? Zwei Dinge: Erstens habe ich die Frage anders formuliert. Zweitens sind viele der Überzeugung, mit 100.000 Dollar wären sie einige langfristige Sorgen im Leben los, die wesentlich schwerer zu „verdauen" sind als der kurzfristig ekelerregende Gedanke, lebende Küchenschaben herunterzuwürgen.

Wie wär's mit einer Million, oder zehn Millionen Dollar? Plötzlich hebt die Mehrheit der im Raum Anwesenden die Hand. Sie glauben, die langfristigen Vorteile würden die kurzfristige Unannehmlichkeit bei weitem aufwiegen. Und doch wären einige Leute für keine Summe der Welt bereit, lebendige Küchenschaben zu verspeisen. Nach dem Grund befragt, antworten sie: „Ich könnte nie ein Lebewesen töten" oder: „Schon bei dem Gedanken wird mir speiübel." Andere halten dagegen: „Jederzeit; die stören mich nämlich ohnehin." Und ein Mann erklärte sogar, es mache ihm nicht das geringste aus, sie zu essen, allein aus Spaß, aber nicht nur für Geld. Er wuchs in einem Land auf, in dem Küchenschaben und andere Insekten als Delikatesse gelten. Jeder Mensch hat seine eigenen Referenzerlebnisse und Bewertungskriterien.

NAC™ — INTERNES STEUERSYSTEM

Psychologle der Veränderung

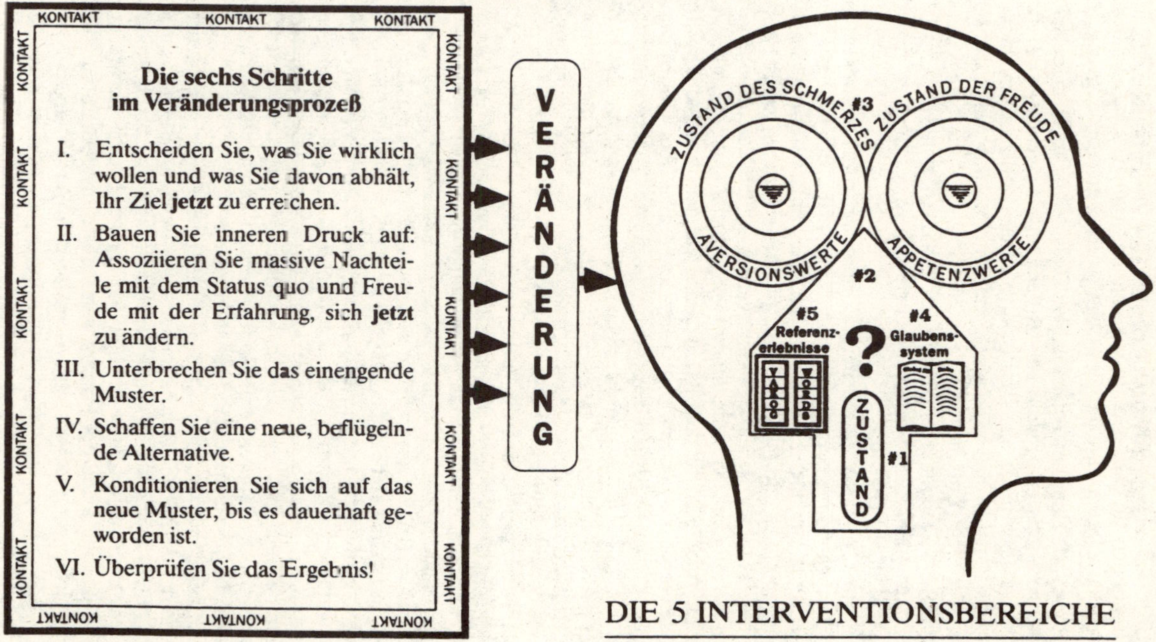

DIE 5 INTERVENTIONSBEREICHE

Irgendwann kommt der Zeitpunkt ...

Während wir uns mit diesen fünf Elementen des Steuersystems befassen, sollten wir eines vor Augen halten: Es ist sicher möglich, zuviel hin und her zu überlegen. Irgendwann ist der Punkt erreicht, an dem man einen Schlußstrich unter alle Erwägungen ziehen und handeln muß. Manche Leute befassen sich so ausgiebig mit dem Für und Wider, daß selbst eine unerhebliche Entscheidung zu einem „Staatsakt" wird: Sie sehen in regelmäßigem Training in einem Fitneß-Studio ein mühevolles Vorhaben mit so vielen einzelnen Schritten, daß sie sich eingeschüchtert fühlen und es gar nicht erst angehen.

Um Gymnastik zu machen, müßten sie früher aufstehen; geeignete Sportbekleidung heraussuchen, in der sie nicht wie eine dicke Wurst aussehen; die richtigen Schuhe finden; alles in der Sporttasche verstauen; sich mit Sack und Pack ins Fitneß-Center schleppen; einen Parkplatz suchen; Treppen steigen; sich eintragen; in die Umkleidekabine gehen; sich in die mitgebrachten Klamotten zwängen; und an der Gymnastik teilnehmen, oder sich vor dem Krafttraining auf dem Fahrrad aufwärmen und wie verrückt schwitzen. Und wenn sie das alles überstanden haben, dann geht die ganze Prozedur von vorne los, dieses Mal in umgekehrter Reihenfolge. Natürlich sind dieselben Leute sofort mit von der Partie, wenn es gilt, schwimmen zu gehen. Dann haben sie im Nu alle Vorbereitungen getroffen. Nach dem Grund befragt, sagen sie: „Na ja, da brauchen wir uns nur ins Auto zu setzen und an den Strand zu fahren." In diesem Fall gehen sie nicht daran, ihr Vorhaben in sämtliche Einzelteile zu zerlegen, sondern betrachten es als einen einzigen großen Schritt. Und dann geht es nur noch darum, ob sie gehen wollen oder nicht. In diesem Buch lernen Sie deshalb auch, viele kleine Schritte zu einem großen zusammenzufügen, so daß Sie unverzüglich die gewünschten Ergebnisse erhalten.

Im zweiten Teil des Buches geht es nämlich nicht nur um eine Analyse unseres Bewertungssystems, sondern auch darum, wie wir einzelnen Bestandteile auf sinnvolle Weise koordinieren und zusammenfügen können, damit wir unser Steuerungssystem dann auch wirklich benutzen, anstatt nur darüber nachzugrübeln. In den folgenden Kapiteln werden Sie erkennen, daß Sie inneren Druck aufbauen und Veränderungen erzielen können, die Sie nie für möglich gehalten hätten.

Fangen wir also gleich an. Ich werde Ihnen zeigen, wie Sie sich ein Bild von der derzeitigen Beschaffenheit Ihres Bewertungssystems machen und dann ein neues Steuersystem entwickeln können, das Sie ständig zu einem kraftvollen Leben befähigt. Sie kennen bereits die Macht der Gefühlszustände und der Fragen; wenden wir uns deshalb nun dem dritten Bereich unseres Bewertungssystems zu, den Werthaltungen.

15

Werthaltungen: Ihr innerer Kompaß

„Außergewöhnliches wurde immer nur von Menschen geleistet, die zu glauben wagten, daß irgend etwas in ihrem Innern den Umständen gewachsen sei."

BRUCE BARTON

Mut, Entschlossenheit, Ausdauer, Hingabe ... Als Ross Perot die kurze Einsatzbesprechung in Dallas abhielt, sah er diese Eigenschaften in den Gesichtern der kleinen Gruppe handverlesener Männer widergespiegelt, die er für eine außergewöhnliche Rettungsaktion ausgewählt hatte. Zu Beginn des Jahres 1979 hatten die politischen Unruhen und die antiamerikanische Hysterie im Iran ihren Höhepunkt erreicht. Nur wenige Tage zuvor waren zwei von Perots Führungskräften in Teheran aus unerklärlichen Gründen verhaftet worden. Die Kaution hatte man auf 13 Millionen Dollar festgesetzt.

Als selbst die diplomatischen Verhandlungen auf allerhöchster Ebene keine Ergebnisse zeitigten, sah Perot nur eine Möglichkeit, seine Männer aus dem Land herauszuholen: Er mußte zur Selbsthilfe greifen. Er verließ sich auf die Erfahrung des legendären Armeeobersten Arthur „Bull" Simons, der das kühne Blitzunternehmen leiten würde, und stellte innerhalb kürzester Zeit einen Stoßtrupp aus seinen Spitzenmanagern zusammen, die den Ausbruch aus dem Gefängnis bewerkstelligen sollten. Sie wurden ausgewählt, weil sie bereits im Iran gewesen waren und militärische Erfahrung hatten. Er nannte seine Männer „Eagles", ein Symbol für „Überflieger, die Initiative an den Tag legen, ihre Aufgaben bewältigen und Ergebnisse statt Ausreden vorweisen".

Falls ihnen der Coup gelang, würde der Lohn groß sein; aber noch größer waren die Risiken: Das Unternehmen war von keiner offiziellen Stelle genehmigt, und sollte es scheitern, drohte den Männern nicht nur Gefängnis, sondern unter Umständen sogar der Tod. Was trieb Ross Perot dazu, alle seine Mittel und Kräfte aufzubieten, den Gefahren ins Gesicht zu sehen und sein Glück trotz aller Widrigkeiten zu versuchen? Er ist ein Mann, der ganz eindeutig im Einklang mit seinen Werthaltungen lebt. Mut, Loyalität, Liebe, Engagement und Entschlossenheit sind Werte, die ihm außergewöhnliche menschliche Anteilnahme und eine Willensstärke verleihen, die sagenhaft ist. Eben diese Werte hatten ihn bewogen, die Firma EDS zu gründen und aus einer 1.000-Dollar-Investition ein Unternehmen zu machen, dessen Wert sich heute auf mehrere Milliarden Dollar beläuft. Er sicherte sich einen Platz an der Spitze, weil er ein gutes Urteilsvermögen und die Gabe besaß, die geeigneten Mitarbeiter auszuwählen. Er legte dabei strikte Wertmaßstäbe zugrunde und wußte: Wenn er die richtigen Leute einstellte, die hohe Ansprüche an sich selbst und an andere stellten, dann konnte er das Feld räumen und die Bewältigung der Aufgaben ihnen überlassen.

Nun standen seine Mitarbeiter, die er für den Stoßtrupp ausgewählt hatte, vor ihrer eigentlichen Nagelprobe: Es galt, alle Kräfte zu mobilisieren, um einigen Mitgliedern der „Unternehmensfamilie" zur Flucht zu verhelfen. Die Geschichte dieses Einsatzes und die Herausforderungen, denen sich die Männer gegenübersahen, sind in dem Buch *On Wings of Eagles* beschrieben. Es genügt wohl zu erwähnen, daß Perots heldenhafte Rettungsaktion trotz enormer Hindernisse ein Erfolg wurde, und daß es ihm gelang, seine Mitarbeiter nach Hause zu holen.

Wertvorstellungen beeinflussen jede unserer Entscheidungen und folglich auch unser Schicksal. Diejenigen, die sich ihrer Werthaltungen bewußt sind und danach leben, sind in unserer Gesellschaft oft federführend. Es gibt in jedem Land außergewöhnliche Menschen mit Vorbildcharakter, gleich ob auf der Vorstandsetage oder im Klassenzimmer. Ich erinnere nur an den Film *Stand and Deliver,* der die Geschichte des Mathematiklehrers und Einzelgängers Jaime Escalante erzählt.

Ich fühlte mich durch den Mut und Elan inspiriert, mit dem er den Schülern seine Leidenschaft fürs Lernen zu übermitteln versuchte. Er brachte sie dazu, in ihrem autonomen Nervensystem, auf der tiefsten Ebene, Stolz auf die Fähigkeit zu entwickeln, jene Dinge zu meistern, die zu lernen andere ihnen nie zugetraut hatten. Sein Engagement brachte diesen jungen Menschen die Kraft der Wertnormen nahe. Sie lernten bei ihm Disziplin, Vertrauen, die Bedeutung der Teamarbeit, Flexibilität und die Kraft kennen, die absoluter Entschlossenheit innewohnt.

Er hielt diesen Kindern, die im Ghetto lebten, keine Vorträge darüber, wie sie ihr Leben gestalten sollten; er war ein lebendes Beispiel, eine neue Definition dessen, was man im Leben erreichen konnte. Er brachte sie nicht nur durch Prüfungen, in denen es um Infinitesimalrechnungen ging, die zu lösen jeder für unmöglich hielt, sondern veranlaßte sie auch, ihre Glaubensprinzipien hinsichtlich ihrer eigenen Identität und ihrer Fähigkeiten zu ändern, die unbegrenzt waren, sofern sie ständig höhere Ansprüche an sich selbst stellten.

Wenn wir ein wirklich erfülltes Leben führen wollen, gelingt uns das nur, indem wir dem Beispiel dieser beiden Männer folgen: Wir müssen entscheiden, welche Werte wir als die wichtigsten und höchsten erachten, und dann jeden Tag in Übereinstimmung mit ihnen leben. Leider kommt das in unserer Gesellschaft viel zu selten vor. Viele Menschen haben keine genaue Vorstellung von dem, was ihnen wirklich wichtig ist. Um welches Thema es auch gehen mag, sie warten nur mit leerem Geschwätz auf; sie betrachten die Welt als eine formlose, graue Masse; sie beziehen nie Position, weder für eine Sache noch für einen Menschen.

Wenn wir uns nicht darüber im klaren sind, was uns im Leben am wichtigsten ist, wofür wir mit Leib uns Seele einstehen — wie können wir dann je erwarten, das Fundament für ein Gefühl wie Selbstachtung zu legen, ganz zu schweigen von der Fähigkeit, effektive Entscheidungen zu treffen? Wenn Sie schon einmal erlebt haben, daß Sie sich mühsam zu einer Entscheidung durchringen mußten, dann gab es dafür einen Grund: Sie haben sich nicht bewußtgemacht, was Ihnen in dieser Situation am wichtigsten war. *Wir sollten uns stets daran erinnern, daß jeder Entscheidungsfindungsprozeß letztlich darauf hinausläuft, sich Klarheit über die eigenen Wertvorstellungen zu verschaffen.*

Ross Perot wußte genau, was er zu tun hatte. Seine Wertvorstellungen gaben ihm den Aktionskurs vor. Sie stellten einen inneren Kompaß dar, der ihn durch eine mit Gefahren befrachtete Situation geleitete. Escalante hat inzwischen die Schule in Los Angeles verlassen, an der er tätig war, und ist in den Norden Kaliforniens gezogen. Er wollte nicht länger in einem Schulsystem sein, in dem es keine Leistungsnormen für Lehrer gibt.

Wer wird in unserer Gesellschaft am meisten bewundert? Jeder, der für das einsteht, woran er glaubt, nötigt uns Respekt ab, selbst wenn wir seine Ideen nicht teilen können. Menschen, deren Lebensphilosophie und Verhaltensweisen übereinstimmen, eine harmonische Einheit bilden, verfügen über innere Stärke.

Oft findet dieser einzigartige Zustand in einem Wesenszug seinen Niederschlag, den wir als persönliche Integrität bezeichnen. Diese Eigenschaft findet man bei den unterschiedlichsten Menschen, angefangen bei Männern vom Kaliber eines John Wayne oder Ross Perot, eines Bob Hope oder Jerry Lewis, eines Martin Sheen oder Ralph Nader. Tatsache ist, daß diejenigen, die nach unserer Beobachtung in Übereinstimmung mit ihren Werthaltungen leben, oftmals in der Lage sind, großen Einfluß innerhalb unserer Gesellschaft auszuüben.

Der Nachrichtensprecher Walter Cronkite erschien an den wichtigsten Tagen, die Amerika erlebte, auf dem Bildschirm — anläßlich schlimmer Tragödien und höchster Triumphe; als John F. Kennedy ermordet wurde, als Neil Armstrong als erster Mensch seinen Fuß auf die Mondoberfläche setzte. Walter gehörte zur Familie. Amerika vertraute ihm blindlings.

Zu Beginn des Vietnam-Krieges berichtete er über die Geschehnisse auf die allgemein übliche Weise, mit objektivem Blick das amerikanische Engagement. Doch nach einem Besuch Vietnams änderte er seine Ansichten über den Krieg, und seine Wertvorstellungen von persönlicher Integrität und Aufrichtigkeit zwangen ihn, seiner Desillusionierung Ausdruck zu verleihen, egal ob das nun opportun war oder nicht. Ob man seine Auffassung teilte oder nicht, vielleicht war die Wirkung seiner Worte ausschlaggebend, daß viele US-Bürger den Krieg erstmals in Frage stellten. Nun war es nicht mehr nur eine kleine Schar radikaler Studenten, die gegen Vietnam protestierten, sondern „Onkel Walt."

Der Vietnam-Konflikt war in Wirklichkeit ein Wertkonflikt innerhalb der amerikanischen Gesellschaft. Die Vorstellungen der Menschen von Recht und Unrecht sowie von den Maßnahmen, die etwas bewirken konnten, fochten einen Krieg an der Heimatfront aus, während die Soldaten in Vietnam ihr Blut in einem fremden Land vergossen und ihr Leben aufs Spiel setzten, wobei manche nicht einmal wußten, wofür. Die Inkonsequenz der Wertvorstellungen in der politischen Führungsschicht gehörte zweifellos zu den schmerzhaftesten Erfahrungen der US-Bürger. Auch der Watergate-Skandal setzte mit seinem offenbar gewordenen Mangel an moralischer Festigkeit im Weißen Haus vielen Amerikanern hart zu. Und doch ist das Land gediehen, weil es hier wie andernorts immer wieder Menschen gibt, die aus der Menge heraustreten und zeigen, daß wir höhere Ansprüche an uns selbst stellen sollten. Dazu gehört ein Bob Geldof, der die Aufmerksamkeit der Welt auf den Hunger in Afrika richtete, oder ein Ed Roberts, der die politischen Kräfte mobilisierte, um die Lebensqualität körperbehinderter Menschen zu verbessern.

Wir müssen erkennen, daß der Kurs, den unser Leben nimmt, von den magnetischen Kräften unserer Wertvorstellungen bestimmt wird. Sie weisen uns ständig den Weg und veranlassen uns zu Entscheidungen, die Richtung und Endziel unseres Lebenswegs bestimmen. Das gilt nicht nur für Einzelpersonen, sondern auch für Unternehmen, Organisationen und die Nation, der wir angehören. Die Wertvorstellungen der amerikanischen Gründerväter haben mit Sicherheit das Schicksal Amerikas nachhaltig beeinflußt. Werte wie Freiheit, Wahlmöglichkeiten, Gleichheit vor dem Gesetz, Gemeinsinn, Fleiß, Individualität, Herausforderung, Wettbewerb, Wohlstand und Achtung vor Menschen, die über genügend innere Stärke verfügen, um widrige Zeiten durchzustehen, haben ständig die Erfahrungen und somit auch das kollektive Schicksal aller Amerikaner geprägt. Diese Werthaltungen haben eine Nation geschaffen, die auf Innovation bedacht ist und Menschen in aller Welt ständig eine Vision des Möglichen gibt.

Hätten andere nationale oder kulturelle Werthaltungen bewirkt, daß die amerikanische Gesellschaft eine andere Entwicklung genommen hätte? Aber natürlich! Was wäre gewesen, wenn die Gründerväter mehr Wert auf Stabilität oder Konformität gelegt hätten? Wäre das Gesicht Amerikas dadurch beeinflußt worden? In China gilt die Gruppe mehr als der einzelne Mensch, der seine persönlichen Wünsche den Bedürfnissen der Gemeinschaft unterordnen muß. Wie unterscheidet sich das Leben in

China vom amerikanischen oder westlichen Lebensstil? Tatsache ist, daß in den Ländern der westlichen Hemisphäre ständig Verschiebungen innerhalb der kollektiven, gesellschaftsspezifischen Wertvorstellungen stattfinden. Es gibt zwar bestimmte grundlegende Werte, aber *bedeutsame emotionale Ereignisse können Veränderungen bei jedem einzelnen Menschen auslösen und damit auch in den Firmen, Organisationen und Ländern, denen sie angehören. Der Umbruch in Osteuropa ist ein klarer Beweis für einen Wertewandel, den die Weltgemeinschaft in solchem Umfang nie zuvor erlebt hat.*

Was für Länder und Menschen gilt, hat auch für Unternehmen Gültigkeit: IBM ist ein gutes Beispiel für ein Unternehmen, dessen Entwicklungsrichtung und Schicksal von seinem Gründer, Tom Watson, bestimmt und festgelegt wurden. Er umriß unmißverständlich, wofür sich das Unternehmen stark machen und was für alle Mitarbeiter wichtig sein sollte, ungeachtet der Produkte und Dienstleistungen, die der Konzern künftig anbieten, oder des wechselnden finanziellen Klimas, dem er sich gegenübersehen würde. Von ihm gingen die Impulse aus, die „Big Blue“ in einen der größten und erfolgreichsten Konzerne der Welt verwandelten.

Was können wir daraus lernen? Wir müssen uns sowohl in unserem Berufs- als auch in unserem Privatleben, aber auch global, darüber klarwerden, *was in unserem Leben Vorrang hat, und entscheiden, daß wir im Einklang mit dieser Wertehierarchie leben wollen, was immer auch geschehen mag.* Diese Übereinstimmung gilt es anzustreben, ohne Rücksicht darauf, ob die Menschen in unserem Umfeld uns dafür belohnen oder nicht. Wir müssen gemäß unseren Prinzipien leben, selbst wenn uns „die Petersilie verhagelt“ wird, selbst wenn niemand uns die Unterstützung gewährt, die wir brauchen. Wir können langfristig nur dann glücklich sein, *wenn wir unseren höchsten Idealen und dem wahren Sinn des Lebens gerecht werden.*

Das gelingt uns jedoch nicht, wenn wir uns über unsere Wertvorstellungen nicht im klaren sind! Das ist die größte Tragödie im Leben vieler Menschen: *Sie wissen zwar, was sie haben wollen, aber sie wissen nicht, wer sie sein wollen!* Irgendwelche x-beliebigen materiellen Güter anzuhäufen befriedigt einfach nicht! Nur wenn man so lebt und handelt, wie man es als „richtig“ empfindet, entwickelt man jenes Gefühl für die eigene innere Stärke, das wir alle verdienen.

Denken Sie daran: Ihre wie auch immer gearteten Wertvorstellungen sind der Kompaß, der Sie letztlich an Ihr Lebensziel führt. Sie ebnen Ihnen den Lebensweg, indem sie Ihnen ständig konsequente Entscheidungen und Aktionen abfordern. Wenn Sie diesen inneren Kompaß nicht intelligent nutzen, ist das Ergebnis Frustration, Enttäuschung, Unzufriedenheit und das nagende Gefühl, das Leben könnte Ihnen mehr bieten, wenn nur irgend etwas irgendwie anders wäre. Im Gegensatz dazu schöpft man eine unglaubliche Kraft aus dem Bemühen, gemäß den eigenen Wertvorstellungen zu leben: ein Gefühl der Sicherheit, des inneren Friedens und des Einsseins mit der Welt, das nur wenige Menschen verspüren.

Wenn Sie Ihre wahren Werte nicht kennen, dann machen Sie sich auf einige Unannehmlichkeiten gefaßt!

Die einzige Möglichkeit, langfristig Glück und Erfüllung zu finden, besteht darin, in Einklang mit unseren Werten zu leben. Andernfalls warten mit Sicherheit einige unliebsame Überraschungen auf uns. Viele Menschen entwickeln frustrierende oder sogar selbstzerstörerische Gewohnheiten: Sie rauchen, trinken Alkohol im Übermaß, essen zuviel, greifen zu Drogen, versuchen andere zu manipulieren oder zu beherrschen, hokken stundenlang regungslos vor dem Fernsehgerät, und so weiter.

Wo liegt hier das wahre Problem? Solche Verhaltensweisen sind in Wirklichkeit das Resultat von Frustration, Wut und Leere, die sich einstellen, weil diese Menschen das Gefühl haben, keine Erfüllung in ihrem Leben gefunden zu haben. Sie versuchen, sich abzulenken, indem sie das Vakuum mit Verhaltensweisen füllen, die eine „Blitzlösung“ in Form einer Besserung ihrer emotionalen Verfassung versprechen. Sie haben kein Alkoholproblem, sondern ein Werteproblem. Sie trinken nur deshalb, weil sie ihre emotionale Verfassung ändern wollen, denn ihnen gefällt nicht, was sie immer wieder empfinden. Sie wissen nicht, was in ihrem Leben das Wichtigste ist.

Wenn wir unseren höchsten Ansprüchen und Werten genügen, dann werden wir im Leben Freude und Erfüllung finden. Wir haben es nicht nötig, uns Ersatzbefriedigungen zu verschaffen. Wir müssen uns nicht betäuben, weil das Leben auch ohne solche Exzesse reich genug ist. Uns um das Erlebnis dieses unglaublichen Höhenflugs zu bringen, wäre ähnlich, als würde man am Weihnachtsabend Schlaftabletten nehmen.

Raten Sie mal, wo das Problem liegt! Wie üblich haben wir wieder „geschlafen“, als die wichtigsten Merkmale geformt wurden, die unser Leben beeinflussen. Wir waren Kinder, die nicht begriffen, welche Bedeutung dem klaren Wissen um die eigenen Wertvorstellungen zukommt. Oder Erwachsene, die vollauf damit beschäftigt waren, die Herausforderungen des Lebens zu meistern, und bereits so abgelenkt, daß wir uns die Gelegenheit entgehen ließen, die Modellierung unserer Wertvorstellungen selbst in die Hand zu nehmen. Ich muß wiederholen, daß *jede unserer Entscheidungen von diesen Wertnormen geprägt ist, die wir in den meisten Fällen nicht einmal selbst aufgestellt haben.*

Wenn ich Sie bäte, die zehn wichtigsten Werte in Ihrem Leben in der

Reihenfolge ihrer Bedeutung aufzulisten, würde ich jede Wette eingehen, daß nur einer von zehntausend dazu in der Lage wäre. Doch wenn es Ihnen nicht gelingt, diese Aufgabe auf Anhieb zu lösen – wie wollen Sie dann imstande sein, klare Entscheidungen zu treffen? Was befähigt Sie, unter verschiedenen Möglichkeiten diejenige zu wählen, die langfristig Ihre tiefsten emotionalen Bedürfnisse befriedigt? Es ist schwer, ein Ziel zu erreichen, das man nicht kennt! Sie müssen Ihre Werte kennen, um in Übereinstimmung mit ihnen leben zu können.

Jedesmal, wenn es Ihnen schwerfällt, eine wichtige Entscheidung zu treffen, sind Sie sich über Ihre Werte nicht ganz im klaren. Was würden Sie tun, wenn Sie mit ihrer Familie in einen anderen Teil des Landes ziehen müßten, weil man Ihnen dort eine Stellung angeboten hat? Wenn Sie wüßten, daß mit dem Orts- und Firmenwechsel zwar einige Risiken verbunden sind, daß die Bezahlung aber besser und die Arbeit interessanter ist? Wie würden Sie sich entscheiden? Wie Sie diese Frage beantworten, hängt ausschließlich davon ab, was für Sie am wichtigsten ist: persönliche Entwicklung oder Sicherheit? Abenteuer oder Beschaulichkeit?

Übrigens, welche Faktoren bestimmen, ob Sie ein abenteuerliches Leben einem beschaulichen vorziehen? Ihre Wertvorstellungen haben sich aus einem Sack gemischter Erfahrungen entwickelt, aus einer lebenslangen Konditionierung durch Strafe und Belohnung. Ihre Eltern haben Ihnen Anerkennung gezollt und Sie unterstützt, wenn Sie etwas getan hatten, das ihren Wertvorstellungen entsprach. Sobald Sie diesen Werten zuwiderhandelten, wurden Sie bestraft. Auch Ihre Lehrer haben Sie für ein Verhalten gelobt und ermuntert, das ihre Zustimmung fand, und ähnliche Formen der Strafe angewendet, wenn Sie gegen ihre zutiefst verwurzelten Anschauungen verstoßen hatten. Der Kreis schloß sich mit Ihren Freunden und bisherigen Arbeitgebern. Sie selbst haben als Kind Ihre Helden, und vielleicht auch diejenigen, die nicht Ihre Sympathie genossen, mit bestimmten Wertvorstellungen ausgestattet.

Heute kommen neue, wirtschaftliche Faktoren ins Spiel. Da in den meisten Familien Vater und Mutter berufstätig sind, gibt es im Elternhaus oft keine überlieferten Rollen oder Vorbilder mehr, die Wertvorstellungen vermitteln könnten. Schulen, Kirchen, und – auf der weniger erfreulichen Seite – das Fernsehen haben inzwischen diesen Platz eingenommen. Das Fernsehen ist mittlerweile der bequemste Babysitter, da Kinder laut Statistik im Schnitt sieben Stunden pro Tag vor der Mattscheibe sitzen! Damit will ich natürlich nicht sagen, daß die „traditionelle" Familienstruktur die einzige Möglichkeit darstellt, Kinder zur Entwicklung ausgeprägter Wertvorstellungen zu erziehen. Ich meine jedoch, daß wir den Kindern unsere Lebensphilosophie nahebringen, wenn wir ihnen ein Vorbild sind, wenn wir unsere eigenen Werte kennen und danach leben.

„Ich hab' die Kinder ins Bett gebracht. Ich will nicht, daß sie sich solchen Mist ansehen."

Was sind Werte?

Eine Sache wertschätzen heißt, ihr Bedeutung beimessen; alles, was man für wichtig hält, kann als „Wert" gelten. In diesem Kapitel spreche ich von jenen Werten, die in Ihrem Leben Vorrang haben. Es gibt zwei Arten von Werten: solche, die ein Endziel darstellen, und andere, die Mittel zum Zweck oder Zwischenziele sind. Wenn ich Sie fragen würde: „Was schätzen Sie im Leben am meisten?", könnten Sie antworten: „Liebe, Familie, Geld usw." Hier wäre Liebe das Endziel, das Sie verfolgen; mit anderen Worten: der Zustand, den Sie anstreben. Familie und Geld stellen lediglich ein Mittel zum Zweck, ein Zwischenziel oder einfach einen Weg dar, den emotionalen Zustand auszulösen, den Sie sich wirklich wünschen.

Wenn ich von Ihnen wissen wollte, was Ihnen Ihre Familie gibt, dann könnten Sie antworten: „Liebe, Sicherheit, Glück." Was Sie also wirklich schätzen — das Endziel, das Sie verfolgen —, sind also Liebe, Sicherheit und Glück. Auf die Frage, was Geld Ihnen bedeutet, antworten Sie vielleicht: „Freiheit, Einfluß, die Möglichkeit, anderen zu helfen, das Gefühl der Sicherheit." Auch hier ist Geld wieder ein Zwischenziel, das dem Zweck dient, wesentlich tiefer verwurzelte Wertvorstellungen und Emotionen konsequent zu verwirklichen.

Das Problem besteht darin, daß sich die meisten Menschen den Unterschied zwischen End- und Zwischenzielen nicht klargemacht haben. Viele sind so darauf fixiert, ihre kurzfristigen Ziele zu verfolgen, daß sie ihre wahren Wünsche — ihre Endziele — nie verwirklichen. Endziele sind diejenigen, die Ihnen wirklich ein Gefühl der Erfüllung vermitteln, die Ihr Leben reich und lohnenswert machen. Eines der größten Probleme besteht in meinen Augen darin, daß sich die Leute immerzu Zwischenziele setzen, ohne zu wissen, was sie im Leben wirklich wertschätzen, und deshalb nach Erreichen dieser Ziele sagen: „Soll das alles gewesen sein?“

Nehmen wir beispielsweise ein Frau, deren höchste Werte in Liebe und Fürsorglichkeit bestehen. Dann beschließt sie, Jura zu studieren, nachdem sie einen Anwalt kennengelernt hat, der ihr imponiert, weil er durch seine Arbeit etwas in Bewegung zu setzen und Menschen zu helfen vermag. Nach dem Examen stürzt sie sich in die Tretmühle der Rechtspraxis und hofft darauf, irgendwann einmal Partnerin in der Anwaltsfirma zu werden, in der sie tätig ist. Während sie diese Position anstrebt, verschiebt sich die gesamte Perspektive, aus der sie ihre Arbeit betrachtet. Sie macht Karriere, leitet schließlich die Anwaltsfirma und hat mehr Erfolg als jede andere Frau in ihrem Bekanntenkreis. Und doch fühlt sie sich unglücklich, weil sie keinen hautnahen Kontakt mehr zu den Mandanten hat. Ihre Stellung hat auch die Beziehung zu ihren Kollegen verändert, und sie verbringt ihre ganze Zeit in Besprechungen, bei denen Protokolle und Verfahrensfragen im Mittelpunkt stehen. *Sie hat ihr Ziel erreicht, sich jedoch nicht ihren Lebenstraum erfüllt.* Sind Sie jemals in die Falle getappt, ein Zwischenziel mit solcher Intensität zu verfolgen, als wäre es Ihr Endziel? Um wirklich glücklich zu sein, müssen wir uns den Unterschied bewußtmachen und uns vergewissern, daß wir wirklich unser Endziel verfolgen.

Appetenzwerte

Es ist richtig, daß wir alle ständig danach streben, einen positiven emotionalen Zustand zu erreichen; es entspricht aber auch den Tatsachen, daß wir manche Emotionen mehr als andere schätzen. Welche sind Ihnen beispielsweise am liebsten? Welche vermitteln Ihnen die größte Freude? Liebe oder Erfolg? Freiheit oder menschliche Nähe? Abenteuer oder Sicherheit?

Ich bezeichne diese positiven emotionalen Zustände, die wir am meisten schätzen, als Appetenzwerte, weil wir am meisten zu tun bereit sind, um sie zu erreichen. Welche Werte und Gefühle sind in Ihrem Leben wichtig, welche möchten Sie ständig erleben? Meine Seminarteilnehmer pflegen auf diese Frage folgende aufzuzählen:

Liebe	1. ____________________
Erfolg	2. ____________________
Freiheit	3. ____________________
Nähe	4. ____________________
Sicherheit	5. ____________________
Abenteuer	6. ____________________
Macht	7. ____________________
Leidenschaft	8. ____________________
Behaglichkeit	9. ____________________
Gesundheit	10. ____________________

Sicher werden Sie alle diese Werte schätzen, und sie sind ausnahmslos von Bedeutung. Aber messen Sie ihnen allen das gleiche Gewicht bei? *Es liegt auf der Hand, daß Sie für die Verwirklichung bestimmter emotionaler Zustände mehr zu tun bereit wären.* In Wirklichkeit hat nämlich jeder Mensch seine eigene Wertehierarchie. Sie beeinflußt die Entscheidungen, die Sie in jedem Augenblick Ihres Lebens treffen. Manchen ist Behaglichkeit wichtiger als Leidenschaft, Freiheit rangiert bei ihnen vor Sicherheit, oder menschliche Nähe hat Vorrang vor Erfolgsstreben.

Nehmen Sie sich nun einen Augenblick Zeit und überlegen Sie, welche der oben genannten emotionalen Zustände Sie am meisten schätzen. Schreiben Sie die Liste einfach neu, und zwar nach der Rangfolge, wobei 1 der für Sie wichtigste und 10 der am wenigsten wichtige Wert ist.

Was haben Sie aus dieser Übung gelernt? Wenn ich neben Ihnen säße, könnte ich Ihnen vermutlich einige erstklassige Rückmeldungen geben. Ich weiß eine Menge über Sie, wenn Sie beispielsweise Freiheit an die erste Stelle gesetzt haben, gefolgt von Leidenschaft, Abenteuer und Macht. Ich weiß, daß Sie andere Entscheidungen treffen als jemand, der Werte wie Sicherheit, Behaglichkeit, Nähe und Gesundheit am meisten schätzt. Glauben Sie, daß ein Mensch, für den Abenteuer das erstrebenswerteste Ziel darstellt, die gleichen Entscheidungen trifft wie jemand, der in erster Linie Wert auf Sicherheit legt? Glauben Sie, diese beiden würden das gleiche Auto fahren? Den gleichen Beruf wählen? Weit gefehlt.

Denken Sie daran, wie immer Ihre Wertvorstellungen auch geartet sein mögen, sie bestimmen die Richtung, die Ihr Leben nimmt. Wir alle wissen anhand eigener Erfahrungen, daß bestimmte Emotionen uns mehr Freude bereiten als andere. Manche Menschen haben festgestellt, daß ihnen das Gefühl, Macht über andere auszuüben, am meisten von allen bedeutet, und dieses Ziel verfolgen sie mit unglaublichem Ehrgeiz. Es wird zum Mittelpunkt aller ihrer Aktionen: Es beeinflußt die Wahl der Personen, zu denen sie eine Beziehung eingehen, ihr Verhalten im Rahmen dieser Beziehung und ihren Lebensstil. Es veranlaßt sie auch, sich in jeder Situation unwohl zu fühlen, die sie nicht steuern können.

Umgekehrt gibt es auch Leute, die Nachteile mit Herrschaft und Kontrollverhalten verknüpfen. Was sie sich mehr als alles andere wünschen, sind Freiheit und Abenteuer. Deshalb fallen ihre Entscheidungen ganz anders aus. Manchen Menschen macht es genausoviel Spaß, anderen zu helfen. Diese Wertvorstellung veranlaßt sie zu der Frage: „Welchen Beitrag kann ich leisten? Wie kann ich etwas verändern?“ Damit schlagen sie sicher eine andere Richtung ein als diejenigen, die allerhöchsten Wert darauf legen, Macht und Einfluß auszuüben.

Sobald Sie Ihre eigenen Wertvorstellungen kennen, verstehen Sie, warum Sie ständig in eine bestimmte Richtung streben. Und wenn Sie sich die Hierarchie Ihrer Werte bewußt gemacht haben, begreifen Sie, warum es Ihnen bisweilen schwerfällt, eine Entscheidung zu treffen, oder warum Sie sich bisweilen im Zwiespalt befinden. Wenn jemand beispielsweise die Freiheit an erste und menschliche Nähe an die zweite Stelle setzt, liegen diese beiden unvereinbaren Werte in ihrer Wertigkeit so nahe beieinander, daß es zu einem inneren Konflikt kommen kann.

Ich erinnere mich an einen Mann, der sich dauernd in diesem Appetenz-Aversions-Konflikt befand. Er versuchte ständig, ein autonomes Leben zu führen, aber als er sein Ziel endlich erreicht hatte, fühlte er sich einsam und sehnte sich nach menschlicher Nähe. Dann lernte er eine Frau kennen, die ihm sehr nahestand; aber aus Angst, seine Freiheit zu verlieren, sabotierte er die Beziehung. Eine der nachfolgenden Beziehungen wurde sogar mehrmals gelöst und erneuert, während er zwischen diesen beiden Werten hin- und herdriftete. Nachdem ich ihm geholfen hatte, seine Werthierarchie in den Griff zu bekommen, änderte er sein Beziehungsmuster und sein Leben.

Wenn Sie Ihre Wertvorstellungen kennen, sehen Sie klarer, warum Sie sich genau so und nicht anders verhalten und wie Sie ein Leben führen können, das Ihren wahren Zielen besser angepaßt ist. Die Werte anderer Menschen zu kennen ist jedoch nicht minder wichtig. Wäre es nicht von Vorteil zu wissen, welche Wertvorstellungen jemand hat, mit dem Sie eine private oder geschäftliche Beziehung unterhalten? Damit hätten Sie einen Fixpunkt auf dem Kompaß des jeweiligen Menschen und eine Möglichkeit zur Hand, sich Einblick in seinen oder ihren Entscheidungsfindungsprozeß zu verschaffen.

Ihre eigene Wertehierarchie zu kennen ist absolut unerläßlich, weil diejenigen Werte, die an erster Stelle stehen, Ihnen das größte Glück bescheren. Natürlich *müssen Sie dieses Wertesystem erst einmal etablieren, damit Sie jeden Tag nach Ihren wichtigsten Werten leben können.* Wenn Sie dies versäumen, werden Sie unweigerlich ein unerklärliches Gefühl der Leere oder Traurigkeit empfinden.

Meine Tochter Jolie — aus Beckys erster Ehe — führt ein unglaublich reiches Leben und schafft es, ihren höchsten Werten fast immer gerecht zu werden. Sie ist außerdem eine wundervolle Schauspielerin, Tänzerin und Sängerin. Mit sechzehn erhielt sie die Einladung, in Disneyland vorzusprechen. Sie schlug 700 Bewerberinnen aus dem Feld und durfte bei der Electric Light Parade des berühmten Vergnügungsparks mitmachen.

Anfangs wirkte Jolie euphorisch. Unsere Familie und ihre Freunde waren unglaublich stolz auf sie, und wir fuhren am Wochenende oft nach Disneyland, um ihrem großen Auftritt beizuwohnen. Ihr Terminkalender stellte jedoch eine außerordentliche Belastung dar. Die Parade fand jeden Abend während der Woche und auch an den Wochenenden statt, und außerdem war das Sommersemester in der Schule noch nicht vorüber. So machte sie sich allabendlich in der Hauptverkehrszeit von San Diego auf den Weg nach Orange County; die Proben und der eigentliche Auftritt nahmen mehrere Stunden in Anspruch, so daß sie erst mitten in der Nacht nach Hause zurückfahren konnte, um nach kurzem Schlaf am nächsten Morgen rechtzeitig in der Schule zu sein. Das tägliche Pendeln und die lange Arbeitszeit verwandelten das Erlebnis schon bald in eine schlimme Nervenprobe, ganz zu schweigen von den Rückenschmerzen, die sich durch das Tragen des schweren Kostüms einstellten.

Noch schwerer wog aus Jolies Perspektive, daß dieser vollgepackte Terminkalender ihr Privatleben drastisch beschnitt und sie daran hinderte, genug Zeit mit der Familie und ihren Freunden zu verbringen. Ich bemerkte, daß ihre Gemütsverfassung immer mehr zu wünschen übrig ließ. Beim geringsten Anlaß fing sie an zu weinen, und ständig fand sie irgend etwas, über das sie sich beklagte. Das sah Jolie überhaupt nicht ähnlich. Den Rest gaben ihr die Reisevorbereitungen der Familie: Wir hatten vor, nach Hawaii zu fliegen, um dort unser dreiwöchiges Zertifikations-Seminar abzuhalten — alle, außer Jolie, die zu Hause bleiben mußte, weil sie noch in Disneyland arbeitete.

Eines Morgens reichte es ihr und sie kam zu mir, in Tränen aufgelöst, unentschlossen und verwirrt. Sie fühlte sich frustriert, unglücklich und unausgefüllt, und doch hatte sie erst vor sechs Monaten ein unglaubliches Ziel erreicht. Disneyland war zu einer schmerzvollen Erfahrung geworden. Warum? Weil die Arbeit sie daran hinderte, Zeit mit den Menschen zu verbringen, die sie am meisten liebte. Außerdem hatte Jolie das Gefühl, daß die Teilnahme am Zertifikations-Seminar, bei dem sie als Übungsleiterin fungierte, mehr zu ihrer persönlichen Entwicklung beitrug als andere Erfahrungen in ihrem Leben. Viele ihrer Freunde aus allen Teilen Amerikas machten jedes Jahr in Hawaii mit, und Disneyland wurde zunehmend frustrierender, weil sie die Zeit dort nicht mehr als Bereicherung oder Chance zu persönlichem Wachstum empfand. Es würde schmerzlich sein, wenn sie uns begleitete (weil sie nicht als Aussteigerin gelten wollte), und genauso betrüblich, wenn sie in Disneyland weiterarbeitete, weil sie dann auf Dinge verzichten mußte, die ihr viel bedeuteten.

Ich half ihr, die vier wichtigsten Werte in ihrem Leben genauer unter die Lupe zu nehmen: Liebe, Gesundheit und Lebenskraft, persönliches Wachstum und das Gefühl, etwas geleistet zu haben. Dadurch gewann sie eben jene Klarheit, die sie brauchte, um die für sie richtige Entscheidung zu treffen. Ich stellte ihr die Frage: „Was gibt dir die Arbeit in Disneyland? Was ist dir daran so wichtig?" Sie erzählte mir, sie habe sich ursprünglich riesig darauf gefreut; für sie sei es eine Chance gewesen, neue Freunde zu finden, Anerkennung für ihre Arbeit zu erhalten, Spaß und das Gefühl zu haben, eine tolle Leistung vollbracht zu haben.

Zu diesem Zeitpunkt hatte sie jedoch nach eigener Aussage keineswegs mehr das Gefühl, etwas Tolles zu leisten, weil ihr klargeworden war, daß die Arbeit sie nicht weiterbrachte. Sie wußte, daß es andere Dinge gab, die ihre Karriere beschleunigt hätten. Sie gestand auch: „Ich fühle mich total ausgebrannt. Ich bin nicht in Topform, und ich vermisse meine Familie ganz schrecklich."

Dann fragte ich sie: „Was wäre, wenn du in diesem Bereich etwas ändern würdest? Wenn du von Disneyland weggehen, dich zu Hause ein paar Tage erholen und dann nach Hawaii kommen würdest, was würde dir das bedeuten?" Plötzlich strahlte sie. „Ich wäre mit euch zusammen. Ich hätte mehr Zeit für meinen Freund. Ich würde mich wieder frei fühlen. Ich könnte mich ausruhen und Gymnastik machen, um meine Kondition zu verbessern. Ich wäre in der Lage, meinen guten Notendurchschnitt in der Schule zu halten. Ich könnte andere Möglichkeiten finden, etwas aus meinem Leben zu machen. Ich wäre glücklich."

Die Antwort auf die Frage, was sie tun sollte, lag nun klar auf der Hand. Auch der Grund ihrer Unzufriedenheit war ihr bewußt geworden. Bevor sie in Disneyland zu arbeiten begann, waren ihr drei Dinge besonders wichtig: das Gefühl, geliebt zu werden, gesund und fit zu sein, und sich weiterzuentwickeln. Folglich machte sie sich daran, das vierte Ziel auf ihrer Liste zu erreichen: Leistungen zu erbringen. Dabei schuf sie jedoch ein Umfeld, in dem sie ihr Können zwar unter Beweis zu stellen, nicht aber ihren drei wichtigsten Werten gerecht zu werden vermochte.

Diese Erfahrung machen viele. Wir alle sollten erkennen, daß wir unsere wichtigsten Wertvorstellungen zuerst erfüllen müssen; ihnen gebührt höchste Priorität. Es gibt indessen immer einen Weg, allen Wertvorstellungen gleichzeitig gerecht zu werden, und wir sollten uns vergewissern, daß wir uns mit nicht weniger zufriedengeben.

Jolies Entscheidung stand nur noch ein einziges Hindernis im Weg: Es war ihr unangenehm, Disneyland zu verlassen. Zu den Dingen, die sie am meisten im Leben haßte, gehörte, das Handtuch zu werfen. Ich hatte mit

Sicherheit zu dieser Ansicht beigetragen, weil ich glaube, daß diejenigen nie etwas erreichen, die vorzeitig aufgeben. Ich versicherte ihr, daß es nichts mit Aufgeben zu tun habe, wenn man gemäß den eigenen Wertvorstellungen lebe, und daß Beharrlichkeit nicht immer unbedingt eine Tugend sein muß. Ich wäre der erste, der sie zum Durchhalten anfeuerte, wenn sie ihre Arbeit deshalb aufgäbe, weil sie ihr zu anstrengend erscheine. Ich brachte sie auf den Gedanken, in ihrem Gesinnungswandel ein Geschenk zu sehen, das sie einem anderen Mädchen machen konnte.

Ich sagte: „Jolie, kannst du dir vorstellen, daß du als zweite Besetzung oben auf der Liste stehst, und plötzlich tritt diejenige, der man die Rolle gegeben hat, zurück, so daß du die Gelegenheit erhältst, bei der Parade mitzuwirken? Warum gibst du diese Chance nicht einer anderen?“ Da zu Jolies Definition von Liebe auch Hilfsbereitschaft gehört, konnte sie damit ihre höchste Wertvorstellung befriedigen. Sie hörte schlagartig auf, Nachteile mit ihrem Ausscheiden aus der Disney-Truppe zu verbinden, und assoziierte nun Freude mit ihrer Entscheidung.

Sie hat diese „wertvolle“ Lektion nie vergessen, und am aufregendsten ist, daß sie einen Weg fand, allen ihren Wertvorstellungen gerecht zu werden und einen Schritt weiter in die angestrebte Richtung zu gehen. Sie fühlte sich nicht nur lebensfroher und glücklicher, sondern erhielt bald darauf auch ihre erste Rolle in einer Produktion des San Diego Starlight Theater.

Schmerzliche Lektionen

Ebenso, wie es Gefühle gibt, die wir uns wünschen und die wir anstreben, weil sie angenehm sind, haben wir auch eine Reihe von Emotionen, die wir mit allen Mitteln zu vermeiden suchen. Ganz am Anfang meiner beruflichen Laufbahn, als ich gerade mein erste Firma gegründet hatte, war es für mich schrecklich frustrierend, dauernd unterwegs zu sein und mich gleichzeitig um mein Geschäft kümmern zu müssen. Irgendwann stellte sich dann heraus, daß ein Mitarbeiter, der als mein Stellvertreter fungierte, nicht ganz ehrlich gewesen war. Wenn Sie, wie ich, mit Hunderttausenden von Menschen in beruflichen Kontakt kommen und zahllosen geschäftlichen Verpflichtungen nachkommen müssen, dann sind nach dem statistischen Durchschnitt immer einige dabei, die Sie zu übervorteilen versuchen. Leider sind es diese schwarzen Schafe, die uns im Gedächtnis haften bleiben, und nicht die zahllosen erfreulichen Geschäftsbeziehungen, die unsere Erwartungen bei weitem übertreffen.

Infolge einer solch schmerzvollen Erfahrung suchte ich nach einem neuen Firmenvorstand, der echte Führungsqualitäten besaß. Gerüstet mit meinem neuen Werkzeug, das mir ermöglichte, die Wertvorstellungen eines Menschen schon nach kurzer Zeit zu erkennen, fragte ich jeden aussichtsreichen Kandidaten: „Was ist in Ihrem Leben das Wichtigste?" Manche gaben Antworten wie „Erfolg", „Leistung" oder „Immer der Beste zu sein". Ein Bewerber benutzte jedoch das Zauberwort. Er sagte: „Ehrlichkeit."

Ich nahm diesen Satz nicht einfach als bare Münze hin, sondern überprüfte seine Referenzen bei mehreren Leuten, mit denen er früher zusammengearbeitet hatte. Sie bestätigten, daß er „ein grundehrlicher Mensch" war und sogar mehrmals seine eigenen Bedürfnisse zurückgestellt hatte, wenn es um Fragen der persönlichen Integrität ging. Ich dachte: „Genau das ist der Mann, der mich vertreten soll." Und mein neuer Geschäftsführer leistete tatsächlich ganze Arbeit. Bald stellte sich jedoch heraus, daß wir einen weiteren Mann für die Geschäftsleitung brauchten; er sollte möglichst über Eigenschaften verfügen, die meinem Geschäftsführer und mir fehlten. Er empfahl mir jemanden, der seiner Meinung nach für diese Position in Frage kam und der die Organisation mit ihm gemeinsam leiten konnte. Das war Musik in meinen Ohren.

Ich lernte diesen Mann kennen, den ich Mr. Smith nennen möchte. Er bot mir eine bühnenreife Vorstellung und überzeugte mich davon, daß er die im Verlauf der Jahre erworbenen Fähigkeiten einsetzen könne, um meiner Firma zu noch größeren Erfolgen zu verhelfen. Er sei imstande, mich zu entlasten, so daß ich Seminare in noch größerem Stil abhalten und mit noch mehr Menschen arbeiten könne, ohne ständig auf Achse sein zu müssen. Außerdem schlug er mir vor, daß ich ihm erst dann ein Gehalt zahlen solle, wenn er Ergebnisse vorweisen könne. Das klang fast zu schön, um wahr zu sein. Ich erklärte mich mit dieser Vereinbarung einverstanden. Mr. Smith und mein ehrlicher Geschäftsführer sollten die Firma gemeinsam leiten.

Eineinhalb Jahre später erwachte ich aus meinem Traum und entdeckte, daß die ganze Sache tatsächlich zu schön war, um wahr zu sein. Ja, ich hielt noch mehr Seminare ab, aber nun war ich nahezu 270 Tage im Jahr unterwegs. Ich hatte meine Fähigkeiten vertiefen und mehr Menschen bei Veränderungen helfen können, aber plötzlich erhielt ich die Mitteilung, ich stünde mit 758.000 Dollar in der Kreide, nachdem ich mehr als je zuvor in meinem Leben gearbeitet hatte! Wie war das möglich? Nun, Führungsqualität ist eben alles, sei es auf Unternehmens- oder persönlicher Ebene. Und ich hatte eindeutig die falschen Kräfte gewählt.

Aber es sollte noch schlimmer kommen: Mr. Smith hatte im Verlauf dieser achtzehn Monate mehr als eine Viertelmillion Dollar veruntreut. Er besaß ein neues Haus, einen neuen Wagen — und ich hatte angenommen, sie stammten aus früheren Einkommensquellen. Das war ein echter Hammer! Zu behaupten, ich sei aufgrund dieser Erfahrung wütend oder am Boden zerstört gewesen, wäre gelinde ausgedrückt und sicher ein Rückgriff auf das Tranformatorische Vokabular, um die Intensität meiner Gefühle abzuschwächen. Die Metaphern, die ich damals benutzte, waren:

„Er ist mir in den Rücken gefallen“ oder: „Er hat versucht, meine Erstgeburt zu ermorden.“ Ganz schön emotionsgeladen, stimmt's?

Was mich jedoch am meisten verblüffte, war, daß mein grundehrlicher Geschäftsführer untätig zusah und mir nicht die geringste Warnung zukommen ließ. Er mußte doch bemerkt haben, was da vor sich ging! Erst dann wurde mir nach und nach klar, *daß wir nicht nur positive Erfahrungen anstreben, sondern schmerzhafte auch bewußt vermeiden.* Denn mein aufrichtiger Firmenchef hatte durchaus versucht, mich darauf hinzuweisen, daß sein Partner ihm Sorgen machte. Er bat mich um eine Unterredung, nachdem ich von einer dreimonatigen Rundreise zurückgekehrt war. Am ersten Tag, den ich zu Hause verbrachte, setzte er sich mit mir in Verbindung, um mir zu eröffnen, er habe Zweifel an Smiths Integrität. Auf meine besorgte Frage nach dem Grund antwortete er: „Als wir in das neue Gebäude umgezogen sind, hat er das größte Büro für sich beansprucht.“ Diese Antwort war so kleinkariert, daß ich unheimlich wütend wurde und sagte: „Hören Sie zu. Sie haben ihn in die Firma gebracht; also sehen Sie auch zu, wie Sie das persönlich mit ihm regeln.“ Ich zog mich elegant aus der Affäre.

Ich hätte an diesem Tag merken müssen, daß ich meinem Geschäftsführer hart zusetzte, als er mich von den Vorgängen in Kenntnis setzen wollte. In dem erschöpften und gestreßten Zustand, in dem ich mich damals befand, entging mir die tiefere Bedeutung dessen, was da vor sich ging. Schlimmer war, daß mein ehrlicher Firmenchef später noch einmal versuchte, mir ähnliche Rückmeldungen zu geben. Ich hielt ihm daraufhin vor, es sei nicht fair, mit mir statt mit Mr. Smith zu reden. Dann marschierte ich direkt in das Büro seines Kollegen und sagte: „Er hat Sie bei mir angeschwärzt. Wenn Sie beide Probleme miteinander haben, machen Sie die gefälligst unter sich aus.“ Können Sie sich die Unannehmlichkeiten vorstellen, die mein Geschäftsführer mit Mr. Smith hatte?

Wenn ich heute an dieses Erlebnis zurückdenke, dann sehe ich, warum er mir nicht die Wahrheit sagte. Die Wahrheit — daß er jemanden in die Firma gebracht hatte, der mehr als eine Viertelmillion Dollar in seine eigene Tasche wandern ließ — wäre für ihn schmerzvoller gewesen, als das Problem aufzuschieben und einen Weg zu finden, es zu lösen.

Wenn ich heute an all die Aufregungen mit diesem Geschäftsführer zurückdenke, dann lassen sich alle Geschehnisse auf einen gemeinsamen Nenner bringen: Der Mann tat nicht, was er eigentlich hätte tun müssen, weil er einer Auseinandersetzung aus dem Weg gehen wollte. Ehrlichkeit war zwar wichtig für ihn, aber noch wichtiger war das Bestreben, den äußersten Schmerz einer offenen Konfrontation zu vermeiden. Deshalb hielt er mit den Tatsachen hinter dem Berg und redete sich ein, er sei ehrlich gewesen, weil ich ihn ja schließlich nie gefragt hätte, ob Mr. Smith Geld veruntreut habe. Hätte ich das getan, wäre er sicher bereit gewesen, mir die Geschichte zu erzählen.

So wütend die Situation mich auch machte und so schmerzvoll sie in finanzieller und emotionaler Hinsicht war, ich lernte dadurch eine der wichtigsten Lektionen meines Lebens; nun hatte ich das letzte Steinchen im Puzzlespiel menschlichen Verhaltens entdeckt. Das Wissen um diese miteinander gekoppelten Kräfte von Schmerz und Freude hat mir nicht nur geholfen, positive Veränderungen bei mir selbst und im Kreis meiner Familie zu bewirken, sondern auch bei Menschen in aller Welt.

Aversionswerte

Jedesmal, wenn wir entscheiden, wie wir uns verhalten sollen, versucht unser Gehirn als erstes zu ergründen, ob eine bestimmte Aktion zu einem positiven oder negativen Gefühlszustand führen könnte. Es durchdenkt und wägt ständig die Alternativen ab, um die Konsequenzen einzuschätzen, und richtet sich dabei nach der Wertehierarchie eines Menschen. Wenn ich Ihnen das Fallschirmpringen schmackhaft machen wollte und das Gefühl, das Sie um jeden Preis vermeiden möchten, wäre Angst, dann würden Sie sich vermutlich nicht darauf einlassen, oder? Wenn Ihnen indessen am meisten daran gelegen wäre, eine Zurückweisung zu umgehen, und sie nun Angst hätten, ich könnte Sie zurückweisen, dann könnten Sie sich trotz Ihrer Angst sehr wohl entschließen, den Sprung zu wagen. *Das jeweilige Ausmaß des Schmerzes, den wir mit bestimmten Emotionen verknüpfen, beeinflußt alle unsere Entscheidungen.*

Welche Emotionen möchten Sie ständig und unter allen Umständen vermeiden? Viele meiner Seminarteilnehmer präsentieren mir auf diese Frage folgende Liste:

Zurückweisung	1. ______________
Wut	2. ______________
Frustration	3. ______________
Einsamkeit	4. ______________
Niedergeschlagenheit	5. ______________
Versagen	6. ______________
Erniedrigung	7. ______________
Schuldgefühle	8. ______________

Auch Sie würden gern diese Emotionen meiden. Aber ist es nicht so, daß Ihnen manche schmerzvoller als andere erscheinen? *Welchen der oben genannten Emotionen möchten Sie um jeden Preis aus dem Weg gehen?* Zurückweisung, Niedergeschlagenheit, Erniedrigung? Die Antwort auf diese Frage bestimmt Ihr Verhalten in fast allen Situationen.

Nehmen Sie sich nun einen Augenblick Zeit. Schreiben Sie in die Leerzeilen der Liste die emotionalen Zustände, die Sie unbedingt vermeiden wollen, aufgelistet nach dem Grad Ihrer Abneigung.

Sehen Sie sich Ihre Liste an. Wenn Sie beispielsweise am meisten tun würden, um das Gefühl der Erniedrigung zu vermeiden, dann werden Sie jeder Situation aus dem Weg gehen, in der man Kritik an Ihnen üben könnte. Und wenn Einsamkeit für Sie das Schrecklichste auf der Welt ist, dann fühlen Sie sich motiviert, anderen zu helfen, zwischenmenschlichen Kontakt zu suchen und regelmäßig der oder die Gebende zu sein, damit Sie von vielen dankbaren Freunden umgeben sind.

Die Ursache der Selbstsabotage: Wertkonflikte

Nun wollen wir uns die Dynamik ansehen, die durch unsere Wertehierarchie entsteht. Wenn Sie beispielsweise Erfolg als oberstes Ziel anstreben (Appetenzwert) und Zurückweisung um jeden Preis vermeiden wollen (Aversionswert), dann könnte diese Hierarchie der Wertvorstellungen Probleme in Ihrem Leben schaffen. Ich muß Ihnen eines sagen: Wer versucht, in den Genuß des Erfolges zu kommen, ohne jemals eine Zurückweisung zu riskieren, dessen Erfolg ist nicht von Dauer. Dieser Mensch wird sich selbst einen Strich durch die Rechnung machen, bevor er wirklich große Erfolge erringen kann.

Wie kann ich so etwas behaupten? Vergessen Sie nicht, daß das grundlegende Prinzip, von dem wir hier so oft gesprochen haben, lautet: *Menschen sind bereit, mehr zu tun, um Schmerz zu vermeiden, als um Freude zu gewinnen.* Wenn Sie wirklich Spitzenerfolge im Leben erzielen möchten, müssen Sie dann nicht auch bereit sein, das Risiko einer Zurückweisung in Kauf zu nehmen? Müssen Sie nicht gewillt sein, auch diese Erfahrung zu machen? Stimmt es nicht, daß ein noch so ehrlicher und rechtschaffener Mensch, der jeden Tag sein Bestes gibt, um anderen zu helfen, immer wieder auf Leute trifft, die sein Verhalten falsch auslegen und ein Urteil fällen, ohne ihn persönlich zu kennen? Gleichgültig, ob Sie Schriftsteller, Sänger, Redner oder Geschäftsmann werden wollen, es besteht immer die Möglichkeit, daß Sie auf Ablehnung stoßen. Da ihr Gehirn nun automatisch weiß, daß Sie das Risiko einer Zurückweisung oder eines Fehlschlags eingehen müssen, um Erfolg zu haben, und weil bereits entschieden ist, daß dieses Gefühl der größte Schmerz ist und die angenehme Seite des Erfolgs nicht aufwiegt, wird es Sie veranlassen, Ihr eigenes erfolgsgerichtetes Verhalten zu sabotieren, bevor Sie überhaupt in die Nähe einer Zurückweisungssituation geraten!

Oft sehe ich Menschen, die einen Riesenschritt nach vorne unternehmen wollen, nur um im letzten Moment aus völlig unerfindlichen Gründen einen Rückzieher zu machen. Der Grund ist häufig ein schwerwiegender Wertekonflikt. Ein Teil ihres Gehirns sagt: „Na los, versuch's!", während der andere warnt: „Diese Erfahrung wird zu schmerzhaft sein." Und so machen Sie zwei Schritte vorwärts und einen Schritt zurück.

Während des Wahljahres 1988 habe ich dieses Prinzip als „Gary Hart-Syndrom" bezeichnet. Hart, der Senator aus Colorado, der Präsident werden wollte, schien ein netter Kerl zu sein, der sich wirklich leidenschaftlich für die Menschen und für die Gesellschaft einsetzte, dessen innerer Wertekonflikt jedoch in aller Öffentlichkeit ausgetragen wurde. War er deshalb ein schrecklicher Mensch? Ich habe da so meine Zweifel. Er war nur jemand, der sich in einem massiven Wertekonflikt befand. Gleichzeitig wurden ihm Vorbilder wie der Schauspieler Warren Beatty vorgehalten. Diese miteinander unvereinbaren Wünsche spielten bei seinem politischen Niedergang offenbar eine Rolle.

Glauben Sie, daß jemand, der so intelligent schien wie Gary Hart, den Medien sagen würde: „Wenn Sie etwas über mich erfahren wollen, dann folgen Sie mir!" — um dann unmittelbar darauf zu seiner Geliebten zu fahren? Das war doch eindeutig der Ausweg, den ihm sein Gehirn wies, um sich einer schmerzhaften Situation zu entziehen, in der er sich eher nach den Spielregeln der anderen als nach seinen eigenen hätte richten müssen. Wenn Sie wollen, können Sie diese Erklärung gern populärpsychologisch nennen; aber leuchtet es nicht ein, daß man, in zwei gegensätzliche Richtungen gezerrt, nicht in der Lage ist, Diener zweier Herren zu sein? Irgendwo müssen wir dann Konzessionen machen. Und so tun wir denn, bewußt oder unbewußt, alles Nötige, um uns die Erfahrung schmerzlichster Spannungen zu ersparen.

Wir haben alle schon Menschen in der Öffentlichkeit erlebt, die unter den Schmerzen eines Wertekonflikts litten; doch anstatt den Pharisäer zu spielen, sollten wir daran denken, daß wir solche Wertekonflikte auch in uns selbst austragen. Warum? Weil wir unser Wertesystem in aller Regel nicht selbst geschaffen haben, sondern unsere Umgebung uns geformt hat. Doch das kann jetzt anders werden.

Der *erste Schritt* besteht darin, daß wir uns unsere augenblicklichen Werte bewußt machen und begreifen, warum wir genau das tun, was wir tun. Welche emotionalen Zustände streben wir an, und von welchen streben wir weg? Wenn Sie Ihre beiden Listen betrachten, werden Sie die Kräfte erkennen, die Ihre Gegenwart und Ihre Zukunft formen.

Der *zweite Schritt* ermöglicht Ihnen, bewußt zu entscheiden, welche Werte Sie wollen, um Ihre Lebensqualität zu verbessern und genau das Schicksal zu schmieden, das Sie anstreben und verdienen.

Wie Sie Ihre derzeitigen Wertvorstellungen entdecken

Fangen wir also an. Sie haben bereits eine Musterliste erstellt, indem Sie die von mir vorgegeben Werte nach Ihrer Rangfolge aufgeschrieben haben. Um Ihren eigenen Wertvorstellungen auf die Spur zu kommen, müssen Sie nur die Frage beantworten: *„Was ist mir im Leben am wichtigsten?“* Merken Sie sich, was Ihnen spontan dazu einfällt. Ist es Seelenfrieden? Einfluß auf andere? Liebe?

Listen Sie jede Ihrer Werte nun der Rangfolge nach auf.

Was mir im Leben am wichtigsten ist

____

____

____

____

____

____

____

____

Meine erste Appetenzwert-Liste sah in der richtigen Reihenfolge folgendermaßen aus:

Meine (Anthony Robbins') alte Appetenzwert-Liste

Leidenschaft
Liebe
Freiheit
Beitrag zum Allgemeinwohl
Gefühl der Befähigung
Persönliches Wachstum
Leistung/Zielbewußtsein
Glück
Lebensfreude
Gesundheit
Kreativität

Als ich meine Liste ansah, wurde mir klar, warum ich so handeln mußte, wie ich handelte. Ich war ein Mensch, der alles mit großem Engagement anpackte, und nach jedermanns Beschreibung voller Tatendrang steckte. Darin sah ich meine große *Leidenschaft*. Daß ich die *Liebe* zu meiner Familie und zu meinen Freunden auch in meinen Seminaren vermitteln wollte, lag auf der Hand. Mein innigster Wunsch bestand darin, anderen zu innerer *Freiheit* zu verhelfen, so daß ich damit auch meinen *Beitrag zum Allgemeinwohl* leistete und mich *befähigt* fühlte, nahezu alles zu erreichen. Persönliches *Wachstum* und *Leistungsbewußtsein* stellten sich nahezu automatisch ein, und auf diese Weise erreichte ich, daß mir das Leben *Spaß* machte, daß ich mich *gesund* und *kreativ* fühlte. Diese Liste half mir, auf der richtigen Spur zu bleiben und den Werten gerecht zu werden, die mir die wichtigsten waren. Über Jahre empfand ich mich daher bewußter als Mensch, der in Einklang mit sich selbst lebt.

Doch bald mußte ich eine weitere Unterscheidung treffen, welche die Qualität meines Lebens unwiderruflich verändern sollte.

Ändern Sie Ihre Werte, und Sie ändern Ihr Leben

Nach meinem Erlebnis mit dem infamen Mr. Smith reiste ich auf die Fidschi-Inseln, um Abstand zu gewinnen. Ich mußte meine Gefühle ins rechte Lot bringen, Perspektive und Klarheit über meine Situation gewinnen. Vor allem stand jedoch die Entscheidung an, was ich tun und wie ich eine Wende zum Besseren einleiten konnte. Am ersten Abend, den ich dort verbrachte, stellte ich mir eine sehr wichtige Frage. Ich fragte: „Welches Motiv steht hinter allen menschlichen Verhaltensweisen? Was veranlaßt jemanden, das zu tun, was er tut?“

Als ich am nächsten Morgen aufwachte, schossen mir ungezählte Ideen durch den Kopf. Ich schnappte mir mein Erfolgsjournal, setzte mich in ein Strandhaus und begann zu schreiben. Die Leute marschierten im Verlauf des Tages herein und heraus, während ich ohne Pause von morgens bis abends mit meinen Eintragungen beschäftigt war. Mein Arm fühlte sich schon ganz steif an, und meine Finger waren taub. Ich dachte ganz ruhig nach und schrieb; die Ideen sprudelten förmlich. Aus diesem unermüdlichen Gedankenfluß entwickelte ich die Destiny Technologies™ und einen guten Teil des Konzepts der Neuroassoziativen Konditionierung™. Als ich meine Notizen jedoch später nochmals prüfen wollte, konnte ich kein Wort mehr entziffern!

Aber die Ideen und Gefühle faßten in mir Fuß. Ich erkannte auf Anhieb das Potential des Konzepts. Diese Techniken konnten den Menschen helfen, die vom Gehirn gesetzten Prioritäten im autonomen Nervensystem umzuprogrammieren und so den Prozeß, der über alle Lebensbereiche entscheidet, buchstäblich neu zu strukturieren.

Ich begann darüber nachzudenken, was geschehen würde, wenn ich anderen nicht nur bei der Ermittlung und Analyse ihrer Wertvorstellungen helfen, sondern sie auch motivieren könnte, Rangordnung und Inhalt ihrer Wertehierarchie bewußt auszuwählen oder zu korrigieren. Ob ich jemanden, für den Sicherheit an erster und Abenteuer an fünfzehnter Stelle stand, dazu bringen würde, die Prioritäten zu vertauschen, fest verankert im autonomen Nervensystem? Was würde sich Ihrer Meinung nach im Leben dieses Menschen verändern?

Die Antwort liegt auf der Hand. Durch ein solches Vorgehen lassen sich die Gedanken, Gefühle und Verhaltensweisen dieses Menschen in buchstäblich allen Bereichen des Lebens nachhaltig verändern. Es handelt sich hier um einen inneren Wandel, der im Verlauf der Geschichte des öfteren beschrieben wurde: Aus Saulus wurde Paulus; die Dinge, die ein Mensch am meisten haßt, werden zu jenen, die er am meisten liebt, und umgekehrt.

Ist das wirklich möglich? Ich beschloß, daß ich diese Methode am besten an mir selbst testen konnte. Ich sah mir meine Werteliste an. Zuerst dachte ich: „Na prima. Ich halte an meinen Wertvorstellungen fest. Schließlich stehen die ja für alles, was ich bin.“ Aber dann erinnerte ich mich immer wieder daran, *daß der Mensch viel mehr ist als seine Wertvorstellungen.* Ich hatte bisher lediglich entdeckt, welche Prioritäten in meinem Leben konditioniert worden waren, und bewußt die Entscheidung getroffen, mich an das System von Schmerz und Freude zu halten, auf das ich programmiert war. Aber wenn ich mein Leben eigenständig gestalten wollte, dann mußte ich mir Gedanken über die Beschaffenheit eines Wertsystems machen, das mich auf den Weg in die von mir gewünschte Lebensrichtung bringen konnte.

Ich fühlte mich unglaublich inspiriert, als mir dämmerte, daß ich in diesem Augenblick vor einer Entscheidung stand, die meinen Lebensweg ein für allemal verändern würde. Ich begann, meine Werte genauer zu betrachten und mir die Frage zu stellen: *„Wie müßten meine Wertvorstellungen beschaffen sein, um mein Schicksal fundamental so zu gestalten, daß mein Entwicklungspotential als Mensch bestmöglich ausgeschöpft wird und die größte lebenslange Dauerwirkung erzielt werden kann?"*

Ich dachte: „Meine augenblicklichen Werte helfen mir eigentlich schon ganz gut"; aber dann stellte ich mir die Frage: *„Welche Wertnormen brauche ich darüber hinaus?"* Ich merkte, daß beispielsweise Auffassungsgabe auf meiner Liste fehlte. Mit Sicherheit war ich ein intelligenter Mensch, aber dieser Wert besaß nicht die gleiche hohe Priorität wie Leidenschaft. Tatsache war, daß ich aufgrund eben dieser Leidenschaft einige ziemlich törichte Entscheidungen getroffen hatte — einschließlich der Wahl meiner Geschäftsführer.

Ich erkannte, daß ich die Auffassungsgabe als bewußte Priorität in meinem autonomen Nervensystem verankern mußte; nur so würde ich imstande sein, meine geheimsten Wünsche zu erfüllen. Es konnte keinen Zweifel daran geben, daß der Auffassungsgabe ein Platz ganz oben auf meiner Liste gebührte. Danach stieß ich auf eine Reihe weiterer Werte, und ich entschied, welchen Rang sie in meiner Hierarchie einnehmen sollten.

Dann kam mir eine Frage in den Sinn, die ich nie zuvor gestellt hatte: *„Welche Werte sollte ich von meiner Liste streichen, um die gewünschten Resultate in meinem Leben zu erzielen?"* Ich erkannte, daß ich meinem *Freiheitsdrang* zuviel Aufmerksamkeit gewidmet und dadurch versäumt hatte, die Freiheit auszukosten, die ich bereits besaß. Ich stellte fest, daß ich nicht freier sein konnte, als ich in diesem Augenblick war. Vielleicht hätte ich ein anderes Gefühl als Bürger eines Landes, in dem keine solchen Wahlmöglichkeiten existieren, aber für mich gibt es nicht mehr Freiheit, als ich sie heute bereits genieße. Deshalb beschloß ich, diesen Wert aus meiner Liste auszuklammern und das Thema ein für allemal zu vergessen. Es war erstaunlich, wie frei ich mich fühlte, als ich die Freiheit von meiner Liste gestrichen hatte!

Als nächstes ergründete ich, welches wahre Verdienst jeder einzelnen Wertvorstellung zukam. Ich fragte mich: *„Welche Vorteile habe ich, wenn dieser Wert diese Position in meiner Hierarchie einnimmt?* Zum Beispiel Leidenschaft?" Und ich dachte: „Sie bringt Spannung in meinen Alltag, gibt mir Auftrieb, Energie und die Kraft, andere positiv zu beeinflussen. Sie verleiht meinem Leben erst die richtige Würze."

Dann folgte eine Frage, die mir angst machte, die ich mir nie zuvor gestellt hatte: „Welchen Preis zahle ich dafür, daß Leidenschaft an der Spitze meiner Wertliste steht?“ In diesem Augenblick sah ich die Antwort klar vor mir. Ich war gerade erst aus Denver zurückgekehrt, wo ich ein Seminar abgehalten und mich zum erstenmal seit Jahren unglaublich krank gefühlt hatte. Gesundheit befand sich ebenfalls auf meiner Wertliste; sie war mir wichtig. Aber sie stand nicht hoch genug im Kurs.

Übrigens, die von Ihnen aufgelisteten Werte müssen Ihnen wohl wichtig sein, denn es gibt hundert andere, die Sie nicht notiert haben. Meine Vorstellungen von Gesundheit beinhalteten auch eine ausgewogene Ernährung, was ich nicht vermerkt hatte. Außerdem war ich ziemlich lasch in puncto Gymnastik, und ganz sicher hatte ich nicht genug Schlaf. Jetzt war der Punkt erreicht, wo mein Körper unter den ständigen Forderungen nach unbegrenzter Energie zusammenbrach. Ich erinnerte mich, daß ich meine Seminare trotzdem gehalten hatte. Aber ohne Leidenschaft, liebevolle Zuwendung und das Gefühl, etwas bewirken zu können. Ich erkannte: Wenn ich der Leidenschaft weiterhin höchste Priorität beimaß, lief ich Gefahr, daß ich bald ausgebrannt und unfähig sein würde, den von mir angestrebten Lebensweg zu gehen.

Schließlich stellte ich mir noch eine letzte Frage: *„Welche Rangordnung müßten meine Werte haben, damit ich meine fundamentalen Lebensziele erreichen kann?“* Nicht: „Was ist mir wichtig?“, sondern: „Wie müßten diese Werte aussehen?“ Im Verlauf dieses Prozesses kristallisierte sich dann die folgende Liste heraus:

Meine neue Appetenzwert-Liste

Gesundheit/Lebenskraft
Liebe/Wärme
Auffassungsgabe
Fröhlichkeit
Aufrichtigkeit
Leidenschaft
Dankbarkeit
Lebensfreude/Glück
Etwas in Bewegung setzen
Lernen/Persönliches Wachstum
Etwas leisten
Der Beste sein
Investieren
Beitrag zum Allgemeinwohl
Kreativität

Diese Veränderungen mögen Ihnen subtil vorkommen, aber sie hatten eine nachhaltige emotionale Wirkung. Allein die Entwicklung dieser neuen Prioritätenliste löste zeitweilig Ängste und innere Kämpfe aus. Am schwierigsten war die Änderung der Reihenfolge zwischen Leistungsstreben und Glück, da Glück eine geringere Priorität für mich besessen hatte als *Leidenschaft, Liebe, Freiheit, Beitrag zum Allgemeinwohl, Gefühl der Befähigung, persönliches Wachstum* und *Leistung.* Was würde passieren, wenn ich dem Glück nun Priorität einräumte, wenn ich diesem Wert noch höhere Dringlichkeit beimaß als dem Leistungsstreben?

Ehrlich gesagt, auch diese Frage machte mir angst. Ich dachte: „Wenn es mir nicht schwerfällt, mich glücklich zu fühlen, dann verliere ich vielleicht meine Antriebskraft. Möglicherweise ist mir Leistung dann nicht mehr so wichtig, oder ich habe dann nicht mal mehr Lust, anderen zu helfen." Schließlich verknüpfte sich meine Identität mit der Fähigkeit, mich mit Leidenschaft für Veränderungen einzusetzen. Ich brauchte fast zwei Stunden für die Entscheidung, künftig nach „meinem Gusto" zu handeln und mich selbst glücklich zu machen. Wie lächerlich!

Aber ich kann Ihnen sagen: Wie ich aus meinen Date With Destiny-Seminaren und aus der Zusammenarbeit mit Zehntausenden von Menschen weiß, von denen die Mehrzahl sehr erfolgreich ist, gehören solche Ängste zu den größten. Die meisten befürchten, ihre Antriebskraft oder Motivation zu verlieren, wenn sie dem Glück höchste Priorität einräumen. Deshalb möchte ich Ihnen nur eines sagen: *Anstatt nach Glück auf dem Weg über die Leistung zu streben, begann ich nun, bei meinen Leistungen Glück zu empfinden.* Dadurch entstand solch ein Unterschied in meiner Lebensqualität, daß ich ihn nicht zu beschreiben vermag. Ich verlor meine Antriebskraft nicht — im Gegenteil, ich fühlte mich so energiegeladen, daß ich mir immer anspruchsvollere Ziele setzte!

Als meine Liste komplett war, stellte sich ein Gefühl ein, das ich vorher nicht gekannt hatte: Ruhe und Gelassenheit, ein Gefühl der Sicherheit, das mir bis dahin gefehlt hatte, weil ich nun wußte: Jeder Aspekt meiner Persönlichkeit würde bestrebt sein, mich der Verwirklichung meiner Träume näherzubringen. Ich focht nicht länger einen Zermürbungskrieg gegen mich selbst aus. Wenn ich mir nicht ständig mehr Freiheit wünschte, konnte ich mehr menschliche Nähe und Liebe, und damit mehr Freiheit finden. Ich würde freudig auf persönliche Bestleistungen abzielen, gesünder, vitaler und besonnener in meinem Verhalten sein. Mit der Entscheidung neue Prioritäten in meinem Leben zu setzen, konnte ich auf Anhieb in meinem Körper eine physische Veränderung spüren.

Im Anschluß daran merkte ich auch, daß es bestimmte Gemütslagen gab, die ich um jeden Preis meiden mußte, wenn ich Erfolg haben wollte. Beispielsweise die Besorgnis. Ich fühlte mich emotional und physisch ausgelaugt infolge des schmerzhaften Prozesses, einen Weg zu finden, um den Weiterbestand meiner Firma zu sichern. Damals glaubte ich, daß mich diese Sorge vielleicht noch stärker anspornen könnte, aber ich fand heraus, daß sie mich in Wirklichkeit lähmte. Deshalb beschloß ich, keine übermäßigen Angstgefühle mehr aufkommen zu lassen. Ein gewisses Maß an Besorgnis war berechtigt, aber wichtiger war, daß ich mich voll auf die Maßnahmen konzentrierte, die Abhilfe schaffen konnten. Sobald ich herausgefunden hatte, daß ich mir meinen angestrebten Lebensweg durch meine Ängste versperrte, mied ich diesen Gefühlszustand um jeden Preis. Er war eindeutig zu schmerzhaft, um sich darauf einzulassen. Deshalb begann ich, eine Aversionswert-Liste zu entwickeln.

Nachdem ich meinen weiteren Lebensweg entworfen hatte, flog ich in die Vereinigten Staaten zurück. Auf meine Freunde und Geschäftspartner wartete eine Riesenüberraschung! Als ich am ersten Tag wieder ins Büro ging, sprachen mich die Leute an: „Was ist denn mit Ihnen passiert? Sie sind ja wie ausgewechselt! Sie sehen richtig erholt und entspannt aus." Ich begann, jedem einzelnen meine neue Technik stundenlang zu erklären, bis mir bewußt wurde, daß ich sie straffen, verfeinern und in ein Seminar einbringen mußte. Und das war die Geburtsstunde des Date With Destiny-Seminars.

Ich habe dieses Buch aus dem Wunsch heraus geschrieben, die Technik der Neuroassoziativen Konditionierung so vielen Menschen wie möglich zu vermitteln. *Denken Sie daran, Sie selber bestimmen, wer Sie sein wollen.* Wie können Sie nun dieses dritte Element Ihres Steuersystems, Ihr Wertesystem, in den Griff bekommen? Dazu müssen Sie die folgenden zwei Schritte einleiten:

Ermitteln Sie Ihre derzeitigen Wertvorstellungen und ordnen Sie diese nach ihrer Bedeutung. Damit verschaffen Sie sich einen Einblick in Ihre Appetenzwerte, jene Werte, die Sie am stärksten anstreben, und in die Aversionswerte, von denen Sie um jeden Preis wegstreben. Sie werden ständig mehr Freude erleben, weil Sie den Schmerz/Freude-Mechanismus verstehen, der bereits in Ihnen verankert ist.

Wenn Sie gewillt sind, den Stier bei den Hörnern zu packen, können Sie Ihren Lebensweg in neue Bahnen lenken. *Stellen Sie sich eine neue Frage: „Welche Wertvorstellungen müßte ich haben, um das Leben zu führen, das ich mir wünsche und das ich verdiene?" Sammeln Sie alles, was Ihnen dazu einfällt. Ordnen Sie diese Ideen nach der Rangfolge ihrer Wichtigkeit. Prüfen Sie, welche Werte Sie ausklammern und welche Sie hinzufügen sollten, um die von Ihnen ersehnte Lebensqualität zu schaffen.*

Vielleicht fragen Sie sich jetzt: „Wie, zum Teufel, sieht denn mein Lebensweg aus?" Wenn Sie über diesen Punkt gestolpert sind, wiederholen Sie noch einmal das Kapitel 12. Wie würde sich beispielsweise Ihre Fähigkeit, mit Angst, Frustration und Zurückweisung umzugehen, durch die Entscheidung verändern, Mut ganz oben auf Ihre Appetenzwert-Liste zu setzen? Oder welche Auswirkung hätte es, wenn Sie das Leben spielerischer angingen? Wären Sie imstande, mehr Spaß zu empfinden, sämtliche Erfahrungen zu nehmen, wie sie sind, oder eine engere Beziehung zu Ihren Kindern herzustellen, mehr für sie zu sein als derjenige, „der die Brötchen verdient"?

Was haben Sie also mit Ihrer neuen Werteliste gewonnen? Stellt sie nur eine Ansammlung von Wörtern auf einem Blatt Papier dar? Die Antwort lautet ja — falls Sie sich nicht darauf konditionieren, sie als neuen Kompaß in Ihrem Leben zu benutzen. Sollten Sie sich zu Letzterem entschließen, dann schaffen Sie ein solides Fundament für alle Ihre künftigen Entscheidungen. Es ist schwierig, Ihnen in diesem Buch sämtliche Konditionierungsinstrumente zu beschreiben, die ich in Seminaren benutze, aber ich möchte Sie an die Hebelwirkung erinnern, die entsteht, wenn man inneren Druck aufbaut. Viele Teilnehmer meiner Date With Destiny-Seminare haben ihre Wertvorstellungen überall dort offenkundig gemacht, wo andere aufmerksam darauf werden, die ihnen dabei helfen können, diesen neuen höheren Ansprüchen gerecht zu werden.

Bauen auch Sie inneren Druck auf, um Ihre Verpflichtung den neuen Werten gegenüber zu stärken. Wenn Sie das nächstemal Ihre Kinder anbrüllen, wird vielleicht jemand, der Sie mag, Zeuge der Auseinandersetzung und erinnert Sie daran: „Hattest du nicht Toleranz ganz oben auf deine Liste gesetzt?"

Die Seminarteilnehmer dabei zu beobachten, wie sie ihre Wertehierarchie eigenständig gestalten, ist lohnenswert, weil zwischen dem Menschen, der sie Freitagabend noch waren, und der Persönlichkeit, zu der sie Sonntagmorgen geworden sind, ein ungeheuer großer Kontrast besteht. Der Wandel vollzieht sich auf wundersame Weise. Ich erinnere mich an einen Mann, der von seiner Frau in das Seminar geschleift wurde, obwohl er nicht die mindeste Lust hatte, daran teilzunehmen. Als wir über Wertvorstellungen und die Möglichkeit redeten, in diesem Bereich Veränderungen zu erzielen, erklärte er starrsinnig: „Ich muß keine meiner Wertvorstellungen ändern." Er schreckte vor dem Gedanken zurück, zu irgendeiner Veränderung in seinem Leben „gezwungen" zu werden. Dieses Thema war für ihn zur fixen Idee geworden, und so weigerte er sich beharrlich, irgendeine Veränderung auch nur in Betracht zu ziehen.

Schließlich sagte ich zu ihm: „Ich weiß, daß Sie nichts ändern müssen. Ich weiß auch, daß Sie ein freier Mensch sind. Und deshalb bin ich sicher, daß Sie sich die Freiheit nehmen, einige Werte hinzuzufügen. Welche wären für Sie wichtig, um Ihre Lebensqualität zu verbessern und Ihre eigentlichen Ziele zu erreichen?" Nach einigen Minuten des Nachdenkens antwortete er: „Na ja, ein bißchen mehr Flexibilität wäre nicht schlecht." Die Zuhörer brachen in Gelächter aus. „Prima. Und an welche Stelle Ihrer Liste würden Sie die Flexibilität setzen?" Wir fingen unten an und arbeiteten uns bis zum vierten Platz vor.

In dem Augenblick, als der Mann entschied, daß dieser Rang tatsächlich der richtige für seine neue Wertvorstellung sei, räusperte sich ein anderer Teilnehmer — ein Chiropraktiker, der hinter ihm saß — und sagte: „Habt ihr das gesehen?" Die Physiologie dieses Mannes hatte sich buchstäblich vor unseren Augen verwandelt. Als er Flexibilität in sein Wertesystem integrierte, schien sich seine gesamte Körperhaltung zu lockern und zu entspannen. Er saß anders auf seinem Stuhl, und schien viel freier zu atmen. Selbst sein Gesichtsausdruck änderte sich, als die Anspannung der Gesichtsmuskulatur nachließ. Sein autonomes Nervensystem hatte offensichtlich die Botschaft erhalten, daß Flexibilität nun eine hohe Priorität besaß.

Dann fragte ich: „Möchten Sie Ihrer Liste noch weitere Werte hinzufügen?" Der Mann dachte einen Moment nach und antwortete dann mit fragender Stimme: „Vielleicht die Fähigkeit, anderen zu verzeihen?" Wieder brach die Gruppe in Gelächter aus. Dieser Mann, der anfangs vor Feindseligkeit und innerer Anspannung nur so strotzte, hatte eine Kehrtwende um 180 Grad vollzogen. Als er sich überlegte, welcher Platz in seiner Wertehierarchie dieser Tugend wohl gebührte, konnten wir beobachten, wie sich seine Haltung, die Atmung, Gesichtsmuskulatur und Gesten erneut veränderten. Während der restlichen Stunden des Wochenendes waren die Seminarteilnehmer verblüfft über den spektakulären Wandel, der sich auf zwei einfache Ergänzungen in seiner Werteliste zurückführen ließ. Wenn er mit anderen redete, nahm seine Stimme einen weicheren Klang an; sein Gesicht schien sich zu „öffnen" und ausdrucksvoller zu werden, und er fand viel leichter einen Draht zu seinen Mitmenschen als früher. Heute befindet sich „Freiheit" nicht einmal mehr auf seiner Werteliste; die Intimität und Nähe zu seiner Frau ist ungeheuer gewachsen.

„Wir sind, was wir immer wieder tun."

Aristoteles

Das Leben hat seine eigenen Mittel, um unsere Werte zu prüfen. Dieser Augenblick kam für mich, als ich mich in der Abflughalle eines Flughafens befand, bereit zum Einstieg ... und siehe da, dort stand der abgefeimte Mr. Smith. Ich spürte, wie jene Wut und Feindseligkeit wieder in mir aufwallten, die ich seit zwei Jahren nicht mehr empfunden hatte, vor allem deshalb, weil ich ihm nie mehr begegnet war. Er ging eilig an Bord und begab sich auf seinen Platz in einer der letzten Reihen. Während ich meinen Sitz einnahm, wohl wissend, daß er sich hinter mir befand, rasten zahllose Fragen durch meine Kopf: Was mache ich jetzt? Stelle ich ihn zur Rede? Soll ich einfach zu ihm hinübergehen, mich vor ihm aufpflanzen und ihn unverwandt anstarren, so daß er vor lauter Scham im Boden versinken möchte? Ich bin nicht besonders stolz auf diese Fragen, aber da ich Aufrichtigkeit besonders hoch schätze, gebe ich sie ungeschminkt wieder.

Es dauerte jedoch kaum länger als eine Minute, bis meine Wertvorstellungen wieder zur Richtschnur meines Verhaltens wurden. Warum? Ich öffnete mein Notizbuch, um etwas aufzuschreiben, und da war meine Wertehierarchie, auf der ersten Seite. Ganz oben stand: „Liebe und Wärme zu geben ist mir im Leben am wichtigsten." Aha. „Gute Auffassungsgabe besitzen." Hmmm. „Fröhlich, aufrichtig, leidenschaftlich, dankbar sein; Spaß am Leben haben, die Initiative ergreifen ..." Sie können sich sicher vorstellen, daß sich mein Gefühlszustand ziemlich drastisch veränderte. Da starrte mir etwas ins Gesicht, was mich daran erinnerte, wer ich wirklich war und worum es mir eigentlich ging. Was ich zu tun hatte, lag nun klar auf der Hand.

Als das Flugzeug landete, sprach ich ihn an. Ich redete aufrichtig und verständnisvoll mit ihm. Ich erklärte ihm, daß ich sein früheres Verhalten keinesfalls billigen oder gutheißen könne, aber beschlossen hätte, meinen Groll zu vergessen und ihm sogar alles Gute wünsche. Das letzte, woran ich mich erinnere, war sein völlig verdattertes Gesicht, als ich mich umdrehte und davonging. Puh, das war ein emotionaler Volltreffer! Selbst in einer so streßgeladenen Atmosphäre war es mir gelungen, gemäß den Werten zu leben, die ich als richtig erkannt hatte. Nichts im Leben kommt der Erfüllung gleich, die in dem Wissen liegt, daß man das Richtige getan hat.

Bemächtigen Sie sich der Kraft, die Ihren Lebensweg beeinflußt. Nehmen Sie sich die Zeit, um die Übungen durchzuführen, die Klarheit in die Prioritäten Ihres Lebens bringen können.

Ist es möglich, festgefügte Wertvorstellungen zu haben und dennoch nicht danach zu leben? Ihr Wertesystem mag noch so großartig und ein hervorragender Wegweiser für Ihr Leben sein — Sie können sich trotzdem unglücklich fühlen, wenn Sie nicht verstehen, wie Lebensregeln funktionieren ...

16

Lebensregeln: Wenn Sie nicht glücklich sind, liegt hier der Grund

„Machen Sie es sich zur Aufgabe, höheren Ansprüchen zu genügen, als andere an Sie stellen.“

Henry Ward Beecher

Während ich diese Worte schreibe, blicke ich von meinem Zimmer im Hyatt Regency-Hotel am Strand von Waikoloa auf Hawaii über den tiefblauen Pazifik. Ich habe soeben etwas beobachtet, was in Nordamerika nicht wieder vor dem Jahr 2017 eintreten wird: eine totale Sonnenfinsternis. Becky und ich waren an diesem Morgen um 5.30 Uhr aufgestanden, so daß wir mit Tausenden anderer Besucher diesem seltenen astronomischen Ereignis beiwohnen konnten.

Ich beobachtete das bunte Sammelsurium der Zuschauer, die sich aus einem gemeinsamen Anlaß auf der Insel eingefunden hatten: Spitzenmanager, Familien, die hier ihren Urlaub verbrachten, Wissenschaftler, die Ferngläser mitschleppten, Rucksacktouristen, die ihre Zelte vergangene Nacht in den Lavamulden aufgeschlagen hatten, und kleine Kinder, die nur von ihren Eltern wußten, daß etwas Aufregendes bevorstand — ein Ereignis, das rund vier Minuten dauern würde. Und was taten wir hier? Wir wollten in einem Schatten stehen! Der Mensch ist schon ein merkwürdiges Wesen.

Um 6.28 Uhr war es endlich soweit. Spannung lag in der Luft, nicht nur wegen der bevorstehenden Sonnenfinsternis, sondern auch wegen der Angst, enttäuscht zu werden. An diesem einzigartigen Morgen hatten sich die Wolken nämlich verdichtet, und der Himmel war fast bedeckt. Es war interessant, wie die Zuschauer auf die Möglichkeit reagierten, daß sich ihre Erwartungen unter Umständen nicht erfüllten. Sie waren nicht gekommen, um zu sehen, wie sich der Mond kurz über die Sonne schob, sondern sie hatten sich auf eine vierminütige totale Sonnenfinsternis eingestellt — bei der der Schatten des Mondes die Sonnenstrahlen völlig verdecken und uns in Dunkelheit hüllen würde. Die *völlige Finsternis* war hier der springende Punkt.

Bis 7.10 Uhr hatten sich die Wolken gemehrt und waren Minute um

Minute größer geworden. Plötzlich brach die Sonne durch ein Loch in der Wolkendecke, und einen Moment lang konnten wir eine partielle Finsternis sehen. Die Menge begrüßte sie mit frenetischem Beifall, aber bald näherten sich die Wolken wieder, dicker und größer, und versperrten uns vollständig die Sicht. Als sich der große Augenblick näherte, wurde den Zuschauern klar, daß wir nicht imstande sein würden zu beobachten, wie der Mond die Sonne völlig überlagerte.

Plötzlich rannten Tausende zu einem riesigen Bildschirm hinüber, den eines der zahlreichen Fernsehteams aufgestellt hatte. Dort saßen wir und sahen uns die Sonnenfinsternis im Fernsehen an, wie alle anderen Menschen, die weltweit zu Hause vor dem Bildschirm hockten! In diesen Augenblicken konnte ich eine unbegrenzte Vielfalt menschlicher Emotionen beobachten. Jeder reagierte auf seine Weise, entsprechend *eigener Regeln: den Glaubenssätzen hinsichtlich der Dinge, die geschehen mußten, damit ihnen dieses Erlebnis ein gutes Gefühl vermittelte.*

Ein Mann begann zu fluchen: „Habe ich vielleicht 4.000 Dollar ausgegeben und die weite Reise gemacht, nur um mir diese vier Minuten im Fernsehen anzuschauen?" Eine Frau wiederholte monoton: „Ich kann einfach nicht glauben, daß uns das entgangen sein soll", während ihre altkluge kleine Tochter sie erinnerte: „Aber Mama, es passiert doch gerade!" Eine andere Frau rechts neben mir sagte: „Ist das nicht unglaublich? Ich bin so glücklich, daß ich hier sein kann."

Und dann ereignete sich etwas Sensationelles: Während wir auf dem Bildschirm den letzten Sonnenstrahl hinter dem Mond verschwinden sahen, wurden wir im Bruchteil von Sekunden in völlige Dunkelheit gehüllt. Es hatte nicht die geringste Ähnlichkeit mit dem Einbruch der Dämmerung, wenn sich der Himmel allmählich verdunkelt. Das war eine unmittelbar hereinbrechende, völlige Finsternis! Anfangs ging ein Raunen durch die Menge, aber dann senkte sich Schweigen über uns. Die Vögel flogen schutzsuchend in die Bäume und gaben keinen Laut mehr von sich. Und dann geschah etwas wahnsinnig Komisches. Als die Leute im Dunkeln saßen, begannen diejenigen, die ihre Kameras mitgebracht hatten, Fotos vom Bildschirm zu machen. Von einer Minute zur anderen waren wir wieder von Helligkeit überflutet, nicht von der Sonne, sondern von den zahllosen Blitzlichtern, die aufflammten!

Und dann war die Finsternis vorüber, fast so schnell, wie sie begonnen hatte. Der dramatischste Augenblick des ganzes Ereignisses war für mich derjenige, als ein schmaler Zipfel der Sonne hinter dem Mond zum Vorschein kam und uns sofort wieder in volles Tageslicht hüllte. Mir ging in diesem Augenblick der Gedanke durch den Kopf, *daß man nicht viel Licht braucht, um die Dunkelheit zu vertreiben.*

Kurz nach der Rückkehr des Sonnenlichts erhoben sich viele Leute und verließen den Schauplatz des Geschehens. Ich war verblüfft; schließlich war die Sonnenfinsternis doch noch gar nicht vorbei! Die meisten

Zuschauer murrten und beschwerten sich darüber, daß sie den weiten Weg auf sich genommen hatten und um das große Ereignis ihres Lebens betrogen worden waren. Einige blieben und beobachteten hingerissen das Schauspiel, voller Aufregung und Freude. Der Gipfel der Ironie war, daß innerhalb von fünfzehn bis zwanzig Minuten die Passatwinde sämtliche Wolken am Himmel vertrieben hatten. Er war nun blau und klar, und die Sonnenfinsternis enthüllte sich jedem, der hinsah. Aber nur wenige Menschen waren geblieben; die meisten hatten sich murrend auf den Rückweg in ihre Zimmer begeben. Sie schwelgten weiterhin in schmerzlichen Gefühlen ihrer unerfüllten Erwartungen.

Wie üblich begann ich, die Leute in ein Gespräch zu verwickeln. Ich wollte herausfinden, wie sie die Sonnenfinsternis erlebt hatten. Viele erklärten, es sei das unfaßbarste spirituelle Ereignis ihres Lebens gewesen. Eine schwangere Frau rieb sich den weitausladenden Bauch und eröffnete mir, das gemeinsame Erlebnis habe ihre Bindung zum ungeborenen Kind vertieft, und sie bereue nicht, hergekommen zu sein; das sei für sie genau der richtige Platz auf Erden. An diesem Tag stellte ich fest, daß es ungeheuer gegensätzliche Glaubensmuster und Regeln gab.

Was mir besonders komisch an der Sache vorkam, war jedoch, daß die Leute so grobe Aufregung und so starke Emotionen angesichts eines Ereignisses empfanden, das im Grund in nicht mehr als einem vierminütigen Schatten bestand. Wenn man darüber nachdenkt, dann ist das kein größeres Wunder als der Sonnenaufgang! Können Sie sich vorstellen, daß überall auf der Welt die Menschen jeden Morgen mit den Hühnern aufstehen, um den Sonnenaufgang zu betrachten? Daß die Nachrichten im In- und Ausland gewissenhaft über jede Phase des Ereignisses berichten, ja geradezu besessen verfolgen, wie sich die Sonne am Horizont erhebt? Und daß wir den ganzen Morgen lang nur ein Gesprächsthema haben: das Wunder, dessen Zeuge wir gerade geworden sind? Können Sie sich vorstellen, wie unser Alltag dann aussähe? Was wäre, wenn die großen Fernsehsender jede Nachrichtensendung mit der Einleitung beginnen würden: „Guten Morgen. Wieder einmal ist das Wunder geschehen — die Sonne ist aufgegangen!"? Warum reagieren wir nicht auf diese Weise? Aber das Problem ist, daß wir in eingefahrenen Gleisen stecken. Wir haben uns so an die Wunder gewöhnt, die rings um uns geschehen, daß wir sie gar nicht mehr als Wunder betrachten.

Die meisten von uns haben Regeln aufgestellt, die uns vorschreiben, nur den seltenen Dingen Wert beizumessen, statt die Fülle der Wunder zu schätzen. Was hat die Zuschauer bewogen, so unterschiedlich auf die Sonnenfinsternis zu reagieren — angefangen bei dem Mann, der so wütend wurde, daß er auf der Stelle seine Kamera zertrümmerte, bis hin zu den Zuschauern, die nicht nur an diesem Tag Freude empfanden, sondern noch in den darauffolgenden Wochen, Monaten und Jahren davon zehrten, immer, wenn sie anderen von der Sonnenfinsternis erzählten?

Unsere Wahrnehmung der Realität hat nichts mit der Realität als solcher zu tun. Wir interpretieren sie durch den Filter unserer Glaubensmuster, die eine steuernde Kraft in unserem Leben darstellen. Die individuellen Glaubenssätze, die bestimmen, was geschehen muß, damit wir uns gut fühlen, wann wir Schmerz oder Freude empfinden, nenne ich Regeln. Wenn wir nicht begreifen, welche Macht ihnen innewohnt, nehmen wir uns möglicherweise jede Chance, ein Leben lang glücklich zu sein. Wenn wir hingegen ihren Mechanismus verstehen und zu nutzen wissen, können wir unser Leben damit genauso verändern wie mit allen Instrumenten und Techniken, die in diesem Buch beschrieben sind.

Lassen Sie mich Ihnen eine Frage stellen: *Was muß geschehen, damit Sie sich gut fühlen?* Muß Sie jemand umarmen, küssen, lieben oder Ihnen bestätigen, daß man Sie achtet und schätzt? Müssen Sie eine Million auf dem Bankkonto haben? Von Ihrem Chef ein Lob erhalten? Alle Ihre Ziele verwirklichen? Das richtige Auto fahren, zu den richtigen Parties eingeladen werden, die richtigen Leuten kennen? Müssen Sie sich in Ihre Religion hineinknien, oder warten Sie, bis der Blitz der Erkenntnis Sie trifft? Was muß wirklich geschehen, damit Sie sich gut fühlen?

Die Wahrheit ist, daß überhaupt nichts *geschehen muß, damit Sie sich gut fühlen.* Man braucht dazu keine Sonnenfinsternis. Sie können sich jetzt, ohne den geringsten Grund, in emotionaler Höchstform fühlen. Auch wenn Sie die langersehnte Million verdient haben, gilt die alte Weisheit: Geld allein macht nicht glücklich. Sie haben die Regel aufgestellt: „Wenn ich diese Marke erreiche, dann werde ich optimistisch in die Zukunft blicken." In dem Augenblick, in dem Sie den Beschluß fassen, sich gut zu fühlen, übermitteln Sie Ihrem Gehirn die Botschaft, Ihre Gesichts-, Brust- und Körpermuskulatur, Ihre Atmung und die biochemischen Vorgänge in Ihrem autonomen Nervensystem auf eine Weise zu ändern, die in Ihnen ein Gefühl der Freude auslöst.

Für wen war Ihrer Meinung nach der Tag der Sonnenfinsternis ein schreckliches Erlebnis? Für die mit den striktesten Regeln darüber, was geschehen müßte, damit sie sich gut fühlen könnten. Zweifellos waren die Wissenschaftler und jene Touristen, die sich selbst als Forscher betrachteten, am meisten enttäuscht. Viele hatten eine Menge Punkte auf ihre Tagesordnung gesetzt, die sie in diesen vier Minuten abhaken wollten.

Bitte mißverstehen Sie mich nicht. Es ist nichts dagegen einzuwenden, wenn man leistungsbewußt und bestrebt ist, immer sein Bestes zu geben. Aber vor Jahren habe ich etwas erkannt, das mein Leben ein für allemal verändert hat: *Solange wir unser Leben auf eine Weise strukturieren, die unser Glück von Umständen abhängig macht, die sich unserem Einfluß entziehen, solange werden wir schmerzliche Erfahrungen machen.* Da ich nicht gewillt war, mit der Furcht vor weiteren Schicksalsschlägen zu leben und weil ich mich für klug und umsichtig hielt, entwarf ich neue Regeln, so daß ich Schmerz und Freude heute nur dann verspüre, wenn ich es für angemessen halte. Diese Entscheidung stützt sich auf die Fähigkeit, meine eigenen Gedanken, Gefühle und meinen Körper zu steuern. Becky und ich genossen die Sonnenfinsternis unbeschreiblich. Wir waren ohnehin aus anderen Gründen nach Hawaii gekommen, so daß wir es als zusätzliches „Bonbon" betrachteten, ein paar Tage früher zu fliegen, um die Sonnenfinsternis zu beobachten.

Wir hatten unseren Spaß, und das lag nicht daran, daß wir mit dem Ereignis keine großen Erwartungen verknüpften; im Gegenteil, wir freuten uns darauf. Der Schlüssel lag vielmehr in einer zentralen Regel, da wir beide für diesen Tag die Regel aufgestellt hatten: *daß wir dieses Ereignis genießen wollten, gleichgültig, was auch geschehen mochte.*

Wenn Sie diese Regel übernähmen und ständig auf Ihr Leben anwendeten, würde sich dann nicht alle Ihre Erfahrungen ändern? Wenn ich den Leuten von dieser Regel erzähle, antworten einige: „Ja, aber Sie schrauben damit Ihre Ansprüche herunter!" Nichts könnte weiter von der Wahrheit entfernt sein. Wenn Sie sich diese Regel zu eigen machen, *schrauben Sie Ihre Ansprüche höher.* Das bedeutet, daß Sie den Anspruch an sich stellen, das Leben trotz der augenblicklichen Umstände zu genießen. Es bedeutet, daß Sie über genug Intelligenz, Flexibilität und Kreativität verfügen, um Ihre Aufmerksamkeit und Werturteile so zu lenken, daß Sie den wahren Reichtum des Lebens erfahren. Vielleicht ist das die wichtigste, die elementarste Regel.

Im letzten Kapitel haben Sie damit begonnen, Ihre eigene Wertehierarchie zu entwerfen, um Kurskorrekturen in Ihrem Leben vorzunehmen. Machen Sie sich jedoch eines bewußt: *Das Gefühl, ob Sie dabei sind, die eigenen langfristigen Ziele zu erreichen oder nicht, hängt ausschließlich von Ihren persönlichen Regeln ab* — Ihren Glaubensprinzipien bezüglich der Dinge, die geschehen müssen, damit Sie sich erfolgreich, glücklich oder geliebt fühlen. Sie können dem Glück hohe Priorität beimessen; aber falls Ihre Vorstellungen von Glück beinhalten, daß alles genauso laufen muß, wie Sie es geplant haben, dann garantiere ich Ihnen, daß Sie dieses Wertkonzept nie auf kontinuierlicher Basis verwirklichen können. Das Leben ist eine Gleichung mit vielen *variablen Größen*, und deshalb müssen wir unsere Regeln so strukturieren, daß wir uns ständig anpassen, uns weiterentwickeln und Freude empfinden. Es ist von ausschlaggebender Bedeutung, daß wir diese unbewußten Glaubenssätze verstehen, die über Schmerz oder Freude entscheiden.

Richter und Geschworene

Wir alle haben verschiedene Regeln und Maßstäbe, die nicht nur über unsere Gefühle gegenüber den Geschehnissen in unserem Leben entscheiden, sondern auch festlegen, wie wir in einer bestimmten Situation handeln und reagieren. Letztlich sind unsere Verhaltensweisen und Persönlichkeitsmerkmale von der Richtung abhängig, in die uns unsere Werthaltungen geführt haben. Gleichermaßen wichtige — oder sogar noch wichtigere — Einflußfaktoren für unsere Emotionen und Verhaltensweisen sind jedoch unsere *Glaubenssätze darüber, was gut und was schlecht für uns ist, was wir tun sollten und was wir tun müssen. Diese genau festgelegten Maßstäbe und Kriterien bezeichnen wir als Regeln.*

Ihre persönlichen Regeln sind die Auslöser für jedes Gefühl von Schmerz oder Freude, das Sie in jedem Augenblick in Ihrem autonomen Nervensystem empfinden. Es ist, als tage ständig ein „Miniaturgericht" in unserem Gehirn. *Unsere persönlichen Regeln sind die letzte Entscheidungsinstanz; sie fungieren zugleich als Richter und Geschworene.* Sie beurteilen, ob wir selbst oder andere bestimmten Wertvorstellungen gerecht geworden sind, ob wir uns gut oder schlecht, ob wir Schmerz oder Freude fühlen. Wenn ich Sie beispielsweise fragen würde: „Haben Sie eine gute Figur?", hängt die Antwort davon ab, ob Sie glauben, Sie müßten einem bestimmten Schönheitsideal entsprechen. Wenn ich Sie frage: „Sind Sie ein guter Liebhaber?", dann würde sich die Antwort danach richten, über welche Voraussetzungen ein guter Liebhaber gemäß Ihren Regeln verfügen muß. Und diesen *Regeln* käme ich mit Hilfe der Frage *auf die Spur:* „Woher wissen Sie, daß Sie ein guter Liebhaber sind? Was muß geschehen, damit Sie das Gefühl haben, ein guter Liebhaber zu sein?"

Sie könnten beispielsweise antworten: „Ich weiß es, weil mein Partner es mir immer wieder bestätigt", oder: „Das merke ich doch an den Reaktionen meines Partners", oder: „Das weiß ich, weil ich Spaß am Sex habe." Oder Sie sagen: „Sie brauchen sich nur zu erkundigen!"

Andere haben wiederum das Gefühl, kein großes As im Bett zu sein. Lassen ihre Qualitäten auf diesem Gebiet wirklich zu wünschen übrig? Oder sind nur ihre persönlichen Regeln unangemessen? Die Antwort auf diese Frage ist wichtig. Denn viele halten sich lediglich deshalb nicht für gute Liebhaber, weil ihr Partner ihnen nie gesagt hat, daß sie es sind. Ihre Partner mögen noch so leidenschaftlich reagieren, aber weil sie den spezifischen Regeln dieser Personen nicht gerecht werden (wozu eine ausdrückliche Bestätigung gehört), halten diese sich für schlechte Liebhaber.

Die Problematik, daß wir nicht die eigentlich verdienten Emotionen verspüren, beschränkt sich nicht auf Liebesbeziehungen oder Sex. Die meisten Menschen haben ebenso unzulängliche Regeln darüber aufgestellt, was unter beruflichem Erfolg, sozialem Engagement, Sicherheit, Intelligenz … zu verstehen ist. Doch über alles in unserem Leben, sei es Arbeit oder Spiel, urteilen diese Richter und Geschworenen, die Regeln.

Der springende Punkt ist, daß diese Regeln unser Leben bestimmen. Und natürlich sind sie völlig willkürlich aufgestellt worden. Wie so viele Elemente unseres Steuersystems resultieren auch unsere Lebensregeln aus einem Sammelsurium von Einflüssen, denen wir ausgesetzt waren.

Das selbe System der Strafe und Belohnung, das unsere Wertvorstellungen prägt, beeinflußt auch unsere persönlichen Regeln. Wenn wir neue Wertvorstellungen entwickeln, entwickeln wir auch Glaubenssätze hinsichtlich der Kriterien, die erfüllt sein müssen, um diesen Werten gerecht zu werden. Die Regeln werden also ständig ergänzt, und wenn wir neue hinzufügen, neigen wir oft dazu, unsere früheren Regeln zu verzerren, zu verallgemeinern oder ersatzlos zu streichen. Wir entwickeln Regeln, wenn wir uns in einem inneren Konflikt befinden. Und manche Menschen stellen diese Regeln aus dem Bedürfnis heraus auf, gegen die Regeln aufzubegehren, mit denen sie aufgewachsen sind.

Sind die Regeln, die Ihr Leben in eine bestimmte Richtung lenken, noch immer dem Menschen adäquat, zu dem Sie geworden sind? Oder klammern Sie sich an Regeln, die Ihnen früher einmal von Nutzen waren, Ihnen heute indessen nur Nachteile einbringen?

„Jeder Narr kann Regeln aufstellen —
und alle Narren werden sich danach richten."

HENRY DAVID THOREAU

Regeln sind abgekürzte Bewertungsprozesse für unser Gehirn. Sie helfen uns dabei, ein Gefühl der Sicherheit über die Konsequenzen unseres Handelns zu gewinnen. Sie ermöglichen uns, blitzschnelle Entscheidungen über eine Situation und unsere Reaktion darauf zu treffen.

Wenn jemand Sie anlächelt, und Sie müßten erst langwierige, komplizierte Überlegungen anstellen, was dieses Lächeln bedeuten könnte, dann wäre Ihr Leben frustrierend. Statt dessen gibt es Regeln, die Ihnen sagen, *wenn* jemand Sie anlächelt, dann bedeutet dies, daß diese Person glücklich oder freundlich ist, oder Sie einfach nur sympathisch findet. *Wenn* jemand Ihnen einen mißbilligenden Blick zuwirft, *dann* wird ein anderes Regelsystem aktiviert, das Ihnen sagt, was dieser zu bedeuten hat und wie Sie sich verhalten sollten. Für manche Leute gilt die Regel: *Wenn* jemand ein mürrisches Gesicht macht, *dann* ist er schlechter Laune; also geh ihm tunlichst aus dem Weg. Andere haben es sich vielleicht zur Regel gemacht, sich zu sagen: „*Wenn* jemand schlechte Laune hat, *dann* sollte ich dafür sorgen, daß sich seine Gemütsverfassung ändert."

Sind Sie ein Chaot oder ein Perfektionist?

Ich erinnere mich an eine faszinierende Geschichte in Gregory Batesons Buch *Ökologie des Geistes*. Es handelt sich um die Niederschrift eines Gesprächs, das er vor Jahren mit seiner Tochter geführt hatte, und das ich Ihnen nun wiedergeben werde. Eines Tages kam sie zu ihm und stellte ihm eine interessante Frage: „Daddy, warum gerät alles immer so schnell in Unordnung?"

„Was meinst du mit ‚Unordnung', Schätzchen?"

„Weißt du, Daddy, wenn etwas nicht so ist, wie es sein sollte. Schau dir mal meinen Schreibtisch an. Überall liegt was rum. Und dabei habe ich gestern abend erst richtig aufgeräumt. Aber es bleibt nicht so. Alles gerät so schnell in Unordnung."

Bateson fragte seine Tochter: „Zeig mir doch einmal, was du unter perfekter Ordnung verstehst." Sie stellte alle Gegenstände ins Regal, jeden an einen bestimmten Platz, und sagte: „Jetzt ist es ordentlich. Aber so bleibt es nicht lange."

„Was wäre, wenn ich deinen Malkasten um zehn Zentimeter verrücke? Was passiert dann?"

„Nein, Daddy. Jetzt ist alles wieder unordentlich. Der Kasten muß gerade stehen, nicht so schief, wie du ihn hingestellt hast."

„Und was wäre, wenn ich die Bleistifte dorthin legen würde?"

„Jetzt hast du wieder alles in Unordnung gebracht", erwiderte sie.

„Und wenn das Buch halb offen herumliegen würde?" fuhr er fort.

„Das sieht auch unordentlich aus."

„Schätzchen, es liegt nicht daran, daß die Dinge so leicht in Unordnung geraten. Vielmehr hast du mehr Möglichkeiten für Unordnung geschaffen. Denn für dich gibt es nur eine Möglichkeit, wie die Dinge wirklich ordentlich sein können."

Die meisten Menschen haben zahllose Strategien entwickelt, um sich schlecht zu fühlen, aber nur wenige, um sich wirklich gut zu fühlen. Ich staune immer wieder, wie viele Leute von ihren persönlichen Regeln auf schmerzliche Erfahrungen programmiert worden sind. Es ist, als hätten sie ein umfassendes, kompliziertes Netz neuraler Bahnen entwickelt, die sie auf der Schnellspur in eben jenen emotionalen Zustand führen, den sie zu vermeiden suchen, während es für sie nur eine Handvoll neuraler Wege gibt, die sie mit Freude assoziiert haben.

Ein Bilderbuchbeispiel war einer der Teilnehmer meines Date With Destiny-Seminars. Er war als Führungskraft in einem bekannten Unternehmen tätig, in seiner Gemeinde beliebt, weil er sich sozial engagierte, Vater von fünf Kindern und liebevoller Ehemann, außerdem ein Marathonläufer und daher physisch in Höchstform. Ich fragte ihn: „Sind Sie erfolgreich?" Zum großen Erstaunen aller Anwesenden antwortete er völlig ernsthaft: „Nein." Ich hakte nach: „Was müßte geschehen, damit Sie das Gefühl haben, erfolgreich zu sein?" (Das ist die Schlüsselfrage, um Ihren eigenen Regeln oder denen anderer auf die Spur zu kommen.)

Darauf betete er eine ganze Litanei starrer Regeln und Kriterien herunter, die er meinte, erfüllen zu müssen, um sich erfolgreich zu fühlen: Dazu gehörte eine jährliche Vergütung von drei Millionen Dollar (derzeit war seine Position nur mit 1,5 Millionen Dollar dotiert, plus Prämien in Höhe von zwei Millionen Dollar, aber das zählte für ihn nicht), 8 Prozent Körperfett (er hatte 9 Prozent) und vorbildliche Kinder (er hatte fünf, wie Sie sich erinnern werden, und jedes schlug im Leben eine andere Richtung ein). Wie stehen wohl die Chancen dieses Mannes, sich irgendwann einmal erfolgreich zu fühlen? Wird er jemals das Gefühl haben, erfolgreich zu sein?

Es gab im Gegensatz dazu noch einen anderen Teilnehmer, der allen aufgefallen war, ein richtiges Energiebündel. Er schien das Seminar und das Leben in vollen Zügen zu genießen. Auf meine Frage: „Sind Sie erfolgreich?" strahlte er mich an und erwiderte: „Und ob!" Deshalb wollte ich wissen: „Was muß geschehen, damit Sie sich erfolgreich fühlen?" Mit einem breiten Grinsen antwortete er: „Ganz einfach. Ich muß lediglich aufstehen, nach unten blicken und sehen, daß ich noch mit beiden Beinen auf dem Boden stehe." Die Zuhörer brüllten vor Lachen. Er fuhr fort: „Jeder Tag, an dem ich festen Boden unter den Füßen habe, ist ein großartiger Tag." Diese Regel wurde bei meinem Date With Destiny-Hilfsteam sehr populär. Wir haben diesen Satz auf ein Plakat gemalt und hängen ihn in jedem Seminar auf, um alle Teilnehmer daran zu erinnern, wie erfolgreich wir sind, wenn wir morgens die Bettdecke zurückschlagen.

Wie der Konzernchef, der seinen eigenen Regeln nicht gerecht wurde, *können auch Sie gewinnen und sich trotzdem als Verlierer fühlen, weil Sie ein unfaires Punktesystem benutzen.* Es ist nicht nur Ihnen gegenüber unfair, sondern auch gegenüber Menschen, mit denen Sie in Kontakt kommen. Wenn Sie Regeln aufstellen, die Frustration, Wut, Kränkung oder das Gefühl in Ihnen hervorrufen, ein Versager zu sein, oder wenn Sie keine klaren Vorstellungen darüber haben, was Sie glücklich, erfolgreich ... macht — dann wirken sich diese Emotionen nicht nur auf die Art aus, wie Sie andere behandeln, sondern auch auf die Gefühle, die Sie in diesen Menschen auslösen. Oft beurteilen wir andere, bewußt oder unbewußt, auf der Grundlage von Regeln, die wir vielleicht nie offen zum Ausdruck gebracht haben; aber wir erwarten, daß sich die anderen daran halten. Wenn Sie hart mit sich selbst ins Gericht gehen, werden Sie andere vermutlich genauso unerbittlich beurteilen.

Warum zwingt jemand sich selbst und den Menschen, die er am meisten liebt, so strikte Regeln auf? Das hat viel mit unserer gesellschaftlichen Konditionierung zu tun. Viele Menschen befürchten, daß es ohne solche eisernen Regeln eben nicht geht. Die Wahrheit ist jedoch, daß Sie keine so komplizierten Regeln brauchen, um Ihre Antriebskraft zu erhalten! Wenn wir Regeln aufgestellen, die zu anspruchsvoll oder zu schmerzhaft sind, dann merken wir schnell, daß wir einfach nicht gewinnen können, gleichgültig wie sehr wir uns auch anstrengen. Damit geraten wir in den Teufelskreis der erworbenen Hilflosigkeit. Wenn wir die Macht unserer Ziele nutzen, den Reiz einer unwiderstehlichen Zukunftsvision spüren, dann besitzen wir genug Antriebskraft. Wir brauchen jedoch Regeln, die uns die Möglichkeit geben, immer dann glücklich zu sein, wann wir es wollen.

Haben Ihre persönlichen Regeln eine stärkende oder lähmende Wirkung?

Wir sollten Regeln entwickeln, die uns nicht behindern, sondern zum Handeln motivieren, die uns veranlassen, Freude zu empfinden und unsere Entscheidungen umzusetzen. Ich habe festgestellt, daß viele Menschen, Männer wie Frauen, Regeln für ihre Beziehungen aufgestellt haben, die jede Möglichkeit ausklammern, in diesem Bereich des Lebens erfolgreich zu sein: „Wenn du mich wirklich liebst, dann liest du mir jeden Wunsch von den Augen ab." Oder: „Wenn du mich wirklich liebst, dann solltest du auch mein Jammern, Klagen und Nörgeln akzeptieren." Sind das angemessene Regeln? Sie sind unfair gegenüber jedem, der in irgendeiner Beziehung zu einer solchen Person steht.

Eine Frau, die an meinem Date With Destiny-Seminar teilnahm, erzählte mir, sie wünsche sich sehnlichst eine harmonische Beziehung. Ihr sei es nie gelungen, über die Phase des ersten himmelhochjauchzenden Verliebtseins hinaus das Interesse an einer Partnerschaft aufrechtzuerhalten. Ich fragte sie, was geschehen müsse, damit sie einen Mann auch weiterhin attraktiv fände. Ihre persönlichen Regeln halfen uns beiden, das Problem auf Anhieb zu verstehen. Sie forderte, daß der Mann sie zunächst einmal unermüdlich umwarb, während sie die Spröde mimte. Wenn er sich die größte Mühe gab, um das Eis zu brechen, dann war er in ihren Augen unendlich begehrenswert und eine starke Persönlichkeit.

Noch interessanter war ihre zweite Regel. Wenn jemand ihr mehr als einen Monat den Hof machte, verlor sie die Achtung vor ihm und fand ihn nicht mehr begehrenswert. Können Sie erraten, was sich normalerweise abspielte? Einige wenige Männer ließen sich nicht abschrecken, wenn sie ihnen die kalte Schulter zeigte, aber natürlich gaben die meisten schon nach kurzer Zeit auf. Deshalb hatte sie nie die Chance, sie wirklich kennenzulernen. Die wenigen, die Beharrlichkeit bewiesen, standen bei ihr eine Zeitlang hoch im Kurs, aber ungefähr nach einem Monat verlor sie das Interesse an ihnen. Sie stellte fest, daß sie keinen Mann fand, weil niemand in der Lage war, ihren komplexen „Zeitplan" vorauszusehen.

Welche unerfüllbaren Regeln haben Sie aufgestellt? Manche Menschen müssen, um sich als Herr der Lage zu fühlen, im voraus wissen, was passieren wird. Andere brauchen Übung, um sich in einem bestimmten Tätigkeitsbereich sicher zu fühlen. Wenn ich dieser Regel gefolgt wäre, hätte ich viele meiner Ziele nie erreicht! Die meisten Erfolge konnte ich aufgrund meiner Gewißheit verbuchen, daß ich imstande war, meine Ziele auch zu verwirklichen, wenn ich keine Referenzerlebnisse dafür besaß. „Wenn ich beschließe, zuversichtlich an eine Aufgabe heranzugehen, dann wird mir dieses Selbstbewußtsein helfen, sie zu bewältigen."

Was die fachliche Kompetenz angeht, so gibt es auch hier interessante Regeln. Manche Leute haben die Regel: „Wenn ich eine Aufgabe innerhalb eines bestimmten Zeitrahmens erledigt habe, beherrsche ich sie aus dem Effeff." Und andere sagen sich: „Wenn ich eine ähnliche Aufgabe geschafft habe, dann werde ich auch diese meistern."

Erkennen Sie, welche Auswirkungen diese Regeln auf Ihr Selbstvertrauen, Ihr Glück, Ihr Gefühl, eine Situation im Griff zu haben, auf die Qualität Ihrer Handlungen und auf Ihr Leben haben?

Bestimmen Sie Spielregeln, die es Ihnen ermöglichen, zu gewinnen

Im letzten Kapitel haben wir viel Zeit darauf verwendet, Wertnormen zu entwickeln. Wenn Sie jedoch nicht für Spielregeln sorgen, mit denen Sie sich selbst und anderen ermöglichen, zu gewinnen, dann werden Sie nie das Gefühl haben, daß jemand Ihren Wertvorstellungen entspricht. Als ich mit der Ausarbeitung meiner Ideen über die aktive Gestaltung des eigenen Lebensweges begann, hatte ich nur das Wertekonzept, nicht aber die Regeln entwickelt. Auf diese Weise war die Beurteilung, ob sich jemand auf der richtigen Spur befand, völlig willkürlich. An dem Tag, als ich die Bedeutung der Regeln entdeckte, begann ich zu begreifen, welche Aufgabe Schmerz und Freude im Reservoir unserer Erfahrungen zukommt. Die Regeln dienen als Auslöser menschlicher Empfindungen; und deshalb fing ich an, darüber nachzudenken, wie sich diese Regeln wirksamer nutzen ließen.

Mir wurde schnell klar, daß sich die meisten Menschen auf schmerzhafte Erfahrungen programmiert haben. Ihre Regeln machen es ihnen ungeheuer schwer, sich gut zu fühlen, und sehr leicht, sich schlecht zu fühlen. Ein Beispiel sind die Wertvorstellungen einer Frau, die ich Laurie nennen möchte.

Lauries alte Appetenzwerte

Liebe
Gesundheit
Sicherheit
Freiheit
Erfolg
Anerkennung
Spitzenleistungen
Harmonie
Achtung
Integrität
Aufrichtigkeit
Lebensfreude

Auf den ersten Blick sehen diese Werte hervorragend aus. Man könnte meinen, daß diese Person liebevoll, kerngesund und auf Freiheit bedacht ist. Bei näherem Hinsehen fällt jedoch auf, daß es hier ein Konfliktpotential gibt. Lauries dritter Wert ist Sicherheit, und an vierter Stelle steht Freiheit. Das kann natürlich nicht gutgehen.

Diese Frau war darauf programmiert, sehr schmerzliche Erfahrungen zu machen. Sie fühlte sich in jedem Sinn des Wortes frustriert; sie lebte buchstäblich wie eine Einsiedlerin und versteckte sich vor den Menschen. Keiner der Therapeuten, die sie zu Rate gezogen hatte, fand den Grund für ihre selbstgewählte Isolation. Sie bemühten sich ausnahmslos, auf ihre Verhaltensweisen, Ängste und Emotionen einzuwirken, statt einen Blick darauf zu werfen, wie ihr internes Steuersystem die Bewertung der Erfahrungen ihres Lebens vorprogrammierte.

Deshalb versuchte ich, Regeln für jeden ihrer Werte herauszufinden: „Was muß geschehen, damit sich dieses oder jenes Gefühl einstellt?" Um sich geliebt zu wissen, sagte sie, „muß ich das Gefühl haben, ich hätte es verdient. Ich muß das Gefühl haben, daß jeder Mensch, dem ich begegne, meine Glaubenssätze akzeptiert und billigt. Ich fühle mich ungeliebt, wenn ich nicht absolut perfekt bin. Ich muß eine Supermutter, eine Superehefrau sein", und so fort.

Sofort wurde uns das Problem klar. Liebe war der ranghöchste Wert auf ihrer Liste, die größte Quelle der Freude, zu der sie fähig war. Und doch wurde ihr von ihren Regeln verwehrt, sich selbst diese Freude zu gestatten, solange sie nicht auch jene vielschichtigen Kriterien erfüllte, die sich ihrem Einfluß entzogen! Wenn jemand das Gefühl, geliebt zu werden, davon abhängig macht, daß man seine Ansichten akzeptiert, dann käme er nicht oft in diesen Genuß, oder? Es gibt viel zu viele Menschen mit unterschiedlichen Ideen und Glaubensmustern und folglich zu viele Möglichkeiten, sich schlecht zu fühlen.

Wie erkennen wir, ob uns eine Regel aktiviert oder lähmt? Hier gibt es drei wichtige Kriterien:

1. Eine Regel hat lähmende Wirkung, *wenn es unmöglich ist, ihr gerecht zu werden.* Falls Ihre Kriterien so vielschichtig oder strikt sind, daß Sie das Spiel des Lebens nie gewinnen können, dann halten Sie mit Sicherheit an einer lähmenden Regel fest.
2. Eine Regel hat lähmende Wirkung, *wenn Umstände, die sich Ihrem Einfluß entziehen, darüber entscheiden, ob sie erfüllt wurde oder nicht.* Wenn andere Menschen in bestimmter Weise auf Sie reagieren müssen oder wenn Ihr Umfeld bestimmte Merkmale aufweisen muß, dann liegt mit Sicherheit eine kraftzehrende Regel vor. Ein Beispiel waren die Zuschauer bei der Sonnenfinsternis, die nicht eher glücklich sein konnten, bis das Wetter — das sich ihrem Einfluß entzog — ihren spezifischen Erwartungen entsprach.

3. Eine Regel hat lähmende Wirkung, *wenn Sie Ihnen nur wenige Möglichkeiten bietet, sich gut zu fühlen, und viele, sich schlecht zu fühlen.*

Laurie hatte es geschafft, alle drei Kriterien für schwächende Regeln zu erfüllen. Das Gefühl haben zu müssen, daß ihre Prinzipien von allen Menschen akzeptiert und gebilligt werden, ist ein unrealisierbarer Maßstab. Hier waren Umstände, die sie nicht steuern konnte — die Meinungen anderer — eine Voraussetzung dafür, daß sie sich gut fühlte. Diese Regel bot zahlreiche Möglichkeiten, sich schlecht zu fühlen, aber keinen eindeutigen Weg, sich gut zu fühlen.

Lauries *frühere* Appetenzwerte und Regeln

Liebe: Ich muß das Gefühl haben, daß ich sie verdient habe, daß alle meine Prinzipien akzeptiert und gebilligt werden. Ich kann mich nur dann geliebt fühlen, wenn ich perfekt bin. Ich muß eine Supermutter und eine Superehefrau sein.

Gesundheit: Ich muß das Gefühl haben, daß meine Ernährung vollkommen ist und den strengsten Maßstäben entspricht. Ich muß mich völlig frei von körperlichen Beschwerden fühlen. Ich muß das Gefühl haben, daß ich gesünder bin als alle anderen, die ich kenne, und daß ich ihnen mit gutem Beispiel vorausgehen kann.

Sicherheit: Jeder muß mich mögen. Jeder muß mir das Gefühl vermitteln, daß er absolut davon überzeugt ist, ich sei ein guter Mensch. Ich muß sicher sein, daß es keinen Atomkrieg geben wird. Ich muß viel mehr Geld auf meinem Konto haben als heute.

Freiheit: Ich muß meine Arbeitsbedingungen, meine Zeit, meine Einkünfte, die Meinungen anderer usw. beeinflussen können. Ich muß über soviel finanzielle Sicherheit verfügen, daß ich nicht unter Druck oder Streß stehe.

Für wie wahrscheinlich halten Sie es, daß Laurie auch nur einer ihrer Wertvorstellungen gerecht zu werden vermag, geschweige denn allen? Nehmen wir beispielsweise die Regeln, die sie für ihre Gesundheit aufgestellt hatte. Sie war nicht nur Vegetariern, sondern aß auch nur Rohkost, und noch immer fühlte sie sich nicht perfekt. Und wie stehen die Chancen, gesünder zu sein als alle Menschen, die man kennt? Schlecht, wenn man sich nicht einzig und allein auf einer Intensivstation aufhält!

Lauries *frühere* Aversionswerte und Regeln

Zurückweisung: Ich fühle mich zurückgewiesen, wenn jemand meine Glaubenssätze nicht teilt, und wenn jemand ganz offenkundig mehr weiß als ich.

Versagen: Ich fühle mich als Versager, wenn jemand nicht auf Anhieb glaubt, daß ich ein guter Mensch bin. Ich fühle mich als Versager, wenn ich es nicht schaffe, mich selbst oder meine Familie finanziell über die Runden zu bringen.

Wut: Ich werde wütend, wenn ich das Gefühl habe, daß man meine Leistungen nicht anerkennt, oder wenn Leute ein Urteil über mich fällen, ohne mich persönlich zu kennen.

Diese Aversionswerte sind gleichermaßen lähmend. Sie haben sicher gemerkt, wie einfach es ist, sich schlecht zu fühlen, und wie schwer, sich gut zu fühlen. Da Laurie schon eine Zurückweisung darin sieht, wenn jemand ihre Ansichten nicht teilt, sollte sie mit schmerzvollen Erfahrungen rechnen. Und wie stehen ihre Chancen, von jemandem vorschnell beurteilt zu werden? Bei hundert Prozent. Können Sie sich vorstellen, wie Sie sich fühlen würden, wenn Sie ein Mensch mit solchen Regeln wären? Laurie war völlig frustriert, und eine der Hauptursachen dafür waren ihre Mitmenschen. Jedesmal, wenn sie sich in Gesellschaft anderer befand, lief sie Gefahr, daß man ihre Prinzipien nicht teilte, sie vorschnell beurteilte. Kein Wunder, daß sie sich abkapselte. An irgendeinem Punkt in unserem Gespräch sagte ich ihr: „Ich könnte mir vorstellen, daß sich ein Mensch mit solchen Wertvorstellungen und Regeln leicht ein Magengeschwür einfängt." Sie erwiderte: „Ich habe bereits eines."

Laurie ist leider nicht der einzige Mensch mit derartigen Erfahrungen. Sicher sind manche Regeln strikter als andere. Aber Sie wären erstaunt, wenn Sie Ihre eigenen Regeln unter die Lupe nehmen und herausfinden würden, wie viele von ihnen absolut unfair sind. Der Grund ist unweigerlich in Wertkonflikten oder unangemessenen Regeln zu finden.

Die Lösung

Die Lösung ist ganz einfach. Um ein Leben nach unseren Vorstellungen zu führen, müssen wir lediglich ein Bewertungssystem mit Regeln entwikkeln, die erfüllbar sind, *die es uns leicht machen, uns gut zu fühlen, und schwer, uns schlecht zu fühlen,* die uns ständig in die angestrebte Richtung ziehen. Sicher ist es nützlich, auch solche Regeln zu haben, die wir als schmerzhaft empfinden. Wir brauchen Grenzen und ein gewisses Maß an Druck, der uns Antriebskraft verleiht. Ich kann keinen frischgepreßten Orangensaft trinken, wenn ich kein Glas habe, also keine Umgrenzung, welche die Flüssigkeit aufnimmt. Uns allen sind Grenzen gesetzt, sowohl auf der gesellschaftlichen als auch auf der individuellen Ebene. Der erste Schritt sollte darin bestehen, daß wir uns umprogrammieren, so daß wir im Leben häufiger Freude empfinden. Wenn wir uns immer gut fühlen, neigen wir dazu, andere freundlicher zu behandeln und unser Potential als menschliche Wesen bestmöglich auszuschöpfen.

Wie sehen also unsere Ziele aus? Sobald wir unsere eigenen Wertvorstellungen entwickelt haben, müssen wir entscheiden, welche sichtbaren Beweise wir brauchen, bevor wir zulassen, daß wir Freude empfinden. Es gilt, Regeln zu entwerfen, die uns unseren eindeutig realisierbaren Lebenszielen näherbringen, und dabei Maßstäbe anzulegen, die wir persönlich beeinflussen können. Nur so sind wir imstande, den Ton anzugeben, statt darauf zu warten, daß andere es tun.

Auf der Grundlage dieser Voraussetzungen gelang es Laurie, die Reihenfolge ihrer Wertvorstellungen teilweise und die Regeln, die zur Verwirklichung ihrer Ziele führten, vollständig zu ändern.

Hier sind ihre neuen Werte und Regeln:

Lauries *neue* Appetenzwerte und Regeln

Liebe: Ich empfinde immer dann Liebe, wenn ich Liebe zum Ausdruck bringe, wenn ich anderen Liebe schenke oder mir selbst gestatte, Liebe zu empfangen.

Gesundheit: Ich bin gesund, wenn ich bewußt zur Kenntnis nehme, wie großartig ich mich bereits fühle!

Lebensfreude: Ich genieße mein Leben, wenn ich Freude und Spaß daran habe, es zu bewältigen.

Dankbarkeit: Ich bin dankbar, wenn ich alle Dinge zu schätzen weiß, die ich heute im Leben erreicht habe.

Freiheit: Ich fühle mich frei, wenn ich nach meinen Überzeugungen lebe und akzeptiere, daß es allein meine Aufgabe ist, mein Glück zu schmieden.

Wie Sie sehen, ist Lebensfreude nun ein hochrangiger Wert. Dadurch änderten sich Laurie Lebenserfahrungen, ganz zu schweigen von der Beziehung zu Tochter und Ehemann. Aber die Korrekturen ihrer Lebensregeln besaßen noch größeres Gewicht. Wenn sie an ihren nicht realisierbaren Regeln festgehalten und nur ihre Wertvorstellungen korrigiert hätte, wäre die Wirkung beschränkt gewesen.

Was hat diese Frau getan? Sie hat ihr ganzes Leben völlig neu programmiert und selbst in die Hand genommen. *Wir müssen uns daran erinnern, daß unsere Selbstachtung davon abhängig ist, inwieweit wir uns imstande fühlen, die Ereignisse in unserem Umfeld zu beeinflussen.* Die neuen Regeln gestatten Laurie, die Fäden stets in der Hand zu halten.

Sind ihre neuen Regeln für die *Liebe* erfüllbar? Aber klar! Sie hat die Situation voll unter Kontrolle. Sie kann in jedem Augenblick entscheiden, sich selbst und andere liebevoll zu behandeln, und sich selbst die Erlaubnis erteilen, eben jenes Gefühl zu verspüren, das wir Liebe nennen. Sie weiß, daß sie ihren höchsten Wertvorstellungen gerecht zu werden vermag, und zwar jeden Tag, wenn sie will! Dafür bieten sich genügend Gelegenheiten, weil es viele Menschen gibt, denen sie Zuneigung entgegenbringen kann: sich selbst, ihrer Familie, ihren Freunden, sogar Unbekannten. Und wie steht's mit ihrer neuen Regel für die *Gesundheit?* Zum einen hat sie das Sagen — weil sie sich in jedem Augenblick bewußt machen kann, wie gut es ihr geht. Und zum anderen ist die Regel nicht nur erfüllbar, sondern sie festigt auch die Gewohnheit, sich gesund zu fühlen, wenn sie sich regelmäßig vor Augen hält, wie gut es ihr geht.

Darüber hinaus machte sich Laurie auch einige neue Aversionswerte zu eigen. Sie wählte Emotionen, die sie unbedingt vermeiden mußte, um erfolgreich zu sein: eine negative Grundeinstellung und zögerliches Verhalten. Vergessen Sie nicht: Wir wollen herausfinden, wie die meisten von uns programmiert sind, das Programm umkehren und in Zukunft schwer machen, uns schlecht zu fühlen, dagegen leicht, uns gut zu fühlen.

Lauries *neue* Aversionswerte und Regeln

Negative Grundeinstellung: Ich werde nach Möglichkeit immer vermeiden, mein Glück und meinen Erfolg davon abhängig zu machen, daß andere mich akzeptieren.

Zögerliches Verhalten: Ich werde nach Möglichkeit immer vermeiden, von mir selbst und anderen Perfektion zu erwarten.

Infolge dieser neuen Aversionswerte und Regeln ist Laurie nicht mehr darauf angewiesen, von anderen akzeptiert zu werden. Ihre Regel für zögerliches Verhalten basiert auf der Erkenntnis, daß es schmerzvoll war, ständig Perfektion zu erwarten. Aus diesem Grund nahm sie viele Aufgaben gar nicht erst in Angriff und schob sie immer wieder auf die lange

Bank. Die Korrekturen ihrer Wertvorstellungen und Regeln führten zur Erhöhung ihrer Lebensqualität — in einem Maß, das vorher unvorstellbar für sie gewesen wäre.

Nun habe ich eine Aufgabe für Sie: *Entwickeln Sie auf der Grundlage Ihrer neuen Wertvorstellungen Regeln für Ihre Appetenzwerte, die es Ihnen leichter machen, sich gut zu fühlen, und Regeln für Ihre Aversionswerte, die es Ihnen schwermachen, sich schlecht zu fühlen. Entwerfen Sie, im Idealfall, ein* Menü *der verschiedensten Möglichkeiten, sich in einen positiven Gefühlszustand zu versetzen.* Hier einige Anregungen:

Muster meiner eigenen Appetenzwerte und Regeln

Gesundheit und Vitalität: Jedesmal, wenn ich mich mit meinem Innersten verbunden, energiegeladen und ausgeglichen fühle; wenn ich etwas tue, was meine innere Stärke, Flexibilität oder Ausdauer erhöht; wenn ich die Initiative ergreife, um mein körperliches Wohlbefinden zu verbessern; wenn ich wasserreiche Kost zu mir nehme und in Übereinstimmung mit meiner eigenen Gesundheitsphilosophie lebe.

Liebe und Wärme: Jedesmal, wenn ich mich gegenüber Freunden, meiner Familie oder Fremden warmherzig und hilfsbereit zeige; wenn ich mich darauf konzentriere, wie ich helfen kann; wenn ich liebevoll mit mir selbst umgehe; wenn ich durch meinen emotionalen Zustand die Gefühle anderer verbessern kann.

Lernen und Wachsen: Jedesmal, wenn ich neue, nützliche Erkenntnisse gewinne; wenn ich aus eingefahrenen, bequemen Gleisen ausbreche; wenn ich über neue Möglichkeiten nachdenke; wenn ich meine derzeitigen Grenzen überschreite und effektiver werde; wenn ich mein Wissen auf positive Weise anwende.

Leistung: Jedesmal, wenn ich mich auf die Ziele in meinem Leben konzentriere, die ich bereits realisiert habe; wenn ich mir vornehme, ein bestimmtes Ergebnis zu erreichen, und Erfolg damit habe; jedesmal, wenn ich etwas dazulerne oder einen Wert für mich selbst oder andere schaffe.

Jetzt könnten Sie sagen: „Ist das nicht nur ein Spiel? Könnte ich es nicht so machen, daß meine Gesundheitsregel einfach darin besteht, richtig zu atmen?“ Sicher ist es möglich, sie auf eine so schlichte Grundlage zu stellen. Im Idealfall werden Sie Ihre Regeln jedoch so gestalten, daß sie Ihnen gestatten, mehr von dem zu erlangen, was Sie sich im Leben wünschen. Sie könnten auch fragen: „Verliere ich dann nicht den Biß, nach Erfolg zu streben, wenn Schmerz kein Motivationsfaktor mehr ist?" Vertrauen Sie mir. Das Leben wird Ihnen genug Kummer bereiten, wenn Sie sich Ihre Wünsche nicht erfüllen können. Sie müssen nicht noch durch allzu harsche Regeln dazu beitragen, daß Sie sich schlecht fühlen.

In der Soziologie gibt es ein Konzept, das „Ethnozentrizität" genannt wird. Es bedeutet, daß wir im Verlauf des Lebens beginnen, die Regeln, Wertvorstellungen und Glaubensmuster unseres Kulturkreises als die einzig gültigen zu betrachten. Diese Anschauung ist außerordentlich engstirnig. Jeder Mensch in Ihrem unmittelbaren Umfeld lebt nach Regeln und Werten, die sich von den Ihren unterscheiden und die nicht besser oder schlechter sind. Die Schlüsselfrage lautet nämlich nicht, ob Regeln richtig oder falsch sind, sondern ob sie uns *aktivieren oder lähmen.*

Jede Konfliktsituation basiert auf Regeln, die in Konflikt geraten

Erinnern Sie sich, wann Sie sich das letzte Mal über jemanden fürchterlich aufgeregt haben? War der Auslöser tatsächlich diese Person, oder ging es nicht vielmehr um etwas, das sie getan, gesagt oder unterlassen hatte? Galt Ihre Wut wirklich diesem Menschen, oder waren Sie sauer, weil er oder sie gegen eine Ihrer Lebensregeln verstoßen hatte? *Jede emotionsgeladene Konfliktsituation basiert auf Regeln, die in Konflikt geraten.* Jemand hat etwas getan oder unterlassen, was sich nicht mit unseren Prinzipien vereinbaren ließ.

Manche Leute sind beispielsweise der Ansicht: „Wenn du wirklich Achtung vor mir hast, dann schreist du mich niemals an." Falls Sie sich diese Regel zum Thema Respekt zu eigen gemacht haben und Ihr Partner Sie aus heiterem Himmel anbrüllt, dann würden Sie eine solche Behandlung als Zeichen der Nichtachtung empfinden und über diesen Regelverstoß in Wut geraten. Aber Ihr Partner hat vielleicht die Regel aufgestellt: „Wenn ich jemanden achte, dann bringe ich alle meine Gefühle und Emotionen ehrlich und mit der ganzen Intensität, die ich in diesem Augenblick spüre, zum Ausdruck." Können Sie sich das Konfliktpotential zwischen diesen beiden Menschen vorstellen?

Ein ähnliches Szenario spielte sich zwischen Becky und mir ab, gleich zu Beginn unserer Beziehung. Wir hatten völlig unterschiedliche Regeln, wie man einem anderen Menschen Achtung bezeugt. Ich war in einem Elternhaus aufgewachsen, in dem Unehrlichkeit schmerzvolle Konsequenzen zeitigte. Es war unverzeihlich, vor einem Streitgespräch zu kneifen. Die wichtigste Regel lautete: Man muß eine unangenehme Situation durchstehen und die eigenen Empfindungen und Ansichten ehrlich zum

Ausdruck bringen, in dem Wissen, daß man unrecht haben kann; keiner verläßt den Raum, bevor ein Thema nicht ausdiskutiert ist.

Becky wuchs dagegen in einer Familie auf, in der andere, wenn auch nicht minder klare Spielregeln herrschten. Ihr wurde beigebracht: „Wenn du nichts Gutes und Vernünftiges zu sagen hast, dann halt den Mund. Werde gegenüber einer Person, die du respektierst, nie laut. Wenn dein Gesprächspartner schreit, dann kannst du deine Selbstachtung nur wahren, wenn du aufstehst und den Raum verläßt."

Aufgrund dieser beiden in Konflikt liegenden Regeln über Achtung und Respekt brachten Becky und ich uns gegenseitig auf die Palme. Deswegen hätten wir beinahe nicht geheiratet. Regeln bestimmen alles im Leben — wohin wir gehen, was wir tragen, wer wir sind, was für uns annehmbar oder unannehmbar ist, und ob wir in einer bestimmten Situation glücklich oder traurig sind.

Im Umgang mit ihren Wutgefühlen haben manche Menschen die Regel aufgestellt: „Wenn dir etwas an mir liegt, dann läßt du mich in Ruhe; ich muß auf meine Weise damit fertigwerden." Andere halten sich an die Regel: „Wenn ich sehe, daß jemand wütend ist, an dem mir etwas liegt, dann greife ich sofort ein, um ihm zu helfen." Dadurch entsteht ein schwerwiegender Konflikt. Beide Parteien versuchen, dasselbe zu erreichen, nämlich zu zeigen, daß man einander achtet und mag. Die Regeln, nach denen sie eine Situation interpretieren, schreiben ihnen jedoch unterschiedliche Verhaltensweisen vor, die den Konfrontationskurs vorprogrammieren.

Wenn Sie also über jemanden wütend oder verärgert sind, dann denken Sie daran: Ihre eigenen Regeln sind die Ursache, nicht die Verhaltensweise des anderen. Diese Erkenntnis trägt dazu bei, daß Sie aufhören, nach Sündenböcken zu suchen. Sie können diesen Gefühlsaufruhr schnell überwinden, wenn Sie einen Augenblick innehalten und sich fragen: „Reagiere ich blindlings auf die Situation, oder handle ich überlegt?" Dann sollten Sie offen mit dem oder der Betreffenden reden und beispielsweise sagen: „Es tut mir leid, daß ich so reagiert habe. Wir haben offensichtlich unterschiedliche Regeln darüber, wie wir uns in dieser Situation verhalten sollten. Ich stelle mir vor, daß du __________ oder __________ tust, wenn du mich respektierst. Ich weiß nicht, welche Regeln für dich gelten. Wie bringst du deine Achtung (Liebe, Fürsorge, Besorgnis ...) zum Ausdruck?"

Sobald Sie sich beide über die Vorstellungen des anderen klargeworden sind, sollten Sie fragen: „Wärst du bereit, __________ zu tun, um mir das Gefühl zu geben, respektiert zu werden?" Jede Beziehung, im privaten wie im geschäftlichen Bereich, ändert sich sofort, wenn man die Regeln offenlegt und sich darauf verständigt, nach ihnen zu spielen. Wie könnte man auch ein Spiel gewinnen, dessen Regeln man nicht kennt?

Das Problem der Spielregeln, die nachträglich geändert werden

Haben Sie jemals eine Situation erlebt, in der Sie die Spielregeln zu kennen glauben, in der aber urplötzlich eine Ausnahme nach der anderen geltend gemacht wird? Menschen besitzen die einzigartige Fähigkeit, Regelerweiterungen ins Feld zu führen, die sich mit den Grundregeln unter Umständen nicht vereinbaren lassen. Das gilt nicht nur für Ball- oder Kartenspiele, sondern auch für persönliche Beziehungen, was Sie vielleicht aus eigener Erfahrung kennen. Sie haben sämtliche Spielregeln beachtet, und völlig unvermutet bringt Ihr Partner das Argument vor: „Ja, das ist richtig, mit Ausnahme dieser einen Situation." Möglicherweise sind Sie daraufhin hochgegangen wie eine Rakete. Wir reagieren sehr emotionsgeladen, wenn es um unsere Regeln geht. Jeder ist der festen Überzeugung, daß seine die einzig richtigen sind. Und wir werden besonders wütend, wenn sich jemand die Regeln aus den Fingern saugt oder sie mitten im Spiel ändert. Und doch ist diese Dynamik Bestandteil der meisten Interaktionen.

Widersprüchliche Sprüche

Drum prüfe, wer sich ewig bindet.	Wer nicht wagt, der nicht gewinnt.
Zu viele Köche verderben den Brei.	Vier Augen sehen mehr als zwei.
Die Liebe wächst mit der Entfernung.	Aus den Augen, aus dem Sinn.
Man kann einem alten Hund keine neuen Tricks mehr beibringen.	Es ist nie zu spät, um zu lernen.
Anderswo sind die Weiden immer grüner.	Eigener Herd ist Goldes wert.
Spare beizeiten, dann hast du in der Not.	Das letzte Hemd hat keine Taschen.

Diese miteinander in Konflikt liegenden Prinzipien und Regeln sind die Ursache zahlreicher Frustrationen im Leben, denen wir uns gegenübersehen. In einer Beziehung könnte einer der Partner sagen: „Ich liebe dich, aber nicht, wenn du vergißt, die Zahnpastatube zuzuschrauben." Oder:

„Ich liebe dich, aber nicht, wenn du mich anschreist." Einige dieser Ausnahmen von der Regel sind völlig trivial, aber sie können dennoch großen Schaden anrichten. Am besten werden Sie mit diesem Problem fertig, wenn Sie sich daran erinnern, daß Ihre Regeln nicht auf der Realität basieren. Sie wurden rein willkürlich aufgestellt. Die Tatsache, daß Sie sich daran halten und intensive Gefühle damit verbinden, muß noch lange nicht heißen, daß Ihre Regeln die besten oder die richtigen sind. Regeln sollten eine Beziehung stärken und nicht zerstören. Jedesmal, wenn sich eine Regel als Hindernis erweist, müssen wir uns fragen: *„Was ist wichtiger? Meine Beziehung oder meine Regel?"*

Angenommen, Ihr Vertrauen wäre in einer früheren Liebesbeziehung erschüttert worden, und jetzt hätten Sie Angst, erneut eine Bindung einzugehen. Ihre Regel lautet nun: „Wenn du dich auf eine zu enge Beziehung einläßt, wirst du erneut verletzt." Gleichzeitig nimmt Liebe aber den höchsten Stellenwert auf Ihrer Liste ein, und Sie haben die Regel, daß Sie sich nur dann geliebt fühlen, wenn Sie Nähe zu Ihrem Partner oder Ihrer Partnerin herstellen. Jetzt befinden Sie sich in einem schwerwiegenden Konflikt: Ihre Regeln und Wertvorstellungen stehen in völligem Gegensatz zueinander. Wie läßt sich dieses Problem lösen? Der erste Schritt ist die Erkenntnis, daß Sie Wertvorstellungen haben, die miteinander im Konflikt liegen. Der zweite Schritt besteht darin, *genügend Schmerz mit jeder Regel zu assoziieren, die Ihnen nicht dienlich ist, und sie durch eine nützlichere zu ersetzen.*

Regeln offenlegen

Wenn Sie Ihr Leben selbst in die Hand nehmen wollen, wenn Sie nach beruflichem Erfolg streben, sich einen Namen als Verhandlungsexperte machen, mehr Einfluß auf Ihre Kinder nehmen oder eine engere Beziehung zu Ihrem Partner knüpfen möchten, dann sollten Sie sich vergewissern, daß Sie die Spielregeln der anderen von vornherein kennen und auch die Ihren offenlegen. *Erwarten Sie nicht, daß sich andere nach Ihren Regeln richten, wenn Sie diese zuvor nicht klar zum Ausdruck gebracht haben.* Und gehen Sie auch nicht davon aus, daß andere sich daran halten, wenn Sie selbst nicht bereit sind, Kompromisse zu schließen und einige von deren Regeln zu beachten.

Zu Beginn einer jeden Beziehung lasse ich zum Beispiel die andere Partei als erstes wissen, welche Spielregeln für mich in dieser spezifischen Situation gelten. Dann versuche ich, soviel wie möglich über ihre Regeln herauszufinden. Ich frage beispielsweise: „Woran erkennen Sie, daß unsere Beziehung funktioniert? Wie oft sollte ein persönliches Gespräch stattfinden? Was ist darüber hinaus erforderlich?"

Ich habe mich einmal mit einem Freund unterhalten, einer bekannten

Persönlichkeit. Er gestand mir, daß er nicht viele Freunde habe. Ich sagte: „Bist du sicher? Ich sehe immer einen ganzen Troß in deinem Gefolge, und diese Leuten mögen dich wirklich. Hast du dir bestimmte Regeln gesetzt, aufgrund deren du von vornherein Menschen ausschließt, die Freunde sein könnten?“ Er erwiderte: „Ich habe einfach das Gefühl, daß sie nicht meine Freunde sind.“ „Was müßte geschehen, damit du spürst, daß jemand ein echter Freund ist?“ „Na ja, ich glaube, ich kenne meine eigenen Regeln nicht genau, zumindest sind sie mir nicht bewußt.“

Nach einigem Nachdenken stellte er fest, daß eine seiner Regeln darin bestand, daß echte Freunde jede Woche mindestens zwei- oder dreimal miteinander reden. Interessant, dachte ich. „Ich habe Freunde in aller Welt, Menschen, die mir wirklich nahestehen. Aber manchmal vergeht selbst bei meinen besten Freunden ein Monat oder mehr, bevor wir Gelegenheit haben, uns miteinander zu unterhalten, und nur deshalb, weil unsere Terminkalender so vollgepackt sind. Manchmal halte ich von frühmorgens bis spätabends Seminare ab, und dann müßte ich an diesem Tag eigentlich auch noch Hunderte von Telefongesprächen führen. Schon deshalb hätte ich keine Möglichkeit, sie öfter zu sehen. Und doch wissen sie, daß sie meine Freunde sind!“

Dann fuhr ich fort: „Glaubst du, daß ich dein Freund bin?“ Er antwortete: „Nun, rein verstandesmäßig würde ich sagen, ja, aber mein Gefühl sagt etwas anderes, weil wir nicht oft genug miteinander reden.“ „Das habe ich nicht gewußt. Und ich wäre auch nie auf die Idee gekommen, daß dies so wichtig für dich ist, wenn du es mir nicht gesagt hättest. Ich wette, du könntest jede Menge Freunde haben, die sich gerne nach deinen Regeln richten würden, wenn sie nur wüßten, wie sie aussehen.“

Meine Definition von Freundschaft ist einfach: Wenn mir jemand ein wahrer Freund ist, dann mag er mich uneingeschränkt, und ich selbst reiße mir ein Bein aus, um ihn zu unterstützen. Wenn er mich anruft, weil er Probleme hat oder mich braucht, dann bin ich für ihn da. Es können Monate vergehen, ohne daß man sich sieht, und dennoch leidet unsere Freundschaft nicht darunter, wenn ich sicher bin, daß es sich um einen echten Freund handelt. Ich glaube, daß ich deshalb so viele Freunde habe, weil meine Regeln für Freundschaft so leicht zu erfüllen sind.

Es ist ungeheuer wichtig, daß Sie Ihre Regeln für jede Situation im Leben offenlegen, gleichgültig, ob es sich um eine Liebesbeziehung, eine Freundschaft oder eine geschäftliche Beziehung handelt. Übrigens können auch dann Mißverständnisse auftreten, wenn man alle Regeln von vornherein abgeklärt hat. Manchmal vergißt man nämlich, eine zu erwähnen, oder ist sich ihrer nicht bewußt. Deshalb ist es so wichtig, die Kommunikation in Gang zu halten. *Setzen Sie nie voraus, daß Ihre Regeln bekannt sind. Setzen Sie andere davon in Kenntnis!*

Es gibt Regeln, die Sie nicht brechen können

Je mehr ich mich mit dem menschlichen Verhalten und der Auswirkung von Regeln befaßte, desto stärker ist mein Interesse an einer Dynamik geworden, die ich immer wieder beobachten konnte: Es gibt bestimmte Regeln, die niemals, und andere, die ständig verletzt werden. Jedesmal hat der Betreffende dann ein schlechtes Gewissen, aber trotzdem verstößt er erneut dagegen. Worin liegt der Unterschied zwischen diesen beiden Kategorien von Regeln?

Bald wurde mir die Antwort klar: Wir haben nicht nur eine Hierarchie der Werte, sondern auch eine *Hierarchie der Regeln* entwickelt. Es gibt bestimmte Regeln, deren Verletzung so schmerzhafte Konsequenzen hätten, daß wir nicht einmal daran denken. Wir geraten selten in Versuchung, sie zu brechen. Diese Regeln bezeichne ich als *Schwellenregeln.* Ihnen kommen Sie mit der Frage auf die Spur, was Sie niemals im Leben tun würden.

Umgekehrt gibt es Regeln, die wir nicht brechen wollen. Ich nenne sie *persönliche Richtlinien.* Wenn wir gegen sie verstoßen, haben wir zwar ein schlechtes Gewissen, aber wir sind kurzfristig dazu bereit, wenn es zwingende Gründe gibt. Der Unterschied zwischen beiden findet oft in den Worten *müssen* und *sollten* seinen Niederschlag. Es gibt bestimmte Dinge, die wir tun müssen, bestimmte Dinge, die wir nicht tun dürfen; bestimmte Dinge, die wir nie tun dürfen, die absolut tabu sind, und Dinge, die wir immer tun müssen. Die „Muß"- und „Tabu"-Regeln sind Schwellenregeln; „Ich sollte"- und „Ich sollte nie"-Regeln gehören zu den persönlichen Grundsätzen. Sie alle geben unserem Leben Struktur.

Zu viele Muß-Regeln können einem das Leben verleiden. Ich habe einmal eine Fernsehsendung über zwanzig Familien mit Fünflingen gesehen. Jedes Elternpaar wurde gefragt: „Welche Lektion war für Sie die wichtigste, um diesen Streß psychisch durchzustehen?" Eine Antwort wurde immer wieder geäußert: Nicht zu viele Regeln aufstellen. Bei so vielen Körpern, die ständig in Bewegung sind, und so vielen unterschiedlichen Persönlichkeiten wird man verrückt, wenn man zu viele Regeln hat. Das Gesetz der Wahrscheinlichkeit besagt, daß die Regeln nur ständig verletzt würden und daß man deshalb selbst im Dauerstreß wäre und auf alles überreagieren würde.

Diese Art von Streß wirkt sich auf Sie selbst und die Menschen in Ihrer Umgebung aus. Denken Sie an die Regeln, die in unserer heutigen Gesellschaft für Frauen gelten. Man hat sogar einen eigenen Namen dafür gefunden: das „Superfrau-Syndrom". Frauen scheinen sich heute verpflichtet zu fühlen, auf tausend Hochzeiten gleichzeitig zu tanzen, und zwar perfekt. Sie müssen sich nicht nur um Ehemann, Kinder, Eltern und Freunde kümmern, sondern auch einen vollkommenen Körper besitzen, hinausgehen und die Welt verändern, den Atomkrieg verhindern und obendrein noch die Karrierefrau schlechthin verkörpern. Können Sie sich vorstellen, daß man sich Streß schafft, wenn man alle diese Muß-Regeln befolgen will, um sich erfolgreich zu fühlen?

Natürlich müssen Frauen solchem Druck standhalten. Männer und Kinder stehen aufgrund der zunehmenden Erwartungen, die man an sie stellt, genauso unter Streß. Wenn uns zu viele Muß-Regeln aufgebürdet werden, die es einzuhalten gilt, dann büßen wir unsere Begeisterung und unsere Lebensfreude ein. Ein hohes Selbstwertgefühl wurzelt in dem Wissen, daß man die *Ereignisse im Griff hat* und ihnen nicht ausgeliefert ist. Je größer die Fülle von Muß-Regeln, um so größer ist die Gefahr, daß Sie dagegen verstoßen.

Ein Seitensprung kann einer „Darf nie"-Regel oder einer „Sollte nie"-Regel zugeordnet werden. Sind diese unterschiedlichen Regeln imstande, Probleme im Zusammenleben aufzuwerfen? Höchstwahrscheinlich. Wenn sich Partner streiten, dann liegt es oft daran, daß sie zwar bestimmte Regeln aufgestellt, aber zu klären versäumt haben, was der andere „nie tun darf" oder „nie tun sollte". Es ist wichtig, nicht nur zu verstehen, welche Regeln Ihr Partner oder Ihre Partnerin hat, sondern stets zu wissen, ob es sich um eine „Muß"- oder „Sollte"-Regel handelt.

Um bestimmte Ergebnisse zu erzielen, sind „Muß"-Regeln unerläßlich; sie gewährleisten, daß wir unsere Entscheidungen praktisch umsetzen, daß wir die Initiative ergreifen. In meinem Freundeskreis gibt es eine Frau, die sich in einer phantastischen körperlichen Verfassung befindet. Interessanterweise gibt es unter den Regeln, die sie sich selbst in puncto Gesundheit gesetzt hat, sehr wenig Sollte- und sehr viele Muß-Regeln. Als ich sie fragte: „Was darfst du nie tun, wenn du gesund bleiben willst?", antwortete sie: „Ich darf nie rauchen. Ich darf meinen Körper nie mit Medikamenten oder Drogen schädigen. Ich darf nie die Sau rauslassen. Ich darf nie mehr als einen Tag meine Übungen auslassen."

Und dann wollte ich wissen: „Was mußt du tun, um gesund zu bleiben?" „Ich muß jeden Tag mindestens eine halbe Stunde Gymnastik machen. Ich muß mich gesund ernähren. Ich darf morgens nur Obst essen. Ich muß eine ausgewogene Kost zusammenstellen. Ich muß jede Woche mindestens 50 Kilometer Fahrrad fahren ..." Schließlich fragte ich nach ihren „Sollte"-Regeln. „Ich sollte mehr Sport treiben."

Diese Frau hat eine übergewichtige Freundin. Als ich diese nun fragte, was sie nie tun dürfe, wenn sie gesund bleiben wolle, starrte sie mich fassungslos an. Sie hatte keine „Ich darf nie"-Regeln für den Gesundheitsbereich. Es gab jedoch einige „Muß"-Regeln, wie „ich muß essen, schlafen". Nach ihren „Sollte"-Regeln befragt, antwortete sie: „Ich sollte mich besser ernähren, mehr Gymnastik treiben, mehr auf meinen Körper achten." Zu ihren „Sollte nicht"-Regeln zählten: „Ich sollte auf Fleisch verzichten, nicht zuviel essen ..." Diese Frau wußte, daß sie viele Veränderungen einleiten sollte, aber da sie nur wenige „Muß"-Regeln aufgestellt hatte, konnte sie die Folgen ihrer falschen Lebensweise nicht spüren und verständlicherweise ihr Gewicht nie dauerhaft senken.

Wenn Sie dazu neigen, die Dinge auf die lange Bank zu schieben, haben Sie sich vielleicht nach „Sollte"-Regeln gerichtet. Was wäre passiert, wenn Sie gesagt hätten: „Ich muß dieses Projekt in Angriff nehmen" oder: „Ich muß Gymnastik machen", und sich durch eine Speicherung in Ihrem autonomen Nervensystem darauf konditioniert hätten?

Jeder Mensch braucht ein gewisses Maß an Struktur in seinem Leben. Ihr Ziel sollte darin bestehen, ein Gleichgewicht zwischen Ihren „Muß"- und Ihren „Sollte"-Regeln zu schaffen und beide in den angemessenen Kontext zu stellen.

Regelanpassungen

Schaffen Sie jetzt schriftlich Klarheit und Kontrolle über Ihre Regeln!

1. *Welche Voraussetzungen müssen erfüllt sein, damit Sie sich erfolgreich fühlen?*
2. *Welche Voraussetzungen müssen erfüllt sein, damit Sie sich geliebt fühlen — von allen Menschen, die für Sie wichtig sind?*
3. *Welche Voraussetzungen müssen erfüllt sein, damit Sie Selbstvertrauen empfinden?*
4. *Welche Voraussetzungen müssen erfüllt sein, damit Sie spüren, daß Sie in irgendeinem Lebensbereich außergewöhnliche Leistungen erbringen?*

Sehen Sie sich nun diese Regeln an und fragen Sie sich: *„Sind sie wirklich angemessen? Habe ich es mir schwer gemacht, mich gut zu fühlen, und leicht gemacht, mich schlecht zu fühlen?"* Müssen bei Ihnen erst unzählige Dinge geschehen, bevor Sie sich geliebt fühlen? Reichen ein oder zwei Ereignisse aus, um das Gefühl einer Zurückweisung zu empfinden?

Falls das zutrifft, sollten Sie Ihre Kriterien ändern und Regeln konzipieren, die Sie stärken. Welche Regeln müßten Sie haben, um sich bei einem bestimmten Vorhaben glücklich und erfolgreich zu fühlen? Hier ein wichtiges Merkmal: *Entwerfen Sie Regeln, die gewährleisten, daß Sie selbst — und nicht die äußeren Umstände — bestimmen, ob Sie sich gut oder schlecht fühlen. Stellen Sie Regeln auf, die Ihnen gestatten, sich unglaublich leicht gut zu fühlen, und die es Ihnen unermeßlich schwer machen, sich schlecht zu fühlen.*

Für die Regeln, die als Richtschnur für Ihre Appetenzwerte dienen, sollten Sie Sätze wie „Immer dann, wenn ..." benutzen. Mit anderen Worten, schaffen Sie eine breite Palette von Möglichkeiten, sich in einen positiven Gefühlszustand zu versetzen. Zum Beispiel: „Ich empfinde Liebe immer dann, wenn ich jemandem Liebe schenke, oder immer dann, wenn ich mit Menschen zusammen bin, die ich mag, oder immer dann, wenn ich mit einem alten Freund spreche, oder immer dann, wenn ich merke, daß mir jemand etwas Gutes tut, oder immer dann, wenn ich feststelle, wie viele Leute mich mögen." Ist Ihnen aufgefallen, was Sie gemacht haben? Sie haben die Karten zu Ihren Gunsten neu gemischt, so daß das Spiel nun zu gewinnen ist!

Denken Sie sich unendlich viele Möglichkeiten aus, um nach Ihren Regeln zu leben und sich geliebt zu fühlen; machen Sie es sich unermeßlich leicht, dieses Vergnügen zu empfinden; vergewissern Sie sich, daß es genügend Kriterien gibt, die allein von Ihnen bestimmt werden, so daß Ihr Glücksgefühl von nichts und niemandem abhängig ist. Immer, wenn Sie eine dieser Möglichkeiten ergreifen, werden Sie sich geliebt fühlen, und nicht nur dann, wenn Sie überzogene Voraussetzungen erfüllen, was sicher genauso selten vorgekommen ist wie eine totale Sonnenfinsternis.

Übrigens, ich habe eine Regel für Sie: Sie sollten Spaß dabei haben! Springen Sie über Ihren eigenen Schatten, erkunden Sie Ihre Grenzen. Sie haben Ihr Leben lang Regeln benutzt, um sich selbst in Schach zu halten; warum nicht auch einmal herzlich lachen, auf Kosten der Regeln? Vielleicht müssen Sie nur mit dem kleinen Zeh wackeln, um sich geliebt zu fühlen. Das mag verrückt klingen; aber wer bin ich denn, um zu entscheiden, was Ihnen Freude macht?

Vergewissern Sie sich, daß Sie die Regeln der Menschen kennen, mit denen Sie Kontakt haben. Führen Sie „Meinungsumfragen" durch. Stellen Sie fest, welche Regeln Ihre Kinder aufgestellt haben, zum Beispiel für das Leben in der Familie, für den Erfolg in der Schule oder für ihren Freizeitspaß. Sie werden vielleicht erstaunt sein, was Sie entdecken! Finden Sie die Regeln Ihres Partners oder Ihrer Partnerin heraus, fragen Sie Ihren Chef oder Ihre Angestellten.

Eines ist sicher: Wenn Sie die Spielregeln nicht kennen, werden Sie garantiert verlieren, weil es nicht ausbleibt, daß Sie früher oder später dagegen verstoßen. Wenn Sie die Regeln jedoch verstehen, können Sie das Verhalten Ihrer Mitmenschen vorhersehen, ihre Bedürfnisse wirklich befriedigen und somit auch die Qualität Ihrer Beziehungen verbessern. Die Regel, die Ihnen die größte innere Stärke verleiht, lautet: *Genießen Sie das Leben, was immer auch geschehen mag.*

17

Referenzerlebnisse: Das Rohmaterial des Lebens

„Der menschliche Geist kehrt,
wenn er von einer neuen Idee gefordert wurde,
nie zu seiner Ausgangsposition zurück.“

OLIVER WENDELL HOLMES

Der junge Leutnant, der auf dem Deck des Flugzeugträgers stand, wurde Augenzeuge, als beim Anflugmanöver ein Pilot die Kontrolle über sein Düsenflugzeug verlor. Die Maschine scherte aus, eine Tragfläche schoß nach vorne und zerriß einen Mann, der nur wenige Meter entfernt stand, nahezu in zwei Hälften. Das einzige, was ihn diesen Augenblick des Entsetzens durchstehen ließ, war die donnernde Stimme seines Kommandeurs, der ihm zubrüllte: „Männer Schrubber holen; Eingeweide von Deck fegen!“ Ihm blieb keine Zeit zum Überlegen. Er mußte unverzüglich reagieren und mit dem Rest der Mannschaft die Körperteile seines Kameraden von der Landebahn entfernen. In diesem Moment hatte der neunzehnjährige George Bush keine andere Wahl, als zu lernen, mit den Schrecken des Krieges fertigzuwerden. Die Erinnerung an dieses tragische Ereignis beschwor er oft herauf, um den Schock des gewaltsamen Todes zu beschreiben und sich vor Augen zu halten, daß man in der Lage sein muß, blitzschnell zu reagieren.

Ein anderes Erlebnis, das sein Leben nachhaltig beeinflußte, war ein Bombereinsatz, den er nicht lange nach der Tragödie auf dem Deck des Flugzeugträgers flog. Er hatte den Auftrag, die Funkstation einer kleinen Insel im Südpazifik zu zerstören. Auf Chichi Jima befand sich ein Kriegsgefangenenlager, das unter der Leitung eines berüchtigten japanischen Offiziers stand. Wie Bush und seine Kameraden wußten, hatte er brutale Kriegsverbrechen an seinen Gefangenen verübt und unglaubliche Greueltaten begangen.

Als sich der junge George Bush seinem Ziel näherte, war er fest entschlossen, diesen Wahnsinnigen zu isolieren, indem er sein einziges Kommunikationsmittel zerstörte: die Funkstation. Doch beim Zielanflug wurde seine Maschine von feindlichem Feuer getroffen. Rauch füllte die Kabine, aber Bush wollte seine Mission um jeden Preis beenden. In letzter Sekunde gelang es ihm, die Bombe auszulösen, das Zielobjekt und die Antennen auf der Plattform zu zerstören. Sofort gab er seinen Kameraden den Befehl, die Schleudersitze zu betätigen. Er steuerte die Maschine auf das offene Meer zu, doch sein eigener Ausstieg verlief nicht ganz nach Plan. Sein Körper wurde gegen das Leitwerk des Flugzeugs geschleudert; ein Teil des am Sitz befestigten Fallschirms zerriß, und er schürfte sich den Kopf auf. Der beschädigte Fallschirm konnte seinen Fall nur teilweise bremsen, aber kurz, bevor er auf dem Wasser aufschlug, gelang es ihm, sich aus dem Knäuel zu befreien. Er kämpfte sich an die Oberfläche des Wassers; Blut rann aus einer Kopfwunde, und er griff blindlings und verzweifelt nach seinem Rettungsboot. Er fand es, aber als er sich hineinzog, sah er, daß die Trinkwasser- und Essensbehälter beim Zusammenprall mit dem Flugzeugheck zerstört worden waren.

Noch schlimmer war, daß die Strömung ihn langsam dem Strand der Insel entgegentrieb, die er soeben bombardiert hatte. Können Sie sich vorstellen, was man dort mit ihm gemacht hätte? Dann sah er plötzlich etwas im Wasser treiben. Zuerst glaubte er, seine Phantasie habe ihm einen Streich gespielt, aber dann erkannte er, daß es sich um ein Sehrohr handelte. Nun hatten ihn die Japaner also doch erwischt. Aber als sich das riesige Unterseebot vor ihm aus dem Wasser erhob, sah er, daß es die *Finback* war, ein amerikanisches U-Boot. Er wurde rechtzeitig gerettet, aber auf ihn warteten noch weitere Gefahren. Nachdem Bush an Bord genommen worden war, ging das U-Boot schnellstmöglich wieder auf Tauchstation, da sich feindliche Schiffe näherten und Wasserbomben abwarfen. Der *Finback* blieb nichts anderes übrig, als so tief wie möglich abzutauchen und völlig bewegungslos liegenzubleiben. Die Mannschaft konnte nur hoffen und beten.

George Bush überlebte dieses Abenteuer nicht nur, sondern flog noch viele erfolgreiche Bombeneinsätze und kehrte als Kriegsheld zurück. Er erklärte, die Tage auf diesem U-Boot hätten zu den wichtigsten in seinem Leben gehört — Tage, in denen er begann, über das Schicksal nachzudenken, darüber, wer er war und wozu er auf Erden weilte.

Wie haben diese Erfahrungen seinen Charakter, seine Identität und seinen Lebensweg beeinflußt? Ganz eindeutig waren sie das Rohmaterial, aus dem seine Grundprinzipien und Wertvorstellungen modelliert wurden. Ich bezeichne dieses Rohmaterial als *Referenzerlebnisse oder -speicherungen,* und sie waren Meilensteine auf dem Weg, der ihn mehr als vierzig Jahre später in das Amt des Präsidenten der Vereinigten Staaten von Amerika führen sollte. Sie weckten in ihm den Glauben und die innere Gewißheit, daß sich das Gute „gegen das Böse zur Wehr setzen" muß. Sie flößten ihm das Vertrauen ein, daß er allen Widrigkeiten zum Trotz die gewünschten Ergebnisse erzielen konnte, wenn er sein Bestes gab und sich nicht unterkriegen ließ. Wie haben diese Referenzerlebnisse wohl die Entscheidungen beeinflußt, die er fünf Jahrzehnte später im Oval Office traf, als er seine Reaktion auf Saddam Husseins Einmarsch in das mit Amerika befreundete Scheichtums Kuwait erwog?

Wenn wir verstehen wollen, warum Menschen so handeln, wie sie handeln, dann finden sich mit Sicherheit Hinweise auf ihre Motive, wenn sie die wichtigsten und nachhaltigsten Erfahrungen ihres Lebens noch einmal Revue passieren lassen. Referenzerlebnisse, das fünfte Element des internen Steuersystems, bilden den Kern oder die Bausteine für unsere Glaubenssysteme, Regeln und Wertvorstellungen. Sie sind der Ton, aus dem unser internes Steuersystem modelliert ist. Zweifellos verfügt ein Mensch, der schlimme Zeiten erlebt und bewältigt hat, über starke Referenzerlebnisse.

Je größer die Anzahl und je höher die Qualität der Referenzerlebnisse, desto umfangreicher ist die Bandbreite der potentiellen Handlungsalternativen, unter denen wir wählen können. Mehr und bessere Referenzspeicherungen ermöglichen uns, die Bedeutung bestimmter Situationen und unsere Reaktion darauf effektiver zu beurteilen. Ich habe „potentiell" gesagt, weil Referenzerlebnisse zwar die grundlegenden Elemente unserer Glaubensprinzipien liefern, wir jedoch oft versäumen, sie auf eine Weise zu ordnen, die uns stärkt. Beispielsweise kann ein junger Mann auf dem Fußballplatz ungeheures Selbstvertrauen und Talent zeigen; im Geschichtsunterricht gelingt es ihm dagegen nicht, das Gefühl der Selbstsicherheit heraufzubeschwören, mit dem er eine genauso gute Figur im Klassenzimmer machen könnte wie auf dem Spielfeld, wenn er seinem Gegner gegenübersteht. Ginge er den Sport mit der gleichen Haltung des Verlierers oder mit denselben Selbstzweifeln an wie den Englischunterricht, dann würde er auch hier nicht durch Leistungen glänzen.

Was entscheidet darüber, an welche Referenzerlebnisse wir anknüpfen? Zweifellos hat der emotionale Zustand, in dem wir uns gerade befinden, nachhaltigen Einfluß auf die Dateien — bestehend aus Erinnerungen, Gefühlen und Empfindungen, die wir ähnlich einem Computer gespeichert haben —, die wir in einem bestimmten Augenblick abrufen. Wenn wir Angst verspüren, scheinen uns spontan nur diejenigen Referenzerlebnisse in den Sinn zu kommen, die wir früher mit Angstgefühlen assoziiert haben. Wir geraten in einen Teufelskreis, aus dem es kein Entrinnen gibt: Angst führt zur mentalen Anknüpfung an angstauslösende Erlebnisse, und diese zur Steigerung der Angst um ein Vielfaches.

Wenn wir uns gekränkt fühlen, neigen wir dazu, die entsprechende Datei zu öffnen und uns an jede Kränkung seitens dieser Person zu erinnern. Dabei könnten wir unsere emotionale Verfassung leicht ändern, wenn wir uns ins Gedächtnis riefen, was für Gefühle uns dieser Mensch wirklich entgegenbringt, und uns die Zeiten vor Augen hielten, in denen er uns liebevoll behandelt hat. Deshalb bestimmt der emotionale Zustand, in dem wir uns befinden, wieviel von dem Rohmaterial verfügbar ist, um uns ein qualitativ hochwertiges Leben zu schaffen. Ein weiterer Einflußfaktor ist das Geschick bei der *Erweiterung des Referenzsystems.* Durch diese laufenden Ergänzungen verstehen wir zunehmend besser, was im Bereich des Möglichen liegt und wozu wir befähigt sind, ganz gleich, welche Herausforderungen es zu bewältigen gilt.

Referenzerlebnisse gehören zu den wichtigsten Elementen des Entscheidungsfindungsprozesses. Sie beeinflussen nicht nur unsere Aktionen, sondern auch unsere Gefühle und die Persönlichkeit, zu der wir uns entwickeln. Vergleichen Sie einmal Saddam Husseins Referenzerlebnisse mit denen von George Bush. Wir wissen, daß Saddam von seinem Vater mißhandelt wurde und von seinem Onkel lernte, die englischen „Herrenmenschen“ zu hassen und Groll gegen sie zu hegen. Während Bush für seine Heldentaten belohnt wurde, waren Saddams Vorbilder Menschen, die gelernt hatten, andere grausam zu unterdrücken.

Vor seiner Amtsübernahme versuchte Saddam im Verlauf von fünfzehn bis zwanzig Jahren mehrfach, das damalige Staatsoberhaupt des Irak zu stürzen; er brachte dabei jeden um, der sich ihm in den Weg stellte. Infolgedessen sieht er Fehlschläge nicht als Versagen an; er glaubt, daß er auf lange Sicht immer Erfolg haben wird. (Dieser Glaube ermöglichte es ihm übrigens, sogar nach der Niederlage im Golfkrieg an der Macht zu bleiben.) Im Alter von 42 Jahren hatte er alle seine Gegner beseitigt und den Irak unter seine Kontrolle gebracht.

Für viele ist Saddam Hussein ein Ungeheuer, und manche fragen sich, wie das irakische Volk ihn unterstützen kann. Die Irakis betrachten ihn jedoch als den Mann, dem es gelang, eine Wende in ihrem Land herbeizuführen. Er sorgte für bessere Wohnungen, Schulausbildung und anderes mehr. In den Augen des irakischen Volkes ist er ein Held. Davon abgesehen, wird dort schon jedem drei- oder vierjährigen Kind eingebleut, welche Heldentaten er begangen hat. Sein Konterfei findet man an jeder Straßenecke, und im staatlich kontrollierten Fernsehen zeigt er sich dem Volk nur von seiner Schokoladenseite.

Ist Saddam Hussein nur deshalb zum Mörder geworden, weil er als Kind geschlagen wurde? Viele haben sich trotz ähnlicher Referenzerlebnisse zu empfindsamen Menschen entwickelt, die nie zulassen würden, daß jemand in ihrem Umkreis mißhandelt wird. Einige haben es sich zur Aufgabe gemacht, den Opfern zu helfen. Wäre es möglich, daß jemand mit George Bush auf demselben Flugzeugträger gewesen wäre und, erschüttert vom Tod des Kameraden, den Glauben entwickelt hätte, das Leben sei nicht wert, gelebt zu werden, oder Krieg lasse sich niemals rechtfertigen? *Auch hier haben nicht unsere Referenzerlebnisse, sondern die Art, wie wir sie interpretieren und organisieren, maßgeblichen Einfluß auf unsere Glaubensmuster.*

Welche Referenzerlebnisse spielen in Ihrem Leben die größte Rolle?

Das hängt davon ab, in *welchen Verhaltensweisen wir bestärkt werden.* Saddam Hussein wurde dafür belohnt, daß er auf dem Weg zur Führungsspitze eine Schneise aus Mord und Zerstörung schlug. George Bush wurde ständig in seinem Bestreben bekräftigt, „das Richtige zu tun", sich sozial zu engagieren und denen zu helfen, die seines Beistands bedurften. Diese Bekräftigungen trugen zur Entstehung eines Fundaments bei, auf das sich der völlig unterschiedliche Lebensweg dieser beiden Männer stützte.

Was sind Referenzerlebnisse?

Referenzerlebnisse sind Lebenserfahrungen, die in Ihrem autonomen Nervensystem gespeichert wurden. Alles, was Sie je gesehen, gehört, berührt, geschmeckt oder gerochen haben, ist in dieser riesigen Datenbank Ihres Gehirns abgelegt. Manche Referenzerlebnisse werden bewußt aufgenommen, andere unbewußt eingegeben. Sie lassen sich entweder auf eigene Erfahrungen zurückführen oder stützen sich auf Informationen, die Sie von anderen erhalten haben. Diese Referenzerlebnisse werden, wie alle menschlichen Erfahrungen, bis zu einem gewissen Grad verzerrt, gelöscht und verallgemeinert, sobald sie im Nervensystem gespeichert sind. In dieser Datenbank befinden sich auch Referenzen für Dinge, die nie geschehen sind: Alles, was sich je in Ihrer Phantasie abgespielt hat, wird in Ihrem Gehirn ebenfalls als Erinnerung deponiert.

Viele dieser Referenzerlebnisse werden so geordnet, daß sie Ihre Glaubensprinzipien stützen. Wie in Kapitel 4 beschrieben, ist ein Glaubenssatz nichts anderes als das Gefühl der Gewißheit über die Bedeutung, die einer Situation zukommt. Wenn Sie glauben, intelligent zu sein, dann haben Sie bestimmte *Referenzerlebnisse* aktiviert, die dieses Gefühl der Sicherheit untermauern. Vielleicht haben Sie mentale Herausforderungen erfolgreich bewältigt oder Erfolge bei der Leitung eines Unternehmens erzielt. Alle diese Referenzerlebnisse dienen als „Stützpfeiler" für die Überzeugung, daß Sie intelligent sind.

Wir haben genügend Referenzerlebnisse gespeichert, um jede beliebige Idee zu untermauern. Wichtig ist jedoch, *daß wir die Referenzspeicherungen, auf die wir zurückgreifen können, laufend erweitern. Wählen Sie daher bewußt Erfahrungen aus, die Ihr Gefühl dafür schärfen, wer Sie sind und was Sie erreichen können. Organisieren Sie diese Referenzerlebnisse auf konstruktive Weise.*

Mir kam die Geschichte eines Mannes zu Ohren, der 35.000 Dollar in einer Papiertüte auf der Straße gefunden hatte. Er stellte unverzüglich Nachforschungen an und gab das Geld dem Besitzer zurück. Alle wollten dem Mann ihre Anerkennung aussprechen, aber er war medienscheu und weigerte sich, fotografiert zu werden. Er erklärte beharrlich, daß die

Rückgabe des Funds die richtige und für ihn die einzig mögliche Entscheidung gewesen sei. Es stellte sich heraus, daß dieses Geld die lebenslangen Ersparnisse einer 68 Jahre alten Frau darstellten. Durch sein Verhalten hatte er sie vermutlich vor einer finanziellen Katastrophe gerettet, und doch lehnte er es ab, dafür als Held gefeiert zu werden. Ganz eindeutig war er aufgrund seiner Referenzerlebnisse zu dem Glauben gelangt, es sei nicht angemessen, Lorbeeren für ein Verhalten einzuheimsen, das ihm völlig selbstverständlich erschien.

Stellen Sie sich Ihre Referenzerlebnisse, die guten wie die schlechten, als einen riesigen Teppich vor, der aus Ihren Erfahrungen gewebt ist. Gemeinsam mit den anderen Elementen Ihres internen Steuersystems — emotionaler Zustand, Fragen, Werte und Glaubensprinzipien — schneiden Sie ein Muster aus diesem Stoff zu, das Sie zu Entscheidungen darüber befähigt, was Sie mit Ihrem Leben anfangen sollen. *Sie verfügen über einen unerschöpflichen Vorrat an Referenzspeicherungen, die Sie ganz nach Belieben gestalten können.* Und jeden Tag stocken Sie diesen Bestand auf. Ein wichtiger Maßstab für die Intelligenz eines Menschen ist die Art und Weise, wie er seine Referenzerlebnisse nutzt. Nähen Sie einen Vorhang, hinter dem Sie sich verstecken können, oder weben Sie einen Zauberteppich, der Sie in ungeahnte Höhen hinaufträgt? Sind Sie ein Mensch, der seine Lebenserfahrungen bewußt durchforstet und jene Erinnerungen ausfiltert, die ihn kontinuierlich am meisten stärken?

Wie bereits gesagt, vermitteln uns Referenzerlebnisse ein Gefühl der Gewißheit. Ohne sie müßten wir unser Leben in Angst oder Zweifel verbringen und wären unfähig, unseren alltäglichen Aufgaben nachzugehen. Würde es Sie verwirren, wenn sich dieses Buch in die Lüfte erheben, davonschweben und fünf Meter vor Ihnen auf dem Boden landen würde? Wenn Sie Angst dabei empfänden, dann nur deshalb, weil Sie dafür keine Referenzerlebnisse haben. Warum greift ein Kleinkind in einen vollen Aschenbecher, angelt sich eine Kippe und kaut darauf herum? Weil ihm die Referenzerlebnisse fehlen, die ihm sagen, daß Nikotin nicht gut für seine Gesundheit ist.

Ich möchte Sie noch einmal fragen: Wie machen Sie von Ihren Referenzerlebnissen Gebrauch? Interpretieren Sie sie bewußt auf eine Weise, die Sie bei der Realisierung Ihrer Ziele unterstützt? Oder klammert sich Ihr Gehirn automatisch an bestimmte negative Ereignisse aus Ihrer Vergangenheit und leistet damit dem Glauben Vorschub: „Jeder scheint es auf mich abgesehen zu haben“, oder: „Alles, was ich anpacke, geht schief“, oder: „Ich verdiene es nicht, daß man mich liebt“?

Die Art, wie wir unsere Referenzerlebnisse handhaben, entscheidet über unsere Gefühle, denn ob wir eine Erfahrung als gut oder schlecht einstufen, hängt davon ab, womit wir sie vergleichen. Ob eine Geschäftsfrau das reservierte Hotelzimmer schön oder gräßlich findet, hängt von ihren Erfahrungen in der Vergangenheit ab. Wenn Sie einen Osteuropäer in einem einfachen, preiswerten Motel in den USA einquartierten, dann garantiere ich Ihnen, daß er oder sie begeistert wäre, weil er die Unterkunft für eine Nobelherberge halten würde. Manchmal verlieren wir die Perspektive und vergessen, daß gut und schlecht lediglich auf den Referenzerlebnissen basieren, die wir zum Vergleich heranziehen.

Vor Beginn des Seminars Date With Destiny müssen die Teilnehmer im Rahmen eines umfassenden Fragebogens fünf Erfahrungen auflisten, die sich nachhaltig auf ihr gesamtes Leben ausgewirkt haben. Dadurch offenbaren sie mir ihre stärksten Referenzerlebnisse, und ich finde es immer wieder erstaunlich, wieviel unterschiedliche Bedeutungen sie aus den gleichen Erlebnissen ableiten. Einige sind vergewaltigt, sexuell mißbraucht oder von ihrem Partner verlassen worden. Andere stammen aus zerrütteten oder armen Familien. Manche interpretieren diese Erfahrungen auf eine Weise, die ihren Glauben stützt, daß es sich nicht zu leben lohnt. Andere fühlen sich dadurch motiviert, zu lernen, etwas aus ihrem Leben zu machen, sich weiterzuentwickeln, sozial verantwortlich zu handeln und mehr Gespür für andere zu entwickeln.

Es ist richtig, daß Saddam Hussein eine schwere Kindheit hatte, aber das gleiche gilt für Oprah Winfrey. Diese Frau wurde vergewaltigt und in ihrer Jugend schwer mißhandelt, und doch rührt sie mit ihrer Fernsehshow heute jeden Tag Millionen von Menschen an. Einfach dadurch, daß sie über ihre eigenen Erfahrungen sprach, konnte sie vielen helfen, einen Teil ihrer Wunden aus der Vergangenheit zu heilen. Millionen von Amerikanern fühlen sich dieser Frau eng verbunden.

Referenzerlebnisse sind nicht auf unsere tatsächlichen Erfahrungen begrenzt. Auch die Phantasie dient als Bezugspunkt. Erinnern Sie sich an Roger Bannister und die magische Vier-Minuten-Grenze für den Meilenlauf. Niemand hielt es für möglich, daß ein Mensch eine Meile in weniger als vier Minuten laufen kann, und doch entwickelte Bannister mit Hilfe seiner Vorstellungskraft das Gefühl der Gewißheit, daß er es schaffen würde. Er ließ vor seinem inneren Auge immer wieder das Bild ablaufen, wie er den Rekord brach. Er hörte und fühlte, wie er diese Hürde nahm, und bald verfügte er über so viele Referenzerlebnisse, daß ihm sein Erfolg sicher schien — genauso sicher, wie andere waren, die eine solche Leistung für unmöglich hielten.

Unsere Phantasie ist zehnmal stärker als unsere Willenskraft. Da Bannister imstande war, sich mittels seiner Vorstellungskraft „Standbeine" zu schaffen, die sein Gefühl der Gewißheit stützten, konnte er ein in der Geschichte der Menschheit beispielloses Resultat hervorbringen. *Die ungezügelte Phantasie vermittelt uns ein Gefühl der Gewißheit und ein Vorstellungsvermögen, das weit über den engen Rahmen unserer Erfahrungen hinausreicht.*

Vor kurzem schickte mir Akio Morita sein Buch *Made in Japan.* Morita ist Mitbegründer von Sony und ein unglaublich brillanter Mann. Das

Schicksal von Sony ist, ebenso wie das eines Menschen, das Ergebnis einer Reihe von Entscheidungen. Morita enthüllt in seinem Buch, daß die wichtigste Entscheidung in seinem Leben der Beschluß war, ein Angebot von Bulova abzulehnen. Bulova wollte 100.000 eben jener Transistorradios kaufen, mit denen Sony später den großen Durchbruch erzielte; aber zu diesem Zeitpunkt konnte man nicht einmal 10.000 Geräte im Monat absetzen. Die angebotene Summe war zehnmal so hoch wie der damalige Wert des Unternehmens, aber nach gründlichem Überlegen schlug Morita das Geschäft aus.

Warum? Ganz einfach deshalb, weil Bulova das Gerät mit dem eigenen Namen kennzeichnen wollte. Morita wußte, daß seine Firma zwar kurzfristig enormen Aufschwung erhalten würde, aber er würde damit nicht Sonys, sondern Bulovas Image aufbauen. Die Bulova-Manager konnten nicht glauben, daß er ein so attraktives Angebot ausschlagen wollte. Morita erklärte ihnen: „In fünfzig Jahren wird mein Unternehmen genauso groß sein wie Ihres, und ich weiß, daß wir uns mit dem von mir entwickelten Radio einen Namen machen werden."

Natürlich hielten Moritas Geschäftspartner ihn für verrückt. Was machte ihn so sicher, daß er es sich leisten konnte, ein so verlockendes Angebot abzulehnen? Er malte sich die Zukunft des Unternehmens aus und griff auf Referenzerlebnisse zurück, die nur in seiner Vorstellungskraft existierten. Er konzentrierte seine Aufmerksamkeit auf seine Ziele, die er klar vor Augen hatte, und stützte sich dabei auf sein unerschütterliches Vertrauen. Heute ist Sony mit einem Jahresumsatz von 27 Milliarden Dollar nicht nur marktführend in der Elektronikindustrie, sondern hat auch in anderen Branchen Fuß gefaßt, beispielsweise in der Filmproduktion und im Musikbereich. Sony ist weltweit bekannt für seine Qualitätsprodukte.

Wenn Sie genügend Selbstvertrauen besitzen, können Sie an Ihrer Vision selbst dann festhalten, wenn ein Fehlschlag unvermeidlich erscheint. Wie würde die Welt heute aussehen, wenn Thomas Edison nach seinem ersten gescheiterten Versuch, eine Glühbirne herzustellen, aufgegeben hätte? Zum Glück blieb er hartnäckig, selbst nach Tausenden von Fehlschlägen. Er hätte jedesmal auf ein solches Referenzerlebnis zurückgreifen und damit seinen Glauben stützen können, daß sich seine Idee einfach nicht in die Praxis umsetzen ließ. Statt dessen beschloß er, jeden gescheiterten Versuch als Referenzerlebnis für den Glauben zu betrachten, daß er der Lösung stetig näherkam. Denken Sie daran: Benutzen Sie bei einer Reise in die Vergangenheit nicht den „Rückspiegel" als Orientierungshilfe. *Sie wollen aus der Vergangenheit lernen, und nicht darin leben. Richten Sie Ihre ungeteilte Aufmerksamkeit daher auf diejenigen Dinge, die konstruktiv sind und Ihnen Kraft verleihen.*

Lesen ist Kraftstoff für den menschlichen Geist

Ihre Referenzspeicherungen sind nicht auf Ihre persönlichen Erfahrungen beschränkt. Sie können Anleihe nehmen bei den Referenzerlebnissen anderer. Schon in jungen Jahren beschloß ich, mich auf das Vorbild von Menschen zu konzentrieren, die es im Leben zu etwas gebracht hatten, die Erfolge erzielten, sozial engagiert waren und positiven Einfluß auszuüben vermochten. Ich verschlang die Biographien erfolgreicher Persönlichkeiten und lernte, daß sich der Erfolg ungeachtet ihrer Herkunft oder Lebensbedingungen unweigerlich dann eingestellt hatte, wenn sie sicher waren und ständig nach Bestleistungen strebten. Ich machte mir ihre Referenzerlebnisse zu eigen und entwickelte das Grundprinzip, daß ich mein Schicksal selbst in die Hand nehmen konnte.

Können Sie sich an meinen zuvor erwähnten Freund Captain Gerald Coffee erinnern, der mehr als sieben Jahre lang Kriegsgefangener in Vietnam war? Die meiste Zeit verbrachte er in Isolierhaft. Es gelang ihm, trotz der Trostlosigkeit seiner Lebensumstände nicht den Verstand zu verlieren, weil er sich auf sein reiches Innenleben zurückzog. Als Kind hatte er verschiedene Gedichte und Geschichten auswendig gelernt, die er nun ständig wiederholte, um ein anderes „Umfeld" als dasjenige zu schaffen, in dem er Tag für Tag ausharren mußte.

Sie müssen sich nicht ins stille Kämmerlein zurückziehen, um die Schönheit und Macht einer Schatzkiste zu erkennen, die prall gefüllt ist mit Erinnerungen und imaginären Referenzerlebnissen. Was soll diese Schatzkiste im einzelnen enthalten? Erkunden Sie den Reichtum der Geschichten, Legenden, der Gedichte und der Musik. Lesen Sie Bücher, schauen Sie Filme an, hören Sie Audiokassetten, besuchen Sie Seminare, sprechen Sie mit anderen und holen Sie sich neue Ideen. Alle Referenzerlebnisse besitzen Macht, und Sie können nie wissen, welches dazu beitragen könnte, Ihr ganzes Leben von Grund auf zu ändern.

Die Stärke eines guten Buches liegt darin, daß Sie genauso zu denken beginnen wie der Verfasser. In diesen verzauberten Augenblicken, wenn Sie in den Ardennenwald eintauchen, schlüpfen Sie in die Haut von William Shakespeare; in Wilhelm Tells Schweiz sind Sie Schiller; wenn Sie in Einklang mit der Natur am Walden-Teich stehen, dann sind Sie Henry David Thoreau. Sie fangen an, wie diese Autoren zu denken, zu fühlen und Ihre Phantasie auf ähnliche Weise zu benutzen. Die Referenzerlebnisse dieser Schriftsteller werden Ihre eigenen, die Sie noch lange in sich tragen. Das ist die wahre Macht der Literatur, eines guten Theaterstücks, der Musik.

Ich habe früher geglaubt, es sei reine Zeitverschwendung, ins Theater zu gehen. Aber eines Tages beschlossen Becky und ich, uns das Musical *Les Misérables* anzusehen. Ich habe nie etwas gesehen, gelesen oder gehört, das mich so tief bewegte. Seither bin ich süchtig nach guten Theaterstücken, und jedesmal, wenn wir uns in New York aufhalten, ist es für uns ein absolutes Muß, in eine Vorstellung zu gehen.

Einer der wirksamsten Glaubenssätze, zu dem ich vor Jahren gelangte und der mir half, sämtlichen Situationen eine positive Seite abzugewinnen, war der Gedanke, daß es *keine schlechten Erfahrungen gibt.* Ungeachtet dessen, was ich im Leben bewältigen muß — sei es eine Herausforderung oder ein freudiges Ereignis —, habe ich eines gelernt: Jede Erfahrung hat für mich ihren Wert, wenn ich nur danach suche. Schon eine einzige Idee oder Erkenntnis, die ich aus dieser Erfahrung ziehen kann, trägt zu meiner persönlichen Entwicklung bei.

Als ich noch zur High School ging und auf alle nur erdenkliche Arten Geld zu verdienen suchte, um mir den Besuch von Seminaren zur Persönlichkeitsentwicklung zu ermöglichen, wunderten sich meine Freunde, daß ich immer wieder an den gleichen Seminaren teilnahm. Ich erklärte ihnen, daß mir die Wirksamkeit des Wiederholungseffekts klargeworden war und daß ich jedesmal etwas Neues dazulernte, weil ich mich in der Zwischenzeit geändert hatte. Außerdem konnte ich mich durch die Wiederholung darauf konditionieren, das Gelernte auch anzuwenden. Hier traf das Sprichwort zu: Übung macht den Meister. Jedesmal, wenn ich ein Programm wiederholte, gewann ich neue Erkenntnisse oder kam mit Ideen in Berührung, die mich anders beeinflußten und befähigten, neue Referenzerlebnisse zu speichern, neue Interpretationsmöglichkeiten zu finden, neue Aktionen einzuleiten und neue Resultate zu erzielen.

Benutzen Sie Kontraste, um Ihr Leben in die richtige Perspektive zu rücken

Während einige Referenzerlebnisse Sie bereichern und Ihr Vorstellungsvermögen stärken, zeigen Ihnen andere eine Seite des Lebens, die Sie lieber nicht kennenlernen möchten. Aber das ist genau die Kategorie von Referenzerlebnissen, die dazu beitragen, ein Gleichgewicht in Ihrem Leben zu schaffen, es wieder in die richtige Perspektive zu rücken. Sie bieten Ihnen eine neue Vergleichsebene, die im Gegensatz zu Ihren eigenen Erfahrungen steht. Gleichgültig, wie schlimm die Dinge in Ihren Augen auch sein mögen, es ist immer gut, sich daran zu erinnern, daß es andere gibt, denen es noch schlechter geht.

Während meines siebentägigen Mastery-Seminars stelle ich den Teilnehmern Menschen vor, die physisch oder emotional die Hölle erlebt haben und unbeschadet daraus hervorgegangen sind — wie die W. Mitchells dieser Welt oder mein guter Freund Mique Davis, der als Jugendlicher in volltrunkenem Zustand von einer Brücke sprang, aber nicht gesehen hatte, daß das Wasser darunter nur 60 cm tief war. Er blieb vom Hals an abwärts querschnittgelähmt. Diese Menschen erzählen in bewegten Worten, wie glücklich sie sind zu leben, und was sie alles erreicht haben. Oder ich bringe meinen guten Freund Dax mit, der im Feuer eingeschlossen war, am ganzen Körper Brandwunden davontrug und seither erblindet ist. Trotz seiner Behinderungen studierte er später Jura und übt heute seinen Beruf als Anwalt aus.

Die Aufgabe an diesem Tag besteht darin, den einfachen und spielentscheidenden Glauben zu entwickeln: „Ich habe keine Probleme." Im Gegensatz zu den mutigen Menschen, die ihre Geschichte erzählen, wissen alle Anwesenden, daß sie keine derartigen Herausforderungen bewältigen müssen. Plötzlich werden die Schwierigkeiten, die Sie mit Ihren Partnern, mit den Schulnoten ihrer Kinder, mit geschäftlichen Einbußen oder eigenem Unvermögen haben, in die richtige Perspektive gerückt.

Wir können neue Referenzerlebnisse auch benutzen, um uns wieder zu motivieren, wenn wir beginnen, allzu selbstgefällig zu werden. Es stimmt zwar, daß es manchen schlechter gehen könnte als Ihnen, aber richtig ist auch, daß es Menschen gibt, denen es noch besser geht. Gerade dann, wenn Sie meinen, auf dem Gipfel Ihrer Leistungsfähigkeit angekommen zu sein, stoßen Sie vielleicht auf jemand anderen, der ein noch höheres Leistungsniveau erreicht hat. Und das ist ein Pluspunkt im Leben, der uns ständig nach Weiterentwicklung und Wachstum streben läßt.

Die Macht neuer Referenzerlebnisse, die dafür sorgt, daß wir unsere Ansprüche an uns selbst ständig höherschrauben, ist unermeßlich groß. Dabei spielt es keine Rolle, ob wir etwas über die Lehren eines großen religiösen Führers lesen, der nicht aufhört, die Menschen trotz aller Anfeindungen zu lieben, oder die Karriere von finanziellen Überfliegern verfolgen, um zu erkennen, was wirklich möglich ist. Ich vergesse nie den Tag, als ich den Architekten und Hotelmagnaten Chris Hemmeter kennenlernte. Becky und ich hatten die Ehre, zu den ersten Gästen zu gehören, die Chris und seine Familie im neuen Haus in Hawaii besuchen durften — eine Residenz im Wert von 70 Millionen Dollar, die zu beschreiben mir die Worte fehlen. Allein das Eingangsportal hat eine Million Dollar gekostet. Auch wenn für Sie die Regel gilt: „Was für eine unglaubliche Geldverschwendung" — mir hat dieses Erlebnis die Erkenntnis vermittelt, welche unternehmerischen oder wirtschaftlichen Erfolge möglich sind. Plötzlich wurde mein Vier-Millionen-Dollar-Schloß in die richtige Perspektive gerückt. Damit hätte man kaum das Eingangsportal und den Treppenaufgang bezahlen können. Natürlich gab es in meinem Leben Raum, um in größeren Kategorien zu denken, an meine Grenzen vorzustoßen und mir das Unvorstellbare auszumalen. Das beste daran, daß wir Chris und seine Frau Patsy kennenlernten, war die Entdeckung, daß sie ungeheuer warmherzige Menschen sind und ihren Reichtum dazu benutzen, ein wirklich inspirierendes Ambiente zu schaffen.

Kontrastierende Referenzerlebnisse gehören zu den wirkungsvollsten

Mitteln, unsere Wahrnehmungen und Gefühle zu verändern. Sobald ich merke, daß ich die Perspektive verliere, weil ich das Gefühl habe, zu hart zu arbeiten, denke ich an einen Mann, der vor einigen Jahren an einem meiner Seminare teilgenommen hat. Er war ein sympathischer, sanfter Mann, der unglücklicherweise zur falschen Zeit am falschen Ort auftauchte. Am Tag vor seinem 45. Geburtstag fuhr er zu einer Tankstelle, wo er auf zwei Männer traf, die just an diesem Morgen aus dem Gefängnis entlassen worden waren. Während dieser kurzen Zeitspanne, in der sie sich auf freiem Fuß befanden, waren die beiden zu der Schlußfolgerung gelangt, daß ihnen das Leben draußen nicht zusagte. Sie wollten schnellstmöglich wieder hinter Gitter. Sie töteten den nächstbesten Menschen, der an der Tankstelle vorfuhr. Egal wer diese Person und wie alt sie war, oder ob es sich um einen Mann oder eine Frau handelte. Als der Mann zu den Zapfsäulen fuhr und aus dem Auto ausstieg, um seinen Tank zu füllen, griffen sie ihn brutal an und erschlugen ihn.

Sind Sie noch immer der Ansicht, Sie hätten Probleme? Der Mann hinterließ eine Frau und vier kleine Kinder. Wie findet man einen Sinn in einer solchen Tragödie, in der es keinen einzigen positiven Aspekt zu geben scheint? Ich setzte mich sofort mit der Witwe in Verbindung und bot ihr meine Hilfe an. Mein Ziel bestand darin, mich zu vergewissern, daß sie in dieser Erfahrung für sich selbst und ihre Kinder einen Sinn entdeckte, der ihr Kraft gab. Es lag zu nahe, diesen Schicksalsschlag als Referenzerlebnis zu benutzen und daraus den Glauben zu entwickeln, daß es sich nicht zu leben lohnt, daß man stets das Richtige tun und trotzdem wie ein Grashalm niedergemäht werden könne — also warum es überhaupt erst versuchen?

Ich machte der Frau klar, wie wichtig es für sie selbst und ihre Kinder sei, auch nur den Funken eines Sinns in dem Verlust zu sehen, der ihnen Kraft für ihr weiteres Leben geben konnte. Als ich sie fragte, was diese Erfahrung für sie bedeuten könnte, brachte sie zunächst zum Ausdruck, wie groß ihr Schmerz war. Aber dann eröffnete sie mir, möglicherweise bestünde der Sinn darin, daß ihr eine unglaubliche Welle von Liebe, Unterstützung und Sympathie entgegengebracht worden sei, als die Zeitungen über die tragische Geschichte berichtet hatten. Sie erhielt Hunderte von Zuschriften und Hilfsangeboten von völlig Unbekannten.

Sie sagte: „Ich habe gemerkt, daß ich mich selbst und meine Kinder zerstört hätte, wenn ich geglaubt hätte, daß alle Menschen bösartig sind. Diese Erfahrung ist im Augenblick zwar unglaublich schmerzhaft, aber ich weiß, daß es dafür einen Grund geben muß. Ich kann es nicht beweisen; mein Glaube sagt es mir.“ Diese Frau fand den Mut, ihren Glauben als Referenzerlebnis zu benutzen. Ihre Bereitschaft, darauf zu vertrauen, daß es einen Grund gab, selbst wenn sie ihn im Augenblick nicht erkennen konnte, half ihr, sich von diesem schmerzvollen Erlebnis freizumachen und neue Kraft zu finden.

Was für eine starke Frau! Ihre Kinder hatten großes Glück, eine solche Mutter zu besitzen. Sie erzählte ihnen: „Kinder, ich möchte, daß ihr seht, wie hilfsbereit alle diese Leute sind. Die Menschen sind in Wirklichkeit gut. Es gibt ein paar auf der Welt, die vom rechten Weg abgekommen sind, und ihnen muß man helfen. Euer Vater hat immer an Gott geglaubt, und nun befindet er sich an einem besseren Ort. Er hatte viel zu tun, als er noch bei uns war, und seine Zeit war gekommen; aber unsere Zeit ist noch nicht abgelaufen, und wir müssen sie nutzen, solange wir auf Erden sind. Vaters Tod sollte uns daran erinnern, daß wir das Leben jeden Tag voll auskosten müssen. Und wir dürfen nicht denken, daß wir ihn verloren haben, denn er wird immer bei uns sein."

Könnte es sein, daß die scheinbar schlimmsten Tage unseres Lebens in Wirklichkeit am meisten Kraft spenden, weil sie uns die Möglichkeit bieten, aus ihnen zu lernen? Denken Sie an das Schlimmste zurück, das Ihnen widerfahren ist. Könnte sich irgendein Aspekt dieser Situation auch positiv auf Ihr Leben ausgewirkt haben? Vielleicht wurden Sie von Ihrer Firma entlassen, ausgeraubt oder in einen Autounfall verwickelt, haben aufgrund dieser Erfahrung jedoch neue Entschlüsse gefaßt oder neue Erkenntnisse gewonnen. Möglicherweise sahen Sie sich dadurch veranlaßt, an Ihrer persönlichen Entwicklung zu arbeiten.

Ich gebe zu, daß sich in manchen Situationen schwer ein Sinn finden läßt, aber Sie sind bis zu diesem Punkt des Buches gekommen und kein Neuling mehr. Sie haben Ihrer Phantasie freien Lauf gelassen und die Muskeln gedehnt, die Ihnen innere Kraft verleihen. Sie haben gelernt, Ihren emotionalen Zustand in den Griff zu bekommen und Ihre Aufmerksamkeit zu steuern, indem Sie bessere Fragen stellen. Wenn Sie als Kind mißhandelt wurden, haben Sie vielleicht ein feineres Gespür für Kinder entwickelt und entschieden, diese durch Generationen weitergegebene Kette der Lieblosigkeit ein für allemal zu unterbrechen. Wenn Sie in einem Elternhaus mit sehr strengen Regeln aufgewachsen sind, könnte diese Erfahrung Sie bewogen haben, für die persönliche Freiheit anderer zu kämpfen. Wenn Sie das Gefühl haben, nicht genug geliebt worden zu sein, dann sind Sie in Ihren zwischenmenschlichen Beziehungen unter Umständen immer der gebende Teil. Oder irgendein „schreckliches" Erlebnis hat bewirkt, daß Sie neue Entscheidung getroffen, die Richtung Ihres Lebens und damit Ihr Schicksal verändert haben. Vielleicht ist der schlimmste Tag Ihres Lebens in Wirklichkeit der beste gewesen.

Möglicherweise protestieren Sie nun: „Nein, es gibt einige Situationen in meiner Vergangenheit, die absolut keinen Sinn machen. Ich werde sie nie überwinden; sie werden mir bis an mein Lebensende nachhängen." Sie haben recht: Solange Sie an dem Glauben festhalten, daß Sie übervorteilt wurden oder einen Verlust erlitten haben, der nicht wiedergutzumachen ist, solange werden Sie den Gedanken daran als schmerzvoll empfinden. Aber vergessen Sie nicht: *Der Verlust besteht nur in unserer*

Phantasie. Nichts geht im Universum verloren; es ändert lediglich seine Form. Wenn es noch immer eine Wunde gibt, die nicht heilen will, dann liegt es an der Bedeutung, die Sie damit verknüpfen. Vielleicht fehlt Ihnen der Glaube, zu sagen: „Obwohl ich im Augenblick nicht weiß, warum ausgerechnet mir das widerfahren mußte, bin ich bereit zu glauben, daß es seinen Sinn hat. Eines Tages werde ich es verstehen."

Einengende Referenzerlebnisse führen zu einem einengenden Leben. Wenn Sie diese Grenzen erweitern wollen, müssen Sie das Reservoir Ihrer Referenzerlebnisse erweitern, indem Sie Ideen und Erfahrungen suchen, die nie Teil Ihres Lebens geworden wären, wenn Sie nicht bewußt danach Ausschau gehalten hätten. Denken Sie daran: Eine gute Idee fliegt Ihnen nur selten von alleine zu; sie müssen aktiv danach suchen. Ideen und Erfahrungen, die uns stärken, muß man bewußt verfolgen.

Das Universum der Ideen und Erfahrungen

Wenn wir unsere Referenzerlebnisse erweitern, schaffen wir ein Kontrastprogramm, mit dessen Hilfe wir unser Leben und unsere Möglichkeiten bewerten können. Wenn Sie Probleme unnötig aufbauschen, sollten Sie sich eines vor Augen halten: Wir leben in einem Milchstraßensystem, zu dem mehrere hundert Milliarden Sterne gehören. Und dann machen Sie sich klar: Wir leben in einem Universum, das mehrere hundert Milliarden Milchstraßensysteme umfaßt. Mit anderen Worten, allein in unserer Galaxis existieren mehrere hundert Milliarden Sonnen. Und alle diese Sonnen verfügen auch noch über Planeten, die sie umkreisen! Denken Sie an diese Größenordnung. Die Sterne in unserer Galaxis brauchen mehrere hundert Millionen Jahre, um sich einmal um die Milchstraßenachse zu drehen. Wenn Sie an die unendliche Größe dieses Universums denken und dann einen Blick auf die durchschnittliche Lebensspanne des Menschen werfen — ändert sich dann nicht schlagartig Ihre Perspektive? Die Lebenszeit des Menschen ist nur wie ein Staubkorn in der Wüste. Und dennoch zerbrechen sich die Leute den Kopf über so nichtige Dinge wie die Frage, wie sie ihre Hypotheken bezahlen sollen, was für ein Auto sie sich als nächstes anschaffen könnten oder wie wohl die nächste Geschäftsbesprechung laufen mag.

Ich bin stets bemüht, meine Referenzerlebnisse zu erweitern und zu verbessern, weil ich an den alten Spruch der Computerexperten glaube: Wenn man Mist eingibt, kommt Mist heraus. An jedem Tag unseres Lebens speichern wir neue Ideen, Konzepte, Erfahrungen und Empfindungen. Wir müssen ständig an der Pforte unseres Verstandes Wache stehen, um zu gewährleisten, daß alle Informationen, denen wir Zugang gewähren, unser Leben bereichern und die Erfahrungen, nach denen wir streben, unseren Bestand an Möglichkeiten auffüllen. Wenn wir unseren Kindern helfen, zu wachsen und sich weiterzuentwickeln, müssen wir ihnen Orientierungshilfen geben, die ihnen gestatten, aus ihren Erfahrungen positive Referenzerlebnisse für die Zukunft abzuleiten — Erfahrungen, die ihnen das Wissen vermitteln, daß sie mit buchstäblich jeder Situation fertigwerden können.

Gleichzeitig müssen wir ihnen beibringen, wovor sie im Leben auf der Hut sein sollten. Manche Referenzerlebnisse trüben unsere Lebenserfahrung. Haben Sie in ungutes Gefühl, wenn Sie Musik von den Geto Boys hören? Einer der neuesten Songs dieser Gruppe ist ein Rap, in dem das tolle Gefühl beschrieben wird, wenn man einem Mädchen die Kehle durchzuschneidet und Sex mit der Leiche hat. Könnte es vielleicht ein bißchen destruktiv sein, wenn wir — nicht nur Kinder, sondern auch Erwachsene — einem solchen Referenzerlebnis immer wieder ausgesetzt sind? Ich behaupte nicht, daß sich jemand diese Musik anhört und dann schnurstracks einen Mord begeht. Ich behaupte lediglich, daß sie auf den Müll gehört. Damit übe ich absolut keine Zensur aus. Ich bin der Meinung, daß Freiheit zu den größten Errungenschaften in unserer Hemisphäre gehört; ich glaube aber auch, daß Sie und ich in diesem Punkt die Führung übernehmen sollten. Wir haben das Recht und die Verantwortung, die Bedeutung von Referenzerlebnissen und die Auswirkung zu beurteilen, die sie auf die Qualität unseres Lebens haben können.

Erweitern Sie Ihre Referenzerlebnisse und geben Sie Ihrem Leben eine neue Dimension

Wir können alles, was uns das Leben zu bieten hat, auf aktivierende Weise nutzen, aber wir müssen dabei bewußt aktiv werden. Die Wahlmöglichkeiten, die mir zur Verfügung stehen, gründen auf einer breitgefächerten Palette von Referenzerlebnissen, nach denen ich bewußt und kontinuierlich strebe. Jeden Tag halte ich nach einer Gelegenheit Ausschau, etwas dazuzulernen. Ich habe die Erfahrung von mehreren hundert Jahren in meine knapp über 30 Lebensjahre hineingepackt. Die Anzahl der Herausforderungen und bereichernden Erlebnisse, denen ich mich in einem einzigen Monat gegenübersehe, widerfahren den meisten Menschen wohl eher in mehreren Jahren.

Mit siebzehn begann ich, nach Möglichkeiten zu suchen, mir solche Herausforderungen und Erlebnisse zu verschaffen; ich fand sie unter anderem in Form der reichen Erfahrungen, die Bücher zu bieten haben. Schon in frühester Jugend gelangte ich zu der Überzeugung, daß Führungspersönlichkeiten Leseratten sein müssen. Bücher entführten mich in eine andere Welt; dort lernte ich so einzigartige Menschen wie Abraham Lincoln oder Ralph Waldo Emerson kennen, die mir als persönliche Lehrmeister dienten. Ich wußte auch, daß ich in Büchern die Antworten auf alle Fragen finden konnte, die ich hatte. Diese Bandbreite der Referenzerlebnisse, mit der Bücher mich ausstatteten, bot mir zahllose Möglichkeiten, anderen zu helfen. Ich hielt mich bewußt an diese Referenzerlebnisse, weil ich erkannte: Wenn ich meinen Gedanken nicht die Nahrung gab, nach der sie verlangten, hätte ich mich mit dem intellektuell unverdaulichen Schrott zufriedengeben müssen, den die allabendlichen „Leckerbissen" in den Nachrichten oder die Meinungsmacher in den Zeitungen liefern. Wenn das unsere wichtigste Informationsquelle ist, dann sollten wir damit rechnen, die gleichen Ergebnisse zu erzielen wie alle anderen Mitglieder unserer Gesellschaft.

Die konstruktivste Art, tiefgreifende Erkenntnisse über das Leben und die Menschen zu gewinnen, uns selbst ein Höchstmaß an Wahlmöglichkeiten zu verschaffen, besteht darin, sich selbst so vielen unterschiedlichen Referenzerlebnissen wie möglich auszusetzen. Ich wollte meine spirituellen Erfahrungen erweitern, als mir bewußt wurde, daß ich bisher nur eine Kirche besucht hatte und die meisten Jahre meines Lebens mit nur einer einzigen religiösen Philosophie in Berührung gekommen war. In der High School hatte ich ein Stipendium erhalten; ich durfte an einem zweiwöchigen Journalismus-Lehrgang teilnehmen, der an der California Polytechnic State University in San Louis Obispo abgehalten wurde. An einem Sonntag erhielten wir dort alle die Aufgabe, eine Geschichte über einen Gottesdienst zu schreiben.

Als wir durch den Ort schlenderten und noch zu entscheiden versuchten, wohin wir gehen wollten, merkte ich, wie es mich zu der Kirche meiner Konfession zog. Aber auf dem Weg hörte ich, wie sich einige meiner Freunde über die Mormonen-Kirche unterhielten, an der wir gerade vorübergegangen waren, und wie „gräßlich" diese Leute doch wären. Ich hatte das Gefühl, daß diese Menschen ganz so schlimm nicht sein konnten; auf jeden Fall wollte ich mir Informationen aus erster Hand verschaffen. Deshalb nahm ich an dem Gottesdienst teil und sah, daß die Mormonen Gott genauso liebten wie ich. Der einzige Unterschied bestand darin, daß ihre Regeln und Gebote nicht ganz die gleichen wie meine waren.

Damit begann meine spirituelle Odyssee, in deren Verlauf ich ein ganz persönliches Ritual entwickelte. Mit achtzehn und neunzehn besuchte ich zwei- oder dreimal im Monat Gottesdienste unterschiedlichster Religionen. Mein spirituelles Leben bereicherte sich, als ich lernte, den religiösen Glauben all dieser Menschen zu schätzen. Auch wenn ich mich nicht an ihre Regeln hielt oder ihre Auffassungen teilte, resultierten diese Erfahrungen darin, daß ich ein breiteres Fundament des Verständnisses und Gespürs für andere Menschen schuf.

Wenn Sie die Grenzen Ihres Leben sprengen wollen, dann setzen Sie Ihren Vorsatz in die Tat um! Streben Sie Erfahrungen an, die Sie nie zuvor gemacht haben. Versuchen Sie's mit Tiefseetauchen. Erkunden Sie die Welt unter Wasser, und finden Sie etwas über das Leben und sich selbst in einem ganz neuen Umfeld heraus. Wie wär's mit Fallschirmspringen? Wenn Sie in viertausend Meter Höhe auf der Lukenkante eines Flugzeugs sitzen und wissen, daß sie eine ganze Minute lang mit einer Geschwindigkeit von rund 180 km pro Stunde fallen werden, dann müssen Sie absolutes Selbstvertrauen besitzen, um den Schritt aus der Maschine zu wagen. Sie wissen gar nicht, was Selbstvertrauen ist, bevor Sie mit diesem Referenzerlebnis konfrontiert werden! Oder nehmen Sie sich vier Tage frei, um an einem Sicherheitstraining mit Schleuderkurs teilzunehmen. Sie werden mehr über Ihre Grenzen und Möglichkeiten erfahren, als Sie sich vorstellen können. Verbringen Sie einen Abend in einem Symphonie- oder Rockkonzert, wenn Sie denen sonst nach Möglichkeit aus dem Weg gehen. Erweitern Sie Ihre Wahlmöglichkeiten. Unterhalten Sie sich mit Fremden, die Ihnen zufällig auf der Straße begegnen. Die Herausforderung, Kontakt zu anderen Menschen zu knüpfen und Einblick in deren Leben zu gewinnen, wird Sie für immer verändern.

Vielleicht wäre es an der Zeit, daß Sie sich mit fremden Kulturen befassen und die Welt durch die Augen anderer betrachten. Lassen Sie sich am Tag der offenen Tür von Ihrer örtlichen Polizei auf eine Fahrt im Streifenwagen mitnehmen, um Ihren Wohnort einmal durch die Brille der Ordnungshüter zu sehen. Denken Sie daran, Sie lernen Menschen am besten kennen und schätzen, wenn Sie etwas über ihre Referenzerlebnisse erfahren. Vielleicht wäre es an der Zeit, wieder die Schulbank zu drükken, das „innere Universum" in Form der Biologie oder Physiologie zu erkunden, oder die eigene Kultur durch soziologische oder anthropologische Studien besser zu begreifen. Vergessen Sie nicht: Alle Grenzen in Ihrem Leben sind vermutlich nur das Ergebnis begrenzter Referenzerlebnisse. *Erweitern Sie Ihre Referenzerlebnisse, und Sie erweitern auf Anhieb die Chancen, die Ihnen das Leben bietet.*

Die Möglichkeiten, die ich angesprochen habe, sind aufregend und inspirierend; sie sorgen dafür, daß Sie sich dynamisch und energiegeladen fühlen. Sie müssen nicht alle ausprobieren, oder auch nur eine einzige, um neue Referenzerlebnisse zu sammeln. Es besteht keine Notwendigkeit, eine Safari in Afrika zu unternehmen; es reicht, wenn Sie um die nächste Ecke gehen und einem Obdachlosen dabei helfen, Ressourcen in sich zu entdecken, deren Existenz ihm unbekannt war. Mit einem einzigen neuen Referenzerlebnis erschließt sich Ihnen vielleicht eine ganz neue Welt. Das kann etwas sein, das Sie zufällig sehen oder hören, aber auch ein Gespräch, ein Kinofilm, ein Seminar oder ein Satz auf der nächsten Seite des Buches. Man kann nie wissen, wann einem ein solches Schlüsselerlebnis widerfährt.

Machen Sie nun eine Bestandsaufnahme der wirkungsvollsten Referenzerlebnisse in Ihrem Leben. *Nehmen Sie sich einen Augenblick Zeit und notieren Sie fünf der wichtigsten Erfahrungen, die maßgeblich zur Entwicklung Ihrer Persönlichkeit beigetragen haben.* Sie sollen sie nicht nur in groben Zügen schildern, sondern auch beschreiben, *welche Auswirkung sie hatten.* Wenn es sich um ein Ereignis handelt, das Sie als negativ empfunden haben, sollten Sie sofort nach einer anderen Interpretationsmöglichkeit suchen, wie schwer es Ihnen auch fallen mag. Vielleicht brauchen Sie dafür ein gewisses Maß an Gottvertrauen oder eine neue Perspektive, die Sie vorher nie in Betracht gezogen hätten. Vergessen Sie nicht: *Alles im Leben geschieht aus einem bestimmten Grund oder dient einem bestimmten Zweck; und deshalb kommt es uns zugute.* Manchmal dauert es Jahre oder sogar Jahrzehnte, bis wir den Sinn entdecken. Aber alle menschlichen Erfahrungen sind wertvoll.

Wenn Sie die Liste der Ereignisse überprüfen, die Ihr Leben positiv verändert haben, sollten Sie über neue Referenzerlebnisse nachdenken, die wichtig und erstrebenswert für Sie sind. Stellen Sie sich die Frage: *„Welche Erfahrungen brauche ich, um ein Höchstmaß an Erfolg zu erzielen und meine wahren Wünsche im Leben zu verwirklichen?"* Vielleicht sollten Sie sich einen Menschen zum Vorbild nehmen, dessen zwischenmenschliche Beziehungen beispielhaft sind. Finden Sie heraus, welche Glaubensprinzipien oder Referenzerlebnisse er hat und wie diese zum Erfolg der Beziehungen beigetragen haben. Vielleicht brauchen Sie auch nur Referenzerlebnisse, die Sie veranlassen, Ihr Leben mehr zu schätzen, oder die Ihnen das Gefühl geben, einen echten Beitrag zu leisten.

Denken Sie nun an Referenzerlebnisse, die Ihnen Spaß machen würden. Vielleicht sind sie nicht unbedingt erforderlich, aber amüsant, oder auch nur ein Mittel, um sich gut zu fühlen. Ich habe vor einiger Zeit begonnen, mich mit fernöstlichen Kampftechniken zu beschäftigen, weil ich wußte, daß man durch sie unglaublich intensive Bewußtseins- und Gefühlszustände erreichen kann. Ich verdiente mir den schwarzen Gürtel im Tae Kwon Do innerhalb von acht Monaten, weil ich mit dem Großmeister Jhoon Rhee arbeitete und mich bemühte, die gleiche ungeheure Konzentrationsfähigkeit zu entwickeln, die ihn auszeichnet. Ich erkannte, daß die strikte Selbstdisziplin sich auch positiv auf andere Lebensbereiche auszuwirken vermochte. Was könnten Sie also tun?

Sobald Sie die erstrebenswerten Referenzerlebnisse aufgelistet haben, die Ihnen in den Sinn kommen, vermerken Sie hinter jedem Eintrag eine Frist und ein Datum. Entscheiden Sie, wann Sie jedes einzelne Vorhaben in die Tat umsetzen. Wann beginnen Sie, Spanisch, Griechisch oder Japanisch zu lernen? Wann melden Sie sich für eine Fahrt im Heißluftballon an? *Wann lassen Sie sich auf eine völlig ungewohnte und neue Aktivität ein?*

Welche Referenzerlebnisse könnten für Ihr Familienleben von unschätzbarem Wert sein? Vielleicht sollten Sie mit Ihren Kindern mal wieder ins Museum gehen. Oder sich einfach mit ihnen zusammensetzen und frühere Ereignisse in der Familie Revue passieren lassen, oder mit den Großeltern über deren Leben und die Lektionen reden, die sie daraus gelernt haben. Alte Menschen verfügen über einen reichen Schatz an Referenzerlebnissen, der für die jüngere Generation unermeßlich wertvoll sein kann.

Eines der eindrucksvollsten Referenzerlebnisse hatte ich gemeinsam mit meiner Familie an Thanksgiving. An diesem Erntedanktag ist es üblich, Essen an Bedürftige zu verteilen, die keine Suppenküche oder ein Obdachlosenasyl aufsuchen können oder wollen. Ich werde nie die Reaktion meines jüngsten Sohnes vergessen, der damals vier Jahre alt war. Jairek nahm zum erstenmal an diesem Brauch teil, und wir fuhren zu einem Park in Oceanside, Kalifornien. Wir fanden dort einen alten Mann, der im Vorraum einer öffentlichen Toilette auf dem Fußboden schlief; der Raum besaß keine Türen, und der Mann war notdürftig mit alten Kleidern zugedeckt, die er in den Mülltonnen aufgestöbert hatte. Mein Sohn wunderte sich über den langen Bart, und der Landstreicher war ihm wohl ein bißchen unheimlich.

Ich reichte Jairek den Korb mit den Eßwaren und anderen lebensnotwendigen Dingen und sagte: „Gib das dem Mann, und wünsch ihm einen frohes Fest!" Jairek näherte sich vorsichtig der am Boden liegenden Gestalt. Er betrat den Vorraum der Toilette und stellte den Korb, der genauso groß war wie er, leise neben dem Schlafenden ab. Der Mann sah aus, als sei er betrunken oder fest eingeschlafen. Jairek stupste ihn an und sagte: „Frohes Fest!" Plötzlich schoß der Mann in die Höhe und griff nach der Hand meines Sohnes. Mein Herz machte einen Satz, und ich wollte gerade nach vorne springen, als der Mann sich hinunterbeugte und Jairek die Hand küßte. Er flüsterte mit rauher Stimme: „Danke für die Gabe." Ein unvergeßliches Erlebnis für einen Vierjährigen!

Solche denkwürdigen Augenblicke beeinflussen unser Leben. Es ist an uns, Erfahrungen zu suchen oder zu schaffen, die uns nicht eingrenzen, sondern zu persönlichem Wachstum beitragen. Also erheben Sie sich von der Zuschauerbank und wagen Sie den Schritt, der Sie mitten hinein in das Spiel des Lebens führt. Lassen Sie Ihrer Phantasie freien Lauf; malen Sie sich die ungezählten Situationen aus, die Sie ergründen und erleben können. Fangen Sie gleich damit an. Welche neuen Erfahrungen möchten Sie heute sammeln, Erfahrungen, die Ihr Leben bereichern? Was für ein Mensch möchten Sie werden? Ergreifen Sie die Initiative und genießen Sie es, die Möglichkeiten zu erforschen, die sich Ihnen bieten. Entdecken Sie die Macht eines weiteren Elements, das nachhaltige Veränderungen bewirkt, nämlich Ihrer Identität.

18

Identität: Der Schlüssel zum persönlichen Wachstum

„Bedeutende Leistungen werden nur von bedeutenden Menschen erzielt; und bedeutend ist jemand nur dann, wenn er fest entschlossen ist, es zu sein."

CHARLES DE GAULLE

Sein Körper wies keine sichtbaren Zeichen von Mißhandlung auf. Die chinesischen Kommunisten hatten ihn mehr als zwanzig Stunden in einem winzigen Raum eingesperrt, ohne ihn zu schlagen oder zu foltern. Sie hatten ihm sogar eine Zigarette, oder auch zwei, angeboten. Nach der höflichen Unterredung hielt der GI nun ein Dokument in seiner eigenen Handschrift in Händen, in dem er sich zahlloser Verbrechen bezichtigte, den unheilvollen Einfluß des amerikanischen Lebensstils – Inbegriff der kapitalistischen Gesellschaft – anprangerte und ein Loblied auf die Überlegenheit, die ethischen Grundsätze und die humanitären Aspekte des kommunistischen Systems sang. Der Bericht, den dieser amerikanische Offizier geschrieben hatte, wurde danach per Rundfunk in seinem Internierungs- und anderen Kriegsgefangenenlagern in Nordkorea verbreitet; auch die Angehörigen der amerikanischen Streitkräfte, die in Südkorea stationiert waren, konnten ihn hören. Später gab dieser Mann sogar militärische Informationen preis, denunzierte seine Mitgefangenen und verunglimpfte sein eigenes Land.

Was veranlaßte diesen Mann, seine Weltsicht völlig umzukehren und Glaubensprinzipien abzulegen, an die er ein Leben lang fest geglaubt hatte? Was bewog ihn, seine grundlegenden Werte über Bord zu werfen und mit dem Feind zu kollaborieren? Welcher einzelne Umstand kann einen so radikalen Wandel in den Gedanken, Gefühlen und Verhaltensweisen eines Menschen bewirken? Die Antwort lautet, daß dieser Mann auf einen Weg geführt wurde, der ihn zwang, seine *Identität zu verändern.* Er handelte in Einklang mit seinem neuen Selbstbild.

In diesem Buch haben wir gemeinsam der Wirkungsweise von Glaubensprinzipien und -mustern nachgespürt, einem der Grundelemente des internen Steuersystems, das alle unsere Werturteile in eine bestimmte Richtung lenkt. Werturteile führen uns zu Schlußfolgerungen, und diese zeigen uns wiederum, wie wir empfinden und was wir tun sollten. Es gibt allerdings unterschiedlich starke Glaubensprinzipien, die unterschiedlich starke Auswirkungen auf unsere Lebensqualität haben. Einige kommen nur in einem ganz bestimmten Kontext zum Tragen. Beispielsweise haben Ihre festgefügten Ansichten über einen Freund maßgeblichen Einfluß auf die Bedeutung, die Sie mit allen seinen Aktivitäten verknüpfen. Wenn Sie „wissen", daß er Sie mag, selbst wenn er im Augenblick wütend auf Sie zu sein scheint, werden Sie seine grundlegende Einstellung zu Ihnen nicht in Frage stellen. Dieser Glaube wirkt sich auf alle Ihre Interaktionen mit dieser Person aus. Aber sie hat keinen Einfluß darauf, wie Sie mit einem Fremden umgehen, sondern kommt nur in einem ganz bestimmten Bereich zum Tragen: in den Beziehungen zu eben diesem Freund.

Einige Glaubensprinzipien spielen jedoch in weitere Lebensbereiche hinein; ich bezeichne sie als *globale Glaubensmuster.* Sie haben auch wesentlich weitreichendere Konsequenzen. Beispielsweise finden Ihre Ansichten über die Menschen im allgemeinen nicht nur im Umgang mit Ihrem Freund ihren Niederschlag, sondern auch in der Beziehung zu jedem, den Sie kennenlernen. Diese Glaubensmuster wirken sich nachhaltig auf Ihre berufliche Laufbahn, auf das Ausmaß Ihres Vertrauens zu anderen, auf Ihre Ehe und auf viele andere Bereiche aus.

Ihre globalen Prinzipien hinsichtlich Mangel und Überfluß bestimmen, in welchem Maß Sie sich gestreßt fühlen und wie großzügig Sie mit Ihrer Zeit, Ihrem Geld, Ihrer Energie und Ihren geistigen Kräften umgehen. Wenn Sie glauben, daß wir in einer Welt mit knappen Ressourcen leben, dann nagt in Ihnen ständig die Angst, nicht genug davon zu bekommen. Dieser Druck wird sich auf Ihre Ansichten über Nachbarn, Kollegen, Ihre finanziellen Fähigkeiten und Ihre Chancen auswirken.

Noch schwerer fällt eine Kategorie von Anschauungen ins Gewicht, die als letztendlicher Filter aller unserer Wahrnehmungen dient. Von diesen Kernprinzipien hängt die Folgerichtigkeit Ihrer Entscheidungen im Leben ab, denn sie betreffen Ihre *Identität.*

Was wir uns zutrauen oder nicht können, ist selten von unseren tatsächlichen Fähigkeiten abhängig. Eine viel größere Rolle spielt hier der Glaube, *wer wir sind.* Wenn Sie je erlebt haben, daß Sie bestimmte Verhaltensweisen nicht einmal in Betracht ziehen konnten, und Ihre Reaktion war: „Das könnte ich nie tun" oder: „So ein Mensch bin ich einfach nicht", dann sind Sie auf die Barrieren eines begrenzten Selbstbilds gestoßen. Das ist natürlich nicht immer ein Nachteil. Sich selbst für unfähig zu halten, einen Mord zu begehen, ist eine sehr wichtige Errungenschaft! Und die Überzeugung, man könne andere Menschen nicht übervorteilen, ist nützlich. Wichtig ist in diesem Zusammenhang, sich bewußt zu machen, daß wir uns nicht nur danach definieren, wer wir sind, sondern auch danach, wer wir nicht sind. Was genau versteht man unter Identität? Unter diesem Begriff sind diejenigen *Glaubenssätze* zusammengefaßt, *mit deren Hilfe wir unsere Individualität definieren, unsere einzigartigen Charaktermerkmale, die sich von denen anderer Menschen unterscheiden.* Und das Gefühl der Gewißheit darüber, wer wir sind, schafft die Grenzen und Rahmenbedingungen, innerhalb derer wir leben.

Unsere Fähigkeiten sind eine konstante Größe; aber in welchem Maß wir sie nutzen, hängt von dem Bild ab, das wir uns von uns selbst machen. Wenn Sie beispielsweise keinen Zweifel daran haben, daß Sie ein außergewöhnlicher Mensch sind, dann passen Sie Ihr Verhalten vermutlich diesem Selbstbild an. Ob Sie sich als „Niete" oder „Macher", als „Diva" oder „Mauerblümchen" betrachten, entscheidet auf Anhieb darüber, welche Fähigkeiten Sie offenbaren oder anstreben. Vielleicht haben Sie das Buch *Pygmalion in the Classroom* gelesen, in dem die dramatische Veränderung in den Leistungen von Schülern beschrieben wird, die zu der Überzeugung gelangten, hochbegabt zu sein.

Immer wieder wurde in Untersuchungen nachgewiesen, daß die Fähigkeiten von Schülern nachhaltig von dem Selbstbild beeinflußt werden, das sie entwickeln, wenn ihre Lehrer sie für intelligent halten. In einer Studie eröffnete man einer Gruppe von Lehrern, daß bestimmte Schüler in ihrer Klasse hochbegabt wären; sie sollten darauf achten, diese Fähigkeiten besonders zu fördern. Wie zu erwarten, gehörten diese Kinder bald zu den Klassenbesten. Interessant ist, daß diese Schüler in Wirklichkeit gar keine besondere Begabung gezeigt hatten; manche galten vorher sogar als ziemlich leistungsschwach. Und doch war die Gewißheit, den anderen geistig überlegen zu sein (die durch die falsche Überzeugung der Lehrer fest in ihnen verankert wurde), der Auslöser für ihren Erfolg.

Dieses Prinzip ist nicht nur auf Schüler beschränkt. *Das Bild, das andere sich von Ihnen machen, beeinflußt das Verhalten, das sie Ihnen gegenüber an den Tag legen.* Oft hat dieses Bild nicht das geringste mit Ihrem wahren Charakter zu tun. Wenn jemand Sie beispielsweise für einen ausgemachten Gauner hält, wird er immer nach finsteren Motiven hinter Ihren Aktivitäten suchen, mögen auch noch so gute Absichten dahinterstecken und Sie selbst ein grundehrlicher Mensch sein. Was noch schlimmer ist: Wenn wir uns zu unserem Vorteil verändert haben, bleiben unsere Emotionen und Prinzipien oftmals unserem früheren Verhalten und ehemaligen Selbstbild verhaftet, weil andere Personen in unserer Umgebung ihr Bild von uns nicht geändert haben. Deshalb müssen wir uns daran erinnern, daß wir über enorme Kräfte verfügen, um das Selbstbild jener Menschen zu verändern, die uns am meisten bedeuten.

Wir handeln alle in Übereinstimmung mit unseren Ansichten darüber, wer wir wirklich sind, ganz gleich, ob diese Ansichten den Tatsachen ent-

sprechen oder nicht — und zwar, weil zu den stärksten Kräften des Menschen das Bedürfnis nach Kontinuität und Widerspruchsfreiheit gehört.

Während unseres ganzen Lebens wurden wir darauf konditioniert, massiven Schmerz mit Widersprüchlichkeit und Freude mit Kontinuität oder Folgerichtigkeit zu verknüpfen. Wie bezeichnen wir Menschen, die vorgeben, etwas zu sein, sich aber völlig entgegengesetzt verhalten? Wir nennen sie heuchlerisch, launenhaft, unbeständig, unzuverlässig, Schwätzer, oberflächlich oder nicht vertrauenswürdig. Möchten Sie, daß man Ihnen ein solches Etikett anhängt? Die Antwort ist ein klares Nein. Infolgedessen bemühen wir uns, Stellung zu beziehen und zum Ausdruck zu bringen, woran wir glauben, wer wir sind oder wofür wir einstehen. In solchen Augenblicken baut sich ein ungeheurer Druck auf, in Einklang mit dieser Position zu handeln, ungeachtet der Nachteile, die uns dieser Mangel an Flexibilität in Zukunft bescheren mag.

Andererseits ist es vorteilhaft, wenn wir unserer bekundeten Identität treu bleiben. Wie nennen wir solche Menschen? Vertrauenswürdig, loyal, beständig, solide, gescheit, konsequent, rational, ohne Falsch. Wie würde es Ihnen gefallen, von anderen ständig so beschrieben zu werden? Auch hier liegt die Antwort wieder klar auf der Hand: Die meisten Menschen fänden es wunderbar. Folglich ist das Bedürfnis nach Kontinuität oder widerspruchsfreiem Verhalten unwiderruflich mit unserer Fähigkeit verknüpft, schmerzvolle Erfahrungen zu vermeiden und Freude zu erleben.

Der Pygmalion-Effekt kann auch das genaue Gegenteil bewirken. Wenn Sie sicher sind, „begriffstutzig" zu sein, wird diese Überzeugung zu einer sich selbst erfüllenden Prophezeiung. Sie unterscheidet sich beträchtlich von der Ansicht, nur die augenblickliche Lernstrategie sei unwirksam. Eine Strategie zu verändern ist in den Augen der meisten Menschen eine einfache und erfüllbare Aufgabe, sofern wir den richtigen Lehrer haben. Uns selbst zu ändern — den Kern unseres Wesens — wird von vielen als beinahe unmöglich betrachtet. Die weitverbreitete Reaktion: „Ich bin nun mal so" ist eine leere Phrase, die Träume zunichte machen kann. In ihr schwingt der Richterspruch mit, daß es sich hier um ein unabänderliches, permanentes Problem handelt.

Ein Mensch, der glaubt, ein Problem mit seinem Drogenkonsum zu haben, kann sich hundertprozentig ändern. Es wird schwer, aber der Wandel ist möglich und kann von Dauer sein. Wer umgekehrt glaubt, ein Drogenabhängiger zu sein, wird in der Regel nach Wochen oder Monaten der Abstinenz wieder rückfällig. Warum? Weil er glaubt, er sei eben abhängig und daher unverbesserlich. Er hat kein Drogenproblem, sondern ist ein Junkie. In Kapitel 4 haben wir gesagt: Wenn ein Mensch zu einer bestimmten Überzeugung gelangt ist, dann neigt er dazu, sie vehement zu verteidigen und dabei sämtliche Argumente zu ignorieren, die seinen Standpunkt widerlegen.

Außerdem liegt oft noch ein nachgeordneter Vorteil darin, an dieser negativen Verhaltensweise festzuhalten. Letztendlich kann der Drogenabhängige seine Sucht auf etwas schieben, das sich seinem Einfluß entzieht — nämlich auf den Menschen, der „er nun mal ist" —, statt der Realität ins Gesicht zu sehen und zu erkennen, daß der Drogenkonsum eine bewußte Entscheidung ist. Diese Reaktion wird durch das Bedürfnis nach Kontinuität verstärkt, das im autonomen Nervensystem des Menschen verankert ist; folglich wird er immer wieder auf dieses destruktive Muster zurückgreifen. Sein Selbstbild aufzugeben wäre schmerzvoller als die eindeutig zerstörerischen Auswirkungen der Droge selbst.

Warum? *Uns allen ist das Bedürfnis nach Sicherheit zu eigen. Die meisten Menschen haben Angst vor dem Unbekannten oder Ungewissen. Es birgt die Gefahr schmerzhafter Erfahrungen.* Wir ziehen den Umgang mit Problemen, die wir kennen, der Aussicht vor, unbekannte Probleme bewältigen zu müssen. Wir leben in einer Welt, die in stetem Wandel begriffen ist — ständig umgeben von wechselvollen Beziehungen, umstrukturierten Rollen im Arbeitsleben, einem sich ändernden beruflichen und privaten Umfeld und dem kontinuierlichen Fluß neuer Informationen. Das einzige, worauf wir uns verlassen können, ist unser Identitätsgefühl. Wenn wir in Frage stellen, wer wir sind, dann gibt es keine Grundlage für die Voraussetzungen, auf denen wir unser Leben aufgebaut haben.

Wenn Sie nicht wissen, wer Sie sind, wie können Sie entscheiden, was Sie tun sollen? Wie können Sie Ihre Wertvorstellungen auf eine Formel bringen, sich Glaubenssätze zu eigen machen oder Lebensregeln aufstellen? Wie wollen Sie beurteilen, ob etwas gut, schlecht oder mittelmäßig ist? Das Problem eines Menschen, der sich selbst als drogenabhängig einstuft, ist die Frage, wie sein neues Selbstbild beschaffen sein sollte, wenn er sich ändert. Sich als „Drogen-Rekonvaleszent" zu betrachten würde sein Identitätsgefühl nicht beeinflussen, sondern lediglich seine derzeitige Verfassung beschreiben. „Drogenfrei" wäre auch nicht die richtige Bezeichnung, weil die meisten diesen Zustand als zeitweilig ansehen und Drogen für sie nach wie vor eine Möglichkeit der Selbstdefinition darstellen. Wenn eine solche Person zu der Überzeugung gelangt, absolut „clean", in erster Linie „Christ", „Moslem", „Jude", „Buddhist" oder auch ein Mensch mit „Führungsqualitäten" zu sein — also alles andere als „drogensüchtig" —, dann wirkt sich dies auf sein Verhalten aus. *Wenn wir neue Glaubensprinzipien darüber entwickeln, wer wir sind, verändert sich unser Verhalten auf eine Weise, die unsere neue Identität unterstützt.*

Ein Drogensüchtiger kann nur dann dauerhafte Veränderungen herbeiführen, wenn er zu der festen Überzeugung gelangt, nicht mehr „drogenabhängig" zu sein, sondern ein „Gesundheitsfanatiker", „ein lebendes Beispiel dafür, daß kein Problem ewig währt" oder ähnliches. Wie immer seine neue Identität auch beschaffen sein mag, sie muß die Möglichkeit des Drogenkonsums von vornherein ausschließen. Wenn ihm das nächste Mal Drogen angeboten werden, darf er gar nicht erst in Erwägung ziehen, ob er darauf eingehen soll oder nicht, sondern einfach und mit absoluter Gewißheit sagen: „Nein danke. So war ich früher mal."

Wenn jemand übergewichtig ist, sollte er seine Identität neu gestalten und sich als vitaler, gesunder und sportlicher Mensch sehen. Damit verändern sich seine sämtlichen Verhaltensweisen, angefangen von der Ernährung bis hin zur sportlichen Betätigung, und er hat die Möglichkeit, langfristige physiologische Korrekturen einzuleiten, die mit seiner neuen Identität übereinstimmen. Das mag wie Wortklauberei klingen, aber in Wirklichkeit beinhaltet diese Neuorientierung eine tiefgreifende, nachhaltige Umwandlung der persönlichen Realität.

Eine einzige Veränderung im Selbstbild eines Menschen kann eine Neuausrichtung des gesamten internen Steuersystems zur Folge haben. Denken Sie darüber nach. Hat ein Drogensüchtiger nicht ein völlig anderes Bewertungssystem — die emotionale *Verfassung,* in der er sich immer wieder befindet, die *Fragen,* die er sich stellt, die *Werte* die seine Aktionen beeinflussen, und die *Referenzerlebnisse,* die in seinen *Glauben* einfließen — als jemand, der sich als geborene Führungspersönlichkeit, als großartiger Liebhaber, als sportlicher oder hilfsbereiter Mensch betrachtet? Es stimmt zwar, daß nicht immer ein vollständiger Wandel in der Identität erfolgt, aber er kann so weitreichend sein, daß unser internes Steuersystem buchstäblich von einem Moment auf den anderen gegen ein andersgeartetes ausgetauscht wird.

Wie Ihr Selbstbild entsteht

Wie kam es, daß im Korea-Krieg mehr amerikanische Kriegsgefangene ihre Kameraden verrieten als in anderen Kriegen? Die Antwort lautet, daß die chinesischen Kommunisten im Gegensatz zu ihren Verbündeten, den Nordkoreanern, begriffen hatten, welche Macht der Identität innewohnt. Sie wußten, *daß sich durch Identitätsänderungen nicht nur langgenährte Glaubensmuster und Wertvorstellungen, sondern auch Verhaltensweisen auf Anhieb verändern lassen.* Statt die Gefangenen mit Brutalität gefügig zu machen, folgten sie unbeirrt ihrer eigenen genialen Spielart der psychologischen Kriegführung. Damit gelang es ihnen nicht nur, Informationen herauszupressen oder Kooperationsbereitschaft zu erzeugen, sondern vor allem auch, die amerikanischen Soldaten zu ihrer politischen Philosophie zu bekehren. Sie wußten: Wenn sie die Männer dazu bringen konnten, sich neue Glaubensprinzipien und Werte zu eigen zu machen, dann würden sie die Rolle ihres Landes in diesem Krieg als nichtig und destruktiv betrachten und ihnen daher auf jede geforderte Weise helfen. Und ihre Rechnung ging auf. Wenn Sie diese Strategie begreifen, verstehen Sie, wie Ihr derzeitiges Selbstbild entstanden ist, aber auch, wie Sie es erweitern und somit Ihr ganzes Leben in Sekunden verändern können.

Die Aufgabe, die sich die chinesischen Kommunisten vorgenommen hatten, war gewaltig. Wie kann man die gesamte Identität eines Menschen verändern, ohne ihm mit dem Tod zu drohen oder ihn mit dem Versprechen der Freiheit zu ködern? Vor allem, wenn man weiß, daß amerikanische Soldaten darauf gedrillt sind, im Verhör nicht mehr als Namen, Rang und Erkennungsnummer preiszugeben? Ihr Plan war einfach: Klein anfangen und auf dem Erreichten allmählich aufbauen. Die Chinesen wußten, daß wir *Menschen nach ihren Taten beurteilen.* Wie können Sie beispielsweise wissen, wer wirklich Ihr Freund ist? Finden Sie nicht Hinweise in der Art, wie diese Menschen sich Ihnen gegenüber verhalten, wie sie mit anderen Menschen umgehen?

Das wahre Geheimnis der Kommunisten bestand jedoch in dem Wissen, daß wir auch dadurch entscheiden, wer wir sind, daß wir unsere Handlungsweisen beurteilen. *Mit anderen Worten: Der Blick auf das, was wir tun, bestimmt, wer wir sind.* Die Chinesen erkannten: Wenn sie ihr breiter gestecktes Ziel erreichen und das Identitätsbewußtsein eines Gefangenen verändern wollten, mußten sie ihn nur dazu bringen, die für einen Kollaborateur oder Kommunisten typischen Dinge zu tun.

Auch das war keine leichte Aufgabe, aber sie wußten, daß sie lösbar war. Sie mußten die amerikanischen Kriegsgefangenen lediglich in einem Verhör zermürben, das sich über zwölf bis zwanzig Stunden hinzog, und sie dann zu einem geringfügigen Zugeständnis bewegen, etwa: „Amerika ist auch nicht vollkommen" oder: „Es stimmt, daß Arbeitslosigkeit in den kommunistischen Ländern kein Problem darstellt." Sobald sie dieses Fundament geschaffen hatten, konnten sie schrittweise darauf aufbauen. Sie waren sich der Tatsache bewußt, daß jeder Mensch nach Kontinuität und Einklang strebt. Sobald wir eine Aussage machen, von der wir behaupten, wir glaubten daran, sind wir bereit, sie zu untermauern.

Die Chinesen baten die amerikanischen Kriegsgefangenen, einige Schwachpunkte im amerikanischen Gesellschaftssystem zu notieren. Danach wurde der erschöpfte GI gefragt: „Welche weiteren sozialen Vorteile hat der Kommunismus?" Innerhalb kürzester Zeit hatte er dann ein Dokument vor sich liegen, in dem er nicht nur seine eigene Nation angriff, sondern auch den Kommunismus in höchsten Tönen lobte und alle Gründe dafür mit eigener Hand niedergeschrieben hatte. Nun mußte er vor sich selbst eine Rechtfertigung für sein Verhalten finden. Er war weder geschlagen noch mit irgendwelchen Sondervergünstigungen zu einem Sinneswandel bewogen worden. Er hatte lediglich einige unbedeutende Erklärungen abgegeben, aus dem Bedürfnis heraus, Übereinstimmung mit seinen bereits geschriebenen Aussagen zu erzeugen, und nun hatte er das Dokument sogar unterzeichnet. Wie konnte er seine „Bereitschaft" erklären, sich darauf einzulassen? Später wurde er dann gebeten, die Liste mit den Verlautbarungen gemeinsam mit anderen Kriegsgefangenen in einer Diskussionsgruppe vorzutragen oder sogar einen ganzen Aufsatz darüber zu schreiben.

Als die Chinesen diese Abhandlungen im Radio verlasen und jeweils die Namen der Verfasser bekanntgaben, sah sich der betreffende Gefangene plötzlich in aller Öffentlichkeit als „Kollaborateur“ abgestempelt. Wenn er von seinen Kameraden gefragt wurde, was um alles in der Welt ihn zu seinem Verhalten bewogen habe, konnte er sich nicht einmal mit der Behauptung rechtfertigen, er sei gefoltert worden. Er mußte aber eine Rechtfertigung für sich selbst finden, um seine Selbstachtung zu bewahren. Deshalb erklärte er nun, er habe diese Worte geschrieben, weil sie der Wahrheit entsprächen! In diesem Augenblick änderte sich seine Selbstbild. Er sah sich selbst als pro-kommunistisch, und seine Kameraden bestätigten ihn in dieser Auffassung, weil sie ihm das gleiche Etikett anhängten. Sie verfestigten seine neue Identität, indem sie ihn genauso behandelten wie die kommunistischen Bewacher.

Schon bald veranlaßte ihn dieses neue Selbstbild, sein Land offen zu verunglimpfen. Um die Widerspruchsfreiheit zwischen seinen Aussagen und seiner neuen Identität zu demonstrieren, war er oft sogar in noch stärkerem Maß bereit, mit seinen Bewachern zusammenzuarbeiten. Dieser Schachzug war einer der brillantesten der chinesischen Strategie: Sobald ein Gefangener eine schriftliche Aussage gemacht hatte, konnte er sich später nicht mehr der Illusion hingeben, das alles sei nur ein böser Traum gewesen. Der Beweis lag vor ihm, Schwarz auf Weiß, in seiner eigenen Handschrift, für jedermann sichtbar. Und das veranlaßte ihn, seine Glaubensmuster und sein Selbstbild in Einklang mit den Taten zu bringen, die er unwiderlegbar begangen hatte.

Bevor wir mit diesen amerikanischen Kriegsgefangenen hart ins Gericht gehen, sollten wir einen kritischen Blick auf uns selbst werfen. Haben Sie Ihre eigene Identität bewußt gewählt, oder könnte sie das Ergebnis von Aussagen über das Bild sein, das andere von Ihnen gemacht haben? Ist sie geprägt von bedeutsamen Ereignissen in Ihrem Leben oder von Faktoren, die unbewußt oder ohne Ihre Zustimmung Einfluß auf Ihre Persönlichkeitsentwicklung hatten? Welche mit diesem Konzept übereinstimmenden Verhaltensweisen haben Sie sich zu eigen gemacht, die nun dazu beitragen, das Fundament Ihrer Identität zu bilden?

Wären Sie bereit, sich als Spender einer schmerzhaften Knochenmarkstransplantation zu unterziehen, um einem fremden Menschen zu helfen? Die meisten würden spontan darauf antworten: „Bestimmt nicht!“ Und doch stellten Forscher in einer 1970 durchgeführten Untersuchung fest, daß viele so selbstlos handeln würden, wenn man sie davon überzeugen könnte, daß die Widerspruchsfreiheit ihrer Identität davon abhängt.

Die Studie zeigte, daß viele der Teilnehmer ein neues Selbstbild entwickelten, wenn sie zunächst um geringfügige Gefälligkeiten und danach gebeten wurden, an zwei weiteren einfachen Experimenten teilzunehmen. Hätte jemand abgelehnt, sich freiwillig zur Verfügung zu stellen, wäre dieses Verhalten nicht mit seinem Persönlichkeitsbild vereinbar gewesen: Sie begannen, sich selbst als „Spender" zu sehen, die durch ihre bedingungslose Bereitschaft, ein persönliches Opfer zu bringen, anderen halfen. Als sie dann gebeten wurden, ihr Knochenmark zur Verfügung zu stellen, fühlten sich diese Leute gezwungen, in Übereinstimmung mit ihrem neuen Selbstbild zu handeln, ungeachtet des zeitlichen oder finanziellen Aufwands und der physischen Schmerzen. *Ihr Selbstbild spiegelte wider, wer sie waren. Es gibt keine stärkeren Hebel bei der Veränderung menschlichen Verhaltens als die Identität.*

Sie fragen sich jetzt vielleicht: *„Ist mein Selbstbild nicht durch meine Erfahrungen begrenzt?" Nein, begrenzt wird es nur durch Ihre eigene Interpretation Ihrer Erfahrungen. Ihre Identität ist nichts anderes als die Summe Ihrer Entscheidungen darüber, wer Sie sind und was Sie mit Ihrer Persönlichkeit assoziieren wollen. Sie werden der Mensch, den Sie durch Ihre selbstverliehenen „Etiketten" vorprogrammiert haben. Die Art, wie Sie Ihre Identität bestimmen, bestimmt Ihren Lebensweg.*

Der Inbegriff des Schmerzes – die Saat der Identitätskrise

Menschen, die ihrem Selbstbild zuwiderhandeln, schaffen den Nährboden für eine gesellschaftliche Klischeevorstellung, die wir als „Identitätskrise" bezeichnen. Unsere Welt ist auf den Kopf gestellt, und wir erleben intensive schmerzhafte Gefühle. Genau das passiert vielen Menschen, die eine Midlife-Krise durchmachen. Oft erliegen sie dem trügerischen Selbstbild, wieder jung zu sein; und irgendein äußerer Anlaß weckt die Furcht vor den kommenden Jahren und der neuen, weniger begehrenswerten Identität, die gemäß ihren Erwartungen damit einhergeht. In dem verzweifelten Bemühen, ihr altes Selbstbild zu bewahren, lassen sie sich auf Dinge ein, die ihren jugendlichen Schwung beweisen sollen: Sie kaufen schnelle Autos, trennen sich von ihren Ehefrauen oder Partnerinnen und wechseln die Stellung.

Wenn diese Leute ihre wahre Identität richtig im Griff hätten, würden sie dann überhaupt in eine Krise geraten? Wenn jemand sein Selbstbild mit einem speziellen Alter oder Aussehen verknüpft, dann sind schmerzhafte Erfahrungen geradezu vorprogrammiert, weil sich beides unweigerlich ändert. Wenn wir eine breiter gefächerte Vorstellung davon haben, wer wir sind, ist unser Identitätsbewußtsein niemals bedroht.

Selbst Unternehmen können eine Identitätskrise durchmachen. Vor Jahren hat der Fotokopierer-Gigant Xerox sein Image auf interessante

Weise verändert. Als sich abzuzeichnen begann, daß die PCs der große „Renner der Zukunft“ sein würden, beschloß man, die technologische Stärke zu nutzen und in diesen neuen Markt einzusteigen. Sie betrauten ihr Forschungs- und Entwicklungsteam mit der technischen Lösung der Aufgabe, und nach der Investition von annähernd 2 Milliarden Dollar konnte der Konzern mit einer Reihe innovativer Produkte aufwarten, einschließlich dem Vorgänger der heutigen Computer-„Maus“.

Warum liefert sich Xerox dann nicht im Computer-Wettbewerb ein Kopf-an-Kopf-Rennen mit Apple und IBM? Ein Grund ist sicher die Identität. Selbst seine „graphische“ Firmenidentität, die in einem rundlichen Mönch ihren Ausdruck fand, begrenzte die Fähigkeit, sich als eine Firma mit einem Wettbewerbsvorsprung in der Computertechnologie darzustellen. Der Mönch symbolisierte zwar die getreue Wiedergabe der kopierten Schriftstücke, war aber kaum als Sinnbild für einen wagemutigen Vorstoß in den Hochtechnologiebereich geeignet, in dem Reaktionsschnelligkeit zu den wichtigsten Erfolgskriterien zählt. Auf der Verbraucherseite hatte sich Xerox als das weltweit führende Kopiergeräte-Unternehmen positioniert; das stärkte allerdings nicht gerade das Vertrauen der potentiellen Käufer in das Bemühen, im Computermarkt Fuß zu fassen. Bringt man diesen Umstand mit dem graphisch dargestellten Selbstbild (dem Mönch) in Zusammenhang, das wenig mit dem Wissen um blitzschnelle Informationsverarbeitung zu tun hatte, lassen sich die Ursachen für einige Probleme des Konzerns sehr rasch ermitteln.

Marketing- und Designexperten sind sich darin einig, daß das Firmenimage wie ein riesiger Filter wirkt, mit dessen Hilfe die Verbraucher ihre kaufentscheidenden Informationen verarbeiten. Sie wollen wissen, wie das Unternehmen beschaffen ist und wofür es einsteht. Wenn sie große Summen ausgeben, ziehen sie es vor, das gewünschte Produkt von einer Firma zu kaufen, die Erfahrung damit hat. Während sich Xerox noch abmühte, diesen Aspekt des Computer-Marketing in sein vorhandenes Image einzufügen, teilten andere Firmen den Markt untereinander auf. Zu diesem Zeitpunkt beschloß Xerox, seine Identität nicht zu ändern, sondern sie statt dessen als strategische Waffe einzusetzen. Der Konzern plante nun den Bau rechnergestützter Fotokopierer und investierte seine Forschungs- und Entwicklungsgelder in die Verbesserung derjenigen Aktivitäten, auf die er sich am besten verstand.

Inzwischen hat bei Xerox erneut ein Umwandlungsprozeß begonnen, wurden neue „Xerox-Images“ entwickelt. In Fernsehwerbespots werden in schneller Abfolge Bilder von Plottern, Hardware, Software und Kommunikationsnetzwerken gezeigt und die visuellen Botschaften mit den Worten vervollständigt: „Xerox … das Dokumentationsunternehmen.“ Diese erweiterte Identität muß konditioniert und fest in der Konsumentenkultur verankert werden, damit Xerox die Expansion seines Marktes gelingen kann, und Xerox ergreift dazu jede sich bietende Gelegenheit.

Die meisten Menschen müssen nicht erst in eine Krise geraten, um zu verstehen, daß wir unser Verhalten modifizieren können. Und doch erscheint den meisten die Aussicht, ihre Identität zu ändern, bedrohlich. Der Bruch mit unseren Glaubensprinzipien, die unser Selbstbild stützen, ist schmerzlich, und manche würden sich sogar das Leben nehmen, um diese Glaubensmuster zu bewahren. Das wurde auf dramatische Weise in Victor Hugos Roman *Les Misérables* (Die Elenden) veranschaulicht. Diesen Roman möchte ich Ihnen zur Lektüre dringend empfehlen.

Übrigens, wer sind Sie?

Diese Überlegungen könnten auf den ersten Blick ziemlich „abgehoben" erscheinen, wenn wir nicht beginnen, uns selbst zu definieren. Nehmen Sie sich also einen Augenblick Zeit, um eine Frage zu beantworten: *Was für ein Mensch sind Sie?* Es gibt zahllose Möglichkeiten der Selbstdefinition. Wir können uns anhand unserer emotionalen Eigenschaften beschreiben (ich bin liebevoll), anhand unseres Berufes (ich bin Anwalt), unseres Ranges (ich bin Vorstandsvorsitzender), unseres Einkommens (ich bin Millionär), der verschiedenen Rollen, die wir im Leben spielen (ich bin Mutter, die älteste von fünf Töchtern), anhand unserer Verhaltensweisen (ich bin eine Spielernatur), unseres Besitzes (ich bin Porsche-Fahrer), unserer Metaphern (ich bin nur ein kleines Rädchen im Getriebe), der Rückmeldungen, die wir uns selbst geben (ich bin etwas Besonderes), unseres religiösen Glaubens (ich bin Jude), unseres Aussehens (ich bin hübsch), unserer Leistungen (ich war 1960 bester Leichtathlet unserer Schule), unserer Vergangenheit (ich bin ein Versager) und sogar anhand derjenigen Dinge, die wir nicht sind (ich bin kein Mensch, der vorschnell aufgibt).

Das Bild, das wir uns von unseren Freunden und Kollegen machen, wirkt sich auch auf uns aus. Nehmen Sie Ihre Freunde einmal genau unter die Lupe. Was Sie in ihnen sehen, spiegelt oft das Glaubensmuster hinsichtlich Ihrer eigenen Identität wider — nach dem Motto: gleich und gleich gesellt sich gern. Der Zeitrahmen, den Sie Ihrer Identitätsbestimmung zugrunde legen, hat ebenfalls einigen Einfluß. Orientieren Sie sich an der Vergangenheit, an der Gegenwart oder an der Zukunft, um sich darüber klar zu werden, wer Sie wirklich sind? Vor einigen Jahren erschienen mir meine Vergangenheit und Gegenwart nicht sonderlich aufregend; deshalb assoziierte ich meine Identität bewußt mit dem Bild des Menschen, der ich werden wollte. Ich mußte nicht warten; ich konnte *gleich* damit beginnen, wie dieser Mann zu leben.

Es ist sehr wichtig, daß Sie sich in der richtigen emotionalen Verfassung befinden, während Sie diese Fragen beantworten. Sie müssen sich entspannt, sicher und neugierig fühlen. Wenn Sie dieses Buch im Schnell durchgang lesen, dabei so manches auslassen oder häufig gestört werden, können Sie die Antworten nicht finden, die Sie brauchen.

Atmen Sie tief ein und entspannt aus. Lassen Sie Ihren Gedanken freien Lauf — nicht ängstlich, nicht besorgt und nicht auf der Suche nach Vollkommenheit oder überhaupt nach etwas Besonderem. Stellen Sie sich lediglich die Frage: „Wer bin ich?“ Notieren Sie die Antwort, und dann wiederholen Sie die Frage. Schreiben Sie jedesmal auf, was Ihnen spontan dazu einfällt, und bohren Sie immer tiefer. Fragen Sie so lange weiter, bis Sie die Beschreibung Ihrer Persönlichkeit finden, von deren Richtigkeit Sie am stärksten überzeugt sind. Wie definieren Sie sich selbst? Wie ist der Kern Ihres Wesens beschaffen? Welche Metaphern würden auf Sie zutreffen? Welche Rollen spielen Sie?

Wenn Sie es versäumen, diesen Zustand der inneren Sicherheit und Neugierde zu schaffen, dann werden Ihre Ängste und zögerlichen Verhaltensweisen Ihnen immer wieder unangemessene Antworten auf die Identitätsfrage liefern. Wenn man einem Menschen ganz unvermutet die Frage stellt: „Wer bist du?“, ohne ihn zuvor in die richtige Verfassung gebracht zu haben, dann muß man mit einer der beiden nachfolgenden Reaktionen rechnen:

Verständnisloser Blick. Diese Art Frage versetzt viele in Panik, weil sie nie zuvor ihre Antwort darauf gründlich überdenken mußten.

Oberflächliche Antwort. Das ist der erste Versuch, sich einer gründlichen Überlegung zu entziehen. Der oder die Betreffende beharrt einfach darauf: „Ich bin nun mal so, wie ich bin.“ Ich habe festgestellt, daß viele, denen man eine so emotionale Frage stellt, erst antworten, wenn sie sich innerlich zwei eigene Fragen beantwortet haben. Viele überlegen dann als erstes: „Kann ich diese Frage überhaupt beantworten?“ Menschen, die sich ihrer eigenen Identität nicht ganz sicher sind, antworten oft: „Ich weiß es nicht“ oder geben die erstbeste Antwort, die ihnen einfällt. Manche haben Angst, diese Frage zu beantworten, weil sie die Erkenntnis fürchten, daß es ihnen in diesem kritischen Bereich ihres Lebens an Klarheit mangelt. Und die zweite Frage, die sie sich stellen, bevor sie antworten, lautet: „Was soll das? Welche Vorteile habe ich, wenn ich diese Frage beantworte?“ Lassen Sie mich diese beiden Fragen jetzt für Sie beantworten. Erstens: Ja, Sie wissen, wer Sie sind. Und deshalb können Sie auch eine Antwort geben, wenn Sie sich einen Augenblick Zeit nehmen, Ihren Gedanken freien Lauf zu lassen. Dazu müssen Sie sich aber selbst vertrauen, damit Sie in den Gedankenfluß nicht zensierend eingreifen, und Ihre Gedanken so notieren, wie sie kommen. Zweitens: Der Vorteil des Wissens um Ihre Identität liegt darin, daß Sie dann sofort in der Lage sind, Ihr gesamtes Verhalten zu formen.

Wenn Sie sich die Zeit nehmen, um sich in den richtigen Zustand zu versetzen, dann ist das Ergebnis … *eine durchdachte Antwort.* Ich hoffe, daß dies die Antwort ist, nach der Sie gerade suchen!

Beantworten Sie also jetzt die Frage, mit der sich die größten Philosophen zu allen Zeiten befaßt haben, von Sokrates bis Sartre. Versetzen Sie sich selbst in einen Zustand der inneren Sicherheit und Neugierde. Atmen Sie tief ein und entspannt aus. Fragen Sie sich: „Wer bin ich?“

Ich bin …
____
____
____
____
____

Um Ihnen bei der Bestimmung Ihres Selbst zu helfen, sollten Sie sich daran erinnern, daß Ihre Identität das ist, was Sie von allen anderen Menschen unterscheidet. Hier sind nun einige Übungen, die Ihnen sicher Spaß machen werden.

Angenommen, es gäbe ein Lexikon, in dem Ihr Name verzeichnet ist; wie würde der Eintrag lauten? Wäre der Text auf drei Worte beschränkt, oder stünde dort eine Abhandlung von epischer Breite, die Seite um Seite umfaßt? Oder könnte man damit sogar einen eigenen Band füllen? Schreiben Sie nun auf, wie Sie sich definieren würden, wenn Sie Ihren Namen im Lexikon nachschlagen könnten.

Meine Lexikon-Definition
____
____
____
____
____

Lassen Sie sich einen Augenblick Zeit und lassen Sie Ihre Antworten auf sich wirken. Fahren Sie dann mit der nächsten Übung fort.

Wenn Sie sich einen Personalausweis ausstellen sollten, der Auskunft darüber gibt, wer Sie wirklich sind, was wäre darin vermerkt — und was würden Sie weglassen? Würden Sie ein Foto einfügen oder nicht? Ihre statistischen Daten angeben? Ihre physischen Merkmale auflisten? Ihre Leistungen? Ihre Fähigkeiten? Nehmen Sie sich Zeit, um zu beschreiben, was Sie in diesem Personalausweis vermerken und was Sie auslassen würden.

Mein Personalausweis

____

____

____

____

____

Nun werfen Sie einen Blick auf das, was Sie geschrieben haben, auf die Beschreibung Ihrer Identität, die im wesentlichen ja Ihre Lebensgeschichte in komprimierter Form darstellt. Was für ein Gefühl haben Sie dabei? Ich hoffe, daß Sie sich nun Zeit nehmen, um sich bewußt zu machen, wer Sie wirklich sind, um die tiefe Emotion des Wiedererkennens auszukosten. Wenn Sie merken, daß diese Übung schmerzliche Gefühle wachruft, dann sollten Sie sich klarmachen: Wie Ihr Selbstbild auch beschaffen sein mag, es ist nur das, womit Sie sich bewußt identifizieren, und läßt sich im Handumdrehen verändern. Sie verfügen über diese innere Kraft.

Die Entwicklung einer Identität

Eine Frau namens Debra, die zu meinem Freundeskreis gehört und die allen als abenteuerlustige, energiegeladene Person bekannt ist, erzählte mir vor kurzem, welchen Identitätswandel sie durchgemacht hatte. „Als Kind und junges Mädchen war ich ein Angsthase“, eröffnete sie mir. „Ich trieb keinen Sport, noch ließ mich auf irgend etwas ein, wobei ich mich hätte verletzen können.“ Nachdem sie einige meiner Seminare besucht und neue Erfahrungen gemacht hatte (Tauchen, durch offenes Feuer gehen und Fallschirmspringen), merkte sie, daß sie bestimmte Dinge tun konnte, wenn sie sich dazu zwang. Aber diese Referenzerlebnisse waren noch nicht zu Glaubensmustern strukturiert worden, die ihr Selbstbild untermauerten. Sie sah sich nun lediglich als „Angsthase, der mal beim Fallschirmspringen war“. Der Persönlichkeitswandel hatte noch nicht stattgefunden, aber der erste Schritt dazu war, was sie nicht wußte, bereits getan. Sie erklärte mir, andere hätten sie wegen ihrer Leistungen beneidet und gesagt: „Ich wünschte, ich hätte den Nerv, das gleiche zu tun wie du. Du bist so mutig!“ Sie war ehrlich erstaunt über diese Bemerkungen, aber die Ansichten, die andere ständig über sie äußerten, veranlaßten sie, ihre bisherige Selbstsicht in Frage zu stellen.

Debra sagte: „Zum Schluß begann ich schmerzvolle Gefühle mit dem Glauben zu assoziieren, ein Feigling zu sein. Mir war bewußt, daß mich diese Auffassung einengte, *deshalb beschloß ich, daß ich genau das nicht mehr sein wollte.*“ Damit war es aber noch nicht getan: Die ganze Zeit über hatte ihre Psyche mit der Unvereinbarkeit zwischen dem Bild gekämpft, das sich ihre Freunde von ihr machten, und dem Bild, das sie von sich selbst hatte. Als sich beim nächstenmal eine Gelegenheit zum Fallschirmspringen bot, wagte sie den Sprung zwischen dem, „was sein könnte“, und dem, „was war“. Es schien an der Zeit, eine Meinung zu einer Überzeugung zu verfestigen.

Als das Flugzeug die Höhe von 12.500 Fuß erreichte, beobachtete Debra, wie sich die weniger erfahrenen Mitglieder des Fallschirmspringerteams bemühten, gegen ihre Angst anzukämpfen und eine Miene aufzusetzen, als mache ihnen die Sache Spaß. Sie dachte: „So war ich auch einmal, *aber dieser Mensch bin ich nicht mehr.* Heute werde ich den Sprung wirklich genießen.“ Sie benutze die Furcht der anderen als Vergleich, um den Gegensatz zu der neuen Persönlichkeit zum Ausdruck zu bringen, die sie werden wollte. Sie dachte: „So habe ich früher auch immer reagiert“ — und merkte verblüfft, daß sie sich grundlegend verändert hatte. Sie war kein Angsthase mehr, sondern eine mutige, starke Frau, die sich dem größten Augenblick ihres Lebens gegenübersah.

Sie sprang als erste, und auf dem Weg nach unten jauchzte sie vor Entzücken, Freude und Begeisterung. Nie zuvor hatte sie ein so unglaubliches Maß an physischer Energie und Aufregung verspürt. Ein Schlüsselelement, das dafür gesorgt hatte, daß sie den Absprung schaffte und ihre neue Identität verinnerlichte, war das tief empfundene Bedürfnis, als Teamleiterin den anderen mit gutem Beispiel voranzugehen. Sie erzählte: „Es ist so ähnlich wie das, was du machst, Tony. Wenn du ein Seminar mitmachst, um Ängste und Grenzen zu durchbrechen, dich aber weigerst, über glühende Kohlen zu gehen, dann funktioniert es einfach nicht. Du mußt den Schritt vollziehen, den du angekündigt hast.“

Debras Verwandlung war nun vollständig: Sie gewann neue Referenzerlebnisse hinzu, die dazu beitrugen, daß ihr altes Selbstbild abbröckelte; sie traf die Entscheidung, sich mit einer umfassenderen Palette von Möglichkeiten zu identifizieren; und sie setzte im richtigen Augenblick ihre neue Identität in Kontrast zu der Person, die sie nicht länger sein wollte. Das war das auschlaggebende innere Druckmittel, das sie brauchte, um die Veränderung einzuleiten. Ihre Entwicklung vollzog sich in einfachen, aber wirkungsvollen Schritten. Dieser Identitätswechsel wirkt sich nun auf ihre Kinder, ihren Beruf und alle Aktivitäten aus, auf die sie sich einläßt. Heute ist sie eine Frau mit echten Führungsqualitäten.

Natürlich steht Ihnen jederzeit die Entscheidung frei, sich selbst neu zu definieren. Denken Sie nur an den Zauber der Phantasie, der Herz und Seele eines jeden Kindes gefangennimmt. An einem Tag ist es Zorro, der maskierte Rächer, am nächsten Herkules, der Held der griechischen Mythologie. Und heute ist es der Großvater, sein ganz persönlicher Held aus Fleisch und Blut. Ein Wechsel der Identität kann zu den erfreulichsten, wundersamsten und befreiendsten Lebenserfahrungen gehören. Warum freuen sich die Erwachsenen wohl jedes Jahr auf den Karneval? Ein Grund ist sicher, daß diese Feste uns gestatten, aus unserer Haut zu schlüpfen und eine andere Identität anzunehmen. Im Rahmen dieser neuen Identität können wir Dinge tun, die wir vielleicht schon immer gerne getan hätten, die sich jedoch nie mit unserem Selbstbild vereinbaren ließen.

Tatsache ist, daß wir an jedem beliebigen Tag des Jahres fähig sind, unsere Identität zu wechseln! Wir können uns selbst rundum neu definieren oder einfach beschließen, unserem „wahren Ich“ den Durchbruch zu ermöglichen. Wie der sanfte Clark Kent, der seine Brille und seinen konventionellen Anzug abstreift, um sich als Superman zu entpuppen, können wir die Hüllen unserer augenblicklichen Identität abstreifen, und zum Vorschein kommt ein kraftvolles Selbstbild, das mehr ist als unsere Verhaltensweisen, mehr als unsere Vergangenheit, und mehr als die Etiketten, die wir uns selbst anhängen.

Die Macht, sich selbst ein zweites Mal zu erfinden

Beginnen wir nun, unsere Grenzen zu sprengen!

Wenn Ihr Selbstbild nicht so beschaffen ist, wie Sie es gerne hätten, dann formen Sie es nach Ihren Wünschen. Beginnen Sie, Ihre Persönlichkeit mit Hilfe der nachfolgenden vier Schritte neu zu gestalten:

Listen Sie alle Elemente Ihrer Identität auf, die Sie gerne haben möchten. Schwelgen Sie dabei in der Macht, sich zu verändern, die Sie wecken können, wenn Sie sich nur dazu entschließen. Welche Menschen verfügen über die Eigenschaften, die Sie anstreben? Könnten Sie Ihnen als Vorbild dienen? Malen Sie sich aus, wie Sie mit Ihrer neuen Identität verschmelzen. Stellen Sie sich vor, wie Sie dann atmen, gehen, reden, denken und fühlen würden.

Die Person, die ich jetzt bin
(Meine erweiterte Vision)

____

____

____

____

____

____

Wenn Sie die Grenzen Ihrer Identität und Ihres Leben tatsächlich sprengen wollen, dann entscheiden Sie jetzt bewußt, wer Sie sein wollen. Versetzen Sie sich in einen Zustand innerer Spannung, bemühen Sie sich, wieder wie ein Kind zu sein, und beschreiben Sie im einzelnen, was für ein Mensch Sie heute sein möchten. Nehmen Sie sich Zeit, um Ihre Liste zu erweitern.

Entwickeln Sie nun einen Aktionsplan, den Sie zu Rate ziehen können, um sich zu vergewissern, daß Sie wirklich in Übereinstimmung mit Ihrer neuen Identität leben. Bei der Ausarbeitung dieses Plans sollten Sie besonders darauf achten, mit welchen Freunden Sie Ihre Zeit verbringen möchten. Werden diese das neue Selbstbild, das Sie schaffen, stärken oder zerstören?

Es gibt nichts Schöneres, als zu beobachten, wie jemand seine Identität erweitert. Besonders viel Freude hat es mir in den letzten Jahren gemacht, Zeuge des Wandels zu sein, den mein ältester Sohn Tyler erkennen ließ: Er entwickelte sich von einem Grünschnabel, der Interesse daran hatte, mit mir im Hubschrauber zu fliegen, zu einem hervorragenden Düsenjäger- und danach zu einem berufsmäßigen Hubschrauber-Piloten.

Seine Selbstachtung wuchs merklich, als ihm bewußt wurde, daß er zur kleinen Gruppe der tatkräftigen Menschen und nicht zur Mehrzahl der Zeitgenossen gehört, die sich auf Lippenbekenntnisse beschränken. Er hat erkannt, daß er sein neues Element beherrscht und sich eine grenzenlose Freiheit schaffen konnte, die nur wenige erleben.

Der letzte Schritt besteht darin, sich mit allen Mitteln für die Verwirklichung Ihrer neuen Identität einzusetzen, indem Sie die Menschen in Ihrer Umgebung von der Veränderung in Kenntnis setzen. Der wichtigste Mensch, der darüber informiert sein sollte, sind jedoch Sie selbst. Benutzen Sie Ihr neues „Aushängeschild", um sich jeden Tag zu beschreiben und sich darauf zu konditionieren.

Die Zukunftsaussichten Ihrer Identität

Wenn Sie diese Übung absolviert haben, wollen Sie Ihre Identität vermutlich feinschleifen, erweitern oder besseren Regeln anpassen. Wir leben in einer dynamischen Welt, in der wir unser Potential ständig aufstocken müssen, um eine höhere Lebensqualität zu genießen. Sie müssen sich der Faktoren bewußt werden, die Ihr Selbstbild beeinflussen, feststellen, ob sich diese stärkend oder lähmend auf Sie auswirken, und den gesamten Veränderungsprozeß steuern. Andernfalls werden Sie zum Gefangenen Ihrer eigenen Vergangenheit. *Sind Sie noch dieselbe Person, die Sie waren, als Sie dieses Buch in die Hand genommen haben?*

Ich definiere mich ständig neu, und oft wundern sich die Leute, woher ich das Selbstvertrauen nehme, ein Vorhaben nach dem anderen in die Wege zu leiten. Ich werde häufig gefragt: „Wie kommt es, daß Sie soviel im Leben erreicht haben?" Das liegt meiner Meinung nach zum großen Teil daran, daß ich die Dinge anders als die meisten Menschen betrachte: *Viele müssen sich einer Aufgabe erst richtig gewachsen fühlen, bevor sie Selbstvertrauen gewinnen. Ich habe dagegen beschlossen, an jedes Vorhaben mit Selbstvertrauen heranzugehen; diese Einstellung verleiht mir ein Gefühl der Sicherheit und das Durchhaltevermögen, solange weiterzumachen, bis ich etwas aus dem Effeff beherrsche.* Deshalb ist mein Selbstbild nicht durch frühere Referenzerlebnisse eingeengt.

Wenn Sie mich fragen würden, wer ich heute bin (und es steht mir frei, mich morgen zu ändern!), könnte ich antworten: Ich bin jemand, der das Mögliche aufzeigt, der anregen will, das Leben zu genießen, der persönliches Wachstum beschleunigen, Menschen aufbauen und Leidenschaft erzeugen möchte. Ich bin kein Motivationsexperte, kein Prediger und kein Guru. Ich gehöre zu den Fachleuten, die sich auf die Psychologie der Veränderung spezialisiert haben. Ich bin Coach, Unternehmer, Ehemann, Vater, Geliebter, Freund, Entertainer, Gast vieler Fernseh-Talkshows,

Bestseller-Autor, einer der einflußreichsten Redner in Amerika, Träger des Schwarzen Gürtels, Hubschrauber-Pilot, Geschäftsmann auf internationalem Parkett, Gesundheitsexperte, Fürsprecher der Obdachlosen, Philanthrop, Lehrer, ein Mensch, der etwas in Bewegung setzt, eine Speerspitze für das Gute, ein Heiler, ein Herausforderer … lustig, ausgelassen und bescheiden! Ich identifiziere mich mit den anspruchsvollsten Elementen meiner Persönlichkeit, und ich betrachte diejenigen Facetten, die noch nicht vollkommen sind, nicht als Charakterschwäche, sondern als eine Chance, etwas dazuzulernen.

Wir müssen unsere Ansichten darüber, wer wir wirklich sind, auf ein breiteres Fundament stellen. Wir müssen uns vergewissern, daß bestimmte Etiketten, die wir uns anhängen, nicht einengend wirken, sondern uns neue Freiräume erschließen. Wir müssen dafür sorgen, daß wir den bereits vorhandenen guten Seiten neue hinzufügen und das werden, womit wir uns zu identifizieren begonnen haben. Das ist die wahre Macht, die einem Glauben innewohnt.

„Wenn wir alles täten, wozu wir imstande sind,
würden wir uns wahrlich in Erstaunen versetzen."

THOMAS A. EDISON

Da ich mich verpflichtet habe, kontinuierlich an meiner Fähigkeit zu arbeiten, alle Aspekte des Lebens gleichermaßen wertzuschätzen, strebe ich immer nach einzigartigen Referenzerlebnissen. Vor einigen Jahren beschloß ich, das Leichenschauhaus im Bellevue-Hospital zu besuchen, und diese Erfahrung sollte mein Leben nachhaltig verändern. Mein Freund Dr. Fred Covan, Chefpsychologe an der Bellevue-Klinik, hatte mich davon überzeugt, daß man das Leben nur dann verstehen kann, wenn man den Tod begreift. Becky und ich trafen mit ziemlich mulmigen Gefühlen in seinem Büro ein. Fred forderte uns auf, Platz zu nehmen und bat uns, während des Experiments nicht zu sprechen. „Laßt die Situation einfach auf euch wirken", sagte er. „Achtet auf die Empfindungen, die sich einstellen; später unterhalten wir uns darüber."

Wir wußten nicht, was uns erwartete, und folgten nervös. Er führte uns in die Abteilung, in der die Leichen aufbewahrt wurden, auf die keine Angehörigen Anspruch erhoben hatten. Als er die erste Metallschublade herauszog und den Reißverschluß des Plastiksacks öffnete, der den Körper umhüllte, hatte ich am ganzen Körper eine Gänsehaut. Dieser „Mensch" lag in voller Größe vor mir, und doch überkam mich ein Gefühl der Leere. Becky zitterte, weil sie dachte, der Körper habe sich bewegt. Fred wies uns später darauf hin, daß viele Menschen einer solchen Sinnestäuschung unterliegen, weil wir Schwierigkeiten haben, uns mental auf einen leblosen Körper einzustellen.

Als er eine Schublade nach der anderen herauszog, beschlich mich wieder und wieder das Gefühl: Da ist niemand. Der Körper ist zwar vorhanden, doch keine Person. Einige Augenblicke nach dem Tod hatten diese Leute noch das gleiche Gewicht wie zu ihren Lebzeiten, aber das, was sie als Mensch auszeichnete — der wahre Kern ihres Wesens —, war nicht mehr da. *Wir sind mehr als unser Körper.* Wenn wir sterben, dann fehlt zweifellos die ungreifbare Essenz des Lebens, die manche Seele nennen. Ich glaube, es ist wichtig, sich zu Lebzeiten vor Augen zu halten, daß wir mehr sind als unsere Körper. *Wir sind auch mehr als die Summe unserer früheren Erfahrungen oder gegenwärtigen Verhaltensweisen.*

Dieses Erlebnis weckte in mir ein Gefühl der Dankbarkeit für das Geschenk des Lebens. Plötzlich dachte ich beim Anblick von Menschen, die eine merkliche körperliche Veränderung durchgemacht hatten: „Die sehen aber wirklich kerngesund aus." Nichts ist so wirksam wie Kontraste, um uns daran zu erinnern, wie glücklich wir uns schätzen dürfen!

Vor kurzem besuchte ich Wayne Dyer, der einige Bücher geschrieben und eben diese Gefühle in Worte gefaßt hat. Er sagte: „Wir sind keine menschlichen Wesen, die eine spirituelle Erfahrung machen. Wir sind spirituelle Wesen, die eine menschliche Erfahrung machen." Unser Identität ist ein Eckpfeiler dieser Erfahrung. *Ich glaube, daß unsere* wahre *Identität undefinierbar und größer als alles ist, was sich beschreiben läßt.* Wir gehören zu den Wesen, die über eine Seele und spirituelle Fähigkeiten verfügen. Wenn wir uns daran erinnern, wer wir wirklich sind, rücken wir alle Vorkommnisse im Leben in die richtige Perspektive. Sobald das Wissen um unsere Spiritualität zur Grundlage unseres Handelns wird, lassen wir uns nicht mehr auf die kleingeistigen Spielchen ein, die Menschen voneinander trennen. Dann sind wir nämlich zu der Erkenntnis und tiefen Überzeugung gelangt, daß eine festgefügte Verbindung zwischen uns und der gesamten Schöpfung besteht.

„Ein jeder von uns unvermeidlich;
ein jeder grenzenlos —
ein jeder mit seinem oder ihrem eigenen Recht ausgestattet,
auf Erden zu sein;
ein jeder von uns mit der Erlaubnis,
dem ewigen Sinn der Erde zu dienen;
ein jeder von uns so göttlich,
wie es nur irgend jemand hier zu sein vermag."

WALT WHITMAN

Das nächste Mal, wenn Sie sich dabei ertappen, daß Sie sagen: „Das könnte ich nie!", sollten Sie einen Augenblick innehalten und überlegen, welche Auswirkungen solche Worte haben. Haben Sie Ihr Selbstkonzept eingeengt? Falls ja, sollten Sie jede Gelegenheit beim Schopf ergreifen,

Ihre Identität zu erweitern. Nehmen Sie die Vorhaben in Angriff, von denen Sie meinten, sie nicht bewältigen zu können. Nutzen Sie Ihre neuen Referenzerlebnisse, die Ihnen das Gefühl der Sicherheit vermitteln, daß Sie zu mehr imstande sind, als Sie geglaubt haben.

Fragen Sie sich: „Was kann ich noch alles sein? Wie möchte ich mich weiterhin entwickeln? Welche Persönlichkeitsveränderung mache ich jetzt gerade durch?“ Denken Sie über die Liste Ihrer Lebensziele und Träume nach, und gehen Sie, ungeachtet Ihrer derzeitigen Lebensumstände, die innere Verpflichtung ein: „Ich werde immer wie ein Mensch handeln, der sich diesen Zielen bereits nähert. Ich werde atmen wie diese Person, mich genauso wie sie bewegen, genauso wie sie auf andere Menschen reagieren. Ich werde andere mit Würde, Respekt, Mitgefühl und Liebe behandeln, genau wie diese Person es tun würde.“ Wenn wir die Entscheidung treffen, zu denken, zu fühlen und zu handeln wie der Mensch, der wir sein wollen, werden wir uns auch zu diesem Menschen entwickeln.

Sie stehen nun an einem Scheideweg Ihres Lebens. Dies ist Ihre Chance, die wichtigste Entscheidung zu treffen, mit der Sie je konfrontiert sein werden. *Vergessen Sie Ihre Vergangenheit. Wer sind Sie in diesem Augenblick?* Was für ein Mensch wollen Sie heute wirklich sein? Vergessen Sie die Persönlichkeit, die Sie bisher waren. Wer sind Sie jetzt? Wie möchten Sie künftig sein? Treffen Sie diese Entscheidung bewußt, nach gründlicher Überlegung, mit aller Intensität, die Ihnen zu Gebote steht.

Wenn wir den Hauptteil über das interne Steuersystem des Menschen nun abschließen, sollten Sie sich an eines erinnern: Sie müssen nicht alle Veränderungen, über die wir gesprochen haben, gleichzeitig herbeiführen, um Ihre Lebensqualität grundlegend zu verbessern. Wenn Sie auch nur in einem der fünf Bereiche eine Kurskorrektur einleiten, richten Sie Ihr gesamtes Leben neu aus. Wenn Sie sich andere *Fragen* als die bisher üblichen stellen, verändert sich Ihr Blickwinkel und Ihr Leben. Eine Verlagerung in Ihrer *Wertehierarchie* wird Ihrem Leben auf Anhieb eine neue Richtung geben. Wenn Sie stets darauf achten, daß Sie sich in einer konstruktiven, aktivierenden physiologischen *Verfassung* befinden, beeinflussen Sie Ihre Denkweisen und Gefühle. Allein schon dadurch können Sie Ihre Identität wechseln. Dazu trägt auch eine Veränderung Ihrer *globalen Glaubensprinzipien* bei. Zusätzliche *Referenzerlebnisse* bieten Ihnen das Rohmaterial, aus dem sich neue Selbsterfahrungen modellieren lassen. Und die *Entscheidung, Ihre Identität zu erweitern,* vermag buchstäblich jeden Aspekt Ihres Lebens auf den Kopf zu stellen.

In den folgenden Kapiteln werden Sie ein Sieben-Tage-Programm kennenlernen und jeden Tag eine kurze Übung durchführen, um das Gelernte in die Praxis umzusetzen und sich die Vorteile zunutze zu machen, die alle hier vorgestellten Strategien und Techniken zu bieten haben. Fangen wir an!

TEIL III

Sieben Tage, die Ihr Leben verändern

19

Ihr emotionales Schicksal: Der einzig wahre Erfolg

Erster Tag

Ihr Ergebnis: Bestimmen Sie, welche Emotionen Sie ständig erleben wollen. Beginnen Sie, Ihre alltäglichen Lebenserfahrungen bewußt und vorsätzlich neu zu gestalten.

Es gibt keinen wirklichen Erfolg ohne emotionalen Erfolg. Und doch erlebt ein durchschnittlicher Mensch von den mehr als dreitausend unterschiedlichen Empfindungen, wie wir mit Worten beschreiben können, im Verlauf einer normalen Woche nicht mehr als ein Dutzend. Diese Zahlen spiegeln nicht unsere emotionalen Fähigkeiten wider, sondern vielmehr die Grenzen, die uns durch unsere derzeitigen Konzentrationsmuster und physiologischen Gewohnheiten gesetzt sind.

Im Verlauf dieses Buches haben wir uns immer wieder damit befaßt, unsere Emotionen in den Griff zu bekommen. Sie haben inzwischen ein breites Spektrum von Techniken entwickelt, die Ihnen gestatten, jedes Gefühl nachhaltig und auf Anhieb zu verändern. Sie wissen nun, daß eine Veränderung der emotionalen Verfassung die Motivation hinter buchstäblich allen Ihren Verhaltensweisen darstellt. Folglich ist es an der Zeit, einen realisierbaren Plan auszuarbeiten, um mit den negativen Gefühlsmustern fertigzuwerden, die Sie für gewöhnlich erleben. Genauso wichtig ist es, die Dauer und Qualität der Zeit zu erhöhen, die Sie in einem positiven emotionalen Zustand verbringen. Das Arsenal, das Ihnen zur Veränderung Ihrer emotionalen Verfassung zur Verfügung steht, umfaßt folgende Instrumente:

- Physiologie
- Konzentration
- Fragen
- Submodalitäten
- Transformatorisches Vokabular
- Metaphern
- Neuroassoziative Konditionierung
- Glaubensprinzipien
- Attraktive Zukunftsvision
- Wertvorstellungen
- Lebensregeln
- Referenzerlebnisse
- Identität

Der Zweck der heutigen Übung besteht einfach darin, Sie auf Ihre derzeitigen Gefühlsmuster aufmerksam zu machen. Außerdem möchte ich Sie auffordern, von den oben aufgelisteten Instrumenten so viele wie möglich zu benutzen, um sicherzugehen, daß Sie Ihr emotionales Schicksal jeden Tag selbst gestalten.

„Sehen heißt glauben, aber Fühlen ist die Wahrheit."

Dr. med. THOMAS FULLER

Ihre heutige Aufgabe:

1. Notieren Sie alle Emotionen, die Sie für gewöhnlich in einer Woche erleben.
2. Listen Sie die Ereignisse oder Situationen auf, die diese Emotionen ausgelöst haben.
3. Denken Sie sich ein Gegenmittel für jedes negative Gefühl aus, und setzen Sie eines der geeigneten Instrumente ein, um auf das Handlungsbedarfssignal zu reagieren. Müssen Sie die Wörter ändern, mit denen Sie Ihre Erfahrung beschreiben? Müssen Sie die Glaubensprinzipien verändern, die mit diesem emotionalen Zustand verbunden sind? Müssen Sie sich eine neue Frage stellen? Achten Sie darauf, daß Sie sich stets auf die Lösung, und nicht auf das Problem, konzentrieren.

Bemühen Sie sich an diesem Tag mit allen Mitteln, das alte, einengende Emotionsmuster durch ein neues, aktivierendes Gefühl zu ersetzen; konditionieren Sie dieses neue Muster so lange, bis es fest verankert ist. Da wir unsere Emotionen nun fest im Griff haben, beginnen wir morgen damit, einen weiteren Bereich unseres Lebens zu meistern ...

20

Ihr physisches Schicksal: Labyrinth des Leidens oder Gipfel des Glücks

Zweiter Tag

Ihr Ergebnis: Sie haben gelernt, Ihr autonomes Nervensystem auf die Aktivierung von Verhaltensweisen zu konditionieren, die zu den gewünschten Ergebnissen führen. Aber auch die physische Kondition, in der Sie sich befinden, hängt davon ab, wie Sie sich konditionieren: wie Sie Ihren Stoffwechsel und Ihre Muskeln darauf konditionieren, das angestrebte Maß an Energie und Fitneß zu erzeugen.

Sein Ziel bestand darin, den Weltrekord zu brechen. Elf Tage lang hatte er ein tägliches Lauftraining von 21 Stunden absolviert und nachts nicht mehr als drei Stunden geschlafen. Die mentale Herausforderung war für ihn genauso groß wie die körperliche: Er mußte den Alltag hinter sich lassen und in eine Welt eintauchen, in der es allein auf den nächsten Schritt ankam. Er hatte jahrelang nicht nur seinen Körper trainiert, sondern auch seine geistigen Kräfte. Sein Ziel? Eine Demonstration des unbegrenzten physischen Potentials, das sich in jedem Menschen verbirgt. Als er den damaligen Rekord in den Schatten stellte und mehr als 1.600 Kilometer in elf Tagen und neunzehn Stunden lief, zeigte Stu Mittleman, daß man Ergebnisse realisieren kann, die sich dem Vorstellungsvermögen entziehen, wenn man sich darauf versteht, Körper und Geist richtig zu konditionieren. Er bewies durch sein Beispiel, daß der Mensch zu unvorstellbaren Leistungen fähig ist, daß wir uns an alle Situationen anpassen können, wenn wir die richtigen Ansprüche an uns stellen und ihnen Schritt für Schritt gerecht werden. In diesem Kapitel werde ich Ihnen die grundlegenden Geheimnisse enthüllen, die Stu Mittleman befähigten, sich auf diese unvergleichliche Aufgabe vorzubereiten.

Seit Jahren bin ich jenen Menschen auf der Spur, die es in ihrem Bereich zu wahrer Meisterschaft gebracht haben. Fit und gesund zu sein gehört schon seit mehr als einem Jahrzehnt zu meinen vorrangigen Zielen. Als ich mit meinen Nachforschungen in diesem Bereich begann, verwirrte mich der Wirbel einander widersprechender Standpunkte, vertreten von Experten, von denen man annehmen konnte, sie wären gleichermaßen qualifiziert. Um mir meinen Weg durch das Labyrinth der Meinungen zu bahnen, machte ich Resultate zu meinem wichtigsten Kriterium. Diejenigen, die ständig Spitzenergebnisse vorweisen konnten, wählte ich als Vorbilder. Genauso, wie es mir im psychologischen Sektor schwerfällt, einem übergewichtigen Therapeuten Glauben zu schenken, der seinen Patienten Ratschläge zum Thema Gesundheit gibt, stellte ich auch die Gültigkeit der Aussagen von sogenannten Fitneß-Experten in Frage, die ausgemergelt aussahen und wenig Energie an den Tag legten.

Als ich zum erstenmal etwas über Stu Mittleman erfuhr, war ich fasziniert, insbesondere als Augenzeugen seiner verblüffenden Leistungen berichteten, er sehe am Ende eines 1.000-Meilen-Laufs besser aus als am Start. Er hatte sich nie verletzt, ja, nicht einmal die kleinste Blase davongetragen! Woher nahm er die Fähigkeit, seinen Körper bis an die Grenzen der Belastbarkeit zu fordern und sein Potential ständig im Höchstmaß auszuschöpfen, ohne sich ein einziges Mal zu verletzen?

Sicher war Stu gut auf seinen Lauf vorbereitet. Er hatte in Sportpsychologie, Soziologie und Sozialpsychologie seinen Magister gemacht und arbeitete nun an seiner Doktorarbeit in Sportphysiologie an der Columbia-Universität. Am wichtigsten war für ihn indessen die Erkenntnis, daß *Gesundheit und Fitneß nicht dasselbe sind.*

Die meisten Menschen haben den Unterschied zwischen Fitneß und Gesundheit nicht begriffen. Deshalb fühlen sie sich frustriert, wenn sie gewissenhaft Gymnastik betreiben und dann feststellen, daß sich immer noch fünf bis zehn Pfund zuviel hartnäckig um ihre Leibesmitte wölben. Genau das versteht man unter erworbener Hilflosigkeit. Noch bedauernswerter sind diejenigen, die sportliche Leistungen zum Mittelpunkt Ihres Lebens gemacht haben und glauben, mit ihren Aktivitäten ihre Gesundheit verbessern zu können. In Wirklichkeit treiben sie sich jeden Tag einen Schritt näher an körperliche Erschöpfung, Krankheit und emotionale Turbulenzen heran.

Worin genau besteht der Unterschied zwischen Fitneß und Gesundheit? „Fitneß ist die physische Fähigkeit, sportlichen Aktivitäten nachzugehen." Gesundheit wird hingegen als Zustand definiert, „in dem alle Körpersysteme — Nerven, Muskulatur, Knochengerüst, Kreislauf, Verdauung, Lymphdrüsen und Hormonhaushalt — optimal funktionieren". Die meisten Menschen glauben, Fitneß und Gesundheit gingen automatisch Hand in Hand, aber das ist nicht unbedingt der Fall. Ideal wäre es, fit und gesund zu sein, aber wenn Sie die Gesundheit an erste Stelle setzen, werden Sie stets enorme Vorteile im Leben haben. Wenn Sie Fitneß auf Kosten der Gesundheit anstreben, leben Sie vielleicht nicht lange genug, um Ihren spektakulären Körper zu genießen.

Ein optimales Gleichgewicht zwischen Gesundheit und körperlicher Kondition ist dann erreicht, wenn Sie Ihren Stoffwechsel trainieren. Genauso, wie wir unseren Geist und unsere Muskeln in Bewegung halten, haben Stu und einer seiner Betreuer, Dr. Philip Maffetone, bewiesen, daß wir unseren Metabolismus tatsächlich trimmen können. Stus Ergebnisse bieten dafür ein klares Beispiel: Er hätte während seines 1.000-Meilen-Laufs durchaus an die Grenzen seiner Belastbarkeit vorstoßen, sich völlig verausgaben können. Aber das geschah nicht, obwohl er jeden Tag 84 Meilen lief. Wenn Sie sich die einfachen, aber tiefgreifenden Erkenntnisse und Techniken zu eigen machen, die Stu benutzte, können Sie nicht nur Ihr äußeres Erscheinungsbild, sondern auch Ihren Energiespiegel, Ihre Lebensqualität und letztlich Ihr physisches Schicksal verbessern, das Sie vorprogrammiert haben.

Der größte Unterschied zwischen Gesundheit und Fitneß basiert auf den aeroben beziehungsweise anaeroben Aktivitäten, auf Ausdauer- und Krafttraining. *Aerob* bedeutet wörtlich „unter Anwesenheit von Sauerstoff"; in diese Kategorie entfallen *sportliche Leistungen, die nicht allzu anstrengend sind und in einem längeren Zeitraum durchgeführt werden.* Ihr aerobes System sorgt für eine sportliche Dauerleistung. Wenn Sie es mit richtiger Ernährung und den richtigen sportlichen Übungen aktivieren, verbrennen Sie in erster Linie Fett.

Anaerob heißt wörtlich „nicht an die Anwesenheit von Sauerstoff gebunden"; damit sind *sportliche Leistungen gemeint, die in kurzfristigen Schüben Kraft aufbauen.* Bei der anaeroben Energiegewinnung ist Glykogen der primäre Brennstoff, *der den Körper veranlaßt, Fett zu speichern.* Der genetische Code spielt eine Rolle für die Fähigkeit des Körpers, Fett zu verbrennen; bei manchen Menschen ist die aerobe Kapazität schon von Geburt an stark ausgeprägt. Das sind die Leute, die wir beneiden, weil sie scheinbar alles essen können, ohne auch nur ein Gramm zuzunehmen.

Die meisten Menschen haben sich heutzutage einen Lebensstil zu eigen gemacht, der den anaeroben Zustand festschreibt. Sie sehen sich ständig Streß und vielfältigen Anforderungen gegenüber und verschlimmern die Situation noch durch die Sportarten, die sie als Ausgleich wählen. Infolgedessen drillen sie ihren Metabolismus darauf, fortwährend mit einem Mindestmaß an Sauerstoff auszukommen, das heißt, Glykogen als vorrangige Energiequelle zu verbrennen. Wenn der Glykogenspiegel extrem abfällt, greift der Stoffwechsel, der an den anaeroben Abbau gewöhnt ist, auf eine zweite Energiequelle, den Blutzucker, zurück. Und das hat unmittelbare negative Folgen für Ihre Gesundheit und Vitalität.

Da Ihr Nervensystem zwei Drittel des Blutzuckers für sich beansprucht, kann das Defizit, das durch anaerobe chemische Prozesse entsteht, unter Umständen neuromuskuläre Probleme, zum Beispiel Kopfschmerzen oder Desorientierung, verursachen. Hier ist eine Liste mit den verräterischen Symptomen, die direkt mit den exzessiven anaeroben Bedingungen in Zusammenhang stehen, an die sich Ihr Stoffwechsel gewöhnt hat: *Ab-*

geschlagenheit, wiederholte Verletzungen beim Sport, niedriger Blutzuk-kerspiegel, Depressionen und Angstgefühle, Fettstoffwechselprobleme, prämenstruelles Syndrom, Kreislaufschwäche und *steife Gelenke.*

Wir leben in einer Gesellschaft, die zuviel anaeroben und zuwenig aeroben Aktivitäten nachgeht; damit wird die Qualität der Gesundheit beeinträchtigt. In modernen, hochindustrialisierten Gesellschaften nimmt die physische Aktivität der Menschen ab. Noch vor wenigen Jahrzehnten wurden die meisten täglich anfallenden Arbeiten manuell erledigt. Heute haben wir uns die verschiedensten Betätigungen für unseren Körper ausgedacht, als Ausgleich für den Bewegungsmangel im Alltag. Diese forcierte Betriebsamkeit nennen wir Sport. Leider läßt selbst bei Menschen mit den besten Absichten, einschließlich talentierter Hochleistungssportler, die Gesundheit trotz sportlicher Betätigung nach. Aufgrund des zwanghaften Bestrebens, innerhalb kürzester Zeit die bestmöglichen Ergebnisse zu erzielen, schaffen die meisten Menschen ein unausgewogenes Verhältnis zwischen Gesundheit und körperlicher Kondition, und die nachteiligen Folgen bleiben nicht aus.

Die Lösung ist jedoch einfach. Stu Mittlemans Geheimnis liegt in der Erkenntnis, daß *Gesundheit und Fitneß Hand in Hand gehen müssen.* Das wird laut Dr. Maffetone erreicht, wenn man folgendes beachtet:

> „... alle Gymnastikprogramme/Sportarten erfordern, daß man zunächst eine aerobe Grundlage schafft — sich also innerhalb eines gewissen Zeitrahmens ausschließlich auf aerobe Aktivitäten beschränkt, und keine anaeroben Übungen macht. Diese Basisperiode kann von mindestens zwei bis höchstens acht Monate dauern, in dieser Zeit wird Ihr aerobes System entwickelt und in Höchstform gebracht. Auf diese Basisperiode folgt dann ein anaerobes Training, manchmal ein-, zwei- oder dreimal pro Woche. Wenn Sie Ihr aerobes System richtig aufbauen, werden Sie nicht nur Ihre sportlichen Leistungen steigern, sondern auch zusätzliches Fett von Ihren Hüften verbrennen, Ihr Immunsystem verbessern, Ihren Energiespiegel erhöhen und weniger Verletzungen davontragen. Mit anderen Worten, diese Technik bietet Ihnen die Möglichkeit, Ihre Gesundheit und Körperkondition sowohl durch die richtige Konditionierung Ihres Stoffwechsels im Rahmen des aeroben, als auch, wenn angemessen, des anaeroben Trainings schrittweise zu verbessern."

Mit dieser aeroben Grundlage schaffen Sie auch ein ungeheures Ausmaß an Energie und Ausdauer. Denken Sie daran: Wenn Sie Ihre aerobe Kapazität erweitern, stärken Sie die Fähigkeit Ihres Körpers, jedes Organ und System mit Sauerstoff zu versorgen.

Das Problem ist: Die meisten Menschen verlangen sich soviel ab, daß sie über das Ziel der idealen Herzfrequenz hinausschießen und ausschließlich anaerobe Übungen absolvieren. Wenn Sie noch keine aerobe Grundlage aufgebaut haben, dann gehen alle anaeroben Übungen auf Kosten der Ausdauer. Viele Menschen versuchen, ihre Kondition mit

Gewalt zu verbessern, und trainieren deshalb mit höchstmöglicher Herzfrequenz. In der Regel sollte diese bei 220 Schlägen minus Lebensalter liegen. Ein Dreißigjähriger sollte also auf eine Pulsfrequenz von 190 abzielen. Es ist sicher das Schlimmste, was Sie Ihrem Körper antun können, wenn Sie für längere Zeit so intensive Übungen absolvieren: Sie sind dann vielleicht topfit, aber zu Lasten Ihrer Gesundheit.

Übrigens: dreimal dürfen Sie raten, wem vor einigen Jahren ein solcher Fehler unterlief. Ich trieb mich unerbittlich an, um meine maximale Herzfrequenz zu „erreichen". Ich sprang auf mein Fitneßgerät und stellte die höchste Schwierigkeitsstufe ein; zwanzig Minuten Treppensteigen war angesagt. Oder ich lief acht Kilometer, ohne mich vorher aufzuwärmen, nachdem ich wochenlang nicht gelaufen war. Ich konnte zwar einige Tage hinterher keinen Schritt mehr gehen, aber ich glaubte, dieses Training nach dem Motto „Ohne Schweiß, kein Preis" würde meine Gesundheit verbessern. Ich erreichte damit nur, daß ich eine Liebe-Haß-Beziehung zum Sport entwickelte. Meine gemischten Gefühle sorgten dafür, daß ich keinen Handschlag rührte, solange es mein Gewissen erlaubte, um die verlorene Zeit dann mit einem Schlag wettzumachen.

Seither habe ich gelernt, *daß es sehr gefährlich sein kann, wenn man gleich zu Beginn einer sportlichen Betätigung ein Tempo vorlegt, das den Körper schlagartig in einen anaeroben Zustand versetzt.* Um die Durchblutung der am meisten beanspruchten Muskeln bei einer anaeroben Übung zu gewährleisten, wird lebenswichtigen Organen wie Leber und Nieren Blut entzogen. Infolgedessen können diese Organe große Sauerstoffmengen einbüßen, was ihre Funktionstüchtigkeit und Gesundheit merklich beeinträchtigt. Wenn Sie ständig solchen Raubbau treiben, können sie geschwächt, geschädigt oder völlig lahmgelegt werden.

Wichtig ist, Ihren Stoffwechsel so zu trainieren, daß er ständig unter aeroben Bedingungen arbeitet. Ihr Körper verbrennt kein Fett, solange Sie ihn nicht durch besondere Übungen darauf trimmen. Wenn Sie also einige Pfunde auf den Hüften loswerden wollen, müssen Sie Ihren Organismus darauf trainieren, Fett zu verbrennen — und nicht Zucker. Stus und Phils Kriterium für die aerobe Funktion ist das Verbrennen von Fett. Zu den größten Vorteilen aerober Sportarten gehört, daß sie einer Arterienverkalkung und somit einer Herzerkrankung vorbeugen, in den USA noch immer die häufigste Todesursache.

Manche Menschen zwingen in ihrem Eifer, jegliches Fett aus Ihrer Kost zu verbannen, ihren Körper dazu, „Notstandsmaßnahmen" zu ergreifen und Fett noch wirksamer zu speichern. Sie verschlimmern den Fehler noch, indem sie sich kasteien und hungern. Sobald sie dann unvermeidlich zu ihrem früheren Eßverhalten zurückkehren, legt der Körper aus derselben Nahrungsmenge, die sie vor Beginn der Fastenkur zu sich genommen haben, noch größere Fettdepots an. Sie legen also noch mehr Gewicht zu als das, was sie verloren haben!

Wenn mir jemand eröffnet, daß er fünf Kilo abnehmen möchte, pflege ich zu fragen: „Fünf Kilo wovon?" Viele treiben Sportarten, bei denen der Körper nicht Fett, sondern Wasser oder Muskelmasse abbaut. Sie können heute genausoviel wiegen wie vor zehn Jahren, sich aber in einem wesentlich schlechteren Gesundheitszustand befinden, weil Ihre Muskeln durch Fett ersetzt worden sind. Muskeln sind schwerer als Fett; wenn Sie also das gleiche Gewicht auf die Waage bringen wie vor zehn Jahren und Ihr Körper mehr Fett enthält, dann machen Sie sich auf einiges gefaßt!

Es ist richtig, daß wir unserem Körper keine übermäßigen Fettmengen zuführen sollen (20 bis 30 Prozent des Kalorienkonsums); aber nichts läßt sich mit aeroben Übungen vergleichen, die den Stoffwechsel anregen, Fett zu verbrennen. *Es gibt keine Faustregel für den „richtigen" Prozentsatz an Fett, den der Körper braucht; die Menge hängt davon ab, wie jeder einzelne das zugeführte Fett umsetzt.* Würde es Ihnen nicht gefallen, über die gleiche Fähigkeit zu verfügen wie jene Menschen, die sie beneiden, weil ihr Metabolismus Fett verbrennt? Kein Problem! Sie müssen sich nur darauf konditionieren.

Wie trainieren Sie nun Ihren Stoffwechsel darauf, Fett zu verbrennen, so daß Sie über die Energie, Ausdauer und Vitalität verfügen, die Ihnen gestatten, das in diesem Buch Gelernte in die Praxis umzusetzen und ein erfülltes Leben zu führen? Ich habe gute und schlechte Neuigkeiten für Sie. Die guten zuerst: Das gelingt ihnen mit einigen einfachen Übungen, die Sie jeden Tag durchführen. Und die schlechten Neuigkeiten: Es reicht nicht aus, die große Badewanne zu füllen, den Stöpsel herauszuziehen und gegen das ablaufende Wasser anzukämpfen! Das sind keine aeroben Übungen. Es funktioniert auch nicht, wenn Sie das Pendel in die entgegengesetzte Richtung schwingen lassen. Sprinterrennen gehören zu den anaeroben Sportarten. Sie verursachen einen akuten Sauerstoffmangel in den Zellen, so daß Sie Ihren Stoffwechsel darauf drillen, Glykogen und/ oder Blutzucker zu verbrennen, während weiterhin Fett gespeichert wird.

Das vermutlich wichtigste Element für die Gesundheit ist Sauerstoff. Jeden Tag atmen wir annähernd 10.000 Liter Luft ein, um unser Körpergewebe mit Sauerstoff zu versorgen. Ohne ihn würden die Zellen geschwächt und absterben. Es gibt rund 75 Trillionen Zellen in unserem Körper, und sie liefern Adenosintriphosphat (ATP), die Grundenergie für alle körperlichen Aktivitäten, sei es Atmen, Träumen, Essen oder Sport treiben. Um zu überleben, sind die Zellen auf Sauerstoff angewiesen; nur so können sie Glukose verbrennen und ATP für ein fortgesetztes Wachstum produzieren.

Der springende Punkt ist, daß Sie während sportlicher Aktivitäten Ihre Sauerstoffvorräte nicht erschöpfen sollten. Wenn Sie wissen wollen, ob ein Wechsel vom aeroben in den anaeroben Zustand stattgefunden hat, läßt sich dies mit Hilfe eines einfachen Tests feststellen: *Können Sie während der Übungen sprechen* (aerob)? Oder sind Sie völlig außer Atem (anaerob)? *Ihre Atmung sollte gleichmäßig und hörbar sein, aber nicht angestrengt.* Was für ein Gefühl haben Sie während des Trainings? Wenn es aerob ist, macht es Ihnen Spaß, auch wenn es anstrengt. Bei anaeroben sportlichen Leistungen haben Sie vermutlich das Gefühl, sich völlig zu verausgaben. Welche Punktezahl würden Sie damit auf einer Skala von 0 bis 10 erzielen, wobei 0 für ein Minimum und 10 für ein Höchstmaß an körperlicher Belastung steht? *Falls Sie mehr als 7 erreichen, sind Sie über die aerobe Grenze hinausgeschossen und entziehen dem Körper nun Sauerstoff; im Idealfall müßte Ihre Punktezahl zwischen 6 und 7 rangieren.*

Es bedarf einer besonderen Form des Trainings, wenn Sie Ihre aerobe Kapazität nutzen wollen. *Erstens ist es ratsam, einen Pulszahlmesser zu tragen. Dann sollten Sie sich aufwärmen, um Ihre optimale aerobe Trainingsphase zu erreichen.*

Mit der Aufwärmphase bewirken Sie mindestens zwei Dinge: Sie aktivieren nach und nach die Fettsäuren, die in allen Teilen Ihres Körpers gespeichert sind. Diese gelangen in die Blutbahn, so daß Sie Fett statt lebenswichtigen Blutzuckers verbrauchen. Das ist ein maßgeblicher Punkt. Falls Sie sich nicht aufwärmen, führen Sie Ihre sportlichen Aktivitäten aerob aus, das heißt, mit Bereitstellung von Sauerstoff in den Zellen, aber ohne Fett zu verbrennen. Während des Aufwärmens sollte Ihr Puls bei 50 Prozent der maximalen Herzfrequenz liegen, die Sie mit Hilfe der Standardmethode (220 minus Ihr Alter = maximale Herzfrequenz; Herzfrequenz × 65% – 85% = Trainingsphase) errechnen können. Sie beugen so Muskelkrämpfen vor. *Die Aufwärmphase sollte etwa 15 Minuten dauern.* Auf diese Weise kann Ihr Körper allmählich das Blut in jene Bereiche lenken, die es brauchen, statt es unverzüglich von den lebenswichtigen Organen abzuzweigen. Dieser Unterschied ist wichtig, um zu gewährleisten, daß Ihr Konditionstraining Gesundheit und Fitneß verbessert, ohne Ihre inneren Organe zu schädigen.

Sie sollten mindestens 20 Minuten lang, idealerweise zwischen 30 und 45 Minuten, in der aeroben Trainingsphase Ihre Übungen absolvieren. Ihre optimale Pulsfrequenz beim Konditionstraining bestimmen Sie am leichtesten anhand folgender Formel:

Wie Sie Ihre optimale Pulsfrequenz errechnen

180 – Lebensalter = ideale Pulsfrequenz (die Anzahl der Herzschläge pro Minute, die beim Sport aerobe chemische Prozesse gewährleisten, bevor sie anaerob werden).

Falls Sie sich von einer schweren Krankheit erholen oder Medikamente einnehmen müssen, sollten Sie 10 Punkte abziehen.

Falls Sie vorher nie Sport getrieben haben, die Trainingsintensität abbauen wollen oder an einer Verletzung, häufigen Erkältungen, Grippe oder Allergien leiden, sollten Sie 5 Punkte abziehen.

Falls Sie schon bis zu zwei Jahren ohne die geringsten Probleme Sport treiben und nicht mehr als ein- oder zweimal im Jahr eine Erkältung oder Grippe hatten, ist Ihre ursprüngliche Pulsfrequenz die ideale.

Falls Sie länger als zwei Jahre problemlos trainiert und Ihre Leistungen im Wettbewerb verbessert haben, ohne sich eine Verletzung zuzuziehen, addieren Sie 5 Punkte.

Bevor Sie, mit gleich welchem Fitneßprogramm/Sport beginnen, sollten Sie Ihren Hausarzt konsultieren.

Sie sollten sich zwölf bis fünfzehn Minuten Zeit für die Abkühlphase nehmen, in der Sie langsam (auf der Stelle) gehen oder andere leichte Bewegungen machen. Auf diese Weise verhindern Sie, daß sich das Blut in Ihren beanspruchten Muskeln sammelt. Wenn Sie nach dem Training abrupt die Bewegung stoppen, hat Ihr Blut keine Möglichkeit, gereinigt, wieder mit Sauerstoff angereichert und erneut durch den ganzen Körper gepumpt zu werden. Es verbleibt in der Muskulatur, verursacht dort einen Stau und erhöht die Giftstoffmengen, die sich in der Blutbahn ansammeln.

Viele Menschen zögern, wenn es darum geht, sich auf ein Konditionstraining einzulassen. Sie verbinden zuviel Schmerzhaftes damit: Entweder können sie dem Gedanken an einen Muskelkater oder eine Verletzung wenig abgewinnen, oder sie betrachten diese Aktivitäten als Verschwendung ihrer ohnehin knappen Zeit. Wenn Sie es jedoch auf einen Versuch ankommen lassen, werden Sie zwei Entdeckungen machen: Ihnen wird diese Bewegungsform gefallen, weil sie Spaß bringt und keine Schmerzen verursacht. Sie werden sich physisch so fit fühlen wie nie zuvor in Ihrem Leben.

Wenn es Sie stört, daß dieses Training zeitraubend sein könnte, dann sollten Sie über Möglichkeiten nachdenken, Ihre Zeit optimal zu nutzen: Während Sie sich aufwärmen, können Sie beispielsweise Kassetten hören, lesen, die Nachrichten im Fernsehen anschauen, sich Ihren morgendlichen oder abendlichen Aktivierungsfragen widmen, die Liste mit Ihrer Wertehierarchie und Ihren Lebensregeln durchgehen und Ihre Zeit auf andere Weise produktiv nutzen. Stu Mittleman hat empfohlen, mindestens dreimal in der Woche zu trainieren, wobei die Aufwärmphase fünfzehn Minuten, die Trainingsphase zwanzig Minuten und die Abkühlphase wieder fünfzehn Minuten dauern sollte. Danach kann man die Trainingszeit, wenn man möchte, langsam ausdehnen.

Damit will ich natürlich nicht sagen, daß ein aerob orientiertes Konditionstraining das einzig Wahre ist. Wir haben uns Gesundheit und Fitneß zum Ziel gesetzt, und deshalb sollte die Leistungsfähigkeit genauso verbessert werden wie die Ausdauer. (Halten Sie sich dabei nur vor Augen, daß jede anaerobe Übung kurzfristig Kraft aufbaut, aber zu Lasten Ihrer Ausdauer geht.) Sobald Sie Ihr aerobes Potential entwickelt und eine bestimmte Belastungsebene erreicht haben (in der Regel zwischen dem zweiten und vierten Monat des Trainings), können Sie Kraft aufbauen, indem Sie anaerobe Übungen in Ihr Programm einfügen, zum Beispiel schnelle Wiederholungen mit Gewichten. Für welche Aktivitäten Sie sich entscheiden, liegt ganz allein bei Ihnen; hören Sie dabei nur auf Ihren Körper. Falls Sie gerade einen Strandlauf machen, sprinten Sie los, wenn Ihnen danach ist! Machen Sie sich mit Ihrem Körper vertraut und lernen Sie seine Fähigkeit kennen, physisch immer größere Herausforderungen zu bewältigen.

Stu bestätigt, daß wir unsere Ausdauer bis ins hohe Alter erhalten und verbessern können. Wir müssen nicht schwach und gebrechlich sein, wenn wir nicht mehr die jüngsten sind! Unsere Gesundheit wird weniger von den Lebensjahren, als vielmehr von einem gesundheitsfördernden Lebensstil bestimmt. Selbst wenn manche Menschen dazu prädestiniert scheinen, Fett zu verbrennen oder mit der Gabe der Schnelligkeit oder Kraft gesegnet sind, kann *jeder ein hohes Maß an Ausdauer und Energie erreichen, wenn er bewußt die Entscheidung trifft, die chemischen Vorgänge in seinem Körper darauf zu konditionieren.*

„Das Alter engt uns nicht ein, sondern befreit uns."

STU MITTLEMAN

Wie alle Gewohnheiten, die uns Spaß machen, *kann auch das Training zur Sucht werden, allerdings zu einer positiven.* Je mehr Sie sich derzeit bemüßigt fühlen, jeder sportlichen Betätigung aus dem Weg zu gehen, desto stärker werden Sie sich dazu hingezogen fühlen, wenn Sie erst entdeckt haben, wie angenehm ein richtig aufgebautes Konditionstraining ist. Forschungen haben gezeigt, daß sich diese positive Abhängigkeit schon nach einer fortlaufenden Trainingszeit von zwölf Monaten einstellt und ein Leben lang bestehen bleibt. Selbst wenn Sie eine Zeitlang vom rechten Pfad abweichen sollten, werden Sie immer wieder zu regelmäßigen sportlichen Übungen zurückkehren. Ihr Körper wird auf das Vergnügen versessen sein, sich gesund zu fühlen, und Sie drängen, Ihr naturgegebenes hochgradiges Potential bestmöglich auszuschöpfen. Warum? Sie haben Ihr autonomes Nervensystem trainiert und Ihren Stoffwechsel darauf konditioniert, bei dieser Erfahrung ein Höchstmaß an Wohlbefinden zu verspüren. Wir alle verdienen die physische Vitalität, die unsere Lebensqualität verwandeln kann. Ihre körperliche Befindlichkeit ist eng verknüpft mit Ihrer Entwicklung im mentalen, emotionalen, finanziellen und Beziehungssektor. Sie bestimmt sogar, ob überhaupt eine Weiterentwicklung stattfindet!

Der Jungbrunnen

Jugend und Vitalität haben in unserer Kultur zweifellos einen hohen Stellenwert. Denken Sie an die alten Männer und Frauen, die in dem Film *Cocoon* die Chance erhalten, ihr Leben noch einmal ganz von vorne zu beginnen. Viele Menschen jagen den Elixieren hinterher, mit denen sich ihre Jugend vermeintlich „verlängern" läßt, während sie den wahren Jungbrunnen bereits in sich tragen: das menschliche Wachstumshormon. Dieses regt das Gewebewachstum an, erhöht die Grundspannung der glatten Muskulatur, die Festigkeit des Muskelgewebes und die Flexibilität; es baut Muskelmasse auf, stimuliert das Wachstum von Knochen und Organen und trägt zum Erhalt des gesunden Körpergewebes bei. Von der Geburt an bis etwa zum dreißigsten Lebensjahr werden diese Wachstumshormone auf natürlichem Weg in die Blutbahn geschleust, und zwar rund eineinhalb Stunden, nachdem Sie zu Bett gegangen sind, und erneut vor dem Aufwachen am nächsten Morgen. Die hohen Wachtumshormonwerte sinken natürlich im Lauf der Jahre. Männer, die das sechzigste Lebensjahr erreicht haben, produzieren diese Substanz nur noch in geringer Menge oder nicht mehr. Es heißt, daß Frauen das Wachstumshormon bis ins hohe Alter ausschütten, und das sei einer der Gründe dafür, daß sie länger leben.

Die Produktion des menschlichen Wachstumshormons steigt auch nach anstrengender sportlicher Betätigung und/oder nach einer schweren Verletzung sprunghaft an. Dieses Hormon ist nämlich auch eine Heilsubstanz. Es wird inzwischen sogar synthetisch in Laboratorien erzeugt und kleinwüchsigen Kindern verordnet, um das Wachstum anzuregen. Wie lassen sich nun Ihre natürlichen Fähigkeiten, Wachstumshormone im Körper freizusetzen, verbessern? Die einzige Möglichkeit, die Produktion unverzüglich und anhaltend auszulösen, ist das *Maximalkrafttraining.* Das heißt, Wiederholung bestimmter Übungen mit hoher Belastungsintensität, die Sie nur 35 bis 45 Sekunden lang durchführen können, wie Gewichtheben. Bei Labortests in Miami wurden interessante Resultate erzielt: Menschen, die das sechzigste Lebensjahr überschritten und seit mindestens zehn bis fünfzehn Jahren keinen Muskeltonus hatten, können Gewichte heben und Muskelmasse wie 21jährige aufbauen, mit entsprechend hohem Energieniveau.

Was bedeutet das? Das heißt, daß Sie mit siebzig oder achtzig noch genauso stark sein können wie als Zwanzig- oder Dreißigjähriger. Sie sind nicht nur imstande, mit aerobem Training Ihre Ausdauer zu verbessern, sondern auch Ihre Körperkraft durch kurze anaerobe Übungen mit hoher Belastungsintensität zu steigern. Aber denken Sie auch an den anderen Faktor in Ihrer Gleichung: Führen Sie Ihrem Körper die Nährstoffe zu, die er braucht. Achten Sie darauf, daß Sie ihn nicht mit übermäßigem Konsum von Zucker, Fetten, Salzen und Fleisch vergiften. Das sind gute Neuigkeiten, denn die Menschen werden heute zunehmend älter als früher. Wenn Sie Ihren Körper schon jetzt im Griff haben, werden Sie der Gesellschaft nicht zur Last fallen, sondern ein starkes und vitales Mitglied der Gemeinschaft sein, das einen wertvollen Beitrag leistet und das Leben in vollen Zügen genießt.

Die heutige Aufgabe:

1. Überdenken Sie nochmals die Unterschiede zwischen Fitneß und Gesundheit. Das haben Sie bereits mindestens einmal getan.
2. Beschließen Sie, Ihre Gesundheit sofort zu verbessern. Ich hoffe, auch das haben Sie bereits getan.
3. Machen Sie sich klar, was Sie bisher erreicht haben. Betreiben Sie derzeit aerobe oder anaerobe Sportarten? Verbrennen Sie Fett oder Glykogen? Lassen Sie entweder einen Test machen, oder beantworten Sie folgende Fragen:
   — Fühlen Sie sich morgens nach dem Aufwachen müde?
   — Haben Sie nach dem Training einen Riesenhunger?
   — Leiden Sie nach dem Training an heftigen Stimmungsschwankungen?
   — Kämpfen Sie trotz fleißigen Übens noch immer mit den gleichen Fettpölsterchen?
   — Machen sich nach dem Training Muskelkater und Schmerzen bemerkbar?

   Falls Sie diese Fragen mit Ja beantwortet haben, betreiben Sie vermutlich eine anaerobe Sportart.
4. Kaufen Sie sich einen Pulsfrequenzmesser. Diese Investition wird sich als eine der besten erweisen, die Sie jemals getätigt haben.
5. Erarbeiten Sie einen Trainingsplan. Konditionieren Sie Ihren Stoffwechsel darauf, Fett zu verbrennen und ein konstantes Energieniveau zu schaffen, indem Sie zehn Tage lang aerobe Übungen nach den oben beschriebenen Richtlinien durchführen. Fangen Sie sofort damit an.
6. Wenn Sie Ihr Zehn-Tage-Programm inhaltlich erweitern wollen, sollten Sie das Kapitel „Energie — der Treibstoff für besondere Leistungen“ in meinem Buch *Grenzenlose Energie* lesen.
7. Beschließen Sie, das Konditionstraining zum festen Bestandteil Ihrer Identität zu machen. Nur wenn wir auf Dauer, ein Leben lang, bestrebt sind, uns sportlich zu betätigen, können wir die Früchte ernten, die uns das Leben zu bieten hat.

21

Das Schicksal partnerschaftlicher Beziehungen: Gemeinsamkeit und Zuwendung

Dritter Tag

Ihr Ergebnis: Sie werden die Qualität Ihrer Partnerschaft merklich verbessern und die emotionale Bindung an die Menschen vertiefen, die Ihnen besonders nahestehen, wenn Sie die sechs grundlegenden Merkmale einer erfolgreichen Beziehung überdenken.

Erfolg ist wertlos, wenn wir niemanden haben, mit dem wir uns darüber freuen können. Das größte Bedürfnis des Menschen ist der Wunsch, Kontakt zu anderen zu finden. In diesem Buch war immer wieder die Rede von der Auswirkung zwischenmenschlicher Beziehungen auf die Entwicklung unserer Charaktereigenschaften, Wertvorstellungen, Glaubensprinzipien und auf unsere Lebensqualität. Vor allem unsere heutige Übung soll Sie an die sechs Schlüsselmerkmale erinnern, die für jede Beziehung von großem Wert sind. Lassen Sie uns einen kurzen Blick darauf werfen, bevor ich Ihnen Ihre Aufgabe für heute gebe.

1. *Wenn Sie die Werte und Lebensregeln der Menschen nicht kennen, mit denen Sie eine persönliche Beziehung haben, dann müssen Sie sich auf unliebsame Überraschungen gefaßt machen.* Wir können jemanden noch so sehr lieben oder mögen, aber wenn wir ständig gegen die Regeln verstoßen, die der Partner aufgestellt hat, dann wird die Beziehung von Streß und Unstimmigkeiten überschattet sein. Jede Konfrontation mit einem anderen Menschen entzündet sich im Grunde an Lebensregeln, die miteinander unvereinbar sind, und wenn eine intime oder enge Beziehung vorliegt, ist eine solche Regelkollision geradezu unvermeidlich. Wenn man die Lebensregeln seines Partners oder anderer Personen kennt, kann man diese Probleme von vornherein abwenden.

2. Eine der größten Herausforderungen besteht darin, daß die meisten Menschen eine Partnerschaft eingehen, weil sie sich etwas Bestimmtes davon erhoffen: Sie suchen jemanden, der ihnen ein gutes Gefühl vermittelt. *Eine Beziehung ist aber nur dann von Dauer, wenn die Bereitschaft besteht, nicht nur zu nehmen, sondern auch zu geben.*

3. Wie vieles im Leben will auch eine Partnerschaft gepflegt sein; es gilt, bestimmte Dinge zu beachten — und Ausschau danach zu halten. Es gibt innerhalb Ihrer Beziehung Warnsignale, die Sie auf die Notwendigkeit aufmerksam machen, ein Problem unverzüglich anzugehen, bevor es Ihnen aus der Hand gleitet. In ihrem Buch *How to Make Love All the Time* beschreibt meine Freundin Dr. Barbara DeAngelis vier kritische Phasen, die tödlich für eine Partnerschaft sein können. Wenn wir sie erkennen, können wir sofort einschreiten und die Probleme beseitigen, bevor sie sich zu destruktiven Verhaltensmustern aufblähen und zu einer Bedrohung für die Beziehung selbst werden.

Erste Phase, innerer Widerstand: Die erste Problemphase in einer Beziehung ist erreicht, wenn sich bei einem der Partner der Drang bemerkbar macht, zu rebellieren. Jeder hat schon Zeiten erlebt, in denen irgendeine Äußerung oder Verhaltensweise des Partners zur Gegenwehr herausfordert. Diese Abwehrreaktion tritt dann auf, wenn man an bestimmten Worten oder Verhaltensweisen Anstoß nimmt, sich über den anderen ärgert oder sich ein wenig von ihm distanziert. Vielleicht erzählt Ihr Partner auf einer Party einen Witz, der Ihnen peinlich ist oder mißfällt. Das Problem besteht darin, daß die meisten Menschen dem anderen nicht mitteilen, was sie empfinden, so daß sich dieses Gefühl aufstaut.

Zweite Phase, Ressentiments: Wenn man diesen inneren Widerstand nicht in den Griff bekommt, werden daraus Ressentiments. Jetzt sind Sie regelrecht wütend auf Ihren Partner. Sie beginnen, sich von ihm zu distanzieren und eine emotionale Sperre zu errichten. Verstimmung zerstört das Gefühl der Nähe, und dieses destruktive Reaktionsmuster wiederholt sich mit zunehmender Geschwindigkeit, wenn es unbeachtet bleibt. Falls es nicht verändert oder angesprochen wird, dann tritt Phase drei in Kraft.

Dritte Phase, Ablehnung: Das ist der Punkt, an dem Sie bei Ihrem Partner geradezu nach Fehlern suchen, um ihn verbal oder nonverbal angreifen zu können. In dieser Phase empfinden Sie alles, was er oder sie tut, als unerfreulich oder ärgerlich. Hier findet nicht nur eine emotionale, sondern auch eine physische Entfremdung statt. Wenn Sie nichts gegen diese Ablehnung unternehmen, treten Sie, um den Schmerz zu lindern, in die vierte Phase ein.

Vierte Phase, Unterdrückung der Gefühle: Wenn Sie es satt haben, gegen die Wut anzugehen, die in der Phase der Ablehnung entsteht, mindern Sie den Schmerz, indem Sie emotional auf Leerlauf schalten. Sie meiden schmerzvolle Gefühle, aber auch Leidenschaft und freudige Erregung. Das ist die gefährlichste Phase einer Beziehung, weil an diesem Punkt aus Liebenden Zimmergenossen werden. Kein anderer merkt, daß dieses Paar Probleme hat, denn es gibt keine lautstarken Auseinandersetzungen — aber auch keine echte Beziehung mehr.

Wie lassen sich diese vier Phasen vermeiden? Die Antwort ist einfach:

Sorgen Sie von vornherein für eine klare, unmißverständliche Kommunikation. Achten Sie darauf, daß Ihr Partner Ihre Lebensregeln kennt und ihnen gerecht zu werden vermag. Damit sich Konflikte nicht unnötig aufblähen, sollten Sie das Transformatorische Vokabular benutzen. Sagen Sie nicht: „Ich kann es einfach nicht ausstehen, wenn du ...!", sondern: „Mir wäre es lieber, wenn du nicht ..., sondern statt dessen ..." Entwikkeln Sie Techniken, um bestimmte Verhaltensmuster abrupt zu unterbrechen. Damit vermeiden Sie Streitereien, an deren Ende Sie überhaupt nicht mehr wissen, um was es dabei eigentlich ging, außer, daß Sie um jeden Preis das letzte Wort haben müssen.

4. *Räumen Sie Ihrer Partnerschaft den höchsten Stellenwert in Ihrem Leben ein;* andernfalls wird sie hinter den anderen dringlichen Angelegenheiten zurückstehen. Es bleibt nicht aus, daß die emotionale Intensität und Leidenschaft allmählich schwindet. Wir sollten jedoch nicht zulassen, daß die Kraft unserer Beziehung nur deshalb verlorengeht, weil uns die Macht der Gewohnheit in ihrem Bann hält oder dazu verleitet, den Partner zu vernachlässigen, der früher freudige Erregung und Leidenschaft bei uns auszulösen vermochte.

5. Ein Verhaltensmuster, das für eine dauerhafte Beziehung von maßgeblicher Bedeutung ist, besteht darin, *jeden Tag daran zu arbeiten,* statt sich zu fragen, was passieren könnte, wenn sie zu Ende ginge. Wir sollten uns daran erinnern, daß wir genau das erleben, worauf wir uns konzentrieren. Wenn wir ständig in der Angst leben, daß die Beziehung auseinanderbricht, dann sabotieren wir sie unbewußt und ziehen uns zurück, bevor wir uns zu sehr engagieren und Gefahr laufen, wirklich zu leiden.

Aus diesem Prinzip folgt logischerweise, *daß Sie Ihre Beziehung selbst niemals — um keinen Preis — als Drohmittel benutzen sollten.* Mit anderen Worten: Sagen Sie nie: „Wenn du das tust, dann packe ich meine Koffer." Schon die Aussage allein schafft die Möglichkeit, die Ankündigung wahrzumachen. Außerdem weckt sie in beiden Ängste, die destabilisierend wirken. Jedes länger zusammenlebende Paar, mit dem ich mich unterhalten habe, hatte es sich zur Regel gemacht, nie in Frage zu stellen, ob die Beziehung halten würde, und nie zu drohen, den Partner zu verlassen. Erinnern Sie sich an die Metapher vom Schleuderkurs und der Wand? Sie sollten sich auch in einer Beziehung auf das konzentrieren, was Sie anstreben, und nicht auf das, was Sie fürchten.

6. *Assoziieren Sie sich jeden Tag aufs Neue damit, was Ihnen an Ihrem Partner oder Ihrer Partnerin gefällt. Bestärken Sie sich gegenseitig in dem Gefühl der Verbundenheit, und erneuern Sie das Gefühl der Nähe und gegenseitigen Anziehungskraft,* indem Sie sich immer wieder fragen: „Womit habe ich es verdient, daß es dich in meinem Leben gibt?" Assoziieren Sie sich voll mit dem Privileg, Ihr Leben mit diesem Menschen teilen zu dürfen. Spüren Sie die Freude mit jeder Faser, und verankern Sie dieses Gefühl in Ihrem autonomen Nervensystem. Begeben Sie sich auf die nie

endende Suche nach Möglichkeiten, einander zu überraschen. Wenn Sie das nicht tun, setzt der Gewöhnungsprozeß ein, und beide Partner nehmen einander als Selbstverständlichkeit hin. Suchen oder schaffen Sie also solche unvergeßlichen Augenblicke in Ihrem Leben. Sie tragen zur Entwicklung einer Beziehung bei, die Vorbildcharakter haben und in die Legende eingehen kann!

Die heutige Aufgabe:

1. Nehmen Sie sich heute Zeit, mit dem Menschen zu reden, der Ihnen soviel bedeutet; *finden Sie heraus, was Ihnen beiden in Ihrer Beziehung am wichtigsten ist. Welchen Werten messen Sie beide den höchsten Stellenwert bei,* und was muß passieren, damit Sie das Gefühl haben, daß Ihr Partner diesen Werten gerecht wird?
2. *Treffen Sie die Entscheidung, daß es Ihnen wichtiger ist, sich geliebt als im Recht zu fühlen.* Wenn Sie merken, daß Sie um jeden Preis das letzte Wort behalten wollen, unterbrechen Sie Ihr Verhaltensmuster rigoros und abrupt. Nehmen Sie die Diskussion zu einem späteren Zeitpunkt wieder auf, wenn Sie sich in einer besseren Gemütsverfassung befinden, um Ihre Konflikte zu bereinigen.
3. *Entwickeln und einigen Sie sich auf Abbruchtechniken, die Sie benutzen, wenn die Debatte hitzig wird.* Auf diese Weise können Sie ungeachtet der Intensität Ihrer Wutgefühle lächeln und der Aggression die Spitze nehmen. Um beiden den Ausstieg zu erleichtern, sollten Sie den Ablauf des Musters durch eine völlig bizarre oder humorvolle Verhaltensweise stoppen. Machen Sie diese Technik zu einem Witz, den nur Sie beide verstehen; er kann Ihnen als positive, konditionierte Emotion — als persönlicher Anker — dienen.
4. Wenn Sie Widerstand spüren, sprechen Sie Ihren Partner/Ihre Partnerin mit beschwichtigenden Worten darauf an: „Ich weiß, ich reagiere nur überempfindlich, aber wenn du das tust, machst du mich ein kleines bißchen nervös."
5. Planen Sie regelmäßige Abende zu zweit ein, vorzugsweise einmal pro Woche, mindestens aber zweimal im Monat. Überraschen Sie sich gegenseitig und denken Sie sich ein romantisches oder amüsantes Programm für diesen Abend aus.
6. Achten Sie darauf, daß sie sich jeden Tag mindestens 180 Sekunden lang nach allen Regeln der Kunst küssen!

Das sind die einzigen Übungen für heute. Nehmen Sie diese Aufgaben in Angriff; sie machen Spaß. Ich garantiere Ihnen, daß Sie unermeßliche Vorteile dadurch gewinnen.

22

Ihr finanzielles Schicksal: Kleine Schritte zu einem kleinen (oder großen) Vermögen

Vierter Tag

Ihr Ergebnis: Sie nehmen Ihre finanzielle Zukunft selbst in die Hand, indem Sie lernen, die fünf Elemente zu meistern, mit deren Hilfe Sie Ihren Wohlstand begründen.

Geld! Das ist eines der besonders emotionsbefrachteten Themen in unserem Leben. Die meisten Menschen wären bereit, wertvollere Dinge als Geld aufzugeben, um dem schnöden Mammon hinterherzujagen: Sie stellen Leistungsanforderungen an sich, die weit über ihre früheren Grenzen hinausgehen, lassen ihre Familien und Freunde im Stich oder ruinieren ihre Gesundheit. Geld ist in unserer Gesellschaft ein Quell der Freude und ein Ärgernis zugleich. Leider wird es allzu oft benutzt, um die Unterschiede in der Lebensqualität zu messen, um den Graben zwischen den Besitzenden und den Habenichtsen zu verbreitern.

Manche Leute versuchen, das Thema Geld dadurch in den Griff zu bekommen, daß sie vorgeben, es sei nebensächlich. Aber der finanzielle Druck ist etwas, mit dem wir jeden Tag konfrontiert werden. Insbesondere für ältere Menschen bedeutet der Mangel an finanziellen Mitteln, daß ihnen der Zugang zu wichtigen Ressourcen versperrt ist. Für manche Menschen ist Geld ein Mysterium, für andere ein Gedanke, der Wünsche, Stolz, Neid und sogar Verachtung hervorruft. Was ist Geld wirklich? Ein Vehikel, um sich Träume zu erfüllen, oder die Wurzel allen Übels? Ein nützliches Werkzeug oder eine furchtbare Waffe? Eine Quelle der Freiheit, Macht und Sicherheit? Oder nur ein Mittel zum Zweck?

Geld ist nicht mehr als ein Tauschmittel. Es vereinfacht den gesellschaftlichen Prozeß, Werte zu produzieren, zu übertragen und zu verteilen. Es gibt uns die Freiheit, unseren besonderen Aufgaben nachzugehen, ohne uns allzu viele Gedanken darüber machen zu müssen, ob andere unsere Arbeit eines Tauschgeschäfts für wert befinden.

Wir haben gelernt, einige unserer lähmendsten Emotionen mit dem Mangel an diesem Gut zu assoziieren: Nervosität, Frustration, Angst,

Unsicherheit, Besorgnis, Wut, Erniedrigung und das Gefühl der Machtlosigkeit, um nur einige wenige zu nennen. Wir haben am Beispiel Osteuropas gesehen, daß politische Systeme wie ein Kartenhaus einstürzen können, wenn sich durch finanzielle Entbehrungen Druck aufbaut. Kennen Sie ein Land, ein Unternehmen oder einen Menschen, dessen Leben vom finanziellen Streß unberührt geblieben wäre?

Viele Menschen glauben jedoch, sämtliche Probleme in ihrem Leben würden sich in Wohlgefallen auflösen, wenn sie nur genug Geld hätten. Nichts könnte der Wahrheit ferner sein. Wer mehr Geld verdient, genießt nicht schon allein dadurch mehr Freiheit. Es wäre aber gleichermaßen lächerlich, sich einzureden, daß größere finanzielle Freiheit und der meisterhafte Umgang mit den eigenen Finanzen Ihnen nicht mehr Möglichkeiten bieten würden, sich weiterzuentwickeln, anderen zu helfen und bleibende Werte für sich selbst und andere zu schaffen.

Weshalb scheitern dann so viele Menschen an dem Vorhaben, ein gewisses Maß an Wohlstand in einer Gesellschaft zu erreichen, die unternehmerische Chancen in Hülle und Fülle bietet? Wir leben in einem Land, in dem Menschen etliche Millionen mit einer unscheinbaren Idee verdienen können, beispielsweise mit dem Bau von Computern, die anfangs an der Werkbank in einer Garage zusammengebastelt wurden! Überall in unserer Gesellschaft findet man Menschen, die unglaubliche Möglichkeiten genutzt haben und die sich darauf verstehen, Wohlstand zu schaffen und zu erhalten. Was hindert uns daran, unser finanzielles Glück beim Schopf zu packen? Wie kann es beispielsweise angehen, daß in einem kapitalistischen Land wie Amerika, in dem die Gründerväter für das Recht auf ein menschenwürdiges Dasein, für Freiheit und Glück ihr Leben opferten und in dem ökonomische Reformen eine entscheidende Antriebskraft für die Unabhängigkeit vom Mutterland darstellten — daß sich in einem solchen Land 95 Prozent der Bevölkerung bei Erreichen des 65. Lebensjahrs, nach lebenslanger Arbeit, nicht ohne finanzielle Hilfe des Staates oder der Familie über Wasser zu halten vermag?

Während ich den Schlüsselelementen des dauerhaften finanziellen Erfolgs auf der Spur war, wurde mir klar: Wohlstand zu schaffen ist keine große Kunst. Und doch sind die meisten Menschen an diesem Ziel gescheitert, und zwar deshalb, weil ihr finanzielles Fundament Löcher aufweist. Diese können sich in Form von internen Wertkonflikten und einander widersprechenden Glaubensmustern äußern oder auch als Fehlplanungen, die den finanziellen Mißerfolg vorprogrammieren. Ich kann Ihnen nicht alle Instrumente an die Hand geben, die Sie brauchen, um Ihre Finanzen in den Griff zu bekommen; das würde den Rahmen dieses Kapitels sprengen. Aber ich werde Sie mit einigen ebenso einfachen wie grundlegenden Techniken vertraut machen, die Sie anwenden können, *um diesen kritischen Bereich unverzüglich besser zu steuern.*

Führen wir uns noch einmal die Macht unseres Glaubens vor Augen, der alle unsere Verhaltensweisen nachhaltig beeinflußt. Die meisten Menschen kommen finanziell auf keinen grünen Zweig, weil sie keine klaren Vorstellungen davon haben, was erforderlich ist, um mehr Geld zu verdienen, und was es bedeutet, nicht „von der Hand in den Mund zu leben". Wie in Kapitel 5 beschrieben, weiß Ihr Gehirn, was zu tun ist, wenn es klar assoziieren kann, welche Situationen zu meiden und welche erstrebenswert sind. Wenn es um Geld geht, senden wir ihm oftmals zweideutige Signale — und deshalb erhalten wir auch keine eindeutigen Ergebnisse. Wir reden uns einerseits ein, daß Geld uns frei macht, uns die Möglichkeit gibt, für die Menschen zu sorgen, die uns nahestehen, uns eine Gelegenheit bietet, alles zu verwirklichen, wovon wir schon immer geträumt haben. Andrerseits glauben wir vielleicht, daß wir uns noch mehr als bisher ins Zeug legen müssen, um einen gewissen Wohlstand zu schaffen, daß wir zuviel Zeit unseres Lebens dafür aufwenden müßten, um ihn zu mehren, und dann vermutlich zu alt und zu ausgebrannt wären, um ihn zu genießen. Oder wir gelangen zu der Auffassung, daß unsere geistigen Fähigkeiten dann verkümmern, daß andere uns anhand unseres Geldes beurteilen oder daß ohnehin jemand versuchen wird, es uns aus der Tasche zu ziehen — also wozu überhaupt erst den Versuch wagen?

Diese negativen Assoziationen sind nicht auf uns selbst beschränkt. Manche Menschen hegen einen heimlichen Groll gegen jeden, der es finanziell zu etwas gebracht hat. Wenn Sie feststellen, daß Sie jemandem seinen Wohlstand verübeln, welche Botschaft übermitteln Sie dann Ihrem Gehirn? „Es ist verwerflich, Geld im Überfluß zu besitzen." Wenn Sie derartige Gefühle bei sich entdecken, dann konditionieren Sie Ihr Gehirn unbewußt darauf, Wohlstand mit „Mangel an Moral" gleichzusetzen. Wenn Sie anderen den Erfolg neiden, konditionieren Sie sich darauf, eben jenes finanzielle Polster zu meiden, das Sie gut gebrauchen könnten und sich eigentlich wünschen.

Der zweithäufigste Grund dafür, daß viele Menschen Ihre Finanzen nie in den Griff bekommen, liegt darin, daß sie dieses *Problem als zu komplex* erachten. Sie ziehen es vor, einen „Experten" zu engagieren. Es ist zwar empfehlenswert, sich von einem Fachmann beraten zu lassen, aber wir müssen uns angewöhnen, die Konsequenzen unserer Entscheidungen eigenständig zu erwägen. Wenn man sich ausschließlich auf andere verläßt, hat man immer einen Grund, ihnen die Schuld für Mißgriffe in die Schuhe zu schieben. Wenn Sie bereit sind, die Verantwortung für Ihre Finanzen selbst zu übernehmen, werden Sie auch auf diesem Gebiet selbst über Ihr Schicksal bestimmen.

Alle Konzepte in diesem Buch basieren auf der Idee, daß wir über die Kraft verfügen, uns Einblick in die Funktionsweise unseres Geistes, unseres Körpers und unserer Emotionen zu verschaffen. Infolgedessen sind wir befähigt, unser Schicksal in hohem Maß zu beeinflussen. Der Finanzsektor stellt in dieser Hinsicht keine Ausnahme dar. Wir müssen ihn verstehen lernen und dürfen unseren Handlungsspielraum nicht durch den Glauben einengen, dieses Fachgebiet sei zu vielschichtig, um es zu durchschauen. Sobald man die Prinzipien begriffen hat, ist es ziemlich einfach, es im Umgang mit Geld zu wahrer Meisterschaft zu bringen. Die erste Aufgabe, die ich Ihnen stellen würde, wenn Sie Ihre finanzielle Situation in den Griff bekommen wollen, ist die Anwendung der NAC-Technik (Neuroassoziative Konditionierung), um sich auf den finanziellen Erfolg zu konditionieren. Assoziieren Sie sich voll und eindeutig mit all jenen Dingen, die Sie für Ihre Familie tun könnten, und mit dem Seelenfrieden, den Sie empfinden würden, wenn Sie reich wären.

Der dritte Grund, der viele davon abhält, finanzielle Erfolge zu verbuchen, und der ungeheuren Streß auslöst, ist das *Konzept des Mangels.* Die meisten Menschen glauben in einer Welt zu leben, in der alle Ressourcen begrenzt sind: In ihren Augen gibt es nur eine bestimmte Menge Land, Öl, Wohnungen von guter Qualität, Chancen und Zeit. Bei dieser Lebensphilosophie können Sie nur auf Kosten anderer gewinnen. Es ist ein Nullsummenspiel. Wenn Sie dies glauben, müssen Sie, um finanziell erfolgreich zu sein, dem Beispiel der industriellen „Raubritter" des Frühkapitalismus im 19. Jahrhundert folgen, die den Markt für bestimmte Produkte zu Spekulationszwecken in ihre Hand brachten und dann 95 Prozent der Gewinne in die Tasche steckten, während sich alle anderen die restlichen 5 Prozent teilen mußten.

Die Wahrheit ist jedoch, daß ein Monopol auf knappe Vorräte heute keinen dauerhaften Wohlstand mehr gewährleisten kann. Zu meinen guten Freunden zählt auch der Wirtschaftswissenschaftler Paul Pilzer, der vor kurzem ein Buch geschrieben hat, das ich nur wärmstens empfehlen kann. Schon der Buchtitel spiegelt Pilzers Grundüberzeugung wider, daß wir in einer ressourcenreichen Welt leben; er lautet: *Unlimited Wealth* (Unbegrenzter Wohlstand). Paul Pilzer weist darauf hin, daß wir in einer beispiellosen Epoche der menschlichen Geschichte leben, denn heute entscheidet nicht mehr wie früher die Verfügbarkeit knapper Güter vorrangig über den Wohlstand eines Unternehmens oder Volkes. *Heute bestimmt vielmehr die Technologie über den Wert einer Ressource und über die Größenordnung des tatsächlich vorhandenen Vorrats.*

In einem Gespräch nannte mir Paul ein anschauliches Beispiel dafür, daß allein die Technologie über Wert und Verfügbarkeit von Ressourcen entscheidet und somit Preis und Wert aller Erzeugnisse oder Dienstleistungen festlegt: In den siebziger Jahren war sich jeder sicher, daß uns das Öl bald ausgehen würde. 1973 standen die Leute stundenlang Schlange an den Zapfsäulen der Tankstellen, und nach eingehender Analyse sagten die besten Experten ihres Fachs voraus, daß weltweit nicht mehr als annähernd 700 Milliarden Barrel Rohöl übrigblieben, die bei gleichbleibendem Verbrauch noch genau 35 bis 40 Jahre lang reichen könnten. Paul sagte, wenn diese Fachleute recht behalten hätten, dann wären diese Ölreserven vor unseren Augen bis 1988 auf 500 Milliarden Barrel zusammengeschmolzen. Doch 1987 standen uns fast 30 Prozent mehr Öl als fünfzehn Jahre zuvor zur Verfügung! Denn 1988 wurden die Vorräte auf 900 Milliarden Barrel geschätzt, wobei man nur die ausgewiesenen Mengen berücksichtigte. Nicht mitgerechnet waren die rund 2 Billionen Barrel, die wir nach Meinung der Forscher infolge neuer Bohr- und Ölgewinnungstechniken heute zusätzlich anzapfen könnten.

Dafür zeichneten zwei Faktoren verantwortlich: Zum einen sind wir dank technologischer Fortschritte besser befähigt, neue Ölquellen aufzuspüren, und zum anderen hat die Technologie nachhaltig unsere Fähigkeit beeinflußt, das Öl effizienter zu nutzen. Wer hätte 1973 gedacht, daß jemand auf die Idee kommen würde, Motoren mit computergesteuerter Kraftstoffeinspritzung zu konstruieren, die in buchstäblich jedem Auto in den USA eingebaut sind und eine doppelt so wirtschaftliche Treibstoffnutzung gewährleisten? Dieser Computer-Chip kostete 25 Dollar und ersetzte einen Vergaser im Wert von 300 Dollar!

Als die Technologie entwickelt war, konnte man die Treibstoffvorräte doppelt so rationell nutzen und damit über Nacht den Ölengpaß überwinden. Tatsache ist, daß der Benzinpreis pro Kilometer — inflationsbereinigt und auf der Entfernung basierend, die man inzwischen mit den benzinsparenden PKWs zurücklegen kann — in den USA heute niedriger liegt als je zuvor in der Geschichte des Automobils. Darüber hinaus leben wir in einer Welt, in der Unternehmen und Privatpersonen inzwischen schwerwiegende wirtschaftliche Nachteile in Kauf nehmen müssen, wenn sie Energie verschwenden, und deshalb verstärkt nach alternativen Ressourcen Ausschau halten, um die angestrebten Ergebnisse zu erzielen. Wissenschaftler aus allen Ländern der Welt erkunden die Möglichkeit, andere Energiequellen als Öl zu nutzen.

Paul erklärte, was den Gebrüdern Hunt in Texas widerfahren sei, stelle ein anschauliches Beispiel für die überholte und heutzutage recht unwirksame Strategie dar, bestimmte Güter am Markt zu Spekulationszwecken aufzukaufen. Als die Hunts versuchten, den Silbermarkt unter ihre alleinige Kontrolle zu bringen, gingen sie bankrott. Ein Hauptgrund für diese Insolvenz war Kodak, der größte Silber-Abnehmer der Welt, der das Edelmetall im Rahmen des Fotoentwicklungsprozesses verwendete. Motiviert durch die Härten spürbar erhöhter Preise, fand Kodak alternative Möglichkeiten, Fotos zu entwickeln, und infolgedessen verringerte sich die Nachfrage nach Silber. Sofort gingen auch die Silberpreise in den Keller, und die Hunts wurden vom Markt gefegt.

Dieser Fehler ist selbst bei den einflußreichsten Persönlichkeiten unserer Gesellschaft weit verbreitet, die sich noch immer an die alte Faustregel über den Erwerb von Wohlstand halten. Wir sollten jedoch erkennen, daß der Wert aller Dinge allein von der verfügbaren Technologie abhängig ist. Die Technologie kann aus einem Abfallprodukt einen unschätzbar wertvollen Rohstoff machen. Schließlich gab es auch in Amerika einmal eine Zeit, in der Öl auf dem eigenen Land als Fluch galt, bis die Technologie kam und es in flüssiges Gold verwandelte.

Wahrer Wohlstand, sagt Paul, läßt sich auf die Fähigkeit zurückführen, das zu praktizieren, was er als „ökonomische Alchimie" bezeichnet. *Damit ist die Fähigkeit gemeint, ein minderwertiges Produkt zu einem hochwertigen zu veredeln.* Im Mittelalter versuchten die Alchimisten, aus Blei Gold herzustellen. Sie scheiterten. Aber mit ihren Experimenten legten sie den Grundstein für die Wissenschaft der Chemie. Diejenigen, die es heute zu Wohlstand gebracht haben, sind die wahren Alchimisten unserer Zeit. Sie haben gelernt, etwas Unscheinbares in etwas Kostbares zu verwandeln, und die wirtschaftlichen Lorbeeren geerntet, die mit diesem Transformationsprozeß einhergehen. Denken Sie einmal darüber nach: Läßt sich die atemberaubende Verarbeitungsgeschwindigkeit eines Computers nicht letztlich auf „Schmutz" zurückführen? Silikon wird schließlich aus Sand gewonnen. Diejenigen, die Ideen in Produkte und Dienstleistungen umgesetzt haben, praktizieren sicher eine Form der Alchimie. *Wohlstand beginnt immer in unserem Kopf!*

Die moderne Alchimie hat sich als Quelle des finanziellen Erfolgs für die besonders Reichen unserer Zeit und Welt entpuppt, gleich ob es sich dabei um Bill Gates (Microsoft), Ross Perot (EDS-Software und Computer), Sam Walton (Kaufhauskönig) oder Steven Jobs (Gründer von Apple-Computer) handelt. Diese Männer haben Möglichkeiten entdeckt, einen Rohstoff von verborgenem Wert — Ideen, Informationen, Systeme — auf eine Weise umzuwandeln und zu organisieren, die vielen nutzt. Mit Hilfe dieser Zusatzleistungen im Wertschöpfungsprozeß konnten sie ihre legendären Wirtschaftsimperien aufbauen.

Fassen wir die fünf grundlegenden Lektionen zusammen, die zeigen, wie man dauerhaften Wohlstand schafft. Danach werden Sie damit beginnen, Ihr finanzielles Schicksal selbst in die Hand zu nehmen.

Der erste Schlüsselfaktor ist die Fähigkeit, ein höheres Einkommen als jemals zuvor zu erzielen, also Wohlstand zu schaffen. Eine einfache Frage: Könnten Sie im gleichen Zeitraum doppelt soviel Geld wie heute verdienen? Die dreifache Summe? Die zehnfache? Sogar die tausendfache, in derselben Zeit? Ohne Frage — wenn Sie einen Weg finden, tausendmal mehr wert für Ihr Unternehmen oder Ihre Mitmenschen zu sein.

Der Schlüssel zum Wohlstand liegt darin, den eigenen Wert zu erhöhen. Wenn Sie über mehr Fähigkeiten, Intelligenz, Spezialwissen oder Kenntnisse verfügen, mit denen nur wenige aufwarten können; oder wenn Sie kreativ denken und einen Beitrag leisten, der spürbare Fortschritte zur Folge hat, dann sind Sie imstande, mehr zu verdienen, als Sie es sich je erträumt haben. Der wichtigste und wirkungsvollste Weg, Ihr Einkommen zu erhöhen, ist die *Entwicklung einer Produkt- oder Dienstleistungsidee, mit deren Hilfe sich die Lebensqualität konsequent und auf*

Dauer verbessern läßt. Warum verdient ein Arzt beispielsweise mehr als ein Türsteher? Die Antwort liegt auf der Hand: Der Arzt trägt in stärkerem Maß zur Wertschöpfung bei. Er hat mehr Zeit für seine berufliche Ausbildung aufgewendet, so daß seine Fähigkeit, einen meßbaren Zusatznutzen für die Menschen zu schaffen, höher bewertet wird. Jeder kann eine Tür öffnen. Ein Arzt öffnet die Türen des Lebens.

Warum werden erfolgreiche Unternehmer in unserer Gesellschaft so reich belohnt? Weil sie eine höhere Wertschöpfung erzielen als jeder andere. Unternehmer schaffen ganz offenkundig einen Zusatznutzen für ihre Kunden, deren Lebensqualität sich durch den Gebrauch der Produkte erhöht. Dieser Punkt ist wichtig für jede Firma, die zu gedeihen hofft. Viele Unternehmen vergessen, daß ihr Ziel nicht nur darin besteht, Gewinne zu erwirtschaften. Gewinne sind zwar ein absolutes Muß, um die Existenzgrundlage und den Erfolg eines Unternehmens zu sichern, aber nicht der eigentliche Daseinszweck. *Das wahre Ziel eines Unternehmens besteht darin, Produkte und Serviceleistungen anzubieten, mit denen sich die Lebensqualität aller Kunden erhöhen läßt.* Wenn dies systematisch erreicht wird, dann ist auch der Gewinn absolut gesichert. Ein Unternehmen kann kurzfristig Gewinne einfahren und trotzdem außerstande sein, auf lange Sicht im Wettbewerb zu bestehen, wenn es versäumt, ständig zu erhöhter Wertschöpfung beizutragen. Das gilt nicht nur für Unternehmen, sondern auch für Einzelpersonen.

Zweitens schaffen Unternehmer nicht nur Produkte, sondern auch Arbeitsplätze. Diese Arbeitsplätze ermöglichen es den Erwerbstätigen, ihren Kindern eine gute Ausbildung zukommen zu lassen, die dann Ärzte, Anwälte, Lehrer oder Sozialarbeiter werden können und der Gesellschaft insgesamt von Nutzen sind. Außerdem pumpen diese Familien das verdiente Geld in den Wirtschaftskreislauf zurück, indem sie es für den Kauf von Produkten anderer Anbieter ausgeben. Die Wertschöpfungskette ist also endlos. Als Ross Perot nach dem Geheimnis seines Reichtums gefragt wurde, antwortete er: „Was ich für dieses Land tun kann, ist, Arbeitsplätze zu schaffen. Darauf verstehe ich mich, und Gott allein weiß, wie gut wir sie gebrauchen können."

Man muß kein Unternehmer sein, um die Wertschöpfung zu erhöhen. Es gilt jedoch, jeden Tag seine Kenntnisse, Talente und Fähigkeiten zu erweitern. Deshalb ist es so wichtig, aus eigenem Antrieb dazuzulernen. Ich habe aus einem einzigen Grund schon in sehr jungen Jahren eine Menge Geld verdient: Ich verfügte über Fähigkeiten und Kompetenzen, mit deren Hilfe sich die Lebensqualität fast aller Menschen sofort verbessern ließ. Dann fand ich eine Möglichkeit, diese Informationen und Fähigkeiten innerhalb kürzester Zeit an eine große Anzahl von Menschen weiterzuvermitteln. Infolgedessen habe ich nicht nur auf emotionalem, sondern auch auf finanziellem Gebiet Erfolge erzielt.

Wenn Sie mehr Geld in Ihrem derzeitigen Beruf verdienen möchten, dann sollten Sie sich die Frage stellen: „Was muß ich tun, um meinen Wert für die Firma zu erhöhen? Wie kann ich dazu beitragen, daß sie innerhalb kürzerer Zeit bessere Ergebnisse erzielt? Wie kann ich ihr einen Zusatznutzen verschaffen? Gibt es Möglichkeiten, die Kosten zu senken und die Qualität der Produkte oder Dienstleistungen zu verbessern? Welches neue System könnte ich entwickeln? Welche neue Technologie könnte ich einsetzen, die der Firma gestattet, ihre Waren und Dienstleistungen wirtschaftlicher zu produzieren?“ Wenn wir anderen helfen, aus weniger mehr zu machen, dann profitieren nicht nur sie, sondern auch wir selbst in wirtschaftlicher Hinsicht davon, solange wir entscheiden, unsere Fähigkeiten weiterzuentwickeln und zu nutzen.

In unseren Financial Destiny-Seminaren tragen die Teilnehmer spontan Ideen zusammen, wie sie einen zusätzlichen Nutzen schaffen und damit ihr Einkommen erhöhen könnten. Sie denken intensiv darüber nach, ob sie nicht über irgendwelche Ressourcen verfügen, die sie bis dato noch nicht ausgeschöpft haben. Stellen auch Sie sich die Schlüsselfrage: Wie kann ich dazu beitragen, andere zu Veränderungen zu bewegen, ihr Leben zu bereichern? Wie erhöhe ich die Qualität eines Produkts oder einer Dienstleistung? Viele würden darauf antworten: „Wie soll ich das denn noch schaffen? Ich arbeite doch so schon sechzehn Stunden am Tag!“ Doch ich habe Ihnen ja gar nicht nahegelegt, noch länger zu arbeiten. Ich möchte Sie nur fragen, welche neuen Ressourcen Sie anzapfen könnten, um anderen Menschen einen zusätzlichen Nutzen zu bieten.

Ihre finanzielle Sicherheit ist bereits auf dem Weg zu Ihnen. Sie werden sie umgehend zu spüren bekommen.

Ich erinnere mich beispielsweise an einen Masseur aus San Diego, der zu den erfolgreichsten im Umkreis gehörte. Er überlegte, wie sich sein Einkommen trotz des randvollen Terminkalenders erhöhen ließe. Er hätte nicht einen Kunden mehr behandeln können, und er verlangte bereits die Höchstsätze in seinem Metier. Als er sein Gehirn nach neuen Ideen durchforstete und sich dabei auf die Ressourcen konzentrierte, auf die er zurückgreifen konnte, um anderen und sich selbst zu helfen, hatte er einen Geistesblitz. Wenn es ihm gelänge, sich mit einer Praxis für physikalische Therapie zusammenzutun und Kunden, die dieser Form ärztlicher Hilfe bedurften, an diese weiterzureichen, könnte er ein Überweisungshonorar einstreichen. Sein Einkommen ist inzwischen fast doppelt so hoch, obwohl sich die Zahl der Arbeitsstunden pro Tag nicht geändert hat. Er hatte lediglich einen Weg gefunden, seinen Ärzten und seinen Kunden einen zusätzlichen Nutzen zu verschaffen. Da er diese Ärzte gut kannte und sie mit seinen Massagetechniken vertraut waren, konnten die therapeutischen Maßnahmen optimal aufeinander abgestimmt werden, und von diesem Prozeß profitierte er auch finanziell.

Eine der erfolgreichsten Kontakterinnen in Phoenix arbeitet bei einem lokalen Rundfunksender. Ihre Marketingstrategie besteht nicht nur darin, Radio-Werbezeit zu verkaufen, sondern auch ständig nach Verdienstmöglichkeiten für die Unternehmen vor Ort Ausschau zu halten. Wenn sie beispielsweise hört, daß in Kürze irgendwo ein neues Einkaufszentrum gebaut werden soll, setzt sie sich mit den Firmenchefs in Verbindung, die daran interessiert sein könnten, die Chance zu nutzen und dort einen Laden zu eröffnen. Dann führt sie Gespräche mit den Bauträgern, denen sie sich als Repräsentantin des Rundfunksenders vorstellt, die in ständigem Kontakt mit der Wirtschaft vor Ort steht. Hätte der Bauherr vielleicht Interesse an einer Liste jener Firmen, die führend auf ihrem jeweiligen Gebiet sind?

Diese Strategie zeitigt mehrere Ergebnisse. Sie schafft einen Zusatznutzen über die Sendezeit hinaus, die Firmen im Rahmen der Verkaufsförderung kaufen. Diese Frau bietet den ortsansässigen Unternehmen wesentlich mehr als alle anderen Werbeträger, so daß die meisten einen größeren Teil, wenn nicht sogar ihre gesamten Werbeaktionen über ihren Sender abwickeln. Damit ist ein Wertaustausch gesichert, der Zug um Zug abläuft. Hier handelt es sich nicht um eine besonders zeitaufwendige Aktivität, aber in den Augen ihrer Kunden ist diese Frau wertvoller als andere Rundfunk-Kontakterinnen, und das spiegelt sich auch in ihrem Einkommen wider.

Selbst wenn Sie in einem Mammutunternehmen tätig sind, können Sie dazu beitragen, eine höhere Wertschöpfung zu erzielen. Ich erinnere mich an eine Frau, die als Sachbearbeiterin in einem Krankenhaus mit der Abwicklung von Versicherungsansprüchen befaßt war. Sie sah, wie langsam diese Arbeit vonstatten ging, und da sie wußte, daß diese

Dienstleistung eine der wirtschaftlichen Grundlagen der Klinik sicherte, entdeckte sie eine Möglichkeit, im gleichen Zeitraum vier- bis fünfmal soviel Berichte an die Versicherungen zu schreiben. Sie eröffnete ihren Vorgesetzten, sie könne die Arbeit von fünf Leuten übernehmen, und bat um eine Gehaltserhöhung von 50 Prozent. Diese erklärten sich einverstanden, wenn sie über einen bestimmten Zeitraum beständig die angestrebten Resultate erzielte. Seither hat sie nicht nur ihre Arbeitsleistung und ihr Einkommen verbessert, sondern auch den Stolz auf ihre Tätigkeit wiederentdeckt.

Wenn Sie ein höheres Gehalt anpeilen, sollten Sie sich daran erinnern, daß es nicht ausreicht, die Qualität Ihrer Arbeit um 50 Prozent zu erhöhen und dafür eine Einkommensaufbesserung von 50 Prozent zu erwarten. Ein Unternehmen muß Gewinne erwirtschaften. Sie sollten sich daher fragen: „Wie kann ich den Wert meiner Tätigkeit um das zehn- bis fünfzehnfache steigern?" Wenn Sie hier ein praktikables Konzept finden, wird es Ihnen nicht schwerfallen, Ihr Einkommen wesentlich zu steigern.

Die Distributionswelle der Zukunft

Eine der wichtigsten Möglichkeiten, die Wertschöpfung in den neunziger Jahren und darüber hinaus zu erhöhen, erwächst aus der Erkenntnis, daß in *unserer heutigen Gesellschaft der Wohlstand durch Distribution geschaffen wird.* Waren und Dienstleistungen unterliegen einem steten Wandel, aber diejenigen, die Wege finden, wirklich Wertvolles einer großen Anzahl von Kunden zukommen zu lassen, werden immer ihr Schäfchen ins Trockene bringen. Das ist auch das Geheimnis eines der reichsten Männer Amerikas, Sam Walton. Er verdiente ein Vermögen mit der Entwicklung seines Distributionssystems. Ross Perot gelang das gleiche mit der Informationsspeicherung bei der EDS-Company. Wenn Sie eine Idee haben, wie Sie ein Erzeugnis, das bereits einen großen Wert hat, einer breiten Käuferschicht zugänglich machen oder zu einem niedrigeren Preis als die Konkurrenz weiterleiten können, sind Sie auf eine wichtige Möglichkeit der Wertschöpfung gestoßen. Denn Wertschöpfung beschränkt sich nicht darauf, ein Produkt herzustellen, sondern bedeutet vielmehr, Lösungen zu finden, die einer größeren Anzahl von Menschen eine höhere Lebensqualität garantieren.

Wenn wir eingehend darüber nachdenken, wissen wir, warum viele Menschen auf keinen grünen Zweig kommen: Sie haben einengende Glaubensprinzipien. Und wichtiger noch, die meisten stehen grundsätzlich auf dem Standpunkt, sie sollten etwas ohne Gegenleistung erhalten. Sie erwarten beispielsweise, daß ihr Einkommen Jahr für Jahr automatisch wächst, gleichgültig, ob sie mehr für ihre Firma leisten oder nicht.

Gehaltserhöhungen sollten an eine Wertsteigerung gekoppelt werden, und wir können unseren Wert erhöhen, wenn wir unser Wissen und unsere Fähigkeiten erweitern. Jedes Unternehmen, das seinen Mitarbeitern automatisch mehr zahlt, ohne ihre persönlichen Leistungen zu berücksichtigen, wird feststellen müssen, daß es wirtschaftlich in Schwierigkeiten oder am Ende ist. Wenn Sie um eine Gehaltserhöhung bitten, sollten Sie mit einer Möglichkeit aufwarten können, Ihrer Firma das Zehnfache des Werts zu verschaffen, den Sie im Gegenzug fordern.

Auch die Unternehmen müssen erkennen, daß die Investition in technische Ausrüstungen nur eine begrenzte Kapitalrendite abwirft. Wie auch Paul Pilzer sagt, ist das eigentliche Kapital die menschliche Arbeitskraft. Wenn jemand 50.000 Dollar im Jahr verdient und einen Wert von 500.000 Dollar schaffen kann, dann sollte man diesen Mitarbeiter motivieren, sein Wissen, seine Fähigkeiten und Fertigkeiten, seine Einstellung zur Arbeit und sein Ausbildungsniveau so zu verbessern, daß er oder sie eine Wertsteigerung in Höhe von 1 Million Dollar erzielen kann. Eine 50.000-Dollar-Investition mit einer Rendite von 1 Million Dollar ist ein sehr wertvoller Aktivposten. Ein Unternehmen kann sein Geld gar nicht besser anlegen, als wenn es in die berufliche Aus- und Weiterbildung seiner Belegschaft investiert.

„Wohlstand ist das Produkt der menschlichen Denkfähigkeit."

AYN RAND

Seit Jahren habe ich es mir zur Aufgabe gemacht, die Lebensqualität der Menschen zu verbessern, indem ich ihnen wertvolle Konzepte liefere, die sich wirklich in die Praxis umsetzen lassen. Ich gelangte zu Wohlstand, als ich die Techniken der Verhaltensveränderung schuf und einen wirksamen Weg fand, sie anderen zu übermitteln. Mein Einkommen stieg jedoch explosionsartig an, als ich mich fragte: „Wie kann ich noch mehr Menschen erreichen? Wie kann ich sie auch dann ansprechen, wenn ich schlafe?" Infolge dieser beflügelnden Fragen kam ich auf eine Idee, die ich vorher nie in Betracht gezogen hatte: die Distribution meiner Audiokassetten mittels Direktmarketing im Fernsehen.

Sie haben nun etliche Beispiele kennengelernt, die zeigen, wie man ein Vermögen mit erhöhter Wertschöpfung schafft. Die Formel ist einfach und garantiert erfolgreich. Fragen Sie sich: *„Wie kann ich eine Wertsteigerung in jedem Umfeld erzielen, in dem ich lebe oder arbeite?"* Fragen Sie sich, wenn es um Ihr Berufsleben geht: „Wie habe ich meiner Firma in den letzten zwölf Monaten geholfen, Gewinne zu erzielen oder Geld einzusparen?" *Wenn Sie einen echten Beitrag leisten, bereichern Sie Ihr Leben; deshalb schränken Sie Ihre Möglichkeiten nicht dadurch ein, daß Sie nur Ihrer persönlichen Vorteile wegen eine Wertsteigerung anstreben.* Wie können Sie in Ihrer Familie, Ihrer Kirche, Ihrer Schule oder Ihrer Gemeinde mehr Wert schaffen? Wenn Sie einen Weg finden, einen mindestens zehnmal höheren Wert zu schaffen als den, nach dem Sie suchen, werden Sie stets ein Gefühl der Erfüllung empfinden. Stellen Sie sich einmal vor, wie das Leben sein könnte, wenn jeder Mensch Ihrem Beispiel folgen würde!

Der zweite Schlüssel zum finanziellen Erfolg besteht darin, Ihren Wohlstand zu bewahren. Wenn es Ihnen mit Hilfe einer wirksamen Strategie gelungen ist, Vermögen zu bilden, dann sollten Sie sich Gedanken darüber machen, wie Sie es erhalten. Im Gegensatz zur landläufigen Meinung reicht es nicht aus, weiterhin Geld zu verdienen. Es gibt viele berühmte Persönlichkeiten, die ein Vermögen gemacht und es über Nacht verloren haben: zum Beispiel Hochleistungssportler, die ihr Talent in klingende Münze umgesetzt, aber einen aufwendigen Lebensstil entwikkelt hatten, der ihre Fähigkeiten beeinträchtigte und ihr Vermögen aufzehrte. In dem Augenblick, als sich ihre Einkünfte schmälerten, konnten sie ihren oft immens hohen Ansprüchen nicht mehr gerecht werden, und infolgedessen büßten sie alles ein.

Es gibt nur eine Strategie, die den Erhalt Ihres Vermögens gewährleistet: *Geben Sie weniger aus, als Sie verdienen, und investieren Sie den Differenzbetrag.* Dieses Prinzip mag nicht sehr reizvoll erscheinen, aber es stellt die einzige Möglichkeit dar, Ihr Kapital langfristig zu sichern. Ich staune immer wieder darüber, daß viele offensichtlich immer einen Weg finden, ihr Geld restlos auszugeben, ganz gleich, wieviel sie verdienen. Das Jahreseinkommen der Teilnehmer an unserem Financial Destiny-Seminar rangiert zwischen 30.000 und 2 Millionen Dollar; der Schnitt liegt bei 100.000 Dollar. Doch selbst die Spitzenverdiener sind oft „pleite". Warum? Weil sie kurzfristig und nicht auf lange Sicht denken, wenn sie finanzwirtschaftliche Entscheidungen treffen. *Sie haben keinen klar umrissenen Ausgabenplan, ganz zu schweigen von einem Investitionsplan.* Sie steuern auf einem Kurs, der sie unweigerlich an den Abgrund der Niagara-Fälle führt.

Vermögen läßt sich nur dann bilden, wenn Sie *jedes Jahr einen bestimmten Prozentsatz Ihres Einkommens von vornherein investieren.* Die meisten haben schon einmal von den Vorzügen der Methode gehört, mindestens 10 Prozent des verfügbaren Geldes zu sparen und anzulegen. Aber nur sehr wenige halten sich daran, und bezeichnenderweise sind auch nur sehr wenige wirklich gut betucht! Wenn Sie Ihr Vermögen erhalten wollen, dann sollten Sie unbedingt 10 Prozent Ihres Einkommens anlegen, bevor Sie das Geld auch nur in die Finger bekommen.

Kontrollieren Sie Ihre Ausgaben. *Stellen Sie aber kein Budget auf, sondern vielmehr einen Ausgabenplan.* (Wie finden Sie diesen Begriff aus dem Tranformatorischen Vokabular?) Zugegeben, ein effektiver Haushaltsplan ist ein Ausgabenplan. Er stellt für Sie — und Ihre Frau/Ihren

Mann, falls Sie verheiratet sind — eine Orientierungshilfe dar, die Ihnen schon im Vorfeld die Entscheidung erleichtert, wofür Sie Ihr Geld ausgeben wollen. Auf diese Weise vermeiden Sie es, von den Ereignissen überrollt zu werden. Allzuoft ergibt sich eine günstige Gelegenheit, und aus dem Gefühl der Dringlichkeit heraus treffen wir Entscheidungen, die wir später bereuen. Und noch eines kann ich Ihnen versichern: Wenn Sie und Ihr Partner/Ihre Partnerin einen klaren Plan haben, wieviel Geld Sie monatlich für jeden einzelnen Lebensbereich ausgeben müssen, dann ersparen Sie sich einige Streitereien.

Leider leben viele Menschen über ihre Verhältnisse. 1980 standen die Amerikaner beispielsweise mit über 54 Milliarden Dollar bei Kreditkartenunternehmen in der Kreide. Gegen Ende 1988 hatte sich die Summe auf mehr als 172 Milliarden Dollar verdreifacht! Dieses System programmiert das finanzielle Fiasko geradezu vor. Seien Sie klug: Geben Sie weniger aus, als Sie verdienen, und Sie können sicher sein, daß Sie Ihr Vermögen erhalten.

Der dritte Schlüssel zum finanziellen Erfolg besteht darin, Ihren Wohlstand zu mehren. Sie fügen nur der Gleichung, die ich soeben erklärt habe, einen weiteren Faktor hinzu. Um ein Vermögen anzusammeln, müssen Sie *weniger ausgeben, als Sie einnehmen, den Differenzbetrag anlegen und Ihre Kapitalrendite reinvestieren. Auf diese Weise erzielen Sie ein kumulatives Wachstum.*

Die meisten Menschen haben schon einmal etwas über die exponentielle Macht des kumulativen Wachstums gehört, aber die wenigsten verstehen, was damit gemeint ist. Diese Strategie ermöglicht es Ihnen, Ihr Kapital für sich arbeiten zu lassen. Die meisten Menschen schuften ein Leben lang, um den Motor ihres Lebensstils mit dem nötigen Brennstoff zu versorgen. Diejenigen, die finanziellen Erfolg haben, halten einen bestimmten Prozentsatz ihres Geldes zurück. Sie legen ihn an und investieren die Gewinne immer aufs neue, und zwar so lange, bis sie eine Einkommensquelle geschaffen haben, mit deren Hilfe sie ihre sämtlichen Bedürfnisse erfüllen können, auch ohne jemals wieder einen Finger krumm zu machen. Diese Anhäufung des Kapitals, die Sie von der Notwendigkeit der Arbeit befreit, bezeichnen wir als *kritische Masse.* Der Zeitraum, in dem Sie Ihre finanzielle Unabhängigkeit erlangen, hängt unmittelbar von Ihrer Bereitschaft ab, die Gewinne aus früheren Investitionen erneut anzulegen — und nicht auszugeben. Wenn Sie diesen Konsumverzicht üben, werden die „Ableger" Ihres Kapitals wachsen und sich vervielfältigen, bis Sie sich eine solide ökonomische Grundlage geschaffen haben.

Sie könnten nun einwenden: „Das ist ja alles gut und schön. Ich würde ja gerne damit anfangen, mein Geld für mich arbeiten zu lassen. Aber woher weiß ich, wie ich es anlegen soll?"

Auf diese Frage gibt es keine einfache Antwort. Zuerst müssen Sie entscheiden, welche finanziellen Ziele Sie anstreben wollen. Was möchten

Sie erreichen, und in welchem Zeitraum? Wie hoch ist Ihre *Risikotoleranz,* also der Risikograd, bei dem Sie sich noch einigermaßen wohl fühlen? Ohne eine klare Vorstellung von Ihren Wünschen, Bedürfnissen und möglichen Bedenken zu haben, läßt sich nicht mit Sicherheit sagen, wie Sie Ihr Geld anlegen sollten. Oft gestatten die Möchtegern-Investoren den Finanzexperten, sie zu beraten, obwohl diese keine Ahnung von den wirklichen Bedürfnissen ihres Klienten haben.

Der wichtigste Faktor in Ihrem Finanzleben ist das Wissen um die verschiedenen Investitionsmöglichkeiten und ihre möglichen Risiken und Renditen. Verantwortungsbewußte Berater vergewissern sich, daß ihre Klienten das verfügbaren Anlageninstrumentarium verstanden haben, und daß sie sich aktiv an der Entwicklung ihrer *eigenen Finanzpläne* beteiligen. *Ohne klar umrissenen Investitionsplan sind finanzielle Fehlschläge nahezu sicher.* Dick Fabian, Herausgeber eines Finanzinformationsbriefs, behauptet: „Einige Indizien sprechen dafür, daß Anleger — ganz gleich, in was sie investieren — in einem Zeitrahmen von zehn Jahren kein Geld verdienen. Für diese tragische Statistik gibt es mehrere Gründe, zu denen unter anderem die folgenden zählen:

1. Sie versäumen es, sich Ziele zu setzen
2. Sie sind nur hinter Investitionen her, die kurzfristig im Trend liegen
3. Sie verlassen sich ausschließlich auf die Berichte in der einschlägigen Finanzpresse
4. Sie folgen blind den Empfehlungen von Brokern oder Finanzplanern
5. Sie machen emotionale Fehler, usw."

Zum Glück sind die Antworten auf Ihre Fragen zum Finanzbereich leicht zugänglich. Sie finden sie in den Büchern der Finanzgenies oder einschlägigen Loseblattwerken. Es gibt außerdem Finanzberater, die Ihnen bei der Entwicklung eines Plans helfen können, um Ihren sämtlichen finanziellen Bedürfnissen zeitlebens gerecht zu werden. Vergewissern Sie sich, da Geld eine so große Rolle für das Ausmaß an schmerzvoller oder positiver Erfahrungen im Leben spielt, daß Sie sich nur die besten Finanzexperten zum Vorbild nehmen. Auf diese Weise können Sie einen finanziellen Überfluß genießen, den Sie nie erträumt hätten. Andernfalls müssen Sie mit schmerzlichen Erfahrungen rechnen.

Der vierte Schlüssel zum finanziellen Erfolg liegt darin, Ihren Wohlstand zu schützen. Viele wohlhabende Menschen fühlen sich heute genauso unsicher oder noch unsicherer als zu der Zeit, in der sie noch kein Geld hatten. Sie büßen ihre innere Ruhe ein, weil sie denken, daß sie jetzt mehr zu verlieren haben. Sie wissen, daß sie in jedem Augenblick von irgend jemandem aus völlig unfairen oder unberechtigten Gründen gerichtlich belangt werden können und ihr Vermögen schwindet.

Haben Sie gewußt, wie das derzeitige Klima in den USA beschaffen ist? Laut einem Artikel vom 22. Juni 1991 in der Londoner *Financial*

Times wurden sage und schreibe 94 Prozent aller Gerichtsverfahren, die in den Jahren 1988 und 1989 liefen, in den USA angestrengt. Jedes Jahr werden 18 Millionen Klagen eingereicht. Die aktuellen Statistiken der amerikanischen Anwaltskammer (American Bar Association) zeigen, daß die Chancen eins zu vier stehen, gerichtlich belangt zu werden, wenn man in Kalifornien lebt und mehr als 50.000 Dollar im Jahr verdient.

Aus der europäischen Perspektive hat es den Anschein, als suchten die Amerikaner immerzu jemanden, dem sie die Schuld in die Schuhe schieben können, falls etwas schiefgeht; diese Einstellung, so hieß es, ebne den Weg für eine unvorstellbare Anzahl von Gerichtsprozessen. Das sind harsche Worte, aber leider entsprechen sie der Wahrheit. Diese Einstellung findet man nirgendwo sonst auf der Welt; sie trägt zu Amerikas wirtschaftlichem Ruin bei und bindet Zeit, Kapital und Energie in überflüssigen, unproduktiven Aktivitäten. Beispielsweise wurde kürzlich im *Wall Street Journal* von einem Mann berichtet, der im volltrunkenen Zustand Auto fuhr und versuchte, seine Schrotflinte auf dem Beifahrersitz zurechtzurücken; dabei entlud sich das Gewehr versehentlich und tötete ihn. Seine Witwe nahm den Zustand ihres Mannes zum Anlaß, den Schrotflintenhersteller auf 4 Millionen Dollar Schadenersatz zu verklagen, mit der Begründung, sein Produkt habe keinen Sicherheitshebel für alkoholisierte Fahrer gehabt. Sie gewann den Prozeß!

Zu wissen, daß der in Jahren mühevoller Arbeit erworbene Wohlstand von Leuten dezimiert werden kann, die keinen rechtmäßigen Anspruch darauf haben, macht die meisten Menschen nervös. Sie werden sich der Tatsache bewußt, daß sie als Unternehmer haftbar gemacht werden können, und das beeinflußt nicht selten ihre nachfolgenden Investitionsentscheidungen. Es gibt jedoch rechtmäßige Möglichkeiten, *Ihr Hab und Gut zu schützen, solange Sie noch nicht in ein Gerichtsverfahren verwikkelt sind.* Bei dieser Selbstschutz-Strategie geht es nicht darum, daß Sie sich ihrer gesetzlichen Verantwortung entziehen, sondern sich gegen willkürliche Angriffe absichern. Menschen mit unehrlichen Absichten strengen aus zwei Gründen ein Gerichtsverfahren gegen Sie an: Sie möchten bei Ihrer Versicherung abkassieren oder an einen Teil Ihres Vermögens herankommen. Falls es keine greifbaren Vermögenswerte gibt, ist es für solche Leute weit schwieriger, einen Anwalt aufzutreiben, der sie vertritt und nur im Erfolgsfall sein Honorar in Rechnung stellt. Wenn Sie schon vorher mit Weitsicht handeln, können Sie Ihr Vermögenswerte schützen, und die Leitlinien, an die Sie sich dabei halten sollten, die hier aber nicht im einzelnen dargestellt werden können, sind klar und präzise. Auch hier ist übrigens Ehrlichkeit die beste Politik.

Der fünfte Schlüssel zum finanziellen Erfolg liegt darin, Ihren Wohlstand zu genießen. Viele Leute haben die ersten vier Phasen hinter sich gebracht. Sie haben eine Möglichkeit gefunden, ein Vermögen durch erhöhte Wertschöpfung zu verdienen. Sie haben entdeckt, wie man es erhalten kann, indem man nämlich weniger ausgibt, als man verdient. Sie beherrschen die Kunst, ihr Kapital zu investieren und sich die Vorteile der angesammelten Zinsen zunutze zu machen. Und sie wissen inzwischen auch, wie man seine Vermögenswerte schützt. Aber trotz alledem sind sie nicht glücklich, sondern fühlen sich innerlich leer. Sie haben nicht erkannt, daß *Geld kein Endziel, sondern nur Mittel zum Zweck ist.* Wir müssen deshalb einen Weg finden, seine positiven Auswirkungen mit den Menschen zu teilen, die uns nahestehen, denn sonst hat es keinen Wert. Und wenn Sie Möglichkeiten entdecken, einen Ihrem Vermögen entsprechenden Beitrag für karitative Zwecke zu leisten, werden Sie eine der größten Freuden Ihres Lebens kennenlernen.

Eines kann ich Ihnen sagen: Wenn Sie nicht einen gewisses Maß an Vergnügen damit assoziieren, Werte zu schaffen und ein Vermögen zu verdienen, dann werden Sie es auf lange Sicht nicht behalten. Die meisten Menschen beginnen erst dann ihr Geld zu genießen, wenn Sie eine gewisse Summe beisammen haben. Damit konditionieren Sie Ihr Gehirn nur darauf, Nachteile mit der Ansammlung von Besitztümern zu assoziieren. Statt dessen sollten Sie sich auf dem Weg zu Ihrem finanziellen Ziel ständig emotional belohnen. Auch die in Kapitel 6 erwähnte Jackpot-Technik empfiehlt sich: Legen Sie einen kleinen „Kapitalfonds“ an, um sich ab und zu eine Überraschung zu gönnen, so daß Ihr Gehirn lernt, daß Geldverdienen Spaß macht und sich lohnt.

Denken Sie auch daran, daß wahrer Reichtum eine Emotion ist, das Gefühl des absoluten Überflusses. Allein unser kulturelles Erbe macht uns reich. Wir genießen das Privileg, meisterhafte Gemälde genießen zu dürfen, die wir nicht gemalt haben, Musik zu hören, die wir nicht komponiert haben, und Schulen zu besuchen, die wir nicht gebaut haben. Entwickeln Sie ein Gefühl für die Schätze Ihres Landes in den Parks und öffentlichen Anlagen, die auch Ihnen gehören. Machen Sie sich bewußt, daß Sie ein Mensch sind, dem es gut geht, und genießen Sie diese Art des Reichtums. Erkennen Sie, daß dieses Gefühl Teil des Überflusses ist, in dem wir leben, und die Dankbarkeit, die damit verbunden sein sollte, wird es Ihnen ermöglichen, diesen Besitz zu mehren.

Eines möchte ich Ihnen noch abschließend sagen: Ihre Glaubensmuster zu verändern und Ihre Finanzen in den Griff zu bekommen kann eine unglaublich lohnende Erfahrung auf dem Weg zu persönlichem Wachstum sein. Beginnen Sie jetzt, die Einleitung dieses Prozesses als innere Verpflichtung zu betrachten.

„Wohltätigkeit und der Einsatz der persönlichen Kraft sind die einzigen Investitionen.“

WALT WHITMAN

Die heutigen Aufgaben:

1. Nehmen Sie Ihre Glaubensprinzipien unter die Lupe; stellen Sie fest, ob sie noch angemessen sind, und ändern Sie diese gegebenenfalls mit Hilfe der Neuroassoziativen Konditionierung.
2. Entwickeln Sie ein Verfahren, um an Ihrem Arbeitsplatz spürbare Verbesserungen einzuführen, gleichgültig, ob Sie dafür bezahlt werden oder nicht. Schaffen Sie zehnmal mehr Wert, als Sie es derzeit tun, und bereiten Sie sich auf den Schneeballeffekt Ihrer Aktionen vor.
3. Fassen Sie den unwiderruflichen Entschluß, mindestens 10 Prozent Ihres Einkommens zu sparen. Lassen Sie das Geld gleich von Ihrem Konto abziehen und investieren Sie es in das von Ihnen geplante Portfolio.
4. Suchen Sie sich die besten Berater. Vergewissern Sie sich, daß sie Ihnen bei der Ausarbeitung eines detaillierten Finanzplans helfen, den Sie voll und ganz verstehen. Lesen Sie einige gute Bücher zum Thema Finanzen. Viele dieser Bücher geben Auskunft darüber, wie Sie Investitionsentscheidungen treffen, die auf Weitsicht und umfassenden Informationen beruhen.
5. Wenn Sie Angst haben, daß jemand Ihr Vermögen unrechtmäßig angreifen will, entwickeln Sie eine Schutzstrategie.
6. Legen Sie sich einen Jackpot, einen kleinen „Kapitalfonds“ zu, um den Prozeß in Gang zu setzen, Freude mit finanziellem Erfolg zu assoziieren. Wem könnten Sie eine besondere Freude machen? Was könnten Sie für sich selbst tun, um sich zu motivieren, heute ein neues Leben zu beginnen?

23

Ein tadelloser Lebenswandel: Ihr Verhaltenskodex

Fünfter Tag

Ihr Ergebnis: Ist es möglich, Werte zu haben, die höchsten Ansprüchen genügen, alle Lebensregeln danach auszurichten, sich die richtigen Fragen zu stellen und trotzdem nicht gemäß seinen Wertvorstellungen zu leben? Wenn Sie ehrlich mit sich selbst sind, dann wissen Sie, daß die Antwort ja lautet. Wir alle lassen gelegentlich zu, daß äußere Umstände unser Leben bestimmen, statt unsere emotionale Verfassung oder unsere Entscheidungen hinsichtlich der Bedeutung zu beeinflussen, die wir diesen Ereignissen beimessen. Wir brauchen eine klar umrissene Strategie, die gewährleistet, daß wir ständig in Übereinstimmung mit den Wertvorstellungen leben, denen wir uns verpflichtet fühlen, und einen Maßstab, um zu ergründen, ob wir ihnen im Alltag gerecht werden.

Schon mit 27 Jahren hatte der junge Mann sagenhafte Erfolge vorzuweisen. Er war sehr intelligent, belesen und sich absolut sicher, genau zu wissen, wo es lang geht im Leben. Aber eines Tages traf ihn der Blitz der Erkenntnis: Ich bin nicht besonders glücklich! Viele Leute fanden ihn unsympathisch; sie hielten ihn für arrogant und aufgeblasen. Er hatte das Gefühl, daß er die Richtung seines Lebens nicht länger zu bestimmen vermochte, geschweige denn, seine wahren Lebensziele.

Er beschloß, höhere Ansprüche an sich selbst zu stellen, eine Strategie zu erarbeiten, um das angestrebte hohe Niveau zu erreichen, und eine Methode zu finden, die es ihm ermöglichte, seine Fortschritte täglich zu messen. Er wählte zwölf „Tugenden" oder positive Eigenschaften aus — zwölf Gefühlszustände, die er jeden Tag erleben wollte —, mit deren Hilfe er hoffte, sein Leben in die gewünschte Richtung zu lenken. Dann schrieb er sie in sein persönliches Erfolgsjournal, und neben diese Liste zeichnete er ein Raster, auf dem alle Tage des Monats vermerkt waren. „Jedesmal, wenn ich gegen eine Regel in diesem Verhaltenskodex verstoße", sagte er sich, „werde ich einen kleinen schwarzen Punkt neben die betreffende Regel und den Tag malen. Mein Ziel besteht darin, keine schwarzen Punkte im Diagramm zu haben. Dann weiß ich, daß ich wirklich gemäß meinen Wertvorstellungen lebe."

Er war so stolz auf die Idee, daß er sein Journal einem Freund zeigte und diesem sein System erklärte. Der sagte: „Großartig! Ich glaube aber, daß du deinen Verhaltenskodex um eine weitere Eigenschaft ergänzen solltest, nämlich Bescheidenheit." Und Benjamin Franklin lachte und fügte die dreizehnte Tugend hinzu.

Diese Geschichte aus Benjamin Franklins Autobiographie las ich in einem ziemlich schäbigen Hotelzimmer in Milwaukee. Ich hatte einen vollgepackten Terminkalender und sollte bei mehreren Talkshows in Hörfunk und Fernsehen auftreten, Bücher signieren und an einer öffentlichen Veranstaltung teilnehmen. In der Nacht, bevor ich allen diesen Verpflichtungen nachkam, beschloß ich: „Also gut, nun bist du schon mal hier; mach das Beste draus. Zumindest kannst du was für deinen Kopf tun."

Erst vor kurzem hatte ich die Idee mit der Hierarchie der Wertvorstellungen gehabt und eine, wie ich meinte, gute Liste meiner eigenen Werte aufgestellt. Als ich jedoch die Benjamin Franklins überflog, sagte ich mir: „Ja, Liebe ist für mich ein wichtiger Wert. Aber magst du die Menschen in eben diesem Augenblick? Das Bestreben, anderen zu helfen, hat in meinen Augen höchste Priorität, aber leistest du in diesem Moment wirklich einen Beitrag zum Allgemeinwohl?" Die Antwort war: nein. Ich besaß zwar hohe Wertnormen, aber ich hatte es versäumt, zu überprüfen, ob ich auch ständig nach ihnen lebte. Ich wußte, daß ich ein liebevoller Mensch war, aber rückblickend fielen mir etliche Situationen ein, in denen ich mich alles andere als liebevoll verhalten hatte.

Ich fragte mich: *„In welcher emotionalen Verfassung befünde ich mich, wenn ich in Topform, in persönlicher Bestform wäre? Welchen Zustand möchte ich jeden Tag unbedingt anstreben?* Ungeachtet der äußeren Umstände und Probleme, die über mich hereinbrechen könnten, *will ich mindestens einmal am Tag einen solchen Gefühlszustand erleben!"* Ich nahm mir fest vor, freundlich, glücklich, liebevoll, kommunikativ, spielerisch, kraftsprühend, großzügig, ausgelassen, leidenschaftlich und fröhlich zu sein. Einige dieser emotionalen Verfassungen stimmten mit meinen Wertvorstellungen überein, andere entsprachen ihnen nicht. Aber ich wußte, wenn ich diese Gefühlszustände wirklich jeden Tag realisieren konnte, dann würde es mir auch gelingen, ständig gemäß meinen Wertnormen zu leben. Wie Sie sich vielleicht vorstellen können, war diese Entdeckung ganz schön aufregend!

Am nächsten Tag, während meines Auftritts in der Rundfunk- und Fernseh-Talkshow, versetzte ich mich bewußt in diese Verfassungen. Ich war glücklich, liebevoll, kraftsprühend und fröhlich. Ich hatte das Gefühl, daß ich mit meinen Worten und Taten einen echten Beitrag leistete, der nicht nur meinen Gastgebern, sondern auch dem Publikum zugute kam, das aufmerksam zuhörte und beobachtete. Dann begab ich mich in eines der Einkaufszentren der Stadt, wo ich meine Bücher signieren sollte. Als ich dort ankam, begrüßte mich der Manager mit besorgter Miene: „Wir haben da ein kleines Problem, Mr. Robbins … die Ankündigung, daß Sie heute hier sind und Bücher signieren, erscheint erst in der morgigen Ausgabe unserer Zeitung!"

Nun, wenn mir das passiert wäre, bevor ich Ben Franklins Liste zu Gesicht bekam, hätte ich ganz anders reagiert. Aber nun, mit meiner neuen Liste im Kopf, dachte ich: „Ich habe mir fest vorgenommen, diese Gefühlszustände zu verwirklichen, was immer auch geschehen mag. Das ist die Nagelprobe, eine großartige Gelegenheit, um festzustellen, ob ich meinem persönlichen Verhaltenskodex tatsächlich gerecht werde!" Ich ging also zum Tisch hinüber, wo ich die Bücher signieren sollte, und sah mich um. Niemand kam, nur einige wenige Leute, die einen Einkaufsbummel machten, schlenderten vorüber. Wie konnte ich die Aufmerksamkeit der Passanten wecken, die ganz andere Dinge im Kopf hatten?

Als erstes kam mir die Idee, etwas ganz Ausgefallenes zu tun. „Ausgelassen sein" stand ja schließlich auch auf meiner Liste. Deshalb nahm ich ein Exemplar meines Buches *Grenzenlose Energie* zur Hand, begann zu lesen und dabei alle nur erdenklichen, interessanten Geräusche von mir zu geben: „Ooooh! Aaaah! Na so was! Tatsächlich?"

Schon bald näherte sich eine Frau, angezogen von der lautstarken Begeisterung für ein offenbar hervorragendes Buch; sie wollte wissen, was ich da las. Ich schwärmte ihr von dem unglaublichen Buch vor und schilderte in groben Zügen die besten Anekdoten und Techniken, die darin beschrieben sind. Dann gesellte sich der nächste Passant dazu, um zu erfahren, was der Auflauf zu bedeuten habe, und weitere schlossen sich an. Innerhalb von zwanzig Minuten war ich von 25 bis 30 Leuten umringt, die etwas über das tolle Buch wissen wollten, auf das ich gestoßen war.

Schließlich sagte ich: „Und wissen Sie, was das Beste ist? Ich bin zufällig ein guter Freund des Verfassers!" Die Augen der Frau, die als erste gekommen war, leuchteten auf. „Wirklich?" Ich hielt den Buchdeckel mit meinem Foto auf der Rückseite hoch und fragte: „Kommt Ihnen das Gesicht bekannt vor?" Sie schnappte nach Luft, lachte und alle anderen stimmten ein. Ich setzte mich hin und begann, Bücher zu signieren.

Es wurde ein Bombenerfolg, und alle hatten viel Spaß. Statt zuzulassen, daß die Ereignisse meine Aktionen und Wahrnehmungen bestimmten, hatte ich bewußt entschieden, gemäß dem zu leben, was ich heute als meinen *Verhaltenskodex* bezeichne. Es verschafft mir unendliche Befriedigung zu wissen, daß ich meinen derzeitigen Wertvorstellungen gerecht werden kann, wenn ich diese emotionalen Zustände realisiere, wenn ich ständig danach strebe, der Mensch zu sein, der ich wirklich bin.

Benjamin Franklin und ich sind nicht die einzigen Menschen, die einen Verhaltenskodex haben. Was glauben Sie, was die Zehn Gebote darstellen? Oder das Pfadfinder-Gelöbnis? Oder der Fahneneid der Soldaten? Oder das Credo des Optimistenclubs, dem jeder beitreten kann?

Eine Möglichkeit, Ihren eigenen Kodex aufzustellen, besteht darin, die bereits vorhandenen zu durchforsten.

Credo des Optimistenclubs

Versprechen Sie sich selbst ...

- so stark zu sein, daß nichts Ihren Seelenfrieden zu erschüttern vermag;
- Ihre Leitlinien über Gesundheit, Glück und Wohlstand jedem Menschen zu offenbaren, dem Sie begegnen;
- in allen Ihren Freunden das Gefühl zu wecken, daß ein wertvoller Kern in ihnen steckt;
- stets die positive Seite einer Situation zu sehen und Ihrem Optimismus den Weg zu ebnen;
- nur das Beste zu denken, zu leisten und zu erwarten;
- die Erfolge anderer genauso begeistert zu begrüßen wie die eigenen;
- die Fehler der Vergangenheit zu vergessen und künftig nach besseren Leistungen zu streben;
- stets ein fröhliches Gesicht zu machen und jedem Menschen, dem Sie begegnen, ein Lächeln zu schenken;
- soviel Zeit in Ihre persönliche Entwicklung zu investieren, daß Ihnen keine mehr bleibt, um andere zu kritisieren;
- zu gefestigt zu sein, um sich unnötig Sorgen zu machen, zu tolerant, um in Wut zu geraten, zu stark, um sich von Angst überwältigen zu lassen, und zu glücklich, um Probleme hinzunehmen.

Als John Wooden, der berühmte Basketball-Coach der University of California in Los Angeles, mit zwölf Jahren die Grundschule beendete, gab ihm sein Vater einen Verhaltenskodex auf den Weg, der sieben Punkte umfaßte. John sagte, diese Regeln hätten sein Leben und seine berufliche Laufbahn besonders nachhaltig beeinflußt. An diese Maximen halte er sich heute noch jeden Tag:

John Woodens Verhaltenskodex:
Sieben Regeln, um das Beste aus sich zu machen

1. Sei dir selbst gegenüber aufrichtig.
2. Mach aus jedem Tag ein Meisterwerk.
3. Hilf anderen.
4. Versenke dich in gute Bücher.
5. Erhebe Freundschaft zu einer Kunst.
6. Wappne dich gegen schlechte Tage.
7. Bete, daß ER dich führen möge, und danke IHM jeden Tag für die Gaben, die du empfangen hast.

„Du kannst mit deinem Leben ein besseres Bekenntnis ablegen als mit deinen Lippen."

OLIVER GOLDSMITH

Die heutige Aufgabe:

1. Stellen Sie eine Liste mit den Gefühlszuständen auf, die Sie jeden Tag realisieren wollen, um in Übereinstimmung mit Ihren höchsten Prinzipien und Wertvorstellungen zu leben. Vergewissern Sie sich, daß die Liste lang genug ist, um das reiche und mannigfaltige Leben führen zu können, das Sie verdienen, aber kurz genug, um diese Emotionen jeden Tag zu aktivieren! Die meisten Menschen haben festgestellt, daß sieben bis zehn Eintragungen optimal sind. In welcher Verfassung möchten Sie sich ständig befinden? Glücklich sein? Dynamisch sein? Freundlich sein? Die Nähe zu anderen Menschen spüren? Sich fröhlich, dankbar, leidenschaftlich, ausgeglichen, abenteuerlustig, amüsant, ausgelassen, großzügig, anmutig fühlen? Einige dieser emotionalen Zustände decken sich möglicherweise mit Ihren Appetenzwerten, und bei manchen werden Sie das Gefühl haben, Ihrem Ziel näherzukommen und nach Ihren Wertvorstellungen zu leben.
2. Sobald die Liste fertig ist, schreiben Sie neben jede Eintragung, wie Sie erkennen wollen, ob Sie sich in diesem Zustand befinden; mit anderen Worten: die Regeln, die Sie für jeden einzelnen Zustand aufgestellt haben. Zum Beispiel: „Ich bin fröhlich wenn ich anderen ein Lächeln schenke", „Ich bin ausgelassen, wenn ich etwas völlig Unerwartetes unternehme, was mir einen Riesenspaß macht" oder: „Ich bin dankbar, wenn ich mir all die guten Dinge in meinem Leben ins Gedächtnis rufe."

3. Verpflichten Sie sich, jeden dieser Gefühlszustände mindestens einmal am Tag zu erleben. Vielleicht möchten Sie Ihren Verhaltenskodex auf ein Blatt Papier schreiben, das Sie in Ihrer Brieftasche mit sich tragen, auf Ihren Schreibtisch am Arbeitsplatz oder neben Ihr Bett legen. Werfen Sie dann und wann im Verlauf des Tages einen Blick auf die Liste und fragen Sie sich: „Welche dieser emotionalen Zustände habe ich heute schon erlebt? Welche stehen noch aus, und wie erreiche ich diesen Zustand bis zum Ende des Tages?"

Wenn Sie sich Ihrem Verhaltenskodex wirklich verpflichtet fühlen, dann malen Sie sich aus, wie unglaublich gut es Ihnen damit gehen wird! Sie sind nicht länger ein Sklave der äußeren Umstände; Sie wissen, daß Sie Ihr Identitätsgefühl bewahren und die von Ihnen geschaffene Vision verwirklichen können, was immer auch geschehen mag. Sie empfinden ungeheuren Stolz, der mit dem Wissen einhergeht, daß Sie höhere Ansprüche an sich selbst stellen und eigenständig entscheiden, wie Sie sich fühlen und welche hohen Verhaltensmaßstäbe Sie bei sich selbst anlegen wollen.

Wayne Dyer hat mir gegenüber neulich eine großartige Metapher erwähnt; er sprach darüber, daß viele Menschen ihr Verhalten dem Druck und Streß anlasten, den sie empfinden. Er sagte: „Streß ist nicht die Ursache negativer Verhaltensweisen. Stell dir vor, du wärst eine Orange. Wenn man eine Orange auspreßt, wird der gesamte Druck von der Außenseite ausgeübt, und was passiert? Saft tritt aus, stimmt's? Aber wenn man Druck ausübt, dann kommt nur heraus, was bereits in der Orange vorhanden war."

Sie entscheiden, was in Ihnen steckt, sobald Sie höhere Ansprüche an sich selbst stellen. Und was herauskommt, sobald Sie sich unter Druck gesetzt fühlen, ist „der gute Kern". Schließlich können Sie nicht erwarten, daß Ihnen alles im Leben leicht von der Hand geht. Es liegt allein bei Ihnen, ob Sie gemäß Ihrem Verhaltenskodex leben und sich dem *CANI!*-Prinzip (ständige und lebenslange Verbesserung) verschreiben wollen, um Einfluß auf den Kurs zu nehmen, den Sie im Leben steuern. Denken Sie daran: Es sind die persönlichen Merkmale, die Sie im Alltag zeigen — in unscheinbaren Aktionen ebenso wie in spektakulären Taten —, die Ihren Charakter formen und Ihre Identität prägen.

24

Meistern Sie Ihre Zeit und Ihr Leben

Sechster Tag

Ihr Ergebnis: Lernen Sie, die Zeit zu Ihrem Vorteil zu nutzen, statt zuzulassen, daß sie über das Ausmaß an Zufriedenheit und Streß in Ihrem Leben entscheidet.

Wenn Sie je unter Streß gestanden haben — und wer hätte das nicht? —, dann liegt das höchstwahrscheinlich daran, daß Sie einfach nicht genug Zeit hatten, das zu tun, was Sie sich vorgenommen hatten, und Leistungen von der Qualität zu erbringen, der Sie sich verpflichtet fühlen. Vielleicht sind Sie frustriert, weil Sie sich ausschließlich auf die Aufgaben konzentrieren müssen, die in diesem Moment anfallen: auf die augenblicklichen Erfordernisse, Probleme und Ereignisse. In diesem Zustand des Drucks und der Überlastung ist Ihre Leistungsfähigkeit erheblich eingeschränkt. Die Lösung liegt auf der Hand: *Bestimmen Sie den Zeitrahmen, auf den Sie sich konzentrieren wollen.* Wenn Sie derzeit unter Streß stehen, dann sollten Sie kreativer an die Herausforderungen herangehen und Ihre ungeteilte Aufmerksamkeit auf die Zukunft richten, in der Sie die vorliegenden Probleme bereits gemeistert oder gelöst haben. Dieser neue Blickwinkel wirkt sich sogleich auf Ihre emotionale Verfassung aus und gewährt Ihnen Zugang zu eben jenen Ressourcen, die Sie brauchen, um in der Gegenwart eine Wende zum Positiven einzuleiten.

Streß resultiert häufig aus dem Gefühl, „Gefangener" eines bestimmten Zeitrahmens zu sein. Das ist beispielsweise der Fall, wenn sich jemand die Zukunft immer wieder in düstersten Farben ausmalt. Sie können diesem unverbesserlichen Pessimisten oder sich selbst helfen, wenn Sie ihn veranlassen, sich wieder auf die Dinge zu konzentrieren, die er gegenwärtig beeinflussen kann. Manche Menschen, die sich einer Herausforderung gegenübersehen, richten ihr Augenmerk ausschließlich auf frühere Fehlschläge. Da sie der Vergangenheit verhaftet bleiben, wächst der Streß. Ein Schwenk in die Gegenwart oder die Aussicht auf eine positive Zukunft könnte ihre emotionalen Verfassung unverzüglich verändern. Unsere Empfindungen werden also nachhaltig von dem Zeitrahmen beeinflußt, in dem wir uns in einem bestimmten Augenblick bewegen.

Oft vergessen wir, daß Zeit ein Gedankengerüst darstellt, daß sie relativ und unsere Wahrnehmung von Zeit fast ausschließlich das Ergebnis dessen ist, worauf wir uns mental konzentrieren. Wie lange ist beispielsweise „eine lange Zeit“? Das hängt von der Situation ab, stimmt's? Wenn man zehn Minuten Schlange stehen muß, dann kann einem diese Zeitspanne wie eine Ewigkeit vorkommen, während eine Stunde Sex unter Umständen viel zu schnell vergeht.

Auch unsere Glaubensmuster wirken wie ein Filter, durch den wir die Zeit wahrnehmen. Für manche Menschen sind zwanzig Minuten, ungeachtet der Situation, ein Leben lang. Andere verstehen unter einer langen Zeit ein Jahrhundert. Können Sie sich vorstellen, wie sich diese Menschen voneinander unterscheiden? Sie gehen anders, sprechen anders, sehen ihre Ziele aus einer anderen Perspektive. Auch ihr Streßniveau wäre unterschiedlich, wenn sie im geschäftlichen oder privaten Umgang miteinander trotz völlig unterschiedlicher Zeitbezugsrahmen einen gemeinsamen Nenner zu finden versuchten. Deshalb ist es unabdingbar, daß wir lernen, unsere Zeit zu meistern. Die Fähigkeit, Ihr Zeitgefühl zu beeinflussen, ist gleichbedeutend mit der Fähigkeit, Ihre Lebenserfahrungen zu beeinflussen.

Für die heutigen Übungen wollen wir nun kurz drei „zeitsparende“ Tips überdenken und anwenden.

Die Fähigkeit, die Zeit zu verlängern oder zu verkürzen

Nachdem Sie gelernt haben, den Zeitrahmen durch eine Veränderung Ihres Blickwinkels zu wechseln, sind Sie nun in der Lage, sich die zweite wichtige Fähigkeit anzueignen, um Ihre Zeit zu meistern: *die Fähigkeit, Zeit nach Belieben zu verlängern oder zu verkürzen, so daß Ihnen eine Minute wie eine Stunde und eine Stunde wie eine Minute erscheint.* Haben Sie einmal bemerkt, daß Sie jegliches Zeitgefühl verlieren, wenn Sie völlig in eine Aufgabe vertieft sind? Warum? Weil Sie sich nicht länger auf den Ablauf der Zeit konzentrieren, ihn seltener kontrollieren. Sie sind mit einer angenehmen Tätigkeit beschäftigt, und deshalb vergeht die Zeit schneller. Denken Sie daran: Sie entscheiden. Sie bestimmen Ihren Blickwinkel und wählen bewußt das Maß, mit dem Sie Zeit messen. Wenn Sie ständig einen Blick auf die Uhr werfen, scheint die Zeit zu kriechen. Auch hier merken Sie wieder, daß Ihre Perspektive bestimmt, wie Sie Zeit erleben. Welche Begriffe benutzen Sie, um zu beschreiben, wie Sie mit Ihrer Zeit umgehen? Verbringen Sie Ihre Zeit, verschwenden Sie Ihre Zeit oder schlagen Sie Ihre Zeit tot? Irgend jemand hat einmal gesagt, „Zeit totschlagen“ sei kein Mord, sondern glatter Selbstmord.

Eine wichtige Angelegenheit

Der dritte und vielleicht wichtigste Punkt ist die Erkenntnis, in welchem Ausmaß die Dringlichkeit und Priorität Ihre Entscheidungen beeinflussen, was Sie mit Ihrer Zeit anfangen und in welchem Maß Sie folglich das Gefühl der persönlichen Erfüllung erleben. Was ich damit meine? Lassen Sie mich Ihnen eine Frage stellen: *Haben Sie jemals bis zum Umfallen geschuftet, jede Aufgabe auf Ihrer „Muß"-Liste abgehakt und sich am Ende des Tages trotzdem unzufrieden gefühlt? Das liegt daran, daß Sie alles getan haben, was dringlich war und Ihre sofortige Aufmerksamkeit erforderte. Etwas haben Sie dabei jedoch versäumt, nämlich die* wichtigen *Maßnahmen einzuleiten, die langfristig einen Unterschied bewirken würden.* Haben Sie umgekehrt Tage erlebt, an denen sie nur wenige Arbeiten erledigen konnten, aber abends nichtsdestoweniger das Gefühl hatten, der Tag sei von Bedeutung gewesen? Das sind die Tage, an denen Sie sich auf das Wichtige, und nicht auf das Dringliche konzentriert haben.

Das Gefühl der Dringlichkeit scheint unser Leben zu bestimmen. Das Telefon klingelt, und wir sind gerade mit einer wichtigen Aufgabe beschäftigt, aber wir „müssen" einfach abheben. Was wäre schließlich, wenn uns etwas entginge? Andrerseits schieben wir es immer wieder auf die lange Bank, ein Buch zu lesen, das unserem Leben entscheidende Impulse vermitteln könnte, weil wir in unserem gedrängten Terminkalender zwischen Öffnen der Post, Tanken und Fernsehnachrichten einfach keine Zeit mehr dafür finden. Sie haben Ihre Zeit nur dann wirklich im Griff, wenn Sie Ihren Terminkalender so organisieren, daß Sie den größten Teil davon mit wichtigen statt mit dringlichen Aufgaben verbringen.

Sparen Sie sich Jahre

Ich habe gelernt, die Zeit dadurch zu komprimieren, daß ich von den Erfahrungen anderer profitiere. Wir können unsere Zeit nicht wirklich in den Griff bekommen, wenn die vorrangige Strategie, zu lernen und uns in der Welt zu behaupten, darin besteht, aus den eigenen Experimenten zu lernen. Wenn man sich an Menschen orientiert, die bereits Erfolg haben, kann man sich einige schmerzvolle Erfahrungen ersparen. Deshalb verschlinge ich Bücher, höre Kassetten und besuche alle möglichen Seminare. Ich habe diese Form des Lernens einfach als Notwendigkeit, und nie als schmückendes Beiwerk oder netten Zeitvertreib, betrachtet. Dadurch gewann ich Erkenntnisse, die auf jahrzehntelangen Erfahrungen und dem daraus resultierenden Erfolg beruhen. Sie sollten so oft wie möglich aus den Erfahrungen anderer lernen und das Gelernte anwenden.

„Wir haben genug Zeit, wenn wir sie nur richtig verwenden."

Johann Wolfgang von Goethe

Die heutigen Aufgaben:

1. *Beginnen Sie heute mit dem Experiment, den Zeitrahmen zu wechseln.* Sobald Sie die Zwänge der Gegenwart spüren, halten Sie einen Moment inne und denken Sie auf positive Weise über die Zukunft nach. Malen Sie sich beispielsweise reizvolle Ziele aus, und assoziieren Sie sich vollkommen damit: Lassen Sie das Bild vor Ihrem inneren Auge entstehen, hören Sie aufmerksam zu, steigen Sie mental in das Szenario ein und machen Sie sich bewußt, was Sie empfinden. Versetzen Sie sich in eine Situation zurück, die zu Ihren schönsten Erinnerungen zählt: Ihren ersten Kuß, die Geburt Ihres Kindes, einen ganz besonderen Augenblick in Gesellschaft eines Freundes. Je mehr Sie an der Fähigkeit arbeiten, den Zeitrahmen in Sekundenschnelle zu wechseln, desto größer ist das Ausmaß der Freiheit und die Bandbreite der Emotionen, die Sie von einem Augenblick zum anderen erleben können. Führen Sie diese Übungen solange durch, bis Sie mit absoluter Sicherheit wissen, daß Sie durch die Neuausrichtung Ihres Blickwinkels Ihre emotionale Verfassung auf Anhieb verändern können.
2. *Lernen Sie, die Zeit bewußt zu verkürzen oder zu verlängern.* Fügen Sie einer Aufgabe, deren Erledigung normalerweise viel Zeit in Anspruch zu nehmen scheint, ein Element hinzu, das bewirkt, daß die Zeit schneller vergeht. Diese Strategie hat außerdem noch den Vorteil, daß Sie zwei Dinge gleichzeitig erledigen können. Wenn ich beispielsweise jogge, höre ich über Kopfhörer meine Lieblingsmusik. Oder ich sehe mir im Fernsehen die Nachrichten an oder telefoniere, während ich auf meinem Fitneßgerät Treppen steige. Somit habe ich nie eine Entschuldigung, meine Übungen zu vernachlässigen oder etwas Wichtiges zu unterlassen — mein Konditionstrainung zu absolvieren und gleichzeitig meine Rückrufe zu tätigen.
3. Schreiben Sie eine Aufgaben-Liste, in der Sie *die Prioritäten nach Wichtigkeit, und nicht nach Dringlichkeit setzen.* Statt sich in unzähligen Nebensächlichkeiten zu verlieren und sich am Ende des Tages als Versager zu fühlen, sollten Sie sich auf die für Sie wichtigsten Dinge konzentrieren. Wenn Sie dieser Strategie folgen, dann kann ich Ihnen ein Gefühl der Befriedigung und des Stolzes auf die eigene Leistung versprechen, das nur wenige Menschen erleben.

25

Muße und Spaß: Selbst Gott hat einen Ruhetag eingelegt!

Siebter Tag

Ihr Ergebnis: Sorgen Sie dafür, daß sich Arbeit und Vergnügen in etwa die Waage halten.

Sie haben hart gearbeitet und eine harte Zeit durchgestanden. Nun sollten Sie sich einen Mußetag gönnen, an dem Spaß geboten ist. Seien Sie spontan, ausgelassen und unternehmen Sie etwas, was sonst nicht Ihrem Naturell entspricht. Welche Aktivitäten finden Sie besonders aufregend?

„Ein großer Mensch ist,
wer sein kindliches Herz nicht verliert.“

MENCIUS

Ihre heutige Aufgabe:

1. Planen Sie bewußt etwas ein, das Ihnen Spaß macht. Setzen Sie Ihr Vorhaben in die Tat um, oder folgen Sie der Laune eines Augenblicks. Was immer Sie auch tun wollen, genießen Sie es!

TEIL IV

Eine schicksalhafte Lektion

26

Die letzte und größte Herausforderung: Was ein Einzelner alles bewirken kann

„Eine mächtige Flamme entsteht aus einem winzigen Funken."

DANTE

Er wußte, daß er ihnen Einhalt gebieten mußte. Mit nur 800 Dollar in der Tasche passierte Sam LaBudde mit seinem Wagen die mexikanische Grenze; nun stand er am Kai von Ensenada, wo die Fischerboote vor Anker lagen, und wartete auf seine Chance. Mit einer Videokamera um den Hals spielte er den unbedarften amerikanischen Touristen und bot jedem Kapitän, der mit seinem Schiff in den Hafen einlief, seine Dienste als Matrose oder Maschinist an.

Auf der *Maria Luisa* wurde er als Besatzungsmitglied auf Zeit angeheuert, und als der Thunfischtrawler die mexikanische Küste hinter sich ließ, begann LaBudde, heimlich die Aktivitäten der Männer zu filmen. Er wußte, es wäre lebensgefährlich, wenn man sein Treiben entdeckte.

Schließlich geschah, was er erwartet hatte: Sie waren umringt. Eine Gruppe von Delphinen begann, nahe der *Maria Luisa* ihre Sprünge zu vollführen. Ihr zutrauliches Wesen hatte sie in die Nähe des Schiffes, und, was sie nicht wissen konnten, dem Tod in die Arme gelockt. Die Fischer folgten der Spur der Delphine; sie hatten es auf den Bonito abgesehen, eine geschätzte Thunfischart, die für gewöhnlich in Schwärmen unterhalb der verspielten Geschöpfe dahinzog. Kaltblütig und berechnend legten sie ihre Netze in die Bahn der Delphine, ohne einen Gedanken daran zu verschwenden, was mit den Tieren geschah.

Im Verlauf der nächsten fünf Stunden zeichnete LaBuddes Videokamera die grauenhaften Ereignisse auf. Ein Delphin nach dem anderen verfing sich in den Netzen, unfähig, sich zu befreien und zur Oberfläche zu gelangen, um dort den lebensnotwendigen Sauerstoff einzuatmen.

Irgendwann einmal brüllte der Kapitän: „Wie viele im Netz?" Als LaBudde die Kamera herumschwenkte, um das Abschlachten auf Video zu bannen, hörte er ein Besatzungsmitglied rufen: „Ungefähr fünfzig!" Der Kapitän erteilte den Befehl, die Netze einzuholen. Zahlreiche Delphine lagen erdrosselt und leblos auf dem schlüpfrigen Deck; die Männer trennten sie von den Thunfischen und schoben die schlanken grauen Körper beiseite. Dann wurden die Leichen dieser herrlichen Tiere so achtlos über Bord gekippt wie Müllsäcke.

LaBuddes Film bewies eindeutig die Richtigkeit eines Arguments, das andere Tierschützer schon seit Jahren geltend gemacht hatten: daß regelmäßig Hunderte von Delphinen an einem einzigen Tag im Zuge des Fischfangs getötet wurden. Schätzungen zufolge fielen allein in den letzten zehn Jahren mehr als sechs Millionen Delphine den Netzen zum Opfer. LaBuddes auf elf Minuten zusammengeschnittener Videofilm konfrontierte die Zuschauer mit der grausamen Wirklichkeit, den Greueln, die wir an diesen intelligenten und liebenswerten Geschöpfen verüben. Die erzürnten Verbraucher in Amerika und anderen Ländern hörten schlagartig auf, Thunfisch zu kaufen; sie riefen zum Boykott auf, der noch verschärft wurde, als die Medien das Thema gezielter aufgriffen.

1991, knapp vier Jahre, nachdem LaBudde die Tragödie erstmals im Film festgehalten hatte, verkündete Starkist, eine der größten Thunfisch-Konservenfabriken der Welt, daß sie keine in Beutelnetzen gefangene Thunfisch mehr eindosen werde. Andere Firmen folgten dem Beispiel und gaben nur wenige Stunden später ähnliche Verlautbarungen ab. Der Kampf ist noch nicht zu Ende, denn noch immer töten Thunfischtrawler unter ausländischer Flagge, die keiner strikten Regulierung unterworfen sind und in amerikanischen Hoheitsgewässern fischen, sechsmal soviel Delphine wie früher die amerikanischen Fangboote. Und doch hat LaBuddes Tag auf der *Maria Luisa* die Neuorientierung der amerikanischen Thunfischindustrie beschleunigt. Er konnte damit zahllosen Delphinen das Leben retten und dazu beitragen, wenigstens einen kleinen Teil des Gleichgewichts im Ökosystem der Meere wiederherzustellen.

Viele Menschen fühlen sich machtlos und unbedeutend, wenn es um soziale Themen und Ereignisse von weltweiter Bedeutung geht. Sie glauben, trotz des Bestrebens, im Rahmen ihres eigenen Lebens stets das Richtige zu tun, sei ihr Wohlergehen auf Gedeih und Verderb den Aktionen anderer ausgeliefert. Sie fühlen sich bedroht durch die ausufernden Bandenkriege und Gewaltverbrechen, reagieren bestürzt auf das Haushaltsdefizit des Staates und die Krisen, in denen manche Wirtschaftszweige stecken, sind traurig über die zahlreichen Obdachlosen und Analphabeten, und überfordert angesichts des weltweiten Treibhauseffekts und der gnadenlosen Ausrottung von Tierarten. Solche Menschen verfallen in das eingefahrene Denkmuster: „Selbst wenn ich mein eigenes Leben und das meiner Familie im Griff habe, was ist damit schon gewonnen? Irgendein Irrer in einer Machtposition könnte versehentlich auf den Knopf drücken und uns alle in die Luft jagen!" Dieses Glaubensmuster bestärkt sie in dem Gefühl, nicht den mindesten Einfluß zu haben und unfähig zu sein, wirklich bedeutsame Veränderungen zu bewirken. Eine solche Einstellung führt natürlich zum Muster der erworbenen Hilflosigkeit und dem Satz: „Wozu soll ich es überhaupt erst versuchen?"

Nichts wirkt sich lähmender auf die Initiativkraft eines Menschen aus als die erworbene Hilflosigkeit; sie ist das größte Hindernis, das uns davon abhält, unser Leben zu verändern und anderen dabei zu helfen, ein neues zu beginnen. Ich habe mich in diesem Buch immer wieder bemüht, Ihnen eine zentrale Botschaft zu vermitteln: *Es steht in Ihrer Macht zu bestimmen, wie Sie denken, was Sie fühlen und wie Sie handeln wollen.* Sie sind, vielleicht zum erstenmal, in der Lage, die Kontrolle über Ihr internes Steuersystem auszuüben, das Sie unbewußt an diesen Punkt Ihres Lebens gebracht hat. Dank der Strategien und Erkenntnisse, die Sie durch die Lektüre dieses Buches und die Übungen gewonnen haben, ist in Ihnen die Überzeugung gereift, daß Sie wirklich Herr Ihres Schicksals sind und die Fäden Ihres Lebenswegs in der Hand halten.

Gemeinsam haben wir entdeckt, welch ungeheure Macht unser Schicksal bestimmt, nämlich die Macht der Entscheidung. Wir haben gesehen, daß unsere Entscheidungen hinsichtlich der Dinge, denen wir unsere ungeteilte Aufmerksamkeit widmen, der Bedeutung, die wir den Geschehnissen beimessen, und der Aktionen, die wir infolgedessen einleiten, die Qualität unserer Gegenwart und Zukunft nachhaltig beeinflussen.

Nun ist es an der Zeit, die Macht *kollektiver Entscheidungen* anzusprechen, die das Schicksal unserer Gemeinde, unseres Landes und unserer Welt formen können. Die Lebensqualität nachfolgender Generationen hängt von den kollektiven Entscheidungen ab, die wir heute treffen, von der Art, wie wir den Herausforderungen der Gegenwart — zum Beispiel dem zunehmenden Drogenmißbrauch, den Ungleichgewichten im Welthandel, den Fehlleistungen des Erziehungssystems und den Unzulänglichkeiten im Strafvollzug — begegnen.

Wenn wir uns auf die Mißstände fixieren, beschränken wir unseren Blickwinkel auf die Wirkung und vernachlässigen die Ursache dieser Probleme. Wir versäumen es, uns bewußt zu machen, *daß es die unbedeutend erscheinenden, alltäglichen Entscheidungen sind, mit denen wir unser Schicksal schmieden.* Alle Entscheidungen haben Konsequenzen. Wenn wir unsere Entscheidungen unbewußt treffen und wenn wir handeln, ohne uns im mindesten über die möglichen Auswirkungen im klaren zu sein, dann schreiben wir unbeabsichtigt diejenigen Probleme fest, vor denen wir uns am meisten fürchten. Wenn wir versuchen, kurzfristig schmerzvolle Erfahrungen zu vermeiden, treffen wir oft Entscheidungen, die uns langfristig zum Nachteil gereichen. Und während wir uns auf dem Fluß des Lebens treiben lassen, reden wir uns selbst ein, daß diese Probleme permanent und nicht zu ändern seien, daß sie einfach zu den Wechselfällen des Lebens gehörten.

Am weitesten verbreitet ist vermutlich die Fehlauffassung, daß nur ein übermenschlicher Kraftakt eine Wende zum Besseren bewirken könne. Nichts könnte weiter von der Wahrheit entfernt sein. Das Leben ist kumulativ. Welche Ergebnisse wir auch immer erzielen mögen, sie stellen die Summe einer Fülle geringfügiger Entscheidungen dar, die wir als Einzelpersonen, als Familie, als Gemeinde, als Gesellschaft und als Spezies treffen. Ob unser Leben als Erfolg oder Mißerfolg bezeichnet werden kann, hängt in der Regel nicht von einem einzigen umwälzenden Ereignis oder einer welterschütternden Entscheidung ab, obwohl es manchmal so scheinen mag. Über Erfolg oder Mißerfolg bestimmen vielmehr unsere tagtäglichen Entscheidungen und Aktionen.

Diese alltäglichen Entscheidungen und Aktionen, die Bereitschaft eines jeden, auf individueller Ebene Verantwortung zu übernehmen, können tatsächlich etwas bewirken, wenn es um dringliche Probleme geht — sei es unsere Fähigkeit, uns um die Behinderten in unserer Gesellschaft zu kümmern oder zu lernen, in Harmonie mit unserer Umwelt zu leben. Um massive und weitreichende Veränderungen sowohl im Schicksal jedes einzelnen als auch größerer Lebensgemeinschaften einzuleiten, müssen wir uns dem Bemühen um stetige, lebenslange Verbesserungen, dem *CANI!*™-Prinzip, verschreiben. Nur auf diese Weise können wir bedeutsame und dauerhafte Veränderungen herbeiführen.

Die letztgültige Lösung

Was ist Ihrer Meinung nach das gemeinsame Element aller Probleme, mit denen wir uns heute als Nation und Weltgemeinschaft konfrontiert sehen? Gleich, ob es sich um die wachsende Zahl der Obdachlosen, die eskalierenden Verbrechensraten, die riesigen Fehlbeträge im Staatshaushalt oder die langsame Zerstörung unseres Ökosystems handelt — die Antwort lautet, daß *jedes einzelne Problem von menschlichen Verhaltensweisen verursacht oder in Gang gesetzt wurde. Deshalb besteht die Lösung jedes dieser Probleme darin, unser Verhalten zu verändern.* Wir sind nicht mit einem Drogenproblem, sondern mit einem Verhaltensproblem konfrontiert. Schwangerschaft im Teenageralter ist nicht auf einen Virus, sondern auf ein bestimmtes Verhalten zurückzuführen. Bandenkriege sind Manifestationen eines Verhaltensproblems. Selbst ein Atomkrieg wäre letztlich ein Verhaltensproblem. Infolge unserer Entscheidungen wurden Nuklearwaffen gebaut, und sie können durch unsere Entscheidungen zerstört werden. *Alle diese Probleme sind das Ergebnis von Aktionen, die auf der freien Entscheidung des Menschen beruhen.*

Wenn sich ein junger Mann beispielsweise einer Straßenbande anschließt, setzt diese eine Entscheidung eine ganze Kette von Verhaltensweisen und Problemen in Gang. In Übereinstimmung mit seiner neuen Identität macht er sich einen ganz spezifischen Verhaltenskodex zu eigen, bei dem Werte wie Loyalität gegenüber der Gruppe höchsten Stellenwert haben; daraus entwickelt sich ein ganzes System charakteristischer Regeln und Verhaltensweisen. Ein Beispiel für die weltweiten, langfristigen Konsequenzen unserer Entscheidungen sind die chronischen Hungerkatastrophen und Nahrungsmittelverknappungen, denen zahllose Menschen in vielen Ländern der Erde zum Opfer fallen. Die Weltgesundheitsorganisation hat nachgewiesen, daß es möglich ist, jeden Mann, jede Frau und jedes Kind auf unserem Planeten zu ernähren, und doch verhungern tagtäglich 40.000 Kinder. Warum? Offensichtlich verfügen wir über die erforderlichen Mittel und Möglichkeiten, aber irgend etwas ist schrecklich schiefgelaufen, nicht nur mit der Verteilung der Nahrung, sondern auch mit der Art, wie wir unsere Ressourcen nutzen.

Wenn wir uns klarmachen, daß die Wurzel aller Probleme das menschliche Verhalten ist (und der Entscheidungsfindungsprozeß, der als Auslöser dient), dann wissen wir, daß nur wir imstande sind, etwas daran zu ändern! *Es gibt nur ein Territorium, über das wir die alleinige Kontrolle haben, nämlich unsere eigene innere Welt.* Wir *entscheiden, was die Geschehnisse zu bedeuten haben und wie wir darauf reagieren sollten.* Diese aus unseren Entscheidungen resultierenden Handlungsweisen wirken sich auf unser äußeres Umfeld aus. Es gibt Initiativen, die jeder von uns zu Hause einleiten kann; sie werden eine ganze Kette spezifischer, positiver Konsequenzen nach sich ziehen. Damit bringen wir unsere am tiefsten verwurzelten Werte und Glaubensprinzipien zum Ausdruck, und mittels des weltweiten Einflusses unserer Massenmedien sind selbst die einfachsten Maßnahmen imstande, Menschen aller Nationen zum Umdenken und Handeln zu bewegen.

Obwohl diese Aussichten ermutigend für die menschliche Rasse sind, fragen Sie sich vielleicht: „Was kann ein einzelner Mensch denn wirklich ausrichten?" Buchstäblich alles! *Ihrem Wirkungsradius sind nur zwei Grenzen gesetzt: Ihre Vorstellungskraft und Ihr Engagement.* Die Entwicklungsgeschichte der Welt ist eine Chronik der Ereignisse, die von den beherzten Taten einer kleinen Schar ganz gewöhnlicher Menschen mit außergewöhnlichem persönlichen Engagement in Gang gesetzt wurden. Sie ließen nur auf wenigen Gebieten herausragende Begabung erkennen. Sie gelangten lediglich zu der Schlußfolgerung, daß eine Veränderung erforderlich sei und daß sie es ändern könnten. Dann brachten sie den Mut und das Durchhaltevermögen auf, eine Problemlösung zu finden. Diese Männer und Frauen sind echte *Helden*.

Ich glaube, daß Sie und ich — und jeder Mensch, der unseren Weg kreuzt — die angeborene Fähigkeit zu heldenmütigem Verhalten in sich trägt. Wir alle sind imstande, wagemutig, beherzt und uneigennützig Schritte einzuleiten, um anderen ein besseres Leben zu ermöglichen, selbst wenn es kurzfristig den Anschein hat, als könnten uns diese zum eigenen Nachteil gereichen. Diese Befähigung, das Richtige zu tun, Flagge zu zeigen und sich tatkräftig für positive Veränderungen einzusetzen, schlummert auch in Ihnen. Die Frage ist nur: *Werden Sie sich, wenn der Augenblick der Entscheidung naht, daran erinnern, daß Sie ein Held sind und selbstlos jene unterstützen, die Ihrer Hilfe bedürfen?*

Viele Menschen gehen gerne auch nur dem leisesten Anzeichen eines Problems oder einer Herausforderung aus dem Weg; doch die Fähigkeit, *Schwierigkeiten zu überwinden, ist ein Schlüsselfaktor, der den Charakter eines Menschen prägt.* Viele haben keine Ahnung, daß sie zu Heldentaten fähig sind, bis eine Krisen- oder lebensbedrohliche Situation eintritt und sie über ihren eigenen Schatten springen müssen, weil ihnen gar keine andere Wahl bleibt. Wenn Sie sich das nächste Mal einem schwerwiegenden Problem gegenübersehen, sollten Sie sich ihm stellen und die Initiative ergreifen, wie wenig Ihre Reaktion auf den ersten Blick auch ins Gewicht fallen mag. Wer weiß schon, welche Kettenreaktion Sie damit in Gang setzen? Identifizieren Sie sich als Held, damit Sie heldenhaft handeln können.

Viele Menschen glauben, Persönlichkeiten wie Mutter Teresa sei das Heldentum in die Wiege gelegt worden. Ihr tiefe Gläubigkeit sei die Quelle ihres Engagements und ihrer aufopfernden Hilfe für die Armen, durch die sie sich schon immer von den gewöhnlichen Sterblichen unterschieden habe. Es ist richtig, daß sie über außergewöhnlichen Mut und große menschliche Anteilnahme verfügt, aber auch in ihrem Leben gab es einige entscheidende Augenblicke, die ihre Rolle als Missionarin der Nächstenliebe definiert haben. Mutter Teresa sah ihre Lebensaufgabe nicht von Anfang an darin, den Armen zu helfen. Zwanzig Jahre lang unterrichtete sie die Kinder der reichsten Bürger von Kalkutta. Jeden Tag hatte sie die Elendsquartiere vor Augen, die das Stadtviertel der Wohlhabenden, in dem sie arbeitete, umgaben, ohne daß ihr der Gedanke kam, sich in die Welt außerhalb ihrer Einflußsphäre hinauszuwagen.

Eines Abends, als sie eine Straße entlangging, vernahm sie die Hilferufe einer Frau. In diesem Augenblick, als die Sterbende in ihren Armen zusammenbrach, sollte sich Mutter Teresas Leben ein für allemal ändern.

Sie erkannte, wie bedrohlich der Zustand der Frau war, und brachte sie ins nächste Krankenhaus, wo man sie bat, Platz zu nehmen und zu warten. Sie wußte, daß die Frau ohne unverzügliche ärztliche Hilfe sterben würde, deshalb schleppte sie sie in ein anderes Hospital. Auch hier wurde sie aufgefordert, zu warten. Die Frau gehörte einer niederen Kaste an und wurde daher für geringer erachtet als die anderen Patienten. Mutter Teresa nahm sie mit nach Hause. Sie starb noch in der gleichen Nacht in ihren Armen.

Mutter Teresas schicksalsträchtiger Moment war derjenige, als sie die Entscheidung traf, daß so etwas nie wieder jemandem geschehen sollte, der sich in ihrer Reichweite befand. Von diesem Augenblick an wollte sie ihr Leben der Aufgabe widmen, das Elend der Menschen in ihrem Umfeld zu lindern, ihnen ein Leben oder einen Tod in Würde zu verschaffen. Sie würde alles tun, damit sie eine bessere Behandlung erfuhren als je zuvor, mit der Liebe und Achtung, die jeder Mensch verdient.

Viele Leute scheinen heute schon vor dem Gedanken zurückzuschrekken, ein Held zu sein, vielleicht um der Verantwortung aus dem Weg zu gehen, die damit einhergehen könnte. Und außerdem, sind solche Ambitionen nicht sehr egoistisch? Ist Heldentum nicht sowieso Blendwerk? Schließlich ist niemand vollkommen. Wir leben heute in einer Gesellschaft, die potentielle Helden nicht nur ignoriert, sondern auch jene Identifikationspersonen verunglimpft, die wir bereits haben. Mit morbider Faszination durchforsten wir ihr Privatleben, suchen nach einem Schwachpunkt in ihrer Rüstung und finden ihn prompt — oder erfinden ihn. In jedem Wahlkampf in den USA beklagt die Öffentlichkeit das mangelnde Format der Kandidaten; aber sie verfolgt gierig auch nur die kleinste Indiskretion über die Vergangenheit eines Bewerbers und richtete ihre Aufmerksamkeit sogar auf die Tatsache, daß ein potentielles Mitglied des Obersten Gerichtshofs der Vereinigten Staaten vor Jahrzehnten einmal Marihuana geraucht hat!

Wenn wir die Helden der Vergangenheit nach den gleichen Kriterien beurteilen würden wie die großen Persönlichkeiten der Gegenwart, hätten wir keine Helden mehr! Den Kennedys und Martin Luther Kings würde es schwerfallen, sich gegen die Revolverblattmentalität unserer Zeit zu behaupten. Es scheint, als hätten wir solche Angst, ernüchtert zu werden, daß wir von Anfang an nach einem Haar in der Suppe suchen, so daß wir uns später nicht enttäuscht fühlen. Solange wir davon ausgehen, daß sämtliche Helden auf tönernen Füßen stehen, müssen wir natürlich überzeugt davon sein, daß mit uns allen etwas nicht stimmt, daß in niemandem von uns „das Zeug zum Helden“ steckt.

Wie definiere ich einen Helden? Ein Held ist ein Mensch, der selbst unter den widrigsten Umständen couragiert seinen Beitrag leistet; der uneigennützig handelt und mehr von sich selbst fordert, als andere von ihm erwarten; der Andersdenkenden die Stirn bietet, weil er trotz seiner Angst das tut, was er für das Richtige hält. Ein Held setzt sich über den „gesunden Menschenverstand“ derjenigen hinweg, die das Festhalten am Status quo befürworten. Er zielt darauf ab, seinen Beitrag zum Allgemeinwohl zu leisten, ein Beispiel zu geben, in Übereinstimmung mit der Wahrheit seiner Überzeugungen zu leben. Ein Held entwickelt Strategien, um sein Ergebnis abzusichern, und hält beharrlich an seinem Ziel fest, bis es realisiert ist. Er ändert seinen Problemlösungsansatz, falls erforderlich, und hat begriffen, welche Bedeutung auch kleinen, kontinuierlichen Schritten in die angestrebte Richtung zukommen kann. Ein Held erhebt nicht Anspruch auf Vollkommenheit, denn niemand ist perfekt. Wir alle machen Fehler, aber das wertet unsere Beiträge nicht ab, die wir im Verlauf unseres Lebens leisten. *Heldentum hat nichts mit Perfektion zu tun, wohl aber mit Menschlichkeit.*

Das Problem der Obdachlosigkeit

Wenn wir wissen, daß in jedem von uns die Flamme des Heldentums brennt und nur darauf wartet, entzündet zu werden, wie können wir dann ein so ungeheuer großes soziales Problem wie das Elend der Obdachlosen in unserem Land in den Griff bekommen? Die erste Schlüsselstrategie, um diese Situation zu verändern, besteht darin, *höhere Ansprüche an uns selbst zu stellen.* Wir müssen beschließen, daß wir als Angehörige eines der reichsten Länder der Erde nicht länger hinnehmen wollen, daß Männer, Frauen und Kinder ausgegrenzt werden und auf der Straße leben müssen wie menschlicher Abfall.

Wie hoch ist der Prozentsatz der Obdachlosen? Die Ergebnisse der 1990 in den USA durchgeführten Volkszählung sind noch nicht voll ausgewertet. Schon aufgrund der Struktur der Obdachlosigkeit — die Betroffenen haben keinen festen Wohnsitz — sind verläßliche Daten schwer zu beschaffen. Die am häufigsten erwähnten Statistiken schätzen die Anzahl der obdachlosen amerikanischen Staatsbürger auf 3 Millionen; das heißt, jeder Hundertste lebt auf der Straße oder in Heimen.

Der zweite Schlüsselansatz für die Lösung dieses Problems ist die Veränderung unserer Glaubenssätze. Wir müssen aufräumen mit dem Irrglauben, diese Probleme wären eine Trauma, mit dem unser Land für immer geschlagen ist, und der einzelne sei dagegen machtlos. Wir können uns nur von dieser erworbenen Hilflosigkeit freimachen, wenn wir den Glauben entwickeln, daß man als einzelner Mensch sehr wohl etwas bewirken kann. Alle großen Reformbewegungen wurden von engagierten Einzelpersonen getragen.

Wir müssen auch den Glauben ablegen, daß alle Obdachlosen aufgrund „mentaler Störungen" in ihrer ausweglosen Situation stecken. Auch zu diesem Punkt liegen keine genauen statistischen Angaben vor, aber man schätzt, daß nur zwischen 16 und 22 Prozent der Obdachlosen an irgendeiner Form der mentalen Erkrankung leiden. Wir müssen unsere eigenen Klischeevorstellungen durchbrechen. Verallgemeinerungen über Obdachlose befähigen uns nicht, Hilfe zu leisten, und es steht ohne jeden Zweifel fest, daß vielen geholfen werden kann.

Welche Ursachen gibt es für die Obdachlosigkeit? Neben der bereits erwähnten mentalen Störung gehören zu den oft genannten Gründen die ausufernden Mietkosten, gekoppelt mit schwindenden Einkommen, der Drogen- und Alkoholmißbrauch, und der Zusammenbruch der traditionellen Familie. Diese Argumente sind zutreffend, doch sie stützen sich allesamt auf bestimmte Glaubenssysteme. Vielen ist es gelungen, die verheerenden Auswirkungen von Drogen- und Alkoholmißbrauch zu überleben, viele haben unverschuldet ihr Heim verloren, können nicht einmal genug Geld verdienen, um die Miete zu bezahlen, und haben nie ein harmonisches Familienleben kennengelernt — und trotzdem sind sie nie obdachlos geworden.

Worin liegt der Unterschied? *Letzten Endes läuft alles auf die Grundprinzipien, Werte und die Identität jedes einzelnen Menschen hinaus.* Viele, die auf der Straße leben, betrachten sich selbst als „obdachlos", während andere sich als Menschen sehen, die „zeitweilig ohne festen Wohnsitz" sind. Folglich werden letztere intensiv nach Lösungen suchen und zum tradierten Lebensstil zurückfinden. *Um langfristig Verbesserungen zu erzielen, muß ein obdachloser Mensch als erstes sein Identität neu definieren.* Das ist die einzige Möglichkeit, eine dauerhafte Verhaltensveränderung zu erzielen.

Seit 1984 habe ich mit Obdachlosen-Organisationen in der South Bronx in Brooklyn, in Hawaii und in San Diego zusammengearbeitet. Ich konnte vielen Menschen helfen, sich von einem „Entwurzelten" in ein nützliches Mitglied der Gesellschaft zu verwandeln. Jedes Jahr verbringen Teilnehmer an meinen Seminaren einen Abend mit Obdachlosen, um Veränderungen den Weg zu ebnen und ihnen dabei zu helfen, eine Wende in ihrem Leben herbeizuführen. Die Ergebnisse dieser einstündigen Interaktionen sind oftmals verblüffend.

Ein schreckliches Beispiel für die Mechanismen der Obdachlosigkeit ist ein junger Mann namens T. J. Wir lernten ihn vor zwei Jahren kennen, als wir ihn von der Straße auflasen und zum Essen einluden, damit er uns seine Lebensgeschichte erzählte. Damals war er nach eigenen Angaben „total high". Er lebte seit zehn Jahren auf der Straße und war von Kokain, Methadon und Amphetaminen abhängig. Nach nur einer Stunde konnte ich ihm, gemeinsam mit meinen Seminarteilnehmern, dabei helfen, seine Wertvorstellungen drastisch zu ändern und Strategien zu entwickeln, die seine neue Identität unterstützen konnten.

Heute hat T. J. nicht nur die Straße und die Drogen hinter sich gelassen, sondern leistet auch einen wertvollen Beitrag zum Wohl der Gesellschaft — er arbeitet als Feuerwehrmann in Texas. Während der letzten zwei Jahre hat er an unserem Programm teilgenommen, um uns dabei zu helfen, Menschen anzusprechen und anzuleiten, die sich in der gleichen Position befinden wie er selbst noch vor wenigen Jahren.

Ich habe in den Gesprächen mit Obdachlosen festgestellt, daß viele T. J. gleichen. Sie haben Probleme mit Drogen oder Alkohol, oder ihre Unterkunft verloren und wissen nicht, wie sie mit der Situation fertigwerden sollen. Manche der Herausforderungen, denen sie sich gegenübersehen, sind denen nicht ganz unähnlich, die viele andere Menschen bewältigen müssen. Sie haben einengende Neuroassoziationen und Wertvorstellungen entwickelt, die eine Veränderung von vornherein erschweren; einige ihrer Lebensregeln hindern sie daran, Fortschritte zu machen, und ihre Identität kettet sie an die festgefügten Bahnen, in denen ihr Leben verläuft. Da die persönliche Freiheit zu ihren vorrangigen Werthaltungen zählt, fühlen sie sich trotz der Unzufriedenheit mit ihrem Umfeld einigermaßen wohl. Schließlich müssen sie sich nicht nach den Spielregeln der Gesellschaft richten und können dem Streß aus dem Weg gehen, den sie mit diesen Normen assoziieren. Sie haben sich oft einen Freundeskreis unter ihresgleichen aufgebaut und halten sich für „stark", weil es ihnen gelungen ist, mit Hilfe ihres Instinkts zu überleben, der, wie sie meinen, in Wirklichkeit den Charakter formt. Ich habe sogar Menschen kennengelernt, die früher obdachlos waren und inzwischen eine Wohnung besaßen, die aber immer noch Asyle aufsuchten, weil sie sich nach wie vor vollständig mit ihrem Obdachlosendasein identifizierten.

Mit Freundschaft und Fürsorge können wir eine Brücke schlagen zwischen der unerbittlichen Realität der Obdachlosigkeit und der Herausforderung, sich persönlich verantwortlich zu fühlen für die Wiedereingliederung dieser Menschen in die Gesellschaft, die anders nicht möglich wäre. Wir alle handeln aus Gründen, die wir als zwingend empfinden. Was würde passieren, wenn Sie Freundschaft mit einem obdachlosen Menschen schließen und ihm einige andersgeartete Referenzerlebnisse zugänglich machen würden, zum Beispiel einen Urlaub in einem Badeort oder einen Theaterbesuch? Neue Referenzerlebnisse sind der Rohstoff, aus dem neue Glaubensmuster und neue Identitäten entstehen. Denken Sie daran: Auch mit kleinen Schritten lassen sich große Ziele erreichen.

Die Probleme im Strafvollzug

In Justizvollzugsanstalten finden wir ähnlich beunruhigende Probleme. Man braucht kein Genie zu sein, um zu erkennen, daß unser gegenwärtiges Strafvollzugssystem unwirksam ist; dafür spricht allein schon, daß 82 Prozent der Straftäter rückfällig werden. Von allen Inhaftierten, die 1986 in amerikanischen Bundes- und Staatsgefängnissen ihre Strafe verbüßten, waren 60 Prozent mindestens zweimal, 45 Prozent mindestens dreimal, und 20 Prozent sechsmal und öfter im Gefängnis.

In den letzten fünf Jahren ist die Anzahl der Gefängnisinsassen drastisch gestiegen; die massive Überbelegung verursacht einigen Streß. Um den Druck abzubauen, hat man einige der Häftlinge vorzeitig mit 200 Dollar in der Tasche entlassen, aus einem System ausgegliedert, das sie hassen, auf das sie sich aber gleichzeitig verlassen konnten, weil es ihnen ein gewisses Maß an Überschaubarkeit und Sicherheit bot.

Sie haben aber nicht gelernt, ihre Entscheidungsfindungsprozesse zu verbessern. In einem Milieu zu leben, in dem man jemanden dafür bezahlen muß, um nicht von anderen Häftlingen physisch bedroht oder sexuell mißbraucht zu werden, in dem man nur überlebt, wenn man stiehlt oder sich einer Bande anschließt, ist für das Selbstbild oder die Weltsicht nicht gerade förderlich. Die Insassen haben ein starkes Interesse daran, ihre kriminelle Identität zu bewahren, um in der Welt hinter Gittern bestehen zu können, in der eine ganz eigene gesellschaftliche Rangordnung herrscht und Anerkennung und Prestige von der Einhaltung primitivster, gnadenloser Regeln abhängig sind.

Ein ehemaliger Häftling erzählte mir: „Sobald ich auf freiem Fuß war, überlegte ich, wie ich wieder zurück könnte. Schließlich kannte ich da draußen keine Menschenseele. Im Knast wurde ich respektiert. Meine Kumpels wären für mich durchs Feuer gegangen. Draußen war ich nur ein wertloser Knacki." In eine Welt hinausgeschickt, in der sie keine zwischenmenschlichen Kontakte mehr haben, und in der Meinung, keinen Einfluß auf ihre Situation nehmen zu können, begehen diese Männer und Frauen neue Straftaten, um sich die Rückkehr in ihr „Zuhause" zu sichern.

Läßt sich dieser Teufelskreis der Kriminalität durchbrechen? Natürlich — *wenn genug Nachteile mit dem Gefängnis und genug Vorteile mit dem Leben in Freiheit assoziiert werden.* Wenn wir ihnen diese Einsicht nahebringen könnten, dann würde die Kombination dieser Faktoren erstaunliche Wirkung zeitigen. Vor kurzem habe ich mit einem Mann gesprochen, der gerade erst eine achtjährige Haftstrafe wegen versuchten Mordes verbüßt hatte. Als ich ihn fragte, ob er noch einmal jemanden erschießen würde, erwiderte er lächelnd: „Ohne mit der Wimper zu zukken — falls jemand versuchen sollte, mir meine Drogen wegzunehmen." „Wollen Sie nicht um jeden Preis die Rückkehr ins Gefängnis vermeiden?" Er antwortete: „Nein! So schlecht ist es im Knast gar nicht. Dort mußte ich mir keine Gedanken über meine nächste Mahlzeit machen. Und ich konnte fernsehen. Und ich hatte meine Beziehungen; ich wußte, wo's langgeht, und deshalb mußte ich mir keine großen Sorgen machen." Das Gefängnis schreckte ihn nicht von seinem soziopathischen Verhalten ab. Er assoziierte einfach keine Nachteile mit der Inhaftierung.

Vergleichen Sie damit die Erfahrungen von Frank Abagnale, Verfasser des Buches *Catch Me If You Can.* Er hat mit seinen Tricks als „Hochstapler" für Schlagzeilen gesorgt. Er reiste um die Welt und gab sich unter anderem als Pilot der Fluggesellschaft Pan Am, als Verwaltungsdirektor eines Krankenhauses oder als enger Mitarbeiter des Justizministers von Louisiana aus und brachte die Leute durch seine Betrügereien um Millionen von Dollar. Heute gilt er als einer der besten Fachleute für Banksicherheitssysteme und als angesehenes Mitglied seiner Gemeinde.

Was hat diesen Wandel bewirkt? Schmerz. Nach einer seiner Eskapaden wurde er verhaftet und landete in einem französischen Gefängnis. Niemand drohte ihm mit physischer Gewalt oder sexuellem Mißbrauch, aber die Erfahrung war ungeheuer qualvoll. Erstens saß er seine gesamte Strafe in Dunkelhaft und isoliert von jeglichem Kontakt mit der Außenwelt ab: kein Fernsehen, keine Tageszeitungen, kein Radio, keine Unterhaltung mit anderen Insassen oder dem Wachpersonal. Zweitens hatte er nicht die geringste Ahnung, wann man ihn entlassen würde. Es gab keinen Hinweis darauf, ob man plante, ihn dort sechzig Tage oder sechzig Jahre einzusperren.

Dieses Im-Dunkeln-Tappen — das Gefühl der Ungewißheit — war die schlimmste nur erdenkliche Strafe, und Frank verknüpfte soviel Schmerz mit dieser „Hölle auf Erden", daß er sich schwor, nie mehr straffällig zu werden. Er ist nicht der einzige. Es überrascht wohl nicht, daß französische Justizvollzugsanstalten auf eine Rückfallquote von nur einem Prozent verweisen können und pro Häftling nicht mehr als rund 200 Dollar jährlich ausgeben. Diese Zahl ist um so erstaunlicher, wenn man bedenkt, daß ein Strafgefangener in Amerika 30.000 Dollar an Steuergeldern verschlingt und 82 Prozent wieder rückfällig werden!

Ich schlage nicht vor, das französische Strafvollzugssystem zu kopieren. Ich will damit nur zum Ausdruck bringen, daß unser System nicht funktioniert und daß es an der Zeit wäre, etwas anderes zu erproben. Wir müssen ein Umfeld schaffen, in dem sich Strafgefangene nicht ständig Sorgen darüber machen müssen, von Zellengenossen zusammengeschlagen oder angegriffen zu werden. Es geht aber auch nicht an, daß ein Gefängnis ihnen das Zuhause ersetzt, das sie nie hatten. Ich meine, daß Haftstrafen unliebsam und unangenehm sein sollten; man müßte den Insassen jedoch schon während der Haftzeit Möglichkeiten eröffnen, ihre Situation außerhalb der Mauern zu beeinflussen, die Freuden und Chancen in unserer Welt aufzeigen, so daß sie nach ihrer Entlassung etwas Erstrebenswertes in ihrer Freiheit sehen, statt Angst davor zu empfinden. Sie müssen massive Nachteile mit der Haft verknüpfen, und Freude mit dem Beginn eines neuen Lebens. Andernfalls läßt sich das Verhalten, das sie ins Gefängnis gebracht hat, auf lange Sicht niemals verändern.

Vor allem muß ein Strafgefangener jedoch wissen, daß es jemanden gibt, dem sein Schicksal am Herzen liegt, der bemüht ist, ihm Strategien anzubieten, die sein Leben in eine andere Richtung lenken. Nicht alle sind gewillt, sich zu ändern, aber diejenigen, die diese Bereitschaft bekunden, verdienen unsere Hilfe.

Was können Sie tun? Eine ebenso einfache wie nachhaltige Maßnahme bestünde darin, einmal im Monat einen Strafgefangenen zu besuchen, der ehrlich bemüht ist, ein neues Leben zu beginnen. Bieten Sie ihr oder ihm Ihre Freundschaft und Unterstützung an, und zeigen Sie die Wahlmöglichkeiten auf, die ihr oder ihm zur Verfügung stehen. Ich werde nie die Beziehung zu einem Häftling vergessen, die infolge eines Besuchs in einer Justizvollzugsanstalt entstand. Aufgrund meiner Unterstützung und Ermutigung begann der Strafgefangene, ein tägliches Laufpensum über fünf Meilen zu absolvieren, lehrreiche Bücher zu lesen und den Wandel vom „Kriminellen“ zu einem „wertvollen Menschen“ einzuleiten. Als er zwei Jahre später entlassen wurde, war das Gefühl, einen echten zwischenmenschlichen Kontakt geknüpft und meinen Beitrag geleistet zu haben, eine der lohnenswertesten Erfahrungen meines Lebens.

Das Problem der Straßenbanden

Obwohl die Kriminalität bei Erwachsenen ein wirklich drängendes Problem darstellt, müssen wir uns auch mit der Frage befassen, wie wir verhindern können, daß Jugendliche in die Mühlen der Justiz geraten. Was ist mit den sinnlosen Morden, die jeden Tag von minderjährigen Bandenmitgliedern im Zentrum der Großstädte begangen werden? Hier läßt sich nur Abhilfe schaffen, wenn man die Bandenmitglieder dazu bringt, ihre eigenen Regeln zu überdenken. Vergessen Sie nicht: Unsere Aktionen wurzeln ausnahmslos in unseren Grundprinzipien hinsichtlich dessen, was wir tun müssen und nie tun oder sein dürfen.

Neulich las ich einen *Rolling Stone*-Artikel mit einem Auszug aus einem Buch, in dem der Alltag von Bandenmitgliedern beschrieben wird. Dieser „Ausschnitt aus dem wirklichen Leben“ schildert eine Unterrichtsstunde in einem Jugendlager namens Camp Kilpatrick. Als die Schüler (Bandenmitglieder) gefragt wurden, warum sie jemanden töten würden, nannten sie wie aus der Pistole geschossen 37 Gründe. Die nachfolgenden haben mich am meisten schockiert: wenn mich jemand komisch anschaut; wenn mich jemand fragt, wo ich herkomme; für ein paar Kröten; wenn jemand einen komischen Gang drauf hat; wenn jemand mein Essen anlangt (sich zum Beispiel Pommes nimmt); aus Spaß; wenn mir jemand einen miesen Haarschnitt verpaßt.

Angesichts solcher krassen, von der Norm abweichenden Regeln überrascht es nicht, wie unberechenbar diese jungen Männer und Frauen sind. Sie haben mehr Gründe zu töten als jeder andere Mensch und handeln folglich in Übereinstimmung mit ihren Regeln. Was mich jedoch ermutigte, war, daß der Sozialarbeiter die Macht der Fragen erkannt hatte, mit der sich selbst die hartnäckigsten Glaubenssätze erschüttern lassen. Er wollte wissen: „Wofür wärt ihr bereit zu sterben?“ Mit anderen Worten: Wenn ihr wüßtet, daß ihr bei einer Auseinandersetzung mit demjenigen, der euch die Haare schlecht geschnitten hat, euer Leben aufs Spiel setzt, würdet ihr ihn dann immer noch umbringen wollen?

Mit dieser Frage brachte er sie dazu, ihre Regeln zu überprüfen und die Bedeutung jener Dinge noch einmal zu überdenken, für die sie vorher einen Mord begangen hätten. Als dieser Frageprozeß abgeschlossen war, hatte die Bande ihre Regeln drastisch geändert. Von den 37 Gründen, jemanden zu töten, waren noch ganze drei übriggeblieben: um sich selbst zu verteidigen; für die Familie; und für die Gruppe (Bande). Letzterer blieb nur deshalb bestehen, weil ein junger Mann unbeirrt an dem Glauben festhielt, die Gruppe sei vielleicht das Wichtigste in seinem Leben. Immer, wenn einer der anderen Jugendlichen ihn davon abzubringen versuchte, wiederholte er stur: „Ihr kennt mich doch gar nicht." Seine Identität war an die Überzeugung gekoppelt, so eng mit der Gruppe verbunden zu sein, daß ihre Aufgabe dieser Überzeugung einer Aufgabe seines Selbstgefühls gleichgekommen wäre — vermutlich das einzig Beständige im Leben dieses jungen Mannes.

Aufgrund dieser „Unterrichtsmethode", die aus Fragen und Antworten besteht, dringen die Kurse bei vielen Jugendlichen ans Ziel vor. Sie schwächen das Referenzfundament destruktiver Glaubensmuster, bis die Jugendlichen sich ihrer nicht mehr sicher sind. Denken Sie daran: *Alle Verhaltensweisen können durch einen Wandel der Glaubensprinzipien, Werte, Lebensregeln und des Identitätsbewußtseins verändert werden.* Es liegt auf der Hand, daß wir die problematischen Lebensumstände, die in erster Linie zur Bandenbildung beitragen, als erstes angehen müssen. Auch das läßt sich letztlich durch Verhaltensmodifikationen auf derjenigen Ebene erreichen, die zählt, nämlich von Fall zu Fall.

Herausforderungen, denen sich unsere Umwelt gegenübersieht

Unsere Umwelt ist nicht länger ein Thema, das nur die oppositionellen Gruppierungen in unserer Gesellschaft auf die Barrikaden treibt; der Umweltschutz steht auf der Liste nationaler und internationaler Anliegen inzwischen ganz oben. Nach vier aufeinanderfolgenden Hitzejahren, den heißesten, die je seit Beginn der Wetterstatistiken verzeichnet wurden, wächst die Besorgnis in bezug auf den globalen Treibhauseffekt. Er entsteht aufgrund exzessiver Kohlendioxidmengen, die in die Atmosphäre abgegeben werden, sich in der Ozonschicht stauen und zu einem Anstieg der Temperaturen führen. Welche Ursachen gibt es dafür? Eine ist das FCKW, das man in Klimaanlagen und Spraydosen findet. Eine weiterer Grund für die weltweite Erwärmung ist die mutwillige Zerstörung und das Abbrennen der Regenwälder in Mittel- und Südamerika. *Die Regenwälder repräsentieren 80 Prozent der Vegetation unserer Erde; sie sind von maßgeblicher Bedeutung für unser Ökosystem.*

Bäume absorbieren die giftigen Gase der exzessiven Kohlendioxidmengen, die in unsere Atmosphäre gelangen, und wandeln sie in Sauerstoff um, den wir zum Atmen brauchen. *Bäume sind unsere wichtigste*

Quelle der Erneuerung; ohne sie könnte das Leben auf der Erde, wie wir es kennen, nicht existieren. Die Regenwälder bieten außerdem der weltweit größten Vielfalt an Tier- und Pflanzenarten Lebensraum. *Wenn wir zulassen, daß sie abgebrannt werden, zerstören wir nicht nur die sauerstoffproduzierende Vegetation und den Lebensraum zahlloser Pflanzen und Tiere, sondern erhöhen auch die Kohlendioxidemission und beschleunigen den gesundheitsschädlichen, globalen Temperaturanstieg.*

Warum werden die Regenwälder so gnadenlos abgeholzt, trotz ihrer Bedeutung? Die Antwort ist auf bestimmte wirtschaftliche Vor- und Nachteile zurückzuführen. Den Bauern in diesen Regionen winken riesige Steuervorteile, wenn sie ihr Land roden. Dahinter steht nicht etwa die Absicht, mehr Wohnraum für die Menschen zu schaffen. Hier entstehen Weiden für das Vieh, das als Rindfleisch nach Amerika und in andere Länder exportiert wird. Die USA führen beispielsweise 10 Prozent ihres Rindfleisches aus Mittel- und Südamerika ein. Um diesen Bedarf zu dekken, wird alle zwölf Sekunden rund ein Hektar Regenwald vernichtet.

Den Boden als Weideland zu benutzen ist nicht nur unwirtschaftlich, sondern auch eine der destruktivsten, kurzsichtigsten Entscheidungen, die man nur treffen kann. Wir walzen damit eine Quelle unseres eigenen Überlebens nieder. Haben Sie sich bewußt gemacht, daß jeder Viertelpfünder-Hamburger, der aus dort gewonnenem Rindfleisch gefertigt ist, die Zerstörung von fünf Quadratmetern tropischen Regenwalds repräsentiert? Diese Ressource *läßt sich nie mehr ersetzen.* Dazu kommt, daß gegenwärtig jedes Jahr tausend Tierarten ausgerottet werden, die in den abgeholzten Regenwäldern gelebt haben — ein unvorstellbarer Angriff auf unser Ökosystem.

Was bringt uns diese Zerstörung? Dient sie allein dem Zweck, uns mit mehr Fleisch vollzustopfen, das von der medizinischen Wissenschaft längst in Verbindung mit zwei der vorrangigen Todesursachen gebracht wurde: Herzerkrankungen und Krebs? Laut Statistik stirbt jeder zweite Amerikaner an irgendeiner Form der Herzerkrankung; beim Russischen Roulette hat man bessere Überlebenschancen, als wenn man sich an die typisch amerikanische Kost hält! *Und erschwerend hinzu kommt noch, daß wir mit der Zerstörung unserer Umwelt letztlich auch unsere innere Welt vernichten.*

Wollen Sie der Abholzung der Regenwälder Einhalt gebieten? Wollen Sie mithelfen, das fragile Gleichgewicht unseres Ökosystems wiederherzustellen? Sie können nicht nur Umweltschutzorganisationen wie Greenpeace mit Ihrer Spende unterstützen, sondern auch schmerzvolle Nachteile mit jenen Verhaltensweisen verknüpfen, die den Mißbrauch unserer Erde festschreiben. Ein Schritt in diese Richtung wäre, weniger oder gar keine Hamburger oder Rindfleisch zu konsumieren. Ein Boykott hat in der Thunfischindustrie Wirkung gezeitigt, und er könnte sich auch in diesem Fall bewähren. Wir sprechen hier nicht über Geld, sondern über unsere Erde, deren Überleben auf dem Spiel steht. *Machen Sie sich bewußt, daß Ihre Entscheidungen über das Essen, das Sie auf den Tisch bringen, im kleinen, aber unbestritten Einfluß darauf haben, in welchem Maß Kohlendioxid unsere Atmosphäre vergiftet, oder wie viele Pflanzen- und Tierarten jeden Tag ausgerottet werden.*

Werfen wir nun einen Blick auf die Konsequenzen dieser nahrungsbezogenen Entscheidungen auf lokaler Ebene. Vielleicht leben Sie wie ich in einem Staat (Kalifornien), in dem akuter Wassermangel herrscht. Es wurde sogar behauptet, daß im 21. Jahrhundert Wasser das Gold der Zukunft sein wird, eine unserer kostbarsten, knappsten Ressourcen. Wie kann das angehen, auf einem Planeten, der vornehmlich von Wasserflächen bedeckt ist? Der Grund ist der unglaublich fahrlässige Umgang mit diesem lebenswichtigen Rohstoff, vor allem in der fleischverarbeitenden Industrie. *Die Wassermenge, die benötigt wird, um ein einziges Stück Schlachtvieh zu züchten, würde ausreichen, um einen amerikanischen Zerstörer zu versenken.* Die Bevölkerung in Kalifornien gibt sich große Mühe, Wasser zu sparen; viele verzichten darauf, ihren Rasen zu sprengen, bauen Durchflußregler in ihre Toiletten und Duschköpfe ein. Alle diese Maßnahmen sind wichtig, aber haben Sie gewußt, daß man rund 29.000 Liter Wasser braucht, um ein Pfund Rindfleisch herzustellen? Das bedeutet, daß man *mehr Wasser mit dem Verzicht auf ein Pfund Rindfleisch sparen kann, als wenn man ein ganzes Jahr lang nicht duschen würde!* David Fields, Wirtschaftswissenschaftler an der Cornell-Universität, und sein Mitarbeiter Robin Hur behaupten: „Jeder Dollar, den die Staatsregierung der US-Bundesländer an die Viehzüchter verteilt, beispielsweise als Subventionen für Bewässerungssysteme, kostet den Steuerzahler in Wirklichkeit sieben Dollar in Form eingefrorener Löhne, steigender Lebenshaltungskosten und geminderter Unternehmenserträge." Was kann ein einzelner Mensch tun, um mehr Wasser zu sparen? Die Antwort liegt in meinen Augen auf der Hand: den Fleischkonsum einschränken.

Noch eine Information, die schwer verdaulich ist: Haben Sie gewußt, daß die Rindfleischindustrie mehr Energie verbraucht als jede andere Branche in den USA? Für die Bereitstellung aller Rohmaterialien, die Amerika in die Produktion von Schlachtvieh investiert, ist sage und schreibe ein Drittel des gesamten Energieverbrauchs in den Vereinigten Staaten erforderlich. Um rund 1 Pfund Rindfleisch zu erzeugen, braucht man grob gerechnet 93mal mehr fossile Brennstoffe als bei der Herstellung einer gleichwertigen Proteinquelle, nämlich Sojabohnen.

Empfinden Sie ein leises Unbehagen, wenn Sie an Atomkraftwerke denken? *Wenn wir unseren Fleischkonsum um 50 Prozent einschränken würden, wäre unser Ausstieg aus der Kernenergie gesichert. Außerdem ließe sich die Abhängigkeit von ausländischen Ölimporten merklich verringern oder völlig beseitigen.*

Ein letztes Thema, das uns alle angeht, ist der weltweite Hunger. 60 Millionen Menschen sterben jedes Jahr an Unterernährung, und deshalb ist es an der Zeit, zu überprüfen, wie effizient wir unsere natürlichen Rohstoffe nutzen. Vergessen Sie nicht: Alle Entscheidungen haben Konsequenzen, und solange wir ihre langfristigen Auswirkungen auf unseren Planeten nicht verstehen, werden wir schlechte Entscheidungen treffen.

Die Nahrungsmenge, die ein erstklassiges Stück Land hergibt, wird merklich verringert, wenn es sich bei dieser Nahrung um Schlachtvieh handelt. Auf 0,4 Hektar Weideland mit einem Ertrag von 113 Kilo Rindfleisch könnten 360 Zentner Kartoffeln angebaut werden — die Menge, die ausreichen würde, um statt einer Person rund 160 Menschen zu ernähren. Mit den gleichen Ressourcen, die zur Herstellung von einem Pfund Rindfleisch erforderlich sind, ließen sich 7,2 Kilo Getreide produzieren. Um einen Fleischesser ein Jahr lang zu ernähren, braucht man rund 1,3 Hektar, für einen Lakto-Vegetarier 0,2 und für einen reinen Vegetarier ca. 0,07 Hektar Land. Jeden Tag hungern 40.000 Kinder, obwohl wir eindeutig in der Lage wären, sie ausreichend zu ernähren, wenn wir unsere Ressourcen wirksamer einsetzen würden. Dazu kommt: Wenn jeder seinen Fleischkonsum um nur 10 Prozent verringerte, würde die Anzahl der Menschen, die man nach Wegfall der entsprechenden Weideflächen von den Erträgen dieses Bodens ernähren könnte, 100 Millionen betragen. Dieses Nahrungsangebot reicht aus, um jeden Mann, jede Frau und jedes Kind zu ernähren, die auf unserer Erde Hunger leiden — und uns bliebe sogar noch ein Überschuß. Offenbar haben wir das politische Problem der Verteilung immer noch nicht in den Griff bekommen, denn die Nahrungsquellen sind zweifellos vorhanden. Eine weitere Ressource, die wir infolge unserer Gewöhnung an Fleisch dezimieren, ist der Mutterboden. Es dauert 500 Jahre, bis ein Zentimeter Humus entsteht, und derzeit wird alle 16 Jahre ein Zentimeter abgetragen. 85 Prozent des Verlusts gehen unmittelbar auf das Konto der Viehzucht und aller damit verbundenen Produktionstätigkeiten. Ohne eine angemessene Humusschicht bricht unsere Nahrungskette zusammen, und damit unsere Existenzgrundlage.

Ich wurde mit den meisten der oben genannten Statistiken und den verheerenden Auswirkungen des Fleischkonsums auf unsere Umwelt erstmals durch meinen guten Freund John Robbins konfrontiert (wir sind nicht verwandt, aber Brüder in dem Bemühen, Verbesserungen zu bewirken). John schrieb das Buch *Diet for a New America,* das für den Pulitzer-Preis nominiert wurde. Ich glaube, dieses Buch hat einen Platz im Haus aller Amerikaner gefunden, die sich der Konsequenzen ihrer täglichen Entscheidungen und Aktionen bewußter werden wollen.

Wie John klar darlegt, hat die Entscheidung darüber, was wir jeden Tag auf den Tisch bringen, einen Schneeballeffekt. Sie setzt eine Kette von Ereignissen und Aktivitäten in Gang, die Einfluß auf die Lebensqualität aller Menschen haben. Sie könnten sich fragen: „Wie kann denn ein einzelner Mensch darauf hoffen, eine so große Herausforderung im Alleingang zu bewältigen und das Blatt zu wenden?“ John behauptet, daß dieser Kampf nicht auf den Gipfeln der Macht oder in den Vorstandsetagen gewonnen wird, sondern auf der privaten, persönlichen Ebene: „Zum Beispiel von jemandem, der im Supermarkt an der Fleischtheke anhält, ein preiswertes abgepacktes Steak auswählt, dann aber feststellt, daß er eine sehr teure Illusion in der Hand hält. Hinter dem kleinen Preisschildchen verbergen sich abgeholzte Wälder, die Nahrungs- und Wasservorräte künftiger Generationen, der Humusboden unserer Kinder und ihre künftige Umwelt. Wir müssen dieses Stück Fleisch anschauen und uns sagen: ‚Das ist mir zu teuer.‘ Wahre Stärke liegt in der Entscheidung, die Sie im Supermarkt, im Restaurant und in Ihrer Küche treffen.“

Zeigen Sie Flagge!

Wenn Sie klar Stellung beziehen, weigern Sie sich nicht nur, am Mißbrauch unserer natürlichen Rohstoffe teilzunehmen, sondern erteilen den Großunternehmen, deren Lebensader mit dem Hamburger verknüpft ist, eine klare Botschaft. In den letzten Jahren haben Ketten wie McDonald's begonnen, auf den Geschmackswandel der Verbraucher zu reagieren; sie bieten nun verschiedene Salate und andere alternative Gerichte an. McDonald's hat inzwischen auch die Styropor-Behältnisse für seine Produkte abgeschafft; infolgedessen reduzierte sich die Kohlenwasserstoffproduktion um 25 Prozent, ein merklicher Schritt in Richtung Umweltschutz. Als Verbraucher sollten Sie sich die Kenntnisse zu eigen machen, die Sie in diesem Buch erworben haben, um positive Veränderungen einzuleiten: *Machen Sie sich klar, was Sie wollen, nutzen Sie die Hebelwirkung Ihrer Kaufkraft, um destruktiven Verhaltensmustern einen Riegel vorzuschieben, veranlassen Sie die Unternehmen, nach Alternativen Ausschau zu halten, und bestärken Sie umweltbewußte Firmen in deren erwünschtem Verhalten, indem sie deren Waren und Dienstleistungen den Vorzug geben.*

Seien Sie Ihren Kindern ein guter Lehrer — indem Sie mit gutem Beispiel vorangehen

Wie bei allen Herausforderungen sind auch in bezug auf die Umweltproblematik verstärkte Aufklärung und Initiativfreudigkeit geboten, denn nur so lassen sich Veränderungen bewirken. Leider verknüpfen die meisten Menschen mit dem Lernen die Erinnerung an die Schulbank, und sie hören damit auf, sobald sie ihre Abschlußprüfung hinter sich gebracht haben — oder sogar schon vorher. Viele Pädagogen, die zu Beginn ihrer beruflichen Laufbahn noch die Vorstellung hatten, etwas bewirken zu können, sind in die Falle der erworbenen Hilflosigkeit gestolpert. Sie haben vergeblich versucht, gegen lähmende Verwaltungsvorschriften anzukämpfen, und sind außerdem nicht darauf vorbereitet worden, sich wirksam mit den unterschiedlichen Persönlichkeiten ihrer Schüler und deren tatsächlichen Problemen auseinanderzusetzen.

In diesem Buch finden Sie indessen immer wieder die Empfehlung, nach Vorbildern Ausschau zu halten, von denen wir etwas lernen können. Außerdem sind wir selbst imstande, eine aktive Rolle zu übernehmen und mitzubestimmen, welche Qualität die Ausbildung unserer Kinder haben soll. Könnte der Lehrer Ihrer Kinder von dem Wissen um die Macht der Fragen, der globalen Metaphern, des Transformatorischen Vokabulars, der Wertnormen, Lebensregeln und der Konditionierung profitieren? Geben Sie das weiter, was Sie selbst gelernt haben, und Sie werden sehen, daß Sie auch in diesem Bereich Verbesserungen durchsetzen können.

Noch wichtiger ist: *Wir müssen unseren Kindern beibringen, daß ihre Handlungsweisen Folgen haben.* Wir müssen sie auf die Auswirkungen aufmerksam machen, die ihre Entscheidungen auf individueller, lokaler und — kollektiv — auf weltweiter Ebene zeitigen können. *Lassen Sie nicht zu, daß sie in eingefahrenen Gleisen verharren, weil sie denken, ihr Beitrag hätte kein Gewicht. Oft sind es gerade die unbedeutend erscheinenden, aber konsequenten Entscheidungen und Aktionen, die weitreichende Folgen haben.*

Eine der besten Möglichkeiten, dafür zu sorgen, daß Ihre Kinder mit einem gesunden Selbstwertgefühl heranwachsen, besteht darin, ihnen vor Augen zu führen, daß ihre Entscheidungen und Aktionen tatsächlich einiges bewirken können. Zeigen Sie ihnen, was man erreichen kann, *indem Sie mit gutem Beispiel vorangehen.* Führen Sie ihnen die Wirkung vor, die sich mit konstruktiven Fragen, mit einem Leben gemäß den eigenen Wertvorstellungen und Regeln und mit der Anwendung all der anderen Strategien erzielen läßt, mit denen Sie bereits vertraut sind.

Es gibt unzählige Mittel und Wege, einen Beitrag zum Allgemeinwohl zu leisten. Wir müssen damit nicht warten, bis wir einen grandiosen

Schlachtplan entwickelt haben. Wir können von einer Minute zur anderen den Stein ins Rollen bringen, mit kleinen Schritten und Entscheidungen, die auf den ersten Blick nicht ins Gewicht zu fallen scheinen. Die meisten Helden verbergen sich hinter alltäglich anmutenden Aktivitäten. Schauen Sie sich einmal um. Helden gibt es überall, aber häufig erkennen wir sie nicht, weil sie für die Arbeit, die sie tagtäglich verrichten, nicht die Auszeichnung erhalten, die sie eigentlich verdient hätten. Die Männer und Frauen, die tagein, tagaus ihrer Arbeit im Polizeidienst nachgehen, sind eindeutig Helden. Sie schützen uns, geben uns ein Gefühl der Sicherheit, und doch stehen ihnen viele Bürger feindselig gegenüber. Feuerwehrleute sind Helden, und doch sehen wir sie selten in diesem Licht, bis wir uns selbst in einer Notsituation befinden. Dasselbe gilt für die Rettungswagenfahrer, die Katastropheneinsatz-Teams, die Kriseninterventionsberater und eine ganze Schar weiterer Helden, deren Loblied niemand singt.

Allein die Tatsache, daß man auf bestimmte Situationen vorbereitet ist, kann entscheidende Bedeutung haben. Was wäre beispielsweise, wenn jemand in Ihrem Beisein einen Herzanfall erleiden würde und Sie hätten einen Erste-Hilfe-Kurs gemacht, wüßten also genau, was zu tun ist? Durch Ihre Bemühungen, die Blutzirkulation trotz offenkundig fehlender Lebenszeichen in Gang zu halten, könnten Sie letztlich ein Leben retten! Eines kann ich Ihnen versprechen: Das Gefühl, Ihren Beitrag dazu geleistet zu haben, würde Ihnen mehr Befriedigung und Freude vermitteln als alles, was Sie bisher erlebt haben. Das ist mehr wert als die Anerkennung, die Ihnen jemand ausspricht, mehr wert als jedes Vermögen, das Sie verdienen könnten, und mehr wert als jedes Leistungsziel, das Sie vielleicht erreichen.

Das sind nur einige der spektakulärsten Beispiele. Gibt es noch andere Möglichkeiten, Ihr Scherflein beizutragen? Und ob! Sie können ein Held sein, wenn Sie den Menschen in Ihrem Umfeld Aufmerksamkeit schenken, ihnen dabei helfen, ihren Weg zu finden, indem Sie sie unterstützen, ermutigen oder daran erinnern, wer sie wirklich sind. Was wäre, wenn Sie bei Ihrem nächsten Einkauf im Supermarkt nicht gedanken- und ziellos zwischen Artischocken und Zucchini hin- und herwanderten, sondern alle Personen, die Ihnen begegnen, mit einem freundlichen Lächeln zur Kenntnis nähmen? Was wäre, wenn Sie wildfremde Menschen ansprechen und ihnen ein ernstgemeintes Kompliment machen würden? Könnten Sie damit deren emotionale Verfassung soweit verbessern, daß sie das Lächeln oder Kompliment postwendend an den nächsten weitergeben, der ihnen über den Weg läuft? Vielleicht an ihre Kinder? Läßt sich mit dieser einen Aktion eine Kettenreaktion in Gang setzen?

Es gibt unendlich viele unspektakuläre Möglichkeiten, einen sinnvollen Beitrag zu leisten. Wir müssen nicht hingehen und einen Menschen vor dem Tod bewahren; aber vielleicht retten Sie ihm dadurch, daß Sie ihn zum Lächeln bringen, das Leben oder geben ihm zumindest einen Anlaß, es wieder zu genießen. Wie können Sie zum Wohl anderer beitragen? Wie wäre es, wenn Sie auf dem Heimweg von der Arbeit in einem Seniorenheim haltmachten und sich einmal mit den alten Leuten unterhielten? Was für ein Gefühl würden Sie bei ihnen mit der Frage wecken: „Welche wichtigen Lektionen haben Sie in Ihrem Leben gelernt?" Ich wette, die Herrschaften hätten Ihnen viel zu erzählen! Was wäre, wenn Sie einem x-beliebigen Patienten in einem Krankenhaus Ihrer Heimatstadt nachmittags einen Besuch abstatten und dazu beitragen würden, die Langeweile zu vertreiben? Selbst wenn Sie nichts anderes täten, als aufmerksam zuzuhören, wären Sie ein Held.

Warum haben so viele Menschen Angst davor, solche kleinen Schritte einzuleiten, um anderen zu helfen? Einer der häufigsten Gründe ist, daß sie sich unwohl fühlen, etwas zu tun, bei dem sie sich der Wirkung nicht sicher sind. Sie fürchten, zurückgewiesen zu werden oder sich zum Narren zu machen. Aber wissen Sie was? *Wenn Sie an der Rallye des Lebens teilnehmen und* gewinnen *wollen, dann müssen Sie „mit Vollgas" fahren. Sie müssen die Bereitschaft mitbringen, sich töricht vorzukommen, gewillt sein, sich auf ein Experiment einzulassen, das fehlschlagen könnte, und Ihren Lösungsansatz ändern, falls es nicht funktioniert.* Wie sonst könnten Sie innovativ sein, sich weiterzuentwickeln und entdecken, wer Sie wirklich sind?

10.000 Dollar für eine College-Ausbildung oder Kapital für ein Eigenheim

Wenn wir die Lebensqualität in unserem Land verbessern wollen, müssen wir die Werte einer großen Anzahl von Menschen positiv beeinflussen. Unsere Zukunft liegt in den Händen der Jugend; ihre Wertvorstellungen werden eines Tages die Wertnormen der Gesellschaft sein. Während ich diese Worte schreibe, hat Präsident Bush gerade ein Dokument unterzeichnet, das der Jugend und der amerikanischen Bevölkerung generell eine einzigartige Chance bieten könnte, wenn sie optimal genutzt wird.

Vor ungefähr zwei Jahren lernte ich eine wunderbare Frau kennen, die eines meiner Seminare besuchte, Barbara Mikulski. Sie ist eine der beiden weiblichen Senatoren in Washington. Da sie von meinem Bestreben wußte, mich sozial zu engagieren, erzählte sie mir von der National Service Bill. Dieses staatliche Programm, an dessen Entwurf sie mitgearbeitet hatte, ist inzwischen offiziell abgesegnet worden. Es bietet eine beispiellose Gelegenheit, Bedürftigen zu helfen, und schafft gleichzeitig eine reizvolle Zukunftsvision. Es hat viele Facetten, aber es zeichnet sich vor allem durch ein Merkmal aus: Es bietet jungen Menschen die Möglichkeit, durch ihre Mitarbeit in einer anerkannten sozialen Einrichtung 10.000 Dollar zu verdienen; das Geld kann zweckgebunden in eine College-Ausbildung investiert oder als Anzahlung für ein Eigenheim verwendet werden. Darüber hinaus erhalten die Teilnehmer des Programms ein Taschengeld, in Form eines Mindestlohns oder knapp darunter. Zu dem weiteren Merkmalen des Programms gehören:

- eine zwei- bis sechsjährige ehrenamtliche Tätigkeit, entweder in Voll- oder Teilzeit
- Dienst an zwei Wochenenden im Monat, zuzüglich zwei Wochen während der Sommer-Semesterferien
- eine Gutschrift von 3.000 Dollar für jedes Jahr der Dienstzugehörigkeit; sie kann zur Ablösung von Krediten für Studenten oder als Anzahlung beziehungsweise zur Tilgung der Restschulden auf das eigene Haus verwendet werden
- keine Altersgruppenbeschränkung; jeder kann teilnehmen
- eine kommunale Struktur der Organisation, der Schwerpunkt liegt auf der Ergänzung staatlicher oder privater Dienstleistungen vor Ort

Das wichtigste am neuen National-Service-Programm ist jedoch, daß es die Wertvorstellungen der Teilnehmer verändern wird. Voraussetzung für den Erhalt dieses Schecks ist das soziale Engagement; es wird in ihnen das Gefühl wecken, ihren Beitrag zu leisten, indem sie den Alten, physisch Behinderten, Krebspatienten, Analphabeten und anderen Hilfsbedürftigen helfen. Vielleicht entscheiden sich manche des finanziellen Anreizes wegen für die Teilnahme an dem Programm, aber die täglichen Erfahrungen im Dienst am Nächsten werden ihre Identität und ihr weiteres Schicksal maßgeblich beeinflussen. *Die Dankbarkeit eines Mitmenschen zu spüren ist ein Erlebnis, das unser Leben ein für allemal verändert.* Können Sie sich vorstellen, welche Auswirkung es hätte, wenn die Mehrzahl unserer jungen Leute diese Erfahrung machen würde?

> *„Man kann keinen vollkommenen Tag erleben, ohne etwas für jemanden zu tun, der niemals in der Lage sein wird, es dir zu vergelten."*
>
> John Wooden

Die wirksamste Kettenreaktion, die Sie in Gang setzen können, ist Ihr wachsendes Gefühl, einen sinnvollen Beitrag zu leisten. Wir alle haben das Bedürfnis, mehr zu tun, als nur schmerzliche Erfahrungen zu vermeiden und positive zu suchen. Ich glaube, daß wir in unserem tiefsten Innern den Wunsch verspüren, das zu tun, was wir als richtig erkannt haben, über uns selbst hinauszuwachsen, unsere Energie, Zeit und Emotionen zielgerichtet einzusetzen und unser Kapital in den Dienst einer höheren Sache zu stellen. Wir müssen unseren moralischen und spirituellen Bedürfnissen entsprechen, selbst wenn wir dadurch kurzfristig Nachteile haben sollten. *Wir reagieren nicht nur auf unsere psychologischen Bedürfnisse, sondern auf den moralischen Imperativ, mehr zu tun und mehr zu sein, als man von uns erwartet. Nichts kann uns ein größeres Gefühl der persönlichen Befriedigung vermitteln, als anderen zu helfen.* Uneigennützig zu geben ist die Grundlage, um Erfüllung zu finden.

Das National-Service-Programm stellt einen Weg dar, diesen Bedürfnissen gerecht zu werden; ein Nachteil könnte allerdings darin bestehen, daß es ausschließlich auf Studenten abzielt. Der Journalist und Autor William F. Buckley Jr. schlägt vor, daß wir, mit unserem Wissen um die Rolle von Schmerz und Freude in unserem Leben, eine wesentlich breitere Schicht der Gesellschaft zu Hilfeleistungen anspornen können. Das von ihm vorgeschlagene Konzept basiert auf dem System von Strafe und Belohnung, übersetzt in spezifische Anreize und Sanktionen. Dazu würde auch eine Steuerbefreiung für die ersten 10.000 Dollar des zu versteuernden Einkommens gehören, die jeder verdienen kann, der ehrenamtlich für den National Service tätig ist. Jeder Arbeitnehmer in den USA wird irgendwann ein steuerpflichtiges Einkommen von 10.000 Dollar und deshalb einen ökonomischen Anreiz haben, einen bestimmten Teil seiner oder ihrer Zeit in die ehrenamtliche Tätigkeit zu investieren.

Darüber hinaus schlägt Buckley vor festzulegen, daß man sich für Studenten-Darlehen nur dann qualifiziert, wenn man einige Stunden pro Woche ehrenamtliche Arbeit im Rahmen des National-Service-Programms leistet. Mit beredten Worten legt er dar, daß Autofahren ein Privileg ist, das jenen vorbehalten sein sollte, die zum Wohl der Gesellschaft beitragen. Die Zulassungsbedingungen für den Führerschein sollten also auch die Teilnahme am National-Service-Programm beinhalten.

Ich glaube, diese dritte Option ist ein bißchen extrem und könnte sich möglicherweise als Bumerang erweisen; aber die beiden ersten Ideen genießen meine volle Unterstützung. Solche Anreize würden mehr Menschen veranlassen, sich sozial zu engagieren, und sie würden größere Auswirkungen auf die Werthaltungen unserer Gesellschaft haben als das augenblickliche Sozialprogramm. Es gibt so viele gemeinnützige Organisationen, in denen ein akuter Mangel an Arbeitskräften und anderen Ressourcen herrscht. Stellen Sie sich nur vor, welche Kettenreaktion diese Anreizinstrumente in Gang setzen könnten!

Buckley weist darauf hin, daß Amerika jedes Jahr mehr als 30.000 Dollar für jeden Strafgefangenen, 35.000 Dollar für jeden Angehörigen der Streitkräfte, 13.000 Dollar für ehrenamtliche VISTA-Helfer und 5.000 Dollar für Studenten ausgibt, die am ROTC (Ausbildungsprogramm für Reserveoffiziere) teilnehmen. Zweifellos ist das National-Service-Programm ein Anliegen, das unser aller Förderung verdient, weil es der Gesellschaft zugute kommt.

Die Stärke solcher Programme liegt darin, daß wir durch die fortlaufende Hilfe, die wir leisten, unsere Wertvorstellungen neu ausrichten und der Bedeutung des sozialen Engagements Rechnung tragen. Wenn wir diesen Wert als Gesellschaft verinnerlichen, könnte sich das Gesicht einer Nation wandeln und ihr weltweiter Einfluß wachsen. *Beschränken Sie Ihre Bereitschaft, zu helfen, jedoch nicht ausschließlich auf staatlich gestützte Programme.* Es gibt so viele Organisationen, die Arbeitskräfte und Fachleute, finanzielle und andere Mittel brauchen. Stellen Sie sich vor, welche Wirkung ein Land erzielen könnte, in dem die gesamte Bevölkerung, ungeachtet der Belohnung oder des Mangels daran, das soziale Engagement zu einem Muß erhebt. *Wenn jeder Bürger nur drei Stunden in der Woche opferte, könnte unser Land den Lohn von vielen Millionen von Arbeitsstunden ernten, die den Bedürftigsten gewidmet sind.* Und wenn jeder bereit wäre, fünf Stunden ehrenamtlich tätig zu sein, würde diese Zahl hochschnellen und einen monetären Wert erreichen, der in die Milliarden geht! Meinen Sie nicht auch, daß wir mit solchem Engagement einige soziale Herausforderungen meistern könnten?

Die Realisierung des Möglichen: Eine Aufforderung, Ihren Beitrag zu leisten

Wie schafft man es, sich um die Obdachlosen zu kümmern, Straftäter zu resozialisieren, der älteren Generation ihren jugendlichen Schwung zurückzugeben und junge Menschen zu mobilisieren? In den USA besteht eine Möglichkeit in der partnerschaftlichen Zusammenarbeit mit der *Anthony Robbins Foundation*™. Diese gemeinnützige Stiftung wurde gegründet, um die Zusammenarbeit von Fachkräften zu gewährleisten, die sich der Aufgabe verschrieben haben, jenen Menschen zielgerichtet zu helfen, die von unserer Gesellschaft vergessen oder aufs Abstellgleis geschoben wurden. Wir sind nach besten Kräften bemüht, die Lebensqualität von Kindern, Obdachlosen, Strafgefangenen und älteren Mitbürgern zu verbessern. Die Stiftung ist dem Zweck gewidmet, auch diesen wichtigen Mitgliedern der Gesellschaft die besten Ressourcen in Form neuer Impulse, Aufklärung, Ausbildung, Schulung und die Möglichkeit der persönlichen Weiterentwicklung zu bieten. Sie wurde infolge eigener Erfahrungen von mir ins Leben gerufen.

Vor Jahren gelangte ich zu der Schlußfolgerung, daß soziales Engagement keine Verpflichtung, sondern vielmehr eine Gelegenheit darstellt, der Gesellschaft etwas zurückzuerstatten. Als ich elf Jahre alt war, besaß meine Familie nicht genug Geld für das traditionelle Thanksgiving-Essen; eine Wohlfahrtsorganisation brachte uns einen Korb mit Lebensmitteln ins Haus. Seither war mein Leben der Aufgabe gewidmet, den Hung rigen und Obdachlosen zu helfen. Seit dem achtzehnten Lebensjahr habe ich an jedem Thanksgiving-Tag Lebensmittelkörbe zusammengestellt und an bedürftige Familien verteilt. Zu diesem Zeitpunkt nahm ich auch erstmals am Resozialisierungsprogramm des Chino-Gefängnisses als ehrenamtlicher Mitarbeiter teil. Nach dieser Erfahrung entwickelte ich mich zum Philanthropen, bestrebt, Veränderungen aktiv und engagiert herbeizuführen. Dadurch wuchs mein Stolz, mein Identitätsgefühl und meine Fähigkeit, in noch stärkerem Maß Hilfe zu leisten und andere zu ermutigen, das gleiche zu tun.

Infolge der Aufmerksamkeit, die meine Bücher, Audiokassetten und Fernsehsendungen geweckt haben, erhalte ich täglich Briefe von Menschen aus allen Ländern der Welt, die mich um Hilfe bitten. Zu den bewegendsten gehören Berichte über die nachhaltigen Veränderungen, die Strafgefangene und ehemalige Obdachlose durchgemacht haben. Infolgedessen hat die Stiftung jeder Strafvollzugsanstalt in den USA eine Kopie meines 30-Tage-Programms *Personal Power* und ein Exemplar meines ersten Buches, *Unlimited Power* (*Grenzenlose Energie*), zur Verfügung gestellt. Während ich dies schreibe, knüpfen wir Kontakte zu den Obdachlosenasylen, denen wir das gleiche anbieten. Zehn Prozent der Tantiemen dieses Buches fließen der Stiftung zu, um die kostenlose Verteilung dieser Audiokassetten zu finanzieren. Außerdem haben sich die Anthony Robbins Associates™ — die Lizenznehmer, die in meinem Auftrag die Seminare auf Video-Basis in allen US-Bundesstaaten abhalten — zur Durchführung von zwei kostenlosen Seminaren im Jahr in Gefängnissen, Obdachlosenasylen, High Schools und Seniorenheimen ihres Heimatortes verpflichtet.

Es gibt auch an Ihrem Wohnort gemeinnützige Organisationen, die Ihre Hilfe brauchen. Jedes Problem erfordert einen spezifischen Lösungsansatz, aber es gibt einige Prinzipien, die weltweit gültig sind. Wir alle müssen höhere Ansprüche an uns selbst stellen, unsere überholten Glaubensprinzipien ändern und Strategien für den persönlichen Erfolg entwickeln. Um anderen zu helfen, ist ein fundiertes Wissen erforderlich — einfache, aber grundlegende Kenntnisse der Möglichkeiten, mit denen sich die Lebensqualität der Menschen unverzüglich verbessern läßt. Oft gilt es, aus den eingefahrenen Gleisen der erworbenen Hilflosigkeit auszubrechen und eine neue Identität zu entwickeln. Diese Fähigkeiten und Strategien bilden das Rückgrat meiner Techniken, und wir möchten, daß jeder, der dieses Buch gelesen hat, es darin zur Meisterschaft bringt.

Wenn eine schlichte albanische Ordensschwester — mit keinen anderen Mitteln ausgestattet als ihrem Glauben und ihrem Engagement für die Notleidenden — das Leben so vieler Menschen nachhaltig zu beeinflussen vermag, dann sind auch wir imstande, mit den Herausforderungen fertigzuwerden, denen wir entgegensehen. Wenn ein Mann wie Ed Roberts jeden Morgen seine Eiserne Lunge verlassen und darüber nachdenken kann, wie er die Einstellung einer ganzen Nation zu den Körperbehinderten verändert — und Erfolg damit hat —, dann steckt auch in Ihnen und mir das Zeug zum Helden. Wenn eine einzige Person es im Alleingang schafft, mit Hilfe eines Videofilms und einer Investition von 800 Dollar das Abschlachten der Delphine zu unterbinden, dann können Sie und ich ebenfalls die Initiative ergreifen und damit eine ungeahnte Wirkung auslösen. Oft wissen wir nicht, wohin uns die Kette der Ereignisse führen wird. Vertrauen Sie Ihrer Intuition und geben Sie aus vollem Herzen; Sie werden entdecken, daß es auch heute noch Wunder gibt.

Sobald Sie alle Techniken beherrschen, die in diesem Buch beschrieben sind, steht die Fähigkeit, mit ihren eigenen Problemen fertigzuwerden, nicht mehr im Brennpunkt Ihrer Aufmerksamkeit. Was Ihnen früher schwierig erschienen ist, wird Ihnen nun wie ein Kinderspiel vorkommen. Sie werden Ihre Energie nicht mehr in erster Linie auf sich selbst, sondern vielmehr auf die Möglichkeiten konzentrieren, die Ereignisse in Ihrer Familie, an Ihrem Wohnort und möglicherweise in der Welt, in der wir leben, positiv zu beeinflussen. Der einzige Weg, der dauerhafte Erfüllung verspricht, besteht darin, einen uneigennützigen Beitrag zum Allgemeinwohl zu leisten. Halten Sie nicht nach Helden Ausschau, sondern beweisen Sie, daß auch Sie zum Helden geboren sind!

Streben Sie nach Ausgewogenheit statt nach Vollkommenheit. Die meisten Menschen leben in einer Schwarz-Weiß-Welt; sie glauben, daß man entweder sozial engagiert und bereit ist, auf jedwedes Privatleben verzichten, oder ein Materialist, leistungsorientiert und ohne Interesse an gesellschaftlichen Verbesserungen. Hüten Sie sich vor dieser Fußangel. Schaffen Sie ein Gleichgewicht zwischen Geben und Nehmen, zwischen dem Bemühen um sich selbst und um andere. Widmen Sie einen Teil Ihrer Zeit, Ihres Geldes und Ihrer Energie jenen, die wirklich Ihrer Hilfe bedürfen — aber denken Sie auch an sich selbst. Und tun Sie es mit Freude, nicht mit Schuldgefühlen! Sie müssen nicht die Last der ganzen Welt auf Ihren Schultern tragen. Das soziale Engagement wäre sicher größer, wenn mehr Menschen erkennen würden, daß sie dabei auf nichts verzichten müssen.

Wenn Sie das nächste Mal jemandem begegnen, der in Schwierigkeiten steckt, sollten Sie sich nicht schuldig fühlen, weil Sie Privilegien genießen, die er entbehrt. Freuen Sie sich vielmehr, daß Sie vielleicht imstande sind, ihm zu helfen, indem Sie ihn veranlassen, sich selbst in einem anderen Licht zu sehen, oder sich einfach als Mensch geachtet oder geliebt zu wissen. Sie müssen nicht Ihr ganzes Leben dieser Aufgabe widmen. Entwickeln Sie nur ein bißchen mehr Fingerspitzengefühl für andere; lernen Sie, den Menschen neue Fragen zu stellen, die sie stärken; stellen Sie eine ganz neue Form des zwischenmenschlichen Kontaktes her. Packen Sie solche Gelegenheiten beim Schopf, und das soziale Engagement wird keine Last, sondern eine Freude sein.

Ich begegne oft Menschen, die sich selbst das Leben schwermachen, weil sie sich ständig auf die Ungerechtigkeiten in dieser Welt konzentrieren. Warum muß ein Kind blind geboren werden, ohne die Chance, jemals das Wunder eines Regenbogens zu erleben? Warum muß ein Mann, der in seinem ganzen Leben keiner Fliege etwas zuleide getan hat, durch Schüsse aus einem Fluchtauto sterben? *Die Bedeutung und den Sinn mancher Ereignisse können wir vielleicht nicht auf Anhieb erkennen. Sie sind eine Feuerprobe für unseren Glauben.* Wir müssen darauf vertrauen, daß jeder Mensch auf Erden ist, um verschiedene Dinge zu verschiedenen Zeiten seines Lebens zu lernen, daß Erfahrungen nur in der menschlichen Wahrnehmung als gut oder schlecht eingestuft werden. Schließlich stellt sich oft heraus, daß unsere schlechten Erfahrungen manchmal die besten waren. Sie haben uns geformt, klüger gemacht, sensibilisiert und in eine Richtung gelenkt, die uns unserer wahren Bestimmung ein Stück näherbringt. Kennen Sie das Sprichwort: „Wenn der Schüler bereit ist, wird der Lehrer erscheinen."? Übrigens, wenn Sie meinen, Sie wären der Lehrer, dann sollten Sie noch einmal genau hinsehen — vermutlich können Sie etwas von der Person lernen, der Sie unbedingt etwas beibringen wollen!

Kosten Sie Ihr Leben voll aus, solange es Ihnen gegeben ist. Scheuen Sie vor keiner Erfahrung zurück, weil sie Ihnen angst macht. Schenken Sie sich selbst und Ihren Freunden Beachtung. Genießen Sie das Leben, seien Sie ausgeflippt, verrückt. Springen Sie über Ihren eigenen Schatten, auch wenn Sie etwas vermasseln. Das werden Sie ohnehin tun, also können Sie ruhig Spaß an diesem Prozeß haben. Nutzen Sie die Chance, aus Ihren Fehlern zu lernen; suchen Sie nach der Ursache Ihres Problems und bemühen Sie sich nach besten Kräften, sie zu beseitigen. Versuchen Sie nicht, perfekt zu sein, sondern geben Sie anderen ein Beispiel, weil Sie menschlich sind. Halten Sie stets nach Möglichkeiten Ausschau, sich weiterzuentwickeln. Aber nehmen Sie das Leben nicht so ernst, daß Sie die Macht der Spontaneität und die Freude einbüßen, die sich einstellt, wenn Sie so albern und ausgelassen wie ein Kind sein können.

Oder, mit den Worten der 86jährige Nadine Stair:

„Wenn ich mein Leben noch einmal von vorne beginnen könnte, dann würde ich beim nächsten Mal riskieren, mehr Fehler zu machen. Ich würde die Reise entspannter, flexibler und unbekümmerter antreten. Ich würde weniger Dinge ernst nehmen. Ich würde mehr Chancen ergreifen, mehr Reisen unternehmen, mehr Berge besteigen und mehr Flüsse durchschwimmen. Ich würde mehr Eis essen und weniger Bohnen. Ich hätte vielleicht mehr echte Probleme, aber weniger eingebildete. Sie sehen, ich gehöre zu jenen Menschen, die vernünftig und besonnen sind, Stunde um Stunde, Tag um Tag.

Oh, in meinem Leben gab es auch Augenblicke, die zählten. Wenn ich nochmals von vorn anfangen könnte, dann hätte ich gerne mehr davon. Ich würde sogar versuchen, nichts anderes zu erleben — nur Augenblicke, einen nach dem anderen, statt jeden Tag so viele Jahre im voraus zu leben. Ich gehöre zu den Leuten, die nirgendwo hingehen ohne Thermometer, Wärmflasche, Regenmantel und Fallschirm. Wenn ich noch einmal die Wahl hätte, dann würde ich mit leichterem Gepäck reisen.

Wenn ich mein Leben noch einmal von vorne beginnen könnte, dann würde ich im Frühling früher barfuß gehen und im Herbst erst später die Schuhe hervorholen. Ich würde mehr Tanzveranstaltungen besuchen, mit mehr Karussells fahren, mehr Gänseblümchen pflücken."

NADINE STAIR

Wie möchten Sie der Nachwelt in Erinnerung bleiben? Als „Riese", der sich von seinen Mitmenschen positiv abhebt? Dann beginnen Sie jetzt, diese Rolle auszufüllen. Warum wollen Sie damit warten, bis Sie nur noch den Nachruhm ernten? Leben Sie jeden Tag so, als wäre er einer der wichtigsten in Ihrem Leben, und Sie werden eine ganz neue Dimension der Freude kennenlernen. Manche Leute versuchen, mit ihrer Energie hauszuhalten, damit sie länger reicht. Ich weiß nicht, wie Sie darüber denken, aber ich glaube, es zählt nicht so sehr, wie lange wir leben, sondern vielmehr, wie wir leben. Ich persönlich würde lieber an Erschöpfung als an Langeweile sterben. Der Tod sollte uns überraschen, wenn wir gerade einen neuen Berg erklimmen.

Ich glaube, eine der größten Gaben, die unser Schöpfer uns verliehen hat, ist die Fähigkeit, vorauszudenken. Aber dennoch sind wir nicht imstande zu erkennen, was die Zukunft verbirgt. Wie langweilig wäre das Leben, wenn wir uns schon von vornherein sicher wären, welchen Lauf die Ereignisse nehmen. In Wirklichkeit wissen wir nie, was als nächstes geschehen wird. Schon in der nächsten Minute könnte eine Situation eintreten, die schlagartig die gesamte Richtung und Qualität unseres Lebens verändert. Wir müssen lernen, den Wandel als etwas Positives anzunehmen, denn er ist das einzig Sichere.

Was kann Ihr Leben verändern? Ein Augenblick intensiven Nachdenkens und einige Entscheidungen, sobald Sie dieses Buch zu Ende gelesen haben. Aber auch ein Gespräch mit einem Freund, eine Kassette, ein Seminar, ein Kinofilm oder ein dickes, fettes, saftiges „Problem", das Sie veranlaßt, zu wachsen und sich weiterzuentwickeln. Das ist der Augenblick, in dem Sie aufwachen. Leben Sie deshalb mit einer Einstellung, die positive Erwartung widerspiegelt, in dem Wissen, daß alles, was in Ihrem Leben geschieht, Ihnen auf irgendeine Weise zugute kommt. *Machen Sie sich bewußt, daß Sie einen Weg des lebenslangen Wachsens und Lernens, aber auch der immerwährenden Liebe eingeschlagen haben.*

Bevor ich Sie nun verlasse, möchte ich Ihnen noch sagen, wie sehr ich Sie als Mensch respektiere und schätze. Wir haben uns zwar nicht persönlich kennengelernt, aber dennoch besteht ein Gefühl des Vertrautseins, nicht wahr? Sie haben mir ein großartiges Geschenk gemacht, indem Sie mir ermöglicht haben, Ihnen einen Teil meines Lebens zu erzählen und bestimmte Erkenntnisse und Techniken an Sie weiterzugeben. Wenn Sie einige dieser Strategien benutzen, um Ihre Lebensqualität zu verbessern, dann darf ich mich wirklich glücklich schätzen.

Vergessen Sie nicht, Wunder zu erwarten ... weil Sie als Mensch selbst eines sind. Tragen Sie Licht in die Dunkelheit und kämpfen Sie für das Gute. Ich reiche die Flamme an Sie weiter. Teilen Sie Ihre Gaben, Ihre Leidenschaften, mit anderen. Und Gott segne Sie.

Quellen

Zeilen aus „I am ... I said“ (S. 12): Neil Diamond, 1971, Prophet Music, Inc. Alle Rechte vorbehalten. Wiedergabe mit Genehmigung.

Schafe-Karikatur (S. 28): Gary Larson, aus The Far Side. Wiedergabe mit Genehmigung von Chronicle Features, San Francisco, CA.

Ablehnungsbescheide (S. 42): aus *Rotten Rejections: A Literary Companion*, Pushcart Press, 1990. Wiedergabe mit Genehmigung von Pushcart Press.

„The Quigmans“ (S. 87): Buddy Hickerson, Los Angeles Times Syndicate, Inc., 1988. Wiedergabe mit Genehmigung.

„He, Freundchen“-Karikatur (S. 156): Gary Larson, aus The Far Side, Universal Press Syndicate, 1986. Wiedergabe mit Genehmigung. Alle Rechte vorbehalten.

„Wörter für die flinke Zunge“ (S. 226): aus *Brush Up Your Shakespeare* von Michael Macrone, Cader Company, Inc., 1990. Wiedergabe mit Genehmigung von Harper Collins Publishers.

Herman-Karikatur (S. 370): *Herman*, Jim Unger, 1985. Alle Rechte vorbehalten. Wiedergabe mit Genehmigung des Universal Press Syndicate.

Bloom County-Comics (S. 452): Berke Breathed, The Washington Post Writers Group, 1986. Wiedergabe mit Genehmigung.

Ziggy-Karikatur („Ziggy am Scheideweg“) (S. 460): Ziggy & Friends, 1990. Alle Rechte vorbehalten. Wiedergabe mit Genehmigung des Universal Press Syndicate.

Horrorscope-Karikatur („Safe“) (S. 484): aus *Horrorscope* von Eric Olson und Susan Kelso, 1991, Toronto Star Syndicate. Wiedergabe mit Sondergenehmigung von King Features Syndicate.

Peanuts-Comics (S. 532): Wiedergabe mit Genehmigung von UFS, Inc.

Robbins Research International, Inc.
9191 Towne Centre Drive
Suite 600
San Diego, CA 921222
Tel.: 001/619/5359900

Register

D

E

F

Q

R

S